Die
Verwaltung von Konkursen

nach der Reichs-Konkursordnung

Auf der Grundlage der einschlägigen Gesetze und Reichsgerichts-Entscheidungen für die Praxis bearbeitet

von

J. Senst
Oberlandesgerichtsrat

8. Auflage

1925
H. W. Müller Verlag
Berlin und München

Druck von C. Schulze & Co. G. m. b. H., Gräfenhainichen.

Vorwort zur ersten Auflage.

Die deutsche Konkursordnung bietet bei allen Vorzügen, die ihr mit Recht nachgerühmt werden, für die praktische Anwendung nicht unerhebliche Schwierigkeiten. Wegen der Knappheit der Fassung, wegen der Spärlichkeit der Vorschriften über Einzelheiten sowie wegen der häufig hervortretenden Notwendigkeit, einzelne Gesetzesstellen aus anderen, an anderer Stelle stehenden, zu ergänzen, kommt es leicht vor, daß die Bestimmungen des Gesetzes nicht ihrer vollen Bedeutung nach erfaßt oder gar mißverstanden werden. Dieser Übelstand macht sich namentlich für die Konkursverwalter geltend, welche in den verschiedenartigsten, oft verwickelten Verhältnissen auf die Vorschriften der Konkursordnung angewiesen sind, und doch derselben ein eingehenderes Studium zum großen Teil weder gewidmet haben, noch zu widmen vermögen.

Vorliegendes Werk verfolgt nun den Zweck, dem beregten Übelstande in etwas abzuhelfen. Es ist dazu bestimmt, den Konkursverwaltern den Inhalt der Konkursordnung in einer auch für Nichtjuristen verständlichen Weise und in möglichster Übersichtlichkeit, dabei aber in einer Form vorzuführen, welche ihnen gleich die praktische Anwendung der Gesetzesvorschriften an die Hand gibt. Demgemäß geht die Darstellung überall von dem Standpunkte des Konkursverwalters aus und schließt sich tunlichst an den tatsächlichen Gang des Konkursverfahrens an. Gleichzeitig ist eine möglichst umfassende Erörterung des interessierenden Gesetzgebungsmaterials erstrebt. Es ist deshalb darauf Bedacht genommen worden, nicht nur das Konkurs*verfahren* in allen seinen Einzelheiten sowie den hauptsächlichsten Inhalt der materiellrechtlichen Bestimmungen der Konkursordnung zur Anschauung zu bringen, sondern — wegen des vielfachen Zusammenhangs der Vorschriften der Konkursordnung mit Bestimmungen anderer Gesetze — auch letztere, soweit sie zur Ergänzung der Konkursordnung von wesentlichem Interesse waren, in die Darstellung einzuflechten. Namentlich sind die Zivilprozeßordnung und das Handelsgesetzbuch häufig herangezogen worden. In Ansehung der Landesgesetzgebung, deren Berührung in mannigfachen Beziehungen, vornehmlich hinsichtlich des Immobiliarrechts, höchst wünschenswert war, hat sich jedoch der Verfasser wegen der großen Verschiedenheit des in den einzelnen Bundesstaaten geltenden bürgerlichen Rechts auf die Berücksichtigung der Gesetzgebung des größten unter den vorhandenen Rechtsgebieten, des Gebiets des Preußischen Allgemeinen Landrechts, beschränken müssen.

Der Bearbeitung sind die besten vorhandenen Kommentare zugrunde gelegt. In streitigen Fragen ist, soweit eine der verschiedenen Meinungen als die herrschende betrachtet werden durfte, lediglich diese wiedergegeben worden. Eine hervorragende Berücksichtigung haben dabei, der Bestimmung des Buches entsprechend, die einschlägigen Entscheidungen des Reichsgerichts, und zwar alle bis in die neueste Zeit dem Verfasser bekannt gewordenen, erfahren. Diese Entscheidungen sind zum größten Teil im Text oder in den Anmerkungen angeführt.

Ein Anhang, welcher die Stellung des Gemeinschuldners, des Gläubigerausschusses und der Gläubigerversammlung behandelt, sowie verschiedene Beilagen dienen zur Ergänzung des eigentlichen Werkes und dürften zur Erhöhung der Brauchbarkeit desselben beitragen. Möge denn dieses Buch geeignet befunden werden, bei der verantwortungsvollen und oft schwierigen Verwaltung von Konkursen einige Unterstützung zu gewähren.

Burg b. M., im Februar 1889.

Der Verfasser.

Vorwort zur vierten Auflage.

Die seit dem 1. Januar 1900 in Kraft befindliche neue Gesetzgebung hat eine eingreifende Neubearbeitung des vorliegenden Buchs erforderlich gemacht. An der Stelle der reichs- und landesgesetzlichen Bestimmungen, die in den früheren Auflagen Berücksichtigung gefunden haben, waren überall die jetzt geltenden Vorschriften heranzuziehen. Der Verfasser hat sich aber hierauf nicht beschränkt. Da jetzt das Zivilrecht für ganz Deutschland in der Hauptsache einheitlich gestaltet ist, so hat er es sich angelegen sein lassen, nach Möglichkeit die Bestimmungen des gesamten Reichs-Zivilrechts in die Neubearbeitung einzuflechten. Das hat freilich nur in aller Kürze und nur insoweit geschehen können, als die Bestimmungen für die Verwaltung von Konkursen von besonders großem Interesse sind, weil sonst dem Buche der Charakter eines zu rascher Unterrichtung geeigneten Handbuchs nicht hätte gewahrt werden können. Immerhin sind aber im Anschluß an die Vorschriften des materiellen Konkursrechts die einschlägigen Vorschriften des Zivilrechts und des Zivilprozesses sowie sonstige wichtige Vorschriften stets zum mindesten andeutungsweise berührt worden.

Der Stoff des Buchs hat auch noch nach einer anderen Seite hin eine Vermehrung erfahren. Der Verfasser ist dank der ihm von berufener Seite, namentlich von einem der Berliner Herren Konkursverwalter, in liebenswürdigster Weise gewährten Unterstützung in der Lage gewesen, für die praktische Handhabung der Verwaltergeschäfte eine Reihe von Fingerzeigen zu geben, die, wie er hofft, namentlich denjenigen, die nur hin und wieder eine Konkursverwaltung zu führen haben, willkommen sein werden. Nicht unwillkommen dürften auch die als Beilagen A, B, E, F, G und H mitgeteilten Formulare sein, die der Verfasser gleichfalls der Liebenswürdigkeit des erwähnten Herrn Konkursverwalters verdankt.

Die Mitteilung der Reichsgerichts-Entscheidungen ist in alter Weise fortgeführt worden für die Zeit bis Ende des Jahres 1899.

Mit dem Wunsche, daß die neue Auflage dem Zwecke des Buchs noch besser als die früheren gerecht werden möge, verbindet der Verfasser die Bitte, ihn auch fernerhin durch Mitteilung praktischer Erfahrungen, durch Einsendung von wichtigen Entscheidungen und in sonst geeigneter Weise zu unterstützen.

Stettin, im Mai 1900.

Der Verfasser.

Vorwort zur siebenten Auflage.

Die neue Auflage setzt die Mitteilung der Reichsgerichtsentscheidungen in der bisherigen Weise fort, berücksichtigt daneben aber auch einige besonders wichtig erscheinende Entscheidungen von Oberlandesgerichten, die namentlich in Fragen des formellen Konkursrechts willkommen sein dürften, da solche Fragen zur Entscheidung des Reichsgerichts nicht leicht gelangen.

Stettin, im April 1914.

Der Verfasser.

Vorwort zur achten Auflage.

Die Bearbeitung des Buches hat trotz der grundstürzenden Ereignisse der letzten zehn Jahre in der bisherigen Weise fortgeführt werden können, nur erschien dabei eine vergleichende Berücksichtigung der wichtigsten Bestimmungen über die zur Abwendung des Konkurses eingeführte Geschäftsaufsicht am Platze. Die höchstrichterlichen Entscheidungen sind in noch erweitertem Maße herangezogen worden.

Stettin, im November 1924.

Der Verfasser.

Inhaltsverzeichnis.

D. Beilagen.

Erklärung der vorkommenden Abkürzungen.

KO. = Reichs-Konkursordnung in der Fassung der Bekanntmachung vom 20. Febr. 1898.

EG. z. KO. = Einführungsgesetz zur Konkursordnung vom 10. Februar 1877.

AG. z. KO. = Preußisches Ausführungsgesetz zur Deutschen Konkursordnung vom 6. März 1879.

BGB. = Bürgerliches Gesetzbuch.

HGB. = Deutsches Handelsgesetzbuch vom 10. Mai 1897.

ZPO. = Zivilprozeßordnung.

ALR. = Allgemeines Landrecht für die Preußischen Staaten.

RG. VIII. 111 = Urteil des Reichsgerichts, mitgeteilt in den „Entscheidungen des Reichsgerichts in Zivilsachen" Band VIII S. 111.

Gruch. Bd. 28 S. 1175 = Urteil des Reichsgerichts, mitgeteilt in den „Beiträgen zur Erläuterung des Deutschen Rechts", Zeitschrift, begründet von Gruchot, jetzt herausgegeben von Küntzel, Eccius und Predari, Band 28 S. 1175.

Jur. Woch. 1886 S. 196[15] = Juristische Wochenschrift, Jahrgang 1886 S. 196 Nr. 15.

LZ. 1913 S. 559[6] = Leipziger Zeitschrift für Handels-, Konkurs- und Versicherungsrecht, Jahrgang 1913 S. 559 Nr. 6.

A. Allgemeiner Teil.

I. Beginn und Ende des Amtes des Verwalters.

a) Ernennung und Wahl.

Das Amt des Verwalters beginnt mit der Ernennung und deren Annahme[1]). Die Ernennung erfolgt durch das Konkursgericht. § 78 KO. Den Konkursgläubigern ist nur das Recht eingeräumt, in der auf die Ernennung des Verwalters folgenden Gläubigerversammlung, die nach § 110 Abs. 1 KO. bei der Eröffnung des Konkurses von Amts wegen vom Konkursgericht zu berufen ist, eine andere Person anstatt des Ernannten zu wählen. Das Gericht[2]) ist jedoch an die von den Gläubigern getroffene Wahl nicht gebunden; es kann die Ernennung des Gewählten, sogar ohne Angabe von Gründen, versagen. § 80 KO. Macht das Gericht von dieser Befugnis Gebrauch, so bleibt der von ihm ernannte Verwalter im Amte. Einer besonderen Bestätigung bedarf er dazu nicht. Ist das Gericht dagegen mit der Wahl der Gläubiger einverstanden, so hat es den Gewählten zum Verwalter zu ernennen. Erst mit dieser Ernennung nimmt das Amt des Gewählten seinen Anfang und das Amt des seitherigen Verwalters sein Ende[3]).

b) Verpflichtung zur Annahme des Amtes.

Zur Annahme des Amtes des Verwalters ist nach der Konkursordnung und fast allen Landesrechten niemand verpflichtet. Die Annahme des Amtes muß vom Ernannten ausdrücklich oder durch Handlungen, die auf die Annahme schließen lassen, erklärt werden. Eine besondere Verpflichtung oder gar Beeidigung des Verwalters erfolgt nicht.

---

[1]) Gerichtsbeamte und Gerichtsvollzieher bedürfen in Preußen zur Annahme des Amtes des Konkursverwalters der Genehmigung des Oberlandesgerichts-Präsidenten. Diese soll nur erteilt werden, wenn keine anderen geeigneten Personen am Orte der Konkursverwaltung vorhanden sind.

[2]) Überall, wo im Folgenden vom „Gericht" schlechthin die Rede ist, ist das Konkursgericht gemeint.

[3]) Diesem steht eine Beschwerde gegen die Ernennung des Gewählten nicht zu.

c) Dauer des Amtes.

1. Entlassung.

Der Ernannte bleibt der Regel nach Verwalter bis zur Beendigung des Konkurses, er kann jedoch jederzeit entlassen werden[1]). Die Entlassung kann nur durch das Gericht erfolgen. Es bedarf dazu, sofern die Entlassung nicht die Folge der Ernennung des von der Gläubigerversammlung gemäß § 80 KO. gewählten anderen Verwalters ist, eines dem Verwalter zuzustellenden Beschlusses. Die Gründe der Entlassung können der verschiedensten Art sein; die Befugnis des Gerichts ist auf eine bestimmte Anzahl von Entlassungsgründen nicht beschränkt. Von Amts wegen kann indessen das Gericht den Verwalter nur vor der auf seine Ernennung folgenden Gläubigerversammlung entlassen. Nachher bedarf es dazu eines Antrages des Gläubigerausschusses oder der Gläubigerversammlung. § 84 Abs. 1 KO. Vor der Entscheidung über die Entlassung ist der Verwalter zu hören. § 84 Abs. 2 KO. Gegen den die Entlassung aussprechenden Beschluß steht ihm binnen 14 Tagen, von der Zustellung an gerechnet, das Rechtsmittel der sofortigen Beschwerde zu. § 73 KO., § 577 ZPO. Die Beschwerde kann sowohl beim Konkursgericht, als beim Beschwerdegericht, d. h. dem zuständigen Landgericht, eingereicht werden. Die Einlegung der Beschwerde hat jedoch nicht die Wirkung, den Entlassungsbeschluß des Konkursgerichts einstweilen außer Kraft zu setzen; der Entlassene kann trotz Einlegung der Beschwerde seine Tätigkeit als Verwalter nicht fortsetzen; er kann diese Tätigkeit erst wieder aufnehmen, wenn das Beschwerdegericht etwa auf Grund des § 572 Abs. 3 ZPO. die Aussetzung der Vollziehung des Entlassungsbeschlusses anordnet oder wenn es den Entlassungsbeschluß aufhebt[2]).

2. Niederlegung des Amtes.

Ob der Verwalter vor Beendigung des Konkurses Enthebung von seinem Amte verlangen kann, ist zweifelhaft. Die Konkursordnung enthält über diese Frage keine ausdrückliche Vorschrift. Überwiegende Gründe dürften aber für die Bejahung sprechen. Zunächst liegt es auf der Hand, daß eigentliche Zwangsmittel, den Verwalter zur Fortführung seines Amts wider seinen Willen anzuhalten, nicht vorhanden sind. Das Gericht könnte höchstens gemäß § 84 KO. gegen ihn Ordnungsstrafen verhängen. Sodann ist zu erwägen, daß es im freien Belieben des Ernannten stand, das ihm angetragene Amt anzunehmen oder abzulehnen, und daß es folgerichtig erscheint, den Verwalter auch in betreff der Fortführung des übernommenen Amtes nicht als gebunden anzusehen. Eine Verpflichtung zur Fortführung

---

[1]) Auch noch nach Aufhebung des Konkurses, wenn dann noch eine Tätigkeit des Verwalters erforderlich ist. L.Z. 1911 S. 872[1] (OLG. Stuttgart.)

[2]) Bei dieser Gelegenheit sei bemerkt, daß das Rechtsmittel der sofortigen Beschwerde allen Beteiligten gegen alle Entscheidungen des Konkursgerichts zusteht, soweit es nicht für einzelne Fälle durch die Konkursordnung ausdrücklich ausgeschlossen ist. § 73 Abs. 3 KO.

des einmal übernommenen Amtes müßte freilich angenommen werden, wenn das Amt des Verwalters als ein öffentliches anzusehen wäre. Einem solchen ist es jedoch, obschon es im öffentlichen Interesse geschaffen ist und unmittelbar auf dem Gesetze beruht, nicht gleichzustellen. Aus diesen Gründen dürfte der Verwalter nicht für verpflichtet erachtet werden können, sein Amt bis zur Beendigung des Konkurses beizubehalten. Es treffen ihn aber zum mindesten dieselben Verpflichtungen wie den, der einen Auftrag angenommen hat. Vgl. § 671 BGB. Danach kann der Verwalter zwar grundsätzlich jederzeit Enthebung von seinem Amt verlangen; er darf es indes ohne zwingenden Grund nicht zur Unzeit tun und muß sein Amt noch so lange verwalten, bis an seiner Stelle ein anderer Verwalter hat ernannt werden können. Legt er ohne genügende Gründe sein Amt nieder, so muß er außer Ordnungsstrafen jedenfalls gewärtigen, daß dieser Umstand bei Bemessung seines Honorars in Rücksicht gezogen wird.

3. Tod- und Geschäftsunfähigkeit.

Stirbt der Verwalter, so haben davon seine Erben dem Gericht alsbald Anzeige zu machen. Vgl. § 673 BGB. Wenn sie die Anzeige unterlassen, so können sie für den dadurch entstehenden Schaden den Gläubigern und dem Gemeinschuldner verantwortlich werden. Wegen der weiteren Pflichten der Erben eines verstorbenen Verwalters siehe unten S. 20.

Die gleichen Pflichten wie die Erben hat der bestellte Vertreter eines entmündigten Verwalters.

Wird der Verwalter zur Fortführung seines Amts körperlich oder geistig unfähig, so verliert er sein Amt nicht ohne weiteres, ist aber zu entlassen[1]).

II. Stellung des Verwalters.

A) Im Allgemeinen.

Der Konkursverwalter ist dazu berufen, an Stelle des Gemeinschuldners für die Gesamtheit der Konkursgläubiger die Konkursmasse zu verwalten, zu verwerten und zu verteilen, sowie die Rechte der Gesamtheit gegenüber den Ansprüchen der einzelnen Gläubiger auf Befriedigung aus der Masse zu vertreten[2]).

---

[1]) Das ist freilich nicht unstreitig. Nicht mehr als ein Entlassungsgrund dürfte es auch sein, wenn etwa in einem Strafverfahren dem Verwalter die bürgerlichen Ehrenrechte aberkannt werden.

[2]) Anders die Aufsichtsperson während der Dauer einer Geschäftsaufsicht. Sie hat nur die Geschäftsführung des Schuldners zu unterstützen und zu überwachen sowie die zu diesem Zwecke erforderlichen Maßnahmen zu treffen. Diese Maßnahmen können allerdings auch darin bestehen, daß sie die Geschäftsführung ganz oder zum Teil selbst übernimmt oder einem Dritten überträgt. Verordn. v. 14. Dez. 1916 § 2.

Er verwaltet sein Amt kraft Gesetzes als ein im öffentlichen Interesse geschaffenes Organ für die Durchführung der Zwecke des Konkurses[1]). An Weisungen der einzelnen Konkursgläubiger und des Gemeinschuldners ist er nicht gebunden. Überhaupt verwaltet er sein Amt selbständig, soweit er nicht durch besondere Vorschriften der Konkursordnung in seiner Selbständigkeit beschränkt ist. Entzogen ist ihm nur die Bestimmung darüber:

1. ob und zu welchem Betrage dem Gemeinschuldner und dessen Familie eine Unterstützung aus der Konkursmasse gewährt,
2. ob das Geschäft des Gemeinschuldners geschlossen oder fortgeführt werden soll,
3. wo und zu welchen Bedingungen die Gelder, Wertpapiere und Kostbarkeiten hinterlegt und angelegt werden sollen.

Über diese Angelegenheiten hat die Gläubigerversammlung zu beschließen. § 132 KO. Bis zu deren Beschlußfassung steht zu Nr. 1 dem Verwalter die Bestimmung zu, jedoch mit der Maßgabe, daß er nur den notdürftigen Unterhalt gewähren darf und auch hierzu die Genehmigung des Gerichts oder, wenn ein Gläubigerausschuß bestellt ist, dessen Genehmigung einholen muß. § 129 Abs. 1 KO. Zu Nr. 2 und 3 hat bis zur Beschlußfassung der Gläubigerversammlung der etwa vom Gericht bestellte Gläubigerausschuß und nur in dessen Ermangelung zu 2 der Verwalter selbständig, zu 3 aber das Gericht zu bestimmen. § 129 Abs. 2 KO.[2]). Abgesehen von den unter 1 bis 3 bezeichneten Angelegenheiten ist zu allen Maßnahmen, welche die Teilungsmasse oder die Schuldenmasse betreffen, eine Entschließung des Verwalters erforderlich. Dieser kann bei keiner solchen Maßnahme übergangen werden.

Im allgemeinen steht ihm auch die freie Entschließung darüber zu, ob und wie er eine Verwaltungsmaßregel vornehmen will. Beschränkungen seiner freien Entschließung finden nur insoweit statt, als

1. dem Gericht die Aufsicht über ihn zusteht, § 83 KO.,
2. das Gericht auf Anrufen des Gemeinschuldners ihm unter Umständen die Vornahme einer beabsichtigten Maßregel einstweilen untersagen kann, § 130, § 135 Abs. 2, § 160 KO.,
3. zu einer Reihe wichtiger Geschäfte die Genehmigung des Gläubiger ausschusses, des Gerichts oder der Gläubigerversammlung eingeholt werden soll.

Will der Verwalter die Verantwortung für ein Geschäft, das er nach dem Gesetze selbständig vornehmen kann, nicht übernehmen, so kann er nach

---

[1]) Siehe RG. 29. 29, Gruch. Bd. 43 S. 509. Das Reichsgericht erachtet es deswegen für zulässig, den Gemeinschuldner in Prozessen, welche die Konkursmasse betreffen, als Zeugen zu vernehmen. Siehe Jur. Woch. 1894 S. 315[8]. Die Rechtsstellung des Verwalters ist aber sehr streitig.

[2]) Vor der Schließung des Geschäfts oder, wenn ein Gläubigerausschuß bestellt ist, vor dessen Beschlußfassung hat der Verwalter von der beabsichtigten Maßregel dem Gemeinschuldner, falls der ohne Aufschub zu erlangen ist, Mitteilung zu machen. Auf Anrufen des Gemeinschuldners kann das Gericht die Schließung des Geschäfts einstweilen untersagen, wenn der Gemeinschuldner einen Zwangsvergleichsvorschlag eingereicht hat. § 130 KO.

§ 93 Abs. 1 KO. beim Gericht die Berufung einer Gläubigerversammlung beantragen und deren Beschlußfassung die Angelegenheit unterbreiten.

B) Im einzelnen.

Im einzelnen gestaltet sich die Stellung des Konkursverwalters wie folgt:

a) Zum Konkursgericht.

1. Das Gericht kann dem Verwalter die Vornahme von Rechtshandlungen der in den §§ 133, 134 KO. bezeichneten Arten, falls nicht die Gläubigerversammlung dazu schon ihre Genehmigung erteilt hat, auf Antrag des Gemeinschuldners einstweilen untersagen. Es muß aber, wenn es von dieser Befugnis Gebrauch macht, zur Beschlußfassung über die Vornahme der Rechtshandlung alsbald eine Gläubigerversammlung berufen, die dann endgültig entscheidet. § 135 Abs. 2 KO.

2. Zur Vornahme der Schlußverteilung ist die Genehmigung des Gerichts erforderlich. § 161 Abs. 2 KO.

3. Wenn der Gemeinschuldner einen Zwangsvergleichsvorschlag eingereicht hat, so kann auf seinen Antrag das Gericht dem Verwalter die Schließung des Geschäfts bis zur Beschlußfassung durch eine Gläubigerversammlung untersagen, auch die Aussetzung einer beabsichtigten Abschlagsverteilung anordnen, letzteres jedoch nur, wenn die Ausschlußfrist (§ 152 KO.) noch nicht abgelaufen ist. § 130, 160 KO.

4. Im übrigen steht der Verwalter unter der Aufsicht des Gerichts. § 83 KO. Welche Aufsichtsbefugnisse im einzelnen dem Gericht zustehen, ist im Gesetz nicht gesagt. Als Grundsatz wird festzuhalten sein, daß das Gericht nur darauf zu sehen hat, ob der Verwalter seinen gesetzlichen Verpflichtungen nachkommt, nicht auch darauf, ob seine Maßnahmen zweckentsprechend sind oder nicht. In Ausübung der Aufsichtsbefugnisse kann das Gericht jederzeit Auskunft und Rechenschaft über alle den Konkurs betreffenden Angelegenheiten vom Verwalter verlangen, ihm auch Ordnungsstrafen auferlegen. Die Verhängung einer Ordnungsstrafe setzt eine Pflichtverletzung des Verwalters voraus. Sie ist wegen jeder einzelnen Pflichtverletzung nur einmal für zulässig zu erachten. § 84 KO. Ihr Höchstbetrag ist 200 M. Vor der Entscheidung ist der Verwalter zu hören. § 84 Abs. 2 KO. Kann eine festgesetzte Ordnungsstrafe nicht beigetrieben werden, so findet deren Umwandlung in eine Freiheitsstrafe **nicht** statt.

5. Das Gericht hat endlich insofern Einfluß auf den Verwalter, als es ihn unter den oben S. 2 dargelegten Voraussetzungen entlassen kann, und als ihm nach § 85 KO. die Festsetzung des Honorars und der zu erstattenden Auslagen zusteht.

Abgesehen von Vorstehendem ist der Verwalter bei seiner Geschäftsführung an Weisungen des Gerichts nicht gebunden[1]). In keinem Falle kann

---

[1]) Das Gericht kann z. B. den Verwalter nicht zwingen, Dritten Einsicht in die Geschäftsbücher zu gestatten. LZ. 1907. 364[7] (OLG. Bamberg).

das Gericht an Stelle des Verwalters Handlungen, die in den Kreis seiner Tätigkeit fallen, vornehmen.

b) Zum Gläubigerausschuß.

α) Unterstützung und Überwachung durch diesen.

Der Gläubigerausschuß hat den Verwalter in dessen Geschäftsführung einerseits zu unterstützen, andrerseits zu überwachen[1]). Er ist berechtigt, vom Verwalter Berichterstattung über die Lage der Sache und seine Geschäftsführung zu verlangen, sich von dem Gange der Geschäfte zu unterrichten, die Bücher und Schriften des Verwalters einzusehen und den Bestand seiner Kasse zu untersuchen. § 88 KO. Diese Untersuchung muß sogar mindestens einmal in jedem Monat durch ein Mitglied des Gläubigerausschusses erfolgen. § 88 Abs. 2 KO. Die im Abs. 1 des § 88 KO. bestimmten Befugnisse stehen auch jedem einzelnen Ausschußmitgliede zu[2]).

Der Verkehr des Verwalters mit der für den Konkurs bestimmten Hinterlegungsstelle (siehe §§ 129, 132 KO.) ist dadurch der Überwachung des Gläubigerausschusses unterstellt, daß in § 137 KO. zur Gültigkeit von Quittungen des Verwalters über den Empfang von Geldern, Wertpapieren oder Kostbarkeiten von der Hinterlegungsstelle und zur Gültigkeit von Anweisungen auf die Hinterlegungsstelle die Mitzeichnung eines Mitglieds des Gläubigerausschusses erfordert wird, sofern nicht die Gläubigerversammlung ein anderes beschließt.

Bei Abschlagsverteilungen bestimmt der Gläubigerausschuß den zu verteilenden Prozentsatz. § 159 Abs. 1 KO. Die Schlußrechnung des Verwalters hat er zu prüfen und mit seinen Bemerkungen zu versehen. § 86 KO.

β) Genehmigung von Geschäften durch den Gläubigerausschuß.

Zu einer großen Anzahl wichtigerer Geschäfte hat der Verwalter die Genehmignng des Gläubigerausschusses einzuholen.

Diese Genehmigung ist erforderlich:

1. wenn der Verwalter einen zur Konkursmasse gehörigen unbeweglichen Gegenstand aus freier Hand veräußern will, § 134 Nr. 1 KO.,
2. wenn er das Geschäft oder das Warenlager des Gemeinschuldners im ganzen veräußern will (siehe ebenda),
3. wenn er einen Anspruch des Gemeinschuldners auf den Bezug wiederkehrender Einkünfte veräußern will (siehe ebenda),
4. wenn er Darlehen aufnehmen will, § 134 Nr. 2 KO.,
5. wenn er fremde Verbindlichkeiten übernehmen will (siehe ebenda),
6. wenn er zur Masse gehörige Gegenstände verpfänden will (siehe ebenda),
7. wenn er Grundstücke erstehen will (siehe ebenda),

---

[1]) Ähnlich ist während des Bestehens einer Geschäftsaufsicht die Stellung des vom Gericht bestellten Gläubigerbeirats zu der Aufsichtsperson. Verordn. v. 14. Dez. 1916 § 31.

[2]) Vgl. RG. 20. 110 (Jur. Woch. 1888 S. 99[10]).

8. wenn er eine Verteilung unter die Konkursgläubiger vornehmen will, § 150 KO.,

9. wenn er beantragen will, daß ihm gestattet werde, die Aufzeichnung der zur Masse gehörenden Gegenstände zu unterlassen oder ohne Zuziehung einer obrigkeitlichen oder Urkundsperson vorzunehmen, § 123 Abs. 2 KO.,

10. wenn er vor der Beschlußfassung durch eine Gläubigerversammlung dem Gemeinschuldner oder dessen Familie den notdürftigen Unterhalt aus der Masse gewähren will, § 129 Abs. 1 KO.,

11. wenn er Gegenstände, deren Verkauf ohne offenbaren Nachteil für die Masse ausgesetzt werden kann und nicht durch die Fortführung des Geschäfts veranlaßt wird, verkaufen will, bevor der allgemeine Prüfungstermin abgehalten oder ein vor Schluß dieses Termins eingereichter Zwangsvergleichsvorschlag erledigt ist, § 133 Nr. 1 KO.,

12. wenn er die Erfüllung von Rechtsgeschäften des Gemeinschuldners verlangen will,

13. wenn er Prozesse anhängig machen will,

14. wenn er die Aufnahme von Prozessen ablehnen will,

15. wenn er Vergleiche oder Schiedsverträge schließen will,

16. wenn er Aussonderungs-, Absonderungs- oder Masseansprüche anerkennen will,

17. wenn er Pfandstücke einlösen will,

18. wenn er Forderungen veräußern will.

In den Fällen zu 12 bis 18 jedoch nur, sofern es sich dabei für die Konkursmasse um einen Wertgegenstand von von mehr als 300 Mk. handelt. § 133 Nr. 2 KO.

Versagt der Gläubigerausschuß seine Genehmigung zu einer vom Verwalter beabsichtigten Rechtshandlung, so steht dem Verwalter zur Durchsetzung seines Willens in der Regel[1]) nur der unter δ angegebene Weg offen. Dem Konkursgericht steht es nicht zu, den Gläubigerausschuß zur Erteilung der Genehmigung anzuweisen oder die verweigerte Genehmigung seinerseits zu ergänzen.

γ) Einmischung des Gläubigerausschusses in die Geschäftsführung.

Dagegen steht dem Gläubigerausschuß nicht die Befugnis zu, in die Geschäftsführung des Verwalters durch eigene Anordnungen einzugreifen oder ihm Weisungen zu erteilen, welche Geschäfte er vornehmen und wie er sie behandeln soll. Die einzige Ausnahme von diesem Grundsatz ist, abgesehen von der Bestimmung des § 159 Abs. 1 KO., die, daß der vom Gericht bestellte Gläubigerausschuß (siehe Anhang II unter 1a) über die Schließung oder Fortführung des Geschäfts des Gemeinschuldners und über die Hinterlegung der Gelder, Wertpapiere und Kostbarkeiten einstweilen zu beschließen hat. § 129 Abs. 2 KO. Der Gläubigerausschuß kann also namentlich

[1]) Zu Prozessen mit den Ausschußmitgliedern selbst ist aber die Genehmigung des Gläubigerausschusses nicht für erforderlich zu erachten. LZ. 1913 S. 570[6] (OLG. Düsseldorf).

den Verwalter nicht zwingen, Veräußerungen ins Werk zu setzen, Klagen anzustrengen oder Verteilungen vorzunehmen.

δ) Beseitigung von Meinungsverschiedenheiten.

Glaubt der Gläubigerausschuß, daß der Verwalter pflichtwidrig handelt oder sonst durch sein Verfahren die Masse schädigt, so hat er sich an das Gericht zu wenden, bei dem er je nach Umständen die Bestrafung oder die Entlassung des Verwalters beantragen mag. Meinungsverschiedenheiten zwischen dem Verwalter und dem Gläubigerausschuß können aber auch dadurch zum Austrag gebracht werden, daß von einem der beiden Teilen oder von beiden die Berufung einer Gläubigerversammlung beim Gericht beantragt wird[1]). Die Gläubigerversammlung, die nach § 93 KO. auf solchen Antrag berufen werden muß, kann entweder über die streitige Angelegenheit selbst entscheiden oder mittelbar die Entscheidung dadurch herbeiführen, daß sie, wenn sie dem Verwalter beitritt, an Stelle der mit ihm nicht übereinstimmenden Mitglieder des Gläubigerausschusses andere wählt oder wenn sie dem Ausschuß beistimmt, durch dessen Beibehaltung den Verwalter zu einer Verständigung mit dem Ausschuß nötigt, vielleicht sogar beim Gericht die Entlassung des Verwalters beantragt. Wenn die Berufung einer Gläubigerversammlung beantragt werden soll, so ist zu beachten, daß der Gegenstand, über den eine Beschlußfassung der Gläubigerversammlung gewünscht wird (also z. B.: Wahl eines anderen Gläubigerausschusses), in dem Antrage bestimmt angegeben werden muß, da die Gläubigerversammlung nur über solche Gegenstände zu beschließen befugt ist, die in der vom Gericht zu erlassenden öffentlichen Bekanntmachung als auf der Tagesordnung stehend bezeichnet sind. § 98 KO.

c) Zu den Konkursgläubigern[2]) und zur Gläubigerversammlung.

Den einzelnen Konkursgläubigern steht irgendwelche Einwirkung auf die Geschäftsführung des Verwalters nicht zu. Sie können weder ihn durch Klage zur Vornahme von Verwaltungsmaßregeln anhalten, noch auch ihrerseits Klagen dahin, daß etwas an die Konkursmasse geleistet werden solle, erheben[3]). Sie haben auch keinen Anspruch darauf, die Akten und Bücher des Verwalters einzusehen oder Auszüge aus den Büchern zu erhalten. Wenn sie Einwendungen gegen seine Geschäftsführung zu erheben haben, so bleibt ihnen nur übrig, sich beschwerdeführend an das Konkursgericht zu wenden, oder die Berufung einer Gläubigerversammlung zu betreiben und den Versuch zu machen, die Versammlung zu einem Antrage an das Gericht auf Entlassung des Verwalters zu bestimmen. § 84 KO. Die Berufung einer Gläubigerversammlung erfolgt jedoch nur auf Antrag von mindestens fünf Konkursgläubigern, deren Forderungen nach der Schätzung des Gerichts den fünften Teil der Schulden-

[1]) LZ. 1915 S. 359[19].
[2]) Welche Gläubiger dies sind, darüber s. im Besonderen Teil Abschn. XII.
[3]) Gruch. Bd. 31 S. 1129.

masse erreichen. § 93 Abs. 1 KO. Dagegen können die Ansprüche, die etwa einem Gläubiger wegen einer ihm persönlich gegenüber begangenen Pflichtverletzung gegen den Verwalter zustehen, von dem Gläubiger schon während des Konkurses verfolgt werden. §§ 82, 86 KO. Unter welchen Voraussetzungen die Schadensersatzansprüche gegen den Verwalter verloren gehen, darüber siehe unten S. 20.

In gewissen Fällen steht der Versammlung der Konkursgläubiger, die zu den erforderlichen Beschlußfassungen allemal vom Gericht zu berufen ist, eine bestimmende oder doch mitbestimmende Einwirkung auf Angelegenheiten des Konkurses zu.

Die Gläubigerversammlung beschließt

1. über eine dem Gemeinschuldner und dessen Familie aus der Masse zu bewilligende Unterstützung — ohne Beschränkung bezüglich der Höhe der Unterstützung,

2. über die Schließung oder Fortführung des Geschäftes des Gemeinschuldners,

3. über die Stelle, bei welcher, sowie über die Bedingungen, unter welchen die Gelder, Wertpapiere und Kostbarkeiten hinterlegt oder angelegt werden sollen,

4. darüber, in welcher Weise und in welchen Zeiträumen der Verwalter ihr oder einem Gläubigerausschuß über die Verwaltung und Verwertung der Masse Bericht erstatten[1]) und Rechnung legen soll. § 132 KO.,

5. darüber, was mit den nicht verwertbar gewesenen Vermögensstücken geschehen soll. § 162 KO.

Gegen Beschlüsse über diese Gegenstände steht dem Verwalter ein Widerspruchsrecht nicht zu.

Die Gläubigerversammlung kann übrigens die ihr zustehende Beschlußfassung wohl dem Gläubigerausschuß übertragen. —

Ferner bedarf der Verwalter der Genehmigung der Gläubigerversammlung zur Vornahme der oben (S. 6) unter bβ zu 1 bis 7 bezeichneten Geschäfte, falls ein Gläubigerausschuß nicht vorhanden ist.

Anweisungen bezüglich seiner Geschäftsführung kann dem Verwalter auch die Gläubigerversammlung, abgesehen von den unter 1 bis 5 bezeichneten Angelegenheiten, nicht erteilen. Wegen Beseitigung etwaiger Meinungsverschiedenheiten ist auf das oben S. 8 unter d Gesagte zu verweisen. In der Regel wird sich jedoch der Verwalter den Beschlüssen der Gläubigerversammlung ohne weiteres fügen.

d) Zum Gemeinschuldner.

Der Gemeinschuldner wird durch die Konkurseröffnung zwar nicht geschäftsunfähig, er verliert aber die Befugnis, sein zur Konkursmasse gehöriges Vermögen zu verwalten und über dieses Vermögen zu verfügen. Das Ver-

---

[1]) Die einzelnen Konkursgläubiger haben keinen Anspruch auf solche Berichterstattung.

waltungs- und Verfügungsrecht in Ansehung der Konkursmasse wird an seiner Stelle durch den Verwalter ausgeübt[1]). § 6 KO. Nur in sehr beschränktem Umfange gestattet die Konkursordnung dem Gemeinschuldner auf die Verwaltung, Verwertung und Verteilung der Konkursmasse einen Einfluß:

1. Wenn der Verwalter eins der in den §§ 133, 134 KO. bezeichneten Rechtsgeschäfte vornehmen will, so hat er davon, noch ehe er die Beschlußfassung des Gläubigerausschusses oder der Gläubigerversammlung herbeiführt, dem Gemeinschuldner Mitteilung zu machen, sofern dieser ohne Aufschub zu erlangen ist[2]). § 135 Abs. 1 KO. Die Mitteilung bedarf keiner besonderen Form. § 77 Abs. 2 KO. Durch die Mitteilung soll dem Gemeinschuldner Gelegenheit gegeben werden, gegen Maßregeln, die er für unzweckmäßig oder nachteilig hält, oder die einen von ihm beabsichtigten Zwangsvergleich verhindern oder erschweren könnten, beim Verwalter und beim Gläubigerausschuß rechtzeitig seine Einwendungen geltend zu machen und in der etwa zu berufenden Gläubigerversammlung seine Interessen zu vertreten. Wenn die Vorstellungen beim Verwalter und beim Gläubigerausschuß fruchtlos sind, so kann der Gemeinschuldner beim Gericht unter Darlegung der Gründe, die ihm gegen die vom Verwalter beabsichtigte Maßregel zu sprechen scheinen, beantragen, daß dem Verwalter die Ausführung der Maßregel einstweilen untersagt werde. Ein solcher Antrag findet nur dann keine Berücksichtigung, wenn der Gemeinschuldner einen Vergleichsvorschlag eingereicht, der Gläubigerausschuß aber den Vorschlag für unannehmbar erklärt hat. § 177 Abs. 2 KO. Die vorläufige Untersagung kann erfolgen selbst wenn der Gläubigerausschuß bereits seine Genehmigung zu der Maßregel erteilt hat. Sie ist dagegen nicht mehr zulässig, wenn die Maßregel schon die Genehmigung der Gläubigerversammlung gefunden hat. § 135 Abs. 2 KO. Macht das Gericht von seiner Untersagungsbefugnis Gebrauch, so hat es eine Gläubigerversammlung zu berufen, die in der Sache endgültig entscheidet.

Unterläßt der Verwalter die vorgeschriebene Mitteilung, so macht er sich dem Gemeinschuldner für den diesem aus der Unterlassung etwa erwachsenden Schaden verantwortlich.

2. Hat der Gemeinschuldner einen zulässigen Zwangsvergleichsvorschlag gemacht, so kann er, wie schon S. 5 bemerkt, der vom Verwalter beabsichtigten Schließung seines Geschäfts widersprechen, auch beim Gericht, sofern die Ausschlußfrist (§ 152 KO.) noch nicht abgelaufen ist, die Aussetzung einer bereits beschlossenen Abschlagsverteilung beantragen. § 130, 160 KO.

Das Gericht ist aber in den Fällen zu 1 und 2 nicht verpflichtet, dem Antrage des Gemeinschuldners stattzugeben. —

---

[1]) Nicht die gleichen Wirkungen hat die Anordnung einer Geschäftsaufsicht. Der Schuldner, der der Geschäftsaufsicht unterworfen ist, behält die Befugnis, sein Vermögen zu verwalten und darüber zu verfügen und wird in der Ausübung dieser Befugnis nur in gewissem Maße durch die Aufsichtsperson eingeschränkt. S. Seite 3 Anm. 2 §§ 2, 3 der Verordn. v. 14. Dez. 1916.

[2]) Die gleiche Verpflichtung hat er, wenn er vor der Beschlußfassung durch eine Gläubigerversammlung das Geschäft des Gemeinschuldners schließen will. § 130 KO.

Im Gegensatze zur Konkursmasse unterliegt das etwaige sonstige Vermögen des Gemeinschuldners dessen freier Verfügung; bezüglich dieses Vermögens stehen dem Verwalter keinerlei Rechte zu. —

Der Gemeinschuldner ist verpflichtet, dem Verwalter über alle den Konkurs betreffenden Verhältnisse Auskunft zu erteilen. § 100 KO. Er darf sich nicht ohne Genehmigung des Gerichts von seinem Wohnorte entfernen (§ 101 Abs. 1 KO.) und wird von jeder Wohnungsänderung dem Verwalter Nachricht zu geben haben, damit dieser von ihm jederzeit die erforderlichen Auskünfte erlangen kann.

Dagegen ist der Gemeinschuldner zu eigentlichen Dienstleistungen für den Verwalter oder die Konkursmasse nicht verpflichtet. Will der Verwalter die Dienste des Gemeinschuldners in Anspruch nehmen, so hat er sich darüber und wegen der dafür zu leistenden Vergütung mit dem Gemeinschuldner zu einigen. —

Hat der Gemeinschuldner auf die Verwaltung und Verwertung der Konkursmasse so gut wie keinen Einfluß, so ist doch der Verwalter auch ihm gegenüber verpflichtet, bei Ausübung seiner Obliegenheiten die im Verkehr erforderliche Sorgfalt anzuwenden. § 82 KO. Der Verwalter haftet dem Gemeinschuldner für allen Schaden, der diesem aus der Vernachlässigung der pflichtmäßigen Sorgfalt erwächst. Das Nähere hierüber siehe unten S. 17 und 20.

Wegen der Unterstützung des Gemeinschuldners aus der Konkursmasse siehe Anhang I zu Bb 3.

e) Zu Dritten.

Der Verwalter kann Rechtsgeschäfte mit Wirksamkeit für die Konkursmasse vornehmen nicht nur, soweit es sich um die Verwaltung und Veräußerung der in der Masse vorhandenen Gegenstände und um die Vertretung der Masse gegenüber den Gläubigern handelt, sondern allgemein, also auch zum Zwecke eines neuen Erwerbs. Er kann zu diesem Behufe entgeltliche Verträge abschließen, auch wenn es sich um gewagte Geschäfte handelt[1]). Die Wirksamkeit seiner Rechtsgeschäfte ist vollkommen unabhängig davon, ob deren praktischer Erfolg für die Interessen der Konkursmasse förderlich ist oder nicht[2]). Seine Vertretungsmacht bezüglich des zur Konkursmasse gehörigen Vermögens des Gemeinschuldners findet jedoch eine Schranke in dem Zwecke des Konkurses, welcher freigebige Verfügungen ausschließt und ungesetzliche Bevorzugungen unstatthaft erscheinen läßt. Deshalb sind reine Schenkungen des Verwalters nicht rechtswirksam[3]) ebenso alle Bevorzugungen einzelner Gläubiger; so namentlich die Anerkennung von Absonderungsrechten oder Vorrechten, die nach der KO. nicht bestehen[4]), ungerecht-

---

[1]) RG. 29. 80. Vgl. die §§ 133, 134 KO.

[2]) Jur. Woch. 1892 S. 363[7].

[3]) Jur. Woch. 1886 S. 196[15], RG. 29. 82. Ein Verzicht auf die Anfechtung von Rechtshandlungen ist aber keine Schenkung und gültig. Gruch. 48. 415.

[4]) Jur. Woch. 1893 S. 428[18], 1905 S. 89[40], RG. 53. 193. S. aber das Urteil Jur. Woch. 1895 S. 506[12].

fertigte Zahlungen aus der Masse an Absonderungsberechtigte[1]), die Vereinbarung einer nach der KO. unstatthaften Aufrechnung gegen Forderungen, die zur Konkursmasse gehören[2]) und andere Zuwendungen an Konkursgläubiger auf Kosten der Masse[3]).

Bei Rechtsgeschäften, zu denen nach den §§ 133, 134 KO. die Genehmigung des Gläubigerausschusses oder der Gläubigerversammlung einzuholen ist, ist dritten Personen und Behörden gegenüber der Nachweis, daß die Genehmigung erteilt ist, nicht nötig. Die Rechtsgeschäfte sind Dritten gegenüber gültig, wenn auch die vorgeschriebene Genehmigung nicht erteilt worden war, ja selbst dann, wenn das Gericht dem Verwalter die Vornahme der Geschäfte gemäß § 135 Abs. 2 KO. untersagt hatte[4]). § 136 KO. Daher kann der Verwalter insbesondere Prozesse führen, Auflassungen von Grundstücken vornehmen, Hypotheken bestellen und aufgeben u. a. m., ohne dem Richter die Einholung der zu solchen Geschäften etwa erforderlichen Genehmigung nachweisen zu müssen. Nur die Gültigkeit von Quittungen des Verwalters über den Empfang von Geldern, Wertpapieren oder Kostbarkeiten von der für den Konkurs bestimmten Hinterlegungsstelle sowie die Gültigkeit von Anweisungen des Verwalters auf die Hinterlegungsstelle ist, falls ein Gläubigerausschuß bestellt und von der Gläubigerversammlung nichts anderes beschlossen ist, dadurch bedingt, daß sie von einem Mitgliede des Gläubigerausschusses mit gezeichnet werden. § 137 KO.

f) Ausweis des Verwalters.

Zum Ausweise Dritten gegenüber erhält der Verwalter vom Gericht eine urkundliche Bescheinigung seiner Ernennung (Bestallung). § 81 Abs. 2 KO. Diese ist von ihm während der ganzen Dauer seines Amts sorgfältig aufzubewahren, bei Beendigung des Amts aber dem Gericht zurückzureichen. Im Falle ihres Verlustes kann eine neue ausgefertigt werden. Ein etwaiger Mißbrauch der verloren gegangenen Bestallung durch Unbefugte kann jedoch für den Verwalter unter Umständen üble Folgen haben.

---

[1]) RG. 23. 62, 60. 419.

[2]) RG. 33. 46, Jur. Woch. 1911 S. 770[36].

[3]) RG. 53. 193; Jur. Woch. 1904 S. 241[22] (RG. 57. 195); Jur. Woch. 1905 S. 89[40]. Dagegen ist es nicht unzulässig, wenn der Verwalter einem Konkursgläubiger seine Forderung im Interesse der Masse abkauft. RG. 29. 80. Ebensowenig, wenn er einem Gläubiger gegen eine Gegenleistung eine Bevorzugung zugesteht. Gruch. 55. 1088.

[4]) Hat der Verwalter aber in einem Vertrage die Gültigkeit des Rechtsgeschäfts von der Genehmigung des Gläubigerausschusses oder der Gläubigerversammlung abhängig gemacht, so hat es dabei natürlich sein Bewenden. Jur. Woch. 1893 S. 487[10]. Hatte der Dritte gewußt, daß die erforderliche Genehmigung nicht erteilt war, so kann ihm der Einwand der Arglist entgegengesetzt werden.

III. Die Obliegenheiten des Verwalters im allgemeinen.

a) Umfang seiner Geschäfte[1]).

Der Verwalter hat die Konkursmasse zu ermitteln, in Besitz zu nehmen, sicher zu stellen, zu verwalten, zu verwerten und zu verteilen. Er hat die schwebenden Rechtsangelegenheiten abzuwickeln. Er prüft die gegen die Konkursmasse geltend gemachten Ansprüche und führt alle die Masse betreffenden Prozesse. Er kann endlich, wie Seite 11 unter e bemerkt ist, auch neue Rechtsgeschäfte für die Masse eingehen[2]). Die Termine sind von ihm wahrzunehmen. Dem Gericht und der Staatsanwaltschaft hat er auf Verlangen über alle den Konkurs betreffenden Verhältnisse Bericht zu erstatten.

b) Wahrnehmung der Termine.

Der Verwalter hat in den gerichtlichen Terminen, die im Konkursverfahren stattfinden, zu erscheinen, Auskünfte zu erteilen und die erforderlichen Erklärungen abzugeben. In der ersten Gläubigerversammlung hat er über die Entstehung der Zahlungsunfähigkeit des Gemeinschuldners, die Lage der Sache und die bisher ergriffenen Maßregeln mündlich Bericht zu erstatten. § 131 KO. Das Nähere siehe im Besonderen Teil Abschn. II unter h.

Daß der Verwalter sich in den Terminen durch einen anderen vertreten läßt, ist an und für sich für zulässig zu erachten. Wenn er aber sich eines Vertreters bedienen will, so tut er gut, vorher sich zu vergewissern, daß der Konkursrichter nicht den Vertreter für ungeeignet erachtet, die Obliegenheiten des Verwalters in dem Termine wahrzunehmen. Denn der Richter kann eine Person, die er hierzu nicht für geeignet hält, zurückweisen. § 72 KO., § 157 Abs. 1, 2 ZPO. Im Falle längerer Behinderung hat der Verwalter beim Gericht die Bestellung eines Vertreters nachzusuchen.

Eine besondere Ladung zu den Terminen braucht das Gericht dem Verwalter nicht zukommen zu lassen, wenn es das auch meistens tun wird. Die im § 76 KO. vorgeschriebene öffentliche Bekanntmachung wirkt auch ihm gegenüber als Zustellung. Der Verwalter muß daher, wenn er nicht anderweitig von den anberaumten Terminen Nachricht erhält, das oder die Blätter, durch welche die Bekanntmachungen in dem Konkurse bewirkt werden, einsehen oder auf der Gerichtsschreiberei Nachfrage halten, um sich über die Termine zu unterrichten.

Wird durch das Verschulden des Verwalters — sei es, daß weder er noch für ihn ein Vertreter erschienen ist, oder daß der erschienene Vertreter als ungeeignet zurückgewiesen ist, oder daß der Verwalter sich auf den Termin

---

[1]) Die Obliegenheiten der Aufsichtsperson bei bestehender Geschäftsaufsicht sind wesentlich beschränkter. § 28 der Verordn. v. 14. Dez. 1916 in der Fassung der Verordn. v. 14. Juni 1924 (RGBl. S. 641).

[2]) Sind diese stempelpflichtig, so haftet er für die Stempelsteuer persönlich. Jur. Woch. 1918 S. 103[1] (Bayr. Oberstes Landesgericht).

nicht gehörig vorbereitet hatte — ein Termin ganz oder zum Teil vereitelt, so kann das Gericht ihm eine Ordnungsstrafe auferlegen. Auch macht er sich durch solches Verschulden den Beteiligten schadensersatzpflichtig.

c) Buchführung. Rechnungsführung. Anlegung von Akten.

Der Verwalter hat über alle Einnahmen und Ausgaben Buch und Rechnung zu führen. Zum mindesten ist für jeden einzelnen Konkurs die Führung eines Kassabuches erforderlich. Dabei sind von den Ausgaben nur diejenigen zu buchen, die für die Konkursmasse geleistet werden. Von diesen Ausgaben sind die Auslagen, die dem Verwalter persönlich in Ausübung seines Amts erwachsen, zu unterscheiden. Dergleichen Auslagen fallen der Konkursmasse nur insoweit zur Last, wie sie als angemessen vom Gericht festgesetzt werden (vgl. unten S. 21) und sind deshalb besonders aufzuzeichnen. Abgesehen von der Buchführung über Einnahmen und Ausgaben wird der Verwalter, wenn das auch nicht besonders vorgeschrieben ist, für jeden einzelnen der von ihm verwalteten Konkurse besondere Akten anlegen, in die alle den Konkurs betreffenden Schriftstücke, soweit sie der Aufbewahrung bedürfen, eingeheftet werden. In allen einigermaßen umfangreichen Sachen ist es zweckmäßig, zur Gewinnung einer besseren Übersicht über die aufbewahrten Papiere für die verschiedenen Angelegenheiten, die die Papiere betreffen, mehrere gesonderte Aktenhefte anzulegen[1]). Zu den Einnahmen und Ausgaben sind überall, wo es möglich ist, Belege zu beschaffen und für die Rechnungslegung aufzubewahren.

Für beschäftigtere Verwalter oder für umfangreichere Konkurse empfiehlt es sich, dem ersten Aktenhefte einen Auskunftsbogen vorzuheften, der einen raschen Überblick über die Sache ermöglicht. Das bei den Berliner Konkursverwaltern gebräuchliche Formular für den Auskunftsbogen ist als Beilage A mitgeteilt.

d) Geschäftsbücher des Gemeinschuldners.

Zu der Buchführung über die Verwaltungsgeschäfte sind die Geschäftsbücher des Gemeinschuldners, die bei der Konkurseröffnung, nach § 122 Abs. 2 KO. von Amts wegen geschlossen werden, nicht zu benutzen. Diese Bücher werden häufig schon während der Dauer des Konkurses von der

[1]) Empfehlenswert ist die Anlegung von gesonderten Aktenheften in derselben Weise, wie die Gerichtsakten angelegt werden, also

a) eines Hauptheſts, das im ersten Teil die Verfügungen und Mitteilungen des Konkursgerichts, alle Anträge und Eingaben an das Konkursgericht sowie den Schriftwechsel mit anderen Behörden, im zweiten Teil alle auf die schwebenden Rechtsangelegenheiten sich beziehenden Schriftstücke, wie z. B. Verträge, Versicherungspolicen u. dgl. enthält;
b) eines Hefts über die Teilungsmasse, enthaltend alle auf die Masse bezüglichen Schriftstücke, wie Inventar, Schuldnerliste, Versteigerungsprotokolle;
c) eines Hefts über die Schuldenmasse, enthaltend den Schriftwechsel mit den Konkursgläubigern, die Tabelle usw.;
d) nach Bedarf weiterer Hefte, z. B. für größere Prozesse oder für ein Zwangsvergleichsverfahren.

Staatsanwaltschaft eingefordert. Wenn das geschieht, so würde der Verwalter, der die Bücher zu Eintragungen über seine eigene Geschäftsführung benutzt hätte, in große Verlegenheit kommen. Außerdem ist es überhaupt zweckmäßig, die Buchführung des Verwalters von der des Gemeinschuldners äußerlich getrennt zu halten, da beide Buchführungen ihren verschiedenen Zwecken entsprechend, verschieden geartet sind.

e) Was mit den Büchern und Schriften nach Beendigung des Amtes geschieht.

Nach Beendigung seines Amtes hat der Verwalter die Geschäftsbücher des Gemeinschuldners[1]) sowie dessen Geschäftspapiere seinem Nachfolger oder, wenn auch der Konkurs beendet ist, dem Gemeinschuldner oder dessen Erben herauszugeben. Dasselbe wird anzunehmen sein hinsichtlich der Bücher und Schriften über die vom Verwalter für die Masse geführten Geschäfte, da diese Schriftstücke gleich den Geschäftsbüchern des Gemeinschuldners als Bestandteile der Konkursmasse anzusehen sind[2]). Der Verwalter ist jedoch nicht verpflichtet, die Bücher und Schriften seinem Nachfolger oder dem Gemeinschuldner zu bringen oder zu schicken, sondern der Empfangsberechtigte muß sie selbst oder durch einen anderen, den er mit gehöriger Vollmacht zu versehen hat, abholen. Der Empfangsberechtigte hat dem gewesenen Verwalter auf dessen Verlangen die Bücher und Schriften abzunehmen. Tut er das nicht, so hat der Verwalter für deren Aufbewahrung zwar einstweilen weiter zu sorgen, er haftet aber gemäß § 300 Abs. 1 BGB. dabei nur noch für Vorsatz und grobe Fahrlässigkeit, und hat Anspruch auf Ersatz der Aufbewahrungskosten (§ 304 BGB.), kann sich auch von seiner Aufbewahrungspflicht durch Hinterlegung der Bücher und Schriften befreien, sofern das nach den §§ 372ff. BGB. und den für die Hinterlegung bestehenden landesgesetzlichen Vorschriften tunlich ist. Die in § 44 HGB. in betreff der Handelsbücher und Handelsschriften bestimmte Verpflichtung zur Aufbewahrung trifft den Verwalter nach Beendigung des Konkurses nicht; die Handelsbücher des Gemeinschuldners sowohl als diejenigen, welche etwa vom Verwalter über das während des Konkurses fortbetriebene Geschäft des Gemeinschuldners geführt sind, sind von diesem gemäß § 44 aufzubewahren. Aufzubewahren sind nach § 44 Abs. 2 HGB. auch die eingegangenen Handelsbriefe, die Abschriften der abgesendeten Handelsbriefe, die Inventare und die Bilanzen. Dagegen hat das Gesetz die Aufbewahrung der Fakturen, der Wechsel, der Quittungen und sonstiger wichtiger Papiere nicht vorgeschrieben. – Das Konkursgericht ist in keinem Falle zur Aufbewahrung der vom Verwalter geführten Bücher und Schriften oder der Geschäftsbücher und Geschäftspapiere des Gemeinschuldners verpflichtet. Es dürfte aber darüber im Notfalle Anordnungen treffen können.

---

[1]) Soweit er diese nicht gemäß § 117 Abs. 2 KO. veräußert hat, was nur bei der Veräußerung des Geschäfts im ganzen und nur insoweit geschehen darf, als die Bücher zur Fortführung des Geschäftsbetriebes unentbehrlich sind.

[2]) LZ. 1907 S. 922[3] (OLG. Colmar).

f) Berichte an das Gericht und an die Staatsanwaltschaft.

Das Konkursgericht kann kraft seines Aufsichtsrechtes über alle Verhältnisse, die für den Konkurs von Bedeutung sind, vom Verwalter Auskunft und Berichterstattung verlangen. Es wird sich namentlich von Zeit zu Zeit über den Fortgang der Verwertung der Masse Auskunft erteilen lassen. Der Verwalter hat auch nicht selten Veranlassung, ohne besondere Aufforderung dem Gericht über einzelne Angelegenheiten des Konkurses zu berichten. Die Berichte haben die Konkurssache nach dem Namen des Gemeinschuldners und dem Aktenzeichen zu bezeichnen, auch ist es zweckmäßig, die Angelegenheit, auf die sie sich beziehen, am Rande kurz anzugeben.

Bei der Häufigkeit der Zuwiderhandlungen gegen die Bestimmungen der §§ 239 bis 244 KO. pflegen die Staatsanwaltschaften den Konkursen ihre besondere Aufmerksamkeit zuzuwenden und nicht nur die Bücher und Schriften des Gemeinschuldners zu beschlagnahmen, sondern auch vom Verwalter über die etwa zu dessen Kenntnis gelangten strafbaren Handlungen Bericht zu erfordern oder seine Vernehmung als Zeuge zu veranlassen. Der Verwalter hat die Pflicht, zur Ermittelung der etwa begangenen strafbaren Handlungen nach besten Kräften beizutragen, und muß es sich angelegen sein lassen, auch die strafrechtliche Seite des Konkurses an der Hand des gesamten ihm zu Gebote stehenden Materials zu erforschen. Behufs möglichster Klarstellung der Verhältnisse möge er namentlich den nachfolgenden Fragen Beachtung schenken:

1. Wann hat der Gemeinschuldner sein Geschäft begonnen? Welche Mittel haben ihm dazu zur Verfügung gestanden?

2. Worin hat das Geschäft bestanden? Ist die Firma in das Handelsregister eingetragen?

3. Wie hoch ist der jährliche Umsatz gewesen?

4. In welchem Umfange hat der Gemeinschuldner Wechsel- oder sonstigen wiederkehrenden Kredit in Anspruch genommen?

5. Zu welchen Steuern ist der Gemeinschuldner zuletzt veranlagt gewesen?

6. Ist der Gemeinschuldner Kaufmann im Sinne des § 1 oder des § 2 des Handelsgesetzbuches? Hatte er die Verpflichtung, Handelsbücher zu führen, oder war er von dieser Verpflichtung nach § 3 oder § 4 des Handelsgesetzbuches frei?

7. Welche Handelsbücher hat der Gemeinschuldner geführt?

8. Hätten für sein Geschäft nach Kaufmannsbrauch noch andere Bücher geführt werden sollen? Bejahendenfalls welche?

9. Entsprechen die Handelsbücher den Anforderungen des § 43 des Handelsgesetzbuchs? Oder inwiefern nicht?

10. Sind die Bücher so geführt, daß jeder sachverständige Dritte aus ihnen ohne Beihilfe und ohne Ergänzungen ihres Inhalts eine Übersicht des Vermögensstandes gewinnen kann?

11. Hat der Gemeinschuldner bei Beginn seines Geschäfts ein Inventar angefertigt? Liegt dieses vor? Entspricht es den Anforderungen der §§ 39—41 des Handelsgesetzbuchs, oder in welchen Punkten nicht?

12. Hat der Gemeinschuldner weiter in jedem Jahre (oder wenigstens alle 2 Jahre) ein solches Inventar angefertigt? Liegen die Inventare vor?

13. Hat der Gemeinschuldner bei Beginn seines Geschäfts und später alljährlich eine vorschriftsmäßige Bilanz angefertigt? Sind die Bilanzen vorhanden?

14. Bieten alle Bilanzen eine auch dem Nichtsachverständigen sofort und ohne Hilfe der Bücher verständliche Übersicht der ganzen Vermögenslage? Enthalten sie besonders den Wert aller vorhandenen Vermögensstücke und alle Schulden, auch einen das Verhältnis der Aktivmasse zur Schuldenmasse darstellenden Abschluß?

15. Worin ist die Ursache des Vermögensverfalles zu suchen? Ist dem Gemeinschuldner eine Verletzung des § 240 Nr. 1 KO. zur Last zu legen? Hat er Schleudergeschäfte im Sinne des § 240 Nr. 2 KO. gemacht?

16. Ist der Gemeinschuldner verdächtig, Vermögensstücke verheimlicht oder beiseite geschafft zu haben? Welche Verdachtsgründe liegen vor?

17. Liegen Tatsachen für den Verdacht einer Zuwiderhandlung gegen die §§ 241, 242 oder 243 KO. vor? Bejahendenfalls welche und gegen wen?

Diese Fragen werden in dem der Staatsanwaltschaft zu erstattenden Bericht (oder in der Zeugenaussage) des Verwalters einzeln zu erörtern sein. Zur Erleichterung der Berichterstattung möge sich der Verwalter des S. 60 unter 3 erwähnten als Beilage E mitgeteilten Fragebogens bedienen. Auch unaufgefordert hat er von Verbrechen oder Vergehen, die zu seiner amtlichen Kenntnis gelangen, der Staatsanwaltschaft Anzeige zu machen.

IV. Pflichten und Rechte des Verwalters aus seiner Geschäftsführung.

a) Haftbarkeit des Verwalters.

Der Verwalter hat bei seiner Geschäftsführung die im Verkehr erforderliche Sorgfalt anzuwenden. § 276 BGB. Wenn er unter Vernachlässigung dieser Sorgfalt durch Anerkennung von unbegründeten Masse-, Aussonderungs- oder Absonderungsansprüchen, durch Unterlassung der Anfechtung anfechtbarer Rechtshandlungen, durch Nichtbestreiten ungerechtfertigter Forderungen oder Vorrechtsansprüche, durch mangelhafte Aufbewahrung der zur Masse gehörigen Gegenstände oder in anderer Weise die ihm obliegenden Pflichten verletzt, so macht er sich allen Beteiligten verantwortlich. § 82 KO. Daher kann der etwa an seiner Stelle ernannte neue Verwalter[1]) ihn auf Ersatz des der Konkursmasse verursachten Schadens belangen. Dasselbe Recht steht nach Aufhebung des Konkurses dem Gemeinschuldner zu[2]). Den einzelnen Konkursgläubigern haftet der Verwalter wegen Ersatzes des ihnen ver-

[1]) RG. 20. 109 (Jur. Woch. 1888 S. 99[10]), RG. 78. 188.

[2]) RG. 34. 26 (Jur. Woch. 1894 S. 590[7]). S. dazu Warn. Rechtspr. Bd. 8 Nr. 65 S. 90. Der Verwalter kann nicht einwenden, daß der Ersatz nicht dem Gemeinschuldner sondern den Gläubigern zugute gekommen wäre. RG. 78. 186 (Jur. Woch. 1912 S. 202[30]).

sönlich durch Verletzung des § 82 KO. verursachten Schadens[1]). Die Massegläubiger sind insofern zu den Beteiligten zu rechnen, als er ihnen für die Erfüllung der ihm nach den §§ 60, 116, 191 und 205 KO. obliegenden Verpflichtungen verantwortlich ist[2]). Auch die Aussonderungs- und Absonderungsberechtigten sind als Beteiligte zu betrachten, soweit es sich um ihre Rechte an den Gegenständen handelt, bezüglich deren der Aus- oder Absonderungsanspruch besteht[3]). Mit dem Einwande, daß die ihm anvertrauten Geschäfte ihm fremd gewesen seien, kann der Verwalter sich nicht schützen. Auch für Rechtsirrtum haftet er. Aber nicht für jeden ohne Unterschied. Wenn die Rechtsfrage erheblichen Zweifeln unterliegt, oder der Irrtum aus anderen Gründen entschuldbar erscheint, so kann er nicht verantwortlich gemacht werden[4]).

Wenn die schädigende Handlung oder Unterlassung von dem Gläubigerausschusse oder der Gläubigerversammlung genehmigt worden ist, so ist dadurch der Verwalter keineswegs jeder Verantwortlichkeit ledig; es kann ihm trotzdem eine Pflichtverletzung zur Last fallen, für die er haftbar bleibt[5]).

Für etwaige Gehilfen haftet der Verwalter nach Maßgabe des § 831 BGB.

Wie und in welchem Maße er Ersatz zu leisten hat, bestimmt sich nach den §§ 249 ff. BGB.

Die Verjährungsfrist beträgt 30 Jahre[6]).

b) Sicherheitsleistung.

Zur Sicherung der Erfüllung seiner Verbindlichkeiten kann dem Verwalter das Gericht die Leistung einer Sicherheit auferlegen. § 78 Abs. 2 KO. In welcher Weise die Sicherheit zu bestellen, und in Höhe welches Betrages, entscheidet das Gericht nach seinem Ermessen. Wenn der Verwalter die geforderte Sicherheit nicht bestellen kann oder will, so mag er die Übernahme des ihm angetragenen Amtes ablehnen, oder, wenn er es schon übernommen hat, seine Enthebung verlangen oder abwarten, ob das Gericht ihn wegen Nichtbestellung der Sicherheit entlassen wird.

Ist die Sicherheit bestellt, so haftet sie mangels entgegenstehender besonderer Erklärungen des Verwalters für die sämtlichen Verbindlichkeiten aus seiner Geschäftsführung. Sie kann aber wohl dem Verwalter vom Gericht nach dessen Ermessen auch ohne Zustimmung der Beteiligten zurückgegeben werden.

Die Kosten, die durch die Bestellung einer Sicherheit entstehen, fallen der Konkursmasse zur Last. § 58 Nr. 1 KO.

---

[1]) Nicht wegen Ersatzes des der Konkursmasse entstandenen Schadens. Gruchot Bd. 31 S. 1129.

[2]) RG. 36. 93. Der Bürge eines Zwangsvergleichs ist gleichfalls als ein Beteiligter anzusehen, dem der Verwalter nach Maßgabe des § 82 verantwortlich ist. RG. 74. 258; LZ. 1912 S. 694[18]).

[3]) RG. 74. 109; Gruchot Bd. 63 S. 347 (LZ. 1919 S. 205[13]), Warneyer, Rechtsprechung Bd. 12 Nr. 167 S. 260.

[4]) RG. 39. 100; Jur. Woch. 1900 S. 73[8]; Gruchot Bd. 44 S. 1124, Bd. 45 S. 1182.

[5]) OLG. 19. 223 (Celle).

[6]) RG. 78. 190; LZ. 1912 S. 694[18].

c) Berichterstattung und Rechnungslegung.

Über die Verwaltung und Verwertung der Masse hat der Verwalter der Gläubigerversammlung oder dem Gläubigerausschusse in der Weise und in den Zeiträumen, wie die Gläubigerversammlung beschließt, Bericht zu erstatten und Rechnung zu legen. § 132 KO.[1]). Wird von der Gläubigerversammlung kein bezüglicher Beschluß gefaßt, so braucht Berichterstattung des Verwalters nur gemäß den §§ 83, 88, 131 KO. und Rechnungslegung nur bei Beendigung seines Amtes zu erfolgen. Die Rechnung bei Beendigung des Amtes (Schlußrechnung) muß in jedem Falle gelegt werden. Ist der Verwalter verstorben, so sind seine Erben, ist er geschäftsunfähig geworden, so ist sein gesetzlicher Vertreter zur Legung der Schlußrechnung verpflichtet. In diesen Fällen kann es leicht vorkommen, daß die Verpflichteten tatsächlich außerstande sind, die Schlußrechnung in genügender Weise zu legen. Alsdann wird nichts weiter übrig bleiben, als daß der neue Verwalter auf Grund des ihm vorliegenden Materials die Rechnung für die Verpflichteten aufstellt. Es besteht jedoch keine gesetzliche Verbindlichkeit hierzu, und jedenfalls braucht der neue Verwalter, wenn er sich der Aufstellung der Rechnung unterzieht, irgendwelche Gewähr für deren Richtigkeit und Vollständigkeit nicht zu übernehmen.

Die Schlußrechnung ist spätestens 3 Tage vor dem Termine, der zu ihrer Abnahme anberaumt wird, mit den Belegen auf der Gerichtsschreiberei zur Einsicht der Beteiligten niederzulegen. Vorher ist sie dem Gläubigerausschuß (wenn ein solcher vorhanden) zu unterbreiten, damit dieser sie prüft und mit seinen Bemerkungen versieht. § 86 KO. Die Schlußrechnung ist nicht dem Gericht, sondern den Konkursgläubigern und dem Gemeinschuldner zu legen. Das Gericht kann sie aber kraft seines Aufsichtsrechts prüfen und gegebenenfalls beanstanden, namentlich auch Ergänzungen und Erläuterungen verlangen.

Über Form und Inhalt der Schlußrechnung siehe im Besonderen Teil Abschnitt XVI unter C.

Zur Erfüllung der Rechenschaftspflicht hat der Verwalter unter den Voraussetzungen der §§ 259 und 260 BGB. auf Verlangen des Gemeinschuldners oder eines Konkursgläubigers den Offenbarungseid zu leisten[2]). Doch kann er dazu nur im Wege der Klage angehalten werden.

d) Die Abnahme der Schlußrechnung insbesondere. Wirkung.

Zur Abnahme der Schlußrechnung wird eine Gläubigerversammlun vom Gericht auf einen bestimmten Termin berufen. In dem Termine kann

[1]) Eine weitergehende Auskunftspflicht besteht für den Verwalter nicht. Erteilt er aber einem Beteiligten eine Auskunft, so kann er sich deswegen diesem verantwortlich machen, wenn er sie schuldhaft falsch erteilt. Warneyer, Rechtspr. Bd. 8 Nr. 65 S. 92.

[2]) LZ. 1909 S. 164[6] (OLG. Colmar). Wegen einer ferneren Verpflichtung des Verwalters zur Leistung des Offenbarungseides s. im Besonderen Teil Absch. X unter b.

jeder Konkursgläubiger, sofern er bei der Sache beteiligt ist, ferner der Gemeinschuldner und der etwaige Nachfolger des Verwalters, von dem oder für den die Rechnung gelegt wird, Einwendungen gegen die Rechnung erheben. Soweit in dem Termin von den genannten Berechtigten Einwendungen nicht erhoben sind, gilt die Schlußrechnung als von ihnen anerkannt, auch wenn sie im Termin nicht erschienen waren. § 86 KO. Schadensersatzansprüche gegen den Verwalter können somit nach Abnahme der Schlußrechnung von seiten der Konkursgläubiger, des Gemeinschuldners und des nachfolgenden Verwalters nur noch insoweit erhoben werden, als sie sich aus den im Schlußtermin vorgebrachten Einwendungen ergeben, oder einen in der Schlußrechnung nicht berührten Gegenstand betreffen, oder mittels Anfechtung der Rechnungsabnahme ihre Begründung finden[1]). Einwendungen, die nicht im Termin selbst geltend gemacht werden, werden nicht berücksichtigt. Ebensowenig Einwendungen allgemeiner und unbestimmter Art. Dagegen sind Schadensersatzansprüche nach Abnahme der Schlußrechnung in bezug auf solche Handlungen oder Unterlassungen des Verwalters für zulässig zu erachten, von denen aus der Rechnung nichts zu ersehen ist[2]). Der Verwalter muß deshalb, wenn er sich vor späteren Schadensersatzansprüchen sicher stellen will, darauf achten, daß die Schlußrechnung über seine gesamte Geschäftsführung Auskunft erteilt. Abgesehen hiervon können spätere Ansprüche gegen den Verwalter aus seiner Geschäftsführung nur dadurch begründet werden, daß die Rechnungsabnahme wegen Irrtums od. dgl. angefochten wird. §§ 119ff. BGB. Sind Einwendungen erhoben, so sind diese im Prozeßwege zum Austrag zu bringen. Klagen kann auch der Verwalter, wenn die Voraussetzungen des § 256 ZPO. vorliegen.

Zur Verweigerung der Rechnungsabnahme sind die in § 86 KO. genannten Beteiligten nur dann für befugt zu erachten, wenn die Rechnung verspätet auf der Gerichtsschreiberei niedergelegt oder so mangelhaft ist, daß sie eine wirkliche Rechnungslegung nicht enthält.

e) Ansprüche des Verwalters.

Der Verwalter hat Anspruch auf Erstattung angemessener barer Auslagen und auf Vergütung für seine Geschäftsführung[3]). § 85 KO.

Honorar und Auslagen gehören zu den Massekosten. Im Falle der Unzulänglichkeit der Konkursmasse könneu sie erst nach Tilgung sämtlicher Masseschulden berichtigt werden und nur zu gleichen Rechten mit den Gerichtskosten, die baren Auslagen vor den übrigen Kosten und Gebühren. § 60 K. Soweit die vorhandene Masse nicht ausreicht, haftet dem Verwalter

---

[1]) Diese Wirkung tritt jedoch nicht auch gegenüber anderen Beteiligten ein, z. B. nicht gegenüber den Bürgen eines Zwangsvergleichs. LZ. 1912 S. 694[18].

[2]) S. dazu RG. 87. 151 (Jur. Woch. 1915 S. 1438[14]).

[3]) Dieser Anspruch besteht auch dann, wenn auf Beschwerde über den Eröffnungsbeschluß der Konkurs wieder aufgehoben worden ist.

wegen der Auslagen und des Honorars nur der Gemeinschuldner. Die Konkursgläubiger haben dafür nicht aufzukommen, ebensowenig derjenige, der die Konkurseröffnung beantragt hat. Auch an die Staatskasse kann sich der Verwalter nicht halten[1]). Will er den Gemeinschuldner in Anspruch nehmen, so muß er den Weg der Klage beschreiten. Aber auch der Gemeinschuldner dürfte nur mit dem haften, was er etwa aus der Konkursmasse zurückerhalten hat[2]).

Das Honorar und die zu erstattenden Auslagen müssen vom Gericht festgesetzt werden[3]). § 85 Abs. 1 Satz 2 KO. Auf Grund einer bloßen Einigung mit dem Gemeinschuldner darf sie der Verwalter aus der Masse nicht entnehmen. Eine solche Einigung ist für das Gericht bei der Honorarfestsetzung nicht bindend und ihre rechtliche Wirkung überhaupt zweifelhaft[4]). Die Festsetzung erfolgt in der Regel erst bei Beendigung der Tätigkeit des Verwalters[5]). Es ist jedoch nicht unzulässig, daß das Gericht ihm schon vorher auf seinen Antrag eine Abschlagszahlung auf sein Honorar bewilligt[6]).

Vor der Beschlußfassung kann das Gericht den Gläubigerausschuß oder den Gemeinschuldner hören, auch Ermittelungen, insbesondere durch Einforderung und Prüfung der Akten und Bücher des Verwalters anstellen.

Gegen die Festsetzung steht dem Verwalter, dem Gemeinschuldner und jedem Konkursgläubiger das Recht der sofortigen Beschwerde zu. § 73 Abs. 3 KO.

α) Auslagen.

Unter den Auslagen sind nur solche zu verstehen, die dem Verwalter persönlich bei Ausübung seines Amtes entstanden sind. Also namentlich: Reise- und Zehrungskosten, Porti, Auslagen für Schreibbedarf, ferner Mietzins für Räumlichkeiten, die er behufs der Geschäftsführung hat mieten müssen, Gehalt von Gehilfen, die er behufs Bewältigung der ihm obliegenden Geschäfte angenommen hat, die Mieten und die Gehälter jedoch nur, sofern sie gerade für den betreffenden Konkurs haben aufgewendet werden müssen. Diese und ähnliche Auslagen werden dem Verwalter insoweit erstattet, als ihre Aufwendung angemessen war. Zu den der Festsetzung bedürfenden Auslagen gehören nicht die Aufwendungen, die der Verwalter aus der Kon-

---

1) Jur. Woch. 1899 S. 96[30] (RG. 43. 62).

2) OLG. Hamburg in der LZ. 1912 S. 867 und 1914 S. 1406[10].

3) Ein Zurückbehaltungsrecht an der Masse gesteht das Reichsgericht dem Verwalter wegen seiner Ansprüche, solange sie nicht festgesetzt sind, nicht zu, nicht einmal dann, wenn ein solches Recht von dem nachfolgenden Verwalter vertragsmäßig eingeräumt ist. Jur. Woch. 1903 S. 51[23] (RG. 53. 190).

4) Auch wenn nach Beendigung des Konkurses erfolgt und auch im Falle des Zwangsvergleichs. Gruch. Bd. 50 S. 1126, LZ. 1911 S. 401[3] (OLG. Colmar).

5) Nach Beendigung des Konkurses ist sie wohl nicht mehr zulässig. LZ. 1914 S. 202 OLG. 32. 394 (Stuttgart).

6) In § 7 des Tarifs zur Preuß. Konkursordnung vom 8. Mai 1855 war das ausdrücklich gestattet.

kursmasse zur Befriedigung von Masseansprüchen gemacht hat, so z. B. Prozeßkosten, Inventurkosten, sowie alles, was der Verwalter zur Erfüllung von Verträgen, mögen diese von ihm selbst oder vom Gemeinschuldner geschlossen sein, aufgewendet hat. Dergleichen Aufwendungen müssen stets aus der Konkursmasse berichtigt werden, auch wenn sie unzweckmäßig waren oder gar durch ein Verschulden des Verwalters nötig werden. Nur finden ihretwegen unter Unständen Schadensersatzansprüche gegen den Verwalter statt. Auch hat das Gericht es in der Hand, Verschuldungen oder unzweckmäßige Maßnahmen des Verwalters bei Bemessung des Honorars zu berücksichtigen.

β) Honorar.

Die Festsetzung der Vergütung für die Geschäftsführung (des Honorars) des Verwalters erfolgt ebenfalls durch das Gericht. Die Landesjustizverwaltung kann über die Bemessung der Vergütung allgemeine Anordnungen treffen. § 85 Abs. 2 KO. Dergleichen Anordnungen sind jedoch in Preußen bisher nicht erlassen worden[1]). Soweit Anordnungen der Landesjustiz-

---

[1]) Der Tarif, der für die alte preußische Konkursordnung vom 8. Mai 1855 galt, ist seit dem Inkrafttreten der Reichskonkursordnung außer Kraft.

In Württemberg ist durch eine Verfügung des Justizministers vom 24. Oktober 1900 folgendes bestimmt:

Der Verwalter soll erhalten je nach dem Umfange seiner Tätigkeit:

Bei einer Bruttoteilungsmasse von nicht mehr als 1000 M. 10—15%.

Bei einer größeren Teilungsmasse

von dem Betrage bis zu 1000 M.			6—8%,
" " " über	1000 M. bis zu	5000 M.	5—6%,
" " " "	5000 " " "	10000 "	4—5%,
" " " "	10000 " " "	20000 "	2—3%,
" " " "	20000 " " "	50000 "	1—2%,
von dem überschießenden Betrage			½—1%.

In Baden ist durch einen Erlaß des Justizministers vom 17. März 1905 Anlehnung an den württembergischen Tarif empfohlen.

Nach einem Beschlusse des Oberlandesgerichts Braunschweig vom 2. April 1907 soll die Vergütung des Verwalters betragen:

von dem Betrage der Teilungsmasse bis zu 2000 M.			10%,
" " " " " über	2000 M. bis	5000 M.	6%,
" " " " " "	5000 "	10000 "	4%,
" " " " " "	10000 " "	20000 "	2%,
" " " " " "	20000 "		1%

In Berlin ist durch einen gemeinsamen Beschluß der Konkursrichter des Amtsgerichts Berlin-Mitte vom 29. Juli 1924 folgender Gebührentarif aufgestellt:

Der Verwalter soll der Regel nach erhalten

a) wenn der Konkurs durch Ausschüttung der Masse oder durch einen nach vollständiger oder doch fast vollständiger Verwertung der Masse abgeschlossenen Zwangsvergleich beendet ist

von der Teilungsmasse bis zu 5000 M.			6%,
" " " von mehr als	5000 bis	20000 M.	3%,
" " " " " "	20000 "	50000 "	2%,
" " " " " "	50000 "	100000 "	1%,
" " " " " "	100000		½%,

verwaltung nicht bestehen, hat das Gericht unter Würdigung aller Umstände, namentlich der vom Verwalter bewiesenen Tätigkeit und Tüchtigkeit, der größeren oder geringeren Schwierigkeit der Verwaltung, des Betrages der Masse, der Dauer der Tätigkeit des Verwalters, der Zahl der stattgehabten Verteilungen usw., nach seinem Ermessen das Honorar festzusetzen.

---

b) wenn der Konkurs durch einen Zwangsvergleich beendet ist, der bis zu dem allgemeinen Prüfungstermin oder bald noch diesem Termine angeboten ist, zweie Drittel der Sätze zu a),

mindestens aber 100 M.

Maßgebend für die Bemessung des Honorars soll aber immer das Maß der Mühewaltung bleiben, die der Konkurs verursacht hat. Von den regelmäßigen Gebührensätzen soll daher bei geringerer Mühewaltung, wie z. B. im Falle einer Einstellung des Verfahrens oder einer Aufhebung des Eröffnungsbeschlusses, nach unten, bei besonders großer Mühewaltung nach oben abgewichen werden.

Bei Berechnung der Teilungsmasse werden Grundstücke nur mit dem zur Konkursmasse geflossenen Erlöse und, wenn sie nicht veräußert sind, nur mit dem Werte, den sie nach Abzug sämtlicher Belastungen für die Masse haben, in Ansatz gebracht. Entsprechend wird es gehalten mit anderen Sachen und Rechten, die mit einem Pfandrecht belastet sind. Uneinziehbare Forderungen und solche, die der Schuldner durch Aufrechnung mit Gegenforderungen tilgen kann, bleiben außer Ansatz.

B. Besonderer Teil.

I. Die Konkursmasse.

Das Konkursverfahren soll den Gläubigern des Gemeinschuldners aus seinem gesamten Vermögen, soweit dieses überhaupt ihrem Zugriff unterliegt, gemeinschaftlich und nach dem Grundsatz der Gleichberechtigung Befriedigung verschaffen. Teilnahmeberechtigt sind nur die zur Zeit der Konkurseröffnung vorhandenen Gläubiger. Die aber erhalten im Konkurse Befriedigung auch nur aus dem pfändbaren und zu der genannten Zeit vorhandenen Vermögen. Dem Gemeinschuldner wird also durch die Konkurseröffnung nicht schlechthin die Verfügung über sein ganzes Vermögen entzogen. Die Konkursmasse besteht nur aus dem Vermögen, das einer Zwangsvollstreckung unterliegt und dem Gemeinschuldner zur Zeit der Konkurseröffnung gehört. § 1 Abs. 1 KO.

A. Zur Konkursmasse gehören nur Vermögensrechte des Gemeinschuldners, nicht auch seine persönlichen Rechte, wie z. B. das Recht zur Verwaltung des Vermögens seiner Ehefrau[1]) und seiner Kinder; ferner die Verwaltungsrechte, die dem Gemeinschuldner kraft eines Gesellschaftsvertrags, eines Auftrags, oder eines Dienstvertrags zustehen[2]). Zu den persönlichen Rechten des Gemeinschuldners gehört auch das Recht auf den Gebrauch seines Namens (§ 12 BGB.), das Recht auf Führung einer Handlungsfirma[3]) und die Befugnis zur Ausübung der dem Gemeinschuldner persönlich erteilten Erlaubnis zu einem Gewerbebetriebe[4]).

---

[1]) Das Verwaltungsrecht des Ehemannes am Eingebrachten der Frau erlischt allerdings überhaupt, sobald der Beschluß über die Eröffnung des Konkurses rechtskräftig ist. § 1419 BGB. Wegen der Nutznießungsrechte des Ehemanns und der Eltern s. unter B 4 a. E.

[2]) Soweit diese Rechte nicht infolge des Konkurses erlöschen, bleiben sie dem Gemeinschuldner.

[3]) RG. 9. 104, Gruch. Bd. 38 S. 1184. Ebenso verhält es sich mit dem Rechte, die Firma zu geschäftlichen Reklamen zu gebrauchen. Jur. Woch. 1902 S. 95[25].

[4]) LZ. 1912 S. 661[30] (Schankerlaubnis). Zu den persönlichen Rechten eines Arztes gehört seine Praxis. Hat er sie aber vor der Konkurseröffnung veräußert, so gehört sein Anspruch auf das noch ausstehende Entgelt und ebenso das bereits eingezogene Entgelt zur Konkursmasse. Jur. Woch. 1914 S. 210[26] (LZ. 1914 S. 491[12]).

B. Im Konkurse soll den Gläubigern des Gemeinschuldners dessen Vermögen — von geringfügigen Abweichungen abgesehen — nur in demselben Umfange zur Befriedigung dienen, wie jeder einzelne außerhalb des Konkurses sie daraus würde haben suchen können. Zur Konkursmasse gehören daher nur diejenigen Vermögensrechte des Gemeinschuldners, die einer Zwangsvollstreckung unterliegen. Die geringen Ausnahmen von diesem Grundsatze enthalten die Absätze 2 bis 4 des § 1 KO. Ob die Zwangsvollstreckung durch die besondere Natur der Vermögensrechte ausgeschlossen ist oder nur im Interesse des Schuldners durch besondere gesetzliche Vorschrift, begründet keinen Unterschied.

Im einzelnen gilt folgendes:

1. Grundstücke gehören zur Konkursmasse, soweit nicht nach den Art. 57ff. des Einf.-Ges. zum BGB. und den dadurch in Kraft erhaltenen Landesrechten Einschränkungen stattfinden.

2. Von beweglichen Sachen gehören diejenigen zur Konkursmasse nicht, deren Pfändung nach § 811 Nr. 1, 2, 3, 5 bis 8, 10 bis 13 ZPO. nicht erfolgen darf[1]), mit alleiniger Ausnahme der Geschäftsbücher des Gemeinschuldners (§ 1 Abs. 3 KO.).

---

[1]) Die genannten Bestimmungen des § 811 ZPO. lauten in ihrer jetzigen Fassung: Folgende Sachen sind der Pfändung nicht unterworfen:

1. die Kleidungsstücke, die Betten, die Wäsche, das Haus- und Küchengerät, insbesondere die Heiz- und Kochöfen, soweit diese Gegenstände für den Bedarf des Schuldners oder zur Erhaltung eines angemessenen Hausstandes unentbehrlich sind;
2. die für den Schuldner, seine Familie und sein Gesinde auf vier Wochen erforderlichen Nahrungs-, Feuerungs- und Beleuchtungsmittel oder, soweit solche Vorräte auf zwei Wochen nicht vorhanden und ihre Beschaffung für diesen Zeitraum auf anderem Wege nicht gesichert ist, der zur Beschaffung erforderliche Geldbetrag;
3. eine Milchkuh oder nach der Wahl des Schuldners statt einer solchen zwei Ziegen oder zwei Schafe nebst den zum Unterhalt und zur Streu für dieselben auf vier Wochen erforderlichen Futter- und Streuvorräten oder, soweit solche Vorräte auf zwei Wochen nicht vorhanden sind, dem zur Beschaffung erforderlichen Geldbetrage, wenn die bezeichneten Tiere für die Ernährung des Schuldners, seiner Familie und seines Gesindes unentbehrlich sind;
5. bei Künstlern, Handwerkern, gewerblichen Arbeitern und anderen Personen, welche aus Handarbeit oder sonstigen persönlichen Leistungen ihren Erwerb ziehen, die zur persönlichen Fortsetzung der Erwerbstätigkeit unentbehrlichen Gegenstände;
6. bei den Witwen und den minderjährigen Erben der unter Nr. 5 bezeichneten Personen, wenn sie das Erwerbsgeschäft für ihre Rechnung durch einen Stellvertreter fortführen, die zur persönlichen Fortführung des Geschäfts durch den Stellvertreter unentbehrlichen Gegenstände;
7. bei Offizieren, Deckoffizieren, Beamten, Geistlichen, Lehrern an öffentlichen Unterrichtsanstalten, Rechtsanwälten, Notaren sowie Ärzten und Hebammen die zur Verwaltung des Dienstes oder Ausübung des Berufs erforderlichen Gegenstände, sowie anständige Kleidung;
8. bei Offizieren, Militärärzten, Deckoffizieren, Beamten, Geistlichen, bei Ärzten und Lehrern an öffentlichen Anstalten ein Geldbetrag, welcher dem der Pfändung nicht unterworfenen Teile des Diensteinkommens oder der Pension für

Gegenstände, die zum gewöhnlichen Hausrat gehören und im Haushalte des Gemeinschuldners gebraucht werden, sind nicht nur, soweit sie unter § 811 Nr. 1 ZPO. fallen, sondern überhaupt von der Konkursmasse ausgeschlossen, falls ohne weiteres ersichtlich ist, daß durch ihre Verwertung nur ein Erlös erzielt werden würde, der zu ihrem Werte außer allem Verhältnis steht. § 812 ZPO., § 1 Abs. 4 KO.

3. Forderungen gehören zur Konkursmasse, gleichviel, auf welchem Rechtsgrunde sie beruhen[1]). Sie sind aber der Regel nach nur insoweit Bestandteile der Konkursmasse, als sie übertragbar sind. Übertragbar sind Forderungen nicht, wenn sie nach ihrer Natur oder dem Willen des Begründers mit der Person des Berechtigten untrennbar verbunden oder durch Gesetz für unübertragbar erklärt sind. So z. B. gewisse Ansprüche aus dem Gesellschaftsverhältnis (§ 717 BGB.) und im Zweifel Ansprüche auf Dienste (§ 613 BGB.) sowie persönliche Vorkaufsrechte (§ 514 BGB.); ferner der Anspruch der Tochter gegen die Eltern auf Gewährung einer Aussteuer (§ 1623 BGB.[2]). Sind Forderungen gemäß dem § 399 BGB. nur darum nicht übertragbar, weil die Leistung, auf die sie gerichtet sind, an einen anderen als den ursprünglichen Gläubiger nicht ohne Veränderung ihres Inhalts erfolgen kann, oder weil die Abtretung durch Vereinbarung ausgeschlossen ist, so werden sie zur Konkursmasse gezogen, soweit der geschuldete Gegenstand der Pfändung unterworfen ist. § 851 ZPO.

Eine ganze Reihe von Forderungen ist überhaupt der Pfändung nicht unterworfen und deshalb von der Konkursmasse ausgeschlossen. Diese Forderungen sind zumeist in § 850 ZPO.[3]) aufgeführt. Zu ihnen gehören

---

die Zeit von der Pfändung bis zum nächsten Termine der Gehalts- oder Pensionszahlung gleichkommt;

10. die Bücher, welche zum Gebrauche des Schuldners und seiner Familie in der Kirche oder Schule oder einer sonstigen Unterrichtsanstalt oder bei der häuslichen Andacht bestimmt sind;
11. die in Gebrauch genommenen Haushaltungs- und Geschäftsbücher, die Familienpapiere sowie die Trauringe, Orden und Ehrenzeichen;
12. künstliche Gliedmaßen, Brillen und andere wegen körperlicher Gebrechen notwendige Hilfsmittel, soweit diese Gegenstände zum Gebrauche des Schuldners und seiner Familie bestimmt sind;
13. die zur unmittelbaren Verwendung für die Bestattung bestimmten Gegenstände.

Zur Konkursmasse gehören aber nach der besonderen Bestimmung des § 1 Abs. 2 KO.:
die Erzeugnisse und das Inventar landwirtschaftlicher Besitzungen,
die zum Betriebe einer Apotheke dienenden Geräte, Gefäße und Waren sowie das Inventar der Posthaltereien,
obwohl diese Gegenstände nicht oder nur beschränkt pfändbar sind.

[1]) Wohl auch die Rechte aus Jagdpachtverträgen. LZ. 1913 S. 794[6] (OLG. Celle).

[2]) Aber nur der gesetzliche Anspruch, wie er in den §§ 1620 bis 1622 BGB. geregelt ist. Vertragsmäßige Ansprüche auf Aussteuer, Mitgift u. dgl. gehören natürlich zur Konkursmasse.

[3]) Der § 850 ZPO. lautet jetzt, soweit er hier interessiert:
Der Pfändung sind nicht unterworfen:
1. Der Arbeits- oder Dienstlohn nach den Bestimmungen des Reichsgesetzes vom 21. Juni 1869 (RGBl. 1869, S. 242 und 1871, S. 63, RGBl. 1897 S. 159)

aber auch die Ansprüche auf Krankenunterstützung, Unfallrenten, Alters- und Invalidenrenten aus den Versicherungsgesetzen[1]), sowie viele sonstige, auf besonderer gesetzlicher Fürsorge beruhende Ansprüche.

Ansprüche auf Gewährung oder Ergänzung des Pflichtteils (§§ 2303 ff. BGB.) gehören nur dann zur Konkursmasse, wenn sie vor der Konkurseröffnung durch Vertrag anerkannt oder rechtshängig geworden sind. § 852 Abs. 1 ZPO. Die Rechtshängigkeit wird herbeigeführt durch Erhebung der Klage (§ 263 Abs. 1 ZPO.) und durch Zustellung eines Zahlungsbefehls (§ 693 ZPO.).

Das gleiche wie für Pflichtteilsansprüche gilt für den Anspruch auf Ersatz des sog. immateriellen Schadens (§ 847 BGB.), ferner für den in § 528 BGB. dem Geschenkgeber wegen eigener Bedürftigkeit gewährten Anspruch auf Herausgabe des Geschenks. § 852 Abs. 2 ZPO. Der Anspruch

---

und der Verordnung über Lohnpfändung vom 25. Juni 1919 (RGBl. 1919 S. 589, 1921 S. 1657, 1923 I S. 1186, 1924 I S. 25);

2. die auf gesetzlicher Vorschrift beruhenden Alimentenforderungen und die nach § 844 des BGB. wegen der Entziehung einer solchen Forderung zu entrichtende Geldrente;
3. die fortlaufenden Einkünfte, welche ein Schuldner aus Stiftungen, oder sonst auf Grund der Fürsorge und Freigebigkeit eines Dritten bezieht, insoweit der Schuldner zur Bestreitung des notdürftigen Unterhalts für sich, seinen Ehegatten und seine noch unversorgten Kinder dieser Einkünfte bedarf;
4. die aus Kranken-, Hilfs- oder Sterbekassen, insbesondere aus Knappschaftskassen und Kassen der Knappschaftsvereine zu beziehenden Hebungen;
5. die Invalidenpension der Unteroffiziere und der Mannschaften nach den Bestimmungen der Versorgungsgesetze;
6. das Diensteinkommen der Militärpersonen, welche zu einem mobilen Truppen teile oder zur Besatzung eines in Dienst gestellten Kriegsfahrzeuges gehören
7. die Pensionen der Witwen und Waisen und die denselben aus Witwen- und Waisenkassen zukommenden Bezüge, die Erziehungsgelder und die Studienstipendien sowie die Pensionen invalider Arbeiter;
8. das Diensteinkommen der Offiziere, Militärärzte und Deckoffiziere, der Beamten, der Geistlichen sowie der Ärzte und Lehrer an öffentlichen Anstalten; die Pension dieser Personen nach deren Versetzung in einstweiligen oder dauernden Ruhestand sowie der nach ihrem Tode den Hinterbliebenen zu gewährende Sterbe- oder Gnadengehalt.
9. Das Diensteinkommen der Unteroffiziere und Mannschaften der Wehrmacht.

Uebersteigen in den Fällen Nr. 7—9 das Diensteinkommen, die Pension o. die sonstigen Bezüge die Summe von 30 Goldmark für die Woche, so ist der dritte Teil des Mehrbetrages der Pfändung unterworfen. Das Wertverhältnis der Goldmark zur Reichswährung bestimmt sich nach dem für die Reichssteuern geltenden Umrechnungssatz im Zeitpunkt der Fälligkeit der Bezüge. Der Reichsjustizminister ist ermächtigt, einen anderen Umrechnungssatz zu bestimmen. Die Beihilfen und die Zulagen, die den in Absatz 1 unter 7—9 bezeichneten Personen mit Rücksicht auf das Vorhandensein unterhaltsberechtigter Angehöriger gewährt werden, sind weder der Pfändung unterworfen, noch bei der Ermittlung, ob und zu welchem Betrage ein Bezug der Pfändung unterliegt, zu berechnen. Das gleiche gilt für die Einkünfte, die zur Bestreitung eines Dienstaufwands bestimmt sind.

Die nach § 843 des Bürgerlichen Gesetzbuchs wegen einer Verletzung des Körpers oder der Gesundheit zu entrichtende Geldrente ist der Pfändung nur nach Maßgabe der Verordnung über Lohnpfändungen vom 25. Juni 1919 (RGBl. 1919 S. 589, 1921 S. 1657, 1923 I S. 1186, 1924 I S. 25) unterworfen.

[1]) Siehe § 119 der Reichsversicherungsordnung vom 19. Juli 1911.

des Geschenkgebers auf Vollziehung der dem Beschenkten gemachten Auflage (§ 525 Abs. 1 BGB.) und auf Herausgabe des Geschenks wegen Nichtvollziehung der Auflage (§ 527 BGB.) gehört wohl zur Konkursmasse, dagegen ist das Recht zum Widerruf von Schenkungen wegen groben Undanks (§ 530 BGB.) an die Person des Geschenkgebers gebunden und deshalb der Konkursmasse nicht beizurechnen.

Hat der Gemeinschuldner, um sich von einer Schuld zu befreien, Geld oder Wertsachen für den Gläubiger hinterlegt, so gehört das ihm gesetzlich (§ 376 BGB.) zustehende Recht, die hinterlegten Sachen zurückzunehmen, nicht zur Konkursmasse[1]). § 377 Abs. 1 BGB.)

4. Andere Vermögensrechte[2]) gehören zur Konkursmasse, soweit sie übertragbar sind oder wenigstens ihre Ausübung ohne Änderung ihres Inhalts einem anderen überlassen werden kann. § 413 BGB. § 857 Abs. 3 ZPO.

Übertragbar und deshalb zur Konkursmasse zu ziehen sind: Ansprüche auf Erteilung von Erfindungspatenten[3]) und Rechte aus erteilten Patenten[4]) (Gesetz vom 7. April 1891, § 6), Lizenzrechte[5]), Rechte aus eingetragenen Warenzeichen[6]) (Gesetz vom 12. Mai 1894, § 7), Rechte aus Verlagsverträgen[7]). Urheberrechte an Werken der Literatur und der Kunst gehören zur Masse nur beschränkt. Vgl. § 10, Ges. vom 19. Juni 1901.

Nicht zur Konkursmasse gehören die beschränkten persönlichen Dienstbarkeiten, namentlich Wohnungsrechte, falls nicht ihre Ausübung nach ihrer Natur oder dem Willen der Begründer einem anderen überlassen werden darf. § 1092 BGB. Ferner gehört wohl nicht zur Konkursmasse das Recht, ein Testament oder eine sonstige letztwillige Verfügung wegen Irrtums, Zwanges oder aus einem anderen vom Gesetz zugelassenen Grunde (vgl. die §§ 2078, 2079 BGB.) anzufechten.

---

[1]) Auch der Gemeinschuldner selbst kann während der Dauer des Konkurses das Rücknahmerecht nicht ausüben. § 377 Abs. 2 BGB.

[2]) Zu den Vermögensrechten ist auch das Recht aus einer dem Gemeinschuldner ausgehändigten Anweisung (§ 783 BGB., § 363 HGB.) zu zählen, auch wenn die Anweisung von dem Angewiesenen noch nicht angenommen ist. Der Verwalter kann also die Anweisung für die Masse verwerten. Der Anweisende hat jedoch das in § 790 BGB. bestimmte Widerrufsrecht.

[3]) RG. 52. 227. Der Anspruch entsteht durch die Anmeldung. Ob der Gemeinschuldner berechtigt ist, die Anmeldung noch nach der Konkurseröffnung zurückzuziehen, läßt das Reichsgericht unentschieden.

[4]) Nicht aber ein Anspruch auf Nichtigkeitserklärung eines Erfindungspatents, weil ein solcher Anspruch kein besonderes Vermögensrecht ist. Deshalb ist der Verwalter nicht befugt, eine Klage des Gemeinschuldners auf Nichtigkeitserklärung für die Masse fortzuführen. Jur. Woch. 1893 S. 351[34].

[5]) RG. 89. 114.

[6]) Diese Rechte dürfen nur nicht ohne das Geschäft, wozu sie gehören, veräußert werden. LZ. 1907. 230[13]. Unter welchen Voraussetzungen das Geschäft des Gemeinschuldners zur Masse gehört, darüber s. Zeitschr. f. deutschen Zivilprozeß Bd. 33 S. 466, §§ 29, 41, 55 GO.

[7]) Wegen dieser s. aber § 36 des Reichsges. v. 19. Juni 1901.

Wie weit Ansprüche auf Buße zur Konkursmasse zu rechnen sind, ist zweifelhaft und streitig. Sie dürften mindestens nicht ohne Zustimmung des Verwalters vom Gemeinschuldner erhoben werden können, wenn und soweit die Buße die Entschädigung für vermögensrechtliche Nachteile darstellt und diese Nachteile durch Handlungen entstehen, die vor der Konkurseröffnung gegen den Gemeinschuldner begangen sind, denn der Schadensersatzanspruch gehört in solchem Falle zweifellos zur Konkursmasse, die Zuerkennung der Buße schließt aber weitere Entschädigungsansprüche stets aus. §§ 188, 231 StrGB., § 64 des Ges. über das Urheberrecht vom 19. Juni 1901 in Verbindung mit § 18 des Ges. vom 11. Juni 1870, § 37 des Patentgesetzes vom 7. April 1891, § 18 des Ges. zum Schutze der Warenbezeichnungen vom 12. Mai 1894, § 26 des Ges. gegen den unlauteren Wettbewerb vom 7. Juni 1909. Deswegen wird in dem vorausgesetzten Falle auch der Anspruch auf eine bereits vor der Konkurseröffnung dem Gemeinschuldner rechtskräftig zuerkannte Buße zur Konkursmasse zu ziehen sein.

Nießbrauchsrechte gehören insoweit zur Konkursmasse, als es sich um ihre Ausübung handelt; nur das dingliche Recht selbst ist unübertragbar und fällt deswegen nicht in die Masse. § 1059 BGB. (ebenso nach früherem Preuß. Recht, Allg. Landr. T. I, Titel 21, § 110). Indessen sind die gesetzlichen Nutznießungsrechte des Gemeinschuldners an dem Vermögen seiner Ehefrau und seiner Kinder von der Konkursmasse ausgeschlossen, auch soweit diese Rechte durch die Konkurseröffnung unberührt bleiben. §§ 861, 862 ZPO[1])

Die Einkünfte, die der Gemeinschuldner von dem Eingebrachten seiner Ehefrau und von dem Vermögen seiner Kinder kraft seines Nutznießungsrechts bereits vor der Konkurseröffnung gezogen hat, gehören zur Konkursmasse auch nur insoweit, als sie nicht zur Erfüllung der nach den §§ 1384 bis 1387 BGB. ihm obliegenden Verpflichtungen, zur Bestreitung seines eigenen standesmäßigen Unterhalts und zur Erfüllung der ihm gegenüber

---

[1]) Das gilt rücksichtlich des Vermögens der Kinder nach Art. 203 Einf.-Ges. z. BGB. auch dann, wenn das Vermögen schon vor dem 1. Januar 1900 vorhanden und der Nutznießung unterworfen gewesen ist. RG. 48. 192. Rücksichtlich des Vermögens der Ehefrau ist es freilich anders. Für die vor dem Inkrafttreten des BGB. geschlossenen Ehen bleibt nach Art. VI des Einf.-Ges. zur Novelle zur KO. vom 17. Mai 1898 und Art. 200 Einf.-Ges. zum BGB. auch in den seit dem 1. Januar 1900 eröffneten Konkursen die Bestimmung des § 1 Abs. 2 der alten KO. in Kraft. Danach gehört in solchen Ehen der Nießbrauch, der nach den Landesgesetzen dem Gemeinschuldner an dem Vermögen seiner Ehefrau zusteht, zur Konkursmasse insoweit, als das Vermögen zur Zeit der Konkurseröffnung vorhanden ist. Nur hat aus den Nutzungen, die davon während der Dauer des Konkurses gezogen werden können, der Gemeinschuldner die Mittel zu beanspruchen, welche zu seinem angemessenen Unterhalt und dazu erforderlich sind, um eine ihm obliegende gesetzliche Verpflichtung zum Unterhalt seiner Ehefrau oder zum Unterhalt und zur Erziehung seiner ehelichen Kinder zu erfüllen. In Preußen und in den meisten anderen Bundesstaaten ist aber der § 1 Abs. 2 der früheren KO. jetzt ohne Bedeutung. Das Preuß. Ausf.-Ges. zum BGB. vom 20. September 1899 hat in Art. 45 § 1 an die Stelle der Vorschriften des Abschn. 5 T. II Titel 1 ALR. die Vorschriften des BGB. über das gesetzliche Güterrecht gesetzt. Nach den Art. 46, 49 und 50 sind die Vorschriften dieses Güterrechts auch an die Stelle der Vorschriften des Märkischen Provinzialrechts, des gemeinen Dotalrechts und der in Art. 50 bezeichneten Gesetze getreten.

seiner Ehefau, seiner früheren Ehefrau oder seinen Verwandten gesetzlich obliegenden Unterhaltspflicht erforderlich sind. § 861 Abs. 1 Satz 2, § 862 Abs. 2 ZPO. Das gleiche gilt für die fälligen Ansprüche des Gemeinschuldners, die sich auf die §§ 1655, 1656 BGB. gründen. Vor ihrer Fälligkeit können solche Ansprüche überhaupt nicht zur Konkursmasse gezogen werden. § 862 Abs. 1 ZPO.

C. Der Gemeinschuldner behält zu seiner Verfügung, was er nach der Konkurseröffnung durch seine Arbeit, durch Glücksfälle oder auf andere Weise erwirbt.

Für die Frage der Zugehörigkeit zur Konkursmasse kommt es also bei den einzelnen vorhandenen Sachen und Rechten allemal darauf an, wann sie als erworben anzusehen sind.

1. Für den Erwerb eines Rechtes ist der Zeitpunkt entscheidend, in dem das das Recht begründende Ereignis stattfindet. Ob das Recht sofort endgültig begründet ist oder ob es nur als ein bedingtes entsteht, darauf kommt nichts an[1]). Ansprüche, deren Verwirklichung noch von einer aufschiebenden Bedingung abhängt, gehören also zur Konkursmasse, und zwar selbst dann, wenn die Erfüllung der Bedingung von dem Willen oder von einer Handlung des Gemeinschuldners abhängig sein sollte. Der Inhalt solcher Ansprüche bestimmt sich, wenn sie unter der Herrschaft des Bürgerlichen Gesetzbuches begründet sind, nach den §§ 159—162 BGB., sonst nach dem maßgebenden Landesrecht. Was der Gemeinschuldner unter einer auflösenden Bedingung erworben hat, gehört zur Konkursmasse, jedoch mit den aus dem Vorhandensein der Bedingung sich ergebenden Beschränkungen. Der Verwalter darf darüber nur soweit verfügen, als es ohne Verletzung der bei Eintritt der Bedingung für Andere begründeten Rechte geschehen kann[2]). Vgl. § 161 BGB. Ähnlich verhält es sich mit Ansprüchen, die für den Gemeinschuldner erst von einer gewissen Zeit ab oder nur auf eine gewisse Zeit bestehen. Demnach gehört zur Konkursmasse namentlich eine vom Gemeinschuldner erworbene Erbschaft auch dann, wenn er sie nur als Vorerbe, d. h. nur mit der Beschränkung besitzt, daß sie später — sei es schon zu seinen Lebzeiten, sei es mit seinem Tode — nach der Bestimmung des Erblassers einem Anderen anfällt. In diesem Falle kann indes über die Erbschaft zum Nutzen der Konkursmasse nur in sehr beschränktem Maße verfügt werden. Vgl. Abschnitt IX unter Be. Unter welchen Voraussetzungen das Recht des Gemeinschuldners aus seiner Einsetzung als Nacherbe (einer fideikommissarischen Substitution) zur Konkursmasse gehört, darüber siehe S. 32 letzter Abs. 3.

2. Wegen der Zeit der Entstehung von Forderungen s. Abschn. XII unter a). Ist der Gemeinschuldner Mitglied einer eingetragenen Genossenschaft, so gehört sein Anspruch auf Auszahlung des Geschäftsguthabens

---

[1]) RG. 52. 51. Der Anspruch auf den Mäklerlohn entsteht schon (bedingt) mit dem Abschluß des Mäklervertrags. LZ. 1917 S. 1015[24] (München). OLG. 35. 244.

[2]) Verletzt er solche Rechte in schuldhafter Weise, so ist aus der Masse Schadensersatz zu leisten. § 59 Nr. 1 KO.

(§ 73 des Genossenschaftsgesetzes) zur Konkursmasse, auch wenn die Kündigung, die die Voraussetzung seines Ausscheidens aus der Genossenschaft und damit auch die Voraussetzung für die Geltendmachung seines Anspruchs auf Auszahlung seines Geschäftsanteils bildet, zur Zeit der Konkurseröffnung noch nicht stattgefunden hat[1]).

3. Rechte auf fortlaufende Hebungen gehören ganz zur Masse, sofern der Rechtsgrund, auf dem sie beruhen, schon vor der Konkurseröffnung entstanden war. Der Verwalter kann daher nicht nur die im Laufe des Konkurses fällig werdenden Hebungen einziehen, sondern auch das Recht auf die erst nach Beendigung des Konkurses fällig werdenden veräußern. So verhält es sich insbesondere mit Rentenansprüchen (auch Ansprüchen auf eine Leibrente[2]), Altenteilsansprüchen, Pensionsforderungen)[3], die durch Gesetz, Vertrag oder letztwillige Verfügung schon zur Zeit der Konkurseröffnung begründet waren. Dagegen sind Gehaltsforderungen des Gemeinschuldners für Dienstleistungen nach der Konkurseröffnung nicht zur Masse zu rechnen, da diese Forderungen erst durch die Leistung der Dienste erworben werden.

4. Ob Erbschaften[4]) zur Masse gehören, dafür ist entscheidend, nicht ob ihr Anfall, sondern ob ihr Erwerb durch den Gemeinschuldner zur Zeit der Konkurseröffnung bereits stattgefunden hat oder nicht. Nach dem BGB. §§ 1922, 1942 vollzieht sich der Erwerb kraft Gesetzes mit dem Anfall. Der Anfall gilt jedoch als nicht geschehen, wenn innerhalb der gesetzlichen Frist und in der gesetzlichen Art und Form die Erbschaft ausgeschlagen wird. § 1953 Abs. 1 BGB. Die Ausschlagung muß dem zuständigen Nachlaßgericht gegenüber und in öffentlich beglaubigter Form erklärt werden. Wird sie durch einen Bevollmächtigten erklärt, so muß dessen Vollmacht in öffentlich beglaubigter Form ausgestellt sein und dem Nachlaßgericht innerhalb der Ausschlagungsfrist beigebracht werden. § 1945 BGB. Die Ausschlagung kann nur erfolgen innerhalb sechs Wochen[5]) nach dem Zeitpunkt, in dem der Erbe von dem Anfall der Erbschaft und von dem Grunde seiner Berufung (Erbvertrag, Testament, Gesetz) Kenntnis erlangt hat. § 1944 BGB. Sie wird ausgeschlossen dadurch, daß der Erbe die Erbschaft annimmt. § 1943 BGB. Die Annahme ist jederzeit nach dem Erbanfall zulässig und bedarf keiner besonderen Form, kann also auch stillschweigend durch Handlungen, die den Willen der Annahme der Erbschaft erkennen lassen, erfolgen. Die einmal erklärte Annahme ist, ebenso wie die rechtzeitig und gehörig erklärte Ausschlagung, unwiderruflich (nur gegebenenfalls nach den allgemeinen Grundsätzen über Willenserklärungen anfechtbar).

---

[1]) RG. 36. 20.

[2]) Jur. Woch. 1908 S. 103[1] u. S. 461[32].

[3]) Soweit dergleichen Ansprüche der Zwangsvollstreckung unterliegen. S. unter B. S. 26, 27 Anm. 3.

[4]) Hierunter ist natürlich nicht nur das hinterlassene Vermögen in seiner Gesamtheit, sondern auch — beim Vorhandensein mehrerer Erben — der einzelne Erbschaftsanteil (Erbteil) zu verstehen. § 1922 Abs. 2 BGB.

[5]) Nur in den Ausnahmefällen des Abs. 3 des § 1944 BGB. innerhalb sechs Monaten.

Hat zur Zeit der Konkurseröffnung zwar der Erbanfall schon stattgefunden, der Gemeinschuldner aber die Erbschaft noch nicht angenommen und auch noch nicht ausgeschlagen, so kann bis zum Ablauf der Ausschlagungsfrist die Erbschaft nicht zur Konkursmasse gezogen werden. § 778 Abs. 2 ZPO. Der Verwalter muß die Entschließung des Gemeinschuldners über die Annahme der Erbschaft abwarten. Dieser kann — anders als nach dem bisherigen Konkursrechte — auch noch nach der Konkurseröffnung, solange die gesetzliche Ausschlagungsfrist nicht abgelaufen ist, die Erbschaft mit der Wirkung ausschlagen, daß sie nicht in die Konkursmasse fällt. § 9 KO. Im übrigen vgl. hierzu Abschnitt IX unter Be.

Rücksichtlich der dem Gemeinschuldner angefallenen Vermächtnisse gilt im allgemeinen dasselbe, wie rücksichtlich der Erbschaften. §§ 2176, 2180 Abs. 3 BGB., § 9 KO. Jedoch sind sowohl die Annahme als die Ausschlagung eines Vermächtnisses demjenigen, der das Vermächtnis entrichten soll, zu erklären und ist diese Erklärung, auch wenn sie die Ausschlagung des Vermächtnisses enthält, an keine besondere Form oder Frist gebunden[1]). § 2180 Abs. 2 BGB.

Gelangt der Gemeinschuldner zu einer Erbschaft dadurch, daß der vor ihm Berufene sie ausschlägt, so wird die Sache so angesehen, als wenn ihm die Erbschaft schon mit dem Tode des Erblassers angefallen wäre. § 1953 Abs. 2 BGB. Ist der Gemeinschuldner dagegen als Nacherbe berufen, d. h. soll er erst nach einem Anderen Erbe werden, der die Erbschaft gegenwärtig als Vorerbe besitzt, so tritt der Erbanfall erst mit dem Fall der Nacherbfolge ein und gehören weder die Erbschaft noch die dem Nacherben vor dem Erbanfall zustehenden Rechte zur Konkursmasse, wenn nicht schon vor der Konkurseröffnung die Bedingung oder der Zeitpunkt, wovon die Nacherbfolge abhängt, eingetreten ist. Von dem Eintritt des Falls der Nacherbfolge an läuft auch die Frist, binnen deren der Gemeinschuldner ausschlagen kann. § 778 ZPO., § 1 KO., § 2139 BGB.

5. Entsprechendes wie für Erbschaften gilt, wenn der Gemeinschuldner mit seinem Ehegatten in allgemeiner Gütergemeinschaft gelebt hat und der Ehegatte unter Hinterlassung gemeinschaftlicher Abkömmlinge verstorben ist. In diesem Falle[2]) wird nach § 1483 BGB. die Gütergemeinschaft zwischen dem Gemeinschuldner und den Abkömmlingen fortgesetzt, was für den Konkurs die unter G bzw. F erörterte Bedeutung hat. Hat sich aber der Gemeinschuldner bis zur Konkurseröffnung für die Fortsetzung der Gütergemeinschaft noch nicht entschieden, — weder ausdrücklich noch durch schlüssige Handlungen — und ist die Ablehnungsfrist noch nicht abgelaufen, so ist die Zugehörigkeit des Gesamtguts zur Masse einstweilen in der Schwebe. Der Verwalter muß den Ablauf der Ablehnungsfrist abwarten. Form und Frist für die Ablehnung der Fortsetzung der Gütergemeinschaft sind dieselben

---

[1]) Auch tritt der Erwerb des Vermächtnisses nicht immer schon mit dem Erbfalle ein. §§ 2177—2179 BGB.

[2]) Hat nur Fahrnisgemeinschaft bestanden, so tritt Fortsetzung der Gemeinschaft nur dann ein, wenn das durch Ehevertrag vereinbart ist. § 1557 BGB.

wie für die Ausschlagung einer Erbschaft. Die Entscheidung über die Fortsetzung oder Ablehnung der Gütergemeinschaft steht nur dem Gemeinschuldner — ob Mann oder Frau ist gleichviel — zu. § 9 Satz 2 KO.

D. Soweit das Vermögen des Gemeinschuldners überhaupt in die Konkursmasse fällt, bleiben alle die Belastungen, die darauf haften, sowie die Verfügungsbeschränkungen, denen der Gemeinschuldner unterworfen war, bestehen. Der Verwalter kann rücksichtlich der Konkursmasse nicht mehr Rechte ausüben, als bei der Konkurseröffnung dem Gemeinschuldner zustanden. Pfandrechte und ähnliche Rechte werden gegen die Konkursmasse als Absonderungsrechte geltend gemacht. Vgl. Abschnitt IV. In Gemeinschaften, an denen der Gemeinschuldner beteiligt ist, hat der Verwalter dessen bisherige Rechtsstellung, soweit nicht etwa der Konkurs nach gesetzlichen oder nach vertraglichen Bestimmungen Änderungen zur Folge hat. Vgl. Abschnitt V. An Beschränkungen, denen das Verfügungsrecht des Gemeinschuldners unterlag, bleibt der Verwalter gebunden. Darauf, daß er ohne seine Schuld die Verfügungsbeschränkung nicht gekannt habe, kann er sich nicht berufen; die Vorschriften zum Schutze gutgläubiger Dritter finden nicht zu seinen Gunsten Anwendung, da er kein Dritter ist, sondern lediglich das Verwaltungs- und Verfügungsrecht des Gemeinschuldners ausübt[1]).

E. Vermögen, das dem Gemeinschuldner nicht gehört, kann niemals zur Konkursmasse gezogen werden. Vermögen seiner Ehefrau gehört mithin auch dann nicht zur Masse, wenn nach dem etwa noch maßgebenden Landesrecht die Frau sich gefallen lassen muß, daß seine Gläubiger ihre Forderungen in ihr Vermögen vollstrecken lassen[2]). Vorausgesetzt ist hierbei aber, daß es sich um Sondervermögen der Frau handelt. Wegen des Gesamtguts bei bestehender Gütergemeinschaft s. unter F und G. Es ist auch zu beachten, daß schon ein bestehendes Besitzrecht immerhin einen Vermögensbestandteil bildet, daß also auch der Verwalter einen bloßen Besitz des Gemeinschuldners fortzusetzen berechtigt ist, soweit der Gemeinschuldner selbst dazu berechtigt sein würde.

F. Besteht zwischen dem Gemeinschuldner und seiner Ehefrau allgemeine Gütergemeinschaft, Gemeinschaft der sog. Errungenschaft (§ 1519 BGB.) oder Fahrnisgemeinschaft (d. h. Gemeinschaft des beweglichen Vermögens und der Errungenschaft, § 1549 BGB.), so gehört zu seiner Konkursmasse das ganze vorhandene Gesamtgut; eine Auseinandersetzung mit der Ehefrau wegen des Gesamtguts findet nicht statt. § 2 Abs. 1 KO. Auf der anderen Seite wird, wenn die Ehefrau in Konkurs verfällt, dadurch das Gesamtgut in keiner Weise berührt; es gehört nicht zur Konkursmasse der Frau, die Verwaltungs- und Verfügungsbefugnisse des Mannes bleiben bestehen und der Verwalter kann Auseinandersetzung nicht verlangen. § 1471 BGB., § 860 ZPO., § 2 Abs. 2 KO. Alles das gilt allerdings nur für eine Gütergemeinschaft, auf die die Vorschriften des Bürger-

---

[1]) Jur. Woch. 1900 S. 662[14] (RG. 46. 165).

[2]) Jur. Woch. 1900 S. 342[11], 393[12]; Gruchot Bd. 44 S. 717.

lichen Gesetzbuches Anwendung finden. Lebten die Eheleute schon vor dessen Inkrafttreten in Gütergemeinschaft, so bestimmen sich die Einwirkungen des Konkurses auf das Gesamtgut nach der Landesgesetzgebung, die für ihre Ehe maßgebend ist. Art. VI Einf.-Ges. zur Novelle zur Konk.-Ordn. Für Preußen ist aber die Anwendung des § 2 KO. auf alle Ehen durch die Art. 47, 48, 51—56 und 59 des Ausf.-Ges. vom 20. September 1899 gesichert und ähnlich verhält es sich in den meisten anderen Bundesstaaten.

Besteht die Gütergemeinschaft zur Zeit der Konkurseröffnung nicht mehr und ist auch nicht an ihre Stelle fortgesetzte Gütergemeinschaft getreten, so gehört zur Konkursmasse eines jeden Ehegatten dessen Anteil am Gesamtgut und muß die Auseinandersetzung mit dem anderen Ehegatten oder dessen Erben über das Gesamtgut erfolgen. § 860 Abs. 2 ZPO. Ob eine fortgesetzte Gütergemeinschaft besteht, das entscheidet sich, wenn die Ablehnungsfrist zur Zeit der Konkurseröffnung noch nicht verstrichen ist, unter Umständen erst nach diesem Zeitpunkt. Vgl. oben C unter 5.

G. Die gleichen Grundsätze wie unter F gelten, wenn der Gemeinschuldner in fortgesetzter Gütergemeinschaft lebt, mit der Maßgabe, daß an die Stelle des Ehemanns der überlebende Ehegatte und an die Stelle der Ehefrau die Abkömmlinge treten. § 2 Abs. 3 KO. Hervorzuheben ist jedoch, daß diese Gesetzesbestimmung sich auf alle diejenigen fortgesetzten Gütergemeinschaften, die aus einer vor dem 1. Januar 1900 gelösten Ehe hervorgegangen sind, nicht erstreckt. Für solche fortgesetzten Gütergemeinschaften bleibt das Landesgesetz maßgebend. Art. VI Einf.-Ges. zur Novelle zur Konk.-Ordn. Auch das Preuß. Ausf.-Ges. zum BGB. vom 20. September 1899 hat daran nichts geändert. Ist die fortgesetzte Gütergemeinschaft schon vor der Konkurseröffnung beendigt, so gehört zur Konkursmasse der Anteil des Gemeinschuldners am Gesamtgut. Somit gehört im Konkurse über einen Nachlaß, wenn der Erblasser in fortgesetzter Gütergemeinschaft gelebt hat, nur der Anteil des Erblassers am Gesamtgut zur Konkursmasse[1]).

H. Im Konkurse einer Ehefrau, für deren Ehe das gesetzliche Güterrecht des BGB. gilt, hat der Ehemann ihr Eingebrachtes dem Verwalter insoweit herauszugeben, als es nachweislich zur Befriedigung der Konkursgläubiger gebraucht wird. Er hat auch dem Verwalter auf Verlangen ein Verzeichnis des Eingebrachten vorzulegen und über dessen Verwaltung Rechnung zu legen, sowie unter den Voraussetzungen der §§ 259 Abs. 2 und 260 Abs. 2 den Offenbarungseid zu leisten. Diese Verpflichtungen bestehen bezüglich des Stammvermögens und der seit der Aufforderung zur Herausgabe gezogenen Nutzungen. Im übrigen bleibt das Verwaltungs- und Nutzungsrecht des Ehemanns durch den Konkurs über das Vermögen der Frau unberührt[2]).

J. Im Nachlaßkonkurse besteht die Konkursmasse aus der Hinterlassenschaft des Erblassers, soweit sie zur Zeit der Konkurseröffnung noch

[1]) LZ. 1916 S. 1046[2] (Bayr. Oberstes Landesgericht).
[2]) RG. 73. 238 (Gruch. 54. 1033, Jur. Woch. 1910 S. 614[6]).

vorhanden ist und einer Zwangsvollstreckung unterliegt. Ferner sind zur Masse zu rechnen Ansprüche wegen Beschädigung, Zerstörung oder Entziehung von Nachlaßgegenständen sowie die gegen den Erben oder den Nachlaßverwalter aus der Verwaltung des Nachlasses oder wegen Verzögerung des Antrags auf Eröffnung des Konkurses gemäß den §§ 1978—80, 1985 BGB. entstandenen Ansprüche. Auch Anfechtungsansprüche gehören zur Masse des Nachlaßkonkurses, wenn die anfechtbare Handlung einen zum Nachlasse gehörigen Gegenstand betroffen hat. Rechtsverhältnisse, die dadurch erloschen waren, daß Recht und Verbindlichkeit oder Recht und Belastung in der Person des Erben sich vereinigt hatten, leben wieder auf. § 1976 BGB. Im übrigen kann aber der Nachlaß so, wie er zur Zeit des Todes des Erblassers vorhanden gewesen war, nicht wiederhergestellt werden. Hat der Erbe Nachlaßsachen veräußert oder Nachlaßforderungen eingezogen, so sind solche Verfügungen — abgesehen von etwaiger Anfechtbarkeit — gültig und ist von dem Erben nur nach Maßgabe des § 1980 Abs. 1 BGB. Ersatz zu leisten. Selbst Ersatzstücke, die der Erbe an Stelle veräußerter Nachlaßgegenstände für Rechnung des Nachlasses angeschafft hat, dürften nicht zur Konkursmasse gezogen werden können[1]).

Für die Frage, ob Nachlaßgegenstände wegen Unentbehrlichkeit der Zwangsvollstreckung entzogen und deshalb nicht Bestandteile der Konkursmasse sind, kommt im Nachlaßkonkurse nicht die Person des Erblassers sondern die des Erben in Betracht.

K. Ansprüche in Gesellschaftskonkursen.

1. In dem Konkurse über das Vermögen einer Aktiengesellschaft oder einer Kommanditgesellschaft auf Aktien gehören zur Konkursmasse die Ansprüche der Gesellschaft auf Zahlung der Einlagen[2]) sowie die Ersatzansprüche gegen die Mitglieder des Vorstands, die Liquidatoren und die Mitglieder des Aufsichtsrats aus ihrer Geschäftsführung[3]). §§ 211, 241, 249, 298 HGB. Die Einlagen brauchen nur soweit eingezahlt zu werden, als das zur Deckung der Schulden erforderlich[4]). Einzahlungspflichtig ist der Aktienzeichner, im Falle der Veräußerung der Aktie der derzeitige Inhaber, dieser jedoch nur unter der Voraussetzung, daß er im Aktienbuch als Aktionär eingetragen ist. § 223 Abs. 3 HGB. Die Vormänner des Eingetragenen haften subsidiär gemäß § 220 HGB. Folgen des Verzugs in der Erfüllung der Einzahlungspflicht s. §§ 218, 219 HGB. Erlaß der geschuldeten Einlagen ist unzulässig, Aufrechnung gegen die Einlageschuld nur mit Zustimmung der Gesellschaft zulässig. § 221 HGB. Von Aushändigung der Aktie kann der Aktienzeichner die Leistung der fälligen Einzahlung nicht abhängig machen[5]).

---

[1]) Das ist jedoch streitig. Vgl. dazu OLG. 19. 232 unter 3 (Braunschweig).

[2]) Gruch. Bd. 43 S. 1189.

[3]) Jur. Woch. 1906 S. 433[24]. Die einzelnen Aktionäre können solche Ansprüche während des Konkurses nicht geltend machen. Sie sind an die Verfügungen, die der Konkursverwalter darüber trifft, gebunden. Jur. Woch. 1897 S. 384[8].

[4]) Jur. Woch. 1912 S. 695[24] (LZ. 1912 S. 460[32]).

[5]) RG. 79. 176, Jur. Woch. 1919 S. 190[12]. Er kann auch nicht einwenden, daß die Einzahlung nicht von allen Aktienzeichnern eingefordert sei. RG. 85. 366 (Jur. Woch. 1915 S. 100[17]).

Die Aktienzeichnungen können, wenn sie nur bewußt abgegeben sind, nicht wegen Irrtums, Betrugs oder Drohung angefochten werden[1]). Ebenso kann der eingetragene Erwerber einer Aktie, wenn die Eintragung mit seiner Zustimmung erfolgt ist, nicht einwenden, daß er zur Erwerbung der Aktie durch Betrug oder andere Willensmängel bestimmt sei[2]). Konkurs des Aktionärs läßt die Einzahlungspflicht unberührt[3]).

Haben Aktionäre geleistete Einlagen gesetzwidrig zurückerhalten oder Gewinnanteile, die nicht ausgezahlt werden durften, nicht gutgläubig ausgezahlt erhalten, so haften sie in Höhe des Empfangenen für die Verbindlichkeiten der Gesellschaft. Der Anspruch, der danach den Gesellschaftsgläubigern gegen sie zusteht, wird im Konkurse der Gesellschaft von dem Konkursverwalter ausgeübt. §§ 217, 320 Abs. 3 HGB.

2. Im Konkurse über das Vermögen einer Gesellschaft mit beschränkter Haftung besteht gegenüber den Geschäftsführern und den Liquidatoren neben den allgemeinen Schadensersatzansprüchen wegen schuldhafter Verletzung ihrer Obliegenheiten ein besonderer Ersatzanspruch für den Fall, daß sie nach Eintritt der Zahlungsunfähigkeit der Gesellschaft oder nach bilanzmäßiger Feststellung ihrer Überschuldung, d. h. unter Verhältnissen, wo sie schon verpflichtet waren, die Konkurseröffnung zu beantragen, noch Zahlungen für die Gesellschaft geleistet haben[4]). Alle diese Zahlungen haben sie zu ersetzen, auch wenn sie auf Beschluß der Gesellschaft erfolgt sein sollten. Der Ersatz kann ihnen auch, soweit er zur Befriedigung der Gläubiger erforderlich ist, von der Gesellschaft nicht wirksam erlassen werden. §§ 43, 64, 71 Ges. vom 20. April 1892 (Fassung vom 20. Mai 1898). Die Berufung auf einen Erlaß oder Vergleich und auf einen Beschluß der Gesellschafter ist den Geschäftsführern auch gegenüber Schadensersatzansprüchen verwehrt, die darauf beruhen, daß sie den Vorschriften des § 30 des Gesetzes zuwider Zahlungen aus dem zur Erhaltung des Stammkapitals erforderlichen Vermögen der Gesellschaft geleistet, d. h. Gesellschaftsvermögen an die Gesellschafter ungesetzlicherweise verteilt, oder daß sie den Bestimmungen des § 33 des Gesetzes zuwider eigene Geschäftsanteile für die Gesellschaft erworben haben. Die Geschäftsführer müssen auch in solchen Fällen wenigstens soweit Ersatz leisten, als es zur Befriedigung der Gesellschaftsgläubiger erforderlich ist. Ges. § 43 Abs. 3 Verjährungsfrist für alle Ersatzansprüche 5 Jahre. Die Mitglieder eines etwa bestellten Aufsichtsrats haften für Vernachlässigung ihrer Obliegenheiten in entsprechender Weise wie die Mitglieder des Aufsichtsrats einer Aktiengesellschaft, jedoch kann ihre Haftung durch den Gesellschaftsvertrag anders geregelt werden. Ges. § 52.

---

[1]) RG. 2. 130, 9. 36, 19. 124. Auch Schadensersatzansprüche können deswegen gegen die Gesellschaft bzw. deren Konkursmasse nicht erhoben werden. RG. 54. 128, 62. 29, 71. 98. Wohl aber kann der Erwerber vollgezahlter Aktien Schadensersatzansprüche gegen die Gesellschaft wegen Betrugs erheben. RG. 71. 97.

[2]) RG. 72. 294. S. aber RG. 71. 97.

[3]) Jur. Woch. 1912. 695[24] (LZ 1912 S. 460[32], RG. 79. 174).

[4]) RG. 72. 285 (Jur. Woch. 1910 S. 120[30]), RG. 80. 104.

Die Gesellschafter haften den Gesellschaftsgläubigern nicht. Ges. § 13. Der Gesellschaft sind sie in jedem Fall zur Leistung der Stammeinlagen verpflichtet. Im Konkurse der Gesellschaft gehört das Recht auf Leistung der Stammeinlagen zur Konkursmasse und seine Ausübung ist von einem Einforderungsbeschlusse der Gesellschafter (Ges. § 46 Abs. 2) nicht abhängig[1]). Der Verwalter hat jedoch auch die rückständigen Stammeinlagen nur soweit von den Gesellschaftern einzuziehen, als sie zur Befriedigung der Gesellschaftsgläubiger erforderlich sind[2]), und insoweit sind sie von den einzelnen Gesellschaftern nach Verhältnis der Stammeinlagen einzufordern[3]). Ges. § 19 Abs. 1, § 3 Nr. 4. Die Einforderung kann sofort erfolgen, wenn nicht die Einlage nach dem Gesellschaftsvertrag erst später fällig ist. Die Stammeinlagen können außer dem Fall der Herabsetzung des Stammkapitals weder erlassen noch gestundet werden[4]). Zur Aufrechnung gegen die Einlageverpflichtung können die Gesellschafter nur fällige und nach der Vermögenslage der Gesellschaft vollwertige Gegenforderungen benutzen und auch solche nur, wenn die Gesellschaft zustimmt[5]). Ansprüche auf Vergütung für die Überlassung von Vermögensgegenständen sogar nicht einmal mit Zustimmung der Gesellschaft, wenn nicht die Vergütung im Gesellschaftsvertrage gemäß den näheren Bestimmungen des § 5 Abs. 4 des Gesetzes festgesetzt ist[6]). § 19 Abs. 2, 3. Auch eine Hingabe von Sachen an Zahlungsstatt befreit den Gesellschafter nicht von seiner Einzahlungspflicht[7]). Rückgewähr der geleisteten Stammeinlagen ist unzulässig, soweit das vorhandene Vermögen der Gesellschaft zur Erhaltung des Stammkapitals erforderlich ist. § 30 Abs. 1[8]). Im Falle einer unzulässigen Rückgewähr ist der Empfänger erstattungspflichtig, und zwar, soweit es zur Befriedigung der Gesellschaftsgläubiger erforderlich, selbst dann, wenn er sich in gutem Glauben befunden hat[9]). § 31 Abs. 1, 2. Insoweit haften subsidiär sogar die übrigen Gesellschafter. § 31 Abs. 3.

Die Einlagen brauchen nicht notwendig in Geld zu bestehen; sie können auch in anderen Sachen oder irgendwelchen sonstigen Gegenständen, die einen Verkehrswert haben, geleistet werden, nur ist dabei Voraussetzung, daß der

---

1) RG. 76. 434.

2) RG. 76. 439. Es ist aber Sache des Gesellschafters, einzuwenden, daß dazu weniger erforderlich, als verlangt wird. Jur. Woch. 1899 S. 305[15].

3) S. dazu RG. 65. 434.

4) Die Gesellschafter werden auch nicht dadurch frei, daß die Gesellschaft für sie aus einer Anleihe, die sie aufnimmt, die Einzahlung auf die Stammeinlagen leistet. RG. 47. 185.

5) Auch die subsidiär haftenden. RG. 92. 365.

6) RG. 41. 124, 54. 391, 68. 121, 85. 351, 86. 291, ferner RG. 72. 266 (Jur.Woch. 1910 S. 119[29]); Jur. Woch. 1913, S. 48[38]. Gilt auch im Fall der Erhöhung der Stammeinlagen. § 56 Abs. 2. RG. 62. 425.

7) S. die vorige Anm.

8) Der § 30 steht jedoch der Rückforderung der Stammeinlage im Wege der Anfechtung des Einlegungsgeschäfts auf Grund der §§ 29ff. KO. oder des Anfechtungsgesetzes nicht entgegen. RG. 74. 16.

9) S. dazu RG. 80. 148 (Jur. Woch. 1913 S. 48[39]). Neben dem Empfänger haften die verantwortlichen Geschäftsführer bzw. Liquidatoren. S. oben S. 36.

Gegenstand einer solchen Einlage, der Geldwert, für den sie angenommen werden soll, und die Person des betreffenden Gesellschafters im Gesellschaftsvertrage festgesetzt werden. § 5 Abs. 4.

Ist ein Gesellschafter mit der auf die Stammeinlage eingeforderten Einzahlung im Rückstand, so ist er von Rechts wegen zur Zahlung von Verzugszinsen verpflichtet. § 20. Im Falle schuldhaften Verzugs ist er auch darüber hinaus gemäß den allgemeinen gesetzlichen Bestimmungen schadensersatzpflichtig und kann, wenn das im Gesellschaftsvertrage vorgesehen ist, einer Vertragsstrafe (§§ 339ff. BGB.) unterworfen werden[1]). Er kann sogar seines Geschäftsanteils und der etwa geleisteten Teilzahlungen zugunsten der Gesellschaft für verlustig erklärt werden. Soll das geschehen, so ist ihm nach eingetretenem Verzuge zunächst eine Nachfrist nach Maßgabe des § 21 Abs. 1 d. Ges. zu setzen[2]) und deren Ablauf abzuwarten. Nach fruchtlosem Ablauf der Nachfrist ist die Verlustigerklärung (Kaduzierung) mittels eingeschriebenen Briefes auszusprechen[3]). § 21 Abs. 2. Bis dahin, also auch noch nach Ablauf der Nachfrist, nicht aber noch nach ausgesprochener Kaduzierung, kann der Gesellschafter diese durch Zahlung des rückständigen Betrags abwenden.

Wenn die Kaduzierung erfolgt ist, so sind wegen des nicht bezahlten Betrags der Stammeinlage die Rechtsvorgänger des ausgeschlossenen Gesellschafters der Gesellschaft verhaftet, und zwar in erster Reihe der letzte Rechtsvorgänger; die früheren nur, soweit von ihren Rechtsnachfolgern nichts zu erlangen ist[4]). Wegen der näheren Regelung dieser Haftung s. § 22, auch S. 40.

Zahlt ein Rechtsvorgänger des Ausgeschlossenen den rückständigen Betrag, so erwirbt er dadurch dessen Geschäftsanteil. § 22 Abs. 4. Aber nicht nur die Rechte des Ausgeschlossenen, sondern auch dessen gesellschaftliche Verpflichtungen gehen auf ihn über.

Ist die Zahlung des rückständigen Betrags auch von den Rechtsvorgängern des Ausgeschlossenen nicht zu erlangen, so kann die Gesellschaft den kaduzierten Geschäftsanteil öffentlich versteigern lassen und, soweit auch dadurch Befriedigung nicht erzielt wird, sich wegen des Einlagerückstandes an die übrigen Gesellschafter nach Verhältnis ihrer Geschäftsanteile halten[5]). Auf diese kann aber, wenn sie zahlen, der Geschäftsanteil des Ausgeschlossenen nicht mehr übergehen. §§ 23, 24. Außerdem haftet wegen des auch durch Ver-

---

[1]) RG. 47. 183.

[2]) Das kann wirksam nur geschehen, wenn die Gesellschaft schon in das Handelsregister eingetragen ist. RG. 58. 57.

[3]) Der säumige Gesellschafter hat aber darauf kein Recht; die Gesellschaft kann, wenn sie will, sich nach wie vor an ihn halten und die Kaduzierung unterlassen. RG. 51. 417 (Jur. Woch. 1902 S. 400[41]). Die Kaduzierung und ihre Folgen haben auch zur Voraussetzung, daß eine Geldeinlage rückständig ist. RG. 68. 371.

[4]) Und alle nur, wenn der Geschäftsanteil des Säumigen nicht öffentlich versteigert ist. RG. 85. 237.

[5]) Auch an die Übernehmer neuer Stammeinlagen wegen der Fehlbeträge alter Einlagen. Jur. Woch. 1913 S. 693[11] (RG. 82. 116). Aber erst nach der Kaduzierung. RG. 86. 419.

kauf des Geschäftsanteils nicht erlangbar gewesenen Einlagerückstandes der ausgeschlossene Gesellschafter selbst und der haftet sogar auch für einen etwaigen Ausfall an später eingeforderten Beträgen der Stammeinlage. § 21 Abs. 3.

Weitere Verpflichtungen gegenüber der Gesellschaft können den Gesellschaftern durch den Gesellschaftsvertrag auferlegt werden, so namentlich die Verpflichtung, gewisse Gegenstände entgeltlich oder unentgeltlich der Gesellschaft zu übertragen. § 3 Abs. 2. Durch den Gesellschaftsvertrag kann auch festgesetzt werden, daß die Gesellschafter verpflichtet sein sollen, außer dem, was ihnen nach dem Gesellschaftsvertrage obliegt, auf gemeinschaftlichen Beschluß über den Betrag der Stammeinlagen hinaus weitere Einzahlungen (Nachschüsse) nach Verhältnis ihrer Geschäftsanteile zu leisten. Eine solche Nachschußverpflichtung kann aber nur durch einen Beschluß der Gesellschafter, nicht durch die Entschließung eines andern Organs der Gesellschaft, etwa einen Beschluß des Aufsichtsrats, begründet werden[1]. Die Geschäftsführer und der Konkursverwalter sind zur Auferlegung von Nachschüssen erst recht nicht befugt. Gegenüber der Konkursmasse der Gesellschaft besteht die Nachschußverpflichtung nur, wenn der Beschluß der Gesellschafter vor der Konkurseröffnung gültig zustande gekommen ist[2]. Die Nachschußpflicht wird der Verpflichtung zur Einzahlung der Stammeinlagen nicht gleich behandelt. Stundung, Erlaß, Aufrechnung sind bei Nachschußverpflichtungen zulässig. Wegen ihrer näheren Gestaltung s. die §§ 27, 28. Sollen sonstwie die Verpflichtungen der Gesellschafter über das im Gesellschaftsvertrage Festgesetzte hinaus erweitert werden, so bedarf es dazu der Zustimmung sämtlicher beteiligten Gesellschafter[3]. § 53 Abs. 3. Abgesehen von diesem Fall genügt zur Abänderung des Gesellschaftsvertrags eine Mehrheit von drei Vierteln der abgegebenen Stimmen, wenn nicht der Gesellschaftsvertrag noch andere Erfordernisse aufstellt. § 53 Abs. 2. Stets ist aber die Gültigkeit der Änderung des Gesellschaftsvertrags dadurch bedingt, daß die Änderung im Handelsregister eingetragen wird. § 54.

Bezüglich der Erhöhung des Stammkapitals[4] s. die §§ 55 bis 57, bezüglich der Herabsetzung die §§ 58, 59.

Gesellschafter sind diejenigen, die den Gesellschaftsvertrag in der durch § 2 vorgeschriebenen Form geschlossen haben[5], ferner im Falle einer Er-

[1] Selbst dann nicht, wenn das im Gesellschaftsvertrage bestimmt ist. Jur. Woch. 1909 S. 232[31] (RG. 70. 326).

[2] Zur Gültigkeit des Beschlusses der Gesellschafter gehört, daß die Anforderungen der §§ 47 und 51 des Gesetzes erfüllt sind. Der Gesellschaftsvertrag kann aber andere Anforderungen stellen. § 45.

[3] Einen Fall dieser Art s. RG. 47. 180.

[4] Über den Unterschied zwischen Stammkapitalserhöhung und Nachschüssen s. RG. 54. 337.

[5] Ohne Beobachtung dieser Form ist der Gesellschaftsvertrag nichtig, auch wenn die Gesellschaft in das Handelsregister eingetragen ist. RG. 54, 418. Die Eintragung hat aber die Wirkung, daß die Gesellschafter trotz Nichtigkeit des Vertrags zur Leistung der versprochenen Einzahlungen insoweit verpflichtet sind, als es zur Erfüllung der von der Gesellschaft eingegangenen Verbindlichkeiten erforderlich ist; die Gesellschaft wird trotz der Nichtigkeit als bestehend behandelt, soweit es die Abwickelung ihrer Verhältnisse erheischt. § 77. RG. 59. 326.

höhung des ursprünglichen Stammkapitels die, die eine auf das erhöhte Kapital zu leistende Stammeinlage in der Form des § 55 übernommen haben — vorausgesetzt, daß die Gesellschaft bzw. die Kapitalerhöhung in das Handelsregister eingetragen ist[1]). §§ 11,54 Abs. 3. Nach erfolgter Eintragung ist der Gesellschafter an seine Beteiligungserklärung der Gesellschaft und ihren Gläubigern gegenüber gebunden, auch wenn er bei Abgabe der Erklärung sich in einem Irrtum befunden hat oder durch Betrug oder andere Einwirkungen zu der Erklärung bestimmt worden ist, sofern er nur den Willen, sich an der Gesellschaft zu beteiligen, bei Abgabe der Erklärung wirklich gehabt hat[2]). Durch Erbgang oder Veräußerung des Geschäftsanteils können andere Personen an die Stelle der ursprünglichen Gesellschafter treten[3]). § 15 Abs. 1. Die Veräußerlichkeit der Geschäftsanteile kann jedoch durch den Gesellschaftsvertrag an gewisse Voraussetzungen geknüpft, insbesondere von der Genehmigung der Gesellschaft abhängig gemacht werden. § 15 Abs. 5. Die Veräußerlichkeit von Teilen eines Geschäftsanteils unterliegt sogar schon gesetzlich gewissen Einschränkungen. S. § 17[4]), Die Abtretung eines Geschäftsanteils bedarf, um gültig zu sein, stets der gerichtlichen oder notariellen Form[5]). § 15 Abs. 3. Der Gesellschaft gegenüber gilt jede Veräußerung, auch die im Zwangswege erfolgte, erst dann, wenn sie ihr angemeldet und nachgewiesen ist. Bis dahin bleibt im Verhältnis zu ihr der bisherige Gesellschafter allein berechtigt und verpflichtet. § 16 Abs. 1. Nachher tritt der Erwerber an seine Stelle, der Vorgänger ist aber auch dann noch neben diesem der Gesellschaft für die Leistungen verhaftet, die auf den veräußerten Geschäftsanteil zur Zeit der Anmeldung rückständig sind[6]). § 16 Abs. 3.

3. Im Konkurse über das Vermögen einer Eingetragenen Genossenschaft gehören die satzungsmäßig von den Mitgliedern auf ihre Geschäftsanteile zu leistenden Einzahlungen (§ 7 Nr. 2 Gen.-Ges.) zur Konkursmasse, jedoch nur soweit, als sie etwa bei der Konkurseröffnung rückständig sind[7]), denn die Einzahlungen sind nur dazu bestimmt, der in Wirksamkeit befindlichen Genossenschaft Kapital zuzuführen, ihre bestimmungsgemäße Verwendung ist also nur so lange möglich, als die Wirksamkeit der Genossenschaft dauert. Die Einlagerückstände aber hat der Verwalter von den säumigen Genossen einzuziehen — auch von denen, die vor der Konkurseröffnung aus-

---

[1]) Im Konkurse der Gesellschaft bestehen die Verpflichtungen der Gesellschafter nur, wenn die Eintragung zur Zeit der Konkurseröffnung schon erfolgt ist. RG. 77. 152.

[2]) Jur. Woch. 1899 S. 306[16]. Eine Anfechtung der Erklärung nützt nichts, wenn die Eintragung erfolgte. Jur. Woch. 1913 S. 1042[13] (RG. 82. 375).

[3]) Die Haftung des Erwerbers für Rückstände der Stammeinlage ist aber bei rechtsgeschäftlichem Erwerb nicht so streng wie die des Gründers; ein solcher Erwerber kann Einreden aus dem dem Erwerb zugrunde liegenden Rechtsgeschäft geltend machen. RG. 68. 312, 76. 311, 79. 182.

[4]) Dazu s. RG. 64. 149, 71. 399, 85. 46.

[5]) Bloße Beglaubigung der Unterschriften genügt nicht.

[6]) Wird der Geschäftsanteil kaduziert, so regelt sich die weitere Haftung so wie S. 38 dargelegt.

[7]) RG. 73. 410 (Jur. Woch. 1910 S. 763[36]). Ebenso LZ. 1910 S. 329[3] (OLG. Jena).

geschieden sind[1]). Ein Erlaß der geschuldeten Einzahlungen ist ungültig, Tilgung der Schuld durch Aufrechnung mit einer Gegenforderung gegen die Genossenschaft nur wirksam, wenn die Genossenschaft der Aufrechnung zustimmt. § 22 Abs. 2, 3 Gen.-Ges. Herabsetzung der zu leistenden Einzahlungen oder Verlängerung der Zahlungsfrist kann nur nach Maßgabe der §§ 90ff. erfolgen[2]). Auszahlung der Geschäftsguthaben ist, solange die Mitgliedschaft bebesteht, verboten. § 22 Abs. 2 Gen.-Ges.

Die Mitgliedschaft wird für die Unterzeichner der Satzungen mit deren Eintragung in das Genossenschaftsregister[3]) und für diejenigen, die erst nach der Anmeldung der Satzungen der Genossenschaft beitreten, durch die Unterzeichnung einer unbedingten und den Anforderungen des § 120 bzw. des § 127 Gen.-Ges. entsprechenden Beitrittserklärung in Verbindung mit der daraufhin erfolgenden Eintragung in die Liste der Genossen begründet[4]). §§ 5, 10, 13, 15 Gen.-Ges. Wer in der Liste der Genossen eingetragen ist, der hat die Vermutung gegen sich, daß er in gesetzlicher Weise Mitglied geworden ist, und wenn er das bestreitet, so muß er das Gegenteil darlegen und beweisen[5]). Eine Anfechtung der Beitrittserklärung wegen Irrtums, Betrugs oder Zwangs ist dem Eingetragenen, sofern nur die Erklärung von ihm wirklich gewollt war, überhaupt versagt[6]). Er kann auch nicht geltend machen, daß seine Aufnahme in die Genossenschaft nach den Satzungen nicht zulässig gewesen sei[7]).

Die Mitgliedschaft dauert bis zur Eintragung des Ausscheidens in die Genossenliste und regelmäßig auch noch darüber hinaus nach Maßgabe der näheren Bestimmung des § 70[8]). Eine Ausnahme findet statt bei Übertragung des Geschäftsguthabens auf einen andern[9]), in welchem Fall der Tag der Eintragung als Zeitpunkt des Ausscheidens gilt. Der Tod eines Mitglieds hat dessen Ausscheiden auch ohne Eintragung zur Folge. Der Verstorbene gilt als ausgeschieden mit Schluß des Geschäftsjahres, in dem der Tod erfolgt ist. Bis dahin setzen seine Erben seine Mitgliedschaft fort, sie haften aber für die

---

[1]) RG. 62. 306.

[2]) Andrerseits kann den Genossen eine Nachzahlung auf voll eingezahlte Geschäftsanteile, wenn die Geschäftsguthaben durch Verluste vermindert sind, nicht auferlegt werden; nur im Wege der Erhöhung der Geschäftsanteile können in solchem Falle die Genossen zu weiteren Zahlungen verpflichtet werden. RG. 68. 93. Über solche Erhöhung und über die Beteiligung mit weiteren Geschäftsanteilen s. Jur. Woch. 1910 S. 586[27], auch RG. 30. 37.

[3]) Diese erfolgt auf Anmeldung des Vorstands, der eine Liste der Genossen beizufügen ist. § 11.

[4]) Eine Eintragung jedoch, die erst nach der Konkurseröffnung geschieht, ist wirkungslos. RG. 50. 127, 97. 307.

[5]) RG. 68. 90. Jur. Woch. 1909 S. 396[17].

[6]) RG. 57. 292, 68. 346. S. auch RG. 45. 106.

[7]) RG. 60. 409.

[8]) Das gilt selbst dann, wenn der Vorstand die Anmeldung des Ausscheidens schuldhaft verzögert hat. RG. 68. 347, Gruch. 53. 1139 (RG. 69. 366). Der Ausscheidende hat dann aber einen Schadensersatzanspruch gegen die säumigen Vorstandsmitglieder. RG. 59. 49. Auch kann er sich dadurch schützen, daß er sein Ausscheiden in der Genossenliste vormerken läßt; dann gilt das Ausscheiden unter den Voraussetzungen des § 71 Abs. 2 Gen.-Ges. als am Tage der Vormerkung eingetragen.

[9]) Die Voraussetzungen, unter denen die Übertragung zulässig ist, bestimmt § 76.

genossenschaftlichen Verpflichtungen nur gemäß den §§ 1967 ff. BGB. S. § 77 Gen.-Ges.

Hinsichtlich der Ersatzansprüche gegen die Mitglieder des Vorstands und des Aufsichtsrats sowie gegen die Liquidatoren gelten im großen und ganzen gleiche Grundsätze wie bei den Aktiengesellschaften[1]). §§ 34, 41, 89, 99 Gen.-Ges.

Soweit die eigentliche Konkursmasse zur Deckung der Schulden der Genossenschaft nicht hinreicht, haben die Genossen Nachschüsse zu leisten, und zwar je nach der Art der Genossenschaft unbeschränkt oder bis zum Betrage der satzungsmäßigen Haftsumme. Der Anspruch auf die Nachschüsse bildet einen Bestandteil des Vermögens der Genossenschaft, der durch die Konkurseröffnung entsteht[2]) und dessen Umfang durch die Ergebnisse des Konkurses bestimmt wird. Die Einziehung der Nachschüsse liegt daher dem Verwalter ob[3]) und steht nur ihm zu[4]).

4. In dem Konkurse über das Vermögen einer Kommanditgesellschaft gehört zur Konkursmasse an sich nur der Anspruch, der der Gesellschaft gegenüber den Kommanditisten wegen der zu leistenden Einlage zusteht. Der Konkursverwalter hat jedoch während der Dauer des Verfahrens auch die weitergehenden Rechte auszuüben, die den Gläubigern der Gesellschaft gegen die Kommanditisten zustehen. § 171 HGB. Der Konkursmasse der Gesellschaft gegenüber können sich daher die Kommanditisten auf einen von ihnen von der Gesellschaft gewährten Erlaß oder eine ihnen bewilligte Stundung nicht berufen[5]). § 172 Abs. 3 HGB. Soweit sie ihre Einlage zurückerhalten haben, gilt diese als nicht geleistet und muß deshalb zur Masse eingezahlt werden. § 172 Abs. 4 HGB. Der Betrag der zu leistenden Einlage bestimmt sich nach der Eintragung im Handelsregister[6]). § 171 Abs. 1 HGB. Ist die Eintragung erfolgt und veröffentlicht, so können die Kommanditisten der Konkursmasse gegenüber nicht geltend machen, daß der Gesellschaftsvertrag ungültig sei[7]). Als geleistet gilt eine Einlage, wenn sie auch nicht unbedingt in barem Gelde gemacht werden muß, den Gesellschaftsgläubigern und der Konkursmasse gegenüber nur, wenn und soweit dadurch dem Vermögen der Gesellschaft etwas zugute gekommen ist[8]). Entsprechend wird der Kommanditist gegen seine Einlagepflicht mit einer Gegenforderung an die Gesellschaft nur aufrechnen können, wenn und soweit ihr aus dem Geschäft, durch das die Gegenforderung entstanden, wirklich etwas zugeflossen ist. Dagegen kommt auf den Wert der Gegenforderung nichts an[9]). Die Bestimmungen des § 54 KO.

---

[1]) S. dazu RG. 46. 60, 88. 49; ferner OLG. 28. 355 (Kammergericht).

[2]) RG. 85. 209.

[3]) Das Nähere bezüglich des Verfahrens s. in des Verfassers „Handbuch für Konkursrichter", Anhang II.

[4]) Der Anspruch auf Nachschußzahlung kann nicht einem Dritten abgetreten werden. RG. 59. 67.

[5]) RG. 37. 82 (Jur. Woch. 1896 S. 373[24. 25]).

[6]) Ausnahme s. § 172 Abs. 2 HGB.

[7]) RG. 40. 146, 51. 33.

[8]) RG. 63. 267.

[9]) RG. 63. 265. Nicht ganz übereinstimmend RG. 37. 86 (Jur. Woch. 1896 S. 373[26]).

kommen dem Kommanditisten bezüglich seiner Einlageschuld keinesfalls zu statten, weil der Verwalter die Rechte der Gläubiger ihm gegenüber vertritt.

Die Haftung der Kommanditisten gegenüber der Konkursmasse der Gesellschaft ist auf den Betrag ihrer Einlage beschränkt, der zur Deckung der Gesellschaftsschnlden erforderlich ist[1]). Das Bestehen einer Gesellschaftsschuld wird ihnen gegenüber nicht schon dadurch nachgewiesen, daß die Schuld im Konkurse der Gesellschaft festgestellt ist[2]).

L. Über einzelne Bestandteile der Konkursmasse sei noch folgendes bemerkt:

1. An einem dem Gemeinschuldner gehörigen Grundstück kann ihm selbst eine Hypothek oder eine Grundschuld zustehen, die sog. Eigentümerhypothek (besser Eigentümergrundschuld). Eine solche hat er nicht nur dann, wenn eine Grundschuld auf seinen Namen eingetragen steht, sondern, sofern der den Erwerb der Eigentümerhypothek begründende Akt unter der Herrschaft des BGB. stattgefunden hat, namentlich auch in folgenden Fällen:

a) wenn die persönliche Forderung, für die eine Hypothek bestellt ist, nicht zur Entstehung gelangt; wenn z. B. das Darlehen, für das im voraus eine Hypothek bestellt worden, nicht gezahlt wird. § 1163 Abs. 1 Satz 1 BGB. So lange, bis die Forderung, für die im voraus Hypothek bestellt worden, zur Entstehung gelangt ist, steht die Hypothek dem Eigentümer zu[3]);

b) wenn für einen Gläubiger eine Briefhypothek eingetragen, der Hypothekenbrief ihm aber vom Gemeinschuldner nicht übergeben ist, auch kein Ersatz der Übergabe nach Maßgabe der §§ 930, 931 oder 1117 Abs. 2 BGB. stattgefunden hat[4]);

c) wenn die persönliche Forderung, zu deren Sicherung eine Hypothek bestellt worden, auf irgend eine Art untergegangen ist[5]). § 1163 Abs. 1 Satz 2 BGB. Ob der Untergang durch Zahlung oder eine andere Art der Tilgung, oder ob er sonstwie herbeigeführt ist, macht keinen Unterschied, ebensowenig ob im Falle der Tilgung der Eigentümer selbst oder ein anderer die Forderung getilgt hat. Jedoch erwirbt der Eigentümer, der nicht zugleich der persönliche Schuldner ist, die Hypothek

---

[1]) RG. 51. 33.

[2]) RG. 51. 40 (Jur. Woch. 1902 S. 185[22]).

[3]) RG. 51. 43.

[4]) Der Gläubiger kann in diesem Falle die Herausgabe des Hypothekenbriefs, auch wenn dieser sich noch auf dem Grundbuchamt befindet, vom Verwalter nicht verlangen. Der Verwalter hat vielmehr gegen ihn einen Anspruch auf Berichtigung des Grundbuchs dahin, daß die Hypothek dem Gemeinschuldner zusteht; gegen diesen Anspruch kann sich der Gläubiger nicht damit verteidigen, daß er Valuta gezahlt habe und der Gemeinschuldner ihm zur Aushändigung des Briefs persönlich verpflichtet sei. So entschieden für die Briefgrundschuld RG. 77. 106. Gilt aber wohl auch für die Briefhypothek.

[5]) Ist das mit der Hypothek belastete Grundstück zwangsweise versteigert und durch den Zuschlag die Hypothek erloschen, so steht das Recht auf den an ihre Stelle tretenden Anteil am Versteigerungserlös dem Grundstückseigentümer auch dann zu, wenn nach dem Zuschlage die durch die Hypothek gesicherte Forderung erlischt. RG. 88. 300.

nicht, wenn der persönliche Schuldner den Gläubiger befriedigt und vom Eigentümer oder von einem der Eigentumsvorgänger Ersatz der zur Tilgung der Forderung gemachten Aufwendungen verlangen kann. In solchem Falle geht die Hypothek auf den persönlichen Schuldner in Höhe seiner Ersatzforderungen über. § 1164 Abs. 1 BGB. Der Befriedigung des Gläubigers durch dessen persönlichen Schuldner steht es gleich, wenn in dessen Person sich Forderung und Schuld (z. B. durch Erbgang) vereinigt haben. § 1164 Abs. 2 BGB. Soweit der Hypothekengläubiger im Wege der Zwangsvollstreckung aus dem Grundstück Befriedigung erlangt, erlischt die Hypothek überhaupt. § 1181 BGB. Weitere Ausnahmen von dem Grundsatz des § 1163 Abs. 1 S. 2 enthalten § 1150 BGB. und § 1178 BGB.;

d) wenn der Gläubiger auf die Hypothek verzichtet, ohne daß ihre Aufhebung und Löschung herbeigeführt wird. § 1168 BGB. Falls die Hypothek zur Zeit des Verzichts durch Zwangsversteigerung des Pfandgrundstücks erloschen ist, erscheint es zweifelhaft, ob das an ihre Stelle getretene Recht auf den Versteigerungserlös dem Eigentümer des Grundstücks zusteht[1]). Durch Verzicht auf die Rechte aus einer bloßen Vormerkung entsteht eine Eigentümergrundschuld nicht[2]);

e) wenn der Gläubiger im Wege des Aufgebotsverfahrens ausgeschlossen ist. §§ 1170, 1171 BGB.;

f) wenn sich die Hypothek mit dem Eigentum an dem verpfändeten Grundstück in einer Person vereinigt. §§ 889, 1177 BGB.

Weitere Fälle, in denen Eigentümergrundschulden entstehen, s. § 868 ZPO.

In allen genannten Fällen stehen die eingetragenen Hypotheken dem Gemeinschuldner an dem eigenen Grundstück zu[3]). Der Verwalter kann von dem eingetragenen Gläubiger die Zustimmung zu der entsprechenden Berichtigung des Grundbuchs verlangen. Er hat auch, wenn der Gläubiger den Hypothekenbrief besitzt, Anspruch auf Herausgabe des Briefs, es sei denn, daß der Gläubiger aus einem besonderen Grunde zum Besitze des Briefs berechtigt ist[4]).

Hat in den Fällen zu c) ein Eigentumswechsel stattgefunden, so erwirbt derjenige die Hypothek, der zur Zeit des Erlöschens der Forderung Eigentümer des Grundstücks war[5]).

---

[1]) Verneinend RG. 55. 260, 60. 253. S. aber RG. 88. 300.

[2]) RG. 65, 260.

[3]) Vorausgesetzt, daß sie an sich gesetzmäßig bestellt waren. RG. 70. 353, 78. 64. Daher wohl keine Eigentümergrundschuld, wenn entgegen dem § 14 KO. nach der Konkurseröffnung eine Sicherungshypothek zwangsweise auf einem zur Masse gehörigen Grundstück eingetragen ist. LZ. 1912 S. 713[4] (OLG. Dresden).

[4]) Besteht die Eigentümergrundschuld nur bezüglich eines Teils einer Briefhypothek, so tritt an die Stelle des Anspruchs auf Herausgabe des Hypothekenbriefs der Anspruch auf dessen Vorlegung beim Grundbuchamt zwecks Eintragung der Berichtigung und auf Ausfertigung eines Teilbriefs über den Teil der Hypothek, der Eigentümergrundschuld ist. § 1145 BGB.

[5]) RG. 55. 220, 78. 404.

Wird eine im Wege der Zwangsvollstreckung eingetragene Sicherungshypothek kraft der Bestimmung des § 868 ZPO. Eigentümergrundschuld, so wird sie es nicht für den, der zur Zeit der Eintragung, sondern für den, der zur Zeit des Eintritts eines der Tatbestände des § 868 Eigentümer ist. Nur ist dabei zu berücksichtigen, daß der § 868 nur dann Bedeutung hat, wenn eine Eigentümergrundschuld nicht schon aus anderem Grunde bestand[1]).

Was hier über die Entstehung von Eigentümergrundschulden gesagt ist, gilt nicht nur bei eingetragenen Hypotheken, sondern auch bei Grundschulden und Rentenschulden, soweit sich nicht aus ihrer Unabhängigkeit von dem Bestehen einer persönlichen Forderung Abweichungen ergeben. Eine Hauptabweichung ist die, daß eine Grundschuld auch dann zu Recht besteht, wenn sie zur Sicherung einer persönlichen Forderung eingetragen, die Forderung aber nicht zur Entstehung gelangt oder erloschen ist. In diesen Fällen steht die Grundschuld nicht dem Eigentümer des Grundstücks zu und der Besteller hat gegen diesen nur einen persönlichen Anspruch nach Maßgabe etwaiger Vertragsrechte oder aus ungerechtfertigter Bereicherung. Macht bei der Zwangsversteigerung des Grundstücks der Gläubiger die Grundschuld nicht oder nicht in voller Höhe geltend, so steht der auf den nicht geltend gemachten Betrag entfallende Versteigerungserlös gleichwohl dem Gläubiger, nicht dem Eigentümer oder den nachstehenden Realgläubigern zu; auch hier hat nur vielleicht der Besteller einen persönlichen Anspruch gegen den eingetragenen Gläubiger auf Übertragung des Rechts auf den Versteigerungserlös[2]).

Eine entstandene Eigentümergrundschuld erlischt nur durch Löschung. Bloße Löschungsbewilligung bindet nur, wenn die Voraussetzungen des § 875 Abs. 2 BGB. vorliegen, und nur gegenüber dem, zu dessen Gunsten sie abgegeben ist[3]). Siehe jedoch weiter unten.

Die Eigentümergrundschuld kann, wie andere Vermögensbestandteile des Gemeinschuldners, für die Konkursmasse verwertet werden. Bei der Zwangsversteigerung des verhafteten Grundstücks ist sie mit dem ihr zustehenden Range für die Masse geltend zu machen. Die nacheingetragenen Realgläubiger können der Geltendmachung nicht widersprechen, ein gesetzliches Recht auf Nachrücken haben sie nicht, auch dann nicht, wenn die Eigentümergrundschuld bei der Zwangsversteigerung nicht geltend gemacht wird[4]). Hat aber der Gemein-

---

[1]) War also die Forderung, zu deren Sicherung die Zwangshypothek eingetragen war, gar nicht entstanden, so steht die Eigentümergrundschuld ungeachtet des § 868 dem zu, der zur Zeit der Eintragung Eigentümer war; ist die Forderung später erloschen, so erwirbt die Eigentümergrundschuld der Eigentümer zur Zeit des Erlöschens. RG. 78. 406.

[2]) RG. 78. 68ff. (Jur. Woch. 1912. 242[11]). Das Reichsgericht hat damit den Standpunkt des Urteils RG. 60. 255, daß der nicht liquidierte Teil der Grundschuld „ins Leere falle", wenn Valuta nicht gezahlt sei, aufgegeben. Erklärt der Gläubiger, daß er deshalb nicht liquidiere, weil er keine Valuta gewährt habe, so ist das keine rechtsgeschäftliche Erklärung und es wird deshalb durch sie an seinen Rechten auf den Versteigerungserlös nichts geändert. RG. 78. 70.

[3]) RG. 66. 285.

[4]) RG. 62. 171. Ein Recht auf Nachrücken bestand in Preußen schon unter der Herrschaft des früheren Rechts nur ausnahmsweise. S. RG. 44. 268.

schuldner vor der Konkurseröffnung gegenüber einem nacheingetragenen Realgläubiger auf Geltendmachung der Eigentümergrundschuld verzichtet, so ist dieser Verzicht gegenüber dem betreffenden Realgläubiger auch im Konkurse verbindlich, auch wenn er weder im Grundbuch eingetragen noch durch eine Vormerkung gesichert worden ist, und gleichviel, ob zur Zeit des Verzichts die Eigentümergrundschuld schon entstanden war oder nicht[1]). Anders liegt die Sache, wenn nach der Tilgung einer Hypothekenforderung der Gemeinschuldner mit dem Gläubiger eine Abrede dahin getroffen hat, daß die durch die Tilgung entstandene Eigentümergrundschuld in eine Hypothek für andere Forderungen des befriedigten Gläubigers umgewandelt werden soll. Ist nicht vor der Konkurseröffnung die Umwandlung im Grundbuch eingetragen oder das Recht darauf wenigstens für den Gläubiger vorgemerkt, so ist eine solche Abrede gegenüber der Konkursmasse unwirksam, so daß der Verwalter ohne Rücksicht auf sie die Eigentümergrundschuld geltend machen und, wenn der Gemeinschuldner den Hypothekenbrief über die getilgte Post dem Gläubiger belassen oder wieder ausgehändigt hatte, von dem Gläubiger die Herausgabe des Briefs verlangen kann[2]).

Zinsen von der Eigentümerhypothek können nur beschränkt für die Konkursmasse geltend gemacht werden, nämlich nur, wenn das zur Masse gehörige Grundstück auf Antrag eines Andern zum Zwecke der Zwangsverwaltung in Beschlag genommen ist, und nur für die Dauer der Zwangsverwaltung. § 1197 Abs. 2 BGB.

Ist die Hypothek nur zum Teil auf den Eigentümer übergegangen, so hat der dem Hypothekengläubiger verbliebene Rest den Vorrang vor jenem Teile. § 1143 Abs. 1 Satz 2, § 774 Abs. 1 Satz 2, § 1176 BGB.

Besondere Bestimmungen gelten für Gesamthypotheken. Siehe §§ 1172 ff. BGB.

Nach dem bisherigen Rechte stand dem Eigentümer an dem eigenen Grundstück eine Hypothek zumeist nur unter strengeren Voraussetzungen zu. Das Preußische Gesetz vom 5. Mai 1872 (§§ 63—66) erkannte eine Hypothek des Eigentümers nur an:

a) wenn eine Hypothek oder Grundschuld von dem Eigentümer bezahlt oder auf andere Weise getilgt war;
b) wenn der eingetragene Eigentümer die Hypothek oder Grundschuld von Todes wegen (durch Testament, Erbvertrag oder gesetzliche Erbfolge) oder durch Abtretung erworben hatte;
c) wenn der Gläubiger das verpfändete Grundstück erworben hatte.

---

[1]) So das Reichsgericht in ständiger Rechtsprechung, wenn auch mit schwankender Begründung, auch schon für das ältere Recht. RG. 19. 52, 52. 5, 65. 65; Gruch. 31. 404, 44. 1214, 52. 1075; Jur. Woch. 1906. 424[9]; LZ. 1907. 353[8], 834[6]. A. M. OLG. Hamm in der LZ. 1912 S. 943[2]. Die Rechtsprechung des Reichsgerichts erscheint, wenn auch den Grundsätzen von Treu und Glauben entsprechend, doch wegen der bestimmten Vorschriften der §§ 875, 1179 BGB. nicht unbedenklich.

[2]) Gruch. 53. 1121 (LZ. 1910. 223[2]).

Bei diesen Vorschriften bewendet es in allen Fällen, wo die Eigentümergrundschuld vor dem 1. Januar 1900 entstanden sein soll[1]).

Eine Sicherungshypothek, die in der Weise bestellt ist, daß das Grundstück bis zu einem gewissen eingetragenen Höchstbetrage haftet (sog. Höchstbetragshypothek), steht dem Gläubiger nur insoweit zu, als die Forderungen, zu deren Sicherung sie bestimmt ist, wirklich zur Entstehung und Feststellung gelangen. Soweit dies nicht geschieht, steht sie dem Eigentümer des Grundstücks zu[2]); ein Nachrücken der nacheingetragenen Realgläubiger findet auch bei einer solchen Hypothek nicht statt[3]). §§ 1190, 1163 BGB. Dem Eigentümer steht die Hypothek, wenn sie für künftige Forderungen bestellt ist, einstweilen als Eigentümergrundschuld zu, diese ist jedoch durch das Entstehen der Forderungen auflösend bedingt und eignet sich nicht zur Eintragung in das Grundbuch und zu Verfügungen, die der Eintragung bedürfen[4]). Voll wirksam wird sie daher erst, wenn feststeht, und nur, soweit feststeht, daß Forderungen aus dem Rechtsverhältnis, wegen dessen sie bestellt ist, nicht zur Entstehung kommen können[5]).

Kautionshypotheken des früheren Preußischen Rechts sind seit dem Inkrafttreten des Bürgerlichen Gesetzbuchs in Höchstbetragshypotheken umgewandelt.[6]). Art. 192 Einf.-Ges. z. BGB. Voraussetzung ist jedoch, daß am 1. Januar 1900 das Rechtsverhältnis, auf das sich die durch die Kautionshypothek gesicherten Forderungen gründen, noch bestanden hat, so daß daraus Forderungen noch haben entstehen können. Anderenfalls ist die Hypothek erloschen und kann der Verwalter nur Bewilligung der Löschung verlangen[7]).

2. Aus Versicherungsverträgen[8]) des Gemeinschuldners gehören alle Ansprüche zur Konkursmasse, die aus Schadensfällen vor der Konkurseröffnung entstanden sind[9]). Die Ansprüche aus Schadensfällen, die nach

---

[1]) Ob eine vor dem 1. Januar 1900 für eine bedingte oder künftige Forderung eingetragene Hypothek in dem Falle, wenn die Forderung nicht zur Entstehung gelangt, sich gemäß § 1163 BGB. in eine Eigentümergrundschuld verwandelt, ist streitig. Das Reichsgericht (RG. 48. 48) bejaht, wenigstens für das preußische Recht. Nach RG. 51. 398 ist die Grundschuld für den entstanden, der am 1. Januar 1900 Eigentümer des belasteten Grundstücks war. So auch Gruch. Bd. 47 S. 112. Eine Einschränkung macht aber RG. 52. 111.

[2]) Und zwar demjenigen, der zur Zeit der Eintragung der Höchstbetragshypothek Eigentümer war. RG. 55. 217.

[3]) RG. 55. 217, 62. 168.

[4]) RG. 75. 245; LZ. 1913 S. 628[7]. Die Entscheidungen RG. 51. 115, 61. 41 hat das Reichsgericht, soweit sie abweichen, nicht aufrecht erhalten.

[5]) Wann als feststehend anzusehen, daß solche Forderungen nicht mehr entstehen können, darüber s. RG. 55. 221 und LZ. 1913 S. 628[7].

[6]) RG. 49. 162; Gruch. 48. 606. Über die jetzige Wirksamkeit von Arrestvormerkungen des früheren Preußischen Rechts s. RG. 49. 106.

[7]) RG. 52. 59. S. auch RG. 52. 111, 411.

[8]) Bezüglich des Versicherungsrechts s. das Reichsgesetz über den Versicherungsvertrag vom 30. Mai 1908.

[9]) Vorausgesetzt natürlich, daß der Gemeinschuldner nicht die Ansprüche verwirkt oder sich ihrer begeben oder sie veräußert hat.

der Konkurseröffnung eintreten, werden soweit zur Konkursnasse zu rechnen sein, als der versicherte Schaden die Masse betrifft. Demzufolge ist ein Anspruch des Gemeinschuldners auf Entschädigung für einen Unfall, den er nach der Konkurseröffnung erlitten hat, nicht zur Konkursmasse zu ziehen, denn durch die Unfallversicherung erhält der Gemeinschuldner Entschädigung nur für Aufwendungen, die der Masse nicht zur Last fallen, und für Schädigung in seiner Erwerbstätigkeit, deren Ertrag ihm, nicht der Masse, zusteht[1]).

Ansprüche aus einem laufenden Lebensversicherungsvertrage des Gemeinschuldners gehören zur Konkursmasse[2]). Der Verwalter kann daher den Vertrag lösen und, was etwa der Versicherer von den bezahlten Prämien zurückzahlt, zur Masse einziehen. § 17 KO. Er kann auch, wenn die Versicherung zugunsten eines Dritten genommen und nicht ersichtlich ist, daß der Dritte das Recht auf die Versicherungssumme in einem früheren Zeitpunkte erwerben soll, bis zum Eintritt des Versicherungsfalls die Versicherungsnahme zugunsten des Dritten mit der Wirkung widerrufen, daß das Recht auf die Versicherungssumme der Masse zusteht[3]). Ist aber der Dritte bereits unmittelbar aus dem Versicherungsvertrage berechtigt, was in der Regel dann anzunehmen sein wird, wenn die Versicherung unwiderruflich zu seinen Gunsten genommen ist[4]), oder tritt der Fall, mit dem die Versicherungssumme fällig wird, ein, ohne daß ein Widerruf des Gemeinschuldners oder des Verwalters stattgefunden hat[5]), so steht der Anspruch auf die Versicherungssumme nicht der Konkursmasse, sondern dem Dritten zu, auch wenn dieser dem Versicherungsvertrage nicht beigetreten ist. §§ 330, 331 BGB. Oft ist zweifelhaft, ob die Versicherung zugunsten eines Dritten genommen ist. Ist die Versicherung für die „Erben" genommen, ohne daß diese näher bezeichnet sind, so gilt sie im Zweifel als nicht für den Nachlaß, sondern für die beim Tode des Versicherten vorhandenen Erben genommen. § 167 Ges. v. 30. Mai 1908. In anderen Fällen ist nach den Umständen des Falles zu ermessen, wie die Versicherungnahme gemeint ist.

Ist der Anspruch auf die Versicherungssumme schon vor der Konkursöffnung fällig geworden, so gehört er zur Konkursmasse, wenn der Gemeinschuldner die Versicherung zu seinen eigenen Gunsten oder zugunsten seines Nachlasses genommen hatte[6]). Vgl. § 168 Ges. v. 30. Mai 1908.

---

[1]) Abweichend RG. 52. 49, wo das Hauptgewicht darauf gelegt wird, wann und von wem die Prämie gezahlt ist.

[2]) RG. 66. 158, 16. 129, 62. 46; Gruch. 31. 119, 49. 101.

[3]) Denn unter der bezeichneten Voraussetzung hat der Dritte noch kein eignes Recht aus dem Versicherungsvertrage, sondern nur die Hoffnung auf Erlangung eines Rechts. RG. 51. 403, 61. 217 (Jur. Woch. 1904 S. 495[24], Gruch. 49. 1089). Zwischen den Angehörigen des Versicherten und andern Dritten macht das Gesetz keinen Unterschied.

[4]) RG. 71. 324.

[5]) Der Verwalter hat kein Widerrufsrecht, wenn der Gemeinschuldner darauf vor der Konkurseröffnung verzichtet hat. Solcher Verzicht ist jedoch nach Maßgabe des § 32 KO. anfechtbar. LZ. 1914 S. 955[19].

[6]) Vgl. hierzu RG. 11, 173 und Anm. 2 und 3 bezeichneten Urteile. Wieweit in einer Versicherungnahme zugunsten eines Dritten eine anfechtbare unentgeltliche Verfügung liegt, darüber s. Abschn. VIII unter C VI[2] a. E.

3. Hat der Gemeinschuldner Befreiung von einer Schuld zu fordern, so steht der Anspruch der Masse in Höhe der ganzen Forderung, nicht bloß in Höhe der Hebung, die im Konkurse darauf entfallen würde, zu[1]).

4. Die Nutzungen, welche während des Konkurses von Gegenständen der Konkursmasse gezogen werden, wachsen natürlich dieser zu[2]), ebenso jeder Erwerb aus der Verwaltung der Konkursmasse und Ansprüche auf Ersatz von Schaden, der der Masse zugefügt wird.

M. Zur Konkursmasse gehört regelmäßig auch das im Auslande befindliche Vermögen des Gemeinschuldners, soweit es zu erlangen ist[3]). Vgl. Abschn. II S. 55. Wenn der Gemeinschuldner im Deutschen Reiche keinen allgemeinen Gerichtsstand (s. die §§ 13ff. ZPO.) hat, so beschränkt sich der Konkurs auf sein inländisches Vermögen. § 238 KO. Er umfaßt aber in den Fällen des § 238 das gesamte im Inland befindliche Vermögen nicht bloß das, was zu der gewerblichen Niederlassung oder dem Gute gehört

II. Die ersten Maßregeln. Inventar und Bilanz. Die erste Gläubigerversammlung.

a) Die nächsten Obliegenheiten des Verwalters nach der Konkurseröffnung.

Alsbald nach Empfang seiner Bestallung hat der Verwalter sich der vorhandenen Masse zu versichern und alles zu tun, was zur Vermeidung von unnötigen Ausgaben und Verlusten erforderlich ist.

1. Vor allem hat er die vorhandene bare Kasse, sowie die im Besitze des Gemeinschuldners befindlichen Wertpapiere, Wechsel und Kostbarkeiten an sich zu nehmen. Warenvorräte und die sonstige Masse hat er entweder gleichfalls in Besitz zu nehmen oder doch sicherzustellen. Hierzu dient namentlich die Siegelung. Über diese und über andere Sicherungsmaßregeln siehe S. 54.

2. Ferner hat er sämtliche auf die Vermögensverhältnisse des Gemeinschuldners bezüglichen Bücher und Schriften, die Urkunden über Forderungen, insbesondere Hypothekenbriefe, Sparkassenbücher, Pfandscheine, endlich auch die Schlüssel zu den Geschäftsräumen und zur Kasse sich ausantworten zu lassen.

3. Auf Grund der Bücher und Schriften, sowie seiner sonstigen Ermittelungen hat er sodann mit tunlichster Beschleunigung ein Verzeichnis der Gläubiger und der Schuldner unter möglichst genauer Angabe ihrer Adressen anzufertigen und dem Konkursgericht einzureichen. Dieses setzt

---

1) RG. 37. 93 Jur. Woch. 1896, S. 359[19. 20]).

2) RG. 1. 347; 23. 54.

3) Gelingt es aber einem Konkursgläubiger, sich aus Vermögensgegenständen, die sich im Auslande befinden, eine Befriedigung zu verschaffen, so braucht er das so Erlangte nicht zur Masse herauszugeben. RG. 54. 193; LZ. 1908 S. 550 (Bayr. Oberstes Landesgericht).

jeden einzelnen Gläubiger und Schuldner von der Konkurseröffnung besonders in Kenntnis. § 111 Abs. 3 KO. Namentlich die schleunige Einreichung des Verzeichnisses der Schuldner ist wichtig wegen § 8 KO.

4. Die vorgefundenen Wechsel hat er bei Verfall vorlegen und, wenn nötig, rechtzeitig protestieren zu lassen.

5. Zu den Akten über schwebende Prozesse ist von der Konkurseröffnung mit Rücksicht auf § 240 ZPO. Anzeige zu machen. Vgl. im übrigen Abschn. VI unter B.

6. Bei Grundstücken sowie bei Hypotheken und anderen eingetragenen Rechten des Gemeinschuldners hat er die schleunige Eintragung des Vermerks, daß der Konkurs eröffnet ist, zu veranlassen, soweit das nicht schon durch das Konkursgericht geschieht. § 113 KO. Das ist, wenn nicht ein Hypothekenbrief vorhanden und vom Verwalter in Besitz genommen ist, sehr wichtig, weil sonst die Konkursmasse gegenüber gutgläubigen Dritten nicht geschützt ist. S. § 7 Abs. 1, § 15 KO. und unten Abschn. VII unter a) und f). Kosten entstehen durch die Eintragungen nicht. § 115 KO. Das weitere hierüber siehe unter d) S. 54 Abs. 2.

7. Sollen Pfändungen angefochten werden, so empfiehlt es sich, bei dem für den Anfechtungsprozeß zuständigen Gericht den Antrag zu stellen, daß es die einstweilige Einstellung der Zwangsvollstreckung oder wenigstens die Hinterlegung des bei der Versteigerung der Pfandsachen sich ergebenden Erlöses anordne. Hierüber siehe Abschnitt VIII unter H.

8. Dem Dienstpersonal des Gemeinschuldners ist sofort zu kündigen, ebenso dem Geschäftspersonal, soweit dieses nicht etwa zu einem beabsichtigten Fortbetriebe des Geschäfts gebraucht wird. Vgl. Abschnitt VI unter b^3.

9. Unter demselben Vorbehalt werden in der Regel die Verträge über Mieträumlichkeiten und Pachtungen des Gemeinschuldners so zeitig wie möglich zu kündigen sein. Vgl. Abschnitt VI unter b^2. Ebenso der Fernsprechanschluß, der Gasbezug u. dgl., soweit es hier einer Kündigung bedarf[1]).

10. Endlich hat der Verwalter zu ermessen, ob und wie weit zur Sicherung der Masse Versicherungen gegen Feuersgefahr und gegebenenfalls gegen andere Gefahren zu nehmen oder in Kraft zu erhalten seien.

Eine Reihe von Entwürfen zu Kündigungen, Abmeldungen, Anträgen und Anzeigen siehe Beilage B.

b) Besitzergreifung von der Masse.

Der Gemeinschuldner ist auf Grund der Konkurseröffnung verpflichtet dem Verwalter alle zur Konkursmasse gehörigen Gegenstände, die er hinter sich hat, auszuantworten. Weigert er sich dessen, so hat der Verwalter sich eine mit Vollstreckungsklausel versehene Ausfertigung des Beschlusses, wodurch der Konkurs eröffnet ist, erteilen zu lassen und alsdann einen Gerichtsvollzieher mit der zwangsweisen Entsetzung des Gemeinschuldners

---

[1]) S. deswegen Abschn. VI unter A. a) am Ende.

aus dem Besitze der Konkursmasse zu beauftragen. Leistet der Gemeinschuldner dem Verwalter bei Besitznahme der Masse Widerstand, so kann auch seine Verhaftung veranlaßt werden. § 101 KO. Entsteht Streit zwischen dem Verwalter und dem Gemeinschuldner darüber, ob gewisse Gegenstände zur Masse gehören oder nicht, so ist dieser Streit der Regel nach im Prozeßwege zum Austrag zu bringen[1]). Nur wenn der Gerichtsvollzieher im Auftrage des Verwalters die streitigen Sachen dem Gemeinschuldner zwangsweise weggenommen hat, wird dieser seinen Anspruch im Wege der Einwendung gemäß § 766 ZPO. geltend zu machen haben[2]). Die Ausübung der zur Konkursmasse gehörigen Forderungsrechte des Gemeinschuldners geht mit der Konkurseröffnung von selbst auf den Verwalter über. Welche Wirkungen Rechtshandlungen des Gemeinschuldners haben, die er nach der Konkurseröffnung bezüglich seiner Forderungen vornimmt, darüber siehe Abschnitt VII.

Sachen Dritter, die sich im Besitze des Gemeinschuldners befinden, hat der Verwalter in Besitz zu nehmen, sofern dem Gemeinschuldner (z. B. auf Grund eines Nießbrauchsrechts oder eines Pfandrechts) ein Recht zum Besitze zusteht. Besitzt der Gemeinschuldner die Sachen ohne Rechtsgrund, so ist der Verwalter zu deren Besitznehmung nicht verpflichtet, weder den Konkursgläubigern noch den Eigentümern der Sachen gegenüber.

Sachen des Gemeinschuldners, die sich im Besitz Dritter befinden, hat der Verwalter sich herausgeben zu lassen, sofern nicht etwa die Dritten ein Recht dazu haben, die Sachen in ihrem Besitz zu behalten. Verweigert der Besitzer die Herausgabe der Sachen ohne Grund, so kann die Herausgabe nur im Wege des Prozesses erzwungen werden[3]). Zur Herausgabe sind Pfandgläubiger nur nach Maßgabe des § 127 KO. verpflichtet. Darüber siehe Abschnitt IX B b. Wer ein Zurückbehaltungsrecht an einer Sache des Gemeinschuldners hat, braucht in der Regel die Sache nur gegen Empfang der ihm gebührenden Leistung herauszugeben, wenn ihm nicht für seine Forderung Sicherheit geleistet wird. Unter welchen Voraussetzungen ein Zurückbehaltungsrecht im Konkurse besteht, darüber siehe Abschnitt IX B f β.

Im Konkurse über einen Nachlaß werden indes diese Grundsätze nur mit Einschränkungen angewendet werden können. Gegenstände, die der Erbe in Besitz genommen hat, wird der Verwalter ihm nicht ohne weiteres zwangsweise abnehmen können. Verweigert der Erbe die Herausgabe, — sei es, daß er die Zugehörigkeit der Gegenstände zum Nachlaß bestreitet, sei es, daß er aus irgendwelchem Grunde beansprucht, sie in Besitz zu behalten — so kann der Verwalter die Herausgabe wohl nur im Prozeßwege erzwingen. Eine entsprechende Anwendung der §§ 781 ff. ZPO. erscheint nicht angängig. Andrerseits steht dem Erben wegen der Aufwendungen, für die er nach §§ 1978

---

[1]) OLG. 17. 189 (Breslau), 19. 231 (Braunschweig).
[2]) RG. 37. 398 (Jur. Woch. 1896 S. 358[18]), OLG. 4. 165 (Breslau).
[3]) Das gilt auch bezüglich des eingebrachten Gutes, das der Ehemann im Konkurse der Ehefrau zu deren Konkursmasse herauszugeben hat. Vgl. Abschn. I unter H.

Abs. 3 und 1979 BGB. Ersatz aus dem Nachlasse zu beanspruchen hat, ein Zurückbehaltungsrecht an dem Nachlasse nicht zu. § 223 KO.

Hat der Verwalter Gegenstände, die (etwa wegen Unpfändbarkeit) nicht zur Masse gehören, in Besitz genommen, so muß er sie dem Gemeinschuldner herausgeben und, wenn er dazu nicht imstande ist, nach Maßgabe der §§ 812, 823 ff. BGB. Ersatz leisten.

c) Hilfsmittel zur Ermittelung der Masse.

Zur möglichst vollständigen Ermittelung der Konkursmasse sind verschiedene Hilfsmittel gewährt:

1. Auskunfterteilung. Offenbarungseid.

Der Gemeinschuldner ist verpflichtet, dem Verwalter über alle den Konkurs betreffenden Verhältnisse nach bestem Wissen und mit der gehörigen Sorgfalt Auskunft zu erteilen. Verletzt er diese Verpflichtung, so kann er in Haft genommen werden. §§ 100, 101 KO. Das Nähere siehe Anhang I unter B a 2 und 4. Ferner kann vom Gemeinschuldner der Verwalter und jeder Konkursgläubiger die Ableistung des Offenbarungseides verlangen. Zu diesem Zwecke ist der Gemeinschuldner in eine Sitzung des Amtsgerichts zu laden. Die Ladung ist jedoch erst nach Anfertigung des Inventars zulässig. § 125 KO. Der Gemeinschuldner ist in dem anberaumten Termine zu erscheinen verpflichtet, selbst wenn er inzwischen seinen Wohnsitz mit Erlaubnis des Gerichts anderswohin verlegt hat. Bleibt er ohne genügende Entschuldigung aus oder verweigert er die Leistung des Eides grundlos, so kann derjenige, der ihn geladen hat, beim Vollstreckungsgericht gegen ihn einen Haftbefehl nachsuchen. § 72 KO., § 901 ZPO.[1]). Auf Grund des Haftbefehls kann ein Gerichtsvollzieher mit der Verhaftung des Gemeinschuldners beauftragt werden. Die Aufnahme des Verhafteten in das Gefängnis erfolgt aber nur gegen Vorausbezahlung der Haftkosten auf wenigstens einen Monat. §§ 904 bis 912 ZPO. Die Dauer der Haft kann in keinem Fall sechs Monate übersteigen. § 913 ZPO. Hat der Gemeinschuldner den Offenbarungseid geleistet, so braucht er ihn nicht auf Verlangen eines anderen Beteiligten noch einmal zu leisten.

Andere Personen als der Gemeinschuldner, insbesondere dessen Angehörige oder Dienstboten, sind zur Auskunfterteilung und zur Leistung des Offenbarungseides nicht verpflichtet.

Im Konkurse über einen Nachlaß sind die Erben und die Nachlaßvertreter sowohl zur Erteilung von Auskunft über den Nachlaß als auch zur Leistung des Offenbarungseides für verpflichet zu erachten. Der Eid wird ebenso zu fassen sein, wie im § 2006 BGB. für den dort behandelten Fall vorgesehen ist.

Haben die Erben sich bereits mit der Verwaltung des Nachlasses befaßt, so haben sie auch über diese Verwaltung, sofern sie nur beschränkt (mit dem

[1]) Für das Verfahren werden vom Gerichte Gebühren nicht erhoben. GKG. § 46.

Nachlasse) für die Nachlaßverbindlichkeiten haften, Rechenschaft abzulegen. §§ 1978, 2013, 666, 681 BGB. Zu diesem Behufe haben sie eine Rechnung, die eine geordnete Zusammenstellung der Einnahmen und Ausgaben enthält, mitzuteilen und, soweit Belege erteilt zu werden pflegen, solche vorzulegen. § 259 Abs. 1 BGB. Wenn Grund zu der Annahme vorliegt, daß sie in der aufgestellten Rechnung die Einnahmen nicht mit der erforderlichen Sorgfalt angegeben haben, so haben sie auf Verlangen bezüglich ihrer Einnahmen den Offenbarungseid zu leisten, es sei denn, daß die Angelegenheit von geringer Bedeutung ist. § 259 Abs. 2, 3 BGB. Diese den Nachlaßgläubigern zustehenden Ansprüche gelten als zum Nachlaß gehörend. § 1978 Abs. 2 BGB. Sie können daher im Nachlaßkonkurse vom Verwalter geltend gemacht werden.

Besitzt jemand den Nachlaß, ohne Erbe zu sein, so hat er dem Verwalter über den Bestand der Erbschaft und über den Verbleib der Nachlaßgegenstände Auskunft zu erteilen. § 2027 BGB.

Wer sich zur Zeit des Erbfalls mit dem Erblasser in häuslicher Gemeinschaft befunden hat, ist — mag er Erbe sein oder nicht — verpflichtet, auf Verlangen Auskunft darüber zu erteilen, welche erbschaftlichen Geschäfte er geführt hat und was ihm über den Verbleib der Erbschaftsgegenstände bekannt ist. Besteht Grund zu der Annahme, daß die Auskunft nicht mit der erforderlichen Sorgfalt erteilt worden ist, so hat er auf Verlangen, falls es sich nicht um geringfügige Angelegenheiten handelt, den Offenbarungseid zu leisten. § 2028 BGB. Auch auf Erfüllung dieser Verpflichtungen hat im Nachlaßkonkurse der Verwalter Anspruch.

Im Konkurse über das Vermögen von Aktiengesellschaften, Kommanditgesellschaften auf Aktien, Gesellschaften mit beschränkter Haftung und eingetragenen Genossenschaften besteht die Pflicht zur Auskunfterteilung und zur Leistung des Offenbarungseides für die Mitglieder des Vorstands bzw. die Liquidatoren.

2. Offener Arrest.

Bei der Bekanntmachung der Konkurseröffnung erläßt das Gericht einen offenen Arrest. § 110 KO. Diese Maßregel begründet für die Konkursgläubiger kein dingliches Recht an der Konkursmasse[1]). Sie ist hauptsächlich zu deren Ermittelung bestimmt. Durch den offenen Arrest wird allen denjenigen, welche eine zur Konkursmasse gehörige Sache in Besitz haben, die Verpflichtung auferlegt, von diesem Besitze binnen einer vom Gerichte bestimmten Frist dem Verwalter Anzeige zu machen. Besitzer, die für sich ein Recht auf abgesonderte Befriedigung aus der Sache in Anspruch nehmen, haben dem Verwalter nicht nur deren Besitz, sondern auch die Forderungen, für die sie das Absonderungsrecht beanspruchen, anzuzeigen. § 118 KO. Diese Verpflichtung gilt auch für solche, die sich aus Pfandgegenständen ohne vorgängige Klage befriedigt machen können[2]). Wer es unterläßt, dem

[1]) LZ. 1911. 845^{26}.

[2]) Aber immer nur für die Besitzer von Sachen. Wer an einer Forderung des Gemeinschuldners ein Pfandrecht hat, ist nicht anzeigepflichtig. OLG. 10. 212 (Hamburg).

Verwalter innerhalb der gestellten Frist die Anzeige über den Besitz von Sachen des Gemeinschuldners zu erstatten, haftet für allen aus der Unterlassung oder Verzögerung der Anzeige entstehenden Schaden. § 119 KO.

Durch den offenen Arrest wird auch eine gewisse Sicherung der Konkursmasse gegen benachteiligende Handlungen des Gemeinschuldners bewirkt. Es wird nämlich dadurch den Personen, welche Gegenstände der Konkursmasse besitzen, oder welche zur Konkursmasse etwas schuldig sind, aufgegeben, nichts an den Gemeinschuldner zu verabfolgen oder zu leisten. § 118 KO. Diese Auflage hat allerdings gegenüber den Inhabern von Sachen des Gemeinschuldners und gegenüber seinen Schuldnern nicht die Bedeutung, daß sie wegen Nichtbefolgung der Auflage vom Verwalter ohne weiteres auf Schadensersatz belangt werden könnten. Sie wird aber tatsächlich dazu dienen, die Verabfolgung von Sachen und die Leistung von Zahlungen an den Gemeinschuldner zu verhindern.

3. Beschlagnahme von Postsendungen und Depeschen.

Ferner dient zur Ermittelung und zugleich auch zur Sicherung der Masse die dem Gericht freistehende und gewöhnlich verfügte Beschlagnahme der für den Gemeinschuldner eingehenden Postsendungen und Depeschen, die dann nur noch dem Verwalter ausgehändigt werden. Das Nähere siehe Anhang I unter B a 3.

d) Sicherung der Masse.

Zur Sicherung der Konkursmasse dient außer den unter c 2 und 3 bezeichneten Maßregeln die Befugnis des Verwalters, die zur Konkursmasse gehörigen Sachen des Gemeinschuldners siegeln zu lassen. § 122 KO. Die Siegelung ist namentlich dann zu empfehlen, wenn eine sofortige Aufzeichnung aller einzelnen Sachen nicht tunlich ist. Verpflichtet ist jedoch der Verwalter zur Siegelung nicht. Er hat unter Anwendung der ihm nach § 82 KO. obliegenden Sorgfalt zu ermessen, ob und inwieweit nach der Lage der Sache[1]) eine Siegelung zweckmäßig oder geboten erscheint. Wegen Vornahme der Siegelung hat der Verwalter sich an einen der für solche Geschäfte bestellten Beamten zu wenden. In Preußen sind zur Vornahme von Siegelungen befugt: die Gerichtsschreiber, die sich jedoch dergleichen Geschäften nur auf richterliche Anordnung unterziehen sollen, ferner die Gerichtsvollzieher und die Notare.

Zur Sicherung gegen unberechtigte Verfügungen des Gemeinschuldners wird die Konkurseröffnung bei den zur Konkursmasse gehörigen Grundstücken und erforderlichenfalls auch bei den für den Gemeinschuldner eingetragenen Rechten an Grundstücken und an eingetragenen Rechten im Grundbuch vermerkt. Das Konkursgericht hat hierum, soweit ihm die Grundstücke und die Rechte bekannt sind, das Grundbuchamt von Amts

---

[1]) Etwa im Hinblick darauf, daß ein Teil des Warenlagers gepfändet ist und demnächst aus den Geschäftsräumen abgeholt werden soll, oder wegen Unzuverlässigkeit des Gemeinschuldners und seiner Angehörigen.

wegen zu ersuchen. Der Verwalter kann aber auch selbständig die Eintragung der Konkurseröffnung beantragen. § 113 KO. Bis die Eintragung erfolgt ist, können gutgläubige Dritte an den Grundstücken und eingetragenen Rechten mit Wirksamkeit gegenüber der Konkursmasse Rechte erwerben. Nach der Eintragung aber können Dritte, die auf Grund rechtsgeschäftlicher Verfügungen des Gemeinschuldners die für ihn eingetragenen Rechte oder Rechte an solchen Rechten für sich in Anspruch nehmen, sich auf Unkenntnis von der Konkurseröffnung nicht mehr berufen[1]). Beantragt der Verwalter die Eintragung, so wird er Ausfertigung der Formel des Eröffnungsbeschlusses und seine Bestallung beizubringen haben.

Führt der Gemeinschuldner eine in das Handelsregister eingetragene Firma, so wird die Konkurseröffnung auch in diesem Register vermerkt. Hierzu ist ein Antrag des Verwalters nicht erforderlich. Siehe § 112 KO.

Damit der Gemeinschuldner nicht Warensendnngen, die für ihn unterwegs sind, unbefugt in Empfang nehme, und dadurch der Masse Verluste bereite (vgl. § 8 KO.), hat der Verwalter den Güterabfertigungsstellen der Eisenbahnen und der Schiffahrtsgesellschaften, bei denen der Eingang der Sendungen zu erwarten ist, oder den die Ablieferung der Waren besorgenden Personen die Konkurseröffnung sofort, womöglich unter Vorlegung seiner Bestallung, anzuzeigen. Zur Empfangnahme von dergleichen Sendungen ist nach der Konkurseröffnung der Verwalter berechtigt, ohne daß es einer besonderen Anordnung, wie in § 121 bezüglich der Post- und Telegraphen-Sendungen vorgesehen, bedarf. §§ 6, 7 KO. Die Frachtführer und Spediteure unterliegen auch der allgemeinen Anzeigepflicht des § 118 KO., sofern der Gemeinschuldner die Verfügungsbefugnis über die Waren erlangt hat. Vgl. S. 53 unter 2. Hinsichtlich des Verhältnisses des Verwalters zu den Absendern der Waren ist auf S. 63 unter c 2 zu verweisen.

e) Herbeischaffung im Auslande befindlicher Sachen.

Befinden sich Bestandteile der Konkursmasse außerhalb des Deutschen Reichs, so kommt es, soweit nicht bezügliche Staatsverträge bestehen, auf die ausländische Gesetzgebung an, wenn es sich darum handelt, ob und wie jene Bestandteile zur Masse gezogen werden können. Nach § 67 der österreichischen Konkursordnung vom 10. Dezember 1914 werden bewegliche Sachen auf Ersuchen des Konkursgerichts herausgegeben, wenn nicht auch in Österreich Konkurs eröffnet ist. Nur werden vorher Aus- und Absonderungsrechte, die nach österreichischem Gesetze begründet sind, befriedigt[2]).

[1]) Anträge auf Eintragungen aus vollstreckbaren Titeln oder auf Grund rechtsgeschäftlicher Verfügungen des Gemeinschuldners hat das Grundbuchamt überhaupt zurückzuweisen, sobald ihm die Konkurseröffnung amtlich bekannt geworden ist. LZ. 1909 S. 938[3] (RG. 71. 38).

[2]) Über Forderungen des Gemeinschuldners gegen ausländische Schuldner s. RG. 90. 124.

f) Inventuraufnahme.

Tunlichst bald nach der Konkurseröffnung hat der Verwalter eine vollständige Inventur über die Konkursmasse aufzunehmen. Dabei ist eine obrigkeitliche oder Urkundsperson zuzuziehen, die entweder selbst die Masse aufzuzeichnen oder doch den Hergang bei der Aufzeichnung zu beurkunden hat. § 123 Abs. 1 KO. Was für Personen Urkundspersonen sein können, bestimmen die Landesgesetze. In Preußen sind darunter Notare, Gerichtsschreiber und Gerichtsvollzieher zu verstehen. Hat eine Siegelung stattgefunden, so wird der Beamte, der sie vorgenommen hat, zugezogen werden. Dieser Beamte bewirkt dann gleich die Abnahme der Siegel, die der Verwalter selbst nicht abnehmen darf. Ferner ist bei der Inventuraufnahme der Gemeinschuldner zuzuziehen, sofern er ohne Aufschub zu erlangen ist.

Die sämtlichen zur Konkursmasse gehörigen Gegenstände sind einzeln aufzuzeichnen. Zubehörstücke eines Grundstücks werden zweckmäßig in ein besonderes Verzeichnis gebracht. Dasselbe empfiehlt sich bei solchen Arten von Gegenständen, von denen eine größere Anzahl vorhanden ist (wie z. B. Warenvorräten). Dergleichen besondere Verzeichnisse können dann dem Inventar (s. unter g) urschriftlich oder abschriftlich beigefügt werden.

Bei der Aufzeichnung der Konkursmasse sind auch die Schätzungswerte der einzelnen Gegenstände anzugeben. Behufs dieser Angabe kann der Verwalter einen Sachverständigen zuziehen, wenn er selbst die Gegenstände nicht abzuschätzen vermag. Die Aufzeichnung hat sich auch auf die im Besitz Anderer befindlichen Gegenstände der Konkursmasse, insbesondere auf die mit Pfand- oder anderen Absonderungsrechten belasteten, zu erstrecken. Besitzer, welche abgesonderte Befriedigung aus den in ihrem Besitze befindlichen Sachen beanspruchen, sind verpflichtet, diese Sachen dem Verwalter auf sein Verlangen vorzuzeigen und die Abschätzung zu gestatten. § 120 KO. Sie brauchen jedoch zur Erfüllung dieser Pflicht irgendwelche Kosten nicht aufzuwenden. Will der Verwalter die Sachen durch einen Vertreter besichtigen lassen, so muß er diesen mit gehöriger Vollmacht versehen.

Ist der Gemeinschuldner Pächter eines Landguts, so ist sehr zu empfehlen, daß möglichst bald nach der Konkurseröffnung unter Zuziehung des Verpächters oder eines Vertreters desselben sowie unter Zuziehung Sachverständiger festgestellt wird, in welchem Zustande sich die Gebäude, die Ländereien und das Inventar befinden; ferner was an Früchten vorhanden und zur Wirtschaftsführung erforderlich ist; endlich was von dem Vieh und dem Feldinventar dem Verpächter und was dem Pächter gehört.

In besonderen Fällen kann das Konkursgericht gestatten, daß die Aufzeichnung oder die Zuziehung einer obrigkeitlichen oder Urkundsperson unterbleibt. § 123 Abs. 2 KO. Solche Fälle sind z. B., wenn erst kurz vorher Inventur aufgenommen war und seitdem erhebliche Veränderungen in dem Bestande der Vorräte nicht stattgefunden haben; wenn eine alsbaldige Veräußerung des Geschäfts im ganzen beabsichtigt wird; wenn die Zuziehung der Urkundsperson unverhältnismäßige Kosten verursachen würde oder, wie bei Aufzeichnung des Inventars von Landgütern, sachgemäß durch

Zuziehung anderer Personen (Gemeindevorsteher, Kreistaxatoren u. dgl.) ersetzt wird. Will der Verwalter die Aufzeichnung unterlassen, oder sie nur teilweise oder ohne Zuziehung einer Urkundsperson vornehmen, so hat er die Erlaubnis dazu beim Gericht nachzusuchen und, wenn ein Gläubigerausschuß vorhanden ist, auch dessen Zustimmung zu seinem Gesuch beizubringen.

g) Inventur und Bilanz.

Auf Grund der unter f) besprochenen Aufzeichnung, der Bücher und Schriften des Gemeinschuldners, seiner mündlichen Mitteilungen, der Anzeigen Dritter sowie der sonstigen Ermittelungen hat sodann der Verwalter ein Inventar und eine Bilanz anzufertigen. Eine von ihm zu zeichnende Abschrift des Inventars und der Bilanz hat er auf der Gerichtsschreiberei zur Einsicht der Beteiligten niederzulegen. Dieser Abschrift sind, wenn eine Siegelung und Entsiegelung stattgefunden hat, die darüber aufgenommenen Protokolle beizufügen. § 124 KO. Inventar und Bilanz sind so zeitig fertig zu stellen, daß sie in der ersten Gläubigerversammlung vorliegen.

α) Das Inventar.

1. Zweck und Inhalt.

Das Inventar hat die Bestimmung, dem Verwalter, dem Gericht und allen Beteiligten einen vollständigen Überblick über den Bestand der Konkursmasse und die gegen sie bestehenden Ansprüche zu gewähren und als Unterlage für die Überwachung der demnächstigen Verwertung der Masse zu dienen. Danach müssen in dem Inventar sämtliche zur Masse gehörigen beweglichen und unbeweglichen körperlichen Sachen sowie ausstehende Forderungen und andere Vermögensrechte, ferner alle Schulden, wegen deren aus der Konkursmasse Befriedigung gesucht werden kann, einzeln aufgeführt werden. Bei den Grundstücken ist anzugeben, ob und wie sie mit Pfand- und anderen Rechten belastet sind. Bei beweglichen Sachen und Forderungen, an denen Absonderungsansprüche geltend gemacht werden, ist zu bemerken, für welche Forderungen abgesonderte Befriedigung beansprucht wird.

Aussonderungsansprüche brauchen nur soweit vermerkt zu werden, als sie dem Verwalter noch nicht nachgewiesen und von ihm noch nicht anerkannt sind. Ist dies schon geschehen, so kann der Verwalter die betreffenden Gegenstände aus dem Inventar fortlassen. Sachen, die Zubehör anderer sind und bleiben sollen, werden zweckmäßig nicht in derselben Reihenfolge mit den übrigen Sachen, sondern in einer gesonderten Aufstellung, etwa in einer Anlage des Inventars, unter Vermerkung, daß und wozu sie Zubehör sind, aufgeführt. Bei ausstehenden Forderungen, für die eine Sicherheit durch Bürgen oder Pfänder besteht, ist diese Sicherheit zu vermerken. Bei allen Forderungen sind die laufenden und rückständigen Zinsen und, soweit tunlich, etwaige Nebenansprüche an Schäden, Kosten usw., ferner die über die Forderungen vorhandenen Urkunden anzugeben. Es müssen alle dem Verwalter bekannt gewordenen Forderungen aufgeführt werden; ein bloßer Auszug aus den Büchern des Gemeinschuldners genügt nicht. Bei den Schulden ist anzugeben, welche von ihnen Masseschulden oder vorzugsweise zu befriedigen sind, und für welche Schulden und zu welchem Betrage abgesonderte Befriedigung beansprucht wird. Bei streitigen oder zweifelhaften Schulden empfiehlt es sich, einen bezüglichen Vermerk zu machen.

2. Form des Inventars.

Der Inhalt des Inventars ist zur Erleichterung der Übersicht nach den verschiedenen Bestandteilen des Vermögens zu ordnen. Dabei dürfte sich etwa folgende Einteilung empfehlen:

Abschnitt I Unbewegliches Vermögen.

Abschnitt II. Bewegliche körperliche Sachen, und zwar
- a) Kleidungsstücke und andere Sachen zum persönlichen Gebrauch.
- b) Gegenstände der häuslichen Einrichtung (Möbel, Betten usw.).
- c) Wertgegenstände (Gold- und Silbersachen, Kunstwerke).
- d) Wertpapiere.
- e) Bücher, Urkunden und Schriften.
- f) Landwirtschaftliche Erzeugnisse, Vorräte zum Betriebe der Landwirtschaft.
- g) Warenvorräte zum Gebrauch. Fabrikationsmaterialien.
- h) Warenvorräte zum Verkauf.
- i) Einrichtungsgegenstände zum Geschäfts- oder Fabrikbetrieb, landwirtschaftliches Inventar, soweit diese Sachen nicht Zubehör von Grundstücken sind.
- k) Bares Geld.

Abschnitt III. Ausstehende Forderungen.

Abschnitt IV. Andere Vermögensrechte (Nießbrauchsrechte, Patentrechte u. dgl.).

Abschnitt V. Schulden.

Abschnitt VI. Zusammenstellung der Aktiva und Passiva.

Muster zum Inventar, die nach dieser Einteilung entworfen sind, siehe in Beilage C.

β) Die Bilanz.

Die Bilanz hat nur die Gesamtwertbestände im Anschluß an die Abschnitte des Inventars anzugeben. Die mit Pfand- oder mit Hypothekenrechten belasteten Sachen sind nur mit dem Wert einzustellen, den sie unter Berücksichtigung ihrer Belastung etwa noch für die Masse haben. Die ausstehenden Forderungen sind nicht zum Nennwerte, sondern zum Schätzungswerte in Ansatz zu bringen. Der Teilungsmasse sind die ebenfalls nur summarisch aufzuführenden Schulden gegenüber zu stellen. Forderungen, wofür Pfand- oder Hypothekenrechte bestehen, bleiben, soweit sie dadurch gedeckt erscheinen, außer Ansatz. Die Summe der bevorrechtigten Forderungen wird zweckmäßig besonders angegeben. Der Bilanz wird am besten eine Berechnung des Betrags der voraussichtlich entstehenden Massekosten und Masseschulden beigefügt. Dieser Betrag ist vorweg von der Teilungsmasse abzusetzen[1]). Wird die Bilanz so aufgestellt, dann läßt sie sofort erkennen, wieviel Prozent ihrer Forderungen die nicht bevorrechtigten Konkursgläubiger bei Durchführung des Konkurses erwarten dürfen.

Muster zur Bilanz siehe Beilage D.

h. Die erste Gläubigerversammlung.

1. Tagesordnung.

Innerhalb eines Monats nach der Konkurseröffnung findet eine gleich bei dieser zu berufende Versammlung der Konkursgläubiger statt, die über die Wahl eines anderen Verwalters und über die Bestellung eines Gläubigerausschusses zu beschließen hat. § 110 Abs. 1 KO. Diese Gläubigerversammlung hat gleichzeitig über die in § 132 KO. bezeichneten Gegenstände — Unterstützung des Gemeinschuldners und seiner Familie; Schließung oder Fortführung des Geschäfts des Gemeinschuldners; Hinterlegung und Anlegung der Gelder, Wertpapiere und Kostbarkeiten; Berichterstattung und Rechnungslegung des Verwalters über die Verwaltung und Verwertung der Masse — soweit erforderlich, Beschluß zu fassen.

Mit ihr **kann** auch unter gewissen in § 110 Abs. 2 KO. bezeichneten Voraussetzungen gleich der allgemeine Prüfungstermin verbunden werden, was jetzt durch die Herabsetzung des Mindestbetrags der Anmeldefrist auf 2 Wochen erleichtert ist.

2. Wahrnehmung des Termins durch den Verwalter.

Das persönliche Erscheinen des Verwalters kann in der Regel nicht entbehrt werden. Ist der Verwalter daran durchaus behindert und nicht ausnahmsweise seine Vertretung durch einen andern möglich, so bleibt nichts weiter übrig, als daß die Abhaltung der Gläubigerversammlung auf einen späteren Termin vertagt wird. Der Verwalter hat in solchem Falle seine Behinderung dem Gericht rechtzeitig anzuzeigen und erforderlichenfalls glaubhaft zu machen, auch womöglich gleich anzugeben, wann er zum Erscheinen imstande sein wird.

3. Der Bericht des Verwalters.

Damit die erschienenen Gläubiger zur sachgemäßen Beschlußfassung über die Gegenstände der Tagesordnung in den Stand gesetzt werden, hat der Verwalter zum Beginn der Verhandlungen über die Entstehung der Zahlungs-

---

[1]) Ist die Teilungsmasse so gering, daß es zweifelhaft erscheint, ob sie auch nur zur Deckung der Massekosten und Masseschulden hinreichen wird, so empfiehlt es sich, bei deren Aufführung die in § 60 KO. bestimmte Rangordnung (siehe Abschnitt X unter c) zu beobachten, um jederzeit klar zu sein, ob die Masse noch zur Befriedigung der jeweilig an den Verwalter herantretenden Masseansprüche hinreicht.

unfähigkeit des Gemeinschuldners, über die Lage der Sache und über die bisher ergriffenen Maßregeln Bericht zu erstatten. § 131 KO.

Die Berichterstattung muß mündlich erfolgen, es kann ihr aber ein schriftlich ausgearbeiteter Bericht zugrunde gelegt werden. Die Anfertigung eines schriftlichen Berichts ist in der Regel zweckmäßig, da es von Wert ist, den Inhalt des Berichts schriftlich festgestellt bei den Akten zu haben. Wird der Bericht schriftlich ausgearbeitet, so empfiehlt es sich, ihn so einzurichten, daß er zugleich die für die Staatsanwaltschaft interessierenden Aufschlüsse (vgl. S. 16) gewährt. Was hiervon zur Mitteilung in der Gläubigerversammlung nicht geeignet erscheint, ist dann in dem mündlichen Vortrage zu übergehen.

Was den Inhalt des Berichts betrifft, so sind darin zunächst die Ursachen der Entstehung der Zahlungsunfähigkeit des Gemeinschuldners darzulegen. Hierbei werden namentlich die oben S. 16, 17 hervorgehobenen Fragen 1 bis 4, 7 bis 16 zu berühren sein. Bei Mitteilung der Lage ist vor allem der Stand der Teilungsmasse und der Schuldenmasse darzulegen, soweit dies nach den bisherigen Ermittelungen möglich ist. Besonders sind die geltend gemachten Aussonderungs- und Absonderungsansprüche, der Wert der vorhandenen Außenstände und die Frage der Verwertbarkeit der vorhandenen Masse und der zu ihrer Verwertung erforderlichen Mittel zu erörtern. Im Anschluß hieran hat der Verwalter sich, soweit nötig, über die Gegenstände, die der Beschlußfassung der Gläubigerversammlung unterliegen, unter Darlegung der bezüglichen Verhältnisse zu äußern. Den Schluß des Berichts bilden die Mitteilungen über die bisher ergriffenen Maßregeln und etwaige Vorschläge in Betreff der Gegenstände der Tagesordnung.

Bei dem Bericht über die Ursachen der Entstehung der Zahlungsunfähigkeit wird der Verwalter in vielen Beziehungen auf die Auskünfte des Gemeinschuldners angewiesen sein. Es ist zu empfehlen, daß er in größeren Sachen sich diese Auskünfte schriftlich erteilen läßt und zu diesem Behufe dem Gemeinschuldner einen Fragebogen zur schriftlichen Beantwortung der darin gestellten Fragen vorlegt. Ein Muster zu einem solchen Fragebogen siehe Beilage E.

4. Die Beschlüsse der Gläubigerversammlung.

Über die Beschlußfassungen und das Stimmrecht vgl. Anhang III unter 5 und 6.

Da die Angaben der Erschienenen, auf die sie ihre Ansprüche auf Teilnahme an den Abstimmungen gründen, zunächst nicht glaubhaft gemacht zu werden brauchen und vom Gerichte nicht geprüft werden, so ist es Pflicht des Verwalters, zur Verhütung des Mitstimmens Unbefugter allen Stimmrechtsansprüchen, die nicht nach seinen bisherigen Ermittelungen begründet sind und ihm auch im Termine nicht glaubhaft dargetan werden, zu widersprechen. Das gilt namentlich bezüglich der Stimmrechtsansprüche der Pfand- und Hypothekengläubiger, soweit er nicht als sicher annehmen darf, daß deren Pfand- oder Hypothekenrecht wertlos ist. Noch wichtiger ist es, daß der Verwalter die Stimmrechtsansprüche des Ehegatten und der

Verwandten des Gemeinschuldners genau prüft und unbegründeten oder auch nur zweifelhaften Ansprüchen widerspricht, damit nicht die Gesamtheit der Gläubiger Schaden leidet. Gerade die Gegenstände, über die die erste Gläubigerversammlung zu entscheiden hat, sind von ganz wesentlicher Bedeutung, und an den einmal gefaßten Beschlüssen läßt sich später meistens nicht viel ändern. Auch für die Zusammensetzung des Gläubigerausschusses bleiben die in der ersten Gläubigerversammlung erfolgten Wahlen erfahrungsmäßig zumeist für die ganze Dauer des Konkurses entscheidend.

Beschlüsse können natürlich nur gefaßt werden, wenn wenigstens ein stimmberechtigter Gläubiger erscheint. Der Verwalter mag erforderlichenfalls dafür sorgen, daß dies geschieht.

III. Aussonderung aus der Konkursmasse.

a) Begriff der Aussonderungsrechte.

Wenn der Verwalter die Masse in Besitz nimmt, so ist er vielfach nicht in der Lage, sofort zu prüfen, ob alle in Besitz genommenen Sachen auch wirklich dem Gemeinschuldner gehören. Hat er nun den Besitz von Sachen ergriffen, die dem Gemeinschuldner nicht gehören, so können die Personen, die ein dingliches oder persönliches Recht auf die Sachen haben, ihre Ansprüche als Aussonderungsberechtigte gegen den Verwalter geltend machen. Das gleiche wie von Sachen gilt von allen sonstigen Vermögensgegenständen, die als dem Gemeinschuldner gehörig betrachtet werden, ohne es zu sein. Aussonderungsansprüche sind also die Ansprüche Dritter darauf, daß ihnen gewisse Gegenstände aus der Konkursmasse als zu Unrecht zu dieser gezogen herausgegeben werden. Die Ansprüche des Gemeinschuldners auf Herausgabe von Gegenständen sind keine Aussonderungsansprüche, über die Behandlung solcher Ansprüche siehe S. 50 unter b.

Jeder Aussonderungsanspruch setzt voraus, daß der Verwalter die tatsächliche Verfügungsgewalt über den beanspruchten Gegenstand hat. Befindet sich der Gegenstand im Besitze eines Dritten, so kann der Verwalter den Aussonderungsberechtigten an diesen verweisen[1]).

b) Allgemeine Grundsätze.

Ein Recht auf Aussonderung eines Gegenstandes aus der Konkursmasse besteht der Regel nach nur dann, wenn

1. der Gegenstand bei der Konkurseröffnung sich noch nicht oder nicht mehr im Eigentum des Gemeinschuldners befand, und

2. der Gemeinschuldner zu dem genannten Zeitpunkte zur Herausgabe des Gegenstandes verpflichtet war.

---

[1]) Jur. Woch. 1895 S. 167[19].

Hatte der Gemeinschuldner das Eigentum des fraglichen Gegenstandes erworben, so kann, abgesehen von der Ausnahme unter c 2, ein persönlicher Anspruch auf Herausgabe nur noch als Konkursforderung geltend gemacht werden[1]). §§ 17, 26 KO. Abschnitt VI unter A a. War der Gemeinschuldner zwar zur Übertragung des Eigentums verpflichtet, der Akt aber, der dazu erforderlich war, noch nicht erfolgt, so gilt dasselbe. S. Seite 66 Anm. 7. Auch wenn ein Rechtsgeschäft, mittels dessen der Gemeinschuldner eine Sache erworben hat, von einem Gläubiger des Veräußerers mit Erfolg angefochten worden, wird dadurch ein Aussonderungsanspruch für den Anfechtenden nicht begründet. Die er olgreiche Anfechtung hebt den einmal vollzogenen Eigentumsübergang nicht von selbst auf, sondern gewährt nur einen persönlichen Anspruch auf Rückübertragung des Eigentums, also nur eine Konkursforderung[2]). Anders im Falle einer Anfechtung auf Grund der §§ 119, 120, 123 BGB. Da wird die erfolgte Eigentumsübertragung als von Anfang an nichtig behandelt[3]). § 142 BGB.

Aussonderungsberechtigt ist dagegen der, dem der Gemeinschuldner eine Sache oder eine Forderung, wenn auch nur zum Zwecke der Sicherstellung einer Schuldverbindlichkeit, zu Eigentum übertragen hat[4]).

Umgekehrt ist ein Aussonderungsrecht auch dem zuzugestehen, der einen ihm gehörigen[5]) Gegenstand dem Gemeinschuldner zwar zu Eigentum aber nur zu treuen Händen[6]) in der Art übertragen hat, daß der Gemeinschuldner nur nach außenhin die Rechte eines Eigentümers haben, im Verhältnis zu dem Übertragenden aber dieser weiter als Eigentümer gelten soll[7]). Die Aussonderung kann dann jedoch natürlich nur verlangt werden mit den sich aus der Art des Geschäfts, auf Grund dessen die Eigentumsübertragung stattgefunden hat, ergebenden Beschränkungen, also z. B. wenn das Eigentum dem Gemeinschuldner zur Sicherung einer Forderung übertragen war, nur gegen vollständige Tilgung dieser Forderung[8]). Die Übertragung des Eigentums kann durch abstraktes Rechtsgeschäft erfolgen[9]). Geschieht sie zum Zwecke der

---

[1]) Einen Fall dieser Art s. RG. 63. 307.

[2]) Siehe Abschnitt VIII unter L. a.

[3]) RG. 69. 13.

[4]) RG. 62. 197. Ein solcher Gläubiger hat allerdings im wesentlichen nicht mehr Rechte, als ein Pfandgläubiger, dem das Recht zusteht, sich ohne gerichtliches Verfahren aus dem Pfande zu befriedigen. RG. 24, 45; Gruch. 54. 1168 (LZ. 1910 S. 158). Vgl. Abschnitt IV unter III D a. E.

[5]) Warn. Rechtspr. Bd. 14 Nr. 130 S. 157 (Gruch. Bd. 66 S. 570).

[6]) Über den Begriff des Treuhandverhältnisses s. RG. 45. 86, 79. 122, 84. 217, 91. 16; Gruch. Bd. 54 S. 626; LZ. 1915 S. 1022[44].

[7]) RG. 31. 392, 45. 85, 62. 198, 79. 121, 91. 14; Jur. Woch. 1901 S. 252[11]; Gruch. 49. 900, 59. 142, 63. 325; LZ. 1915 S. 38[17].

[8]) RG. 45. 80, Jur. Woch. 1912 S. 135[7]. In solchem Fall besteht das Aussonderungsrecht überhaupt nur, wenn nach der Abrede das Eigentum mit der Tilgung der Forderung ohne weiteres an den Schuldner zurückfallen, nicht auch, wenn die Tilgung für den Schuldner nur einen obligatorischen Anspruch auf Rückübertragung des Eigentums begründen soll. Jur. Woch. 1910 S. 29[53].

[9]) Jur. Woch. 1905 S. 49[19].

Sicherstellung einer Forderung, so bedarf sie nicht der Form des § 1205 BGB., sondern es genügt ein jeder Rechtsakt, der nach den §§ 929 ff. BGB. zur Übertragung des Eigentums geeignet ist, also auch ein sog. constitutum possessorium. § 930 BGB.[1]). Nur muß der Schuldner ernstlich das Eigentum haben übertragen, nicht bloß eine verschleierte Verpfändung haben vornehmen wollen, was nach Lage des einzelnen Falles zu prüfen ist.

Liegt die erste der auf S. 61 bezeichneten Voraussetzungen vor, so ist es im übrigen gleichgültig, ob die Verpflichtung zur Herausgabe auf einem dinglichen oder auf einem persönlichen Rechte (etwa auf einem Miet-, Leih- oder Verwahrungsvertrage) beruht.

Gegenstände eines Aussonderungsrechts können Vermögensrechte jeder Art sein[2]). Andere als die gesetzlich anerkannten Aussonderungsrechte bestehen aber nicht; durch Vertrag kann ein in der KO. nicht anerkanntes Aussonderungsrecht nicht begründet werden[3]).

Die Frage, ob die Voraussetzungen der Aussonderung vorliegen, ist im allgemeinen nach den außerhalb des Konkursverfahrens geltenden Gesetzen zu entscheiden. § 43 KO. Die Konkursordnung enthält jedoch zwei Ausnahmebestimmungen, von denen unter c die Rede ist. Im übrigen vergleiche wegen einiger Einzelheiten die Bemerkungen unter g[4]). Maßgebend sind die Gesetze, die zu der Zeit und an dem Orte gegolten haben, wo das den Aussonderungsanspruch begründende Rechtsgeschäft geschlossen worden. Das Bürgerliche Gesetzbuch gilt nur für die seit dem 1. Januar 1900 geschlossenen Geschäfte.

c) Abweichungen von den allgemeinen Grundsätzen.

1. Beschränkung des Aussonderungsrechts.

Die Konkursordnung beschränkt die Aussonderungsansprüche der Ehefrau des Gemeinschuldners mehr als diejenigen anderer Personen. Hierüber siehe unter 2b im Abschnitt V.

2. Ausdehnung des Aussonderungsrechts. § 44 KO.

Auf der anderen Seite gewährt die Konkursordnung ein Aussonderungsrecht in einem Falle, wo es nach dem Grundsatz des § 43 vielfach nicht begründet sein würde. Nach dem Handelsgesetzbuch geht bei sog. Distanzverkäufen das Eigentum abgesandter Waren auf den Käufer schon durch Übergabe der

---

[1]) **RG.** 2. 168, 13. 200 und 299, 24. 161, 26. 181, 30. 273; Jur. Woch. 1906 S. 51[1] und die spätere Rechtsprechung.

[2]) So z. B. der Anspruch auf Löschung einer für den Gemeinschuldner eingetragenen Hypothek (**RG.** 60. 251, 86. 235), der Anspruch auf Löschung eines für ihn eingetragenen Warenzeichens (Gruch. 51. 1091).

[3]) **RG.** 41. 2. S. auch S. 65 Anm. 2.

[4]) Über das Aussonderungsrecht des Nacherben im Konkurse des Vorerben siehe **RG.** 36. 23 (Jur. Woch. 1896 S. 174[23]), für das neue Recht § 2115 BGB. und § 128 KO. Vermächtnisnehmer sind nicht aussonderungsberechtigt sondern nur Konkursgläubiger. Vgl. § 2174 BGB., § 226 Abs. 2 Nr. 5 KO.

Papiere (Ladeschein, Konnossement) über, die ihm die Verfügung über die Waren verschaffen. §§ 450, 647 HGB.[1]). Auch sonst kann das Eigentum der Waren schon vor der Auslieferung auf den Käufer übergehen. Vgl. § 930 BGB. Danach würde der Verkäufer abgesendete, noch nicht bezahlte Waren, obgleich es ihm vielfach nicht möglich ist, sie anzuhalten, aus dem Konkurse des Käufers nicht zurückfordern können, wenn auch die Waren zur Zeit der Konkurseröffnung noch gar nicht in die Hände des Käufers gelangt waren. Zur Beseitigung dieser Unbilligkeit bestimmt § 44 KO., daß der Verkäufer Waren[2]), die er oder ein anderer für ihn[3]) von einem anderen Orte an den Gemeinschuldner abgesendet[4]) hat, aus der Masse zurückfordern kann, wenn

1. der Kaufpreis oder ein Teil davon, gleichviel ob dieser Teil groß oder klein, gleichviel auch, ob der Kaufpreis gestundet war oder nicht, noch nicht bezahlt ist[5]);
2. die Waren nicht schon vor der Konkurseröffnung[6]) an dem Orte, wo sie nach dem Vertrage abgeliefert werden sollten, angekommen und in den Gewahrsam des Gemeinschuldners oder einer anderen Person für ihn (z. B. des Spediteurs, welcher sie zu dem Gemeinschuldner in dessen Auftrage schaffen sollte) gelangt sind.

Treffen diese Voraussetzungen zu, so findet das Aussonderungsrecht ohne Rücksicht auf den etwa schon vollzogenen Eigentumsübergang statt, auch wenn dem Gemeinschuldner der Frachtbrief über die Waren bereits ausgehändigt worden[7]), ja selbst wenn er den mittelbaren Besitz der Waren schon vor deren Ankunft am Ablieferungsort erlangt hat[8]). Dagegen ist § 44 KO. nicht ohne weiteres anwendbar, wenn der Gemeinschuldner die gekaufte Ware in seinen Gewahrsam genommen, aber dem Verkäufer als nicht vertragsmäßig zur Verfügung gestellt hat[9]). In diesem Falle kommen lediglich die allgemeinen Grundsätze unter b zur Anwendung; es kommt also darauf an, ob trotz der Zurverfügungstellung der Gemeinschuldner Eigentümer der Ware geworden oder geblieben ist[10]).

Ein gleiches Recht, wie dem Verkäufer, ist dem Einkaufskommissionär eingeräumt.

---

1) Ebenso § 26 des Binnenschiffahrtsgesetzes vom 15. Juni 1895. Das Preußische Allgemeine Landrecht T. I Tit. 11 §§ 128 ff. und der Code civil Art. 1583 gingen noch weiter.

2) Darunter sind auch Wechsel und andere Wertpapiere zu verstehen.

3) RG. 27. 87 (Jur. Woch. 1891 S. 180[7]).

4) Oder an diesem Orte dem Spediteur zur Beförderung an den Gemeinschuldner übergeben. RG. 73. 145 (Jur. Woch. 1910 S. 394[17]).

5) Der Barzahlung steht aber jede andere Art der Tilgung gleich.

6) Der Zeitpunkt der Zahlungseinstellung kommt nicht in Betracht. Jur. Woch. 1893 S. 384[14]. Der Zeitpunkt, in dem das Rückforderungsrecht ausgeübt wird, auch nicht. RG. 31. 137.

7) RG. 27. 85.

8) Jur. Woch. 1899 S. 165[14]); RG. 32. 19. Über das Verfolgungsrecht des Abladers, der ein an Order lautendes Konossement über die Ware ausgestellt hat, s. Warn. Rechtspr. Bd. 13 Nr. 205 S. 257.

9) RG. 8. 86 (Jur. Woch. 1883 S. 157[20]).

10) Vgl. Gruchot Bd. 31 S. 395.

Zwischen Inländern und Ausländern macht die KO., wie sonst, so auch hier keinen Unterschied. § 5 KO.

Die Rückforderung kann der Verwalter dadurch ausschließen, daß er sich bereit erklärt, den Vertrag, auf Grund dessen die zurückgeforderten Waren an den Gemeinschuldner abgesendet sind, zu erfüllen[1]). Der Verkäufer hat dann wegen seiner Ansprüche die Rechte eines Massegläubigers. § 44 Abs. 2 KO.

d) Prüfung der Aussonderungsansprüche.

Wenn Aussonderungsansprüche geltend gemacht oder sonst dem Verwalter bekannt werden, so hat der Verwalter die erforderlichen Erkundigungen über den Sachverhalt einzuziehen. Er kann auch, wenn ihm das zweckmäßig erscheint, beantragen, daß das Gericht Ermittelungen veranstalte. Das Gericht ist befugt (jedoch nicht verpflichtet), alle ihm sachdienlich erscheinenden Erhebungen vorzunehmen, insbesondere Zeugen und Sachverständige eidlich zu vernehmen. § 75 KO.

e) Anerkennung und Befriedigung von Aussonderungsansprüchen.

Überzeugt sich nun der Verwalter von der Richtigkeit eines Aussonderungsanspruchs, oder hält er einen deswegen zu führenden Prozeß für aussichtslos oder nicht für lohnend, so kann er den Anspruch anerkennen. Das Anerkenntnis ist für die Konkursmasse verbindlich[2]), der Verwalter hat jedoch dazu bei eigener Verantwortung gemäß § 133 Nr. 2 KO., sofern es sich um mehr als 300 M. handelt, die Genehmigung des etwa vorhandenen Gläubigerausschusses einzuholen. Erst nach Einholung dieser Genehmigung ist der Gegenstand des Aussonderungsanspruchs dem Berechtigten auszuantworten. Der Verwalter darf sich dabei nicht passiv verhalten, sondern muß, da nur der die Aussonderung vornehmen kann, der den Besitz und die Verwaltung der Masse hat, den Aussonderungsgegenstand herausgeben[3]). Der Berechtigte kann den Gegenstand nur in der Beschaffenheit verlangen, in der er sich zur Zeit der Konkurseröffnung befunden hat. Ist der Gegenstand schon vor der Konkurseröffnung beschädigt oder im Werte verringert, so hat deswegen der Berechtigte, wenn der Gemeinschuldner überhaupt dafür aufkommen muß, nur eine Konkursforderung. Ist dagegen die Beschädigung oder Wertverringerung erst nach der Konkurseröffnung erfolgt, und ist der Verwalter dafür dem Aussonderungsberechtigten nach dem bürgerlichen Recht verantwortlich, so kann der Berechtigte seinen Schadensersatzanspruch als Masseforderung geltend machen[4]). Dies gilt auch, wenn nach der Konkurseröffnung Aussonderungsgegenstände verloren gehen.

---

[1]) Vgl. hierzu RG. 8. 84.

[2]) Nur kann dadurch ein Recht, das in der KO. als Aussonderungsrecht nicht anerkannt ist, nicht zu einem Aussonderungsrecht gemacht werden. RG. 41. 2.

[3]) Jur. Woch. 1895 S. 43^{16}, 167^{18}. In der erstgenannten Entscheidung wird jedoch ausgeführt, daß die Verpflichtung des Verwalters nicht so weit gehe, daß er eine unter Vorbehalt des Eigentums dem Gemeinschuldner verkaufte und mit einem Grundstück verbundene Maschine aus dem Grundstück entfernen müßte, wenn es zweifelhaft sein könne, ob nicht die Maschine Bestandteil des Grundstücks geworden sei.

[4]) RG. 2. 266.

Die Pflicht zur Herausgabe besteht natürlich nicht, wenn und solange der Verwalter auf Grund eines Rechts zum Besitze, z. B. eines Pfandrechts oder eines Zurückbehaltungsrechts[1]), den auszusondernden Gegenstand behalten darf.

f) Geltendmachung der Aussonderungsansprüche im Streitfall.

Im Streitfalle ist das beanspruchte Aussonderungsrecht im Prozeßwege zu verfolgen. Die Klage ist gegen den Verwalter zu richten[2]), jedoch wird dabei vorausgesetzt, daß der Verwalter den Gegenstand zur Masse gezogen hat[3]). Hat der Berechtigte Herausgabe nicht zu beanspruchen, so kann er nur auf Anerkennung seines Rechts klagen[4]). Welches Gericht zur Entscheidung zuständig ist, bestimmt sich nach der Natur der Klage und den Vorschriften der ZPO.[5]). Das Konkursgericht als solches ist nicht zuständig; noch weniger ist es befugt, den Verwalter zur Anerkennung oder Befriedigung eines Aussonderungsanspruchs anzuweisen. Zur Sicherung des Aussonderungsanspruchs kann ein Arrest oder eine einstweilige Verfügung — wenn die Voraussetzungen dazu vorliegen — gegen die Konkursmasse erlassen werden.

Die Herausgabe einer Sache kann nicht um deswillen verweigert werden, weil daran einem Dritten ein Pfand- oder Hypothekenrecht zusteht[6]).

g) Einzelne wichtigere Gegenstände von Aussonderungsansprüchen.

Wie sich nach der am 1. Januar 1900 in Kraft getretenen Gesetzgebung die Aussonderungsansprüche gestalten, darüber sei folgendes bemerkt:

1. Grundstücke.

Zur freihändigen Übertragung des Eigentums an einem Grundstück ist nach dem BGB. die Auflassung erforderlich. § 925 BGB. Ohne Auflassung und die daran sich knüpfende Eintragung in das Grundbuch geht das Eigentum nicht über; namentlich nicht durch bloße Übergabe, noch weniger durch Bezahlung des Kaufpreises[7]). Durch die Auflassung und Eintragung wird das

---

[1]) Ein solches besteht z. B. wegen Verwendungen und im Falle der Aufhebung eines gegenseitigen Vertrags wegen Rückgewähr der dem Aussonderungsberechtigten gewährten Gegenleistung. S. Gruch. Bd. 46 S. 677. §§ 273. 1000 BGB. Es kann auch an Sachen bestehen, die Gegenstand eines Pfandrechts nicht sein können, z. B. an Hypothekenbriefen. RG. 51. 87; Jur. Woch. 1907 S. 334[14] (RG. 66. 26); Jur. Woch. 1907 S. 477[7].

[2]) Jur. Woch. 1901 S. 183, Gruch. Bd. 46 S. 677.

[3]) Jur. Woch. 1895 S. 167[19].

[4]) Jur. Woch. 1906 S. 436[25].

[5]) Für Klagen auf Aussonderung, die auf Grund eines Vertragsverhältnisses erhoben werden, will das Reichsgericht den Gerichtsstand des Vertrages (§ 29 ZPO.) nicht gelten lassen. S. RG. 31. 392. Die Richtigkeit dieser Entscheidung erscheint sehr zweifelhaft. Mit ihr ist auch die Entscheidung bei Gruchot Bd. 38 S. 1169 kaum vereinbar.

[6]) RG. 99. 210.

[7]) Wer also ein Grundstück vom Gemeinschuldner gekauft, übergeben erhalten und auch schon bezahlt, aber die Auflassung nicht erhalten hat, kann die Auflassung vom Verwalter nicht beanspruchen, sondern hat, wenn der Verwalter den Kaufvertrag nicht erfüllen will, nur eine Konkursforderung gemäß § 26 KO., es sei denn, daß sein Recht auf Auflassung vor der Konkurseröffnung im Grundbuch vorgemerkt worden ist. Vgl. Abschn VI unter A a und unter A b[5]. Ob er das ihm übergebene Grundstück zur Masse herausgeben muß, ist sehr streitig. Die Frage ist in RG. 90. 218 bejaht worden.

Eigentum auch dann übertragen, wenn der die Auflassung erteilende nicht der wahre Eigentümer ist, es sei denn, daß der Erwerber dies beim Erwerbe weiß oder daß ein Widerspruch gegen die Richtigkeit der Angabe des Grundbuchs über die Person des Eigentümers eingetragen ist. § 892 BGB. Mit dem Eigentum an dem Grundstück wird auch das Eigentum an allen wesentlichen Bestandteilen des Grundstücks erworben, mag auch ein anderer sich an ihnen, ehe sie zu Bestandteilen des Grundstücks wurden, das Eigentum vorbehalten haben. §§ 93, 946 BGB. Was als wesentlicher Bestandteil eines Grundstücks anzusehen ist, ergeben die §§ 94, 95 BGB.[1]). Ob auch das Eigentum an dem Zu-

[1]) Praktisch geworden ist diese Frage namentlich bei Maschinen, die unter Vorbehalt des Eigentums zur Einrichtung einer Fabrik geliefert sind. Das Reichsgericht hat ständig angenommen, daß solche Maschinen wesentliche Bestandteile des Fabrikgrundstücks geworden und damit trotz des Eigentumsvorbehalts des Lieferanten in das Eigentum des Grundstückseigentümers gelangt sind, wenn sie mit dem Grundstück zu einem nicht bloß vorübergehenden Zwecke unmittelbar und derart verbunden sind, daß sie ihre körperliche Selbständigkeit verloren haben und mit dem Grundstück eine einheitliche Sache bilden. Auf die größere oder geringere Festigkeit der Verbindung legt das Reichsgericht kein Gewicht. S. RG. 58. 338, 62. 248 und 406, 63. 171 und 416; Gruch. 48. 865, 50. 90; RG. 69. 150 (Jur. Woch. 1908 S. 515[1]). Nur eine Verbindung erklärt es für nötig, und zwar eine dauernde. RG. 50. 241; Gruch. 49. 341. Der Vorbehalt des Eigentums steht nach der Auffassung des Reichsgerichts der Annahme einer auf die Dauer erfolgten Verbindung nicht entgegen. Deshalb hat es unter den oben bezeichneten Voraussetzungen auch eine bloß vermietete Maschine als wesentlichen Bestandteil des Grundstücks angesehen. RG. 62. 411, 63. 421. Was den Begriff der Wesentlichkeit betrifft, so ist auf die Ausführungen RG. 50. 241 zu verweisen. Insbesondere ist angenommen, daß die Maschine wesentliche Bedeutung für das Grundstück, d. h. für die Fabrikanlage als solche haben muß; eine wesentliche Bedeutung für den Betrieb der Fabrik ist nicht für genügend erachtet, um die Maschine als wesentlichen Bestandteil der Fabrik erscheinen zu lassen. RG. 69. 118 (Jur. Woch. 1908 S. 517[2]).

Die Rechtsprechung des Reichsgerichts hat heftige Anfechtung erfahren und nicht ohne Erfolg. In den neuesten Entscheidungen ist sie zwar dem Grundsatz nach im wesentlichen aufrecht erhalten und nur soviel nachgegeben worden, daß bei der Beurteilun der Frage, ob eine Maschine mit der Fabrikanlage ein einheitliches Ganze bildet, die Verkehrsauffassung maßgebend ist. RG. 67. 30 (Jur. Woch. 1908 S. 2[1]); Gruch. 52. 913; RG. 69. 153 (Jur. Woch. 1908 S. 515[1]). Dabei ist in den beiden letzterwähnten Entscheidungen noch hervorgehoben, daß als Verkehrsauffassung nur eine Auffassung angesehen werden könne, die in allen beteiligten Verkehrskreisen gleichmäßig, also nicht bloß bei den Maschinenlieferanten, sondern auch bei den Fabrikeigentümern und den Realgläubigern bestehe. Die praktische Anwendung der Grundsätze zeigt aber gegen früher eine starke Schwenkung.

Einzelne Rechtsfälle (bei denen freilich überall die besondere Lage der Sache eine Rolle gespielt hat): Bejaht ist die Bestandteilseigenschaft RG. 58. 338 (elektrische Beleuchtungsanlage); RG. 63. 416, Gruch. 49. 341 und RG. 69. 155 (elektrische Kraftübertragungs- und Lichtanlagen); RG. 90. 198 (elektrische Aufzüge in einem Gasthof); RG. 62. 248 (lose aufgelegte Dachkonstruktion); Gruch. 50. 90 (Holzbearbeitungsmaschinen); Jur. Woch. 1906 S. 417[2] (Expansionslokomobile); Jur. Woch. 1908 S. 295[1] (Wellblechbaracke). Verneint ist die Bestandteilseigenschaft Gruch. 48. 865 (Maschine in einem nicht zu einem bestimmten Gewerbebetrieb hergerichteten Gebäude); Jur. Woch. 1908 S. 322[2] (Druckereimaschine; s. dazu auch RG. 67. 30); Jur. Woch. 1908 S. 738[3]. [4] (Motoranlage und Lokomobile); Gruch. 61. 91 (elektrische Beleuchtungskörper); Gruch. 52. 913 (elektrische Kraft- und Lichtanlage, Lokomobile, Holzbearbeitungsmaschinen). Weitere Entscheidungen, in denen die Maschinen nur für Zubehör und deshalb die Eigentums

behör (§§ 97, 98 BGB.) mit dem Grundstück auf den Erwerber übergeht, hängt von der Einigung des Veräußerers mit dem Erwerber ab, jedoch ist im Zweifel anzunehmen, daß die Veräußerung sich auf das Zubehör erstrecken soll. § 926 Abs. 1 BGB. An Zubehörstücken, die dem Veräußerer nicht gehören, erlangt aber der Erwerber das Eigentum jedenfalls nur durch Besitzerwerb in gutem Glauben. § 926 Abs. 2 BGB. Siehe darüber unter 2 S. 69.

Bei der Zwangsversteigerung geht das Eigentum schon durch den Zuschlag über. § 90 Abl. 1 Zw.-Verst.-Ges. Durch den Zuschlag erwirbt der Ersteher nicht nur das Grundstück mit seinen Bestandteilen, sondern auch die sämtlichen im Besitze des Schuldners (Subhastaten) befindlichen Zubehörstücke, soweit sie nicht durch die Versteigerungsbedingungen oder durch eine vom Eigentümer gemäß § 37 Nr. 5 Zw.-G. erwirkte Anordnung des Gerichts oder endlich durch eine besondere Einigung zwischen dem Ersteher und dem Eigentümer von der Versteigerung ausgeschlossen sind — auch wenn sie nicht dem bisherigen Eigentümer des Grundstücks gehört haben[1]). § 90 Abs. 2, §§ 55 Abs. 2 Zw.-Ges. Es genügt, daß die Sachen sich tatsächlich als Zubehörstücke des Grundstücks darstellen[2]). Nur wenn sie sich im Besitz eines Dritten befinden und dies erkennbar ist, erwirbt sie der Ersteher nicht[3]).

Daß der Gemeinschuldner als Eigentümer im Grundbuch eingetragen ist, schließt die Aussonderung des Grundstücks nicht unbedingt aus. Es kommt nicht auf den formalen Rechtszustand, sondern auf das wirklich bestehende Rechtsverhältnis an. Aussonderung findet daher statt, wenn der wahre Eigentümer das Grundstück nur zu dem Zweck dem Gemeinschuldner aufgelassen hat, damit dieser für ihn darüber verfügen könne[4]). Sie findet natürlich erst recht statt, wenn der Gemeinschuldner zu Unrecht als Eigentümer eingetragen ist. Der wahre Eigentümer kann dann Einwilligung in die Berichtigung des Grundbuchs verlangen. § 894 BGB.

2. Bewegliche Sachen.

Zur freihändigen Übertragung des Eigentums an einer beweglichen Sache ist die — an eine bestimmte Form nicht gebundene — Einigung des Eigen-

---

vorbehalte für wirksam erklärt sind, s. Jur. Woch. 1909 S. 130[1], 159[2], 267[1], 484[2], [3], [4], [5]; Gruch. Bd. 53 S. 897, 899 u. a. m.

Hat der Lieferant trotz des Eigentumsvorbehalts das Eigentum an der Maschine verloren, so ist dadurch der Eigentümer des Grundstücks ungerechtfertigt bereichert und deswegen dem Lieferanten gemäß den näheren Bestimmungen der §§ 812ff. BGB. persönlich haftbar. Daß aber auch der Hypothekengläubiger, dessen Hypothek durch die Einfügung der Maschine in das Grundstück wertvoller geworden ist, dem Lieferanten wegen Bereicherung haftbar sei, wird vom Reichsgericht verneint. RG. 63. 422.

[1]) Selbst dann gehen die Zubehörstücke in das Eigentum des Erstehers über, wenn der Eigentümer im Versteigerungstermine seinen Eigentumsanspruch angemeldet hat und ihm dieser Anspruch im Zuschlagsbeschlusse vorbehalten ist. Ein solcher Vorbehalt genügt noch nicht, um die Zubehörstücke von der Zwangsversteigerung auszuschließen. Gruchot Bd. 46 S. 1035.

[2]) RG. 2. 255, 19. 321, 39. 292.

[3]) RG. 49. 253.

[4]) RG. 45. 80. Vgl. S. 62.

tümers und des Erwerbers darüber, daß das Eigentum übergehen soll und die Übergabe der Sache erforderlich. Beides muß zusammentreffen. Die Übergabe überträgt das Eigentum nicht, wenn der Übergebende es sich dabei vorbehält[1]). Die bloße Einigung über den Eigentumsübergang genügt nur dann, wenn der Erwerber die Sache bereits besitzt. § 929 BGB. Bei Versendung verkaufter Waren mit der Eisenbahn oder der Post erlangt der Empfänger das Eigentum regelmäßig erst mit der Annahme, nicht schon mit der Auslieferung der Waren zum Transport, weil Eisenbahn- und Postverwaltung der Regel nach Vertreter des Absenders sind. Der Übergabe von Hand zu Hand steht es gleich, wenn der Erwerber den mittelbaren Besitz der Sache erlangt. Die unmittelbare Übergabe der Sache kann deswegen, wenn der bisherige Eigentümer die Sache besitzt, dadurch ersetzt werden, daß dieser mit dem Erwerber ein Rechtsverhältnis vereinbart, vermöge dessen der Erwerber den mittelbaren Besitz (siehe § 868 BGB.) erlangt, also z. B. dadurch, daß der Käufer die gekaufte Sache dem Verkäufer vermietet, oder sie ihm leihweise beläßt[2]). § 930 BGB. Besitzt ein Dritter die Sache, so kann deren Übergabe dadurch ersetzt werden, daß der Eigentümer dem Erwerber seinen Anspruch auf Herausgabe der Sache abtritt. § 931 BGB. Eine solche Abtretung ersetzt die Übergabe auch dann, wenn der Dritte die Sache nicht für den Eigentümer, sondern als Eigenbesitzer oder ohne jeden Rechtsgrund besitzt.

Zur Wirksamkeit der Eigentumsübertragung ist nicht unbedingt erforderlich, daß der Veräußerer Eigentümer der Sache ist. Es genügt, daß der Erwerber beim Erwerb[3]) den Veräußerer in gutem Glauben für den Eigentümer der Sache hält. § 932 BGB. Bei Sachen, die ein Kaufmann im Betriebe seines Handelsgewerbes veräußert, genügt es zum Eigentumserwerb sogar, wenn der Erwerber nur in gutem Glauben annimmt, daß der Veräußerer befugt sei, für den Eigentümer über die Sache zu verfügen. § 366 Abs. 1 HGB. Der gute Glaube nützt dem Erwerber regelmäßig nur dann nichts, wenn die Sache dem Eigentümer gestohlen worden, verloren gegangen oder sonst abhanden gekommen war. § 935 Abs. 1 BGB. Aber auch in solchen Fällen begründet der gute Glaube den Eigentumserwerb, wenn es sich um Geld oder Inhaberpapiere oder um Sachen handelt, die im Wege der öffentlichen Versteigerung veräußert sind. § 935 Abs. 2 BGB.

---

[1]) Siehe Seite 71 und Anm. 2 dort.

[2]) In dieser Weise können auch Sachen veräußert werden, die der Veräußerer erst in Zukunft erwerben soll. Das Eigentum an solchen Sachen geht auf den Erwerber über, sobald der Veräußerer sie erwirbt und mit ihnen der Vereinbarung gemäß verfährt. RG. 56. 52; Gruch. 53. 1045; Jur. Woch. 1911 S. 762[21], 1912 S. 144[21].

[3]) In der Regel kommt es auf den Zeitpunkt an, in dem der unmittelbare Besitz übertragen wird. Wenn jedoch ein Dritter für den Veräußerer besitzt, so daß dieser mittelbaren Besitz hatte, kommt es auf den guten Glauben des Erwerbers zu der Zeit an, wo der Veräußerer ihm seinen Anspruch auf Herausgabe der Sache abtritt. §§ 933, 934 BGB. Ist der Veräußerer weder unmittelbarer noch mittelbarer Besitzer, so verschafft dem Erwerber sein guter Glaube gleichwohl das Eigentum, wenn er von dem Besitzer den Besitz der Sache erlangt und zu dieser Zeit den Veräußerer noch gutgläubig für den Eigentümer hält. Auf den guten Glauben des Veräußerers kommt es nicht an. RG. 89. 348.

Guter Glaube ist nicht vorhanden, wenn der Mangel des Rechts des Veräußerers, d. h. der Mangel des Eigentumsrechts bzw. der Verfügungsbefugnis, dem Erwerber bekannt oder nur infolge grober Fahrlässigkeit unbekannt ist[1]). § 932 Abs. 2 BGB.

Kenntnis der Tatsachen, die den Mangel des Eigentums bzw. der Verfügungsbefugnis ergeben, schließt den guten Glauben noch nicht aus, wenn der Erwerber die Tatsachen rechtlich falsch beurteilt hat und ihm dabei keine grobe Fahrlässigkeit zur Last fällt[2]).

Bei Erwerb durch einen Vertreter kommt es auf dessen guten Glauben an[3]) (§ 166 Abs. 1 BGB.), im Falle freiwilliger Geschäftsführung des Vertreters aber nach Abs. 2 des § 166 meist auch auf den guten Glauben des Erwerbers selbst.

Das Vorhandensein des guten Glaubens braucht der Erwerber nicht zu beweisen; wer die veräußerte Sache als dem Erwerber nicht gehörig in Anspruch nimmt, muß diesem beweisen, daß er bei der Erwerbung nicht in gutem Glauben gewesen ist. Eine Vermutung für den Mangel des guten Glaubens besteht jedoch gegenüber gewissen Personen unter den Voraussetzungen des § 367 Abs. 1 HGB. bezüglich abhanden gekommener oder gestohlener Inhaberpapiere.

Durch die Veräußerung erlöschen auch Rechte Dritter an der veräußerten Sache, es sei denn, daß der Erwerber diese Rechte — oder, wenn er sie von einem Kaufmann in dessen Geschäftsbetriebe erworben hat, den Mangel der Befugnis des Veräußerers, über die Sache ohne Vorbehalt des Rechts zu verfügen — gekannt oder nur infolge grober Fahrlässigkeit nicht gekannt hat. § 936 BGB., § 366 Abs. 2 HGB.

Diese Grundsätze gelten ebensowohl zuungunsten der Konkursmasse — wenn ein Unbefugter Sachen, die dem Gemeinschuldner gehören oder an denen ihm ein Recht zusteht, an einen gutgläubigen Dritten veräußert hat —, wie zugunsten der Konkursmasse — wenn der Gemeinschuldner in gutem Glauben Sachen von einem Unbefugten erworben hat.

Fremdes **bares Geld** wird durch bloße Vermischung mit dem eigenen noch nicht erworben, auch wenn sie redlicher Weise geschieht. Durch die Vermischung entsteht Miteigentum an der gesamten Geldsumme nach Verhältnis der den einzelnen Eigentümern gehörigen Beträge. § 948 BGB. Eigentum an dem Gelde wird nur erworben, wenn der Geber und der Empfänger darüber, daß das geschehen soll, einig sind. Ein Anspruch auf Aussonderung von Geld setzt aber stets voraus, daß das Geld, oder im Falle der Vermischung fremden und eigenen Geldes die vermischte Geldsumme, noch unterscheidbar von anderm Gelde zur Zeit der Konkurseröffnung vorhanden ist[4]).

---

[1]) Über den Begriff der Kenntnis s. RG. 74. 120, 78. 32f.

[2]) RG. 74. 354 (Jur. Woch. 1911 S. 96[22]).

[3]) Nach Ansicht des Reichsgerichts (RG. 77. 24) soll bei einem Erwerb im Wege der Zwangsvollstreckung gemäß § 897 ZPO. der Gerichtsvollzieher Vertreter des Erwerbers und deshalb sein guter Glaube erforderlich sein.

[4]) Über den Fall, daß die Verkaufserlöse von Wertpapieren, die verschiedenen Eigentümern gehörten, miteinander vermischt sind, s. Jur. Woch. 1893 S. 268[14].

Hat der Gemeinschuldner bares Geld als Vorschuß auf zu liefernde Waren empfangen, so gehört es zur Konkursmasse, wenn auch die Lieferung der Waren unterbleibt. Hat er dagegen Geld nur zur Ablieferung an einen Dritten oder zur Aufbewahrung empfangen, so muß das Geld, falls es sich unter den Barbeständen des Gemeinschuldners noch unterscheidbar vorfindet, herausgegeben werden.

Bei Inhaberpapieren gilt im allgemeinen dasselbe wie bei Geld. Zur Sicherung ihrer gesonderten Verwahrung trifft das Depotgesetz vom 5. Juli 1896 §§ 1. 2. 9ff. eine Reihe von Bestimmungen[1]).

Sachen, die der Gemeinschuldner von anderen nicht zur Erfüllung bestehender Verbindlichkeiten, sondern nur zur Sicherung der zukünftigen Erfüllung von Verbindlichkeiten erhalten hat, sind herauszugeben, wenn der die Verbindlichkeiten begründende Vertrag noch nicht erfüllt ist und der Verwalter ihn seinerseits nicht erfüllen will.

Wer eine Sache dem Gemeinschuldner verkauft und übergeben, dabei aber sich das Eigentum bis zur Tilgung des Kaufpreises vorbehalten hat, ist aussonderungsberechtigt, solange der Kaufpreis nicht völlig getilgt ist[2]). Der Verwalter kann jedoch die Aussonderung durch Berichtigung des noch ungetilgten Teils des Kaufgeldes abwenden. § 17 KO.

Waren, die der Gemeinschuldner zum kommissionsweisen Verkauf erhalten, aber nicht verkauft hat, können aus der Masse gefordert werden, wenn sie nicht infolge Eintritts des Gemeinschuldners als Selbstkäufer oder aus anderen Gründen als Eigentum des Gemeinschuldners zu betrachten sind und der Verwalter die Verkaufskommission noch nicht ausgeführt hat[3]). Auf Waren, welche der Gemeinschuldner kommissionsweise eingekauft hat, hat der Kommittent nur dann einen Aussonderungsanspruch, wenn sie zurzeit der Konkurseröffnung schon sein Eigentum geworden sind. Unter welchen Voraussetzungen das der Fall ist, bestimmt sich im allgemeinen nach dem BGB. in Verbindung mit § 400 HGB. Wertpapiere gehen aber nach der besonderen Bestimmung des § 7 des Depotgesetzes vom 5. Juli 1896 schon mit der Absendung des dem Kommittenten nach § 3 zu erteilenden Stückeverzeichnisses in das Eigentum des Kommittenten über. In allen Fällen bleibt der Konkursmasse das in den §§ 397—399 HGB. bestimmte Pfandrecht.

3. Wechsel. Andere Orderpapiere.

Eine Wechselforderung steht dem zu, der den Wechsel von dem Aussteller bzw. dem Akzeptanten zu Eigentum übergeben erhalten hat und entweder

---

[1]) Über den Fall, wenn der Gemeinschuldner an Stelle abhanden gekommener fremder Inhaberpapiere Ersatzstücke angeschafft und für einen anderen in Verwahrung genommen hat, s. RG. 52. 130.

[2]) RG. 56. 241; LZ. 1909 S. 786[4]. Das Aussonderungsrecht wird nicht dadurch berührt, daß der Verkäufer seine Kaufgeldforderung zum Konkurse anmeldet. RG. 7. 148; LZ. 1907 S. 513[8].

[3]) Vgl. Abschn. VI unter A b[4]. Über den Bestand an Kommissionswaren und über die für verkaufte Kommissionswaren noch ausstehenden Forderungen hat der Verwalter dem Kommittenten auf Verlangen Auskunft zu erteilen, ebenso darüber, welche von diesen Forderungen er nach der Konkurseröffnung eingezogen hat. Jur. Woch. 1901 S. 458[5].

in dem Wechsel als der Berechtigte bezeichnet oder ermächtigt worden ist, durch Ausfüllung des Wechselformulares auf seinen Namen sein Wechselrecht herzustellen. Im Falle der Weiterbegebung wird das Wechselrecht dadurch erworben, daß der Wechsel mit gehörigem Indossament (Giro) versehen und dem Nehmer übergeben wird. Art. 36 WO. Erfolgt die Begebung durch einen Nichtberechtigten, so ist sie wirksam, wenn der Nehmer sich beim Erwerb im guten Glauben befindet. Art. 74 WO. Auch wenn dem Eigentümer der Wechsel gestohlen oder verloren gegangen war, braucht der gutgläubige Erwerber ihn nicht herauszugeben[1]).

Auch Wechsel, die dem Gemeinschuldner unausgefüllt mit Blankoakzept zum Eigentum übergeben waren, gehören danach zur Masse. Der Verwalter kann sie an Stelle des Gemeinschuldners in Gemäßheit der diesem vom Wechselgeber erteilten Ermächtigung ausfüllen und in Umlauf setzen.. Wechsel dagegen, die der Gemeinschuldner lediglich zur Einkassierung des Wechselbetrages für einen anderen erhalten hatte, gehören selbst dann nicht zur Masse, wenn sie mit Vollgiro versehen sind, wenn also der Gemeinschuldner den Wechselinteressenten gegenüber legitimierter Wechselgläubiger ist. Solche Wechsel hat der Verwalter mit Rückgiro zu versehen und dem Auftraggeber des Gemeinschuldners zurückzugeben, wenn er den Inkassoauftrag nicht ausführt. Der Aussonderung unterliegen auch Wechselakzepte, die der Gemeinschuldner zum Zwecke der Kreditgewährung erhalten, aber bis zur Konkurseröffnung nicht benutzt hat[2]).

Entsprechendes gilt für andere an Order lautende Papiere. §§ 363 bis 365 HGB.

4. Forderungen.

Sind über Forderungen Schuldurkunden vorhanden, so ist für die Frage ihrer Zugehörigkeit zur Konkursmasse nicht der bloße Inhalt der Urkunden, sondern das wirkliche Sach- und Rechtsverhältnis entscheidend. Wenn z. B. eine Darlehenshypothek im Grundbuch auf den Namen des Gemeinschuldners eingetragen ist, während in Wirklichkeit ein anderer der Darlehnsgeber ist und durch die Hypothek sichergestellt werden sollte, so kann dieser andere die Aussonderung der Hypothek aus der Masse und zu diesem Behufe die Einwilligung des Verwalters in die Berichtigung des Grundbuchs sowie die Aushändigung der etwa im Besitze des Verwalters befindlichen Hypothekenurkunde verlangen[3]). Ist ferner eine Forderung dem Gemeinschuldner nur zur Einziehung übertragen, so unterliegt die Forderung dem Aussonderungsanspruche des Übertragenden[4]). Dagegen hat der, dem der Gemeinschuldner einen Kundenwechsel gegeben hat, deswegen allein noch keinen Aussonderungsanspruch auf die diesem Wechsel zugrunde liegende Forderung[5]).

---

[1]) Nur Aufgebot des verlorenen Wechsels kann unter Umständen dem Verlierer helfen. Art. 73 WO.

[2]) Gruchot Bd. 35 S. 996.

[3]) S. dazu LZ. 1913 S. 306[4].

[4]) Jur. Woch. 1890 S. 373[11], S. ferner S. 62.

[5]) Jur. Woch. 1897 S. 238[42].

Schuldscheine, die über Forderungen ausgestellt sind, gehören den Gläubigern. § 952 Abs. 1 BGB. Desgleichen Hypotheken-, Grundschuld-, Rentenschuldbriefe den betreffenden Realberechtigten. § 952 Abs. 2 BGB. Ist eine Einigung gemäß § 1117 Abs. 2 BGB. getroffen, so erwerben sie solche Briefe, sobald sie gebildet sind[1]).

Im Kommissionsgeschäft gelten Forderungen des Gemeinschuldners für Waren, die er für seinen Kommittenten verkauft und noch nicht bezahlt erhalten hat, der Konkursmasse gegenüber als Forderungen des Kommittenten. Desgleichen die Ansprüche auf Lieferung von Waren, die der Gemeinschuldner durch ein von ihm als Einkaufskommissionär abgeschlossenes Kaufgeschäft erworben hat. § 392 Abs. 2 HGB. Der Kommittent kann Abtretung der Forderungen beanspruchen[2]). § 384 Abs. 2 HGB. Der Verwalter hat aber das Recht, sich aus ihnen wegen der in § 397 HGB. bezeichneten Ansprüche zu befriedigen. § 399 HGB.

Hat der Gemeinschuldner eine Forderung abgetreten, so ist die Rechtsgültigkeit der Abtretung zu prüfen. Entscheidend ist die Rechtsgültigkeit der Abtretungserklärung, nicht die des Geschäfts, das der Abtretung zugrunde liegt[3]). Bei gewöhnlichen Forderungen bedarf es zur Abtretung keiner besonderen Form; die Abtretung wird wirksam mit dem auch bloß mündlichen Abschlusse des Abtretungsvertrags[4]). § 398 BGB. Anders aber bei Hypothekenforderungen. Bei ihnen bedarf nur die Abtretung rückständiger Zinsen und anderer Nebenleistungen keiner besonderen Form. § 1159 BGB. Im übrigen bedarf es zur Abtretung bei Buchhypotheken, d. h. bei Hypotheken, bei denen die Erteilung des Hypothekenbriefes ausgeschlossen ist, neben der Einigung (§ 873 BGB.) der Eintragung der Abtretung in das Grundbuch[5]). § 1154 Abs. 3 BGB. Die Abtretung von Briefhypotheken ist nur gültig, wenn sie entweder schriftlich erklärt oder in das Grundbuch eingetragen und wenn außerdem der Hypothekenbrief dem neuen Gläubiger nach Maßgabe des § 1117 BGB. übergeben ist. § 1154 Abs. 1, 2 BGB. Für eine genügende schriftliche Abtretungserklärung dürfte es aber zu erachten sein, wenn die Abtretung vereinbart, der Hypothekenbrief dem Erwerber mit dem zum Zeichen der Übertragung darunter gesetzten Namensunterschrift des Gemeinschuldners übergeben und demnächst — wennschon

---

[1]) Ein nachheriger Widerspruch des Grundstückseigentümers gegen die Aushändigung ändert daran nichts. Jur. Woch. 1908 S. 547[5].

[2]) Über das Rechtsverhältnis bei Forderungen aus Orderpapieren s. RG. 41. 3.

[3]) Ist dieses Geschäft nichtig, so wird dadurch die Gültigkeit der Abtretung nicht berührt. Es bleibt dann nur eine Forderung wegen ungerechtfertigter Bereicherung. Gruch. 56. 872, 57. 922, 60. 325; Jur. Woch. 1911 S. 653[25]. Der Erwerber der Forderung kann im Streitfalle gegen den Verwalter auf Feststellung der Gültigkeit der Abtretung klagen. RG. 98. 143.

[4]) Auch die Abtretung von Forderungen, die erst noch entstehen sollen, ist wirksam, und zwar sofort mit der Entstehung der Forderungen. RG. 55. 334, 58. 72. Nur darf nicht völlig unbestimmt sein, ob Forderungen entstehen werden, und welche. RG. 67. 166 (Gruch. 52. 958).

[5]) Daß die Eintragung vor der Konkurseröffnung erfolgt sei, ist nicht unbedingt notwendig. Vgl. Abschn. VII. unter f.

erst nach der Konkurseröffnung — die Abtretungserklärung über den Namen der Gemeinschuldners entsprechend der mündlich getroffenen Vereinbarung gesetzt worden ist¹). Die körperliche Übergabe des Hypothekenbriefs erübrigt sich, wenn der Erwerber den Brief bereits besitzt. Sie wird ersetzt durch die Vereinbarung eines Rechtsverhältnisses, vermöge dessen der Erwerber den mittelbaren Besitz erlangt, also z. B. die Abrede, daß der Gemeinschuldner den Hypothekenbrief fortan nur noch für den Erwerber verwahren soll. Die Übergabe kann auch ersetzt werden durch die Abtretung des Anspruchs des Zedenten auf Herausgabe des Hypothekenbriefs²), wenn dieser sich in den Händen eines Dritten befindet (§ 931 BGB.), ferner gemäß § 1117 Abs. 2 BGB. durch die Vereinbarung, daß der neue Gläubiger berechtigt sein soll, sich den Brief vom Grundbuchamt aushändigen zu lassen; jedoch ist zur Wirksamkeit einer solchen Vereinbarung erforderlich, daß das Grundbuchamt die Verfügungsgewalt über den Brief hat, weil an diesem der neue Gläubiger mindestens mittelbaren Besitz erlangen muß³). Die Übergabe des Hypothekenbriefs wird als geschehen vermutet, wenn der Gläubiger ihn im Besitz hat. § 1117 Abs. 3 BGB.

Ist der Brief abhanden gekommen, so kann die Briefhypothek weder abgetreten noch verpfändet werden, solange nicht der Brief im Aufgebotsverfahren für kraftlos erklärt ist⁴).

Die gleichen Grundsätze wie für die Abtretung von Hypotheken bestehen für die Abtretung von Grundschulden und Rentenschulden. §§ 1192, 1200 BGB.

---

¹) RG. 14. 297, 15. 61. In RG. 63. 230 ist über die Gültigkeit einer solchen Zession bezüglich der Grundschuld anders entschieden. Derselbe Senat hat sich aber für den Fall der **Verpfändung** in demselben Sinne wie der Text ausgesprochen. S. RG. 58. 169 (Jur. Woch. 1904 S. 420[40]), ferner RG. 78. 30 (Neuverwendung einer alten, ungültig gewordenen Verpfändungsurkunde); RG. 81. 257 und Gruch. 60. 325.

²) Steht dem Grundstückseigentümer **ein** Teil einer auf dem Grundstück haftenden Hypothek zu, weil entweder diese für den Gläubiger wegen nur teilweiser Gewährung der Valuta nicht voll zur Entstehung gelangt ist oder der Eigentümer den Gläubiger zum Teil befriedigt hat oder endlich der Gläubiger für einen Teil seiner Forderung auf die Hypothek verzichtet hat, so kann er seinen Anteil durch Abtretung des Herausgabeanspruchs, wenn nicht ein Teilhypothekenbrief gebildet ist, nicht abtreten, weil er in den angegebenen Fällen die Herausgabe des Stammbriefs trotz seines Miteigentums daran von dem Gläubiger, dem der übrige Teil der Hypothek zusteht, nicht verlangen kann. § 1145 Abs. 1, § 1168 Abs. 3 BGB.; RG. 59. 313; Jur. Woch. 1908 S. 482[16] (RG. 69. 36). Die Abtretung des Anspruchs auf Vorlegung des Stammbriefs beim Grundbuchamt verbunden mit einer Vereinbarung gemäß § 1117 Abs. 2 genügt nur, wenn das Grundbuchamt den Besitz des Stammbriefs und die Verfügungsmacht darüber erlangt hat. S. folgende Anm. Sonst kann die Abtretung einer solchen Teilpost wirksam nur erfolgen, wenn der Besitzer des Stammbriefs dem Erwerber daran Besitz oder Mitbesitz einräumt. Jur. Woch. 1911 S. 367[22] (RG. 75. 221).

³) RG. 64. 308; Jur. Woch. 1908 S. 482[16] (RG. 69. 43). Der Brief muß deshalb dem Grundbuchamt auch von dem Zedenten oder doch mit dessen Willen eingereicht sein. Gruch. 56. 980. Die Vereinbarung muß vom Erwerber selbst oder seinem Vertreter getroffen sein, nicht etwa bloß von einem Dritten zu seinen Gunsten. RG. 66 97. Dagegen ist nicht nötig, daß der Brief schon fertig vorliegt. RG. 66. 206 (Jur. Woch. 1907 S. 514[16]).

⁴) RG. 84. 314.

Erfolgt die Abtretung einer Hypothek, Grundschuld oder Rentenschuld durch einen Nichtberechtigten, so gilt entsprechend, was S. 69f. über den Erwerb in gutem Glauben gesagt ist[1]). Jedoch ist bei Posten, über die ein Brief ausgefertigt ist, der Erwerb in gutem Glauben schon dann ausgeschlossen, wenn die Unrichtigkeit des Grundbuchs aus dem Briefe oder aus einem Vermerk auf dem Brief hervorgeht oder wenn aus dem Briefe oder einem darauf befindlichen Vermerke ein Widerspruch gegen die Richtigkeit des Grundbuchs zu ersehen ist. § 1140 BGB.

Alles das gilt aber nur für die unter der Herrschaft des Bürgerlichen Gesetzbuchs erfolgten Abtretungen. Die Rechtsgültigkeit der früheren ist nach den zur Zeit ihrer Vornahme maßgebend gewesenen Landesgesetzen zu beurteilen. Nach dem Preußischen Allgemeinen Landrecht, T. I, Titel 11 § 394 bedurfte es zur Abtretung von Forderungen, worüber Schuldurkunden vorhanden waren, stets der Schriftform, wenn nicht die Abtretung ein Handelsgeschäft darstellte[2]). Dagegen war für die Wirksamkeit der Abtretung einer Hypothek weder die Übergabe des Hypothekenbriefs noch die Eintragung wesentlich. Grundschulden konnten nach § 55 des Preußischen Gesetzes vom 5. Mai 1872 in blanco, d. h. ohne Bestimmung des Erwerbers abgetreten werden. Doch war immer die Übergabe des Grundschuldbriefes erforderlich[3]). Auch genügte es zur Blankoabtretung nicht, daß lediglich der Name des Abtretenden auf den Grundschuldbrief gesetzt wurde[4]). Nach dem Bürgerlichen Gesetzbuch genügt Blankoabtretung überhaupt niemals. Dagegen läßt das Gesetzbuch unter den Voraussetzungen des § 795 Grundschuldbriefe auf den Inhaber zu. § 1195. Auch kennt es Sicherungshypotheken für Schuldverschreibungen auf den Inhaber und für indossable Papiere. §§ 1187—1189. Diese werden durch Übereignung des Wertpapiers übertragen.

g) Was Rechtens, wenn der Gegenstand des Aussonderungsrechts nicht mehr in der Masse ist.

Hat der Gemeinschuldner[5]) vor der Konkurseröffnung Gegenstände, deren Aussonderung aus der Konkursmasse hätte verlangt werden können, veräußert, so kann der Aussonderungsberechtigte vom Verwalter die Abtretung des Rechts auf die zur Zeit der Konkurseröffnung noch ausstehende Gegenleistung des Erwerbers sowie die Ausantwortung dieser Gegenleistung selbst, falls und soweit sie nach der Konkurseröffnung zur Masse eingezogen ist, fordern. Ist dagegen die Gegenleistung schon vor der Konkurseröffnung vom Gemeinschuldner eingezogen, so kann derjenige, welcher die Ausson-

[1]) Schutz des guten Glaubens auch, wenn er sich auf die Echtheit einer Abtretungserklärung oder auf eine Vollmacht bezieht, die mit einem verborgenen Mangel behaftet ist. RG. 86. 262, Gruch. 60. 323.

[2]) RG. 10. 200.

[3]) Gruchot Bd. 35 S. 668.

[4]) Gruchot Bd. 27 S. 1038.

[5]) Oder ein anderer (Bevollmächtigter, Gerichtsvollzieher) an seiner Stelle.

derung des veräußerten Gegenstandes hätte verlangen können, weder die etwa in der Masse noch vorhandene Gegenleistung noch deren Wert aus der Masse beanspruchen, und sich nur als Konkursgläubiger melden[1]) § 46 KO.

Hat der Gemeinschuldner nach der Konkurseröffnung Aussonderungsgegenstände veräußert, so hat deswegen der Aussonderungsberechtigte gegenüber der Konkursmasse keine Konkursforderung (§ 3 KO.) und einen Masseanspruch nur allenfalls auf Grund des § 59 Nr. 3 KO., d. h. nur, soweit etwa die Masse durch die Veräußerung bereichert ist.

Wenn der Verwalter nach der Konkurseröffnung Gegenstände, die der Aussonderung unterliegen, veräußert hat, so kann der Aussonderungsberechtigte die zur Masse eingezogene Gegenleistung sowie Abtretung des Anspruchs auf die Gegenleistung, soweit diese noch aussteht, verlangen[2]). § 46 KO. Hat der Verwalter bei der Veräußerung den Aussonderungsanspruch gekannt oder sich eines zu vertretenden Versehens schuldig gemacht, so kann der Aussonderungsberechtigte auch nach Maßgabe der Bestimmungen des BGB. Schadensersatz fordern[3]). In diesem Falle sind die Ansprüche des Aussonderungsberechtigten Masseansprüche. § 59 Nr. 3 und Nr. 1 KO.

Sind auszusondernde Gegenstände versteigert worden, so ist der zur Masse geflossene Erlös herauszugeben[4]). Zur Erhaltung dieses Anspruchs ist Anmeldung in dem Versteigerungsverfahren nicht erforderlich[5]). Die Gegenstände selbst sind herauszugeben, wenn sie der Verwalter für die Masse erstanden hat[6]).

Ob ein Recht zu der Veräußerung bestand, ist für die Ansprüche des Aussonderungsberechtigten, abgesehen von etwaigen Schadensersatzansprüchen, gleichgültig, es kommt nur darauf an, ob die Aussonderung hätte verlangt werden können, wenn die Veräußerung nicht erfolgt wäre.

h) Wie lange Aussonderungsansprüche geltend gemacht werden können.

Aussonderungsansprüche können während der ganzen Dauer des Konkurses geltend gemacht werden. Die etwa an ihre Stelle tretenden Masseansprüche können jedoch verloren gehen, wenn sie nicht rechtzeitig zur Kenntnis des Verwalters gelangen. Vgl. § 172 KO.

---

[1]) LZ. 1913 S. 156[3]. Über den Fall, daß der Gemeinschuldner die veräußerten Sachen zu treuen Händen erhalten hatte, s. Warn., Rechtspr., Bd. 12 Nr. 82 S. 124.

[2]) RG. 2. 266; Jur. Woch. 1887 S. 14[11] (Gruchot Bd. 31 S. 395). Nicht ohne weiteres abrechnen kann der Verwalter, was etwa der Gemeinschuldner dem Berechtigten behufs Erwerbung der Gegenstände schon geleistet hatte. S. Jur. Woch. 1907 S. 315[18].

[3]) S. die Urteile Anm. 2 und RG. 98. 149. Handelt es sich um Verletzung eines Eigentumsanspruchs, so bestimmen sich die Verpflichtungen gegenüber dem Aussonderungsberechtigten nach den §§ 987 ff. BGB. RG. 56. 316; LZ. 1909 S. 786[4].

[4]) Aber auch nicht mehr, als was der Masse zugute gekommen ist. Jur. Woch. 1895 S. 43[16]; RG. 94. 25.

[5]) LZ. 1909 S. 786[4].

[6]) Gruchot Bd. 44 S. 1219.

IV. Absonderungsrechte.

I. Was unter Absonderungsrechten zu verstehen.

Gläubiger, denen außerhalb des Konkurses gewisse Gegenstände zur Sicherheit für ihre Forderungen dienen, können im Falle des Konkurses nach näherer Vorschrift der KO. aus den betreffenden Gegenständen abgesonderte Befriedigung beanspruchen. Hierher gehören namentlich Pfand- und Hypothekengläubiger. Ihnen gleichzustellen sind Gläubiger, denen der Gemeinschuldner zur Sicherheit für ihre Forderungen Gegenstände, die sonst zur Konkursmasse gehören würden, übereignet hat[1]). Absonderungsberechtigt sind nicht nur Gläubiger des Gemeinschuldners, sondern auch Gläubiger anderer Personen, soweit solchen Gläubigern ein Pfand- oder ähnliches Recht an Sachen des Gemeinschuldners zusteht. Voraussetzung eines jeden Absonderungsrechts ist, daß der Gegenstand, aus dem der Gläubiger vorzugsweise Befriedigung zu beanspruchen hat, sich wirklich in der Masse vorfindet. Ist er vor der Konkurseröffnung veräußert worden, so steht dem Gläubiger ein Absonderungsrecht weder an dem Erlöse noch an der noch ausstehenden Kaufgeldforderung zu[2]), es sei denn, daß die Veräußerung im Wege der Zwangsvollstreckung erfolgt ist.

Die Gegenstände, an denen Absonderungsrechte bestehen, gehören an sich zur Konkursmasse; für den Begriff des Absonderungsrechts ist es sogar wesentlich, daß die Gegenstände des Rechts Bestandteile der Konkursmasse sind[3]). Der Erlös solcher Gegenstände gehört daher ebenfalls zur Masse, und die Absonderungsrechte haben im wesentlichen die Bedeutung, daß die Absonderungsberechtigten aus dem Erlöse vor den anderen am Konkurse beteiligten Gläubigern, selbst vor den Massegläubigern, Befriedigung verlangen können. Sondermassen werden wegen des Bestehens von Absonderungsrechten nicht gebildet.

Ein jedes Absonderungsrecht hat zur Voraussetzung, daß der Berechtigte aus dem Gegenstande des Rechts Befriedigung erlangen kann. Absonderungsrechte sind daher nur an Gegenständen möglich, die zu einer Befriedigung des Berechtigten dienen können, die also einen Vermögenswert haben. Daher z. B. nicht an Hypothekenurkunden und Grundschuldbriefen[4]).

---

[1]) Jur. Woch. 1909 S. 734[38]; Gruch. 54. 1168 (LZ. 1910 S. 158); RG. 24. 45, 91. 15.

[2]) Der § 46 KO. ist auf Absonderungsrechte nicht entsprechend anwendbar. RG. 28. 149.

[3]) Dies ist z. B. dann nicht der Fall, wenn eine vom Gemeinschuldner vorgenommene und ernstlich gemeinte Abtretung einer Forderung mit Erfolg angefochten worden, denn die Anfechtung hat nur persönliche Wirkungen. Daher steht demjenigen, der solche Anfechtung durchgeführt hat, nachdem er die abgetretene Forderung für sich hatte pfänden lassen, ein Absonderungsrecht an der Forderung nicht zu. RG. 32. 102. Es besteht nur, wenn die Abtretung nicht ernstlich gemeint oder sonst nichtig war. RG. 37. 103.

[4]) Vgl. RG. 15. 55, 20. 133. Werden sie allein verpfändet, so entsteht für den Gläubiger nur ein Zurückbehaltungsrecht und dies ist im Konkurse des Verpfänders nicht wirksam. RG. 66. 27; Gruch. 47. 957, 49. 365 (Jur. Woch. 1904 S. 555[15]), ferner Gruch. 53. 1126.

Auch nicht an Lebensversicherungspolicen, Sparkassenbüchern, überhaupt nicht an bloßen Legitimationspapieren[1]). Es wird aber allemal zu prüfen sein, ob bei einer Verpfändung solcher Papiere nicht in Wirklichkeit die Verpfändung der Forderungen selbst, über die sie lauten, beabsichtigt und dies genügend zum Ausdruck gebracht ist.

II. Kreis der Absonderungsrechte.

Den Kreis der Absonderungsrechte, die im Konkurse anerkannt werden, hat die Konkursordnung genau bestimmt. Alle durch die Konkursordnung nicht zugelassenen landesgesetzlichen Absonderungsrechte sind also für das Konkursverfahren beseitigt[2]). § 4 Abs. 1 KO. Als Grundsatz ist für die Zulassung festgehalten, daß nur an bestimmten einzelnen Sachen oder an bestimmten Gesamtheiten von Sachen Absonderungsrechte stattfinden, und daß solche Rechte in einer für Dritte erkennbaren Weise begründet sein müssen. Stillschweigende und General-Hypotheken werden nicht anerkannt. § 11 Einf.-Ges. z. KO.

Die in der Konkursordnung zugelassenen Absonderungsrechte sind folgende:

A. Absonderungsrechte an Grundstücken und anderen zum unbeweglichen Vermögen gehörigen Gegenständen.

An den Gegenständen, die der Zwangsvollstreckung in das unbewegliche Vermögen unterliegen, besteht ein Absonderungsrecht für alle diejenigen, die aus diesen Gegenständen Befriedigung zu beanspruchen haben. § 47 KO.

1. Gegenstände des Absonderungsrechts.

Der Zwangsvollstreckung in das unbewegliche Vermögen unterliegen:

a) Grundstücke;

b) das Erbbaurecht (BGB. §§ 1012ff.) und andere Berechtigungen, für die die sich auf Grundstücke beziehenden Vorschriften gelten[3]);

---

1) RG. 29. 301, 51. 86, 68. 278 (Jur. Woch. 1908 S. 413[17]).

2) Für ausländische Absonderungsrechte gilt das natürlich nicht. Diese richten sich nach dem Rechte des Auslandes. Benutzt ein inländischer Konkursgläubiger das ausländische Recht, um sich im Auslande aus einem dort befindlichen Massegegenstande eine abgesonderte Befriedigung zu verschaffen, die ihm nach der KO. nicht gebührt, so braucht er das auf solche Weise Erlangte wohl nicht zur Konkursmasse herauszugeben. RG. 54. 193. Tritt ein inländischer Konkursgläubiger aber seine Forderung an einen Ausländer ab, der einen zur Konkursmasse gehörigen Gegenstand besitzt, und verschafft er dem Ausländer dadurch aus dem Gegenstand eine Befriedigung, die er selbst nicht hätte beanspruchen können, so hat er unter den Voraussetzungen des § 50 KO. der Konkursmasse Schadensersatz zu leisten.

Reichsgesetzlich besteht jetzt ein Absonderungsrecht für den Schadensersatzberechtigten im Konkurse des Schadensersatzpflichtigen an den Ansprüchen, die diesem wegen des Schadensfalls aus einer Haftpflichtversicherung gegen den Versicherer zustehen. § 157 des Ges. v. 30. Mai 1908. Auch sonst bestehen nach besonderen reichsgesetzlichen Bestimmungen gewisse eigenartige Absonderungsrechte. S. § 35 des Hypothenbankgesetzes vom 13. Juli 1899, § 61 des Gesetzes über die privaten Versicherungsunternehmungen vom 12. Mai 1901.

3) Vgl. die Art. 63, 68 Einf.-Ges. z. BGB.

c) die in das Schiffsregister eingetragenen Schiffe für See- und Binnenschiffahrt. § 864 Abs. 1 ZPO.;

d) Anteile an Grundstücken und an Berechtigungen der unter b bezeichneten Art, jedoch nur nach Maßgabe des § 864 Abs. 2 ZPO.

Außerdem können nach Landesgesetz noch andere Vermögensgegenstände der Zwangsvollstreckung in das unbewegliche Vermögen unterworfen sein. Art. 196, 65, 67, 69, 74 Einf.-Ges. z. BGB. In Preußen[1]) ist das der Fall mit

e) verliehenen Bergwerken, unbeweglichen Bergwerksanteilen und den selbständigen Kohlenabbaugerechtigkeiten in den ehemals sächsischen Landesteilen. Art. 37, 38 des Ausf.-Ges. z. BGB. vom 20. September 1899;

f) anderen selbständigen Gerechtigkeiten, wenn sie ein Grundbuchblatt erhalten haben. Art. 40 AG. z. BGB.

2. Umfang des Absonderungsrechts.

Das Absonderungsrecht an den der Zwangsvollstreckung in das unbewegliche Vermögen unterliegenden Gegenständen umfaßt auch diejenigen Gegenstände, auf die sich bei Grundstücken und Berechtigungen die Hypothek, bei Schiffen das eingetragene Pfandrecht erstreckt. § 865 Abs. 1 ZPO. Sein Umfang ist danach folgender:

α) Bei Grundstücken.

I. Das Absonderungsrecht an Grundstücken umfaßt zunächst deren Bestandteile. Als Bestandteile betrachtet das Bürgerliche Gesetzbuch (§§ 94—96)

a) die auf dem Grundstück errichteten Gebäude und andere mit dem Grund und Boden fest verbundene Sachen. Ausgenommen sind aber Gebäude und andere Werke, die in Ausübung eines Rechts an einem fremden Grundstücke mit diesem von dem Berechtigten verbunden sind; ferner Sachen, die nur zu einem vorübergehenden Zwecke mit dem Grund und Boden verbunden oder in ein Gebäude eingefügt sind. Zu den wesentlichen Bestandteilen eines Gebäudes gehören die zu dessen Herstellung eingefügten Sachen[2]);

b) die Erzeugnisse des Grundstücks, solange sie mit dem Boden zusammenhängen. Samen wird mit dem Aussäen, eine Pflanze wird mit dem Einpflanzen Grundstücksbestandteil und deshalb dem Absonderungsrecht unterworfen, auch wenn sie vor dem Aussäen bzw. Einpflanzen dem Grundstückseigentümer nicht gehörten;

c) die Rechte, die mit dem Eigentum an dem Grundstücke verbunden sind.

---

[1]) Für Bayern s. Art. 42 des Berggesetzes vom 20. Juli 1900, Art. 17, 18 AG. z. GBO. u. ZwVG.; für Sachsen § 16 AG. z. BGB.

[2]) Demnach haften Maschinen dem Absonderungsberechtigten, wenn sie wesentliche Bestandteile des Grundstücks, nicht bloß Zubehör geworden sind, trotz eines Eigentumsvorbehalts des Lieferanten. Vgl. Anm. S. 67.

Nach § 890 Abs. 2 BGB. gehört zu den Bestandteilen eines Grundstücks auch

d) ein anderes Grundstück, das der Eigentümer jenem Grundstück im Grundbuch hat zuschreiben lassen. Die zur Zeit der Zuschreibung an dem zugeschriebenen Grundstück bestehenden Rechte behalten jedoch den Vorrang vor den Rechten, die durch die Zuschreibung erst entstehen. § 1131 BGB.

II. Das Absonderungsrecht an Grundstücken erstreckt sich sodann auf eine Reihe beweglicher Sachen und Forderungen, die für die eingetragenen Hypotheken haften. Der Haftung unterliegen

a) die von dem Grundstück getrennten, d. h. die gemähten, geschnittenen, gepflückten, gegrabenen Erzeugnisse und sonstigen Bestandteile, soweit sie nicht mit der Trennung nach den §§ 954—957 BGB. in das Eigentum eines anderen als des Eigentümers oder des Eigenbesitzers des Grundstücks gelangt sind. § 1120 BGB.;

b) das Zubehör des Grundstücks mit Ausnahme der Zubehörstücke, die nicht in das Eigentum des Grundstückseigentümers gelangt, sind[1]). § 1120 BGB.

Was zum Zubehör des Grundstücks zu rechnen, darüber siehe die §§ 97, 98 BGB.[2]);

c) die Miet- und Pachtzinsforderungen. § 1123 Abs. 1 BGB.;

d) die mit dem Eigentum an dem Grundstück verbundenen Ansprüche auf wiederkehrende Leistungen. § 1126 BGB.;

e) die Forderungen, die aus einer Feuer-, Hagel- oder sonstigen Versicherung der für die Hypothek haftenden Gegenstände dem Eigentümer oder dem Eigenbesitzer des Grundstücks gegen den Versicherer zustehen. § 1127 Abs. 1 BGB.

Die Haftung dieser Sachen und Forderungen besteht jedoch nur mit erheblichen Einschränkungen.

Der Grundstückseigentümer ist durch den Umstand, daß eine Hypothek, Grundschuld oder Rentenschuld auf seinem Grundstück lastet, in dessen Verwaltung, sofern er nur dabei die Grenzen einer ordnungsmäßigen Wirtschaft innehält, nicht beschränkt. Wenn er innerhalb der Grenzen einer ordnungsmäßigen Wirtschaft Erzeugnisse und sonstige Bestandteile geschnitten, gepflückt, gegraben oder sonstwie von dem Grund und Boden

---

[1]) Fremde Zubehörstücke haften nur dann, wenn sie gemäß den für bewegliche Sachen geltenden Grundsätzen gültig verpfändet sind. RG. 63. 372 (Jur. Woch. 1906 S. 556[26]).

[2]) Diese Bestimmungen sind maßgebend auch bei Hypotheken, die vor dem 1. Januar 1900 eingetragen sind. Art. 192 EG. z. BGB.; RG. 46. 173, 50. 71; Jur. Woch. 1903 S. 388[17]. Über den Begriff des Zubehörs s. RG. 69. 87. Über Zubehör eines Vergnügungsetablissements Jur. Woch. 1901 S. 184; darüber, wieweit Vieh Zubehör eines Landguts, Gruchot Bd. 45 S. 1046; über Maschinen als Zubehör einer Fabrik RG. 51. 272 und 89. 61. Kohlenvorräte auf einer Fabrik sind, wenn zum Betriebe bestimmt, Zubehör. RG. 77. 36. Desgleichen Baumaterial, das schon auf dem Grundstück zum Zwecke der Verbauung lagert. RG. 84. 284. Dagegen nicht Rohstoffvorräte einer Fabrik. RG. 86. 326.

getrennt und von dem Grundstück entfernt hat, so erlischt ihre Haftung für die eingetragenen Schulden, es sei denn, daß die Entfernung zu einem bloß vorübergehenden Zwecke erfolgt ist. Ferner kann er die Haftung der Zubehörstücke, sofern er die Grenzen einer ordnungsmäßigen Wirtschaft innehält, dadurch aufheben, daß er sie von dem Grundstücke entfernt oder zu einem anderen wirtschaftlichen Zwecke als dem des Grundstücks zu dienen bestimmt und sie so ihrer Zubehöreigenschaft entkleidet. § 1122 Abs. 2 BGB. Er darf ferner fällige Miet- und Pachtzinsen, fällige wiederkehrende Hebungen und fällige Versicherungsgelder[1]) einziehen und in anderer Weise darüber verfügen. §§ 1124, 1126, 1129 BGB. Durch solche Maßregeln erlischt die Haftung der Sachen und Forderungen nur dann nicht, wenn zuvor eine Beschlagnahme zugunsten des Realgläubigers erfolgt ist.

Es kann aber auch sonst die Haftung der unter a bis d bezeichneten Vermögensgegenstände erlöschen.

1. Sind, bevor eine Beschlagnahme zugunsten eines Realgläubigers stattgefunden hat, Erzeugnisse, sonstige Bestandteile oder Zubehörstücke veräußert und auch von dem Grundstück entfernt, so erlischt ihre Haftung unbedingt, selbst wenn die Veräußerung unwirtschaftlich war und der Erwerber das Bestehen des Realrechts gekannt hat. § 1121 Abs. 1 BGB. Der böse Glaube des Erwerbers ist bezüglich des Erlöschens der Haftung nur dann von Einfluß, wenn zur Zeit der Beschlagnahme die Erzeugnisse usw. entweder noch nicht veräußert oder noch nicht von dem Grundstück weggeschafft waren. Vgl. § 1121 Abs. 2, § 135 BGB.

2. Hat der Eigentümer des Grundstücks, bevor eine Beschlagnahme zugunsten des Realgläubigers erfolgte, Miet- oder Pachtzinsen vor ihrer Fälligkeit eingezogen oder über solche Erträge in anderer Weise, z. B. durch Abtretung, verfügt, so ist die Verfügung insoweit wirksam, als sie sich auf den Zins für das zur Zeit der Beschlagnahme laufende und das folgende Kalendervierteljahr bezieht. § 1124 Abs. 2 BGB. Entsprechend verhält es sich mit der Einziehung von wiederkehrenden, mit dem Eigentum an dem Grundstück verbundenen Hebungen und mit sonstigen Verfügungen darüber. Die Verfügungen sind dem Realgläubiger gegenüber wirksam, soweit die Hebungen vor Ablauf von drei Monaten nach der Beschlagnahme fällig werden. § 1126 BGB.

Über Versicherungsgelder für Gegenstände, die der Hypothek unterliegen, kann bis zur Beschlagnahme der Grundstückseigentümer — mit der sich aus § 1128 BGB. ergebenden Einschränkung — frei verfügen. § 1129 BGB. Er kann sie trotz Beschlagnahme erheben, wenn der Versicherer nach den Versicherungsbestimmungen die Versicherungssumme nur zur Wiederherstellung des versicherten Gegenstandes zu zahlen verpflichtet ist und wenn diesen Bestimmungen entsprechend gezahlt wird. § 1130 BGB. Die Haftung der Versicherungsgelder erlischt überhaupt, wenn der versicherte Gegenstand

---

[1]) Diejenigen für Gebäude jedoch nur mit wesentlichen Einschränkungen; siehe §§ 1128, 1130 BGB.

wieder hergestellt oder Ersatz für ihn beschafft ist. § 1127 Abs. 2 BGB. Dagegen erlischt ihre Haftung nicht schon durch Hinterlegung, auch wenn der Versicherer dabei auf Rücknahme verzichtet hat[1]).

Ferner werden Miet- und Pachtzinsforderungen (mit der Einschränkung § 1123 Abs. 2 Satz 2), Ansprüche auf wiederkehrende Hebungen und Ansprüche auf Versicherungsgelder von der Haftung frei, wenn seit ihrer Fälligkeit ein Jahr verstrichen ist, ohne daß sie zugunsten des Realgläubigers in Beschlag genommen worden sind. § 1123 Abs. 2 Satz 1, §§ 1126, 1129 BGB. Ausgenommen sind die Ansprüche auf Versicherungsgelder für Gebäude, bezüglich deren die abweichende Vorschrift des § 1128 gilt.

Die Beschlagnahme der für die Hypothek haftenden beweglichen Sachen und Forderungen kann der Hypothekengläubiger bewirken

1. durch Pfändung auf Grund dinglichen Vollstreckungstitels[2]),
2. durch Herbeiführung der Zwangsverwaltung des Grundstücks,
3. durch Herbeiführung der Zwangsversteigerung des Grundstücks[3]).

Pfändung ist bei Zubehörstücken gar nicht und im übrigen nur solange zulässig, als nicht die Beschlagnahme der Gegenstände im Wege der Zwangsvollstreckung in das unbewegliche Vermögen erfolgt ist. § 865 Abs. 2 ZPO. Handelt es sich um Forderungen, so muß deren Pfändung vor der Beschlagnahme erfolgt sein; daß eine Pfändungsankündigung (§ 845 ZPO.) zugestellt war, vermag eine erst nach der Beschlagnahme erfolgende Pfändung nicht wirksam zu machen[4]).

Die Beschlagnahme im Wege der Zwangsverwaltung erhält dem Gläubiger alle bis dahin noch nicht von der Haftung für die Hypothek freigewordenen Sachen und Forderungen als Gegenstände seines Absonderungsrechts[5]). §§ 20, 23 Abs. 1 Satz 1, § 148 Abs. 1 des Gesetzes vom 24. März 1897. Dem Eigentümer wird durch sie die Verwaltung und Benutzung des Grundstücks entzogen. § 148 Abs. 2 a. a. O.

Dagegen hat die Beschlagnahme im Wege der Zwangsversteigerung viel beschränktere Wirkungen. Durch sie wird dem Eigentümer das Recht

---

[1]) RG. 74. 106.

[2]) Jur. Woch. 1913 S. 330[15]; RG. 76. 117, 81. 146. Bei einer Pfändung der Mieten, die auf Grund der Preuß. Verordn. v. 15. Nov. 1899 im Verwaltungszwangsverfahren erfolgt, bedarf es eines dinglichen Titels zur Herbeiführung der Wirkung der Beschlagnahme nicht. RG. 88. 100.

[3]) Die Anordnung der Zwangsverwaltung und der Zwangsversteigerung gilt zugunsten des Gläubigers als Beschlagnahme des Grundstücks. § 20 Abs. 1 des Gesetzes vom 24. März 1897. Die Beschlagnahme wird wirksam mit der Zustellung der Anordnung an den Schuldner, ebenso mit dem Eingang des Ersuchens um Eintragung des Zwangsverwaltungs- oder Zwangsversteigerungsvermerks beim Grundbuchamt, vorausgesetzt, daß die Eintragung auf das Ersuchen erfolgt. Die Beschlagnahme in der Zwangsverwaltung wird auch dadurch wirksam, daß der Verwalter das Grundstück gemäß § 150 Zw.-Verst.-Ges. in Besitz nimmt. §§ 22, 151 Zw.-Verst.-Ges.

[4]) RG. 59. 91. S. auch A. 4 S. 63.

[5]) Und zwar allen Realgläubigern, nicht bloß dem, der die Zwangsverwaltung betreibt. RG. 59. 88; Gruch. 49. 1066. Die Wirkung der Beschlagnahme dauert aber nur so lange wie die Zwangsverwaltung besteht; sie endet, wenn das Grundstück in der Zwangsversteigerung dem Ersteher zugeschlagen wird. RG. 64. 420.

zur Verwaltung und Benutzung des Grundstücks nicht entzogen, sondern nur dahin eingeschränkt, daß er sich innerhalb der Grenzen einer ordnungsmäßigen Wirtschaft zu halten hat. § 24 Zw.-Ges. Mit dieser Einschränkung kann er über Sachen, die der Beschlagnahme unterliegen, wirksam verfügen. § 23 Abs. 1 Satz 2 Zw.-Ges. Von der Beschlagnahme im Wege der Zwangsversteigerung werden aber nach §§ 20 Abs. 2, 21 Abs. 1, 2 Zw.-Verst.-Ges. überhaupt nur betroffen

die land- und forstwirtschaftlichen Erzeugnisse des Grundstücks, soweit sie noch mit dem Boden verbunden oder Zubehör des Grundstücks (siehe § 98 Nr. 2 BGB.) sind[1]),

die sonstigen Erzeugnisse, Bestandteile und Zubehörstücke nach Maßgabe des § 1120 BGB. und

die Versicherungsgelder für Grundstücksbestandteile und bewegliche Sachen nach Maßgabe der §§ 1127 ff. BGB., soweit sie nicht für Erzeugnisse zu zahlen sind, auf die sich die Beschlagnahme nicht erstreckt.

Zur freien Verfügung verbleiben dem Eigentümer trotz der Beschlagnahme im Wege der Zwangsversteigerung

die land- und forstwirtschaftlichen Erzeugnisse des Grundstücks, sowie die Forderungen aus einer Versicherung solcher Erzeugnisse, soweit diese nicht mehr mit dem Boden verbunden und auch nicht Zubehör des Grundstücks sind,

die Miet- und Pachtzinsforderungen und

die Ansprüche aus einem mit dem Eigentum an dem Grundstück verbundenen Recht auf wiederkehrende Leistungen.

Diese Grundsätze gelten seit dem 1. Januar 1900 auch für die älteren Hypotheken, Grundschulden und Rentenschulden. Art. 192 bis 195 Einf.-Ges. z. BGB., Art. 33 des Preuß. Ausf.-Ges. z. BGB. vom 20. September 1899.

Im Konkurse nun kann der Verwalter in Ausübung der ihm nach § 6 KO. zustehenden Befugnisse über Gegenstände und Forderungen, die an sich zur Grundstücksmasse gehören, in demselben Umfange verfügen, wie dies ohne die Konkurseröffnung dem Gemeinschuldner zugestanden hätte. Er hat also namentlich Miet- und Pachtzinsen von einem zur Konkursmasse gehörigen Grundstücke für die Masse einzuziehen, solange nicht ein Realgläubiger die Beschlagnahme des Grundstücks im Wege der Zwangsverwaltung[2]) (die Beschlagnahme im Wege der Zwangsversteigerung ist bedeutungslos) oder eine Pfändung erwirkt hat[3]), es sei denn, daß er auf Grund eines

[1]) Und auch diese nur unbeschadet der Rechte eines Pächters auf den Fruchtgenuß. § 21 Abs. 3 Zw.-Verst.-Ges.

[2]) Die Zwangsverwaltung kann auch im Wege der einstweiligen Verfügung angeordnet werden. Ein Hypotheken- oder sonstiger Realgläubiger kann eine solche Anordnung nach Ansicht des Reichsgerichts schon allein um deswillen verlangen, weil über das Vermögen des Grundstückseigentümers der Konkurs eröffnet ist. S. RG. 52. 138.

[3]) Jur. Woch. 1903 Beilageheft 11 Nr. 227 S. 101. Die Pfändung muß auf Grund eines dinglichen Schuldtitels erwirkt sein. So RG. 76. 117, 81. 146 und Jur. Woch. 1913 S. 330[15]. Das ist freilich streitig.

besonderen Vertrags verpflichtet ist, die Grundstückseinkünfte an die Realgläubiger abzuführen[1]). Hat er eingezogene Miet- und Pachtzinsen, die zur Konkursmasse abzuführen waren, aus Rechtsirrtum einem Realgläubiger ausgezahlt, so ist dieser verpflichtet, den empfangenen Betrag zurückzuerstatten[2]). Das gleiche wird gelten müssen bezüglich der Versicherungsgelder, über die der Eigentümer gemäß § 1129 BGB. verfügen kann[3]). Inventar kann der Verwalter veräußern, soweit nach obigen Darlegungen der Eigentümer dazu befugt ist. Den Erlös aber darf er nicht zur Masse ziehen, weil diese dadurch auf Kosten der Realgläubiger ungerechtfertigt bereichert werden würde, vielmehr haben die Realgläubiger auf den Erlös Anspruch, mindestens wenn sie ihr Recht vor der Veräußerung, dem Verwalter gegenüber geltend gemacht haben[4]). Diesen Anspruch läßt die Zwangsversteigerung und die infolge des Zuschlags erfolgende Löschung des Realrechts unberührt, nur durch die Befriedigung des Realgläubigers erlischt er[5]). Ebenso verhält es sich bezüglich der Erzeugnisse des Grundstücks. Gegen Verfügungen, die den Regeln einer ordnungsmäßigen Wirtschaft widersprechen, kann der Absonderungsberechtigte die Hilfe des Gerichts anrufen. §§ 1134, 1135 BGB.

Der Grundstücksmasse kann auch bewegliches Zubehör hinzutreten, z. B. indem der Verwalter Inventarienstücke o. dgl. erwirbt und auf das Grundstück in der Absicht bringt, daß sie dessen Zwecken dienen sollen. Der § 15 KO. hindert es nicht, daß Zubehör, welches der Verwalter nach der Konkurseröffnung erwirbt, von der Haftung für die eingetragenen Realrechte ergriffen wird[6]).

β) Bei grundstückgleichen Berechtigungen.

Bei Berechtigungen, die den Grundstücken gleich behandelt werden, finden die für diese bestehenden Bestimmungen entsprechende Anwendung. Welche Gegenstände als Früchte solcher Berechtigungen anzusehen sind, darüber vgl. BGB. § 99 Abs. 2, 3.

γ) Bei Schiffen.

Bei Schiffen, und zwar sowohl bei Seeschiffen als bei denen, die zur Binnenschiffahrt dienen, umfaßt die Masse außer dem beweglichen Zubehör für die Schiffsgläubiger im engeren Sinne, d. h. für diejenigen, denen

---

[1]) RG. 35. 118 (Jur. Woch. 1895 S. 506[12]). Ein solcher Vertrag kann sehr wohl im Interesse der Konkursmasse liegen und liegt dann nicht außerhalb der Befugnisse des Verwalters.

[2]) RG. 23. 54 (Jur. Woch. 1889 S. 170[13]); RG. 52. 140.

[3]) RG. 64. 28.

[4]) RG. 42. 84, 64. 31. Ob auch dann, wenn sie das nicht getan haben, darüber fehlte es früher an einer sicheren Rechtsprechung des Reichsgerichts. RG. 25, 18 hatte die Frage verneint, die vorher genannten beiden Urteile lassen sie offen. Jetzt hat sie der V. Senat in zwei Entscheidungen, RG. 69. 85 (Jur. Woch. 1908 S. 518[3]) und Jur. Woch. 1908 S. 561[27] bejaht. Ebenso der VII. Senat in Gruch. Bd. 56 S. 1080. Die Frage ist aber sehr streitig.

[5]) Gruch. 56. 1080 (LZ. 1912 S. 696[19]); OLG. 37. 212 (Augsburg).

[6]) RG. 53. 350, 59. 369.

gemäß §§ 754, 755 HGB. und §§ 102, 103 des Binnenschiffahrtsgesetzes ein gesetzliches Pfandrecht an dem Schiffe zusteht, die Bruttofracht der Reise, aus der die Forderung des Schiffsgläubigers entstanden ist, ferner die Vergütung für Aufopferung oder Beschädigung in den Fällen der großen Haverei sowie die Entschädigung, die im Falle des Verlustes oder der Beschädigung des Schiffes oder wegen entzogener Fracht im Falle des Verlustes oder der Beschädigung von Gütern dem Reeder von demjenigen gezahlt werden muß, der den Schaden durch eine rechtswidrige Handlung verursacht hat[1]). §§ 756, 775 HGB., §§ 103, 104, 116 Ges. v. 15. Juni 1895 (Fassung vom 20. Mai 1898). Den Gläubigern dagegen, denen ein vertragsmäßiges Pfandrecht an dem Schiffe zusteht, haftet außer dem Schiff nur das dem Eigentümer des Schiffs gehörige Zubehör. § 1265 BGB. Zum Zubehör der Seeschiffe gehören namentlich die Schiffsboote. Ferner gehören dazu im Zweifel die in das Schiffsinventar eingetragenen Gegenstände. § 478 HGB. Über den Umfang des Pfandrechts der Bodmereigläubiger entscheidet der Bodmereivertrag. § 759 HGB.

Über den Umfang der Immobiliarmasse von Privateisenbahnen und Kleinbahnen siehe § 4 des Preußischen Gesetzes vom 19. August 1895 bzw. 11. Juni 1902 (neue Fassung G.-S. 1902 S. 237).

3. Absonderungsberechtigte Forderungen.

Gegen die Grundstücksmasse können als absonderungsberechtigt die in § 10 Zw.-Verst.-Ges. bezeichneten Ansprüche geltend gemacht werden. Was für öffentliche Lasten aus dem Grundstück zu berichtigen sind, bestimmen für Preußen die Artt. 1—3 des Ges. v. 23. September 1899. Bei Hypotheken und Grundschulden besteht das Absonderungsrecht außer für das Kapital für die eingetragenen vorbedungenen Zinsen und Amortisationsraten[2]), für die gesetzlichen Zinsen, sowie für die Kosten der Kündigung, Ausklagung und Beitreibung[3]). §§ 1115, 1118 BGB. Zu den Beitreibungskosten sind auch die Kosten zu rechnen, welche dem Gläubiger durch seine Teilnahme am Zwangsversteigerungsverfahren entstehen[4]). Die Haftung beschränkt sich jedoch auf die Kosten derjenigen Rechtsverfolgung, die die Befriedigung aus dem Grundstück bezweckt. Sie erstreckt sich auch nicht auf die Kosten einer gemäß § 1134 Abs. 2 erwirkten Sicherungsmaßregel[5]). Bei Rentenschulden gelten hinsichtlich der einzelnen Rentenleistungen entsprechende Grundsätze wie für die Hypothekenzinsen. § 1200 BGB.

Bei Sicherungshypotheken, bei denen nur der Höchstbetrag bestimmt ist, bis zu welchem das Grundstück haften soll (Höchstbetragshypo-

---

[1]) Nicht aber auch die Versicherungsgelder.

[2]) Auch für ältere als zweijährige Rückstände. § 10 Nr. 8 Zw.-Verst.-Ges.

[3]) Nicht auch für die Kosten der Eintragung der Hypothek. Diese können jedoch geltend gemacht werden, wenn die Hypothek unter der Herrschaft des Preußischen Gesetzes vom 5. Mai 1872 (vgl. dessen § 30) eingetragen ist.

[4]) Der Regel nach aber nicht die Gebühren, welche dem vom Gläubiger angenommenen Rechtsanwalt für die Erhebung und Ablieferung des Geldes zustehen. RG. 22. 322.

[5]) RG. 72. 332.

theken), können neben dem eingetragenen Höchstbetrage Zinsen nicht gefordert werden; die Zinsen werden in den Höchstbetrag eingerechnet. § 1190 Abs. 2 BGB. Rücksichtlich der Kosten gelten aber auch bei ihnen die oben dargelegten Grundsätze.

Das Absonderungsrecht besteht auch für Forderungen, für die ein Anspruch auf Einräumung einer Hypothek, einer Grundschuld oder einer Rentenschuld im Grundbuch vorgemerkt worden ist[1]). § 883 Abs. 2 BGB., § 24 KO., § 10 Nr. 4, § 48 Zw.-Verst.-Ges. Auf Grund der Vormerkung kann der Berechtigte, sobald seine Forderung und sein Recht auf Einräumung des Realrechts feststeht, vom Konkursverwalter die Einwilligung in die Eintragung dieses Realrechts an der Stelle der Vormerkung verlangen[2]). §§ 883 Abs. 3, 888 Abs. 1 BGB. Vgl. Abschnitt VI unter A b[5].

Unter welchen Voraussetzungen Hypotheken, Grundschulden, Rentenschulden und Vormerkungen der Konkursmasse gegenüber auch dann ein Absonderungsrecht begründen, wenn ihre Eintragung erst nach der Konkurseröffnung erfolgt ist, darüber siehe Abschnitt VII unter f.

Absonderungsberechtigt ist ferner der Gläubiger, zu dessen Gunsten das Grundstück vor der Konkurseröffnung im Wege der Zwangsversteigerung oder der Zwangsverwaltung in Beschlag genommen ist, auch wenn seine Forderung eine bloß persönliche war. § 10 Nr. 5 Zw.-Verst.-Ges., §§ 13 bis 15 KO.

Das Absonderungsrecht der vor dem 1. Januar 1900 begründeten Realrechte bestimmt sich mit der aus den Art. 192—195 Einf.-Ges. z. BGB. hervorgehenden Maßgabe nach dem alten Recht. Art. 184 Einf.-Ges. zu BGB.

Rücksichtlich der vertragsmäßigen Pfandrechte an Schiffen und den zur Schiffsmasse gehörigen Gegenständen gelten dieselben Grundsätze wie für Hypotheken. § 162 Zw.-Ges., § 1264 GBB., § 14 Abs. 2, § 15 S. 2 KO., 1260 Abs. 1 BGB., § 895 ZPO. Über den Kreis der Schiffsgläubiger und den Umfang ihrer Ansprüche bestimmen die §§ 754, 760 HGB. und die §§ 102, 105 Ges. v. $\frac{\text{15. Juni 1895}}{\text{20. Mai 1898}}$.

4. Rangordnung der Absonderungsberechtigten.

Die Rangordnung der Absonderungsberechtigten untereinander, sowie der verschiedenen Bestandteile eines absonderungsberechtigten Anspruchs (Kapital, Zinsen, Kosten) bestimmen für Grundstücke die §§ 10—12 Zw.-Verst.-Ges. Die Rangordnung der Hypotheken und Grundschulden wird durch die Reihenfolge der Eintragungen im Grundbuch bestimmt, sofern nicht etwas abweichendes eingetragen ist[3]). Das Datum der Eintragung ist dabei nicht maßgebend. Dieses Datum ist nur dann von Erheblichkeit,

---

[1]) RG. 78. 75.

[2]) Bezüglich der Wirksamkeit des Bauvermerks für die Baugläubiger s. § 37 des Gesetzes vom 1. Juni 1909.

[3]) Ob die Eintragungen richtig erfolgt sind, ist dabei einerlei. RG. 70. 116.

wenn es sich um die Rangordnung zwischen Hypotheken oder Grundschulden einerseits und eingetragenen dauernden Lasten oder Abgaben des Grundstücks andererseits handelt. §§ 879—881 BGB).[1].

Über die Rangordnung derjenigen, die an Schiffen Absonderungsrechte haben, siehe die §§ 766—770, 776 HGB., §§ 106—109 B.-Sch.-Ges. v. 15. Juni 1895; § 1261 BGB.

Verzichtet ein Absonderungsberechtigter, etwa weil er zugleich bevorrechtigter Konkursgläubiger ist und schon als solcher Befriedigung zu erwarten hat, auf sein Absonderungsrecht, so rücken die ihm nachfolgenden Berechtigten vor, aber nur soweit nicht nach den Grundsätzen des Liegenschaftsrechts etwas anderes gilt. S. Abschn. I S. 32 unter L.

B. Absonderungsrechte an beweglichen Sachen und anderen Vermögensgegenständen auf Grund eines durch Rechtsgeschäft bestellten Pfandrechts.

a) Voraussetzungen.

Die Gläubiger, die an einer beweglichen körperlichen Sache[2]), einer Forderung oder einem anderen Vermögensrechte des Gemeinschuldners zur Zeit der Konkurseröffnung ein durch Rechtsgeschäft bestelltes Pfandrecht haben, können aus dem Pfandgegenstand abgesonderte Befriedigung wegen ihrer Pfandforderung verlangen. § 48 KO. Ob das Pfandrecht gültig und formgerecht begründet worden, ist nach den Gesetzen des Ortes zu beurteilen, an dem sich der Pfandgegenstand zur Zeit der Begründung des Pfandrechts befunden hat[3]). Ob das Pfandrecht durch ein späteres Ereignis beschränkt oder aufgehoben worden, bestimmt sich entsprechend nach dem Rechte des Ortes, wo sich zur Zeit dieses Ereignisses der Pfandgegenstand befunden hat. Der Art. 11 Einf.-Ges. z. BGB. bestimmt nichts Abweichendes. Siehe aber Art. 30 daselbst.

Ein Pfandrecht wird auch durch jede Sicherheitsleistung begründet, die auf Grund der Vorschriften der ZPO. oder des bürgerlichen Rechts erfolgt[4]). Wird die Sicherheit durch Hinterlegung von Geld oder Wertpapieren

---

[1]) Alles dies gilt in Preußen auch für die vor dem 1. Januar 1900 eingetragenen Rechte.

Den Rang der auf Grund des Gesetzes vom 1. Juni 1909 eingetragenen Bauhypotheken und Baugeldhypotheken bestimmen die §§ 32—34 und 37 des Gesetzes.

[2]) Schiffe fallen aber nur insoweit unter § 48 KO., als sie nicht in das Schiffsregister eingetragen sind. Über die Absonderungsrechte an den in das Register eingetragenen Schiffen siehe unter A. Eingetragen werden außer Seeschiffen Dampfschiffe und andere Schiffe mit eigener Triebkraft, deren Tragfähigkeit mehr als 15000 kg beträgt, sowie sonstige Schiffe mit einer Tragfähigkeit von mehr als 20000 kg. § 120 B.-Sch.-Ges. v. 15. Juni 1895.

[3]) RG. 8. 111.

[4]) Bezüglich der Haftung einer den Baugläubigern auf Grund des Ges. v. 1. Juni 1909 bestellten Sicherheit s. die §§ 41 ff. d. Ges.

geleistet, so entsteht es mit der Hinterlegung. §§ 232, 233 BGB.[1]). Wo, wie in Preußen, hinterlegtes Geld in das Eigentum des Fiskus übergeht, besteht das Pfandrecht an der Forderung des Hinterlegers auf Rückerstattung.

Soweit das früher in den einzelnen Deutschen Bundesstaaten in Geltung gewesene Recht maßgebend ist, bleiben die Pfandrechte, die danach am 1. Januar 1900 bestanden haben, auch in einem später eröffneten Konkurse als absonderungsberechtigt in Kraft, wenn rücksichtlich ihrer den §§ 14—16 E.-G. z. KO. v. 10. Febr. 1877 genügt ist. Art. VI E.-G. v. 17. Mai 1898, Art. 184 E.-G. z. BGB.[2]).

Für die unter der Herrschaft des Bürgerlichen Gesetzbuchs durch Rechtsgeschäft begründeten Pfandrechte gilt folgendes:

1. Pfandrechte an beweglichen Sachen.

An beweglichen Sachen[3]) wird ein Pfandrecht dadurch begründet, daß de Eigentümer sie dem Gläubiger übergibt und beide sich darüber einigen, daß dem Gläubiger das Pfandrecht daran zustehen soll[4]). § 1205 Abs. 1 BGB. Der Übergabe der Sache steht die Übergabe von Papieren, vermöge deren der Gläubiger über die Sache verfügen kann, gleich. Sind also an Order lautende Konnossemente, Ladescheine oder andere bewegliche Sachen ausgestellt worden, so erfolgt die Verpfändung wirksam durch die Übergabe des Orderpapieres. Nur muß dieses mit Indossament versehen sein, welches den Gläubiger als Besitzer des Papieres legitimiert. §§ 1292 BGB. Siehe die §§ 424, 450, 647 HGB. In Fällen, wo der Verpfänder nur den mittelbaren Besitz hat, wird die Übergabe dadurch ersetzt, daß der Verpfänder den mittelbaren Besitz auf den Pfandgläubiger überträgt und die Verpfändung dem unmittelbaren Besitzer anzeigt. § 1205 Abs. 2 BGB. Die Übertragung des mittelbaren Besitzes kann erfolgen durch Abtretung des Anspruchs des Verpfänders auf Herausgabe der Sache. § 870 BGB. Auch die Einräumung des Mitbesitzes genügt zur Verpfändung, sofern nur der Verpfänder die Möglichkeit verliert, ohne Zuziehung des Pfandgläubigers über die Sache zu verfügen. Es genügt also, wenn die Sache unter den Mitverschluß des Gläubigers derart kommt, daß der Verpfänder allein nicht zu ihr gelangen kann, oder — falls ein Dritter sie besitzt oder zur Verwahrung erhält — wenn ihre Herausgabe nur an den Eigentümer und den Gläubiger gemeinschaftlich erfolgen kann[5]).

---

[1]) Das Absonderungsrecht an einer vom Gemeinschuldner zur Abwendung der Vollziehung eines Arrests hinterlegten Sicherheit erlischt nicht schlechthin dadurch, daß der Arrestbefehl durch vorläufig vollstreckbares Urteil aufgehoben wird; es behält seine Kraft, wenn in der höheren Instanz, sei es auch erst nach der Konkurseröffnung, die Bestätigung des Arrestbefehls erfolgt, es müßte denn inzwischen die Sicherheit zurückgegeben worden sein. RG. 56. 146.

[2]) RG. 52. 391.

[3]) Die Sachen müssen einen eigenen Vermögenswert haben, sonst können sie nicht Gegenstand eines im Konkurse gültigen Pfandrechts sein. RG. 15. 55, 20. 133. Vgl. oben S. 59.

[4]) Das gilt auch für Wertpapiere auf den Inhaber. § 1293 BGB.

[5]) Jur. Woch. 1903 Beilageheft 3 Nr. 41 S. 20.

§ 1206 BGB. Ist der Gläubiger schon im Besitze oder in einem die einseitige Verfügung des Eigentümers ausschließenden Mitbesitze der Pfandsache, so genügt die bloße Einigung, daß das Pfandrecht begründet werden soll. § 1205 Abs. 1 Satz 2 BGB. Allemal muß aber der Gläubiger die Möglichkeit erlangen, andere, namentlich den Eigentümer, an der Verfügung über die Pfandsache zu verhindern. Daher genügt es nicht, wenn der Eigentümer die Sache im Besitz behält und nur erklärt, sie fortan für den Gläubiger besitzen zu wollen; § 930 BGB. findet auf Verpfändungen keine Anwendung. Es genügt auch nicht, wenn der Eigentümer zwar dem Gläubiger den Mitbesitz einräumt, aber die tatsächliche Möglichkeit behält, ohne dessen Zuziehung über die Sache zu verfügen[1]).

Die Verpfändung muß sich immer auf bestimmte Sachen beziehen. Sachen z. B., welche Bestandteile eines Warenlagers bilden, können nicht gültig dadurch verpfändet werden, daß eine Teilmenge des Warenlagers ohne Ausscheidung bestimmter Stücke für verpfändet erklärt wird[2]). Dagegen kann ein Warenlager oder eine andere Gesamtheit von Sachen gültig in der Weise verpfändet werden, daß die bestimmungsgemäß veräußerten Stücke aus der Pfandhaft ausscheiden und die neu angeschafften Stücke in die Pfandhaft eintreten[3]). Diese müssen jedoch dem Gläubiger oder seinem Vertreter übergeben sein, dergestalt, daß für den Gläubiger ein Herrschafts- oder Mitherrschaftsverhältnis bezügl. ihrer begründet wird, das den Verpfänder verhindert, ohne den Pfandgläubiger über die Waren zu verfügen[4]). Vertreter des Gläubigers kann auch ein Angestellter des Pfandschuldners sein, vorausgesetzt, daß der Angestellte in ein Abhängigkeitsverhältnis zu dem Gläubiger tritt und erkenn bar in dieser Eigenschaft den Besitz oder Mitbesitz des Warenlagers hat[5]

Die Einigung über die Begründung des Pfandrechts bedarf keiner besonderen Form.

Ein Pfandrecht kann auch für künftige oder bedingte Forderungen bestellt werden. § 1204 Abs. 2 BGB. Es besteht gegenüber der Konkursmasse auch. dann, wenn die Forderungen zur Zeit der Konkurseröffnung noch nicht zur Entstehung gelangt sind, solange nicht feststeht, daß die Forderungen nicht zur Entstehung gelangen können. Vgl. § 1209 BGB.

---

[1]) Siehe die für das frühere Recht ergangenen Entscheidungen: RG. 19. 28 (Jur. Woch. 1886 S. 348[10]), Gruchot 32. 388 und RG. 37. 31, 43. 72. Neuere Entscheidungen sind aber in dieser Beziehung ziemlich lax. S. Gruch. 48. 955, Jur. Woch. 1907 S. 140[22] (RG. 66. 258). Über die Möglichkeit der Pfandbestellung durch eine Person, die zugleich den Verpfänder und den Gläubiger dabei vertritt, s. RG. 67. 422 (Jur. Woch. 1908 S. 334[18]). Über die Verpfändung von Hölzern, die auf dem Holzplatz des Verpfänders belassen werden, s. RG. 74. 146 (Jur. Woch. 1910 S. 816[35]).

[2]) RG. 52. 385.

[3]) RG. 53. 218. S. auch Anm. 3.

[4]) RG. 67. 423 (Jur. Woch. 1908 S. 334[18]). S. dort auch über den Fall, wenn verpfändete und nicht verpfändete Waren miteinander vermischt sind. Das Herrschaftsverhältnis muß ein zeitlich ununterbrochenes sein. LZ. 1914 S. 1377[10] (Jur. Woch. 1914 S. 681[10]).

[5]) RG. 77. 207.

Hat ein Dritter unbefugt eine Sache des Gemeinschuldners verpfändet, so besteht trotzdem das Pfandrecht, wenn der Gläubiger den Verpfänder gutgläubig für den Eigentümer gehalten hat. Es besteht nur dann nicht, wenn es sich um andere Sachen als Geld oder Inhaberpapiere handelt und die Sachen dem Gemeinschuldner gestohlen oder abhanden gekommen waren. §§ 1207, 932, 935 BGB. Ist die Verpfändung durch einen Kaufmann im Betriebe seines Handelsgewerbes erfolgt, so genügt zu ihrer Gültigkeit sogar der gute Glaube des Gläubigers darüber, daß der Verpfänder zur Vornahme der Verpfändung befugt sei[1]). § 366 HGB.

Ist das Pfandrecht begründet worden, so besteht es gegenüber der Konkursmasse auch dann, wenn der Gläubiger sich zur Zeit der Konkurseröffnung nicht mehr im Besitz der Pfandsache befindet, es sei denn, daß er sie dem Verpfänder oder dem Eigentümer zurückgegeben hat. In diesem Fall ist es erloschen, auch wenn seine Fortdauer vorbehalten sein sollte. § 1253 Abs. 1 BGB. Dafür, daß eine Zurückgabe des Pfandes stattgefunden hat, besteht in den Fällen des § 1253 Abs. 2 BGB. die gesetzliche Vermutung.

Das Pfandrecht erstreckt sich auch auf Erzeugnisse, die von dem Pfande getrennt werden. § 1212 BGB. Auf Zubehörstücke aber nur, wenn auch sie Gegenstand der Verpfändung gewesen und in den Pfandbesitz des Gläubigers gelangt sind. Das gilt auch von den zu Inhaberpapieren gehörigen Zins-, Renten- und Gewinnanteilscheinen nach Maßgabe der Bestimmungen des § 1296 BGB. Auf Versicherungsgelder für verpfändete bewegliche Sachen erstreckt sich das Pfandrecht nicht[2]).

2. Pfandrechte an Forderungen und anderen Vermögensrechten.

An Forderungen und anderen Vermögensrechten besteht ein Absonderungsrecht unter folgenden Voraussetzungen:

a) Zur Verpfändung einer **Forderung** ist der Regel nach die Übereinkunft, daß und wofür die Forderung verpfändet sein soll, und die Anzeige des verpfändenden Gläubigers an den Schuldner, daß die Verpfändung vereinbart worden, erforderlich, aber auch ausreichend. §§ 1274 Abs. 1, 1280 BGB. einer besonderen Form bedarf weder die Übereinkunft noch die Anzeige, auch ist die Wirksamkeit der Verpfändung von der Aushändigung der etwa über die Forderung vorhandenen Urkunden nicht abhängig. § 398 BGB.[3])

Diese Grundsätze gelten auch für die Verpfändung von Forderungen, über die Urkunden derart ausgestellt sind, daß der Schuldner an jeden Inhaber der Urkunde ohne Prüfung der Legitimation zahlen kann. Daher ist z. B. zur Verpfändung eines Sparkassenguthabens die bezügliche Übereinkunft und die

---

[1]) Auch in einem Falle, auf den § 8 des Bankdepotgesetzes vom 5. Juli 1896 Anwendung findet, nur muß der Gläubiger in solchem Falle seinen guten Glauben beweisen. RG. 71. 337.

[2]) Gruch. 50. 1168.

[3]) Die Anzeige ist eine Willenserklärung des Verpfänders und muß, um wirksam zu sein, dessen Schuldner zugehen. Sie kann aber auch stillschweigend erfolgen. RG. 89. 289.

Übergabe des Sparkassenbuchs nicht ausreichend, sondern außerdem die Anzeige an die Sparkasse erforderlich[1]).

Ausnahmen von der Regel bestehen

α) für Hypotheken, Grundschulden und die Ablösungskapitalien für Rentenschulden. Hier ist, wenn über die Schuld ein Brief ausgefertigt oder auszufertigen ist, zur Verpfändung die Übergabe des Briefes und eine schriftliche Verpfändungserklärung[2]), wenn aber die Erteilung eines Briefes ausgeschlossen ist, außer dem Übereinkommen wegen der Verpfändung, das dann nicht notwendig der Schriftform bedarf, die Eintragung der Verpfändung in das Grundbuch erforderlich. § 1274 Abs. 1 Satz 1, §§ 1291, 1154, 1192 Abs. 1, 1200 Abs. 1, 873 Abs. 1 BGB. Die Übergabe des Briefes braucht nicht unbedingt von Hand zu Hand zu geschehen. Zur Wirksamkeit der Verpfändung ist aber erforderlich, daß dem Verpfänder die Möglichkeit entzogen wird, ohne Zuziehung des Pfandgläubigers von dem Hypothekenbrief Gebrauch zu machen. Die Übergabe des Briefes muß also ebenso erfolgen, wie die Übergabe einer körperlichen Sache zu erfolgen hat, wenn eine solche verpfändet werden soll[3]). § 1274 Abs. 1 Satz 2, s. §§ 1205, 1206 BGB. Vgl. oben Nr. 1. Besitzt der Pfandgläubiger den Brief, so wird vermutet, daß er ihm gehörig übergeben worden ist. § 1117 Abs. 3 BGB.

Die schriftliche Verpfändungserklärung ist auch bei Briefhypotheken nicht unbedingt wesentlich. Sie wird ersetzt durch die Eintragung der Verpfändung in das Grundbuch. § 1154 Abs. 2 BGB. Die Übergabe des Hypothekenbriefes aber ist immer erforderlich.

Soweit Eintragung der Verpfändung gefordert wird, ist sie dergestalt wesentlich, daß ohne sie das Pfandrecht nicht besteht, auch dann nicht, wenn eine nach § 873 Abs. 2 BGB. bindende Einigung stattgefunden hat.

Die eben erörterten strengeren Anforderungen beziehen sich aber nur auf die Verpfändung der eingetragenen Kapitalien und der noch nicht fälligen Nebenleistungen. Für die Verpfändung von Rückständen an Zinsen und anderen Nebenleistungen und für die Verpfändung von Kostenforderungen, für die das Grundstück nach § 1118 BGB. haftet, gilt keine Ausnahmevorschrift. §§ 1159, 1192 Abs. 1, 1200 Abs. 1 BGB.

Das Pfandrecht an einer Briefhypothek erlischt, wenn der Gläubiger den Hypothekenbrief dem Eigentümer mit dem Willen, daß er den Besitz daran erlange, aushändigt. § 1253 BGB. Erfolgt die Aushändigung während des Konkurses des Eigentümers an den Konkursverwalter, so ist Voraus-

---

[1]) RG. 68. 278 (Jur. Woch. 1908 S. 413[17]). Entsprechendes gilt für die Verpfändung der Forderung aus einer Lebensversicherung. RG. 51. 86.

[2]) S. dazu RG. 78. 26 (Anforderungen bzgl. der Bestimmtheit der Erklärung, Benutzung einer alten, inzwischen ungültig gewordenen Verpfändungsurkunde).

[3]) Soll eine Teilpost verpfändet, kann aber der Hypothekenbrief nicht übergeben werden, so kann die Verpfändung nur erfolgen, wenn der Verpfänder wenigstens mittelbaren Besitz hat, und dann nur so, daß er den mittelbaren Besitz auf den Pfandgläubiger überträgt und dies dem Besitzer anzeigt. S. dazu Seite 74 Anm. 2 und Seite 102 Anm. 2 a. E. ferner RG. 85. 433.

setzung des Erlöschens des Pfandrechts, daß dem Verwalter in dieser seiner Eigenschaft der Besitz des Briefs überlassen wird[1]).

β) für Wechsel und andere durch Indossament übertragbare Papiere. Hier ist zur Verpfändung erforderlich aber auch ausreichend eine formlose Übereinkunft und die Übergabe des indossierten Papiers. §1292 BGB. Das Indossament muß den Pfandgläubiger als Inhaber des Papiers legitimieren. Die Übergabe des Papiers muß derart erfolgen, daß der Pfandgläubiger den Besitz daran erlangt. Übertragung des mittelbaren Besitzes oder Einräumung des Mitbesitzes genügt nicht.

Für die Frage, unter welchen Voraussetzungen ein Nichtberechtigter Rechte der unter α und β bezeichneten Art wirksam verpfänden kann, gilt entsprechend, was Abschn. III unter g 3 und 4 über die Abtretung solcher Rechte gesagt ist.

b. Die Verpfändung von Vermögensrechten, die nicht in Sachen oder grundstückgleichen Berechtigungen, auch nicht in Forderungen bestehen, erfolgt, wenn zur Übertragung des Rechts die Übergabe einer Sache erforderlich ist, in gleicher Weise, wie die Verpfändung beweglicher Sachen, anderenfalls der Regel nach[2]) durch bloße formlose Einigung. §§ 1274 Abs. 1, 1278, §§ 413, 398 BGB. —

Das Pfandrecht an Forderungen erstreckt sich auch auf die Zinsen der Forderungen. Die Zinsen werden jedoch von der Haftung frei, wenn seit ihrer Fälligkeit ein Jahr verstrichen ist, ohne daß der Pfandgläubiger dem Schuldner angezeigt hat, daß er von seinem Rechte, sie einzuziehen, Gebrauch machen wolle. Solange eine solche Anzeige nicht erfolgt ist, kann auch der, dem die verpfändete Forderung zusteht, trotz der Verpfändung die fälligen Zinsen sowie die Zinsen für das zur Zeit der Anzeige laufende und das folgende Kalendervierteljahr einziehen oder darüber in anderer Weise verfügen. § 1289 BGB.

Das Pfandrecht an anderen Vermögensrechten erstreckt sich auf deren Früchte. § 1273 Abs. 2, § 1212, § 99 Abs. 2, 3 BGB.

b. Wofür das Pfand haftet.

Ein gültig bestelltes Pfand haftet für die Pfandforderung in ihrem jeweiligen Bestande, namentlich auch für Veränderungen und Erweiterungen infolge Verschuldens; nur nicht für Erweiterungen, die durch ein Rechtsgeschäft des persönlichen Schuldners nach der Verpfändung begründet worden sind, wenn der persönliche Schuldner ein anderer als der Eigentümer des Pfandgegenstandes ist. Das Pfand haftet auch für Zinsen, Kündigungs-, Einziehungs- und Verkaufskosten sowie für die Ansprüche des Pfandgläubigers auf Ersatz von Verwendungen. §§ 1210, 1216, 1273 Abs. 2 BGB. Es haftet

---

[1]) LZ. 1912. 559[7]. Der Wille, auf das Pfandrecht zu verzichten, ist zu dessen Erlöschen nicht erforderlich.

[2]) Die Verpfändung von Anteilsrechten an einer Gesellschaft mit beschränkter Haftung kann nur gerichtlich oder notariell erfolgen. § 15 Abs. 3 Ges. v. 20. April 1892. RG. 53. 107. Aber der Vertrag, durch den sich jemand zur Verpfändung solcher Anteilsrechte verpflichtet, bedarf keiner besonderen Form. RG. 58. 223.

aber immer nur für die Forderungen, zu deren Sicherung es bestellt ist, nicht auch für andere Forderungen desselben Gläubigers gegen den Gemeinschuldner, z. B. für Darlehne oder Vorschüsse, welche der Gemeinschuldner nach der Verpfändung erhalten hat, sofern nicht die Verpfändung auch für diese anderen Forderungen rechtsgültig erfolgt ist. — Siehe jedoch die §§ 356, 369ff. HGB.[1]). — Kann die Pfandforderung aus dem Pfande nicht ganz befriedigt werden, so kann der Gläubiger den Pfanderlös zunächst auf die Kosten, dann auf die Zinsen und zuletzt auf das Kapital verrechnen. § 48 KO.

C. Gesetzliche Absonderungsrechte an beweglichen Sachen, Forderungen und anderen Vermögensrechten.

Ein gleiches Recht auf abgesonderte Befriedigung, wie für die Vertragspfandgläubiger, besteht in einer Reihe von Fällen von Gesetzes wegen. Es sind nämlich nach § 49 KO. absonderungsberechtigt:

1. Staat und öffentliche Verbände.

Die Reichskasse, die Staatskasse und die Gemeinden, sowie die Amts-, Kreis- und Provinzialverbände haben ein Absonderungsrecht wegen öffentlicher Abgaben in Ansehung der zurückbehaltenen oder in Beschlag genommenen zoll- und steuerpflichtigen Sachen[2]).

2. Die gesetzlichen Pfandgläubiger[3]).

Ein gesetzliches Pfandrecht haben

a) Verpächter.

Der Verpächter ist absonderungsberechtigt wegen der Forderungen aus dem Pachtverhältnisse in Ansehung der Früchte des verpachteten Grundstücks und der in das Grundstück eingebrachten Sachen. Im Konkurse des Afterpächters steht dem Afterverpächter das Absonderungsrecht zu, dem Hauptverpächter aber nach dem Bürgerlichen Gesetzbuch nicht.

α) Für welche Forderungen das Absonderungsrecht besteht.

Der Verpächter eines landwirtschaftlichen Grundstücks hat das Absonderungsrecht sowohl wegen des seit der Konkurseröffnung laufenden Zinses (dieser ist übrigens nach § 59 Nr. 2 KO. zugleich Masseschuld), als auch wegen sämtlicher nicht verjährten Rückstände. Der Verpächter eines anderen

---

[1]) Der Inhalt der §§ 369 und 370 ist unter C bei 4 in der Anm. abgedruckt. Über das Pfandrecht für Forderungen in laufender Rechnung s. § 356 HGB.

[2]) Dieses Absonderungsrecht hat den Vorrang vor allen übrigen im § 49 KO. anerkannten und auch vor denen des § 48. Siehe KO. § 49 Abs. 2. Über die Rangordnung der übrigen Absonderungsrechte bestimmt die Konk.-Ordn. nichts.

[3]) Wer von einem solchen Pfandgläubiger dessen Forderung erwirbt, hat das Absonderungsrecht ebenfalls, es sei denn, daß bei der Übertragung der Forderung der Übergang des Pfandrechts ausgeschlossen worden ist. §§ 401, 1250, 1257 BGB. Für das frühere Recht siehe Jur. Woch. 1884 S. 302[23].

Grundstücks, z. B. einer Gartenwirtschaft, eines Theaters, ist dagegen absonderungsberechtigt nur wegen des Pachtzinses für das letzte Jahr vor der Konkurseröffnung[1]). Jedem Verpächter steht ferner das Absonderungsrecht zu wegen sonstiger Forderungen aus dem Pachtverhältnisse[2]), wegen Entschädigungsforderungen aber nur mit einer doppelten Beschränkung: solchen Forderungen ist das Absonderungsrecht nur gewährt, soweit sie bei dessen Geltendmachung schon entstanden sind oder der Konkursmasse gegenüber als Masseforderungen gemäß § 59 KO. begründet werden (§§ 581, 585; 559 BGB.), und wegen des Schadensersatzanspruchs, der dem Verpächter aus einer auf Grund des § 19 KO. erfolgenden vorzeitigen Aufkündigung des Pachtvertrags zusteht, kann abgesonderte Befriedigung überhaupt nicht verlangt werden[3]). § 49 Nr. 2 KO., Art. V Einf.-Ges. v. 17. Mai 1898. Ebensowenig wegen Forderungen, die nicht aus dem Pachtverhältnis entstanden sind, z. B. wohl nicht wegen des Anspruchs auf Bestellung einer vertragsmäßig zu leistenden Pachtkaution[4]). Ein bloßer äußerer Zusammenhang mit dem Pachtvertrage, z. B. daß dem Pächter ein Darlehen als Betriebskapital gegeben ist, genügt nicht[5]).

β) An welchen Gegenständen das Absonderungsrecht besteht.

Der Verpächter hat das Absonderungsrecht an den eingebrachten Sachen des Pächters, soweit diese nach § 811 ZPO. der Pfändung unterworfen sind. Mit dem Einbringen der Sachen erwirbt er an ihnen ein Pfandrecht, wennschon sie im Besitz des Pächters bleiben. Die Sachen müssen aber dem Pächter gehören. Gehören sie dem nicht, so erwirbt der Verpächter ein Pfand- und Absonderungsrecht daran nicht, auch dann nicht, wenn der Pächter — etwa kraft seiner ehemännlichen Rechte — zur Verpfändung der Sachen gesetzlich befugt ist. Demnach steht dem Verpächter, wenn der Pächter fremde Sachen eingebracht hat, im Konkurse des Eigentümers dieser Sachen ein Absonderungsrecht nicht zu, mag er auch geglaubt haben, daß sie seinem Pächter gehörten. Der § 1207 BGB. ist nicht anwendbar[6]). Auch im Konkurse über das Vermögen einer Ehefrau kann der Verpächter, wenn er an den Ehemann verpachtet hat, ein Absonderungsrecht an den Sachen der Ehefrau nicht geltend machen. Hier steht ihm jedoch die gesetzliche Vermutung des § 1362 Abs. 1 BGB. zur Seite, der Verwalter kann also die Absonderungsansprüche des Verpächters nur dadurch abwehren, daß er beweist, daß die eingebrachten Sachen nicht dem

---

1) Wegen der Berechnung dieses Jahres s. unten unter b.

2) Eine Forderung aus dem Pachtverhältnis kann auch der Anspruch auf den Preis des dem Pächter verkauften Gutsinventars sein. Sie ist es dann, wenn der Verkauf des Inventars nach dem Willen der Vertragschließenden einen Bestandteil des Pachtvertrags selbst bilden soll. RG. 38. 66 (Jur. Woch. 1896 S. 695[27]).

3) LZ. 1912 S. 691[16]. Anders früher. RG. 7. 20, Gruchot Bd. 28 S. 1175. Für die Verpächter war durch das Gesetz vom 9. Mai 1894 nichts geändert worden.

4) Jur. Woch. 1888 S. 289[11].

5) RG. 37. 88, Jur. Woch. 1898 S. 12[28].

6) Der § 1257 BGB. betrifft nur entstandene Pfandrechte, bestimmt also nichts über die Voraussetzungen, unter denen gesetzliche Pfandrechte entstehen.

Pächter, sondern dessen Ehefrau gehören. Besteht zwischen den Eheleuten Gütergemeinschaft, Errungenschaftsgemeinschaft oder Fahrnisgemeinschaft, so gehört das Gesamtgut überhaupt nicht zur Konkursmasse der Ehefrau. Ein Pfand- und Absonderungsrecht hat der Verpächter in diesem Falle an den zum Gesamtgut gehörigen eingebrachten Sachen, wenn sein Pächter der Ehemann ist. Das Gesamtgut unterliegt der Verfügung des Mannes und gehört zu seiner Konkursmasse. §§ 1443 Abs. 1 Satz 2, 1459 Abs. 1, 1519 Abs. 2, 1549 BGB., § 2 Abs. 1, 2 KO. Hat die Frau gepachtet, so hat der Verpächter ein gesetzliches Pfandrecht an dem Gesamtgut nicht, wenn er sich auch an dieses Gut wegen seiner Forderungen nach den §§ 1459 Abs. 1, 1460, 1530 Abs. 1, 1532, 1549 BGB. unter gewissen Voraussetzungen halten kann.

Der Verpächter eines landwirtschaftlichen Grundstücks[1]) hat ein Absonderungsrecht auch an den vom Pächter gewonnenen Früchten[2]). § 585 Satz 2 BGB. Dazu ist neben den natürlichen Früchten auch die Ausbeute, z. B. an Steinen, Lehm u. dgl. zu rechnen, die aus dem Grundstück seiner Bestimmung nach gewonnen werden kann. § 99 Abs. 1 BGB. Die Früchte gehören dem Pächter, sobald sie von dem Grundstück als selbständige Sachen abgesondert sind. § 101 Nr. 1, § 956 BGB.

Das Absonderungsrecht besteht aber der Regel nach nur an denjenigen eingebrachten Sachen und denjenigen Früchten, die zur Zeit der Konkurseröffnung auf dem Pachtgrundstück vorhanden sind. Hat der Gemeinschuldner vorher Sachen oder Früchte von dem Grundstück entfernt, so unterliegen diese dem Absonderungsrecht nicht, wenn nicht der Verpächter beweist, daß sie ohne sein Wissen oder unter seinem Widerspruch entfernt worden sind. § 560 Abs. 1 BGB. Aber auch sein Nichtwissen oder sein Widerspruch erhält dem Verpächter das Absonderungsrecht nicht, sofern die Entfernung der Sachen oder Früchte im regelmäßigen Betriebe des Geschäfts bzw. der Wirtschaft des Gemeinschuldners oder den gewöhnlichen Lebensverhältnissen entsprechend erfolgt ist oder wenn die zurückgebliebenen Sachen oder Früchte zur Sicherung des Verpächters offenbar ausreichen. § 560 Satz 2 BGB. In jedem Falle erlischt das Absonderungsrecht an den vor der Konkurseröffnung von dem Pachtgrundstück entfernten Sachen, wenn der Verpächter nicht innerhalb eines Monats[3]), nachdem er von ihrer Entfernung Kenntnis erlangt hat, seinen Anspruch auf Herausgabe der Sachen bzw. auf Überlassung ihres Besitzes gerichtlich geltend macht. § 561 Abs. 2 BGB. Voraussetzung ist natürlich, daß ihm ein Anspruch auf Herausgabe oder Besitzüberlassung zusteht. Das ist nicht der Fall, wenn die Sachen oder Früchte infolge einer Pfändung fortgeschafft sind. In diesem Fall kann das Absonderungsrecht auch an den von dem Grundstück bereits entfernten Sachen und Früchten, und, falls sie schon versteigert sind, an ihrem Erlöse geltend gemacht werden, weil der Verpächter

---

[1]) Diese Beschränkung ist neu. Nach der alten Konkursordnung § 41 Nr. 2 hatten auch Verpächter anderer Grundstücke das Absonderungsrecht an den Früchten.

[2]) Sein Pfandrecht erstreckt sich auch auf die nach § 811 Nr. 4 ZPO. der Pfändung nicht unterworfenen Sachen.

[3]) Fristberechnung gemäß §§ 187 Abs. 1, 188 Abs. 2 BGB.

der Pfändung und Fortschaffung der Pfandgegenstände nicht hatte widersprechen können. § 805 ZPO.[1]). Das gleiche gilt, wenn der Verwalter die Sachen von dem Pachtgrundstück entfernt hat[2]).

Hat der Verpächter sich gemäß § 561 Abs. 1 BGB. in den Besitz von Sachen oder Früchten, die seinem Pfandrecht unterliegen, gesetzt, so erlischt sein Pfandrecht nur unter den gleichen Voraussetzungen, wie ein durch Vertrag bestelltes Pfandrecht. Siehe unter B a 1 vorletzter Absatz.

In allen Fällen kann die Geltendmachung des Absonderungsrechts durch Sicherheitsleistung abgewendet werden. §§ 581 Abs. 2, 562 BGB. Wie Sicherheit geleistet werden kann, bestimmt § 232 BGB.

b) Vermieter.

Dem Vermieter steht an den in die Mietwohnung vom Gemeinschuldner[3]) eingebrachten Sachen der Konkursmasse ein Absonderungsrecht zu. Über die Voraussetzungen und den Umfang dieses Absonderungsrechts gilt alles, was unter a über das Recht des Verpächters an eingebrachten Sachen des Pächters gesagt ist, nur mit der Maßgabe, daß das Absonderungsrecht des Vermieters wegen rückständiger Miete stets beschränkt ist auf den Mietsrückstand für das letzte Jahr vor der Konkurseröffnung[4]). §§ 559—562 BGB., § 49 Nr. 2 KO.

c) Pächter.

Im Konkurse des Verpächters hat der Pächter ein Absonderungsrecht an den in seinen Besitz gelangten, dem Verpächter gehörigen Inventarstücken in Ansehung der ihm gegen den Verpächter für Erhaltung, Erneuerung, Vermehrung, Verbesserung des mitgepachteten Inventars zustehenden Forderungen. § 49 Nr. 2 KO., § 590 BGB. Über solche Forderungen s. BGB. §§ 581 Abs. 2, 547, 586 Abs. 2, 589 Abs. 3. Wegen anderer Forderungen als der hinsichtlich des Inventars entstandenen, z. B. wegen des Anspruchs auf Rückgabe der bestellten Pachtkaution, steht dem Pächter ein gesetzliches Recht auf abgesonderte Befriedigung nicht zu.

Das Absonderungsrecht besteht auch bei unfreiwilligem Verlust des Besitzes fort, in gleicher Weise wie ein auf Vertrag beruhendes Pfandrecht. §§ 1257, 1253 BGB. Es wird jedoch beseitigt, wenn dem Pächter Sicherheit geleistet wird. §§ 590 Satz 2, 562 BGB.

d) Gastwirte.

Gastwirte, die gewerbsmäßig Fremde zur Beherbergung aufnehmen, sind absonderungsberechtigt wegen ihrer Forderungen für Wohnung und andere dem Gaste zur Befriedigung seiner Bedürfnisse gewährte Leistungen

---

[1]) RG. 13. 257, 14. 1.

[2]) LZ. 1914 S. 1045[22]. S. im übrigen Abschn. IX unter Ad und Bb.

[3]) Hat eine offene Handelsgesellschaft gemietet, so besteht das Absonderungsrecht auch an solchen Sachen, die nur ein einzelner Gesellschafter, aber namens der Gesellschaft, eingebracht hat. Jur. Woch. 1892 S. 480[11].

[4]) Dieses Jahr ist vom Tage der Konkurseröffnung, nicht vom letzten vorhergegangenen Fälligkeitstermin zurückzurechnen. RG. 34. 100 (Jur. Woch. 1895 S. 43[15]).

einschließlich der Auslagen in Ansehung der von diesem eingebrachten[1]) und ihm gehörigen Sachen gemäß § 704 BGB.

e) Die gesetzlichen Pfandgläubiger nach Handelsrecht.

Das Handelsgesetzbuch gewährt ein gesetzliches Pfandrecht außer den Schiffsgläubigern, von denen unter A die Rede gewesen ist,

I. dem Kommissionär an dem Kommissionsgute, sofern er es im Besitze hat, insbesondere mittels Konnossements, Ladescheins oder Lagerscheins darüber verfügen kann, wegen der auf das Gut verwendeten Kosten, der Provision, der auf das Gut gegebenen Vorschüsse und Darlehen, der mit Rücksicht auf das Gut gezeichneten Wechsel oder in anderer Weise eingegangenen Verbindlichkeiten, sowie wegen aller Forderungen aus laufender Rechnung in Kommissionsgeschäften[2]). § 397 HGB. Der Besitz an dem Kommissionsgut muß vor der Konkurseröffnung erlangt sein[3]);

II. dem Spediteur an dem Speditionsgute, sofern er es noch in seiner Verfügungsgewalt hat, wegen der Fracht, der Provision, der Auslagen und Verwendungen, sowie wegen der auf das Gut gegebenen Vorschüsse, § 410 HGB.;

III. dem Lagerhalter an dem Lagergute, solange er es in seiner Verfügungsgewalt hat, wegen der Lagerkosten. § 421 HGB. Was unter Lagerkosten zu verstehen, bestimmt § 420 HGB.;

IV. dem Frachtführer an dem Frachtgute wegen aller durch den Frachtvertrag begründeten Forderungen, insbesondere der Fracht- und Liegegelder, der Zollgelder und anderer Auslagen, sowie wegen der auf das Gut geleisteten Vorschüsse nach den näheren Bestimmungen der §§ 440, 441 HGB., § 26 des Binnenschiffahrtsgesetzes;

V. im Seeverkehr dem Verfrachter an den ihm zur Beförderung übergebenen Gütern wegen der im § 614 HGB. bezeichneten Forderungen nach den näheren Bestimmungen des § 623 HGB.;

VI. bei Beförderung von Reisenden dem Verfrachter an den von den Reisenden an Bord gebrachten Sachen, solange diese zurückbehalten oder hinterlegt sind, wegen des Überfahrtsgeldes. § 674 HGB.;

VII. an den in Seenot geborgenen oder geretteten Gegenständen wegen der Bergungs- und Hilfskosten nach Maßgabe des § 751 HGB.;

VIII. im Falle der großen Haverei den Vergütungsberechtigten nach Maßgabe des § 725 HGB.

Ferner bestehen nach dem Binnenschiffahrtsgesetz vom 15. Juni 1895 bzw. 20. Mai 1898 gesetzliche Pfandrechte im Binnenschiffahrtsverkehr ent-

---

[1]) Wegen des Begriffs vgl. RG. 1. 83.

[2]) Der Kommissionär kann sich wegen dieser Ansprüche auch aus dem ihm selbst gehörigen Kommissionsgut und aus Forderungen, die er durch ein für Rechnung des Kommittenten geschlossenes Geschäft erworben hat, befriedigen. §§ 398, 399 HGB.

[3]) Andernfalls besteht ein Pfandrecht nicht kraft Gesetzes aber unter Umständen vermöge Fortsetzung des Geschäftsverkehrs seitens des Verwalters oder auf Grund besonderer Abmachungen mit diesem. RG. 71. 76.

sprechend den Pfandrechten zu VII und VIII gemäß den §§ 97 und 98 des Gesetzes sowie ein Pfandrecht an befördertem Gepäck wegen des Frachtgeldes gemäß § 77 des Gesetzes.

In den Fällen zu I bis V besteht das Absonderungsrecht auch dann, wenn die Forderungen gar nicht gegen den Gemeinschuldner sondern gegen einen andern begründet sind, der Gläubiger aber bei Empfang der Sachen gutgläubig angenommen hat, daß diese seinem Schuldner gehörten, oder doch daß sein Schuldner befugt sei, über sie für den Gemeinschuldner zu verfügen. §§ 366 Abs. 3, 623 Abs. 3 HGB., §§ 1207, 932, 934, 935 BGB. Was unter gutem Glauben zu verstehen ist, darüber siehe § 932 Abs. 2 BGB. und S. 70.

f) Unternehmer und Arbeiter.

Künstler, Werkmeister, Handwerker, überhaupt alle Unternehmer von Werken, sowie Arbeiter haben ein Absonderungsrecht wegen ihrer Forderungen aus dem Werkvertrage an den von ihnen gefertigten oder ausgebesserten Sachen des Bestellers, die bei der Herstellung oder zum Zwecke der Ausbesserung in ihren Besitz gelangt sind. § 647 BGB. Dieses Absonderungsrecht besteht aber nur für bewegliche Sachen. Es steht also nicht zu den Bauunternehmern und Bauhandwerkern in Ansehung der von ihnen für den Gemeinschuldner aufgeführten Bauwerke. Solchen Personen stand früher, soweit sie nicht etwa Realgläubiger waren oder Masseansprüche erheben konnten, wegen ihrer Forderungen nur eine gewöhnliche Konkursforderung zu. Der ihnen in § 648 BGB. gewährte Anspruch auf Einräumung einer Sicherungshypothek war ziemlich wertlos. Inzwischen hat ihnen aber das Gesetz vom 1. Juni 1909 eine weitere Sicherung verschafft, und zwar eine gewisse allgemeine durch die Vorschriften in Abschnitt I, ferner in den durch landesherrliche Verordnung zu bestimmenden Gemeinden eine sehr wertvolle dingliche durch die Vorschriften in Abschnitt II.

Über das Fortbestehen des Absonderungsrechts bei Verlust des Besitzes der Sachen gilt dasselbe wie beim vertragsmäßigen Pfandrecht. § 1257 BGB. Siehe unter B a 1 vorletzter Absatz.

3. Berechtigte auf Grund nützlicher Verwendung.

Diejenigen, welche etwas zum Nutzen einer Sache verwendet haben, sind absonderungsberechtigt an dieser Sache, wenn sie sie zurückbehalten haben[1]). Das Absonderungsrecht besteht für die Forderungen, die dem Verwendenden aus der Verwendung erwachsen sind, aber nur insoweit, als diese Forderungen den infolge der Verwendung zur Zeit der Konkurseröffnung für die Konkursmasse noch vorhandenen Vorteil nicht übersteigen. § 49 Nr. 3 KO. Über die Ansprüche wegen Verwendungen siehe namentlich die §§ 994 ff.

---

[1]) Aber nur wegen Verwendungen zum Nutzen der Sache, nicht auch schon für solche zum Nutzen des Gemeinschuldners. So hat der Bevollmächtigte, der eine Sache für den Gemeinschuldner auf dessen Namen angekauft hat, wegen der zu diesem Behufe gemachten Aufwendungen kein Absonderungsrecht an der Sache, es sei denn auf Grund des § 49 Nr. 4 KO.

BGB. Das Absonderungsrecht ist aber beschränkt auf bewegliche Sachen. Dem Mieter eines Grundstücks oder einer Wohnung steht es wegen seiner Verwendungen nicht zu; er muß nach Ablauf der Mietzeit das Grundstück oder die Wohnung räumen und ist wegen seiner Ansprüche auf Ersatz der Verwendungen, soweit er diese vor der Konkurseröffnung gemacht hat, gewöhnlicher Konkursgläubiger.

4. Zurückbehaltungsberechtigte nach dem Handelsgesetzbuche.

Diejenigen, denen nach dem Handelsgesetzbuch an gewissen Gegenständen ein Zurückbehaltungsrecht zusteht, können aus den Gegenständen unter den in dem genannten Gesetzbuch bestimmten Voraussetzungen wegen der Forderungen, für die ihnen das Zurückbehaltungsrecht gewährt ist, abgesonderte Befriedigung beanspruchen. Vgl. HGB. §§ 369—372[1]), 888, § 49 Nr. 4 KO. Dagegen gewährt ein Zurückbehaltungsrecht, auf das weder Nr. 3 noch Nr. 4 des § 49 KO. anwendbar ist, keinen Anspruch auf abgesonderte Befriedigung; ein solches bloßes Zurückbehaltungsrecht kann im Konkurse überhaupt nicht geltend gemacht werden. Vgl. Abschn. IX unter B f β. Das Absonderungsrecht aus § 49 Nr. 4 KO. besteht auch nur an Gegenständen, die einen selbständigen Vermögenswert haben, daher nicht an Grundschuld- und Hypothekenbriefen, auch nicht an bloßen Legitimationspapieren[2]).

---

[1]) Der § 369 HGB. lautet:

Ein Kaufmann hat wegen der fälligen Forderungen, welche ihm gegen einen anderen Kaufmann aus den zwischen ihnen geschlossenen beiderseitigen Handelsgeschäften zustehen, ein Zurückbehaltungsrecht an den beweglichen Sachen und Wertpapieren des Schuldners, welche mit dessen Willen auf Grund von Handelsgeschäften in seinen Besitz gelangt sind, sofern er sie noch im Besitze hat, insbesondere mittels Konossements, Ladescheins oder Lagerscheins darüber verfügen kann. Das Zurückbehaltungsrecht ist auch dann begründet, wenn das Eigentum an dem Gegenstande von dem Schuldner auf den Gläubiger übergegangen oder von einem Dritten für den Schuldner auf den Gläubiger übertragen, aber auf den Schuldner zurückzuübertragen ist.

Einem Dritten gegenüber besteht das Zurückbehaltungsrecht insoweit, als dem Dritten die Einwendungen gegen den Anspruch des Schuldners auf Herausgabe des Gegenstandes entgegengesetzt werden können.

Das Zurückbehaltungsrecht ist ausgeschlossen, wenn die Zurückbehaltung des Gegenstandes der von dem Schuldner vor oder bei der Übergabe erteilten Anweisung oder der von dem Gläubiger übernommenen Verpflichtung, in einer bestimmten Weise mit dem Gegenstande zu verfahren, widerstreitet.

Der Schuldner kann die Ausübung des Zurückbehaltungsrechts durch Sicherheitsleistung abwenden. Die Sicherheitsleistung durch Bürgen ist ausgeschlossen. —

Nach § 370 HGB. kann das Zurückbehaltungsrecht im Konkurse des Schuldners auch wegen nicht fälliger Forderungen geltend gemacht werden. Auch steht danach der Geltendmachung des Zurückbehaltungsrechts die Anweisung des Schuldners oder die Übernahme der Verpflichtung, in einer bestimmten Weise mit dem Gegenstande zu verfahren, nicht entgegen, wenn dem Gläubiger erst nach der Übergabe des Gegenstandes oder nach der Übernahme der Verpflichtung bekannt geworden ist, daß der Schuldner seine Zahlungen eingestellt hat oder daß er fruchtlos gepfändet ist.

[2]) S. Seite 77 Abs. 3.

5. Pfändungspfandgläubiger.

Diejenigen, welche vor der Konkurseröffnung durch Pfändung ein Pfandrecht erlangt haben, sind absonderungsberechtigt in Ansehung der gepfändeten Gegenstände[1]). § 49 Nr. 2 KO. Vorausgesetzt wird, daß diese dem Vollstreckungsschuldner gehören. Sind bei der Zwangsvollstreckung gegen einen Dritten Sachen des Gemeinschuldners gepfändet, so hat der Gläubiger kein Absonderungsrecht, auch wenn er die Sachen gutgläubig für Eigentum des Dritten gehalten hat.

Ob die Pfändung auf Grund reichsrechtlicher oder landesrechtlicher Vorschriften erfolgt ist, macht keinen Unterschied. In betreff Preußischer Vorschriften über Pfändungen vgl. z. B. § 14 Ausf.-Ges. z. ZPO. vom 24. März 1879, die Königliche Verordnung betreffend das Verwaltungszwangsverfahren vom 15. November 1899 und die §§ 77ff. des Gesetzes vom 1. April 1880. Natürlich muß aber die Pfändung in gesetzmäßiger Weise vollzogen sein. Nach der Zivilprozeßordnung sind Pfändungen nur auf Grund eines Vollstreckungsbefehls oder eines mit Vollstreckungsklausel versehenen Schuldtitels wegen der darin bezeichneten Forderung (§§ 724, 794—796 ZPO.), ferner nur für den in dem vollstreckbaren Titel genannten Gläubiger und nur gegen den darin bezeichneten Schuldner, auch stets nur unter der Voraussetzung zulässig, daß der vollstreckbare Titel bereits zugestellt ist oder doch gleichzeitig zugestellt wird[2]). Aus selbständigen, d. h. nicht auf das zu Grunde liegende Urteil gesetzten Kostenfestsetzungsbeschlüssen und den in § 794 Nr. 5 ZPO. bezeichneten vollstreckbaren Urkunden darf auch erst 1 Woche nach Zustellung der Titel gepfändet werden[3]). § 798 ZPO. Pfändungen auf Grund eines Arrestbefehls sind unstatthaft, wenn seit dem Tage, an welchem der Befehl verkündet oder dem Arrestsucher zugestellt worden, ein Monat verstrichen ist. § 929 Abs. 2 ZPO. Dem Schuldner braucht der Arrestbefehl vor der Pfändung nicht zugestellt zu sein. Die Zustellung muß jedoch spätestens 1 Woche nach der Pfändung und innerhalb der für diese bestimmten Frist erfolgen, widrigenfalls die Pfändung wirkungslos ist. § 929 Abs. 3 ZPO.

Die Pfändung beweglicher körperlicher Sachen wird nach der Zivilprozeßordnung dadurch bewirkt, daß der Gerichtsvollzieher die Sachen in Besitz nimmt. Beläßt er sie im Gewahrsam des Schuldners, so ist die Wirksamkeit der Pfändung dadurch bedingt, daß durch Anlegung von Siegeln oder auf sonstige Weise die Pfändung ersichtlich gemacht ist)[4]. § 808 ZPO.

---

[1]) Im Konkurse über einen Nachlaß gewähren jedoch Pfändungen, die erst nach Eintritt des Erbfalls gegen den Nachlaß stattgefunden haben, kein Absonderungsrecht, auch wenn sie vor der Konkurseröffnung erfolgt sind. § 221 Abs. 1 KO.

[2]) In gewissen Fällen ist die Zwangsvollstreckung auch noch von weiteren Voraussetzungen abhängig. Siehe die §§ 750 Abs. 2, 751 Abs. 2, 752 ZPO.

[3]) Fristberechnung nach § 222 ZPO. RG. 83. 336 (Jur. Woch. 1914 S. 254[18]).

[4]) Das Ankleben von Pfandsiegeln an die Rückseite von Möbeln dergestalt, daß die Siegel bei dem gewöhnlichen Stande der Möbel nicht gesehen werden, genügt nicht, um die Pfändung im Sinne des Gesetzes ersichtlich zu machen. Jur. Woch. 1895 S. 506[11], 1902 S. 501[10], 1903 S. 320[7]; RG. 32. 316; Gruch. 44. 1195. Über Ersichtlichmachung der Pfändung von Tieren s. Jur. Woch. 1913 S. 883[23].

Auf letzteren Punkt möge der Verwalter bei Prüfung der Rechtsbeständigkeit von Pfändungspfandrechten sein besonderes Augenmerk richten. Auch ein Warenlager kann nicht anders gepfändet werden; der Schuldner darf also nicht die Möglichkeit behalten, über die Warenbestände im Betriebe seines Geschäfts frei zu verfügen[1]).

Ist die Pfändung nicht in gesetzlicher Weise erfolgt, so ist sie gegenüber der Konkursmasse unwirksam, auch wenn der Gemeinschuldner auf Einwendungen gegen sie verzichtet hat[2]). Ist sie aber gehörig vollzogen, so wird ihre Wirksamkeit nicht dadurch aufgehoben, daß die Pfandzeichen später von Unbefugten entfernt sind oder im Laufe der Zeit ihre Erkennbarkeit verloren haben[3]).

Die Pfändung von Forderungen kann wirksam nur durch die zuständige Vollstreckungsbehörde (§ 828 ZPO.) erfolgen[4]). Sie wird in der Regel vollzogen durch Zustellung des gerichtlichen Pfändungsbeschlusses an den Schuldner des Gemeinschuldners. § 829 ZPO. Diese Zustellung muß vor der Konkurseröffnung erfolgt sein; die Zustellung einer Pfändungsankündigung (§ 845 ZPO.) genügt nicht[5]). Dagegen ist es unschädlich, wenn dem Gemeinschuldner selbst der Pfändungsbeschluß zur Zeit der Konkurseröffnung noch nicht zugestellt ist[6]).

Besondere, von der allgemeinen Regel abweichende Vorschriften gelten für die Pfändung von Hypotheken und anderen eingetragenen Rechten sowie für die Pfändung von Inhaberpapieren und indossablen Papieren. Zur Pfändung von Hypotheken ist die Zustellung des Pfändungsbeschlusses nur dann ausreichend, wenn die Pfändung Rückstände an Zinsen oder anderen Nebenleistungen oder die im § 1118 BGB. bezeichneten Kosten betrifft[7]). Sonst ist zur Wirksamkeit der vom 1. Januar 1900 ab vorgenommenen Pfändungen außer der Zustellung des Pfändungsbeschlusses erforderlich: Bei Briefhypotheken die Übergabe des Hypothekenbriefs an den Gläubiger und, wenn die Erteilung eines Hypothekenbriefs ausgeschlossen ist, die Eintragung der Pfändung in das Grundbuch[8]). § 830 ZPO. Die Übergabe des Hypothekenbriefs muß in der Weise erfolgen, wie bei einer Verpfändung der Hypothek. Vgl. oben unter B a². Sie gilt auch als erfolgt, wenn der Gerichtsvollzieher den Brief zum Zwecke der Ablieferung an den Gläubiger weg-

---

[1]) LZ. 1910 S. 477⁷.

[2]) Gruch. 39. 1163; RG. 6. 388, 8. 429, 20. 433, 25. 368, 83. 336.

[3]) RG. 35. 336.

[4]) Gruch. 48. 1156. Auch künftige Forderungen können wirksam gepfändet werden. Jur. Woch. 1913 S. 884²⁴.

[5]) S. Abschn. VII unter f.

[6]) Über die Wirksamkeit der Pfändung der Ansprüche aus einem gegenseitigen Vertrage, die erst durch Leistungen aus der Konkursmasse Wert gewinnen, s. Abschn. VI unter A a 3 a.

[7]) Künftige Zinsen sind zwar auch pfändbar, aber nur in derselben Weise wie das Kapital. RG. 74. 78. Das. s. auch über die Pfändbarkeit des Nießbrauchs an einer Hypothek.

[8]) Die Eintragung muß, wenn für die Buchhypothek mehrere Grundstücke haften, auf allen Grundstücken erfolgt sein. RG. 63. 74.

nimmt. Ohne wirkliche Übergabe bzw. Wegnahme entsteht aber das Pfändungspfandrecht nicht [1]). Gleiche Grundsätze gelten für die Pfändung einer Reallast, einer Grundschuld und einer Rentenschuld. § 857 Abs. 6 ZPO. Nicht minder für die Pfändung von Eigentümerhypotheken [2]). Steht das belastete Grundstück unter Zwangsversteigerung, so erlischt die Hypothek, sofern sie nicht vom Ersteher zu übernehmen ist, mit der Verkündung des Zuschlags [3]). Von da ab kann deshalb dann nur noch der Anspruch des Berechtigten auf den Versteigerungserlös gepfändet werden. Zur Pfändung dieses Anspruchs bedarf es der Zustellung des Pfändungsbeschlusses an den Eigentümer und Vollstreckungsschuldner [4]). Bis zum Zuschlag kann aber der Anspruch auf den Erlös nicht oder doch nur gemäß den Vorschriften über Pfändung der Hypothek wirksam gepfändet werden [5]). Die Pfändung von Inhaberpapieren erfolgt wie die Pfändung beweglicher Sachen. Die Pfändung von Forderungen aus Wechseln und anderen durch Indossament übertragbaren Papieren wird dadurch bewirkt, daß der Gerichtsvollzieher die Papiere in Besitz nimmt. Ihre Aushändigung an den Gläubiger ist zur Wirksamkeit der Pfändung nicht erforderlich. § 831 ZPO. Der Gerichtsvollzieher kann sie daher auch noch nach der Konkurseröffnung dem Gläubiger aushändigen, wenn er sie nur vorher in Besitz genommen hat.

Zur Pfändung des Erbanteils an einem ungeteilten Nachlasse ist erforderlich, daß der Pfändungsbeschluß den Miterben, und zwar sämtlichen Miterben, zugestellt wird [6]).

Erachtet der Verwalter eine vor der Konkurseröffnung stattgehabte Pfändung für ungesetzlich, so mag er das Pfändungspfandrecht des Gläubigers dadurch zu beseitigen suchen, daß er beim Vollstreckungsgericht die Aufhebung der Pfändung gemäß § 766 ZPO. beantragt. Hat er aber nicht gegen die Gesetzmäßigkeit der Pfändung an sich, sondern nur gegen den in dem vollstreckbaren Schuldtitel bezeichneten Anspruch Einwendungen zu erheben, so muß er diese Einwendungen im Wege der Klage geltend machen

---

[1]) Es genügt nicht, daß der Gläubiger, wenn der Brief in den Händen eines Dritten ist, den Anspruch seines Schuldners gegen den Dritten auf Herausgabe pfänden und sich diesen Anspruch nur zur Einziehung überweisen läßt. RG. 63. 217 (Jur. Woch. 1906 S. 387[13]). Ebensowenig genügt es, daß dem den Hypothekenbrief besitzenden Schuldner durch den Pfändungsbeschluß aufgegeben wird, den Brief dem Gläubiger auszuhändigen. Wenn die Übergabe des Briefs durch Löschung der Hypothek unmöglich wird, so wird dadurch das Pfändungspfandrecht nicht wirksam. RG. 76. 231.

[2]) RG. 55. 379; 56. 13 u. 185, 59. 316. Ist die Pfändung gehörig vollzogen, so steht eine persönliche Verpflichtung des Grundstückseigentümers, den Hypothekenbrief dem als Gläubiger Eingetragenen auszuhändigen, ihrer Gültigkeit nicht entgegen. RG. 63. 14. Über Pfändung einer Eigentümergrundschuld, die nur einen Teil einer eingetragenen Briefhypothek bildet, s. RG. 63. 217, 69. 36, 70. 279; Gruch. 54. 1022.

[3]) RG. 75. 316.

[4]) RG. 55. 264, 63. 216, 64. 215, 75. 313. Ungenaue oder unrichtige Bezeichnung schadet nicht. RG. 71. 183, 75. 317.

[5]) RG. 70. 278 (Jur. Woch. 1909. 167[17]).

[6]) RG. 49. 406, 75. 179.

(§ 767 ZPO.) und kann nur nach Maßgabe des § 769 ZPO. Anträge wegen Einstellung oder Aufhebung der Zwangsvollstreckung stellen[1]).

Das Pfändungspfandrecht besteht auch am Erlöse gepfändeter Sachen und an gepfändetem Gelde, wenn der Erlös oder das Geld sich im Besitze des Gerichtsvollziehers befindet oder gemäß den §§ 720, 827 Abs. 2 oder 930 Abs. 2 ZPO. vom Gerichtsvollzieher hinterlegt ist, ebenso im Falle des § 853 ZPO. In den Rechtsgebieten, in denen, wie im Geltungsbereich der Preußischen Hinterlegungsordnung vom 21. April 1913, das hinterlegte Geld in das Eigentum des Staates übergeht, tritt an die Stelle des Absonderungsrechts an dem Gelde das Absonderungsrecht an der Forderung gegen den Staat auf Auszahlung des Geldes.

D. Absonderungsrecht der Nachlaßgläubiger und Vermächtnisnehmer.

Die Gläubiger einer dem Gemeinschuldner vor der Konkurseröffnung angefallenen Erbschaft[2]) haben an sich keinen Anspruch auf abgesonderte Befriedigung aus den bei der Konkurseröffnung in der Masse vorhandenen,

---

[1]) Die §§ 766, 767, 769 ZPO. lauten:

§ 766.

Über Anträge, Einwendungen und Erinnerungen, welche die Art und Weise der Zwangsvollstreckung oder das bei derselben vom Gerichtsvollzieher zu beobachtende Verfahren betreffen, entscheidet das Vollstreckungsgericht. Dasselbe ist befugt, die im § 732 Abs. 2 bezeichneten Anordnungen zu erlassen.

Dem Vollstreckungsgerichte steht auch die Entscheidung zu, wenn ein Gerichtsvollzieher sich weigert, einen Vollstreckungsauftrag zu übernehmen oder eine Vollstreckungshandlung dem Auftrage gemäß auszuführen, oder wenn in Ansehung der von dem Gerichtsvollzieher in Ansatz gebrachten Kosten Erinnerungen erhoben werden.

§ 767.

Einwendungen, welche den durch das Urteil festgestellten Anspruch selbst betreffen, sind von dem Schuldner im Wege der Klage bei dem Prozeßgericht erster Instanz geltend zu machen.

Dieselben sind nur insoweit zulässig, als die Gründe, auf denen sie beruhen, erst nach dem Schlusse derjenigen mündlichen Verhandlung, in welcher Einwendungen in Gemäßheit der Bestimmungen dieses Gesetzes spätestens hätten geltend gemacht werden müssen, entstanden sind und durch Einspruch nicht mehr geltend gemacht werden können.

Der Schuldner muß in der von ihm zu erhebenden Klage alle Einwendungen geltend machen, welche er zur Zeit der Erhebung der Klage geltend zu machen imstande war.

§ 769.

Das Prozeßgericht kann auf Antrag anordnen, daß bis zur Erlassung des Urteils über die in den §§ 767, 768 bezeichneten Einwendungen die Zwangsvollstreckung gegen oder ohne Sicherheitsleistung eingestellt oder nur gegen Sicherheitsleistung fortgesetzt werde und daß die erfolgten Vollstreckungsmaßregeln gegen Sicherheitsleistung aufzuheben seien. Die tatsächlichen Behauptungen, welche den Antrag begründen, sind glaubhaft zu machen.

In dringenden Fällen kann das Vollstreckungsgericht eine solche Anordnung erlassen unter Bestimmung einer Frist, innerhalb welcher die Entscheidung des Prozeßgerichts beizubringen sei. Nach fruchtlosem Ablaufe der Frist wird die Zwangsvollstreckung fortgesetzt.

Die Entscheidung über diese Anträge kann ohne vorgängige mündliche Verhandlung erfolgen.

[2]) Über den Kreis der Nachlaßgläubiger s. Abschn. XII unter a.

aus dem ererbten Nachlasse herrührenden Gegenständen. Der § 43 der früheren Konkursordnung ist aufgehoben. Die Nachlaßgläubiger können sich aber die abgesonderte Befriedigung aus dem Nachlasse dadurch sichern, daß sie die Nachlaßverwaltung oder im Falle der Überschuldung des Nachlasses die Eröffnung des Nachlaßkonkurses beantragen. §§ 1981 Abs. 2, 1984 Abs. 2, 1985 Abs. 1 BGB., §§ 217 Abs. 1, 226, 234 KO. Der Antrag kann auch nach der Eröffnung des Konkurses über das Vermögen des Erben gestellt werden ist aber nicht mehr zulässig, wenn seit der Annahme der Erbschaft zwei Jahre verstrichen sind. § 1981 Abs. 2 BGB., § 220 KO.

Daß der im Besitze des Gemeinschuldners befindliche Nachlaß von vornherein getrennt von dessen übrigem Vermögen gehalten und verwaltet werde, ist nicht notwendig, aber, wenn die Anordnung der Nachlaßverwaltung oder die Eröffnung des Nachlaßkonkurses zu erwarten steht, zweckmäßig. Die Anordnung der Nachlaßverwaltung und die Eröffnung des Nachlaßkonkurses haben zur Folge, daß die Vereinigung der Vermögensmasse des Erben mit dem Nachlasse aufgehoben wird und der Nachlaß gesondert verwaltet, zu diesem Zwecke aber von dem Vermögen des Erben wieder getrennt und dem für ihn bestellten Verwalter herausgegeben werden muß. §§ 1975 ff. BGB. Bis zur Herausgabe ist der Konkursverwalter des Erben für die ordnungsmäßige Verwaltung des von ihm in Besitz genommenen Nachlasses den Nachlaßgläubigern gemäß § 1978 Abs. 1 BGB. verantwortlich, wogegen ihm aber auch ein Anspruch auf Erstattung von Aufwendungen gemäß Abs. 3 des § 1978 zusteht. Die hiernach aus Handlungen des Konkursverwalters entstehenden Ansprüche sind Masseschulden. Sie werden im Falle der Nachlaßverwaltung oder des Nachlaßkonkurses vom Verwalter des Nachlasses geltend gemacht. § 1978 Abs. 2. Der Konkursverwalter des Erben ist wegen der von ihm geführten Verwaltung des Nachlasses auch nach Maßgabe der §§ 259 ff. BGB. zur Auskunfterteilung und Rechenschaftsablegung sowie zur Ableistung des Offenbarungseides verpflichtet.

Den Gläubigern des Erben steht ein Recht auf abgesonderte Befriedigung aus der außer dem Nachlasse vorhandenen Masse nicht zu, wenn auch der Nachlaß stärker als die übrige Masse verschuldet sein sollte. Ihr Schutz liegt im wesentlichen darin, daß der Erbe meist nur mit dem Nachlasse haftet. §§ 1975, 1990 BGB. Aber auch bei unbeschränkter Haftung des Erben gewährt einen gewissen Schutz der § 234 KO. Der Konkursverwalter des Erben ist auch für befugt zu erachten, die Anordnung der Nachlaßverwaltung oder die Eröffnung des Nachlaßkonkurses zu beantragen. Vgl. § 1981 Abs. 1 BGB., §§ 9 und 217 Abs. 1 KO. in Verbindung mit § 6 KO.

E. Absonderungsrecht der Teilhaber einer mit dem Gemeinschuldner bestehenden Gemeinschaft.

Diejenigen, welche mit dem Gemeinschuldner in einem Miteigentum, einer Gesellschaft oder einer anderen Gemeinschaft sich befinden[1]), haben

[1]) Auch die Ehefrau des Gemeinschuldners, die mit ihm in Gütergemeinschaft gelebt hat, wenn die Gütergemeinschaft zur Zeit der Konkurseröffnung nicht mehr bestand. Nicht absonderungsberechtigt ist dagegen die Ehefrau, wenn sie mit dem Gemeinschuldner im gesetzlichen Güterstande oder in getrennten Gütern lebt. Jur. Woch. 1893 S. 428[17].

ein Recht auf abgesonderte Befriedigung aus dem bei der Teilung oder sonstigen Auseinandersetzung für den Gemeinschuldner ermittelten Anteil an dem gemeinschaftlichen Vermögen wegen ihrer auf das Gemeinschaftsverhältnis sich gründenden Forderungen[1]). § 51 KO. Vorausgesetzt wird, daß die Gemeinschaft zur Zeit der Konkurseröffnung wenigstens bezüglich eines Teils der gemeinschaftlichen Gegenstände noch besteht[2]). Der stille Gesellschafter des Handelsgesetzbuchs hat ein Absonderungsrecht wegen seiner Einlage im Konkurse des Geschäftsinhabers nicht. § 341 HGB. Ebensowenig eine eingetragene Genossenschaft im Konkurse eines Genossen wegen ihrer Ansprüche an ihn aus seiner Mitgliedschaft[3]); eine Gewerkschaft im Konkurse des Gewerken an dessen Kuxen wegen rückständiger Zubußen[4]).

F. Absonderungsrecht der Gemeinschaftsgläubiger.

Gläubiger einer Gemeinschaft haben im allgemeinen wegen ihrer Forderungen ein Absonderungsrecht im Konkurse eines Teilnehmers der Gemeinschaft an dessen Anteil am gemeinschaftlichen Vermögen nicht. Sie werden aber durch einen solchen Konkurs nicht gehindert, die Gemeinschaft zu verklagen und aus dem Gemeinschaftsvermögen ihre Befriedigung zu suchen. Sie sind auch, wenn der Verwalter im Konkurse des Teilhabers die Auseinandersetzung über das Gemeinschaftsvermögen betreibt, aus diesem Vermögen vorweg zu befriedigen. Vgl. Abschnitt V unter 1. Besonderheiten gelten für die Gläubiger von offenen Handelsgesellschaften und Kommanditgesellschaften. S. die §§ 209, 212 KO.

G. Absonderungsrecht aus § 52 KO.

Die Lehns-, Stammguts- und Familienfideikommiß-Gläubiger sind absonderungsberechtigt an dem Lehn, Stammgut und Familienfideikommiß nach Maßgabe der Landesgesetze. Diese sind auch nach dem Inkrafttreten des Bürgerlichen Gesetzbuchs in Geltung. Art. 59 Einf.-Ges. z. BGB., § 5 Einf.-Ges. z. KO.

III. Berücksichtigung und Befriedigung der Absonderungsberechtigten.

A. Grundsätze im allgemeinen.

Die Absonderungsberechtigten haben ihre Interessen selbst wahrzunehmen. Der Verwalter braucht von Amts wegen für sie nicht zu sorgen, sie müssen vielmehr ihre Rechte gegen ihn geltend machen, wenn sie von ihm eine Leistung beanspruchen)[5].

---

[1]) Aber nur wegen dieser Forderungen. RG. 78. 274, Gruch. Bd. 59 S. 146.

[2]) Das Absonderungsrecht besteht auch, wenn der Verwalter, anstatt eine Auseinandersetzung vorzunehmen, den Anteil des Gemeinschuldners veräußert. Dem Absonderungsrecht unterliegt dann der erzielte Erlös. RG. 67. 156 (Jur. Woch. 1908 S. 48[25]).

[3]) RG. 26. 110 (Jur. Woch. 1890 S. 277[11]).

[4]) RG. 3. 286.

[5]) RG. 23. 59 (Jur. Woch. 1889 S. 491[25]). Klagen sie, ohne zuvor ihren Anspruch gegen den Verwalter geltend gemacht zu haben, so sind die Prozeßkosten ihnen zur Last zu legen, falls der Verwalter den Anspruch sofort anerkennt. Es ist dabei einerlei, ob sie ihren Anspruch gegen den Gemeinschuldner vor der Konkurseröffnung schon geltend gemacht hatten oder nicht. Vgl. § 11 Abs. 2 KO.

Die Geltendmachung der Absonderungsrechte und die abgesonderte Befriedigung der Berechtigten erfolgt außerhalb des Konkursverfahrens. § 4 KO. Daraus ist aber natürlich nicht zu folgern, daß Absonderungsrechte gegen den Gemeinschuldner unter Übergehung des Verwalters geltend gemacht werden können. Die Kündigungen von Hypothekenkapitalien z. B. sowie die erforderlichen Klagen sind, wenn sie wirksam sein sollen, gegen den Verwalter zu richten, da die Gegenstände, aus denen abgesonderte Befriedigung beansprucht wird, zur Konkursmasse gehören[1]). Sollte dennoch ein Absonderungsberechtigter gegen den Gemeinschuldner unter Nichtbeachtung der stattgehabten Konkurseröffnung geklagt haben und auf Grund eines nur gegen den Gemeinschuldner erwirkten vollstreckbaren Titels seine Befriedigung aus Gegenständen der Konkursmasse betreiben, so kann der Verwalter auf Grund des § 6 KO. und der §§ 750, 766 ZPO. die Aufhebung der etwa vorgenommenen Vollstreckungsmaßregeln beantragen. Wird die Vollstreckungsklausel erst nach Konkurseröffnung erteilt, so muß sie sich, wenn in die Masse vollstreckt werden soll, gegen den Verwalter richten.

B. Voraussetzungen der Berücksichtigung der Absonderungsrechte[2]). Einlösungsrecht.

Solche Absonderungsberechtigte, deren Recht im Grundbuch eingetragen ist, oder die sich im Besitze des Gegenstandes ihres Absonderungsrechts befinden, müssen bei der Verwertung der zu ihrer abgesonderten Befriedigung dienenden Gegenstände allemal, auch wenn sie ihre Rechte nicht besonders geltend machen, berücksichtigt werden. Ihre Rechte bedürfen auch keiner besonderen Anerkennung seitens des Verwalters. Wenn der Verwalter derartige Absonderungsansprüche für unbegründet oder anfechtbar hält, so hat, wenigstens in der Regel, er zu klagen. Der Verwalter ist aber befugt, Gegenstände von Absonderungsrechten unter den Voraussetzungen und nach Maßgabe der §§ 126, 127 KO. auch gegen den Willen der Berechtigten zu verwerten[3]) (s. Abschn. IX unter Ad und Ba b). Auch hat er das Recht, Pfandgegenstände von dem Besitzer einzulösen; der Besitzer kann sich nicht weigern, die ihm angebotene Befriedigung seiner Pfandforderung anzunehmen, es sei denn, daß die Forderung noch nicht fällig und der Gläubiger vor dem Fälligkeitstermin zur Annahme der Leistung nicht verpflichtet ist. §§ 1223 Abs. 2, 271 BGB. Auch Gläubiger, die an Grundstücken ein Absonderungsrecht haben, müssen sich ihre Befriedigung durch den Verwalter unter den Voraussetzungen

[1]) Nur wenn der Verwalter den Gegenstand des Absonderungsrechts aus der Masse freigegeben hat, findet die Zwangsvollstreckung in den Gegenstand ohne seine Zuziehung statt.

[2]) Wenn der Verwalter ein Absonderungsrecht schuldhaft unbeachtet läßt, macht er sich schadensersatzpflichtig. Warneyer Rechtspr. Bd. 12 Nr. 167 S. 260.

[3]) Werden die Gegenstände dem Verwalter auf sein Verlangen zur Verwertung gemäß § 127 KO. herausgegeben, so bedarf es zur Erhaltung des Absonderungsrechts eines besonderen Vorbehalts von seiten des Berechtigten nicht. Jur. Woch. 1886 S. 445[10]. Nach der Verwertung der herausgegebenen Gegenstände besteht das Absonderungsrecht an deren Erlös.

und nach Maßgabe des § 1142 BGB. gefallen lassen. Die Befriedigung kann auch durch Hinterlegung oder Aufrechnung — wenn die gesetzlichen Voraussetzungen dafür vorliegen — erfolgen. § 1142 Abs. 2, § 1224 BGB. Aufgerechnet kann also werden mit Forderungen der Konkursmasse, auch wenn der Gemeinschuldner nicht persönlicher Schuldner bezüglich des auf seinem Grundstück eingetragenen Rechts ist. Über die Voraussetzungen der Hinterlegung bestimmen die §§ 372 ff. BGB., über die Voraussetzungen der Aufrechnung die §§ 387 ff. BGB. Der Verwalter kann, wenn er einen Realgläubiger befriedigt hat, dessen Rechte an dessen Stelle gegen die Immobiliarmasse nach den näheren Bestimmungen der §§ 1143—1145, 1163, 1164 BGB. geltend machen. Will der Verwalter Pfandstücke einlösen, so bedarf er dazu bei Gegenständen von mehr als 300 M. der Genehmigung des etwa vorhandenen Gläubigerausschusses[1]). § 133 Nr. 2 KO.

Absonderungsrechte, welche auf Grund des § 51 KO. beansprucht werden, müssen gegen den Verwalter geltend gemacht werden, widrigenfalls dieser sie nicht zu berücksichtigen braucht. Das gleiche gilt von Absonderungsrechten auf Grund des § 49 KO., sofern deren Gegenstände sich nicht im Besitz des Gläubigers befinden[2]). Sind die Absonderungsrechte aber geltend gemacht, so muß der Verwalter sie bei Ausschüttung der Masse berücksichtigen, auch wenn er sie für unbegründet hält; er hat bei eigener Vertretung die zur Befriedigung streitiger Absonderungsansprüche erforderlichen Beträge so lange zurückzubehalten, bis über die Ansprüche eine endgültige Entscheidung erfolgt ist[3]). Inwieweit das Absonderungsrecht an Zubehörstücken und Nutzungen von Grundstücken berücksichtigt werden muß, darüber siehe S. 80 ff. unter II.

Die Geltendmachung der Absonderungsrechte kann während der ganzen Dauer des Konkurses, bis zur Verteilung der Masse, erfolgen. Geschieht sie erst nachdem der Verwalter den Gegenstand des Absonderungsrechts bereits veräußert hat, so hat der Verwalter das herauszugeben, um was die Konkursmasse infolge der Nichtberücksichtigung des Absonderungsrechts bereichert ist[4]).

C Prüfung und Anerkennung der Absonderungsansprüche.

Dem Verwalter liegt die sorgfältige Prüfung aller Absonderungsansprüche ob. Er hat darauf zu sehen, ob die Geschäfte, welche die Grundlage der Ansprüche bilden, in der gehörigen Form und durch die berechtigten Personen geschlossen sind; ob die Geschäfte nicht etwa anfechtbar sind; ob die Eintragungen im Grundbuch, worauf Absonderungsrechte gegründet werden, den Gesetzen entsprechend erfolgt sind usw. Hält er zur Klarstellung der Sache

[1]) Auch ist der Gemeinschuldner, wenn er ohne Aufschub zu erlangen ist, vorher zu benachrichtigen. § 135 KO.

[2]) Vgl. RG. 14. 1 (Jur. Woch. 1885 S. 244[16]), RG. 25. 22.

[3]) RG. 14. 1. Die geltend gemachten Absonderungsansprüche gehen auch den Prozeßkosten und anderen Masseschulden vor; sie müssen unbedingt aus dem Erlöse der dem Absonderungsrecht unterworfenen Gegenstände vorweg befriedigt oder sichergestellt werden. Jur. Woch. 1894 S. 263[12], RG. 33. 116, 42. 85.

[4]) RG. 14. 1.

Ermittelungen für wünschenswert, die er selbst nicht vornehmen kann, so kann er beim Gericht deren Anstellung beantragen. § 75 KO. Wegen der Begründung der Absonderungsrechte und der in Ansehung ungültiger Absonderungsrechte zu ergreifenden Maßregeln vgl. oben unter II S. 78ff. und Abschnitt VII zu f.

Die Anerkennung von Absonderungsansprüchen ist für die Konkursmasse verbindlich, jedoch vermag sie kein Absonderungsrecht zu schaffen, das vom Gesetz nicht zugelassen ist[1]). Die Anerkennung bedarf keiner besonderen Form, es genügt auch stillschweigendes Anerkenntnis[2]). Der Verwalter hat aber, wenn es sich um mehr als 300 M. handelt, die Genehmigung des Gläubigerausschusses einzuholen, auch den Gemeinschuldner von seinem Vorhaben zu benachrichtigen.

D. Art der Befriedigung der Absonderungsberechtigten.

In welcher Weise der Absonderungsberechtigte seine Befriedigung aus dem Gegenstande seines Absonderungsrechts erwirken kann, ist nach dem außerhalb des Konkursverfahrens geltenden Rechte zu beurteilen[3]). Hypothekengläubiger erlangen ihre Befriedigung nur im Wege der Zwangsvollstreckung auf Grund eines von ihnen zu erwirkenden vollstreckbaren Titels[4]). § 1147 BGB. Desgleichen Grundschuldgläubiger, Rentenschuldgläubiger und Schiffspfandgläubiger — §§ 1192, 1200, 1268 BGB. — und, falls nichts anderes vereinbart ist, auch diejenigen, die an einem Rechte ein Pfandrecht haben. § 1277 BGB. Dagegen kann der Verkauf beweglicher Pfandsachen ohne vorgängige Klage nach Maßgabe der §§ 1229ff.[5]) BGB. durch den Pfandgläubiger erfolgen, sofern seine Forderung eine Geldforderung oder in eine solche übergegangen und, wenn nicht ganz so doch zum Teil, fällig ist. §§ 1228, 1257 BGB. Unter der gleichen Voraussetzung können verpfändete Forderungen seitens des Pfandgläubigers vom Schuldner ohne weiteres eingezogen werden. § 1282 BGB. Diese Einziehungsbefugnis steht auch dem Gläubiger zu, dem im Wege der Zwangsvollstreckung eine Forderung des Gemeinschuldners zur Einziehung überwiesen ist. § 836 ZPO. Ein solcher Gläubiger hat jedoch, wenn er die gepfändete und ihm überwiesene Forderung einklagt, dem Verwalter den Streit zu verkünden. § 841 ZPO.

---

[1]) Jur. Woch. 1893 S. 428[18]. S. aber Gruch. 55. 1088.

[2]) Ein solches ist darin, daß der Verwalter im Prüfungstermine einem angemeldeten und unrichtigerweise zur Prüfung gezogenen Absonderungsrechte nicht widerspricht, noch nicht zu finden. Jur. Woch. 1896 S. 696[28]. Der Verwalter möge aber vorsichtshalber, wenn er das Absonderungsrecht nicht anerkennen will, doch widersprechen.

[3]) Die Forderung des Absonderungsberechtigten kann, soweit er Befriedigung aus dem Gegenstande des Absonderungsrechts suchen will, nicht schon auf Grund des § 65 KO. als fällig behandelt werden. RG. 86. 247 (Jur. Woch. 1915 S. 462[17]). Auch ist in der Anmeldung seiner Forderung der Regel nach noch keine Kündigung zu erblicken. LZ. 1916 S. 242[17].

[4]) Klage oder Mahngesuch haben sie nach Konkurseröffnung gegen den Verwalter zu richten. Die entstehenden Kosten sind Massekosten.

[5]) Auch aus freier Hand, wenn ihm der Gemeinschuldner (vor der Konkurseröffnung) oder der Verwalter das Recht dazu eingeräumt hat. Gruch. 48. 409.

Die Absonderungsberechtigten können die Veräußerung der zu ihrer abgesonderten Befriedigung dienenden Sachen unabhängig vom Verwalter betreiben. Zwangsvollstreckungen finden für Absonderungsberechtigte auch während des Konkurses statt[1]; hatten sie zur Zeit der Konkurseröffnung schon begonnen, so wird ihre Fortsetzung durch die Konkurseröffnung nicht gehemmt. Die Einleitung von Zwangsvollstreckungen für Absonderungsberechtigte kann nach der Konkurseröffnung auch auf Grund von vollstreckbaren Titeln erfolgen, die vor der Konkurseröffnung gegen den Gemeinschuldner erworben sind. Bei den Zwangsvollstreckungen ist überall an Stelle des Gemeinschuldners der Verwalter zuzuziehen, der das Interesse der Konkursmasse zu wahren hat. Aus dem Erlöse der Gegenstände der Absonderungsrechte können die Berechtigten außer dem Kapital auch die Nebenforderungen an Zinsen und Kosten insoweit beanspruchen, als auch für diese Nebenforderungen die Absonderungsrechte bestehen. Zinsen können von ihnen auch für die Zeit nach der Konkurseröffnung aus dem Erlöse gefordert werden.

Was nach Befriedigung der Absonderungsberechtigten von dem Erlöse der Gegenstände der Absonderungsrechte übrig bleibt, hat der Verwalter zur Konkursmasse einzuziehen. Auch dann hat diese Anspruch auf den Überschuß des Erlöses, wenn ein zu ihr gehöriger Gegenstand einem Gläubiger zur Sicherung seiner Forderung zu Eigentum übertragen war[2].

Daß der Absonderungsberechtigte den Gegenstand seines Rechts behufs seiner Befriedigung verwerte, dazu kann ihn der Verwalter nicht nötigen[3]. Die Befugnisse des Verwalters bestimmt § 127 KO. S. Abschn. IX unter A d.

E. Insbesondere die Zwangsvollstreckung in Grundstücke. Gesetz vom 24. März 1897.

Von besonderer Wichtigkeit ist die Zwangsvollstreckung in Gegenstände des unbeweglichen Vermögens. Diese wird geregelt durch das Reichsgesetz über die Zwangsversteigerung und Zwangsverwaltung vom 24. März 1897 (Zw.G.), dessen wichtigste Bestimmungen hier folgen.

1. Zwangsversteigerung.

a) Einleitung des Verfahrens.

Die Zustellung des Beschlusses, wodurch die Zwangsversteigerung eines zur Konkursmasse gehörigen Grundstücks eingeleitet wird, muß an den Verwalter erfolgen. § 22 Zw.G. §§ 51, 52, 171 ZPO. Gegen den Beschluß kann der Verwalter binnen 14 Tagen nach der Zustellung sofortige Beschwerde erheben. §§ 793, 577 ZPO.

---

[1]) So kann der Hypothekengläubiger Mieten des Pfandgrundstücks pfänden. RG. 81. 149, Warn. Rechtspr. Bd. 8 Nr. 62 S. 83.

[2]) RG. 24. 45; Jur. Woch. 1909 S. 734[38]; Gruch. 54. 1168 (LZ. 1910 S. 158).

[3]) RG. 2. 35.

b) Versteigerungstermin. Zuschlag.

Zum Versteigerungstermin wird der Verwalter geladen. §§ 41, 9 Zw.G. Bei der Feststellung der Kaufbedingungen muß er zugezogen werden, ebenso bei der Feststellung des geringsten Gebots. Dieses bestimmt sich nach den §§ 44—48 Zw.G. Der Verwalter sowohl als die anderen Beteiligten können eine von den gesetzlichen Vorschriften abweichende Feststellung des geringsten Gebots und der Versteigerungsbedingungen verlangen, jedoch nur mit Zustimmung derjenigen Beteiligten, deren Rechte durch die Abweichung beeinträchtigt werden. § 59 Zw.G. Der Verwalter und jeder andere Beteiligte kann auch verlangen, daß für den das geringste Gebot übersteigenden, der Regel nach sofort bar zu bezahlenden Betrag des Meistgebots Zahlungsfristen festgestellt werden. § 60 Zw.G. Siehe jedoch § 61 daselbst. Werden mehrere Grundstücke in einem Verfahren versteigert, so sind sie einzeln auszubieten. Auf Antrag eines Beteiligten müssen sie aber oder können sie wenigstens, auch alle zusammen oder gruppenweise ausgeboten werden. § 63 Zw.G. Von jedem Bieter kann der Verwalter Sicherheit verlangen. Wenn er dies will, so muß er es tun sofort nach Abgabe des Gebots. §§ 67 bis 70 Zw.G. Er kann auch selbst für die Masse bieten. Wie und womit die Sicherheit bestellt werden kann, bestimmen die §§ 67 Abs. 2, 68 Abs. 3, 69 Zw.G. Hat der Verwalter Einwendungen gegen die Zwangsversteigerung gemäß den §§ 766 oder 767 f. ZPO. zu erheben, so muß er dafür sorgen, daß vor Schluß des Versteigerungstermins die Einstellung des Verfahrens von dem zuständigen Gericht angeordnet und diese Anordnung dem Vollstreckungsgericht in Ausfertigung vorgelegt wird. § 775 Nr. 1 ZPO. Nach Schluß des Versteigerungstermins findet auf Grund von Einwendungen die Einstellung des Verfahrens, die nach § 72 Abs. 3 Zw.G. das Erlöschen der abgegebenen Gebote zur Folge haben würde, nicht mehr statt, sondern nur die Versagung des Zuschlags. § 33 Zw.G.

Die Entscheidung über den Zuschlag wird im Versteigerungstermin oder in einem sofort zu bestimmenden und zu verkündenden besonderen Termin verkündet. § 87 Zw.G. Vorher sind die anwesenden Beteiligten zu hören. §§ 74, 87 Abs. 3 Zw.G. Ist der Verwalter weder im Versteigerungstermine noch im Verkündungstermine erschienen, so wird ihm der Beschluß, wodurch der Zuschlag erteilt wird (nicht auch ein Beschluß, der den Zuschlag versagt), besonders zugestellt. § 88 Zw.G.

c) Anfechtung des Zuschlags.

Gegen die Erteilung des Zuschlags kann der Verwalter sowie jeder andere Beteiligte binnen 14 Tagen das Rechtsmittel der sofortigen Beschwerde einlegen. § 97 Zw.G. Über das Verfahren in der Beschwerdeinstanz und die zulässigen Beschwerdegründe vgl. die §§ 99 ff. Zw.G. Hervorzuheben ist, daß bei der Entscheidung Vorgänge in dem Versteigerungstermin, die nicht aus dem Protokoll ersichtlich sind, nicht berücksichtigt werden. § 80 Zw.G. Es ist deshalb auf Grund des § 78 Zw.G. von den Beteiligten dafür Sorge zu tragen, daß

Vorgänge, die zur Begründung der Beschwerde dienen können, in das Protokoll aufgenommen werden.

d) Wirkung des Zuschlags.

Der Ersteher erwirbt durch den Zuschlag das Eigentum des Grundstücks und kann dessen sofortige Räumung verlangen, sofern es nicht gemäß § 94 Zw.G. in gerichtliche Verwaltung genommen wird. §§ 90, 93 Zw.G. Er erwirbt auch die Gegenstände, auf die sich die Versteigerung daneben erstreckt hat. § 90 Abs. 2 Zw.G. Vgl. S. 68. Bezüglich der Mieten s. §§ 20, 57 Zw.G. und §§ 573—575 BGB., bezüglich der Versicherungsgelder die §§ 20 Abs. 2 und 21 Zw.G. und die §§ 1128—1130 BGB.[1]).

e) Verteilung der Kaufgelder.

Nach Erteilung des Zuschlags wird Termin zur Verteilung des Versteigerungserlöses anberaumt, es sei denn, daß eine außergerichtliche Verteilung gemäß den §§ 143—145 Zw.G. stattgefunden hat und deren Vollziehung dem Gericht durch öffentliche oder öffentlich beglaubigte Urkunden nachgewiesen wird. § 105 Zw.G. Zu dem Termine ist der Verwalter zu laden. Im Termine[2]) stellt der Richter nach Anhörung der Beteiligten den Verteilungsplan auf. § 113 Zw.G. Soweit eine Einigung nicht stattfindet, hat die Aufstellung nach Vorschrift der §§ 110—112, 114, 119, 121—126 Zw.G. zu erfolgen. Hervorzuheben ist, daß eingetragene Hypotheken stets voll zum Ansatz kommen, da, falls die Forderungen, für die sie bestellt sind, nicht entstanden sind oder nicht mehr bestehen, die Hypothek Eigentümerhypothek ist. Daran ändert es auch nichts, wenn zugunsten eines andern für den Fall des Entstehens einer Eigentümerhypothek ein Anspruch, daß diese gelöscht werde, im Grundbuch vorgemerkt ist[3]). Zinsen, Kosten und andere Nebenforderungen werden auf Grund der bloßen Anmeldungen der Realgläubiger, die bis zum Schluß des Termins erfolgen können, in den Plan aufgenommen, ohne daß das Gericht die Richtigkeit der Anmeldungen prüft. Der Verwalter hat sich daher selbst von der Richtigkeit der angemeldeten Ansprüche zu überzeugen. Erachtet er einen angemeldeten oder einen von Amts wegen in den Teilungsplan aufzunehmenden Anspruch ganz oder zum Teil für unbegründet, so kann er durch bloßen Widerspruch die Auszahlung von Kaufgeld an den betreffenden Gläubiger verhindern, sofern nicht für den Anspruch ein vollstreckbarer Titel besteht[4]). § 115 Zw.G. § 876 ZPO. Er muß aber dann ohne besondere Auf-

---

[1]) Vgl. dazu RG. 64, 415 (Mieten) und Gruch. 48. 1027 (Versicherungsgelder).

[2]) Das Gericht kann aber auch zur Vorbereitung des Verteilungsverfahrens die Beteiligten gleich bei der Ladung zur Einreichung einer Berechnung ihrer Ansprüche auffordern und hat dann schon vor dem Termine den Teilungsplan anzufertigen und auf der Gerichtsschreiberei zur Einsicht der Beteiligten niederzulegen. § 106 Zw.G.

[3]) RG. 57. 209. Vgl. S. 45, 46 und über die Wirkung der Vormerkung Abschn. VI unter A b 5.

[4]) Das Recht zum Widerspruch steht ihm nicht nur dann zu, wenn er einen in Ansatz gebrachten Betrag für die Masse in Anspruch nimmt, sondern in allen Fällen, wo für die Konkursmasse ein rechtliches Interesse an der Erhebung des Widerspruchs besteht. Jur. Woch. 1901 S. 287[3].

forderung binnen einem Monat dem Vollstreckungsgericht die Erhebung der Klage gegen den durch den Widerspruch betroffenen Gläubiger nachweisen, widrigenfalls das Gericht die Ausführung des Verteilungsplans ohne Rücksicht auf seinen Widerspruch anordnet. § 115 Zw.G., § 878 ZPO. Ist die Forderung, deren Berichtigung aus den Kaufgeldern verhindert werden soll, vollstreckbar, so ist es zur Verhinderung der Berichtigung nicht ausreichend, daß Widerspruch erhoben wird; der Verwalter muß vielmehr in diesem Falle im Termin nachweisen können, entweder, daß das zuständige Gericht gemäß §§ 767, 769, 770 ZPO. die Einstellung der Zwangsvollstreckung angeordnet hat, oder daß nach dem für die Forderung vorhandenen vollstreckbaren Titel der Schuldner durch Sicherheitsleistung oder Hinterlegung die Vollstreckung abzuwenden befugt und die Sicherheitsleistung oder Hinterlegung erfolgt ist. § 115 Abs. 3, 4 Zw.G. Erhebt der Verwalter Widerspruch gegen eine Forderung, die vom Ersteher nicht bar zu zahlen, sondern in Anrechnung auf das Kaufgeld zu übernehmen ist, so wird durch den Verteilungsplan festgestellt, welcher Anspruch anstatt des durch den Widerspruch betroffenen bei dessen etwaigem Wegfall vom Ersteher zu übernehmen ist. §§ 124, 125 (50, 51) Zw.G. Geldbeträge, welche vom Ersteher bezahlt sind, aber wegen eines erhobenen Widerspruchs nicht ausgezahlt werden können, werden hinterlegt oder angelegt. §§ 124, 120 Zw.G. Wenn ein durch einen Widerspruch betroffener Betrag, der vom Ersteher bar zu zahlen war, nicht bezahlt ist, so wird der entsprechende Teil des Kaufgelderrückstandes den Beteiligten als eine unter ihnen streitige Forderung übertragen. § 118 Zw.G. Entsprechend wird verfahren mit Beträgen der in §§ 119, 120 Zw.G. bezeichneten Art. Dahin gehören namentlich auch Beträge, die auf sog. Höchstbetragshypotheken zur Hebung gelangen. Die Forderungen, für die eine solche Hypothek bestellt ist, gelten nach § 14 Zw.G. als aufschiebend bedingt durch die Feststellung ihres Betrags. Was darauf zur Hebung kommt, wird deshalb, sofern nicht eine Einigung über die Auszahlung stattfindet, selbst dann hinterlegt bzw. überwiesen, wenn ein Widerspruch nicht erhoben ist. § 120 Zw.G. Der Inhaber einer solchen Hypothek muß allemal die Höhe seiner Forderung nachweisen, nötigenfalls deswegen klagen[1]). § 1190 BGB. Bei anderen Sicherungshypotheken (§ 1184 ff. BGB.) bedarf es wohl, um ihre Befriedigung bei der Zwangsversteigerung zu verhindern, eines Widerspruchs des Verwalters. §§ 114, 115 Zw.G., § 876 ZPO. Nach Erhebung des Widerspruchs liegt aber auch bei ihnen der Beweis des Bestehens der Forderung dem Gläubiger ob.

f) Geltendmachung von Eigentümerhypotheken für die Masse.

Hypotheken, Grundschulden und Rentenschulden, welche auf dem zur Konkursmasse gehörigen Grundstück für den Gemeinschuldner selbst eingetragen sind, oder ihm zustehen, ohne für ihn eingetragen zu sein (vgl. Abschnitt I S. 43 ff hat der Verwalter für die Masse geltend zu machen[2]). Hatte jedoch

[1]) Jur. Woch. 1908 S. 555[16]. Vgl. dazu S. 47.

[2]) Der Ersteher kann seine ausgefallenen Forderungen nicht gegen den Teil des zu zahlenden Kaufgeldes, das auf die Eigentümerhypothek entfällt, aufrechnen. RG. 64. 308.

der Gemeinschuldner einem andern gegenüber auf die Geltendmachung der Eigentümerhypothek verzichtet, so ist der Verwalter gegenüber diesem andern an den Verzicht gebunden[1]). Wenn über die Hypothek ein Brief ausgefertigt ist, so muß ihn der Verwalter beibringen. Ist der Brief verloren gegangen, so hat er das Aufgebot des Briefes zu veranlassen §§ 136, 138, 149 Zw.G. Befindet sich die Urkunde in den Händen eines Dritten, der die Herausgabe verweigert, oder ist bei der betreffenden Post eine Verfügungsbeschränkung, ein Pfandrecht oder eine sonstige Belastung eingetragen, so muß sich der Verwalter deswegen mit dem Berechtigten auseinandersetzen. Die Auszahlung des auf die eingetragene Post entfallenden Betrags des Kaufgeldes erfolgt nur gegen Beibringung oder nach Kraftloserklärung der Urkunde, und, wenn bei der Post eine Verfügungsbeschränkung oder eine Belastung eingetragen ist, nach Maßgabe der unter den Beteiligten erzielten Einigung oder des unter ihnen ergangenen rechtskräftigen Urteils. § 126 Zw.G.

2. Zwangsverwaltung.

Die Einleitung der Zwangsverwaltung hat zur Folge, daß der Besitz und die Verwaltung des zur Masse gehörigen Grundstücks auf den vom Gericht ernannten Verwalter übergeht, daß dem Konkursverwalter während der Dauer der Zwangsverwaltung die Verfügung über die Einkünfte des Grundstücks entzogen ist[2]) und daß der Antragsteller das Vorrecht des § 10 Nr. 5 Zw.G. auf die Einkünfte des Grundstücks erwirbt[3]). §§ 148, 150, 155 Zw.G. Dem Grundstücksverwalter wird demnächst vom Vollstreckungsgericht eine Anweisung erteilt, wegen deren der Konkursverwalter zuvor mit seinen Wünschen zu hören ist. § 153 Abs. 1 Zw.G. Der Grundstücksverwalter hat dem Konkursverwalter (und dem Gläubiger, welcher die Zwangsverwaltung beantragt hat) alljährlich und nach Beendigung seines Amts Rechnung zu legen. § 154 Zw.G. Welche Forderungen und in welcher Reihenfolge sie aus den Einkünften des Grundstücks berichtigt werden, bestimmt § 155 Zw.G. Die Verteilung der Einkünfte erfolgt auf Grund eines Verteilungsplans, der entsprechend den Vorschriften über den Verteilungsplan bei der Kaufgelderverteilung aufgestellt wird. Für die Wirksamkeit von Widersprüchen gegen den Plan gilt dasselbe, wie bei der Kaufgelderverteilung. §§ 156, 160 Zw.G. Der festgestellte Plan ist maßgebend für alle Zahlungen, die demnächst der Grundstücksverwalter an die Beteiligten aus den Einkünften gemäß der ihm deswegen erteilten Anweisung leistet. Nachträgliche Widersprüche gegen den Plan werden nicht berücksichtigt. Hat der Konkursverwalter die rechtzeitige Erhebung eines Widerspruchs versäumt, so bleibt ihm nur übrig, im Wege der Klage gegen die Beteiligten die Änderung des Verteilungsplans zu erwirken. § 159 Abs. 1 Zw.G. Zahlungen, die vor der Änderung in Gemäßheit des ursprünglichen Plans geleistet sind, können auf Grund der Änderung nicht zurückgefordert werden. § 159 Abs. 2 Zw.G.

---

[1]) Das Nähere darüber s. S. 46.
[2]) RG. 20. 290.
[3]) Das gilt nicht nur von den laufenden, sondern auch von den rückständigen Einkünften.

V. Auseinandersetzung von Gemeinschaften.

1. Allgemeines.

Die Auseinandersetzung von Gemeinschaften, die zwischen dem Gemeinschuldner und anderen bestehen, erfolgt außerhalb des Konkursverfahrens. § 16 KO. Der Verwalter nimmt dabei die Stelle des Gemeinschuldners ein[1]); diesem selbst steht kein entscheidender Einfluß auf die Auseinandersetzung zu. § 6 KO. Das Verfahren bei der Auseinandersetzung und die Rechte der Beteiligten bestimmen sich nach dem maßgebenden Reichs- oder Landesrecht. Dieses entscheidet in erster Linie auch darüber, ob überhaupt und wann eine Auseinandersetzung zulässig ist[2]). Jedoch haben Vereinbarungen und letztwillige Anordnungen, wonach bei Gemeinschaften nach Bruchteilen (§ 741 BGB.) oder Erbschaften die Auseinandersetzung für immer oder auf Zeit ausgeschlossen oder nur nach vorausgegangener Kündigung zulässig sein soll, gegenüber der Konkursmasse keine Wirksamkeit, § 16 Abs. 2 KO. Die Personen, mit denen der Gemeinschuldner sich in der Gemeinschaft befindet, haben wegen ihrer auf das Gemeinschaftsverhältnis sich gründenden Forderungen an ihn einen Anspruch auf abgesonderte Befriedigung aus seinem bei der Auseinandersetzung ermittelten Anteil. Siehe Abschnitt IV unter II E.

Die Gläubiger der Gemeinschaft oder der Gesellschaft haben, wie schon früher bemerkt, einen Anspruch auf Vorabbefriedigung aus dem Gemeinschafts- bzw. Gesellschaftsvermögen an sich nicht, können aber trotz der Konkurseröffnung über das Vermögen eines Teilhabers ihre Forderungen gegen die Gemeinschaft, falls diese als solche verklagt werden kann, und gegen die nicht in Konkurs befindlichen Teilhaber, wenn diese ihnen persönlich verpflichtet sind, durch Klage geltend machen[3]). Sie sind auch schon dadurch geschützt, daß aus dem Gemeinschaftsvermögen bei der Auseinandersetzung zunächst die Schulden zu berichtigen sind, so daß nur von dem, was dann noch übrig bleibt, der dem Gemeinschuldner gebührende Anteil zur Konkursmasse fließt.

Bis zur Auseinandersetzung hat die Masse nur einen Anteil an dem Gemeinschaftsvermögen als Ganzem[4]). Der Verwalter kann auch, soweit die Natur der Gemeinschaft es gestattet, das Anteilsrecht des Gemeinschuldners veräußern und so sich die Weitläufigkeiten der Auseinandersetzung ersparen[5]).

Über einzelne wichtigere Fälle von Auseinandersetzungen sei folgendes bemerkt:

---

[1]) RG. 42. 105; Jur. Woch. 1884 Nr. 270[20]; LZ. 1913 S. 395[5].
[2]) RG. 40. 44.
[3]) Gruch. Bd. 45 S. 621.
[4]) RG. 8. 103, 26. 113; Gruch. Bd. 45 S. 621.
[5]) Jur. Woch. 1899 S. 539[26].

2. Auseinandersetzung mit der Ehefrau des Gemeinschuldners[1]).

Die Auseinandersetzung mit der Ehefrau des Gemeinschuldners gehört streng genommen kaum hierher, denn wenn zwischen den Eheleuten allgemeine oder teilweise Gütergemeinschaft bestand, so hat die Konkurseröffnung eine Auseinandersetzung über das Gesamtgut in der Regel und jedenfalls nach dem Bürgerlichen Gesetzbuch nicht zur Folge. Nur wenn zur Zeit der Konkurseröffnung die Gütergemeinschaft zwischen dem Gemeinschuldner und dessen Ehefrau bereits rechtskräftig aufgehoben war (vgl. §§ 1468—1470, 1542, 1549 BGB.), findet eine eigentliche Auseinandersetzung statt. Das Nähere siehe unter d und 3. Des Zusammenhanges wegen sollen hier aber auch diejenigen Ansprüche der Ehefrau, die in Wahrheit Aussonderungsansprüche darstellen, besprochen werden.

a. Das maßgebende Güterrecht.

Nach welchem ehelichen Güterrecht die Ansprüche der Ehefrau des Gemeinschuldners zu beurteilen sind, bestimmt sich in erster Linie nach dem etwa vorhandenen Ehevertrage, soweit dessen Festsetzungen den Gläubigern des Gemeinschuldners gegenüber wirksam sind. Wenn und soweit der Ehevertrag nichts anderes gültig anordnet, kommen die gesetzlichen Bestimmungen zur Anwendung.

Für die güterrechtlichen Verhältnisse der Ehen, die am 1. Januar 1900 bereits bestanden haben, bleiben im allgemeinen die bisherigen Gesetze maßgebend. Art. 200 Einf.-Ges. z. BGB. Welches der bisherigen Gesetze für die einzelne Ehe gilt, bestimmt sich in der Regel nach dem Rechte des Orts, an welchem der Gemeinschuldner nach vollzogener Heirat seinen ersten Wohnsitz genommen hat[2]). Dies war im Geltungsbereich des Preußischen Allgemeinen Landrechts durch die §§ 350, 351 II. 1 als Grundsatz ausdrücklich anerkannt. Eine Ausnahme wurde hier nur durch § 352 a. a. O. für den Fall gemacht, daß nach geschlossener Ehe der Wohnsitz von einem Orte, wo eheliche Gütergemeinschaft nicht stattfindet, nach einem Orte, wo sie stattfindet, verlegt ist.

Die bisherige Gesetzgebung hat indes aus Anlaß der Einführung des Bürgerlichen Gesetzbuchs meistens landesgesetzliche Änderungen erfahren. So in Preußen durch die Artikel 44—67 des Ausführungsgesetzes vom

---

[1]) Für die Auseinandersetzung zwischen dem Ehemann und seiner in Konkurs verfallenenen Ehefrau gelten keine besonderen Bestimmungen. Das Gesamtgut bei bestehender Gütergemeinschaft gehört nicht zur Konkursmasse der Ehefrau. § 2 Abs. 2 KO., § 860 ZPO. Das dem Ehemann an ihrem eingebrachten Gute zustehende Verwaltungs- und Nutznießungsrecht wird durch die Konkurseröffnung über ihr Vermögen nicht berührt. Der Ehemann kann indes nicht unter Berufung auf dieses Recht die Herausgabe des Eingebrachten zur Konkursmasse der Ehefrau verweigern, wenigstens soweit nicht, als das Eingebrachte zur Befriedigung der Konkursgläubiger erforderlich ist. Näheres s. Abschn. I S. 34 unter H.

[2]) RG. 6. 223, 394.

20. September 1899[1]). Durch die Preußischen Bestimmungen ist für die am 1. Januar 1900 bestehenden Ehen das für sie geltende Güterrechtssystem im wesentlichen beibehalten, es sind aber für die Ausgestaltung der verschiedenen Güterrechte im einzelnen die Vorschriften des Bürgerlichen Gesetzbuches mit einigen Abweichungen für maßgebend erklärt worden. Die in den älteren Ehen bestehenden Güterrechte bleiben auch jetzt noch so mannigfaltig, daß ein näheres Eingehen darauf hier nicht angängig ist[2]).

Für die güterrechtlichen Verhältnisse in den seit dem 1. Januar 1900 geschlossenen Ehen gelten die Bestimmungen des Bürgerlichen Gesetzbuchs. Nach diesen Bestimmungen gestaltet sich die Auseinandersetzung im Konkurse des Ehemanns in den Grundzügen folgendermaßen:

α. Bei dem gesetzlichen Güterrecht (Verwaltung und Nutznießung des Mannes.

Die Frau nimmt zurück

1. das etwa der Verwaltung des Mannes überlassene oder sonst in die Hände des Mannes gelangte Vorbehaltsgut. Vorbehaltsgut sind

a. die ausschließlich zum persönlichen Gebrauche der Frau bestimmten Sachen, insbesondere Kleider, Schmucksachen und Arbeitsgeräte. § 1366 BGB.

b. alles, was die Frau durch ihre Arbeit oder durch den selbständigen Betrieb eines Erwerbsgeschäfts erworben hat und erwirbt. § 1367 BGB.;

c. alles, was durch Ehevertrag für Vorbehaltsgut erklärt ist. § 1368 BGB.;

d. Zuwendungen Dritter an Erbschaften, Vermächtnissen oder Geschenken, die nach der Bestimmung des Gebers Vorbehaltsgut sein sollen[3]). § 1369 BGB.;

e. alles, was die Frau auf Grund eines zu ihrem Vorbehaltsgut gehörenden Rechts oder als Ersatz für die Zerstörung, Beschädigung oder Entziehung eines zu dem Vorbehaltsgute gehörenden Gegenstands oder durch ein Rechtsgeschäft erwirbt, das sich auf das Vorbehaltsgut bezieht. § 1370 BGB.

2. das eingebrachte Gut. Dazu gehört alles, was nicht Vorbehaltsgut ist, und zwar nicht nur das Vermögen, das die Frau bei Eingehung der Ehe besessen, sondern auch das, was sie — oder der Mann für sie mit den Mitteln des eingebrachten Gutes oder sonstwie — während der Ehe erworben hat. §§ 1363, 1381 BGB. Zu dem eingebrachten Gute werden auch die Haus-

[1]) Zu diesem Gesetze ist auf Grund seines Art. 61 § 2 rücksichtlich der Ehen, deren Güterstand sich nach dem Rechte eines außerpreußischen Bundesstaats bestimmt, die königliche Verordnung vom 20. Dezember 1898 ergangen.

[2]) Bei der Wichtigkeit des Gegenstandes und bei der Schwierigkeit der in Betracht kommenden Rechtsfragen ist den nicht rechtsverständigen Verwaltern dringend zu empfehlen, vorkommenden Falls den Rat eines tüchtigen Rechtsanwalts einzuholen.

[3]) Aber nur solche Zuwendungen, die von der Frau nach der Eheschließung erworben sind. RG. 65. 367.

haltungsgegenstände gerechnet, die der Mann an Stelle der von der Frau eingebrachten, nicht mehr vorhandenen oder wertlos gewordenen Stücke angeschafft hat. § 1382 BGB.

Zur Erleichterung des Beweises dafür, welche Vermögensstücke eingebracht sind und in welchem Zustande sie sich zur Zeit des Einbringens befunden haben, dient die Bestimmung des § 1372 BGB. Hat der Mann vor der Konkurseröffnung Gegenstände, die zum eingebrachten Gut gehören, veräußert, so ist die Veräußerung, abgesehen von den Fällen des § 1376 BGB., nur gültig, wenn die Frau zugestimmt hat oder ihre Zustimmung durch das Vormundschaftsgericht ersetzt worden ist. §§ 1375, 1379 BGB.

Die Nutzungen des eingebrachten Gutes gehören zur Konkursmasse des Mannes nur in sehr beschränktem Maße. § 861 ZPO., § 1 KO. S. Abschnitt I S. 29. Mit der Rechtskraft des Eröffnungsbeschlusses hört das Verwaltungs- und Nutznießungsrecht des Mannes überhaupt auf. § 1419 BGB. Über Verwaltung des eingebrachten Gutes hat alsdann der Gemeinschuldner seiner Frau Rechenschaft abzulegen. §§ 1421, 259, 260 BGB.

Das gesetzliche Güterrecht gilt mit Ausnahme des Falles des § 1364 BGB. für alle nach dem Inkrafttreten des Bürgerlichen Gesetzbuchs geschlossenen Ehen, sofern nicht die Ehegatten es durch Ehevertrag ausgeschlossen oder geändert haben[1]). §§ 1363, 1432 BGB. Der Vertrag kann sowohl vor als nach Eingehung der Ehe geschlossen werden, seine Errichtung muß aber vor Gericht oder vor einem Notar bei gleichzeitiger Anwesenheit beider Teile erfolgen. §§ 1432, 1434 BGB. Soll die allgemeine Gütergemeinschaft eingeführt oder aufgehoben werden, so kann der Vertrag für einen in der Geschäftsfähigkeit beschränkten Ehegatten nicht durch dessen gesetzlichen Vertreter geschlossen werden; der Ehegatte muß selbst den Vertrag schließen, bedarf aber der Zustimmung seines gesetzlichen Vertreters. § 1437 BGB.

Im Falle des § 1364 und nach Endigung der Verwaltung und Nutznießung des Ehemanns (§§ 1418—1420 BGB.) gilt Gütertrennung. § 1426 BGB.

β) Bei der allgemeinen Gütergemeinschaft.

Die Frau nimmt ihr Vorbehaltsgut zurück[2]). Vorbehaltsgut sind hier aber nur die bei α unter 1 c, d und e bezeichneten Gegenstände. § 1440 BGB. Die unter 1 a bezeichneten Sachen gehören zum Gesamtgut. Sie können indes meistens überhaupt nicht zur Konkursmasse gezogen werden, weil dem der § 1 Abs. 1 und 4 KO. in Verbindung mit den §§ 811 und 812 ZPO. entgegensteht. Vgl. Abschnitt I S. 25.

[1]) Die Eintragung der Änderung des gesetzlichen Güterrechts in das Güterrechtsregister ist zur Gültigkeit der Änderung gegenüber der Konkursmasse nicht erforderlich. § 1435 BGB.

[2]) Entsteht Streit darüber, ob ein Gegenstand zum Vorbehaltsgut gehört oder nicht, so hat die Frau die Beweislast. § 1438 BGB.

Die Frau nimmt ferner die Gegenstände zurück, die nicht durch Rechtsgeschäft übertragen werden können. § 1439 BGB.

Alles sonstige Vermögen der Frau gehört zum Gesamtgute und als solches zur Konkursmasse des Mannes, sofern nicht die Gütergemeinschaft zur Zeit der Konkurseröffnung schon rechtskräftig aufgehoben ist. § 2 Abs. 1 KO., §§ 1459, 1470 BGB.

Ist die Frau vor der Konkurseröffnung verstorben und hat der Mann mit den gemeinschaftlichen Abkömmlingen die Gütergemeinschaft fortgesetzt (§§ 1483, 1484, 1508, 1509 BGB.), so treten an die Stelle der Frau die Abkömmlinge. Das Gesamtgut gehört auch in diesem Falle zur Konkursmasse, es sei denn, daß die fortgesetzte Gütergemeinschaft gemäß den §§ 1492, 1493 oder 1495 BGB. aufgehoben war. § 2 Abs. 3 KO.

γ) Bei der Errungenschaftsgemeinschaft und der Fahrnisgemeinschaft.

Die Frau nimmt alles zurück, was nicht zum Gesamtgut gehört. Zum Gesamtgut gehören

a) bei der Errungenschaftsgemeinschaft die Nutzungen des eingebrachten Gutes (§§ 1520—1534 BGB.) und alles, was der Mann oder die Frau während der Errungenschaftsgemeinschaft erworben hat, mit Ausnahme des von Todes wegen oder mit Rücksicht auf ein künftiges Erbrecht, durch Schenkung oder als Ausstattung Erworbenen und des durch Ehevertrag für Vorbehaltsgut oder eingebrachtes Gut erklärten Erwerbs. §§ 1519, 1521, 1523, 1525, 1526 BGB. Die gesetzliche Vermutung spricht dafür, daß das vorhandene Vermögen Gesamtgut ist. § 1527 BGB.;
b) bei der Fahrnisgemeinschaft die Errungenschaft und das bewegliche Vermögen nach den näheren Bestimmungen der §§ 1550—1554 BGB.

Das Gesamtgut gehört zur Konkursmasse des Mannes. § 2 Abs. 1 KO.

δ) Bei Gütertrennung.

Hier nimmt die Frau ihr gesamtes Vermögen einschließlich der Nutzungen zurück, nur mit der Einschränkung, die sich aus § 1430 BGB. ergibt.

b) Einschränkung des Aussonderungsrechts der Ehefrau[1]). § 45 KO.

Die der Ehefrau zustehenden Aussonderungsansprüche unterliegen allgemein, mag die Ehe vor dem 1. Januar 1900 oder erst später geschlossen sein, und gleichviel, welches Güterrechtssystem gilt, einer wesentlichen Einschränkung. Zunächst hat sie rücksichtlich aller beweglichen Sachen, mit Ausnahme der ausschließlich zu ihrem persönlichen Gebrauch bestimmten[2]), die Vermutung gegen sich, daß diese Sachen dem Manne gehören. Diese Vermutung gilt namentlich auch in bezug auf bares Geld, Wertpapiere, die auf

[1]) Dieser Einschränkung unterliegt wohl auch die Witwe im Konkurse über den Nachlaß des verstorbenen Ehemannes. Nicht aber die geschiedene Ehefrau.

[2]) Von diesen wird vermutet, daß sie ihr gehören. § 1362 Abs. 2 BGB.

den Inhaber lauten, und die mit Blankoindossament versehenen Orderpapiere. Sie greift Platz, auch wenn die Frau sich im Besitze der Sachen befindet. § 1362 Abs. 1 BGB. Der § 45 KO. geht aber noch weiter. Er bestimmt, daß im Konkurse des Mannes die Ehefrau alles, was sie während der Ehe erworben hat, für sich nur in Anspruch nehmen kann, wenn sie beweist, daß der Erwerb nicht mit den Mitteln des Mannes erfolgt ist. Diese Bestimmung erstreckt sich auch auf Rechte und auf unbewegliche Sachen[1]). Ist also auf den Namen der Frau eine Forderung erworben oder ein Grundstück eingetragen, so berechtigt sie das noch nicht, die Aussonderung zu verlangen, vielmehr ist dazu weiter erforderlich, daß die zu der Erwerbung verwendeten Mittel nicht dem Mann, sondern der Frau oder einem Dritten gehört haben. Zu den Mitteln des Mannes sind auch die Nutzungen, die ihm von dem eingebrachten Gute der Frau zustehen, und bei der allgemeinen oder teilweisen Gütergemeinschaft das Gesamtgut zu rechnen. Die Frau wird den ihr obliegenden Beweis nicht anders führen können, als indem sie aufdeckt, aus welchen dem Manne nicht gehörigen Mitteln der Erwerb bestritten worden ist. Demnach muß die Frau, wenn sie eine bewegliche Sache in Anspruch nimmt, den Beweis führen

entweder, daß sie die Sache ihrem Ehemann schon in die Ehe eingebracht hat,

oder, wenn der Erwerb nach Eingehung der Ehe erfolgt ist,

1. daß die Sache für sie[2]), nicht für den Mann oder für das Gesamtgut erworben worden ist,
2. welches die zu dem Erwerb verwendeten Mittel gewesen sind,
3. daß diese Mittel nicht ihrem Ehemann bzw. zum Gesamtgut gehört haben[3]).

Handelt es sich um andere Vermögensstücke als bewegliche Sachen, so hat die Frau bezüglich vorehelichen Erwerbs eine geringere Beweislast insofern, als sie nicht zu beweisen braucht, daß der Erwerb nicht während der Ehe stattgefunden hat, sondern abwarten darf, daß der Verwalter das Gegenteil nachweist. Wird aber dieser Nachweis geführt, so muß sie zur Begründung ihres Aussonderungsverlangens die unter 1—3 bezeichneten Beweise ebenfalls erbringen.

Der § 45 KO. bezieht sich auch nur auf das, was die Frau von Dritten erworben hat. Was sie von ihrem Manne unmittelbar erworben, hat sie nicht mit seinen Mitteln erworben und kann sie daher aus der Masse verlangen. Solcher Erwerb ist nur gegebenenfalls nach Maßgabe der §§ 29 ff. KO.

---

[1]) LZ. 1912. 776[9].

[2]) Für die Frau sind aber nach § 1381 BGB. bewegliche Sachen, namentlich auch Inhaberpapiere und mit Blankoindossament versehene Orderpapiere schon dann erworben, wenn der Mann sie mit den Mitteln des eingebrachten Gutes angeschafft hat, es sei denn, daß er sie erkennbar nicht für Rechnung des eingebrachten Gutes hat erwerben wollen. S. ferner § 1382 BGB.

[3]) Wird dieser Beweis nur für einen Teil der verwendeten Mittel geführt, so wird die Ehefrau wenigstens die Aussonderung eines entsprechenden Anteils an den erworbenen Gegenständen fordern können. Das ist aber streitig.

anfechtbar. Hat aber die Frau durch das anfechtbare Geschäft nicht die Gegenstände selbst, deren Aussonderung sie verlangt, sondern nur die Mittel erworben, mit denen sie die Gegenstände angeschafft hat, so ist ihr Aussonderungsanspruch sogar unanfechtbar[1]). Der § 45 findet weiter dann keine Anwendung, wenn der Gemeinschuldner zugunsten seiner Frau mit einem Dritten einen Vertrag geschlossen, z. B. zu ihren Gunsten eine Lebensversicherung genommen hat[2]).

Die Erben der Frau sind rücksichtlich der Aussonderung in gleicher Weise beschränkt wie sie selbst. Ebenso die Sonderrechtsnachfolger, auf die ein Vermögensstück der Frau erst nach der Konkurseröffnung übergegangen ist; der gutgläubige Erwerb dürfte diese nur nach Maßgabe des § 15 Satz 2 KO. schützen. Vgl. Abschn. VII unter f. Dagegen unterliegen die Ansprüche der Sonderrechtsnachfolger, die schon vor der Konkurseröffnung an die Stelle der Frau getreten sind, der Einschränkung des § 45 KO. nicht.

Eine Verpflichtung der Frau, dem Verwalter gemäß § 260 BGB. Auskunft darüber zu erteilen, welche Sachen vorhanden sind, besteht trotz § 45 KO. nicht ohne weiteres[3]).

c) Ansprüche der Ehefrau wegen Verlusts, Beschädigung oder Verschlechterung ihrer Sachen.

Sind Gegenstände, deren Aussonderung die Ehefrau verlangen konnte, vom Gemeinschuldner oder vom Konkursverwalter veräußert worden, so greifen die Bestimmungen des § 46 KO. Platz. Vgl. Abschn. III unter g S. 75.

Für beschädigte, verschlechterte oder nicht mehr vorhandene Sachen hat die Ehefrau Ersatz zu fordern, sofern den Gemeinschuldner oder den Verwalter an der Beschädigung, der Verschlechterung oder dem Verlust ein Verschulden trifft. §§ 1359, 1421 BGB. Für die Frage des Verschuldens kommt in Betracht, daß das eingebrachte Gut der Verwaltung des Mannes unterliegt. Die Ersatzansprüche kann die Ehefrau nur als Konkursforderungen geltend machen, soweit sie nicht auf ein Verschulden des **Verwalters** gegründet werden[4]).

d) Auseinandersetzung mit der Ehefrau oder deren Erben in dem Falle, daß die Gütergemeinschaft schon vor der Konkurseröffnung aufgehoben ist.

Hat die Gütergemeinschaft (allgemeine Gütergemeinschaft, Errungenschaftsgemeinschaft oder Fahrnisgemeinschaft), in der der Gemeinschuldner mit seiner Ehefrau gelebt hat, schon vor der Konkurseröffnung ihr Ende gefunden, so gehört nur der Anteil, der dem Gemeinschuldner am Gesamtgut

---

[1]) In solchem Falle kann der Verwalter nur das Rechtsgeschäft anfechten, durch das die Frau die zu dem Erwerb verwendeten Mittel erlangt hat. Gruchot Bd. 36 S. 1192.

[2]) RG. 14. 21 (Jur. Woch. 1885 S. 267[6]). S. indes hierzu S. 48.

[3]) Gruch. 47. 910.

[4]) Jur. Woch. 1893 S. 428[17].

zusteht, zur Konkursmasse. § 860 Abs. 2 ZPO., § 1 Abs. 1 KO. Bezüglich des Gesamtguts findet dann die Auseinandersetzung statt. Bis zur Auseinandersetzung kann der Verwalter weder über den Anteil des Gemeinschuldners im ganzen, noch über dessen Anteil an den einzelnen zum Gesamtgut gehörigen Sachen verfügen. § 1471 Abs. 2, § 1442 Abs. 1, § 1546 Abs. 1, 1549 BGB. Die Verwaltung des Gesamtguts steht ihm bis zur Auseinandersetzung — vorbehaltlich der entsprechenden Anwendung des § 1424 BGB. — nur mit der Frau oder deren Erben gemeinschaftlich zu, nur die zur Erhaltung notwendigen Maßregeln kann er auch ohne deren Mitwirkung treffen. §§ 1472, 1546, 1549 BGB. Die Auseinandersetzung erfolgt, wenn nichts anderes vereinbart wird, nach Maßgabe der §§ 1475—1481 BGB., die auf die Errungenschaftsgemeinschaft und die Fahrnisgemeinschaft gleichfalls Anwendung finden. Der Ehefrau und deren Erben steht dabei das Absonderungsrecht an der Auseinandersetzungsmasse nach § 51 KO. zu.

Für die Auseinandersetzung kann die gerichtliche Vermittelung nachgesucht werden. § 99 des Gesetzes über die freiwillige Gerichtsbarkeit vom 17. Mai 1898. Das Verfahren richtet sich dann nach den §§ 86—98 desselben Gesetzes. Für Preußen s. auch die Art. 21 ff. des Gesetzes vom 21. September 1899.

3. Auseinandersetzung mit den Kindern des Gemeinschuldners nach Aufhebung der fortgesetzten Gütergemeinschaft.

Hat der Gemeinschuldner mit seinen Kindern (oder Kindeskindern) in fortgesetzter Gütergemeinschaft gelebt, ist diese Gemeinschaft aber schon vor der Konkurseröffnung beendet, so findet die Auseinandersetzung über das Gesamtgut nach Maßgabe der Vorschriften der §§ 1475, 1476, 1477 Abs. 1, 1479—1481 BGB. in der Weise statt, daß an die Stelle des Mannes der überlebende Ehegatte, an die Stelle der Frau die Kinder treten. §§ 1497 Abs. 1, 1498 BGB. Die Kinder haben auch das Absonderungsrecht gemäß § 51 KO. Bis zur Auseinandersetzung unterliegt das Verwaltungs- und Verfügungsrecht des Verwalters rücksichtlich des Anteils des Gemeinschuldners am Gesamtgut den gleichen Beschränkungen wie in dem Falle zu 2 d. § 1497 Abs. 2 BGB.

Für die Auseinandersetzung kann die gerichtliche Vermittelung ebenso und mit denselben Folgen wie im Falle zu 2 d nachgesucht werden. § 99 Ges. über die freiw. Gerichtsbarkeit v. 17. Mai 1898.

4. Teilung von gemeinschaftlichem Eigentum.

Ist der Gemeinschuldner als Mitberechtigter bei einer Gemeinschaft nach Bruchteilen oder als Miterbe bei einem Nachlasse beteiligt, so kann der Verwalter, wie schon unter 1 bemerkt, die Auseinandersetzung auch dann verlangen, wenn das Recht, die Aufhebung der Gemeinschaft zu fordern, für immer oder auf Zeit durch Vereinbarung oder durch eine Anordnung des Erblassers ausgeschlossen ist. § 16 Abs. 2 KO. Die Erbauseinandersetzung kann jedoch aus den in den §§ 2043 und 2045 BGB. bezeichneten Gründen einem Aufschub unterliegen, der auch im Konkurse eines Miterben wirksam bleibt.

Für die Teilung von gemeinschaftlichem Eigentum gelten die §§ 752ff., BGB., und zwar nach Art. 173 des Einf.-Ges. z. BGB. auch dann, wenn die Gemeinschaft schon vor dem 1. Januar 1900 bestanden hat. Betreffs Erbschaftsteilungen vgl. BGB. §§ 2046 ff.

Das Verfahren bei der zum Zwecke der Auseinandersetzung erfolgenden Zwangsversteigerung eines Grundstücks regeln die §§ 180ff. Zw.-Verst.-Ges.[1]). Für die Auseinandersetzung über einen Nachlaß kann die gerichtliche Vermittelung nachgesucht werden. Das dann eintretende Verfahren regeln die §§ 86—98 des Gesetzes über die freiwillige Gerichtsbarkeit vom 17. Mai 1898[2]).

5. Auseinandersetzung über das Vermögen von Gesellschaften.

a) Offene Handelsgesellschaften.

Offene Handelsgesellschaften werden durch Eröffnung des Konkurses über das Vermögen eines Gesellschafters der Regel nach aufgelöst. § 131 Nr. 5 HGB. Die Auseinandersetzung über das Gesellschaftsvermögen erfolgt, falls nicht etwas anderes vereinbart ist oder die Gesellschaft selbst in Konkurs verfällt, im Wege der Liquidation gemäß den §§ 145ff. HGB. und den §§ 738 bis 740 BGB. Bei der Liquidation hat der Konkursverwalter die Rechte der Konkursmasse an Stelle des in Konkurs verfallenen Gesellschafters wahrzunehmen. Der andere Gesellschafter hat das Recht, das Geschäft der Gesellschaft auch ohne Liquidation mit Aktiven und Passiven zu übernehmen[3]). § 142 HGB. Ist mehr als ein Gesellschafter des Gemeinschuldners vorhanden, so kann unter den übrigen Gesellschaftern die Gesellschaft fortbestehen, falls das im Gesellschaftsvertrage vorgesehen ist oder nach der Konkurseröffnung von ihnen beschlossen und dem Verwalter erklärt wird. Der Gemeinschuldner gilt dann mit dem Zeitpunkt der Konkurseröffnung als aus der Gesellschaft ausgeschieden. §§ 138, 141 HGB. Die Auseinandersetzung über das Gesellschaftsvermögen erfolgt in diesen Fällen nach dem Vermögensstande zur Zeit der Konkurseröffnung. § 141 Abs. 2, § 142 Abs. 3 HGB.

b) Kommanditgesellschaften.

Ebenso erfolgt die Auseinandersetzung bei Kommanditgesellschaften, wenn diese durch den Konkurs eines persönlich haftenden Gesellschafters oder eines Kommanditisten aufgelöst werden. Ob sie dadurch aufgelöst werden, bestimmt sich nach den für die offenen Handelsgesellschaften geltenden Grundsätzen, soweit nicht das Wesen der Kommanditgesellschaften Abweichungen

---

[1]) Bezüglich der Versteigerung gemeinschaftlicher Nachlaßgrundstücke s. LZ. 1919 S. 370[8].

[2]) Vgl. dazu auch für Preußen das Gesetz vom 21. September 1899 Art. 21ff.

[3]) Auch wenn die Gesellschaft schon vor dem 1. Januar 1900 bestanden hat. RG. 65. 379.

bedingt. § 161 Abs. 2 HGB. Über die Rechte und Pflichten des Kommanditisten bestimmen die §§ 163, 167—174, 176 HGB. Konkursgläubiger (§§ 3, 61 ff. KO.) ist der Kommanditist gegenüber der Kommanditgesellschaft nicht[1]).

c) Stille Gesellschaften.

Der stille Gesellschafter hat im Konkurse des Geschäftsinhabers den rückständigen Betrag seiner Einlage, soweit er zur Deckung seines Anteils am Verlust erforderlich ist, zur Konkursmasse zu zahlen[2]), es sei denn, daß er nach dem mit dem Gemeinschuldner geschlossenen Vertrage für den Verlust nicht haftet. § 341 Abs. 2 HGB. Sollte er bereits mehr an den Geschäftsinhaber bezahlt haben, als sein vertragsmäßiger Anteil am Verluste beträgt, so hat er deswegen einen Anspruch als Konkursgläubiger[3]). § 341 Abs. 1 HGB. Die Abwickelung der noch schwebenden Geschäfte erfolgt durch den Verwalter, der nach § 6 KO. an die Stelle des in Konkurs verfallenen Geschäftsinhabers tritt. § 340 Abs. 2 HGB. Über die Auseinandersetzung mit dem stillen Gesellschafter vgl. § 340 Abs. 1 HGB.[4]). Maßgebend ist der Vermögensstand zur Zeit der Konkurseröffnung. Am Gewinn und Verlust, der sich bei der Abwickelung der zu dieser Zeit laufenden Geschäfte ergibt, nimmt der stille Gesellschafter teil[5]). Das Geschäftsvermögen ist aber alleiniges Eigentum des Geschäftsinhabers.

d) Eingetragene Genossenschaften.

Eingetragene Genossenschaften werden durch den Konkurs eines Genossen nicht aufgelöst. Der in Konkurs verfallene scheidet auch nicht von selbst aus der Genossenschaft aus. Die Genossenschaft kann ihn jedoch ausschließen, wenn dies im Gesellschaftsvertrage vorgesehen ist. Gesetz vom 1. Mai 1889, § 68. Erfolgt ein Ausschluß nicht, so bleibt der in Konkurs verfallene Genosse Mitglied der Genossenschaft, der Verwalter kann jedoch die Mitgliedschaft kündigen[7]). Der Austritt findet frühestens mit dem Schlusse des Kalenderjahres und nur nach vorheriger mindestens dreimonatlicher schriftlicher Kündigung statt. Gesetz vom 1. Mai 1889 § 65. Das Ausscheiden wird erst mit dem Schlusse des Geschäftsjahres wirksam, in dem es in die Liste der Genossen eingetragen oder darin zum mindesten vorgemerkt wird[6]). §§ 70, 71 a. a. O. Es gilt als nicht erfolgt, wenn die Genossenschaft binnen sechs Monaten nach dem Ausscheiden aufgelöst wird. § 75. Der ausgeschiedene

[1]) OLG. 42. 76 (Kammergericht).

[2]) Eine Rückgewährung der Einlage und einen Erlaß des Anteils am Verluste kann der Konkursverwalter unter den Voraussetzungen des § 342 HGB. anfechten. Vgl. Abschn. VIII unter C VI[1].

[3]) RG. 31. 36.

[4]) Dazu Gruch. 29. 998, 36. 1165.

[5]) Jur. Woch. 1901 S. 404[22].

[6]) Das ist allerdings nicht unstreitig. S. LZ. 1911 S. 536.

[7]) Ist die Eintragung unterblieben, so kann sich nach der jetzigen Rechtsprechung des Reichsgerichts auch die Genossenschaft darauf berufen, selbst wenn ihr Vorstand das Unterbleiben der Eintragung verschuldet hat. RG. 68. 348. Anders früher RG. 41. 56.

oder ausgeschlossene Genosse haftet noch zwei Jahre lang den Gläubigern der Genossenschaft für alle bis zu seinem Ausscheiden von der Genossenschaft eingegangenen Verbindlichkeiten. §§ 125, 141. Er hat an den Reservefonds und das sonst vorhandene Vermögen der Genossenschaft keinen Anspruch und erhält nur seinen Geschäftsanteil, wie dieser sich nach der für den Termin des Ausscheidens aufgestellten Bilanz und der zu dieser Zeit vorhandenen Mitgliederzahl berechnet. Der Betrag, den der Ausgeschiedene oder Ausgeschlossene hiernach zu beanspruchen hat, ist binnen sechs Monaten nach seinem Ausscheiden von der Genossenschaft auszuzahlen, sofern nicht innerhalb dieser Zeit die Auflösung der Genossenschaft erfolgt. §§ 73, 75.

e) Gesellschaften mit beschränkter Haftung.

Auch Gesellschaften mit beschränkter Haftung werden durch den Konkurs eines Teilhabers nicht aufgelöst. Dessen Geschäftsanteil gehört zu seiner Konkursmasse, auch wenn die Satzungen die Übertragung der Geschäftsanteile nur mit Genehmigung der Gesellschaft zulassen und die Genehmigung nicht erteilt wird[1]). Der Verwalter kann unter den Voraussetzungen des § 61 Ges. v. 20. April 1892 auf Auflösung der Gesellschaft klagen. Liquidation gemäß den §§ 66ff.

f) Gewerkschaften.

Ist der Gemeinschuldner Teilhaber einer Gewerkschaft, so kann der Verwalter den Bergwerksanteil, wenn es sich um eine unter das Preuß. Ges. v. 24. Juni 1865 fallende Gewerkschaft handelt, nur durch Veräußerung verwerten. Siehe §§ 100, 104, 105, 107 daselbst. Wegen der sonstigen Rechtsverhältnisse, die sich aus der Mitgliedschaft bei einer Gewerkschaft ergeben, s. die §§ 96ff. des Gesetzes vom 24. Juni 1865 und Art. 37 des Preuß. Ausf.-Ges. z. BGB.

g) Andere Gesellschaften.

Bei Gesellschaften, die unter die Bestimmungen des Bürgerlichen Gesetzbuchs (§§ 705ff.) fallen, sind wegen des Rechts zum Austritt, wegen der Auflösung und wegen der Ansprüche bei der Auseinandersetzung die §§ 723ff., 736f., 730ff. und 738—740 BGB. maßgebend. Die Auflösung solcher Gesellschaften wird durch Eröffnung des Konkurses über das Vermögen eines Gesellschafters stets herbeigeführt, wenn nicht im Gesellschaftsvertrage vereinbart ist, daß sie unter den übrigen Gesellschaftern fortbestehen sollen. §§ 728, 736 BGB. Für die Beendigung der schwebenden Geschäfte gilt die aufgelöste Gesellschaft als fortbestehend. Siehe §§ 730 Abs. 2, 728 Satz 2 BGB.

Der geschäftsführende Gesellschafter ist in Ansehung der Ansprüche, die ihm nach §§ 728 Satz 2, 727 Abs. 2 Satz 2 und 3 BGB. aus der einstweiligen Fortführung der Geschäfte zustehen, Massegläubiger, in Ansehung der ihm nach § 729 BGB. zustehenden Ansprüche Konkursgläubiger, jedoch mit dem im § 51 KO. bestimmten Absonderungsrecht. § 28 KO.

---

[1]) RG. 70. 64, Gruch. 53. 1118.

VI. Schwebende Rechtsangelegenheiten.

A. Erfüllung von Verträgen.

a) Allgemeine Grundsätze.

Verträge werden durch die Konkurseröffnung der Regel nach nicht aufgehoben, sofern nicht etwa, was unbedenklich zulässig erscheint[1]), das Gegenteil vereinbart ist. Ihrem Inhalte nach werden sie aber durch die Konkurseröffnung in mannigfacher Weise berührt.

Einseitige Verträge, d. h. solche, die auf die Leistung nur des einen der beiden Vertragsteile gerichtet sind, wie z. B. Darlehnsverträge, Schenkungsverträge, werden allerdings in ihrem Inhalt nur insofern verändert, als, wenn der Gemeinschuldner der Verpflichtete ist und die Leistung nicht in Geld besteht, der Berechtigte allemal nur eine dem Werte der Leistung entsprechende Geldforderung als Konkursforderung geltend machen kann. Siehe § 69 KO. Ähnlich verhält es sich mit Verträgen, aus denen zwar beiderseits Verbindlichkeiten entstehen können, die aber nicht darauf gerichtet sind, die beiderseitigen Leistungen gegeneinander auszutauschen[2]). Weit erheblichere Wirkungen äußert der Konkurs indessen auf die Verträge, bei denen beiderseits Leistungen in der Art übernommen sind, daß die Leistung des einen Teils die des anderen bedingt. Rücksichtlich dieser Verträge, die in der Konkursordnung als zweiseitige, im Bürgerlichen Gesetzbuch als gegenseitige bezeichnet werden, gilt, abgesehen von den unter b zu besprechenden Ausnahmen, folgendes:

1. Hat der Gemeinschuldner einen gegenseitigen Vertrag vor der Konkurseröffnung vollständig erfüllt, so hat es dabei, abgesehen von einer etwaigen Anfechtbarkeit der Erfüllung, sein Bewenden. Der Vertrag bleibt unverändert bestehen. Wegen der etwa ausstehenden Gegenleistung übt der Verwalter für die Konkursmasse die Rechte aus, die deswegen dem Gemeinschuldner zustehen.

2. Hat der andere Teil vor der Konkurseröffnung schon vollständig erfüllt, dagegen der Gemeinschuldner noch nicht, so kann der andere Teil seinen Anspruch auf Erfüllung, Schadensersatz usw. der Masse gegenüber nur als Konkursforderung geltend machen, das von ihm Geleistete aber, ausgenommen den Fall des § 44 KO., nur zurückfordern, wenn es zur Zeit der Konkurseröffnung noch nicht in das Eigentum des Gemeinschuldners übergegangen war. § 26 KO. Siehe hierzu Abschnitt III unter b S. 61.

---

[1]) Vgl. RG. 18. 314; Jur. Woch. 1904 S. 97[25] (RG. 56. 245).

[2]) Hat der Gemeinschuldner Aktien gezeichnet, so ist wohl § 17 KO. nicht anwendbar; die rückständige Einzahlung wird von der Gesellschaft als Konkursforderung geltend gemacht werden können. RG. 19. 124, 54. 129, 57. 297. Das ist aber sehr streitig, ebenso, ob die Gesellschaft die gezeichneten Aktien kaduzieren kann. Gegen volle Zahlung dürfte der Verwalter Aushändigung der Aktien verlangen können.

3. Ist ein gegenseitiger Vertrag zur Zeit der Konkurseröffnung weder vom Gemeinschuldner noch von dem anderen Teil vollständig erfüllt[1]), so kann der Verwalter ihn nicht mit Berufung auf die Konkurseröffnung einseitig aufheben, er braucht ihn aber nicht zu erfüllen. Der § 17 KO. gibt ihm die Wahl, ob er erfüllen will oder nicht[2]). Der andere Teil kann die Erfüllung, wenn sie der Verwalter verlangt, nicht verweigern, es sei denn, daß ihm auf Grund der §§ 325, 326 BGB. oder besonderer Gesetzes- oder Vertragsbestimmungen das Recht zusteht, vom Vertrage zurückzutreten[3]).

a) Wählt der Verwalter die Erfüllung, so muß er auch seinerseits vollständig erfüllen, und zwar nicht nur die eigentliche vertragsmäßige Leistung des Gemeinschuldners, sondern auch Schadensersatzansprüche und Gewährleistungsansprüche, die dem anderen Teil aus Handlungen oder Unterlassungen des Gemeinschuldners auf Grund des Vertrags zustehen[4]). Der andere Teil hat dann wegen seiner Ansprüche die Rechte eines Massegläubigers. Der Verwalter kann seinerseits von dem anderen Teil die Erfüllung natürlich nur in der Art und in dem Umfange verlangen, wie es der Gemeinschuldner gekonnt haben würde[5]), denn er übt nur dessen Rechte aus. Er kann also die dem andern Teil nach dem Vertrage obliegende Leistung nur insoweit fordern, als sie nicht bereits vor der Konkurseröffnung oder in einer nach § 8 KO. gültigen Weise nach der Konkurseröffnung an den Gemeinschuldner erfolgt ist, und muß sich alle Einwendungen gefallen lassen, die der andere Teil dem Gemeinschuldner hätte entgegensetzen können[6]). Ebenso muß er Verfügungen, die der Gemeinschuldner vor der Eröffnung des Konkurses über seine Rechte aus dem Vertrage getroffen hat sowie Pfändungen dieser Rechte, die vor der Konkurseröffnung erfolgt sind, gegen sich gelten lassen. Das wird jedoch nur mit der Einschränkung anzuerkennen sein, daß den Verfügungen und Pfändungen insoweit keine Wirksamkeit

---

[1]) Als Erfüllung ist es auch anzusehen, wenn die Leistung auf Grund eines für vorläufig vollstreckbar erklärten Urteils erfolgt ist. RG. 85. 214; Jur. Woch. 1914 S. 986[11].

[2]) Ein Schuldner, der unter Geschäftsaufsicht steht, kann gleichfalls die Erfüllung eines gegenseitigen Vertrags ablehnen, wenn dieser zur Zeit der Anordnung der Geschäftsaufsicht noch von keinem Vertragsteile vollständig erfüllt ist, er bedarf dazu aber der Ermächtigung des Aufsichtsgerichts und ist dem anderen Vertragsteil zum Ersatz des Schadens verpflichtet, der diesem durch die Nichterfüllung entsteht. Verordn. v. 14. Dez. 1916 § 9.

[3]) RG. 86. 250. Besonderheiten gelten im Konkurse eines Verlegers bezüglich der Erfüllung seiner Verlagsverträge. S. § 36 Ges. v. 19. Juni 1901.

[4]) Überhaupt alle Ansprüche aus dem Rechtsverhältnis, das den Gegenstand des Vertrags bildet. RG. 66. 326. S. jedoch bezügl. der Sukzessivlieferungsverträge Jur. Woch. 1904 S. 559[22], Geuch. 56 S. 1074.

[5]) RG. 11. 49; Jur. Woch. 1886 S. 348[9]; LZ. 1913 S. 559[6].

[6]) Auch die Einrede der Aufrechnung, wenn dem andern Teil eine zur Aufrechnung geeignete Gegenforderung zur Zeit der Konkurseröffnung gegen den Gemeinschuldner zustand und der § 55 KO. nicht entgegensteht. Eine Kaufgeldschuld entsteht schon mit Abschluß des Kaufvertrags. Liefert der Verwalter auf Grund eines vor der Konkurseröffnung geschlossenen Vertrags die vom Gemeinschuldner verkaufte Ware, so kann der Käufer mit Gegenforderungen, die er an den Gemeinschuldner hat, gegen die Kaufgeldforderung der Konkursmasse aufrechnen. LZ. 1913 S. 572[7] (OLG. Hamburg).

beizumessen sein dürfte, als die Rechte, die durch sie betroffen sind, erst nach der Konkurseröffnung durch Aufwendungen aus der Konkursmasse (z. B. durch Lieferung von Waren zur Erfüllung eines Kaufvertrags, durch Gewährung der Mietnutzung zur Erfüllung eines Mietvertrags) begründet werden[1]). An vertragsmäßige Verfügungs- und Veräußerungsbeschränkungen des Gemeinschuldners ist der Verwalter im allgemeinen gebunden, er ist es jedoch insoweit nicht, als diese Beschränkungen dem Gemeinschuldner nur für seine Person auferlegt sind[2]).

b) Lehnt der Verwalter es ab, den Vertrag zu erfüllen, so bleibt das von dem anderen Teil schon Geleistete, wenn es zur Zeit der Konkurseröffnung bereits in das Eigentum des Gemeinschuldners übergegangen war und sofern nicht etwa der § 44 KO. Anwendung findet, in der Masse[3]). Andernfalls ist es zwar dem anderen Teil zurückzugeben[4]), doch können dem Verwalter Gegenansprüche wegen Verwendungen zustehen, die er oder der Gemeinschuldner darauf gemacht hat[5]). Der andere Teil behält auch seinerseits, was er vom Gemeinschuldner in Erfüllung des Vertrags vor der Konkurseröffnung empfangen hat. Er wird jedoch für das Empfangene einen verhältnismäßigen Teil der ihm nach dem Vertrage obliegenden Gegenleistung gewähren müssen, soweit er das nicht schon vor der Konkurseröffnung getan hat[6]). Im übrigen kann er, wenn der Verwalter die Erfüllung des Vertrags ablehnt, nur Ersatz des Schadens, der ihm durch die Nichterfüllung erwächst, und diesen Ersatz nur als Konkursgläubiger fordern[7]). Dabei kann ihm aber wegen seiner Schadensersatzansprüche ein Recht auf abgesonderte Befriedigung zustehen[8]). Welche Ansprüche der andere Teil wegen der Nichterfüllung des Vertrags hat, dafür sind entscheidend der Inhalt des Vertrags[9]) und die Vorschriften des Bürgerlichen Rechts. Vgl. BGB. §§ 280, 276, 279, 249ff., HGB. §§ 373ff. In der Regel wird er den Ersatz des ganzen Interesses beanspruchen können, das er an der Er-

---

[1]) Die Rechtsprechung des Reichsgerichts ist in dieser Frage nicht einheitlich. Im Sinne des Textes RG. 6. 112, 11. 138, 33. 49. Im entgegengesetzten Sinne RG. 11. 51. Zum wenigsten wird der Konkursmasse gegenüber demjenigen, zu dessen Gunsten die Verfügung oder die Pfändung stattgefunden hat, ein Anspruch wegen ungerechtfertigter Bereicherung gemäß § 812ff. BGB. zuzugestehen sein. RG. 63. 361 (Jur. Woch. 1906 S. 574[51]).

[2]) RG. 35. 28 (Jur. Woch. 1895 S. 297[20]).

[3]) Jur. Woch. 1915 S. 462[17].

[4]) Auf Besitz und Nutzung von Sachen, die nicht Eigentum des Gemeinschuldners geworden waren, hat die Masse, sobald der Verwalter die Erfüllung des Vertrags abgelehnt hat, kein Recht mehr. RG. 56. 242, 90. 218.

[5]) RG. 49. 189. Wegen Anrechnung oder Vergütung einer vom Gemeinschuldner gemachten Gegenleistung s. RG. 46. 98.

[6]) RG. 73. 58 (Jur. Woch. 1910 S. 339[24]).

[7]) Jur. Woch. 1895 S. 601[20]; RG. 17. 79; LZ. 1920 S. 50[19].

[8]) Mit solchen Ansprüchen kann er auch gegen Forderungen, die die Konkursmasse an ihn hat, aufrechnen. So RG. 58. 11 (Jur. Woch. 1904 S. 97[26]); LZ. 1912 S. 561[9]. Verneinend anscheinend RG. 46. 98.

[9]) LZ. 1908 S. 385[4]. Auch die vertragsmäßige Bestimmung des Gerichtsstandes bleibt wirksam. Gruch. Bd. 38 S. 1169.

füllung des Vertrags hatte[1]). Inwieweit ihm ein Anspruch auf eine etwa bedungene Vertragsstrafe zusteht, das bestimmt sich nach den §§ 339 ff. BGB. Die Strafe wird auch dann verwirkt, wenn der Verzug, der die Voraussetzung der Verwirkung ist, erst nach der Konkurseröffnung eintritt[2]). Nur darf in diesem Falle der Verzug nicht in einer Handlung des Gemeinschuldners seinen Grund haben[3]). § 7 KO.

c) Die Erklärung des Verwalters über die Ausübung des Wahlrechts bedarf keiner besonderen Form, kann auch stillschweigend erfolgen[4]). Ist sie einmal abgegeben, so kann sie vom Verwalter weder widerrufen noch wegen Irrtums über ihre rechtliche Tragweite angefochten werden[5]). Der Verwalter muß daher, bevor er sich entscheidet, genaue Erkundigungen einziehen.

Damit der andere Teil alsbald Gewißheit darüber erlangen kann, ob der Verwalter erfüllen will oder nicht, ist ihm das Recht eingeräumt, vom Verwalter Erklärung hierüber zu fordern. Auch diese Aufforderung zur Erklärung bedarf einer besonderen Form nicht. Sie ist zulässig, auch wenn die Erfüllungszeit noch nicht eingetreten ist. Erklärt der Verwalter sich auf die Aufforderung nicht ohne Verzug, so kann er auf der Erfüllung des Vertrags nicht bestehen. § 17 Abs. 2 KO.

Die Nichterfüllung der Verträge wird für den Verwalter die Regel bilden. Will er Erfüllung verlangen, so muß er bei Gegenständen von mehr als 300 M. den Gemeinschuldner von seiner Absicht gemäß § 135 KO. in Kenntnis setzen und nach § 133 Nr. 2 KO. die Genehmigung des etwa bestellten Gläubigerausschusses einholen.

Wieviel von den Leistungen noch nicht erfüllt ist, darauf kommt für die Anwendung des § 17 KO. nichts an. Zur vollständigen Erfüllung gehört bei Kaufverträgen die Übertragung des Eigentums der verkauften Sache; Besitzübertragung (unter Eigentumsvorbehalt) genügt nicht[6]). Zur vollständigen Erfüllung gehört auch die Erfüllung der auf dem Vertrage beruhenden, schon entstandenen Gewährleistungs- und Schadensersatzansprüche. Nur ist stets Voraussetzung, daß beide Vertragsteile noch nicht ganz erfüllt haben. Sind die bedungenen Leistungen beider Teile in der Art teilbar, daß allemal für bestimmte Teilleistungen bestimmte Preise zu zahlen sind, wie bei Verträgen über Lieferung von Waren, wenn die Lieferung nach und nach jedesmal gegen Bezahlung des gelieferten Teils der Waren erfolgen soll, so findet der § 17 KO. Anwendung, wenn auch die bis zur Konkurseröffnung erfolgten Teilleistungen sich gegenseitig ausgleichen, z. B. bei Lieferungsverträgen

---

[1]) Über die Ansprüche bei Sukzessivlieferungsverträgen s. RG. 58. 419.

[2]) RG. 21. 5, 26. 85.

[3]) RG. 59. 53.

[4]) RG 22. 107. Bloßes längeres Schweigen kann genügen. RG. 96. 292. Zur Vermeidung von Streitigkeiten und zur Sicherung des Beweises empfiehlt sich eine ausdrückliche Erklärung und schriftliche Form.

[5]) RG. 51. 281. Wegen Irrtums über Tatsachen ist Anfechtung zulässig. S. die zweitnächste Anm.

[6]) RG. 64. 204, 334 (Jur. Woch. 1906 S. 759[31], 760[32]); Gruch. 52. 152; ferner RG. 85. 402 (Jur. Woch. 1915 S. 100[17]).

der gelieferte Teil der Waren vollständig bezahlt ist. Ist das aber nicht der Fall und verlangt der Verwalter trotzdem etwa zur Erfüllung eines Lieferungsvertrags die noch ausstehenden Lieferungen, ohne wegen der für frühere Lieferungen noch ausstehenden Zahlung etwas zu erklären, so muß er Zahlung auch für die vor der Konkurseröffnung gelieferten Waren voll aus der Konkursmasse leisten[1]). Er hat überhaupt nur die Wahl, ob er die Erfüllung des ganzen Vertrags verlangen und dagegen auch seinerseits den ganzen Vertrag erfüllen oder ob er auf jede weitere Erfüllung verzichten und seinerseits nichts mehr aus der Masse leisten will. Will er nur einen Teil der noch ausstehenden Lieferungen gegen Bezahlung dieses Teils, so muß er deswegen mit dem Lieferanten eine besondere Vereinbarung treffen[2]). Das alles gilt jedoch nur, wenn der Vertrag über die nach und nach zu gewährenden Leistungen ein einheitlicher ist, nicht auch, wenn jede der Leistungen oder jede Leistung für einen bestimmten Zeitabschnitt mit der entsprechenden Gegenleistung als selbständig und von den anderen Leistungen unabhängig gewollt ist[3]).

Hat der Verwalter sich für die Nichterfüllung eines Vertrags entschieden, so ist diese Entschließung mit ihren in der KO. bestimmten Folgen für den anderen Vertragsteil nicht nur der Konkursmasse gegenüber, sondern überhaupt, auch nach der Aufhebung des Konkurses, bindend, so daß er auch dann nicht mehr Erfüllung, sondern nur Schadensersatz wegen Nichterfüllung verlangen kann[4]). Ebenso bindend ist sie für den Gemeinschuldner[5]).

---

[1]) RG. 39. 57; Jur. Woch. 1904 S. 559[22]; LZ. 1912 S. 684[12]. Er kann aber seine Erklärung wegen Irrtums gemäß den §§ 119, 121 BGB. anfechten, wenn er nicht gewußt hat, daß die früheren Lieferungen noch nicht bezahlt waren, und wenn er bei Kenntnis dieses Umstandes die noch ausstehenden Lieferungen nicht verlangt haben würde. RG. 62. 201, 85. 221.

[2]) Verlangt er zu Unrecht teilweise Erfüllung, verlangt er z. B. bei einem nach und nach zu erfüllenden Lieferungsvertrage die noch ausstehenden Lieferungen, aber unter Ablehnung der Bezahlung der bereits erfolgten, so hat das nicht die Folge, daß er nun gehalten ist, den Vertrag ganz zu erfüllen, sondern sein Verlangen ist wirkungslos und kann nur dadurch wirksam werden, daß der andere Teil darauf eingeht. Jur. Woch. 1904 S. 559[22], Gruch. 56 S. 1074.

[3]) Daher dürfte der Verwalter, wenn er nach der Konkurseröffnung die Weiterlieferung von Gas, Elektrizität oder Wasser verlangt oder sich gefallen läßt, den Preis dafür nur auf die Zeit seit der Konkurseröffnung als Masseschulden zu bezahlen haben. Wegen der etwa noch für die frühere Zeit zu leistenden Zahlungen dürfte dem Unternehmer nur eine Konkursforderung zustehen. Der Unternehmer dürfte auch die volle Bezahlung für die frühere Zeit nicht durch die Drohung, daß er sonst die Weiterlieferung einstellen werde, erzwingen können. So Kammergericht (LZ. 1912 S. 565[1]), OLG. Düsseldorf (LZ. 1912 S. 287) und OLG. Hamm (LZ. 1913 S. 251[3]). A. M. OLG. Kiel in LZ. 1912 S. 286, OLG. Celle in LZ. 1914 S. 694[3] und OLG. Braunschweig in OLG. 27. 243.

[4]) Jur. Woch. 1901 S. 252[11], LZ. 1912 S. 399[4] (Jur. Woch. 1912 S. 49[53]), RG. 79. 209 (Jur. Woch. 1912 S. 696[25]).

[5]) Der Gemeinschuldner kann dann nicht seinerseits Erfüllung verlangen. Jur. Woch. 1892 S. 371[8], RG. 41. 133.

b) Abweichungen von den Grundsätzen zu a.

Abweichungen von den entwickelten Grundsätzen können, wie schon bemerkt, durch Vereinbarung der Vertragschließenden festgesetzt werden. Nur werden durch solche Vereinbarung die gesetzlichen Wirkungen des Konkurses nicht im voraus zum Nachteil der Konkursmasse ausgeschlossen oder geändert werden können.

Weiter können sich Abweichungen aus der Natur der Leistung ergeben, die den Gegenstand des Vertrags bildet. Kann die Leistung nur durch den Gemeinschuldner persönlich oder nur an ihn persönlich erfolgen, so kann der Verwalter Erfüllung für die Masse nicht verlangen.

Für eine Reihe von Rechtsverhältnissen enthalten aber die Gesetze selbst abweichende Bestimmungen, und zwar zum Teil schon die Konkursordnung, zum Teil andere Gesetze, deren Geltung durch die Konkursordnung aufrecht erhalten ist.

In allen Fällen, wo infolge der Konkurseröffnung die Nichterfüllung einer Verbindlichkeit oder die Aufhebung eines Rechtsverhältnisses des Gemeinschuldners eintritt, bleibt das von dem anderen Teil Geleistete, soweit es schon in das Eigentum des Gemeinschuldners übergegangen war, in der Konkursmasse und steht dem anderen Teil wegen seiner Ansprüche, soweit er nicht etwa deswegen abgesonderte Befriedigung verlangen kann, nur eine Konkursforderung zu. § 26 KO.

Was die in der KO. vorgesehenen Abweichungen von den Grundsätzen zu a betrifft, so gelten diese in den im folgenden erörterten Fällen.

1. Fixgeschäfte.

Bei Fixgeschäften des Inhalts, daß Waren oder Wertpapiere, die einen Börsen- oder Marktpreis haben, genau zu einer bestimmten Zeit oder binnen einer bestimmten Frist geliefert werden sollen, kann auch der Verwalter Erfüllung nicht verlangen. Von jedem Teil kann nur eine Forderung wegen Nichterfüllung geltend gemacht werden. Der Betrag dieser Forderung wird bestimmt durch den Unterschied zwischen dem Kaufpreise und demjenigen Marktpreis oder Börsenpreis, der am Orte der Erfüllung oder an dem für diesen Ort maßgebenden Handelsplatze sich für die am zweiten Werktage[1]) nach der Konkurseröffnung mit der bedungenen Erfüllungszeit geschlossenen Geschäfte ergibt. § 18 KO. Ist ein solcher Markt- oder Börsenpreis nicht zu ermitteln, oder betrifft das Fixgeschäft Sachen, die überhaupt keinen Börsen- oder Marktpreis haben, so findet nicht § 18, sondern der allgemeine Grundsatz des § 17 Anwendung. S. auch § 376 HGB. Der § 18 gilt übrigens auch nur dann, wenn die Erfüllungszeit für das Fixgeschäft erst nach der Konkurseröffnung eintritt, nicht schon, wenn eine vor der Konkurseröffnung fällig gewordene Erfüllung zur Zeit der Konkurseröffnung noch nicht erfolgt ist.

[1]) Werktage sind in Preußen alle Tage mit Ausnahme der Sonntage und der allgemeinen gesetzlichen Feiertage (d. h. Weihnachten, Ostern und Pfingsten je zwei Tage, ferner Neujahr, Charfreitag, Bußtag und Himmelfahrtstag).

2. Pacht- und Mietverhältnisse.

a) Wenn der Gemeinschuldner gepachtet oder gemietet hat.

Hat der Gemeinschuldner einen Gegenstand[1]) gepachtet oder gemietet, und war dieser ihm schon — ganz oder doch in seinen wesentlichen Teilen — überlassen, so besteht trotz der Konkurseröffnung der Pacht- oder Mietvertrag fort. Das Miet- und Pachtrecht gehört zur Masse. Es kann aber, wenn der Vertrag auf eine bestimmte, noch nicht abgelaufene Zeit geschlossen ist, jeder Teil den Vertrag aufkündigen[2]). § 19 KO. Als „überlassen" dürfte ein Gegenstand schon dann anzusehen sein, wenn er dem Gemeinschuldner zur Verfügung gestellt ist; daß dieser ihn auch in Besitz genommen hat, dürfte nicht erforderlich sein[3]). Das Kündigungsrecht des Verwalters kann weder durch dessen Verzicht noch durch Vereinbarung der Vertragsparteien ausgeschlossen werden[4]). Die Kündigungsfrist ist die gesetzliche, oder wenn eine kürzere Frist vertragsmäßig bestimmt ist, die vertragsmäßige. Die gesetzliche Kündigungsfrist ist von dem Bürgerlichen Gesetzbuch so bestimmt:

a. bei Mietverträgen über Grundstücke kann die Kündigung nur für den Schluß eines Kalendervierteljahres und muß spätestens am dritten Werktage des Vierteljahrs erfolgen, mit dessen Ablauf das Mietverhältnis endigen soll. § 565 Abs. 1, 4 BGB.;

b. bei Pachtverträgen ist die Kündigung nur für den Schluß eines Pachtjahres zulässig. Sie muß spätestens am ersten Werktage des letzten halben Jahres erfolgen. § 595 BGB. Das Pachtjahr ist nicht gleichbedeutend mit dem sog. Wirtschaftsjahr, es berechnet sich nach dem Termin, zu dem die Pacht angefangen hat.

Die Kündigung kann auch zu einem späteren Termine als dem erstzulässigen erfolgen[5]). Sie bedarf keiner besonderen Form, die Wahl der schriftlichen Form ist jedoch zu empfehlen.

Wenn der Vermieter oder Verpächter kündigt, so kann er wegen der vorzeitigen Aufhebung des Vertrags keine Entschädigung fordern[6]). Wenn dagegen der Verwalter kündigt, so steht dem Vermieter oder Verpächter für die nicht ausgehaltene Vertragszeit ein Entschädigungsanspruch zu. § 19

---

[1]) Für die Jagdpacht gilt der § 19 KO. wohl ebenfalls. Vgl. § 835 Abs. 2 Satz 2 BGB., Art. 71 Nr. 6 Einf.-Ges. z. BGB. und LZ. 1913 S. 794[6] (OLG. Celle). Desgleichen für die Pachtung einer Fischerei oder anderer nutzbarer Rechte. Zu den Pachtverträgen gehören weiter Verträge, die die Überlassung der Ausbeutung eines Steinbruchs, eines Tonlagers, eines Torflagers u. dgl. zum Gegenstande haben. S. die §§ 581, 99 BGB. Auch ein kaufmännisches Geschäft kann Gegenstand der Pacht sein. Siehe § 22 Abs. 2 HGB.

[2]) Bei bestehender Geschäftsaufsicht steht ein Kündigungsrecht dem Aufsichtsschuldner nur mit Ermächtigung des Gerichts, dem Verpächter oder Vermieter gar nicht zu. Verordn. v. 14. Dez. 1916 § 10.

[3]) Das ist indeß sehr bestritten.

[4]) RG. 56. 245 (Jur. Woch. 1904 S. 97[25]). Ist aber vertragsmäßig bestimmt, daß das Vertragsverhältnis im Falle des Konkurses des Pächters oder Mieters ohne weiteres erlöschen soll, so ist das gültig und der Vertrag mit der Konkurseröffnung aufgehoben.

[5]) Jur. Woch. 1904 S. 97[25].

[6]) Jur. Woch. 1898 S. 642[12], Gruchot, Bd. 43 S. 1196.

Satz 3 KO. Der Umfang dieses Anspruchs bestimmt sich nach den §§ 251, 252, 254 BGB. In der Regel wird der Vermieter oder Verpächter Ersatz des Miet- oder Pachtausfalls verlangen können, den er infolge der vorzeitigen Aufkündigung des Vertrags erleidet. Dieser Ersatzanspruch wird gemäß § 69 KO. für die ganze Vertragszeit sofort — nicht erst nach und nach, entsprechend dem Fälligwerden der Mietsraten, die nach dem Vertrage hätten gezahlt werden müssen — geltend gemacht werden können. Er unterliegt jedoch der sich aus § 254 BGB. ergebenden Einschränkung. Auch wird der Ausfall rücksichtlich der späteren Zinstermine nach Maßgabe des § 65 Abs. 2 KO. (siehe Abschn. XII unter b α) berechnet[1]). Die Entschädigungsforderung des Vermieters und Verpächters ist eine bloße Konkursforderung, wegen ihrer ist durch § 49 Nr. 2 KO. sowohl dem Vermieter als auch dem Verpächter der Anspruch auf abgesonderte Befriedigung versagt. Vgl. Abschn. IV unter C 2 a u. b u. BGB. §§ 559, 581 Abs. 2, 585.

Trotz des Entschädigungsanspruchs des Vermieters und Verpächters wird der Verwalter die Verträge, falls nicht etwa deren Fortsetzung zu einem Geschäftsbetriebe für die Masse erforderlich ist, stets zu dem frühesten Termine, zu dem dies zulässig ist, zu kündigen haben. Dies ist nicht nur darum zu empfehlen, weil die Zulässigkeit der Kündigung zu einem späteren Termine nicht ganz unzweifelhaft ist, sondern meistens auch darum, weil nach erfolgter Kündigung der Vermieter (Verpächter) nach § 254 Abs. 2 BGB. einen Schadensersatzanspruch nur insoweit geltend machen kann, als er keine Gelegenheit hat, sich durch anderweite Vermietung (Verpachtung) an eine geeignete Person schadlos zu halten. — Es sei hier noch auf die §§ 569 und 596 BGB. hingewiesen. Danach kann in dem Konkurse über einen Nachlaß der Verwalter an Stelle der Erben kündigen, und in diesem Falle steht dem Vermieter oder Verpächter ein Entschädigungsanspruch für die Zeit nach Ablauf der Kündigungsfrist nicht zu[2]). Die Kündigung muß jedoch für den frühesten Termin erfolgen, für den sie zulässig ist. Das Kündigungsrecht steht übrigens auch dem Vermieter zu, dem Verpächter dagegen nicht. § 596 Abs. 2 BGB.

Solange das Miet- oder Pachtverhältnis nach der Konkurseröffnung bestehen bleibt, hat der Verwalter alle Rechte und Pflichten des Gemeinschuldners.

Der Miet- und Pachtzins für die Zeit bis zur Konkurseröffnung kann bloß als Konkursforderung, aber mit dem Absonderungsrecht gemäß § 49 Nr. 2 KO. geltend gemacht werden. Der Miet- und Pachtzins für die Zeit, während deren der Vertrag nach der Konkurseröffnung noch ausgehalten wird, ist Masseschuld. § 59 Nr. 2 KO. Bei sonstigen Ansprüchen aus dem Vertrage, z. B. bei dem Anspruch auf Wiederherstellung des vertragsmäßigen Zustandes der Sache, kommt es für die Frage, ob sie Konkursforderungen oder Masseansprüche sind, darauf an, wann sie entstanden sind, ob vor oder nach der Konkurseröffnung.

[1]) Jur. Woch. 1891 S. 392[23].
[2]) RG. 8. 269.

Die Auseinandersetzung zwischen dem Verpächter und dem Konkursverwalter bezüglich des bei der Aufhebung des Pachtvertrages laufenden Pachtjahres hat gemäß den §§ 101 und 592 BGB. zu erfolgen. Über die sonstigen Rechte und Pflichten des Verpächters siehe die §§ 589—591, 593, 594 BGB.

β) Wenn der Gemeinschuldner verpachtet oder vermietet hat.

Hat der Gemeinschuldner verpachtet oder vermietet und ist die Überlassung der Sache vor der Konkurseröffnung erfolgt, so bleibt der Vertrag bestehen. Kein Teil kann ihn vorzeitig lösen[1]). § 21 Abs. 1 KO. Verfügungen, die der Gemeinschuldner über Pacht- oder Mietzinsen von Grundstücken vor der Konkurseröffnung durch Einziehung, Abtretung, Erlaß, Stundung oder anderswie getroffen hat, sind der Konkursmasse gegenüber nur insoweit wirksam, als sie sich auf den Pacht- oder Mietzins für das zur Zeit der Konkurseröffnung laufende und das folgende Kalendervierteljahr beziehen[2]). Nur gegen den für diese Zeit zu entrichtenden Pacht- und Mietzins kann auch der Mieter (Pächter) mit Forderungen, die ihm gegen den Gemeinschuldner aus der Zeit vor der Konkurseröffnung zustehen, aufrechnen. § 21 Abs. 2 KO. Die Veräußerung der vermieteten oder verpachteten Sache ist dem Verwalter dadurch erleichtert, daß das im Falle der Zwangsversteigerung dem Ersteher nach § 57 Satz 2 und 3 des Zw.-Verst.-Ges. zustehende Recht, den Miet- oder Pachtvertrag zu dem ersten Termin, für den es zulässig ist, unter Beobachtung der gesetzlichen Kündigungsfristen (§§ 565, 595 BGB.) zu kündigen, für den Fall der freiwilligen Veräußerung dem Erwerber gleichfalls eingeräumt ist. § 21 Abs. 3 KO. Macht der Erwerber von dieser Befugnis Gebrauch, so steht dem Mieter oder Pächter allerdings wohl auf Grund des § 535 BGB. ein Schadensersatzanspruch als Konkursforderung zu[3]). § 26 Satz 2 KO.

γ) Was Rechtens in den Fällen zu α und β, wenn die Ueberlassung der Sache noch nicht erfolgt ist.

Hatte der Gemeinschuldner gepachtet oder gemietet, die Sache aber noch nicht überlassen erhalten, so ist der Verwalter nicht verpflichtet, den Vertrag zu erfüllen. § 17 KO. Dem anderen Teile steht in solchem Falle das Recht zu, seinerseits von dem Vertrage abzugehen, gleich als wenn er nicht geschlossen wäre. § 20 Abs. 1 KO. Darüber, ob er von diesem Rechte Gebrauch machen will, muß er sich auf Erfordern des Verwalters ohne Verzug erklären, widrigen-

---

[1]) Hatte aber der Gemeinschuldner die vermietete Sache selbst nur gemietet, so kann der Verwalter dem Untermietvertrage dadurch den Boden entziehen, daß er den Hauptmietvertrag kündigt oder durch Vereinbarung mit dem Vermieter zum Erlöschen bringt. Alsdann kann der Untermieter Entschädigung nur als Konkursgläubiger, nicht als Massegläubiger verlangen. RG. 67. 372 (Jur. Woch. 1908 S. 208[29]); LZ. 1910 S. 474[1] (Jur. Woch. 1910 S. 341[25]).

[2]) Den Miet- oder Pachtzins für die spätere Zeit kann also der Verwalter zur Konkursmasse einziehen, auch wenn er bereits an den Gemeinschuldner bezahlt oder vom Gemeinschuldner abgetreten oder verpfändet worden ist. Die Forderung auf den Zins entsteht erst durch die Gewährung der Miet- bzw. Pachtnutzung. RG. 1. 347, 6. 109, 33. 45, 40. 124.

[3]) S. RG. 63. 66.

falls ihm das Rücktrittsrecht verloren geht. § 20 Abs. 2 KO. Für den Verwalter, der selten nur den Miet- oder Pachtvertrag wird antreten wollen, empfiehlt es sich, die Erklärung des anderen Teils über die Erfüllung des Vertrags herbeizuführen, da der andere Teil, wenn er den Rücktritt wählt, Schadensersatz nicht fordern kann, während, wenn der Verwalter erklärt, nicht erfüllen zu wollen, der Verpächter oder Vermieter einen Schadensersatzanspruch wegen Nichterfüllung als Konkursforderung geltend machen kann.

Hat der Gemeinschuldner verpachtet oder vermietet, und ist die Überlassung der Sache zur Zeit der Konkurseröffnung noch nicht erfolgt, so kommt lediglich der allgemeine Grundsatz des § 17 KO. zur Anwendung.

3. Dienstverträge.

Personen, die im Haushalt, Wirtschaftsbetrieb oder Erwerbsgeschäft des Gemeinschuldners derart zu Dienstleistungen angenommen sind, daß ihre Erwerbstätigkeit durch das Dienstverhältnis ganz oder doch in der Hauptsache in Anspruch genommen wird[1]), und die den Dienst zur Zeit der Konkurseröffnung schon angetreten haben, können vor Ablauf der vertragsmäßigen Zeit kündigen[2]). Ebenso kann ihnen vom Verwalter gekündigt werden. § 22 Abs. 1 KO. Die Kündigungsfrist ist die gesetzliche. Sie bestimmt sich nach den §§ 621 ff., soweit nicht besondere, dem Bürgerlichen Gesetzbuch vorgehende Reichs- oder Landesgesetze abweichende Bestimmungen enthalten. In betreff der Handlungsgehilfen siehe §§ 66 ff. HGB., in betreff der Gesellen, gewerblichen Gehilfen, Betriebsbeamten und Fabrikarbeiter die §§ 122, 133a ff., 134 der Gewerbeordnung in der Fassung der Bekanntmachung vom 26. Juli 1900. Kündigt der Verwalter, so tritt er in das Vertragsverhältnis des Dienstverpflichteten nicht ein[3]). Dieser ist aber berechtigt, Ersatz des ihm durch die vorzeitige Aufhebung des Dienstverhältnisses entstehenden Schadens zu verlangen. § 22 Abs. 2 KO. Den Schadensersatzanspruch hat er als Konkursforderung geltend zu machen[4]). Seine Ansprüche für die Zeit von der Konkurseröffnung bis zu seiner Entlassung sind Masseansprüche. § 59 Nr. 2 KO. Die Ansprüche an Lohn, Kostgeld und anderen Dienstbezügen für die frühere Zeit sind Konkursforderungen, haben aber für das letzte Jahr vor der Konkurseröffnung das Vorrecht der ersten Klasse. § 61 KO. Wird das Dienstverhältnis nicht gekündigt, so sind die Dienste der Masse zu leisten, soweit dies ihrer Natur nach möglich ist.

Eine Ausnahme von diesen Grundsätzen gilt für Dienstverträge nur insoweit, als diese die Verpflichtung, für den Gemeinschuldner ein Geschäft

---

[1]) Dazu sind Lehrlinge nicht zu rechnen. Das Lehrverhältnis fällt unter die Vorschriften des § 17 KO.

[2]) Bei bestehender Geschäftsaufsicht steht das Kündigungsrecht nur dem Aufsichtsschuldner zu und diesem auch nur mit Ermächtigung des Gerichts. Verordn. v. 14. Dez. 1916 § 11.

[3]) RG. 55. 267.

[4]) Jur. Woch. 1895 S. 127[9].

zu besorgen, zum Gegenstande haben[1]). Wie weit solche Dienstverträge durch die Konkurseröffnung berührt werden, darüber siehe unter 4.

Ist der Dienst zur Zeit der Konkurseröffnung noch nicht angetreten, so bewendet es bei der Vorschrift des § 17 KO., soweit nicht etwa gemäß § 25 KO. besondere Bestimmungen der Reichs- oder Landesgesetze zur Anwendung kommen.

4. Aufträge[2]) und Vollmachten.

Ein Auftrag, den der Gemeinschuldner einem andern zur Besorgung eines Geschäfts erteilt hat[3]), erlischt durch die Konkurseröffnung, sofern er sich auf das zur Konkursmasse gehörige Vermögen bezieht. § 23 Abs. 1 Satz 1 KO. Auch ein Dienstvertrag und ein Werkvertrag wird durch die Konkurseröffnung aufgehoben, wenn er die Besorung eines Geschäfts des Gemeinschuldners zum Gegenstande hat und das Geschäft sich auf die Konkursmasse bezieht. § 23 Abs. 2 KO. Es erlöschen also mit der Konkurseröffnung alle Verträge, die eine entgeltliche oder eine unentgeltliche Geschäftsbesorgung in Angelegenheiten der Konkursmasse zum Gegenstande haben[4]). Dagegen erlöschen nicht Anweisungen (§ 783 BGB., § 363 HGB.), die der Gemeinschuldner dem Empfänger ausgehändigt hat[5]). Der Verwalter kann solche Anweisungen nur unter der Voraussetzung des § 790 BGB. widerrufen. Auch das Erlöschen eines Auftrags oder eines sonstigen Geschäftsbesorgungsvertrags erleidet nach zwei Richtungen hin Einschränkungen (§ 23 Abs. 1 Satz 2):

a. Der Beauftragte hat die Besorgung des ihm aufgetragenen Geschäfts, wenn mit dem Aufschub Gefahr verbunden ist, trotz der Konkurseröffnung so lange fortzusetzen, bis der Konkursverwalter anderweit Fürsorge treffen

---

[1]) Die Anstellungsverträge zwischen Aktiengesellschaften oder ähnlichen Gesellschaften und den Mitgliedern des Vorstands fallen aber unter § 22, nicht § 23 KO. LZ. 1907 S. 60[7], 1909 S. 689[9].

[2]) Das Wort „Auftrag" ist hier, wie für Nichtjuristen bemerkt sei, nicht in dem Sinne von „Bestellung zu liefernder Waren" zu verstehen. Es bezieht sich nur auf die Besorgung von Geschäften für den Auftraggeber. Warenbestellungen sind, wenn sie der andere annimmt, Kaufgeschäfte.

[3]) Ein dem Gemeinschuldner erteilter Auftrag erlischt durch die Konkurseröffnung nicht. Der Auftraggeber ist aber nicht gebunden. §§ 671, 626, 649 BGB. Siehe auch die folgende Anm.

[4]) Insbesondere erlöschen mit der Konkurseröffnung Kommissionsverträge, wenn der Gemeinschuldner Kommittent ist. RG. 71. 76 (Jur. Woch. 1909 S. 366[15]). Ist der Gemeinschuldner Kommissionär, so findet der allgemeine Grundsatz des § 17 KO. Anwendung. Der Kommittent kann jedoch nach den §§ 626, 649 BGB. die dem Gemeinschuldner erteilte Kommission kündigen, ohne an eine Kündigungsfrist gebunden zu sein. RG. 78. 91 (Jur. Woch. 1912 S. 358[28]). Lehnt der Verwalter seinerseits die Erfüllung ab, so hat der Kommittent Anspruch auf Schadensersatz wegen Nichterfüllung gemäß § 26 KO.

Unter § 23 Abs. 2 KO. fallen auch Agenturverträge. Verliert der Agent dadurch Provisionsforderungen, daß infolge der Konkurseröffnung die Ausführung von Geschäften, die er vermittelt hat, unterbleibt, so steht ihm deswegen ein Schadensersatzanspruch nur zu, wenn der Konkurs vom Gemeinschuldner verschuldet ist. RG. 63. 69 (Jur. Woch. 1906 S. 315[24]). Auch dieser Anspruch kann nur als Konkursforderung geltend gemacht werden. § 26 KO. S. im übrigen die drittnächste Anm.

[5]) LZ. 1912 S. 787[7] (OLG. Hamburg).

kann. Dies ist nicht nur ein Recht, sondern auch eine Pflicht des Beauftragten. Der Auftrag gilt insoweit als fortbestehend. Wegen der infolge der unaufschieblichen Fortsetzung des Geschäfts entstandenen Ansprüche auf Ersatz der Aufwendungen und auf eine etwaige Vergütung ist der Beauftragte Massegläubiger. § 672 Satz 2 BGB., § 27 KO.;

b. der Beauftragte kann solange, bis er von der Konkurseröffnung wirklich Kenntnis erlangt oder doch bei Anwendung der im Verkehr erforderlichen Sorgfalt erlangen muß, das ihm aufgetragene Geschäft fortsetzen. So lange gilt zu seinen Gunsten der Auftrag als fortbestehend, dergestalt, daß ihm wegen der noch nach der Konkurseröffnung infolge Ausführung des Auftrags entstandenen Vergütungs- und Ersatzansprüche eine Konkursforderung in gleicher Weise zusteht, wie wegen der vor der Konkurseröffnung entstandenen Ansprüche. § 674 BGB., § 27 KO.

Ist der Auftrag infolge der Konkurseröffnung erloschen, so kann der Verwalter von dem Beauftragten alsbald Rechnungslegung verlangen[1]).

Erleidet der Beauftragte durch das Erlöschen des Auftrags einen Schaden, so kann er Ersatz dafür im Konkurse nicht beanspruchen[2]). —

Wenn mit dem Auftrage eine Vollmacht zur Vertretung des Gemeinschuldners verbunden war, so hat der Regel nach das Erlöschen des Auftrags auch das Erlöschen der Vollmacht zur Folge (§ 168 BGB.), so daß ein Rechtsgeschäft, das der Beauftragte auf Grund der Vollmacht nach der Konkurseröffnung vornimmt, für die Konkursmasse unverbindlich ist, falls es nicht etwa der Verwalter genehmigt. §§ 177, 184 BGB. Nur unter den Voraussetzungen der §§ 170—172 BGB. hat ein solches Geschäft für die Konkursmasse Wirsamkeit und auch dann nicht, wenn der Dritte bei der Vornahme des Rechtsgeschäfts von der Konkurseröffnung Kenntnis gehabt hat oder seine Unkenntnis davon auf eine Vernachlässigung der im Verkehr erforderlichen Sorgfalt zurückzuführen ist. §§ 173, 276 BGB. Ein vom gewesenen Bevollmächtigten nach der Konkurseröffnung vorgenommenes Geschäft hat auch keinesfalls in weiterem Umfange für die Konkursmasse Wirkung, als es solche nach den §§ 7, 8 KO. haben würde, wenn es der Gemeinschuldner selbst vorgenommen hätte. S. Abschn. VII unter a und c. Alles das gilt auch für Prozeßvollmachten[3]).

Solange ein Auftrag nach dem oben unter a und b Gesagten entweder überhaupt oder doch zugunsten des Beauftragten als fortbestehend gilt, bleibt auch die mit dem Auftrage verbundene Vollmacht bestehen. Im Falle b wirkt sie aber nach § 169 BGB. nicht zugunsten eines Dritten, der bei der

---

[1]) RG. 56. 116. Ein Rechtsanwalt, der vom Gemeinschuldner einen infolge der Konkurseröffnung erloschenen Auftrag erhalten hatte, hat auch die das Geschäft betreffenden Handakten herauszugeben. Ein Zurückbehaltungsrecht steht ihm daran nicht zu. Jur. Woch. 1921 S. 636[3] (Kammergericht).

[2]) So hat namentlich der Agent keinen Schadensersatzanspruch deswegen, weil ihm infolge des Erlöschens des Agenturverhältnisses Provisionen entgehen, die er sonst durch Vermittlung von Geschäften noch hätte verdienen können. RG. 63, 72 (Jur. Woch. 1906 S. 315[25]).

[3]) LZ. 1907 S. 835[7]. A. M. wegen § 87 ZPO. Jur. Woch. 1922 S. 1335[5].

Vornahme des mit dem Beauftragten geschlossenen Rechtsgeschäfts von der Konkurseröffnung Kenntnis gehabt hat oder bei Anwendung der im Verkehr erforderlichen Sorgfalt hätte Kenntnis haben müssen. Auch in den Fällen a und b ist die Wirksamkeit der von dem Beauftragten nach der Konkurseröffnung auf Grund seiner Vollmacht vorgenommenen Rechtsgeschäfte nach Maßgabe der §§ 7, 8 KO. der Konkursmasse gegenüber beschränkt.—

Entsprechende Grundsätze gelten, wenn eine Gesellschaft durch den Konkurs eines der Gesellschafter aufgelöst wird, für das Verhältnis des geschäftsführenden Gesellschafters zu der Gesellschaft und für seine Vertretungsbefugnis nach deren Auflösung. §§ 729, 730 Abs. 2 BGB., §§ 136, 137 Abs. 2 HGB. S. Abschn. V am Schluß unter 5 g.

Eine Vollmacht, die nicht von selbst durch die Konkurseröffnung erlischt, kann vom Verwalter doch jederzeit widerrufen werden, wenn sich aus dem ihr zugrunde liegenden Rechtsverhältnis nicht ein anderes ergibt. § 168 BGB.

5. Vorgemerkte Ansprüche, die sich auf Grundstücke und eingetragene Rechte beziehen.

Ist zur Sicherung eines Anspruchs auf Einräumung oder auf Aufhebung eines Rechts an einem Grundstück des Gemeinschuldners oder an einem für den Gemeinschuldner eingetragenen Rechte eine Vormerkung vor der Konkurseröffnung eingetragen, so kann der Gläubiger von dem Verwalter Befriedigung seines Anspruchs verlangen. Verfügungen des Verwalters sind unwirksam, soweit sie den durch die Vormerkung gesicherten Anspruch vereiteln oder beeinträchtigen würden[1]). Dasselbe gilt von Ansprüchen auf Änderung des Inhalts oder des Ranges eines Rechts der bezeichneten Art, wenn zu ihrer Sicherung vor der Konkurseröffnung eine Vormerkung eingetragen ist. Ob die Eintragung der Vormerkung auf Bewilligung des Gemeinschuldners oder auf Grund eines vollstreckbaren Schuldtitels oder auf Grund einer einstweiligen Verfügung stattgefunden hat, ist einerlei. § 24 Satz 1 KO., §§ 883, 885 BGB.

Die gleiche Wirksamkeit haben Vormerkungen, die vor der Konkurseröffnung in Ansehung eines Schiffspfandrechts in das Schiffsregister eingetragen worden sind. § 24 Satz 2 KO.

Ist eine Vormerkung für **künftige** Ansprüche eingetragen, so ist sie nur wirksam, wenn und soweit die Ansprüche zur Zeit der Konkurseröffnung zur Entstehung gelangt sind.

Vormerkungen, die vor dem 1. Januar 1900 eingetragen sind, behalten diejenige Wirksamkeit, die sie nach dem alten Recht hatten. Art. 179 Einf.-Ges. z. BGB.[2]).

---

[1]) Über die Wirksamkeit von Vormerkungen, die zur Sicherung des Anspruchs auf Löschung einer Hypothek für den Fall, daß sie Eigentümerhypothek wird, eingetragen sind, s. RG. 63. 152, Gruch. 54. 1025, Jur. Woch. 1908 S. 555[16].

[2]) Vgl. RG. 52. 40.

6. Andere Fälle.

Soweit rücksichtlich einzelner, durch die §§ 18—24 KO. nicht betroffener Rechtsverhältnisse das Reichs- oder Landesrecht besondere Bestimmungen über die Wirkung der Konkurseröffnung enthält, bleiben diese Bestimmungen in Kraft. § 25 KO. Die besonderen landesgesetzlichen Bestimmungen gelten jedoch nur noch insoweit, als sie Gebieten angehören, die durch das Einf.-Ges. z. BGB. der Landesgesetzgebung vorbehalten sind. S. Art. 55 Einf.-Ges. z. BGB. Besondere Bestimmungen über die Wirkung des Konkurses enthält namentlich das eheliche Güterrecht und das Recht der Vereine und Erwerbsgesellschaften. Die wichtigsten sind in Abschnitt V erwähnt.

B. Schwebende Prozesse.

a. Unterbrechung.

Alle für und gegen den Gemeinschuldner anhängigen Prozesse[1]) werden durch die Konkurseröffnung unterbrochen, sofern sie die Konkursmasse (Teilungsmasse oder Schuldenmasse) betreffen[2]). § 240 ZPO. Die Unterbrechung bewirkt, daß der Lauf einer jeden Frist, auch der Fristen zur Einlegung von Rechtsmitteln (Berufung, Revision, sofortige Beschwerde) aufhört, so daß nach Beendigung der Unterbrechung die volle Frist von neuem zu laufen beginnt. § 249 Abs. 1 ZPO.[3]). Prozeßhandlungen, die der Gegner des Gemeinschuldners während der Unterbrechung des Prozesses in Ansehung der Hauptsache vornimmt, sind gegenüber der Konkursmasse ohne rechtliche Wirkung[4]). § 249 Abs. 2 ZPO. Wegen des ferneren Verfahrens nach der Unterbrechung gelten verschiedene Grundsätze, je nachdem die Prozesse die Teilungsmasse oder die Schuldenmasse betreffen, und ersterenfalls je nachdem sie für oder gegen den Gemeinschuldner anhängig sind[5]).

---

[1]) Aber nur die vor den Gerichten anhängigen. Nicht ein Verfahren vor dem Schiedsgericht; da kommt es auf den Inhalt des Schiedsvertrags an. RG. 62. 24. S. aber Jur. Woch. 1896 S. 697[30]. Ob die vor Verwaltungsbehörden oder Verwaltungsgerichten anhängigen Angelegenheiten durch die Konkurseröffnung unterbrochen werden, bestimmt sich nach den maßgebenden besonderen Gesetzen. Vollstreckt können freilich die Entscheidungen der Verwaltungsbehörden und Verwaltungsgerichte in die Masse nicht werden, sofern sie Konkursforderungen betreffen. §§ 12, 14 KO. Solche Entscheidungen dürften aber die in § 146 Abs. 6 und § 152 KO. bestimmten Wirkungen haben.

[2]) Ein ausländischer Konkurs unterbricht den Prozeß nicht. RG. 16. 337; Jur. Woch. 1903 S. 182[36].

[3]) War also z. B. vor der Konkurseröffnung dem Gemeinschuldner ein Urteil zugestellt, die Berufungsfrist aber zur Zeit der Konkurseröffnung noch nicht abgelaufen, so hat der Verwalter zur Einlegung der Berufung einen vollen Monat Frist von dem Zeitpunkt ab, wo der Prozeß wieder aufgenommen ist oder als wieder aufgenommen gilt.

[4]) RG. 64. 361. Siehe auch Abschn. VII unter d. Dagegen sind Urteile, auch Versäumnisurteile, die etwa trotz der Unterbrechung ergehen, dem Gemeinschuldner gegenüber wirksam. Jur. Woch. 1899 S. 745[15], 1916 S. 324[7]. Sie müssen daher von ihm mit den zulässigen Rechtsmitteln angefochten werden.

[5]) Darüber, wann die Unterbrechung des Verfahrens endet, s. RG. 72. 127, Gruch. Bd. 61 S. 117.

b. Aufnahme der Prozesse.

α. Bei Prozessen über die Teilungsmasse, welche für den Gemeinschuldner anhängig sind.

Der Verwalter ist niemals genötigt, einen zur Konkursmasse gehörigen Anspruch im Prozeßwege zu verfolgen. Wenn ein Prozeß über einen Gegenstand der Teilungsmasse für den Gemeinschuldner anhängig war — sei es, daß der Gemeinschuldner geklagt, oder daß er durch Widerklage einen Anspruch, der infolge der Konkurseröffnung zur Masse gehört, z. B. ein Pfandrecht, geltend gemacht hatte, oder daß sonst für die Masse ein Gegenstand durch den Prozeß erstritten werden kann[1]) —, so hat der Verwalter die Wahl, ob er den Prozeß aufnehmen oder dessen Aufnahme ablehnen will[2]). Will der Verwalter den Prozeß aufnehmen, so muß er ihn in der Lage übernehmen, in der er sich zur Zeit der Konkurseröffnung befunden hat. Der Verwalter kann daher nur die prozessualen Rechte geltend machen, die der Gemeinschuldner selbst, wenn er den Prozeß fortsetzte, würde geltend machen können. § 10 Abs. 1 KO. Die Aufnahme geschieht durch Zustellung eines Schriftsatzes an den Gegner bzw. dessen Prozeßbevollmächtigten. § 250 ZPO. Der Schriftsatz muß in Anwaltsprozessen, d. h. in allen Prozessen vor den Landgerichten und den Gerichten höherer Instanz, durch einen bei dem Prozeßgericht zugelassenen Rechtsanwalt unterzeichnet sein. § 78 ZPO. Er enthält zweckmäßig zugleich die Ladung des Gegners zu einem neuen Termin, falls nicht etwa ein Termin schon anberaumt ist. Die Kosten des aufgenommenen Prozesses sind sämtlich Massekosten, müssen also im Falle des Unterliegens des Verwalters voll aus der Konkursmasse berichtigt werden[3]). Die erfolgte Aufnahme ist übrigens für den Verwalter nicht bindend; er kann jederzeit, auch ohne Zustimmung des Gegners, aus dem aufgenommenen Prozesse wieder ausscheiden und dessen Fortsetzung dem Gemeinschuldner überlassen[4]).

Will der Verwalter die Aufnahme des Prozesses ablehnen, so hat er dazu bei Gegenständen von mehr als 300 M. die Genehmigung des etwa bestellten Gläubigerausschusses einzuholen, auch den Gemeinschuldner vorher zu benachrichtigen. §§ 133 Nr. 2, 135 KO. Die Ablehnung ist dem Gegner

---

[1]) RG. 63. 364; Jur. Woch. 1906 S. 480[45]. Hierher gehört z. B. der Fall, wenn in dem schwebenden Prozesse auf Grund eines für vorläufig vollstreckbar erklärten, den Gemeinschuldner verurteilenden Erkenntnisses die Streitsumme vor der Konkurseröffnung vom Gemeinschuldner eingezogen ist und mit der Fortführung des Prozesses die Rückzahlung der eingezogenen Summe erstrebt wird. RG. 11. 398, 45. 326; Jur. Woch. 1899 S. 745[15], 1910 S. 944[23], LZ. 1912 S. 313[23]; Gruch. 60 S. 160. Ebenso gehört hierher der Fall, daß gegen den Gemeinschuldner eine negative Feststellungsklage erhoben ist. RG. 73. 276. Dagegen nicht der Fall, wenn der Gemeinschuldner in einem Prozesse einer gegen ihn erhobenen Forderung eine Gegenforderung nur zum Zwecke der Aufrechnung entgegengesetzt hat. Jur. Woch. 1891 S. 273[10].

[2]) Das gilt auch dann, wenn der Gemeinschuldner den erhobenen Anspruch vor der Konkurseröffnung einem andern abgetreten hat. RG. 66. 181.

[3]) Jur. Woch. 1894 S. 56[9].

[4]) Jur. Woch. 1912 S. 595[18].

oder dessen Bevollmächtigten zu erklären. Einer besonderen Form bedarf die Erklärung nicht. Die entstandenen Prozeßkosten fallen, wenn der Verwalter die Aufnahme des Prozesses ablehnt, der Masse nicht zur Last. Der Gegner kann jedoch die ihm bis zur Konkurseröffnung erwachsenen Kosten als Konkursforderung geltend machen, wenn er nachweist, daß der Gemeinschuldner sie ihm ungerechtfertigt verursacht hat und daß dieser im Falle der Durchführung des Prozesses zur Kostenerstattung hätte verurteilt werden müssen.

Verzögert der Verwalter die Aufnahme des Prozesses, so kann ihn der Gegner dazu und zur Verhandlung über die Hauptsache vor das Prozeßgericht laden. Wenn in dem hierauf anberaumten Termine der Verwalter nicht erscheint und sich auch nicht vertreten läßt, so wird auf Antrag des Gegners der Prozeß als aufgenommen angesehen und zur Hauptsache verhandelt. § 10 Abs. 1 KO., § 239 ZPO. Es kann also sofort Versäumnisurteil in der Hauptsache ergehen. Gegen dieses Versäumnisurteil kann aber der Verwalter binnen 14 Tagen nach der Zustellung Einspruch erheben. §§ 338, 339 ZPO. Er kann dann die Aufnahme des Prozesses immer noch ablehnen.

Wenn der Verwalter die Aufnahme des Prozesses abgelehnt hat, so kann der Prozeß sowohl von dem Gemeinschuldner, als von dem Gegner gegen den Gemeinschuldner aufgenommen werden[1]). § 10 Abs. 2 KO. Gewinnt der Gemeinschuldner in der Folge den aufgenommenen Prozeß, so gewinnt er ihn für sich, nicht für die Masse, denn durch die Ablehnung der Aufnahme hat der Verwalter den Gegenstand des Prozesses für die Masse aufgegeben[2]). Verliert der Gemeinschuldner den Prozeß, so kann der Gegner einen Anspruch auf Erstattung seiner Kosten nur insoweit, als sie bis zur Konkurseröffnung entstanden sind, als Konkursforderung geltend machen.

β. Bei Prozessen über die Teilungsmasse, welche gegen den Gemeinschuldner anhängig sind.

Prozesse, die gegen den Gemeinschuldner — durch Klage oder durch Widerklage des Gegners — anhängig sind, und die Aussonderung eines Gegenstandes aus der Masse oder ein Absonderungsrecht an einem solchen Gegenstande oder endlich einen nach § 59 Nr. 2 KO. als Masseschuld zu betrachtenden Anspruch betreffen, können sowohl vom Verwalter als vom Gegner aufgenommen werden. § 11 Abs. 1 KO. Hinsichtlich der Form der Aufnahme gilt dasselbe, wie im vorigen Fall. Entziehen kann sich der Verwalter der Aufnahme im Fall des § 11 nicht, es sei denn, daß er den Gegenstand, rücksichtlich dessen der Aussonderungs-, Absonderungs- oder Masseanspruch erhoben ist, aus der Konkursmasse frei gibt[3]). Erkennt er aber den Anspruch des Gegners sofort an, so fallen die Prozeßkosten der Konkursmasse nicht zur Last. § 11 Abs. 2 KO. Dem obsiegenden Gegner bleibt dann nur das Recht, sich wegen der ihm entstandenen Kosten als Konkursgläubiger zu melden.

---

[1]) S. aber Jur. Woch. 1909 S. 225[22] (RG. 70. 368).
[2]) RG. 27. 357, 41. 134.
[3]) Als dann bleibt dem Gemeinschuldner die Fortsetzung des Prozesses überlassen

Als solcher kann er freilich unter Umständen absonderungsberechtigt sein. Das ist z. B. der Hypothekengläubiger, der sein Kapital oder fällige Zinsen eingeklagt hat.

γ. Bei Prozessen über Schulden des Gemeinschuldners.

Konkursforderungen können nur in dem durch die KO. geordneten Verfahren geltend gemacht werden. Prozesse, wodurch persönliche Forderungen gegen den Gemeinschuldner verfolgt werden, erleiden daher, sofern der Gläubiger Befriedigung aus der Konkursmasse verlangt, durch die Konkurseröffnung eine Unterbrechung derart, daß sie zunächst von keiner Seite aufgenommen werden können. § 12 KO.[1]). Wenn die Forderung im Konkurse nicht angemeldet wird, so kann der Prozeß nicht gegen den Verwalter fortgesetzt werden[2]). Wenn die Forderung angemeldet wird, so unterliegt sie dem Prüfungsverfahren der Konkursordnung. Wird sie in diesem Verfahren festgestellt, so ist der Prozeß in Ansehung der Konkursmasse erledigt; die dem Gläubiger entstandenen Kosten können gegen die Masse als Konkursforderung angemeldet werden. Nur wenn im Prüfungsverfahren die Forderung streitig geblieben ist, kann die Aufnahme des unterbrochenen Prozesses gegen den Verwalter erfolgen[3]). Hierüber siehe unter g Abschnitt XIV. Kosten des unterbrochenen Prozesses braucht, solange die Unterbrechung dauert, der Verwalter nicht zu zahlen, weil die durch die Prozeßführung des Gemeinschuldners begründeten Kostenforderungen der Gerichtskasse und der Gegenpartei nicht Masseforderungen sind[4]).

Wegen Fortführung des Prozesses gegen den Gemeinschuldner s. Anhang I unter C.

C. Begonnene Arrestmaßregeln und Zwangsvollstreckungen.

Arreste und Zwangsvollstreckungen zugunsten von Aussonderungsberechtigten, Absonderungsberechtigten und Massegläubigern können ungeachtet der Konkurseröffnung ihren Fortgang nehmen. Dagegen ist zugunsten bloßer Konkursgläubiger die Fortsetzung von Arrest- und Zwangsvollstreckungsmaßregeln, die gegen den Gemeinschuldner begonnen hatten, nach der Konkurseröffnung nicht zulässig. § 14 KO. Vollstreckungsmaßregeln die dennoch vorgenommen werden, sind unwirksam[5]). Nun entsteht aber nach § 804 Abs. 1, § 930 Abs. 1 ZPO. durch die Pfändung von beweglichen Sachen,

---

[1]) Eine Ausnahme findet nur statt, wenn auf Grund eines für vorläufig vollstreckbar erklärten Urteils früherer Instanz die Streitsumme ganz oder zum Teil vom Gemeinschuldner beigetrieben ist. RG. 11. 398. S. oben unter B b α. Eine Einigung des Gläubigers und des Verwalters über die Fortsetzung des Prozesses kann an der Unterbrechung des Verfahrens nichts ändern. Jur. Woch. 1902 S. 397[30].

[2]) Bezüglich Fortsetzung eines schiedsgerichtlichen Verfahrens s. Jur. Woch. 1896 S. 697[30].

[3]) Eine früher eingelegte Berufung ist daher wirkungslos. Sie wird aber wirksam, wenn der Gegner auf das Rügerecht ausdrücklich oder stillschweigend verzichtet. RG. 51. 94.

[4]) Jur. Woch. 1899 S. 370[22].

[5]) RG. 28. 284.

Forderungen und anderen Vermögensrechten, mag die Pfändung zur Vollziehung eines Arrests oder im Wege der Zwangsvollstreckung erfolgen, für den Gläubiger ein Pfandrecht, also ein Absonderungsrecht an den gepfändeten Gegenständen. Demnach ist es trotz der Konkurseröffnung zulässig, daß das Verfahren über die Rechtmäßigkeit eines Arrests, die Maßregeln zur Vollziehung von Arresten sowie die Zwangsvollstreckungen für persönliche Gläubiger des Gemeinschuldners fortgesetzt werden, wenn und soweit ein Pfändungspfandrecht des Gläubigers bereits vor der Konkurseröffnung zur Entstehung gelangt ist[1]). Die Fortsetzung eines Arrestverfahrens ist auch statthaft, wenn der Gemeinschuldner zur Abwendung der Vollziehung des Arrests eine Sicherheit hinterlegt hat[2]). Hat in Gegenstände des unbeweglichen Vermögens eine Zwangsvollstreckung begonnen, so wird diese trotz der Konkurseröffnung fortgesetzt, wenn die Beschlagnahme des Grundstücks oder der sonstigen unbeweglichen Sache bereits vor der Konkurseröffnung erfolgt ist[3]). § 13 KO. Denn durch diese Beschlagnahme erwirbt der Gläubiger, der sie erwirkt hat, ein Recht auf abgesonderte Befriedigung sowohl bei der Zwangsversteigerung als bei der Zwangsverwaltung. §§ 10 Abs. 1 Nr. 5, 162 Zw.-Verst.-Ges., § 47 KO.

Inwieweit und wie die nach vorstehendem an sich zulässige Fortsetzung der Zwangsvollstreckung im Wege der Anfechtung des vom Gläubiger erworbenen Pfändungspfandrechts durch den Verwalter gehemmt werden kann, darüber siehe Abschnitt VIII.

Bloße Veräußerungsverbote, die zum Schutze bestimmter Personen (nicht im öffentlichen Interesse) gegen den Gemeinschuldner bestehen (§§ 135, 136 BGB.), haben gegenüber der Konkursmasse keine Wirkung. § 13 KO. Eingetragene Vormerkungen dagegen bleiben, auch wenn die Eintragung auf Grund einer einstweiligen Verfügung geschehen ist, in Kraft. Vgl. oben unter A b 5.

VII. Erwerb, Aenderung und Aufhebung von Rechten gegenüber der Konkursmasse nach der Konkurseröffnung.

a) Rechtshandlungen des Gemeinschuldners nach der Konkurseröffnung. Ihre Folgen.

Aus der Bestimmung, daß durch die Konkurseröffnung der Gemeinschuldner das Verfügungsrecht über die Konkursmasse verliert (§ 6 KO.), ergibt sich die Folge, daß alle Rechtshandlungen, die der Gemeinschuldner

---

[1]) Das von einem Gläubiger durch Vollziehung eines Arrestes erlangte Pfandrecht kann der Verwalter nicht dadurch beseitigen, daß er gegen den Arrestbefehl Widerspruch erhebt und sich zur Begründung des Widerspruchs darauf beruft, daß durch die Konkurseröffnung die Umstände, unter denen der Arrestbefehl erlassen war, verändert worden seien. Jur. Woch. 1887 S. 497[7] (RG. 20. 361); Jur. Woch. 1900 S. 182[9].

[2]) RG. 56. 146.

[3]) Wodurch die Beschlagnahme bewirkt wird, darüber s. §§ 20, 22, 151 Zw. Verst. Ges.

nach der Konkurseröffnung in bezug auf die Konkursmasse vornimmt, den Konkursgläubigern gegenüber unwirksam sind. § 7 Abs. 1 KO., § 135 Abs. 1 BGB. Unwirksam sind auch die am Tage der Konkurseröffnung vom Gemeinschuldner vorgenommenen Rechtshandlungen, sofern nicht der andere Teil beweist, daß sie vor der Konkurseröffnung vorgenommen sind. § 7 Abs. 3 KO. Die Unwirksamkeit tritt ein, gleichviel, ob die Handlung vom Gemeinschuldner selbst oder von seinem Vertreter vorgenommen ist; ob der Bevollmächtigte oder derjenige, mit dem das Geschäft geschlossen wurde, um die Konkurseröffnung gewußt hat oder nicht[1]); ob die Handlung die Teilungs- oder die Schuldenmasse betrifft. Nur mit Rücksicht auf den öffentlichen Glauben des Grundbuchs findet eine Ausnahme statt. Rechtsgeschäfte in Ansehung der als Eigentum des Gemeinschuldners eingetragenen Grundstücke und der für den Gemeinschuldner eingetragenen Rechte an Grundstücken sind, auch wenn sie erst nach der Konkurseröffnung vorgenommen sind, gegenüber der Konkursmasse wirksam, falls zur Zeit ihrer Vornahme die Konkurseröffnung noch nicht in das Grundbuch eingetragen und dem anderen Teil[2]), mit dem der Gemeinschuldner das Geschäft geschlossen hat, auch nicht bekannt gewesen ist. Das gleiche gilt von Leistungen auf Rechte, die für den Gemeinschuldner eingetragen sind. § 7 Abs. 1 KO., §§ 892, 893 BGB.[3]). Unter die Bestimmung des § 7 KO. fallen namentlich auch Zahlungen, die der Gemeinschuldner nach der Konkurseröffnung leistet. Über Zahlungen an den Gemeinschuldner siehe unter c.

Die Unwirksamkeit der Rechtshandlungen des Gemeinschuldners tritt ein, gleichviel, ob dadurch die Konkursgläubiger benachteiligt sind oder nicht. Sie tritt auch von selbst ein, ohne Zutun des Verwalters, dergestalt, daß die unwirksame Handlung gegenüber der Konkursmasse von Rechts wegen als nicht geschehen gilt[4]). Um jedoch die tatsächlich eingetretenen Folgen der Handlung für die Konkursmasse zu beseitigen, ist vielfach doch eine Tätigkeit des Verwalters erforderlich, die sich je nach den Umständen verschieden gestaltet. Hat der Gemeinschuldner auf Grund des unwirksamen Geschäfts etwas aus der Konkursmasse geleistet, so ist der Empfänger verpflichtet, das ihm Geleistete zur Masse zurückzugewähren[5]). S. § 812 BGB. Kann er dies nicht, so hat er der Masse Ersatz zu leisten. Für den Umfang seiner Ersatzpflicht, wenn auch nicht für die Ersatzpflicht selbst, ist es von Bedeutung, ob er zur

---

[1]) Der § 135 Abs. 2 BGB. findet, abgesehen von Geschäften über Grundstücke und eingetragene Rechte, keine Anwendung.

[2]) Wenn für den anderen ein Vertreter gehandelt hat, so kommt es auf dessen Kenntnis an, daneben aber unter den Voraussetzungen des § 166 Abs. 2 BGB. auch auf die Kenntnis des Vertretenen.

[3]) Die hiernach wirksamen Geschäfte können aber gemäß § 42 KO. angefochten werden. S. Abschn. VIII unter A a. E.

[4]) Aber nur zugunsten der Konkursmasse; der Dritte, dem gegenüber oder von dem die Rechtshandlung vorgenommen worden, kann sich auf deren Unwirksamkeit nicht berufen.

[5]) Vorausgesetzt ist jedoch, daß nicht auch die Masse (auf Grund eines Aussonderungsrechts des Empfängers) zur Gewährung des Geleisteten dem Empfänger verpflichtet sein würde. RG. 12. 42.

Zeit des Empfangs von der Konkurseröffnung Kenntnis hatte oder nicht[1]). §§ 818, 819 BGB. Hat derjenige, mit dem das unwirksame Geschäft geschlossen ist, eine Gegenleistung gemacht, so kann er diese nur so weit aus der Masse zurückfordern, als die Masse durch sie bereichert ist. § 7 Abs. 2 KO.

Dem Verwalter steht es frei, das unwirksame Geschäft zu genehmigen. §§ 182ff. BGB. Tut er das, so hat er Anspruch auf die dem Gemeinschuldner versprochene Gegenleistung, der andere Vertragsteil ist dann aber wegen seiner Ansprüche Massegläubiger. Wenn das Geschäft mit Rücksicht auf die Bestimmungen der §§ 892ff. BGB. wirksam ist, so kann der Verwalter gleichfalls die dem Gemeinschuldner versprochene Gegenleistung verlangen. War das wirksame Geschäft ein unentgeltliches, so haftet der Erwerber gemäß den §§ 816 Abs. 1 Satz 2, 818, 819 BGB.

b) Gegen wen die Rechte der Konkursmasse in Ansehung unwirksamer Geschäfte verfolgt werden können.

Das Recht der Konkursgläubiger auf Rückgewähr des durch unwirksame Geschäfte aus der Masse Weggegebenen wirkt gegen jeden Besitzer des Weggegebenen, nicht nur gegen den ersten Empfänger. Während es aber diesem gegenüber keiner weiteren als der unter a dargelegten Einschränkung unterliegt, sind bei Beurteilung der Rückgewährpflicht späterer Erwerber die Vorschriften des bürgerlichen Rechts über die Wirkungen des guten Glaubens zu berücksichtigen. § 135 BGB. Es gilt hier alles das entsprechend, was in Abschnitt III und in Abschnitt IV über die Wirkungen des Erwerbs in gutem Glauben gesagt ist. Guter Glaube des Dritten liegt hier vor, wenn dieser zur Zeit seines Erwerbes nicht gewußt hat, daß der Gemeinschuldner, als er den Gegenstand weggab oder belastete, sich bereits in Konkurs befunden hat, und wenn diese Unkenntnis auch nicht auf grober Fahrlässigkeit beruht. § 932 Abs. 2 BGB. Den Mangel des guten Glaubens muß im Streitfall der Verwalter beweisen.

Hat der gutgläubige Dritte das aus der Konkursmasse Weggegebene von dem Empfänger unentgeltlich erworben, so ist er, obwohl sein Erwerb dinglich wirksam ist, verpflichtet, es zur Masse herauszugeben. § 816 Abs. 1 Satz 2 BGB.

c) Was Rechtens bei Zahlungen und anderen Leistungen, welche nach der Konkurseröffnung an den Gemeinschuldner erfolgt sind.

Nach dem Grundsatze des § 7 KO. müßten auch Zahlungen und andere Leistungen, die in Erfüllung einer Verbindlichkeit nach der Konkurseröffnung an den Gemeinschuldner erfolgt sind, abgesehen von Leistungen auf die im Grundbuch eingetragenen Rechte, welche Leistungen mit Rücksicht auf den öffentlichen Glauben des Grundbuchs den Schutz der §§ 892, 893 BGB. genießen, dergestalt unwirksam sein, daß der Verwalter nochmalige Leistung verlangen könnte, soweit nicht das Geleistete in die Konkursmasse gekommen

[1]) Jur. Woch. 1891 S. 511^{10}, Gruchot Bd. 37 S. 748.

ist. Als Regel ist das auch in § 8 Abs. 1 KO. ausgesprochen. Diese Regel erleidet jedoch nach § 8 Abs. 2 und 3 KO. eine erhebliche Ausnahme. Danach wird jeder Schuldner, der zur Zeit der Leistung an den Gemeinschuldner nicht gewußt hat, daß der Konkurs über dessen Vermögen eröffnet war, durch die Leistung von seiner Verbindlichkeit frei, und zwar selbst dann, wenn er durch eignes Verschulden ohne Kenntnis von der Konkurseröffnung geblieben war. Die Beweislast dafür, daß dem Schuldner zur Zeit der Leistung die Konkurseröffnung bekannt gewesen, liegt, falls damals die öffentliche Bekanntmachung der Konkurseröffnung noch nicht als erfolgt anzusehen war (vgl. § 76 Abs. 1 KO.), dem Verwalter ob. Wenn dagegen diese Bekanntmachung zur Zeit der Leistung schon als geschehen anzusehen war, so kann der Schuldner sich von der Verpflichtung zu nochmaliger Leistung nur dadurch befreien, daß er beweist, daß ihm die Konkurseröffnung unbekannt geblieben war. Ist die Leistung durch einen Vertreter erfolgt, so schließt dessen Kenntnis von der Konkurseröffnung die Anwendbarkeit der Ausnahmebestimmungen Abs. 2, 3 des § 8 KO. aus. Inwieweit die Kenntnis des Vertretenen die gleiche Wirkung hat, bestimmt § 166 Abs. 2 BGB.

Auf eine Leistung an denjenigen, an den der Gemeinschuldner nach der Konkurseröffnung ein zur Konkursmasse gehöriges Recht veräußert hat, findet weder § 7 noch § 8 KO. Anwendung. Wer nicht an den Gemeinschuldner, sondern an dessen Rechtsnachfolger leistet, muß trotz der Unwirksamkeit der Veräußerung geschützt werden, wenn ihm bei der Leistung unbekannt gewesen ist, daß der Gemeinschuldner das die Rechtsnachfolge begründende Rechtsgeschäft erst nach der Konkurseröffnung vorgenommen hat und wenn diese Unkenntnis auf einer groben Fahrlässigkeit nicht beruht. § 135 Abs. 2 BGB.

d) Prozeßführung des Gemeinschuldners und gegen den Gemeinschuldner nach der Konkurseröffnung.

Prozesse über die Konkursmasse können nach der Konkurseröffnung nur mit dem Verwalter gültig geführt bzw. fortgeführt werden. Der Gemeinschuldner hat durch die Konkurseröffnung die Prozeßfähigkeit in betreff der Konkursmasse verloren. § 6 KO. § 52 Abs. 1 ZPO. Alle Prozeßhandlungen, die bezüglich der Masse von ihm oder gegen ihn nach der Konkurseröffnung vorgenommen werden, sind daher den Konkursgläubigern gegenüber unwirksam[1]). § 7 Abs. 1 KO. Überall, namentlich bei Zustellungen und Terminsverhandlungen, tritt der Verwalter an seine Stelle. Es kann jedoch vorkommen, daß nach der Konkurseröffnung bezüglich eines Gegenstandes der Konkursmasse ohne Zuziehung des Verwalters mit dem Gemeinschuldner verhandelt wird, daß gegen diesen ein Urteil ergeht, auch wohl die Vollstreckungsklausel erteilt wird. In solchen Fällen hat der Verwalter das Erforderliche zur Wahrung der Interessen der Masse zu tun. Urteile, die nach der Konkurseröffnung gegen den Gemeinschuldner, ohne daß der Verwalter gehört worden wäre, in bezug auf die Masse ergangen sind, haben wohl gegen-

[1]) RG. 64. 361.

über dem Gemeinschuldner Wirkung, können aber in die Konkursmasse nicht vollstreckt werden. Der Verwalter kann also, wenn auf Grund solcher Urteile Zwangsvollstreckungen in die Masse vorgenommen werden, durch Einwendung beim Vollstreckungsgericht die Aufhebung der Zwangsvollstreckung herbeiführen[1]). Die Einwendung ist an keine Frist gebunden. § 766 ZPO. Die aus einer Prozeßführung mit dem Gemeinschuldner nach der Konkurseröffnung entstandenen Gerichts- und Anwaltskosten fallen der Konkursmasse nicht zur Last.

e) Arreste und Zwangsvollstreckungen gegen die Masse nach der Konkurseröffnung.

Da die Konkursmasse zur gemeinsamen Befriedigung der Konkursgläubiger bestimmt ist, so finden nach Eröffnung des Konkurses Arreste und Zwangsvollstreckungen in die Konkursmasse[2]) auch auf Grund von Vollstreckungstiteln, die vor der Konkurseröffnung gegen den Gemeinschuldner in gesetzmäßiger Weise erlangt sind, zugunsten bloßer Konkursgläubiger nicht statt[3]). § 14 KO. Werden dieser Bestimmung zuwider Arreste vollzogen oder Zwangsvollstreckungen vorgenommen, so sind diese Maßregeln unwirksam, gleichviel, ob die Gläubiger von der Konkurseröffnung Kenntnis gehabt haben oder nicht. Der Verwalter kann ihnen gegenüber von der unter d erwähnten, ihm nach § 766 ZPO. zustehenden Befugnis Gebrauch machen[4]), oder, falls eine öffentliche Behörde im Verwaltungswege die Zwangsvollstreckung vorgenommen hat, sich der nach Lage des Falls zulässigen Rechtsbehelfe bedienen[5]). Hat er das versäumt, und haben Gläubiger durch eine nach der Konkurseröffnung bewirkte Zwangsvollstreckung aus der Masse Befriedigung erlangt, so hat er im Wege der Klage von den betreffenden Gläubigern Erstattung des Empfangenen nach den Grundsätzen der §§ 812 ff. BGB. und wenn die Gläubiger ein Verschulden trifft, Schadensersatz nach Maßgabe

---

[1]) RG. 29.76.

[2]) Auch aus dem sonstigen Vermögen des Gemeinschuldners können die Konkursgläubiger während der Dauer des Konkursverfahrens im Zwangswege keine Befriedigung erlangen. Ausgenommen jedoch die im § 63 KO. bezeichneten Gläubiger, die sich an die Konkursmasse nicht halten können.

[3]) Das gleiche gilt während der Dauer einer Geschäftsaufsicht für alle Gläubiger des Aufsichtsschuldners, die von dem Verfahren betroffen werden. § 6 Abs. 2 Verordn. v. 14. Dez. 1916.

[4]) Ist eine vollstreckbare Forderung nach der Konkurseröffnung im Wege der Zwangsvollstreckung auf einem Grundstück eingetragen oder vorgemerkt worden, so ist dies nicht nur gemäß § 15 KO. gegenüber den Konkursgläubigern unwirksam, sondern nichtig und kann deshalb der Verwalter Löschung der Eintragung oder Vormerkung beanspruchen, auch dann, wenn der Antrag auf Eintragung schon vor der Konkurseröffnung gestellt war. RG. 28. 283. Vor der Eintragung besteht die Sicherungshypothek nicht. § 867 ZPO. Der Verwalter kann wohl aber auch die unzulässig eingetragene Hypothek bestehen lassen und Berichtigung des Grundbuchs dahin von dem Gläubiger verlangen, daß die Hypothek Eigentümerhypothek ist. § 868 ZPO., § 994 BGB.

[5]) Für Preußen s. die Verordn. betr. das Verwaltungszwangsverfahren vom 7. Sept. 1879 §§ 2 und 26.

der §§ 823ff. BGB. zu fordern. — Das gilt jedoch nur von Zwangsvollstreckungen in inländisches Vermögen. Zwangsvollstreckungen in ausländisches Vermögen des Gemeinschuldners sind den Konkursgläubigern durch die KO. nicht verwehrt[1]).

Aussonderungsberechtigte, Absonderungsberechtigte und Massegläubiger können Zwangsvollstreckungen in die Masse ohne Einschränkung vornehmen, wenn nur ihr Vollstreckungstitel gültig ist.

f) Erwerb von Rechten an Gegenständen der Konkursmasse nach der Konkurseröffnung.

Durch die Konkurseröffnung wird das zur Konkursmasse gehörige Vermögen des Gemeinschuldners für die Gesamtheit der Konkursgläubiger in Beschlag genommen. Von den Konkursgläubigern soll nach der Konkurseröffnung keiner mehr vor den anderen ein Vorrecht erlangen, auch andere Personen sollen aus der Konkursmasse oder zu deren Lasten nichts mehr erlangen. Deshalb können Pfand- und Hypothekenrechte sowie Eigentum und andere dingliche Rechte an Gegenständen der Konkursmasse, ferner Vorzugsrechte und Zurückbehaltungsrechte in Ansehung solcher Gegenstände nach der Konkurseröffnung nicht mehr mit verbindlicher Kraft gegenüber den Konkursgläubigern erworben werden, auch wenn der Erwerb nicht auf einer Rechtshandlung des Gemeinschuldners beruht. § 15 KO. Unkenntnis der Konkurseröffnung schützt den Erwerber nur, soweit der Satz 2 des § 15 Platz greift (s. folgende Seite).

Ist der Erwerb eines Rechts der bezeichneten Art zur Zeit der Konkurseröffnung noch nicht vollendet[2]), so nützt es den Beteiligten nichts, daß zu jener Zeit ein Anspruch auf diesen Erwerb (z. B. durch ein Verpfändungsversprechen des Gemeinschuldners) schon rechtsgültig begründet war. Die Beteiligten können nicht auf Grund eines Pfandtitels oder eines ähnlichen Anspruchs vom Verwalter fordern, daß er ihnen das Pfand- oder sonstige Recht einräume oder dessen Erwerbung bewillige. Weitergehende Rechte stehen nur dem zu, dessen Anspruch im Grundbuch vorgemerkt ist. Über die Wirkung von Vormerkungen s. Abschn. VI unter A b 5.

Zur Erwerbung einer Hypothek gehört auch, daß die Forderung, für die sie bestellt ist, zur Entstehung gelangt. Bis dahin steht die Hypothek dem Eigentümer zu. § 1163 Abs. 1 BGB. Hat also der Gemeinschuldner einem andern eine Hypothek für künftige Forderungen bestellt, so steht die Hypothek dem Gläubiger, auch wenn ihm der Hypothekenbrief bereits übergeben ist, nur zu, wenn und soweit die Forderungen zur Zeit der Konkurseröffnung

---

[1]) So RG. 54. 193; LZ. 1908 S. 550 (Bayr. Oberstes Landesgericht).

[2]) Eine Verpfändungserklärung ist aber schon dann für gültig zu erachten, wenn sie vor der Konkurseröffnung dem Gläubiger in der Weise vom Gemeinschuldner erteilt ist, daß dieser ein unausgefülltes Formular unterschrieben und den Gläubiger ermächtigt hat, das Formular mit der vereinbarten Verpfändungserklärung auszufüllen. Es macht dann nichts aus, wenn die Ausfüllung erst nach der Konkurseröffnung erfolgt. RG. 59. 169 (Jur. Woch. 1904. 420[10]). S. aber RG. 63. 230.

entstanden sind; ihre spätere Entstehung verschafft ihm das Hypothekenrecht nicht[1]).

Zwangsvollstreckungsmaßregeln, die nach der Konkurseröffnung vollzogen werden, sind, soweit sie nicht nach § 14 KO. überhaupt unzulässig sind[2]), jedenfalls der Konkursmasse gegenüber unwirksam, Pfändungen von Forderungen und anderen Vermögensrechten auch dann, wenn der Pfändungsgläubiger vor Eröffnung des Konkurses den Gemeinschuldner von dem Bevorstehen der Pfändung gemäß § 845 ZPO. benachrichtigt hatte. Diese Benachrichtigung hat nicht die Wirkung, daß die später erfolgende Pfändung in dem Verhältnis des Gläubigers zur Konkursmasse als schon zur Zeit der Benachrichtigung bewirkt angesehen wird[3]). Auch diejenigen Pfändungen sind der Konkursmasse gegenüber wirkungslos, die zwar vor der Konkurseröffnung, aber nach der Zustellung eines an den Gemeinschuldner im Vorverfahren vom Konkursgericht erlassenen allgemeinen Veräußerungsverbots vollzogen worden sind[4]). Ob eine öffentliche Bekanntmachung des Veräußerungsverbots stattgefunden hat, ist dabei jetzt gleichgültig[5]). Ebenso gleichgültig ist es, ob der Pfändungsgläubiger das Veräußerungsverbot gekannt hat. § 106 Abs. 1 KO. §§ 134, 136 BGB.

Das gleiche wie von Pfändungen gilt von der Begründung von Hypothekenrechten und anderen Realrechten[6]), die nach den bezeichneten Zeitpunkten im Wege der Zwangsvollstreckung oder des Arrests auf Grundbesitz des Gemeinschuldners stattgefunden hat. Auf den öffentlichen Glauben des Grundbuchs und die §§ 892, 893 BGB. kann sich der Gläubiger, der die Zwangsvollstreckung veranlaßt hat, nicht berufen. In den Fällen der §§ 894 und 897 ZPO. wird jedoch nicht völlige Unwirksamkeit des Erwerbs gemäß § 14 KO. anzunehmen, sondern nur der § 15 KO., namentlich auch der Satz 2, anzuwenden sein. § 898 ZPO.

Vormerkungen auf Grund von einstweiligen Verfügungen sind ebenfalls unwirksam, wenn sie nach der Konkurseröffnung oder nach dem Erlaß eines allgemeinen Veräußerungsverbotes auf den zur Konkursmasse gehörigen Grundstücken oder bei den für den Gemeinschuldner im Grundbuch eingetragenen Rechten oder in Ansehung eines Schiffspfandrechts eingetragen sind[7]). § 14 Abs. 2 KO., §§ 135, 136 BGB.

---

[1]) RG. 51. 10, 75. 250; Gruch. 56. 1069 (LZ. 1912 S. 397[3], Jur. Woch. 1912 S. 403[24]).

[2]) Siehe oben unter e.

[3]) RG. 26. 425 (Jur. Woch. 1890 S. 275[7]); RG. 42. 366 (Jur. Woch. 1898 S. 573[14]).

[4]) Und zwar auch, wenn vorher eine Vorpfändung (§ 845 ZPO.) stattgefunden hatte. S. die vorige Anm.

[5]) Der Satz 4 im Abs. 1 des früheren § 98 KO. ist gestrichen.

[6]) Dahin gehört auch das Vorzugsrecht, welches für den betreibenden Gläubiger in der Zwangsversteigerung gemäß § 10 Nr. 5 Zw.-Verst.-Ges. vom 24. März 1897 durch die Beschlagnahme des zu versteigernden Grundstücks begründet wird. § 20 Zw.-Verst.-Ges. S. Abschn. VI unter C.

[7]) Dagegen ist die Eintragung eines Widerspruchs gegen die Richtigkeit des Grundbuchs (§ 894 BGB.) voll wirksam.

Nach den §§ 135, 136 BGB. sind auch Rechte, die vor der Konkurseröffnung, aber nach der Erlassung eines allgemeinen Veräußerungsverbots durch eine Verfügung des Gemeinschuldners an Gegenständen der Konkursmasse erworben sind, den Konkursgläubigern gegenüber unwirksam, wenn der Erwerber beim Erwerb das Veräußerungsverbot gekannt oder nur infolge grober Fahrlässigkeit nicht gekannt hat.

Im Konkurse über einen Nachlaß sind sogar alle nach dem Eintritt des Erbfalls im Wege der einstweiligen Verfügung erlangten Vormerkungen unwirksam, ferner alle nach dem Eintritt des Erbfalls vorgenommenen Maßregeln zur Vollziehung einer Zwangsvollstreckung oder eines Arrestes, solche Maßregeln wenigstens insoweit, daß sie ein Absonderungsrecht nicht gewähren[1]). § 221 KO.

Die Begründung von Hypotheken, Grundschulden und Rentenschulden sowie die Begründung oder Übertragung von Rechten an Grundstücken durch ein Rechtsgeschäft des Gemeinschuldners unterliegt im allgemeinen den Grundsätzen oben zu a. Dem Erwerber kommt der öffentliche Glaube des Grundbuchs zu statten, wenn die Konkurseröffnung zur Zeit seines Erwerbs weder eingetragen noch ihm bekannt war. Es ist aber weiter folgendes hervorzuheben: Zur Begründung von Hypotheken oder anderen eingetragenen Rechten ist außer der Einigung der Beteiligten fast stets die Eintragung des Rechts in das Grundbuch erforderlich. § 873 Abs. 1 BGB. Zur Aufhebung eines eingetragenen Rechts an einem Grundstück bedarf es der Regel nach der Löschung des Rechts im Grundbuch. § 875 Abs. 1 BGB. Eine Briefhypothek, -Grundschuld, -Rentenschuld wird sogar erst durch die Übergabe des Hypotheken-, Grundschuld-, Rentenschuldbriefs erworben. §§ 1117, 1154, 1192, 1200 BGB. Eine Rechtshandlung des Gemeinschuldners, die eingetragene Rechte zum Gegenstande hat, würde dem zufolge den Konkursgläubigern gegenüber nur wirksam sein, wenn bereits vor der Konkurseröffnung die vom Gemeinschuldner bewilligte Eintragung oder Löschung erfolgt und, soweit das erforderlich, auch der Schuldbrief übergeben wäre. Mit Rücksicht auf die Verkehrssicherheit ist jedoch dieser Grundsatz durch § 15 Satz 2 KO. wesentlich eingeschränkt. Danach ist eine vor der Konkurseröffnung vom Gemeinschuldner über ein Recht an einem Grundstück getroffene Verfügung der Konkursmasse gegenüber wirksam, wenn die Eintragungs- bzw. Löschungsbewilligung zur Zeit der Konkurseröffnung schon für ihn bindend geworden[2]), damals auch der Eintragungsantrag schon gestellt war, mag

---

[1]) Die nach dem Erbfall bewirkte Pfändung einer Forderung verschafft dem Pfändungsgläubiger ein Absonderungsrecht auch dann nicht, wenn vorher eine Pfändungsankündigung erfolgt war. Gruch. 52. 150 (LZ. 1908 S. 392[10]).

[2]) Dazu gehört nach § 873 Abs. 2 BGB., daß die Einigung entweder gerichtlich oder notariell beurkundet (nicht bloß beglaubigt) oder daß sie vor dem Grundbuchamt erklärt ist, oder aber daß der Gemeinschuldner (oder sein Vertreter) dem anderen Teile eine den Vorschriften der Grundbuchordnung entsprechende Eintragungsbewilligung ausgehändigt hat. Zur Wirksamkeit einer Grundstücksveräußerung gehört, daß die Auflassung (§ 925 BGB.) stattgefunden hat. Unter welchen Voraussetzungen eine Löschungsbewilligung bindend ist, s. § 875 Abs. 2 BGB.

auch die Eintragung erst nachher erfolgt sein. § 878 BGB. Eine derartige Verfügung des Gemeinschuldners ist sogar schon dann der Masse gegenüber wirksam, wenn zwar die genannten Voraussetzungen nicht vorliegen, aber der, zu dessen Gunsten die Verfügung getroffen ist, zur Zeit der Stellung des Antrags auf Eintragung oder, wenn damals die zur Eintragung nach § 873 BGB. erforderliche Einigung noch nicht bindend getroffen war, zur Zeit der bindenden Einigung von der Konkurseröffnung noch keine Kenntnis gehabt hat und damals die Konkurseröffnung auch noch nicht im Grundbuch vermerkt gewesen ist[1]). § 892 BGB. Nur darf nach § 7 KO. nicht der Gemeinschuldner selbst die Eintragung erst nach der Konkurseröffnung beantragt haben, auch nicht erst dann die bindende Einigung getroffen sein[2]).

Auch Schiffspfandrechte, die erst nach der Konkurseröffnung in das Schiffsregister eingetragen sind, sind unter den Voraussetzungen des § 878 BGB. der Konkursmasse gegenüber wirksam. § 1260 Abs. 1 BGB.

Der § 15 KO. hat übrigens nur die Begründung neuer Belastungen für die Konkursmasse im Auge. Eine bloße Veränderung der Rangordnung von Pfand- und Vorrechten, die an Gegenständen der Konkursmasse zur Zeit der Konkurseröffnung schon bestehen, kann auch nach der Eröffnung des Konkurses wirksam erfolgen[3]). Ebenso wird die Übertragung bereits bestehender Pfand- und Hypothekenrechte durch die Konkurseröffnung nicht gehindert[4]).

Ein entgegen dem § 15 KO. geltend gemachtes Recht ist vom Verwalter als nicht bestehend zu behandeln. Er kann deshalb z. B. die Herausgabe der ungültig verpfändeten Sache, oder im Falle einer ungültigen Pfändung deren Aufhebung beantragen. Hat der Gemeinschuldner ungültigerweise eine Hypothek eintragen lassen, so kann der Verwalter von dem Hypothekengläubiger zwar nicht schlechthin Einwilligung in die Löschung der Hypothek, aber Bewilligung derjenigen Maßregeln beanspruchen, die erforderlich sind, um die Hypothek für die Konkursgläubiger unnachteilig zu machen. Dies alles gilt jedoch nur gegenüber dem ersten Erwerber des unwirksam begründeten Rechts. Gegenüber späteren redlichen Erwerbern stehen dem Verwalter nur die oben unter b dargelegten Rechte zu. Hypotheken, Grundschulden und andere eingetragene Rechte, welche unwirksam bestellt, nach der Bestellung aber von dem ersten Erwerber einem Dritten abgetreten oder verpfändet sind, können also von dem Dritten, sofern er sich beim Erwerb der ihm eingeräumten Rechte in gutem Glauben befunden hat, gegen die Masse geltend gemacht werden. Für den Verwalter ist daher sehr zu empfehlen, daß er, wenn die Eintragung ungültiger Realrechte zu seiner Kenntnis

---

[1]) RG. 51. 284.

[2]) Jur. Woch. 1909 S. 365[14].

[3]) Dies ist bezüglich der Vorrechtseinräumung für eine nacheingetragene Hypothek in Gruchot Bd. 35 S. 1023 ausgesprochen.

[4]) RG. 34. 59 (Jur. Woch. 1894 S. 590[6]). Zu beachten ist aber, daß nach den Grundsätzen des Liegenschaftsrechts durch die Abtretung ein Recht erweitert, sogar neu begründet werden kann. Soweit das der Fall, ist die Wirksamkeit der Abtretung nach dem § 15 KO., unter besonderer Berücksichtigung des zweiten Satzes, zu beurteilen.

kommt, ungesäumt gegen den eingetragenen Gläubiger vorgeht, und, falls dieser die Erteilung der Löschungsbewilligung und die Aushändigung der etwa ausgefertigten Urkunden verweigert, auch sonst sich zur Sicherstellung der Konkursmasse nicht bereit finden läßt, bei dem zuständigen Prozeßgericht oder in dringenden Fällen beim Vollstreckungsgericht beantragt, im Wege der einstweiligen Verfügung dem Gläubiger jede Verfügung über das eingetragene Recht, die der Konkursmasse Nachteil bringen könnte, zu untersagen und die Eintragung eines Widerspruchs in das Grundbuch zu veranlassen. Vgl. §§ 894, 899 BGB., §§ 935ff., 941 ZPO.

VIII. Anfechtung.

A. Allgemeine Bemerkungen.

Die Gültigkeit aller vor der Konkurseröffnung vorgenommenen Rechtshandlungen wird durch die Eröffnung des Konkurses nicht berührt. Im Nachlaßkonkurse gilt das auch für die Rechtshandlungen, die der Erbe oder der Nachlaßverwalter nach dem Tode des Erblassers in Betätigung der Verwaltung des Nachlasses vorgenommen hat, und zwar nicht nur für Verfügungen über Nachlaßgegenstände, sondern auch für Eingehung von Verbindlichkeiten mit Bezug auf den Nachlaß[1]).

Ob und inwieweit die vor der Konkurseröffnung vorgenommenen Rechtshandlungen etwa ungültig sind, bestimmt sich also nach den allgemeinen Grundsätzen, die außerhalb des Konkurses gelten.

Nichtig sind insbesondere Rechtshandlungen, die gegen § 134 oder § 138 BGB. verstoßen[2]), also namentlich wucherische Geschäfte und überhaupt alle Geschäfte, die gegen die guten Sitten verstoßen[3]). Ferner solche Geschäfte, die nur zum Schein vorgenommen sind. Bloße Scheingeschäfte stellen sich zwar äußerlich als Rechtsgeschäfte dar, sind aber in Wirklichkeit keine Rechtsgeschäfte, weil sie eine Schaffung, Änderung oder Aufhebung von Rechten nicht bezwecken. An und für sich sind daher solche Scheingeschäfte als gar nicht geschehen anzusehen, und demnach besondere Maßregeln zu ihrer Beseitigung nicht erforderlich, § 117 BGB. Weil sie sich aber der äußeren Erscheinung nach als wirklich gewollte Rechtsgeschäfte darstellen, und weil dies im Streitfall genügt, um sie als wirkliche Rechtsgeschäfte geltend zu machen, so ist tatsächlich der Verwalter in allen Fällen, wo durch Scheingeschäfte der

---

[1]) RG. 62. 38.

[2]) Über das Verhältnis dieser §§ zu § 31 Nr. 1 KO. s. unten C IV.

[3]) Ist aber ein Vertrag wegen Unsittlichkeit nichtig, so erstreckt sich deswegen die Nichtigkeit noch nicht ohne weiteres auf die zur Erfüllung des Vertrags erfolgende Leistung. RG. 63. 179, 75. 68, 78. 285; Jur. Woch. 1911 S. 317[2], 1912 S. 853[4]. Anders nur bei wucherischen Geschäften. RG. 57. 95, 70. 356; Jur. Woch. 1913 S. 540[3]. Im übrigen begründet die Sittenwidrigkeit einer Handlung noch nicht ihre Nichtigkeit. Wird aber durch eine sittenwidrige Handlung die vor der Konkurseröffnung vorgenommen ist, die Gesamtheit der Konkursgläubiger geschädigt, so ist der Schädiger der Konkursmasse nach § 826 BGB. zum Schadensersatz verpflichtet und den Schadensersatzanspruch kann der Verwalter geltend machen. RG. 97. 107.

Konkursmasse Gegenstände entzogen sind, oder wo auf derartige Geschäfte Ansprüche gegen die Masse gegründet werden, genötigt, seinerseits den Beweis zu führen, daß ein Scheingeschäft vorliegt. Dieser Nachweis ist nach dem Gesagten nicht als Anfechtung des Geschäfts, sondern als die Darlegung, daß in Wirklichkeit gar kein Geschäft geschlossen ist, anzusehen. Er ist daher natürlich an keine Frist gebunden, sondern jederzeit zulässig[1]). Mit der Geltendmachung der Nichtigkeit eines Geschäfts als eines Scheingeschäfts wird aber dessen Anfechtung auf Grund der §§ 30 ff. KO., wenn die Voraussetzungen dazu vorliegen, verbunden werden können[2]) und zweckmäßig verbunden werden.

Keine Scheingeschäfte sind die sog. fiduziarischen, d. h. Geschäfte, wodurch jemand Vermögensstücke einem andern mit der Bestimmung übereignet, daß im Verhältnis zu Dritten dem andern die Rechte des Eigentümers zustehen, im Verhältnis zu dem Übereignenden aber die Vermögensstücke nach wie vor als dessen Eigentum behandelt werden sollen. Solche Geschäfte sind an sich ernstlich gemeint und der Regel nach rechtsgültig. Werden sie aber, wie nicht selten geschieht, von einem Schuldner zu dem Zwecke vorgenommen, sein Vermögen zu verschleiern und die übereigneten Vermögensstücke dem Zugriff der Gläubiger zu entziehen, so sind sie nach § 138 BGB. nichtig und können deshalb im Konkurse des Schuldners vom Verwalter als nicht zu Recht bestehend behandelt werden[3]). Daneben kann der Verwalter sie, gleich den Scheingeschäften, unter den Voraussetzungen der §§ 30 ff. KO. anfechten[4]). Er ist aber nicht gezwungen, ihre Nichtigkeit oder Anfechtbarkeit geltend zu machen, sondern kann, wenn er das für zweckmäßiger hält, sie als gültig zu behandeln und dem andern gegenüber die Rechte des Gemeinschuldners aus dem zwischen ihnen begründeten Auftragsverhältnis geltend machen[5]).

Die Unwirksamkeit einer Willenserklärung des Gemeinschuldners, die unter dem Einflusse eines Irrtums, eines Betrugs, eines Zwangs oder einer Drohung abgegeben ist, bestimmt sich nach den §§ 119, 120, 123 BGB. Die Unwirksamkeit tritt hier nicht von selbst ein, sondern nur wenn die Willenserklärung binnen bestimmter Frist und in bestimmter Weise angefochten wird. Vgl. die §§ 121, 124, 143 BGB. Alsdann aber wird die Willenserklärung als von Anfang an nichtig angesehen. § 142 Abs. 1 BGB.

---

[1]) Vgl. RG. 4. 252; Gruchot Bd. 24 S. 546, 1022; Bd. 27 S. 467; Bd. 36, S. 990.

[2]) S. unter Ba, auch RG. 33. 123 und Jur. Woch. 1914 S. 304[10].

[3]) Das Reichsgericht hat unter diesem Gesichtspunkte Sicherungsübereignungen der gegenwärtigen und zukünftigen Warenbestände und ausstehenden Forderungen, wenn der Schuldner dabei sein Geschäft derart fortführte, daß er nach außen hin als Inhaber des Geschäfts erschien und daraufhin Kredit finden konnte, ständig für nichtig erklärt. Gruch. 54. 167, 55. 883, 979; Jur. Woch. 1911 S. 320[10], 576[10], 650[22], 1912 S. 144[21], 1913 S. 318[4]; RG. 67. 166, 77. 210. Im Interesse des redlichen Geschäftsverkehrs wäre es wünschenswert, daß die Rechtsprechung noch etwas weiter ginge. S. in dieser Beziehung Gruch. 49. 350.

[4]) Gruch. 49. 353. Abw. RG. 69. 44 (Jur. Woch. 1908 S. 496[37]).

[5]) Gruch. 49. 353.

Folge der Nichtigkeit ist, daß alles, was der Gemeinschuldner auf Grund des nichtigen Geschäfts geleistet hat, vom Empfänger zur Masse zurückgewährt werden muß. Ist die Leistung selbst nichtig, so ist das Geleistete ohne weiteres nach Maßgabe des § 1 KO. als zur Masse gehörig zu behandeln. Ist sie nicht von der Nichtigkeit des zugrunde liegenden Geschäfts ergriffen, so kann sie gemäß den Bestimmungen der §§ 812ff. BGB. zurückgefordert werden. Dabei ist indeß zu beachten, daß sie nach § 817 BGB. dann nicht zurückgefordert werden kann, wenn dem Gemeinschuldner seinerseits ein Verstoß gegen die guten Sitten zur Last fällt[1]). Hat der Gemeinschuldner eine Leistung empfangen, so besteht für den Leistenden ein Aussonderungsanspruch, falls das Leistungsgeschäft selbst nichtig ist. Ist aber dieses Geschäft gültig und trifft die Nichtigkeit nur das der Leistung zugrunde liegende Geschäft, so hat der Leistende nur einen persönlichen Anspruch als Konkursgläubiger nach Maßgabe der §§ 812ff. BGB. und auch diesen Anspruch nur, soweit nicht etwa der § 817 BGB. entgegensteht.

Im Konkurse findet aber auch eine Anfechtung von Rechtshandlungen statt, die ernstlich gemeint und bei vollkommener Willensfreiheit vorgenommen, überhaupt an sich durchaus rechtsgültig sind. Sofern solche Rechtshandlungen für die Konkursgläubiger nachteilig sind, unterliegen sie aus einer Reihe von Gründen im Interesse der Sicherung der Konkurszwecke der Anfechtung derart, daß sie zwar nicht als nichtig, aber doch als den Konkursgläubigern gegenüber unwirksam behandelt werden. § 29 KO. Anfechtbar sind auch die nach der Konkurseröffnung vorgenommenen Rechtshandlungen, die mit Rücksicht auf den öffentlichen Glauben des Grundbuchs trotz der Bestimmungen der §§ 7 und 15 KO. nach den §§ 892, 893 BGB. der Konkursmasse gegenüber gültig sind[2]). § 42 KO. Die Anfechtbarkeit solcher Rechtshandlungen bestimmt sich nach denselben Grundsätzen wie die Anfechtbarkeit der vor der Konkurseröffnung vorgenommenen.

B. Voraussetzungen der Konkursanfechtung.

a) Eine Rechtshandlung.

Der Begriff der Rechtshandlung ist im weitesten Sinne zu verstehen. Es fällt darunter nicht nur jede Tätigkeit, sondern auch jede bewußte Unterlassung[3]), ja selbst ein bloßes Stillschweigen, wenn es bewußt geschieht und das Gesetz daran (wie z. B. in § 151 BGB.) Rechtsfolgen knüpft. Auch die bloße Übertragung des Besitzes ist eine Rechtshandlung[4]). Rechtsgültigkeit der Rechtshandlung ist nicht unbedingte Voraussetzung der Anfechtbarkeit. So werden namentlich Scheingeschäfte nach Maßgabe der §§ 30ff. KO. an-

---

[1]) Warneyer, Rechtspr. Bd. 13, Nr. 103, S. 131.

[2]) Die Anfechtbarkeit erstreckt sich auch auf einen nach der Konkurseröffnung vollzogenen Erwerb, der nach § 15 KO. in Verbindung mit § 878 BGB. gültig ist. Jur. Woch. 1913 S. 555[23] (RG. 81. 424).

[3]) Jur. Woch. 1914 S. 106[35].

[4]) LZ. 1912 S. 151[29].

gefochten werden können[1]), ebenso nichtige Geschäfte, sofern sie nur die Konkursgläubiger irgendwie benachteiligen[2]).

Anfechtbar sind nicht nur Rechtshandlungen des Gemeinschuldners, sondern unter gewissen Voraussetzungen auch Rechtshandlungen Dritter, wenigstens soweit sie die Befriedigung oder Sicherstellung von Konkursgläubigern herbeigeführt haben.

Ob die Rechtshandlungen durch den Handelnden selbst oder durch einen Vertreter für ihn vorgenommen sind, ist unerheblich[3]). Liegt eine Geschäftsführung ohne Auftrag vor, so findet die Anfechtung statt, wenn der Geschäftsherr die Geschäftsführung genehmigt hat. §§ 177, 180 BGB.

Im Nachlaßkonkurse können sowohl Rechtshandlungen des Erblassers als Rechtshandlungen des Erben oder Nachlaßverwalters angefochten werden, sofern die Handlungen den Nachlaß betreffen.

b) Eine Benachteiligung der Konkursgläubiger.

Eine Anfechtung von Rechtshandlungen findet nur zugunsten der Konkursgläubiger statt, nicht auch zugunsten Aussonderungsberechtigter oder Absonderungsberechtigter oder des Gemeinschuldners selbst. Deshalb sind anfechtbar nur Rechtshandlungen, wodurch die Konkursgläubiger benachteiligt worden sind[4]). Ist durch die Rechtshandlung nur etwas weggegeben oder aufgegeben worden, woraus die Konkursgläubiger ohnehin für sich nichts erlangt haben würden, so findet Anfechtung nicht statt. So z. B. wenn ein Grundstück veräußert worden, das bis zu seinem vollen Werte oder darüber hinaus mit Hypotheken oder anderen Realrechten belastet war[5]), ferner wenn ein Nießbrauch an einem Grundstück bestellt wird, dessen Einkünfte durch die von dem Nießbraucher zu tragenden Lasten und Hypothekenzinsen völlig aufgezehrt werden[6]); wenn eine Kaufgeldforderung abgetreten wird, der gleich hohe Gegenforderungen des Käufers gegenüberstehen[7]), oder wenn ein Pfandgläubiger aus dem Pfande befriedigt wird[8]). Die Befriedigung eines Pfandgläubigers ist selbst dann nicht anfechtbar, wenn sie aus anderen Mitteln als aus dem Pfande erfolgt, vorausgesetzt, daß dafür das Pfand für die Masse frei wird und daß es den zur Befriedigung des Pfand-

---

[1]) Vgl. RG. 32. 230; Gruch. 27. 1082, LZ. 1911 S. 951[15] (Jur. Woch. 1911 S. 595[49]), LZ. 1914 S. 586[15].

[2]) RG. 51. 121; Warn. Rechtspr. Bd. 13 Nr. 206 S. 259. Es treten aber die Folgen der Nichtigkeit, nicht die der Anfechtbarkeit ein.

[3]) RG. 12. 66.

[4]) RG. 31. 134: Jur. Woch. 1894 S. 547[15], [17], 1899 S. 540[28].

[5]) RG. 6, 27, 9. 86; Jur. Woch. 1886 S. 317[10], 1889 S. 208[15], 1890 S. 411[16], 1894 S. 429[30], 1895 S. 83[6], 1904 S. 599[23]; Gruch. Bd. 31 S. 438, Bd. 33 S. 1105. Das gilt auch beim Vorhandensein von Mietseinkünften, wenn diese nicht etwa die aus ihnen zu deckenden Lasten und Hypothekenzinsen übersteigen. RG. 64. 339.

[6]) Gruch. Bd. 51 S. 1107; Jur. Woch. 1914 S. 597[16] (LZ. 1914 S. 1378[11]).

[7]) Jur. Woch. 1906 S. 722[22]. Über die Frage, ob und inwiefern die Abtretung der Ansprüche des Unternehmers aus einem Werkvertrage eine Benachteiligung der Gläubiger enthält, s. Jur. Woch. 1913 S. 885[26] (LZ. 1914 S. 83[7]).

[8]) Jur. Woch. 1902 S. 273[17]. S. auch LZ. 1914 S. 1044[21].

gläubigers verwendeten Mitteln im Werte gleichkommt[1]). Anfechtbar ist regelmäßig auch nicht die Weggabe von Gegenständen, die ohnehin nicht zur Konkursmasse gehört haben würden[2]). Die Anfechtung ist ferner ausgeschlossen, wenn die Rechtshandlung zwar für den Bestand der Konkursmasse nachteilig gewesen, trotzdem aber noch genug Masse vorhanden ist, um sämtliche Konkursgläubiger voll befriedigen zu können. Ebenso ist sie ausgeschlossen, wenn mit der Benachteiligung eine Verbesserung der Vermögenslage des Schuldners, die für die Konkursgläubiger die Benachteiligung völlig ausgleicht, Hand in Hand gegangen, wenn z. B. ein Gläubiger des Gemeinschuldners von einem Dritten befriedigt und dadurch zwar eine neue Schuld an den Dritten begründet, dafür aber die alte Schuld erloschen ist[3]). Anfechtbar sind auch nur Verminderungen und Beeinträchtigungen desjenigen Vermögens, das der Gemeinschuldner schon hatte. Demnach nicht eine Vorausverfügung über Einkünfte, die er erst noch durch seine Tätigkeit erwerben wollte[4]); auch nicht die Ablehnung eines ihm angetragenen oder sonst möglichen Erwerbs[5]). So unterliegt namentlich die Ausschlagung einer noch nicht angenommenen Erbschaft oder eines noch nicht angenommenen Vermächtnisses der Anfechtung nicht[6]). Vgl. § 9 KO.

Im übrigen genügt aber zur Begründung der Anfechtung jede Art der Benachteiligung der Konkursgläubiger, gleichviel, ob sie in einer Beeinträchtigung der Aktivmasse oder in einer Vermehrung der Schuldenmasse besteht[7]), gleichviel auch, durch was für eine Rechtshandlung sie herbeigeführt wird. Es ist auch, abgesehen von den Fällen der §§ 30 Nr. 1 Satz 1 und 31 Nr. 2 KO., gleichgültig, ob die Benachteiligung durch die Rechtshandlung unmittelbar oder nur mittelbar erfolgt. Auch ein an sich für den Gemeinschuldner nicht unvorteilhaftes Geschäft unterliegt, die genannten Fälle ausgenommen, der Anfechtung, wenn es zur Folge hat, daß die Konkursmasse geringer oder mehr belastet oder schlechter verwertbar ist, als sie ohne das Geschäft sein würde[8]). Es kommt lediglich darauf an, ob eine solche Folge

---

[1]) Jur. Woch. 1899. S. 540[28], Gruchot Bd. 46 S. 1111. S. ferner den ähnlichen Fall L. Z. 1917 S. 985[21].

[2]) S. aber folgende Seite. Bezüglich der Anfechtbarkeit der Veräußerung eines Erwerbsgeschäfts s. Jur. Woch. 1909 S. 202[24] (RG. 70. 226).

[3]) RG. 48. 148. Anders in dem Falle LZ. 1914 S. 490[11].

[4]) Jur. Woch. 1905 S. 442[27]. Danach erachtet das Reichsgericht (VII. Senat) einen Dienstvertrag, worin der Gemeinschuldner mit dem Dienstherrn vereinbart hat, daß der pfändbare Teil des für seine Dienstleistungen bedungenen Gehalts nicht ihm sondern einem Dritten, etwa seiner Ehefrau, zustehen soll, für unanfechtbar. RG. 69. 59, LZ. 1912 S. 560[8]. S. auch RG. 67. 170. Die Ansicht des Reichsgerichts wird freilich vielfach bekämpft. S. LZ. 1912 S. 709.

[5]) Jur. Woch. 1882 S. 38, 1888 S. 330[10]; Gruchot Bd. 26 S. 828, Bd. 34 S. 1192. Ob und wie weit danach in einer Änderung des ehelichen Güterstandes, wodurch der Mann Rechte am Vermögen der Frau aufgibt, eine Benachteiligung der Gläubiger des Mannes zu erblicken ist, darüber herrscht Streit. Über den Fall der Umwandlung der Fahrnisgemeinschaft in Gütertrennung s. RG. 57. 81.

[6]) Ebenso nicht der Verzicht auf ein angefallenes Lehn. RG. 84. 342.

[7]) RG. 36. 166.

[8]) Warn. Rechtspr. Bd. 8 Nr. 64 S. 88.

überhaupt eingetreten ist. Ob die Benachteiligung der Gläubiger durch Handlungen des Gemeinschuldners oder durch Handlungen Dritter oder durch Zufall eingetreten ist, begründet keinen Unterschied[1]). Bestehende Veräußerungsbeschränkungen schließen die Benachteiligung durch die Veräußerung nicht aus[2]). Eine Benachteiligung liegt in der Veräußerung oder Belastung von Vermögensgegenständen, auch wenn dem Erwerber ein persönlicher Anspruch darauf zustand[3]). Auch die Entäußerung des Besitzes genügt, selbst die bloße Verwandlung des unmittelbaren Besitzes in mittelbaren[4]). Bei Weggabe von Sachen kann eine Benachteiligung der Konkursgläubiger auch dann vorliegen, wenn die Sachen dem Gemeinschuldner nicht gehörten. So können durch die Weggabe von Sachen, die der Gemeinschuldner nur zur Verwahrung erhalten hatte, die Konkursgläubiger sehr wohl benachteiligt sein[5]). Nicht minder durch die Weggabe von Sachen, die ihm unter Vorbehalt des Eigentums verkauft und übergeben waren[6]), und durch Weggabe von Gefälligkeitsakzepten, die ihm ein anderer gegeben hatte[7]). Wenn der Gemeinschuldner von dem Eigentümer die Übertragung des Eigentums zu fordern hat, den Eigentümer aber anweist, die Sache für seine Rechnung einem Dritten zu übereignen und der Eigentümer der Anweisung Folge leistet, so liegt die Benachteiligung klar vor[8]).

Zwischen der Benachteiligung und der Rechtshandlung muß ein ursächlicher Zusammenhang bestehen. Dazu genügt aber auch eine mittelbare Zuwendung; es ist nicht nötig, daß der Gemeinschuldner zu dem andern in unmittelbare Beziehungen tritt, wenn nur der unmittelbare Empfänger der Leistung als Mittelperson dient, durch die die Zuwendung an den eigentlichen Empfänger verwirklicht wird[9]).

Der Beweis, daß infolge der Rechtshandlung die Konkursgläubiger benachteiligt sind, liegt dem Verwalter ob. Es genügt jedoch der Nachweis, daß durch die anzufechtende Rechtshandlung irgend etwas aus dem Vermögen des Gemeinschuldners weggegeben oder aufgegeben oder daß dieses Vermögen irgendwie beeinträchtigt oder belastet ist. Wenn dann der Gegner geltend machen will, daß gleichwohl eine Benachteiligung der Konkursgläu-

---

[1]) RG. 33. 120, Jur. Woch. 1894 S. 429[28] u. 519[14], 1900 S. 651[10]; LZ. 1918 S. 1082[29].

[2]) Daher ist die Abtretung des Geschäftsanteils einer Gesellschaft mit beschränkter Haftung anfechtbar auch wenn die Abtretung nach den Satzungen der Gesellschaft an deren Zustimmung gebunden ist. Gruchot 53. 1118 (LZ. 1909 S. 554[6]).

[3]) Gruchot Bd. 35 S. 1163.

[4]) So z. B. kann es eine Benachteiligung der Konkursgläubiger enthalten, wenn der Gemeinschuldner einen Hypothekenbrief einem andern zur Verwahrung übergibt. Gruch. 53. 103.

[5]) Jur. Woch. 1888 S. 289[12]. S. auch RG. 36. 161.

[6]) RG. 67. 20 (Jur. Woch. 1907 S. 842[23]).

[7]) Jur. Woch. 1894 S. 200[23].

[8]) Gruchot Bd. 46 S. 394.

[9]) RG. 43. 83, 59. 195; Jur. Woch. 1909 S. 280[19] (Gruch. 53. 1129); Gruch. 55. 1101. Dahin gehört auch die Befriedigung eines Gläubigers durch einen Treuhänder, dem der Gemeinschuldner Vermögensstücke zur Regelung seiner Schulden übertragen hat LZ 1913 S. 308[5] (Jur. Woch. 1913 S. 272[14]; RG. 81. 144). S. ferner unten unter K.

biger nicht vorliege, so ist es an ihm, das darzulegen und zu beweisen. So genügt z. B. zum Nachweise der Benachteiligung die Tatsache, daß der Gemeinschuldner ein ihm gehöriges Vermögensstück einem andern übertragen hat, ebenso die, daß er eine abstrakte Verpflichtung eingegangen ist. Der andere muß demgegenüber, wenn er die Benachteiligung bestreitet, darlegen, daß die Vermögenslage des Gemeinschuldners durch das Geschäft für die Konkursgläubiger nicht verschlechtert ist[1]).

Eine wirklich eingetretene Benachteiligung bietet keinen Grund zur Anfechtung mehr, wenn sie zur Zeit der Konkurseröffnung durch Rückgewähr des Weggegebenen oder in anderer Weise wieder ausgeglichen ist[2]). Die Ausgleichung muß aber in der Weise erfolgt sein, daß die Konkursgläubiger Befriedigung nun wieder in gleichem Maße erlangen können, wie vor der Rechtshandlung. Es genügt daher nicht, wenn die Rückgewähr oder sonstige Ausgleichung nur zum Zweck der Verdunkelung des wirklichen Tatbestandes stattgefunden hat[3]). Die Ausgleichung muß auch für die Gläubiger in ihrer Gesamtheit, nicht nur zugunsten einiger oder eines einzelnen erfolgt sein[4]).

Auch dann besteht kein Grund zur Anfechtung mehr, wenn das Interesse daran für die Konkursgläubiger fortgefallen ist[5]).

c) Konkurs.

Da die Anfechtung nur dazu bestimmt ist, den Konkursgläubigern Befriedigung zu verschaffen, so findet sie nur im Konkurse und nur solange statt, als der Konkurs schwebt[6]). Nach der Beendigung des Konkurses können Anfechtungsprozesse, wenn sie noch nicht erledigt sind, nur wegen der Kosten fortgesetzt werden[7]).

Auf die Rechtmäßigkeit der Konkurseröffnung kommt es aber nicht an; es genügt, daß der Konkurs tatsächlich schwebt. Dem Anfechtungsgegner steht der Einwand, daß der Konkurs zu Unrecht eröffnet sei, nicht zu[8]).

Auch in einem Konkurse über das inländische Vermögen eines im Auslande ansässigen Gemeinschuldners findet Anfechtung statt[9]). Voraussetzung ist nur ein in Deutschland eröffneter Konkurs. In einem solchen sind auch die im Auslande vorgenommenen Rechtshandlungen nach den Grundsätzen der Konkursordnung anfechtbar[10]).

---

[1]) RG. 26. 74, 58. 141 (Jur. Woch. 1904 S. 392[24]); Gruch. Bd. 34 S. 1193, Jur. Woch. 1890 S. 42[7. 8. 9].

[2]) RG. 14. 311; 24. 92, 98; 37. 97; Gruch. 48. 116; RG. 69. 44. (Jur. Woch. 1908 S. 496[37]).

[3]) RG. 44. 92; Jur. Woch. 1905 S. 184[33]).

[4]) LZ. 1910 S. 163[11] (Jur. Woch. 1910 S. 38[61]), LZ. 1911 S. 951[14].

[5]) Z. B. dadurch, daß der Verwalter die Sache, deren Belastung mit einem Pfandrecht anfechtbar war, aus der Konkursmasse freigegeben hat RG. 60. 109.

[6]) Durch die Anordnung der Geschäftsaufsicht wird ein Anfechtungsrecht nicht begründet.

[7]) S. dazu unter F.

[8]) Jur. Woch. 1899 S. 728[6].

[9]) Über die Voraussetzungen in diesem Falle s. LZ. 1911 S. 947[10].

[10]) Warn. Rechtspr. Bd. 9 Nr. 233 S. 379.

C. Anfechtungsgründe.

a) Überblick.

Die Gründe, aus denen die Konkursanfechtung stattfindet, zerfallen in drei Gruppen.

1. Anfechtbar sind zunächst Geschäfte, wodurch die Konkursmasse vermindert oder beeinträchtigt worden ist, nachdem bereits der Gemeinschuldner zahlungsunfähig geworden war. Die Konkursmasse soll möglichst in dem Vermögensstande hergestellt werden, wie sie vorhanden gewesen sein würde, wenn gleich nach Eintritt der Zahlungsunfähigkeit, die nach § 102 KO. die regelmäßige Voraussetzung der Konkurseröffnung bildet, der Konkurs eröffnet worden wäre. Die bezeichneten Geschäfte sind jedoch regelmäßig nur anfechtbar, wenn zur Zeit ihrer Vornahme die Zahlungsunfähigkeit des Gemeinschuldners schon durch seine Zahlungseinstellung oder durch den Eingang eines Antrags auf Konkurseröffnung erkennbar geworden war und dem Anfechtungsgegner eins von diesen Erkennungszeichen wirklich bekannt gewesen ist. § 30 KO. Auch im Konkurse über einen Nachlaß kommt es nur auf die Zahlungseinstellung oder den Eröffnungsantrag, nicht auf die Überschuldung an, obgleich allein im Falle der Überschuldung über einen Nachlaß der Konkurs eröffnet werden kann[1]).

2. Anfechtbar sind ferner Rechtshandlungen, die der Gemeinschuldner in der dem anderen Teile bekannten Absicht, die Konkursgläubiger zu benachteiligen, vorgenommen hat. § 31 KO.

3. Anfechtbar sind endlich die unentgeltlichen Verfügungen des Gemeinschuldners aus der letzten Zeit vor der Konkurseröffnung nach den näheren Bestimmungen des § 32 KO.

b) Die Anfechtungsgründe im einzelnen.

I. Die Rechtsgeschäfte, die der Gemeinschuldner nach der Zahlungseinstellung oder nach Eingang eines Antrags auf Konkurseröffnung geschlossen hat, unterliegen der Anfechtung, sofern durch ihre Eingehung die Konkursgläubiger benachteiligt werden und der andere Teil zu der Zeit, als er das Geschäft mit dem Gemeinschuldner einging, von der Zahlungseinstellung oder dem Eröffnungsantrage Kenntnis gehabt hat. § 30 Nr. 1 Satz 1 KO.

Soll auf Grund dieser Bestimmung ein Rechtsgeschäft angefochten werden, so ist also folgendes erforderlich:

1. Der Gemeinschuldner muß es nach der Zahlungseineinstellung oder nachdem bereits ein Antrag auf Konkurseröffnung gestellt war, geschlossen haben.

---

[1]) Gruchot Bd. 29 S. 423; Jur. Woch. 1885 S. 92[14]; RG. 25. 38; LZ. 1912 S. 461[33]. Haben erst die Erben die Zahlungen eingestellt, so muß das bezüglich der Nachlaßverbindlichkeiten geschehen sein, wenn im Nachlaßkonkurse eine Anfechtung auf Grund des § 30 KO. stattfhaft sein soll.

Zahlungseinstellung liegt vor, wenn der Gemeinschuldner wegen eines nicht bloß vorübergehenden Mangels an flüssigen Mitteln aufhört, seine fälligen Zahlungen in ihrer Allgemeinheit zu leisten, und wenn diese Tatsache für Dritte — Gläubiger oder andere Personen — erkennbar wird. Solange die fälligen Zahlungen geleistet werden, läßt sich von einer Zahlungseinstellung nicht reden, einerlei, ob der Gemeinschuldner die Mittel zu den Zahlungen selbst besessen oder von anderen auf Kredit erhalten[1]) und einerlei auch, ob er sich die Mittel dazu auf redliche oder auf unredliche Weise verschafft hat[2]). Schlechte Vermögenslage des Gemeinschuldners, auch Anordnung der Geschäftsaufsicht oder Überschuldung, ferner Verpfändung und Verschleuderung von Waren u. dgl. genügen für sich allein zur Annahme der Zahlungseinstellung nicht; es müssen fällige Zahlungen wirklich unterblieben sein[3]). Das Unterbleiben der Zahlungen muß auch auf einem nicht bloß vorübergehenden Mangel an flüssigen Mitteln — eigenen und fremden — beruhen. Daß dem Gemeinschuldner noch Kredit zur Verfügung stand, schließt jedoch die Annahme der Zahlungseinstellung nur dann aus, wenn der Kredit wirklich schon gewährt war oder doch die Gewährung in sicherer Aussicht stand und wenn der Kredit zugleich so beschaffen war, daß sich mit seiner Hilfe die Erfüllung oder wenigstens die Stundung der fälligen und drängenden Zahlungsverbindlichkeiten des Gemeinschuldners herbeiführen ließ[4]). Daß der Gemeinschuldner sämtliche fälligen Zahlungen unterläßt, ist nicht erforderlich; Zahlungseinstellung kann schon dann vorliegen, wenn nur im allgemeinen die fälligen Zahlungen nicht mehr geleistet werden, mögen auch einzelne, etwa besonders dringende, wie Lohnzahlungen, oder verhältnismäßig unbedeutende, noch erfolgen[5]). Bei der Beurteilung, ob und wann Zahlungseinstellung stattgefunden hat, kommt es auf das Gesamtverhalten des Gemeinschuldners an[6]). In Betracht kommen dabei nur seine Geldschulden[7]), auch nur die Schulden, deren Bestehen er nicht gutgläubig bestreitet.

Wenn der Gemeinschuldner seine Zahlungseinstellung erklärt, so kann das als Beweis dienen, daß wirklich Zahlungseinstellung vorliegt, entspricht die Erklärung aber nicht den tatsächlichen Verhältnissen, so ist sie unerheblich[8]).

---

[1]) Gruch. Bd. 44 S. 1216; Jur. Woch. 1900 S. 132[8].

[2]) Jur. Woch. 1901 S. 653[11], 1905 S. 157[47], 1911 S. 490[19]; LZ. 1911 S. 857[7] C und F.

[3]) Jur. Woch. 1893 S. 562[21]; Gruch. Bd. 39 S. 1089, 65 S. 630; RG. 100. 62. Unter welchen Voraussetzungen bei Flucht des Gemeinschuldners Zahlungseinstellung anzunehmen, darüber s. Warn. Rechtsprechung Bd. 16 Nr 24 S. 28.

[4]) Jur. Woch. 1898 S. 12[29], 1902 S. 546[13]; LZ. 1908 S. 378[23], 1910 S. 474[5], 1914 S. 585[14]; Gruch. 56. 351.

[5]) RG. 6. 95, 21. 21, 50. 39; Jur. Woch. 1896 S. 357[14]; Gruch. Bd. 49 S. 115. Die Nichtzahlung muß die Regel, die Zahlung die Ausnahme bilden; das hat der Verwalter darzulegen. Jur. Woch. 1910 S. 483[29], 1911 S. 108[45], 1912 S. 306[27], LZ. 1910 476[6], 1911 S. 857[7] B und C, 1914 S. 1042[18].

[6]) Auch wenn die Anfechtung in einem auf Grund des § 238 KO. eröffneten Sonderkonkurse erfolgen soll. RG. 21, 21.

[7]) Gruch. Bd. 51 S. 1093.

[8]) Gruch. 53. 1127 (LZ. 1909 S. 400[6]); LZ. 1909 S. 481[8], 1912 S. 661[29].

Die Zahlungseinstellung ist überhaupt von dem Willen des Gemeinschuldners und von seiner Auffassung bezüglich seiner Vermögenslage unabhängig; entscheidend ist, ob andrängende Gläubiger der Regel nach nicht mehr befriedigt werden und ob auch in Zukunft der Gemeinschuldner seine Verbindlichkeiten aus Mangel an bereiten Mitteln nicht erfüllen kann[1]). Unter Umständen kann schon die Unterlassung einer einzigen fälligen und vom Gläubiger verlangten Zahlung genügen, namentlich wenn sie eine besonders große Verbindlichkeit betrifft[2]). Die Zahlungseinstellung muß aber nach außen erkennbar geworden sein, wenn auch nicht notwendig für eine größere Anzahl von Gläubigern[3]). Es muß von Gläubigern wegen Zahlung wirklich gemahnt sein[4]). Auch ist bei der Beurteilung der bloßen Nichtleistung fälliger Zahlungen auf die Art, wie der Gemeinschuldner sein Geschäft betrieben hat und auf die in seinem Stande rücksichtlich der Pünktlichkeit in der Erfüllung fälliger Verbindlichkeiten bestehenden Anschauungen Rücksicht zu nehmen[5]). Bei Nichtkaufleuten wird die bloße, wenn auch erhebliche, Verzögerung von Zahlungen auf Zahlungseinstellung nicht leicht schließen lassen. Daß der Gemeinschuldner Wechsel unter Protest gehen oder es zu Klagen kommen läßt, ist für sich allein der Regel nach kein genügender Beweis für die Zahlungseinstellung, ist aber, namentlich bei Kaufleuten, ein starkes Anzeichen dafür[6]). Solange die Gläubiger Frist bewilligen, kann von Zahlungseinstellung jedenfalls nicht die Rede sein[7]). Endlich muß die Zahlungseinstellung in der Unfähigkeit, mit den vorhandenen Mitteln die fälligen Schulden zu tilgen, ihren Grund haben, denn sie muß die Äußerung der bestehenden Zahlungsunfähigkeit sein. Eine vorübergehende bloße Zahlungsstockung genügt nicht[8]), ebensowenig eine Zahlungseinstellung, die wegen irrtümlich angenommener oder bloß vorgeschützter Zahlungsunfähigkeit erfolgt[9]). Andererseits kann eine wirkliche Zahlungseinstellung auch dann unter Umständen vorliegen, wenn eine Überschuldung nicht besteht. Das kann der Fall sein, wenn sich die vorhandene Masse zu der Zeit, zu der die Verbindlichkeiten zu erfüllen sind und die Gläubiger auf Erfüllung drängen, nicht flüssig machen läßt[10]). Zahlungseinstellung ist auch dann an-

---

1) LZ. 1910 S. 476[6], 1911 S. 857[7], 1917 S. 736[20], 1; Jur. Woch. 1911 S. 724[33], 1912 S. 306[27], 1919 S. 826[9].

2) LZ. 1911 S. 857[7] F. (Jur. Woch. 1911 S. 490[19]), LZ. 1917 S. 736[20], 1.

3) Jur. Woch. 1892 S. 238[12], 1893 S. 562[21]. Es genügt sogar, wenn Personen, mit denen der Gemeinschuldner geschäftliche Beziehungen unterhielt, die Zahlungseinstellung gekannt haben, mögen sie auch nicht gerade seine Gläubiger gewesen sein. RG. 51. 412, Warn. Rechtspr. Bd. 10 Nr. 96 S. 141.

4) Jur. Woch. 1889 S. 171[14], 1891 S. 250[14], 1898 S. 508[30], 1908 S. 48[26].

5) Jur. Woch. 1892 S. 238[12].

6) Jur. Woch. 1897 S. 238[41], 1900 S. 132[9]. Fruchtlose Protesterhebung kann sogar unter Umständen, wenigstens wenn der Wechselschuldner ein Kaufmann ist, zur Annahme der Zahlungseinstellung genügen. Jur. Woch. 1899 S. 770[10], 1910 S. 29[52].

7) Jur. Woch. 1905 S. 29[42]; LZ. 1910 S. 861[5] (Jur. Woch. 1910 S. 622[20]).

8) Jur. Woch. 1906 S. 92[15]. Über den Unterschied zwischen Zahlungsstockung und Zahlungseinstellung s. Jur. Woch. 1910 S. 29[52].

9) Jur. Woch. 1895 S. 497[12], 1904 S. 454[11]; Gruch. Bd. 49 S. 115.

10) Gruchot Bd. 41 S. 1103; Jur. Woch. 1905 S. 157[47].

zunehmen, wenn der Gemeinschuldner in der Absicht, sich der Erfüllung seiner Zahlungsverbindlichkeiten zu entziehen, Vermögensstücke beiseite schafft[1]). —

Ob und wann danach Zahlungseinstellung als erfolgt anzusehen ist, muß nach der besonderen Lage jedes einzelnen Falles beurteilt werden[2]). Den Beweis der Zahlungseinstellung hat der Verwalter zu erbringen[3]). Zum Beweise der Tatsachen, aus denen die Zahlungseinstellung gefolgert werden soll, kann er dem Anfechtungsgegner den Eid zuschieben.

Gleiche Bedeutung wie die Zahlungseinstellung hat für die Anfechtbarkeit von Rechtshandlungen der Antrag auf Konkurseröffnung, und zwar gleichviel, ob er vom Gemeinschuldner oder von einem Konkursgläubiger gestellt ist, und ob zur Zeit seiner Einreichung der Gemeinschuldner wirklich zahlungsunfähig gewesen ist oder nicht[4]).

Zahlungseinstellung und Eröffnungsantrag kommen aber für die Anfechtung nur dann in Betracht, wenn sie zur Eröffnung des Konkurses geführt haben. Ist die Zahlungseinstellung später gehoben oder ist der Eröffnungsantrag zurückgenommen oder zurückgewiesen und ist dann erst infolge einer neuen Zahlungseinstellung oder auf einen neuen Antrag der Konkurs eröffnet, so kann auf die frühere Zahlungseinstellung oder den früheren Eröffnungsantrag eine Anfechtung nicht gegründet werden[5]).

Ein Rechtsgeschäft, das früher als sechs Monate vor der Konkurseröffnung vorgenommen ist, kann um deswillen, weil schon damals der Gemeinschuldner seine Zahlungen eingestellt hatte und dies dem anderen Teil bekannt war, überhaupt nicht angefochten werden[6]). § 33 KO. Die sechs Monate sind nach den §§ 187, 188 BGB. zu berechnen. Der Umstand, daß der Gemeinschuldner unter Geschäftsaufsicht gestanden hat und während deren Dauer der Konkurs nicht eröffnet werden konnte, hindert den Lauf der Frist nicht[7]).

2. **Beim Abschlusse des Rechtsgeschäftes muß der Anfechtungsgegner von der Zahlungseinstellung oder dem Eröffnungsantrage Kenntnis gehabt haben.**

---

[1]) Gruch. 49. 1082.

[2]) Veräußerung der zur Fortsetzung des Geschäfts erforderlichen Einrichtungsgegenstände und Vorräte kann als Anhalt für die Zahlungseinstellung dienen. Jur. Woch. 1910 S. 837[76] (LZ. 1910 S. 938[4]).

[3]) Er muß also darlegen, daß und wann Zahlungseinstellung im Sinne der obigen Ausführungen erfolgt ist. Welche Anforderungen in dieser Beziehung an ihn zu stellen sind, darüber s. LZ. 1913 S. 486[6].

[4]) RG. 36. 73

[5]) Jur. Woch. 1882 S. 143, 1916 S. 1118; RG. 88. 237; LZ. 1917 S. 61[12]. War ein Zahlungsaufschub bewilligt, so ist damit die frühere Zahlungseinstellung endgültig beseitigt, so daß nach Ablauf der bewilligten Frist Zahlungseinstellung nur dann vorliegt, wenn neuerdings ihre Voraussetzungen gegeben sind. Jur. Woch. 1908 S. 342[30]. Ähnlich wie die Stundung wirkt die Anordnung der Geschäftsaufsicht. RG. 100. 62, Gruch. 65. 628 (Jur. Woch. 1921 S. 1241[19]).

[6]) RG. 6. 110, 69. 254 (Jur. Woch. 1908 S. 687[27]). Abw. RG. 25. 86.

[7]) Jur. Woch. 1916 S. 1545[2] (OLG. Celle).

Handelt es sich um Kenntnis der Zahlungseinstellung, so muß der Gegner nicht nur die Tatsachen gekannt[1]) haben, aus denen sich die Zahlungseinstellung ergibt, sondern er muß auch selbst die Erkenntnis von der Zahlungseinstellung gewonnen haben[2]). Es genügt nicht, daß er bei gewissenhafter Erwägung diese Erkenntnis hätte gewinnen müssen, wenn sich nicht feststellen läßt, daß er sie wirklich gewonnen hat. Noch weniger genügt es, wenn er nur im allgemeinen die schlechte Vermögenslage des Gemeinschuldners gekannt und deshalb befürchtet hat, dieser könnte seine Zahlungen eingestellt haben[3]).

Der Kenntnis von dem Eröffnungsantrage steht die Kenntnis von Sicherungsmaßregeln gleich, die das Konkursgericht auf Grund des § 106 KO. getroffen hat, denn solche Sicherungsmaßregeln können nur angeordnet werden, wenn ein Antrag auf Konkurseröffnung vorliegt.

Die Kenntnis von der Zahlungseinstellung oder dem Eröffnungsantrage muß schon bestehen bei Abschluß des Rechtsgeschäfts[4]), spätere Erlangung der Kenntnis ist gleichgültig[5]). Wenn das Rechtsgeschäft auf die Begründung eines Rechts gerichtet ist, das durch Eintragung in das Grundbuch erworben wird, so dürfte wohl als Zeitpunkt der Kenntnis nicht der Zeitpunkt entscheidend sein, wo der Antrag auf Eintragung beim Grundbuchamt eingegangen ist, auch nicht der, wo die Eintragung stattgefunden hat, sondern der, wo die nach § 873 BGB. erforderliche Einigung für den Gemeinschuldner bindend geworden ist, denn in dem Falle des § 30 Nr. 1 Satz 1 steht nur die Anfechtung von Rechtshandlungen des Gemeinschuldners in Frage[6]). Bei Verpfändung einer Forderung kommt es auf den Zeitpunkt an, wo der Schuldner der verpfändeten Forderung von der Verpfändung benachrichtigt wird[7]). § 1280 BGB.

Ist das Geschäft durch einen (gesetzlichen oder freiwilligen) Vertreter geschlossen worden, so kommt es auf dessen Kenntnis an[8]). Hat der Vertreter aber auf Grund einer Vollmacht nach bestimmten Weisungen des Machtgebers gehandelt, so genügt zur Begründung der Anfechtbarkeit sowohl seine

---

[1]) Was unter „kennen" zu verstehen ist, darüber s. RG. 74. 120, 78. 32f., 88. 5.

[2]) RG. 23. 114 (Jur. Woch. 1889 S. 287[16]); Jur. Woch. 1908 S. 459[30], LZ. 1916 S. 1191[15], 1919 S. 1080[9].

[3]) Jur. Woch. 1895 S. 505[10], 1896 S. 34[22], 1919 S. 826[10]; Gruch. Bd. 49 S. 1087.

[4]) S. hierzu RG. 67, 428, 77. 51; Gruch. 54. 1164.

[5]) Handelt es sich um einen Vertrag, der später erfüllt ist, und hat der andere Vertragsteil die Zahlungseinstellung oder den Eröffnungsantrag nicht schon beim Vertragsschlusse, sondern erst bei Empfang der vertragsmäßigen Leistung gekannt, so kann nicht der Vertrag selbst, sondern nur dessen Erfüllung angefochten werden. Wann diese anfechtbar darüber s. unten unter c.

[6]) Das ist jedoch zweifelhaft und streitig. Das Reichsgericht erklärt in allen Fällen des § 30 die Kenntnis zur Zeit der Eintragung für genügend und entscheidend. Gruch. 38. 1200, 41. 1024; RG. 51. 284; Jur. Woch. 1896 S. 150[24], 1913, S. 555[23]; RG. 68. 150 (Jur. Woch. 1908 S. 343[31]), RG. 68. 374 (Jur. Woch. 1908 S. 459[31]).

[7]) Jur. Woch. 1902 S. 185[21].

[8]) RG. 72. 133 (Jur. Woch. 1910 S. 29[51]); LZ. 1910 S. 161[8].

Kenntnis als die des Machtgebers[1]). § 166 BGB. Das gleiche gilt, wenn der Vertreter ohne Vollmacht, aber mit nachträglicher Genehmigung des Geschäftsherrn gehandelt hat. Sofern es auf dessen Kenntnis ankommt, ist dann entscheidend, ob die Kenntnis zur Zeit der Genehmigung bestanden hat[2]). Vertreter des Anfechtungsgegners ist aber nur, wer in dessen Namen gehandelt hat[3]).

Im Falle des Vorhandenseins mehrerer Vertreter genügt die Kenntnis eines von ihnen, auch dann, wenn zu rechtsverbindlichen Willenserklärungen das Zusammenwirken mehrerer erforderlich ist[4]). Das gilt namentlich auch für die Willensorgane juristischer Personen[5]). Bei diesen dürfte der Kenntnis der Willensorgane die Kenntnis eines verfassungsmäßig für einen gewissen Geschäftskreis bestellten besonderen Vertreters, wenn es sich um ein in diesen Geschäftskreis fallendes Geschäft handelt, gleichstehen[6]). § 30 BGB. Bei offenen Handelsgesellschaften genügt die Kenntnis jedes vertretungsberechtigten Gesellschafters.

Der Beweis der Kenntnis der Zahlungseinstellung kann häufig in Ermangelung anderer Beweismittel nur durch Eideszuschiebung geführt werden. Die Eideszuschiebung ist zweckmäßig auf die einzelnen Tatsachen zu richten, aus denen die Kenntnis hervorgeht[7]). Es ist zwar nicht gerade unzulässig, den Eid im allgemeinen dahin zuzuschieben, daß der Anfechtungsgegner die „Zahlungseinstellung" des Gemeinschuldners gekannt habe, eine solche Eideszuschiebung ist jedoch mißlich, weil es bei so allgemeiner Fassung nicht leicht vorkommen wird, daß der Anfechtungsgegner Bedenken trägt, den Eid zu leisten.

3. Durch die Eingehung des Rechtsgeschäfts müssen die Konkursgläubiger benachteiligt sein. Geschäfte, bei denen dem Gemeinschuldner für das, was er aus seinem Vermögen weggibt, volles Entgelt gewährt wird, sollen, selbst, wenn aus ihnen mittelbar Nachteile für die Konkursgläubiger entstehen, nicht schon um deswillen, weil der andere Teil von der Zahlungseinstellung oder dem Eröffnungsantrage Kenntnis gehabt hat, der Anfechtung unterliegen. Dergleichen Geschäfte sind nur unter den Voraussetzungen des § 31 KO. anfechtbar.

Durch die Eingehung des Rechtsgeschäfts sind die Konkursgläubiger dann benachteiligt, wenn das Geschäft unmittelbar eine Verringerung oder Belastung des den Gläubigern zu ihrer gemeinschaftlichen Befriedigung dienenden Vermögens des Gemeinschuldners oder eine Er-

---

[1]) Für das ältere Recht vgl. RG. 17. 37; Jur. Woch. 1889 S. 69[11]; 1902 S. 444[7]; Gruch. 49. 1086.

[2]) RG. 68. 374 (Jur. Woch. 1908 S. 459[31]).

[3]) Daher nicht der Notar, der das Geschäft bloß beurkundet hat. LZ. 1907 S. 516[10].

[4]) Gruch. Bd. 29 S. 703; Jur. Woch. 1886 S. 148[15], 1887 S. 191[9], 1889 S. 154[5].

[5]) Ist der Gemeinschuldner zugleich Willensorgan der juristischen Person, so ist seine Kenntnis dieser als ihre Kenntnis anzurechnen. LZ. 1911 S. 948[12]. Jedoch nur, wenn er bei dem Geschäft auch als ihr Vertreter mitgewirkt hat. LZ. 1911 S. 860[9].

[6]) Aber nicht die Kenntnis von Angestellten, die bloß Ausführungsorgane sind.

[7]) RG. 51. 412 (Jur. Woch. 1902 S. 397[20]).

schwerung der Verwertbarkeit dieses Vermögens verursacht hat[1]). Daher fallen unter § 30 Nr. 1 Satz 1 KO. Verkäufe von Waren unter dem Wert oder auf Kredit an unsichere oder gar zahlungsunfähige Käufer, ferner die Hingabe von Gefälligkeitsakzepten ohne genügende Deckung, überhaupt die Begründung neuer Verbindlichkeiten ohne den Empfang vollen Gegenwerts. Dagegen fallen nicht unter die Gesetzesbestimmung Zahlungen, die an den Gemeinschuldner zur Tilgung von ihm zustehenden Forderungen geleistet sind, Einlösung eines Pfandes, sofern nicht etwa der gezahlte Betrag den Wert des Pfandes übersteigt[2]), ferner Veräußerungen, bei denen der Gemeinschuldner in barem Gelde oder in anderen Gegenständen für die veräußerten Sachen den vollen Gegenwert erhält[3]), mag auch das gezahlte Geld oder der sonstige Gegenwert der veräußerten Sachen sich nicht mehr in der Konkursmasse vorfinden[4]). Die erleichterte Möglichkeit der Verschleuderung oder Verheimlichung des dem Gemeinschuldner gewährten Entgelts stellt noch keine unmittelbare Benachteiligung der Konkursgläubiger dar[5]). Das Entgelt muß jedoch in das Vermögen des Gemeinschuldners gelangt sein. Trotz Angemessenheit des Entgelts werden durch das Rechtsgeschäft die Konkursgläubiger unmittelbar benachteiligt und ist deswegen das Rechtsgeschäft auf Grund des § 30 Nr. 1 Satz 1 KO. anfechtbar, wenn das Entgelt darin besteht, daß eine Schuld des Gemeinschuldners an den anderen Vertragsteil getilgt wird[6]) oder daß einzelne andere Konkursgläubiger befriedigt werden[7]), ferner wenn durch das Geschäft dem anderen Vertragsteil die Möglichkeit verschafft wird, gegen die daraus für den Gemeinschuldner entstehende Forderung mit einer ihm gegen den Gemeinschuldner zustehenden Gegenforderung aufzurechnen[8]), endlich, wenn nach dem Vertrage das Entgelt nicht dem Gemeinschuldner, sondern Dritten zu gewähren, z. B. wenn es seinen Kindern oder anderen Personen überwiesen ist[9]). Ebenso liegt eine unmittelbare Benachteiligung der Konkursgläubiger trotz Angemessenheit des Entgelts vor, wenn das Entgelt der Zwangsvollstreckung ganz oder zum Teil entzogen ist und deswegen zur Befriedigung der Gläubiger nicht verwendet werden kann, also z. B. wenn das Entgelt in dem persönlichen Recht auf Wohnung oder auf Beköstigung besteht[10]).

Für die Frage, ob das Entgelt angemessen, ist entscheidend sein Wert zur Zeit des Abschlusses des Rechtsgeschäfts; eine spätere Wertsteigerung

---

1) Ob das der Fall, ist vom Standpunkt der Gläubiger, nicht vom Standpunkte des Gemeinschuldners aus zu beurteilen. RG. 10. 8.

2) RG. 90. 73.

3) Z. B. ein Verkauf zu angemessenem Preise, auch wenn das Kaufgeld gestundet wird, vorausgesetzt nur, daß die Kaufgeldforderung sicher ist. Gruch. 48. 116.

4) RG. 24. 133, 27. 98, 53. 234. Die in RG. 18. 122 aufgestellte widersprechende Ansicht hat das Reichsgericht aufgegeben.

5) RG. 29. 77; Jur. Woch. 1892 S. 336[20], 1893 S. 210[20], 1896 S. 175[28].

6) Gruch. Bd. 46 S. 675.

7) Jur. Woch. 1894 S. 546[14], 1895 S. 127[7]. RG. 53. 234.

8) RG. 26. 81; Jur. Woch. 1895 S. 82[4].

9) Gruch. Bd. 36 S. 1143.

10) S. dieselbe Entscheidung.

bleibt außer Betracht[1]). Jedoch wird bei der Abschätzung des Wertes eine schon zur Zeit des Geschäftsabschlusses vorhanden gewesene bestimmte Aussicht auf spätere Wertsteigerung in Rechnung zu ziehen sein.

Soll ein Vertrag nur zum Teil angefochten werden, so kommt es für die Beurteilung der Frage, ob durch den Vertrag die Gläubiger benachteiligt werden, nicht bloß auf die angefochtene Vertragsbestimmung, sondern auf den Gesamtinhalt des Vertrages an[2]).

II. Anfechtbar sind ferner Rechtshandlungen, die einem Konkursgläubiger Sicherung oder Befriedigung gewähren, wenn sie nach der Zahlungseinstellung des Gemeinschuldners oder dem Antrage auf Konkurseröffnung erfolgt sind und dem Gläubiger zu der Zeit, als sie erfolgten, die Zahlungseinstellung oder der Eröffnungsantrag bekannt gewesen ist. § 30 Nr. 1 Satz 2 KO.

III. Ist durch eine Rechtshandlung einem Konkursgläubiger eine Sicherung oder Befriedigung gewährt, die er nicht oder nicht in der Art oder nicht zu der Zeit zu beanspruchen hatte, so ist sie anfechtbar, nicht nur wenn sie nach der Zahlungseinstellung oder dem Eröffnungstage, sondern auch wenn sie in den letzten 10 Tagen vorher[3]) stattgefunden hat. Es wird dann auch gesetzlich vermutet, daß der Gemeinschuldner dabei die Absicht gehabt hat, den Gläubiger vor den übrigen zu begünstigen und daß diese Absicht sowie die Zahlungseinstellung oder der Eröffnungsantrag — wenn sie bereits vorlagen — dem Gläubiger bekannt gewesen sind, so daß der Gläubiger sich nur durch den Beweis seiner Nichterkenntnis vor der Anfechtung schützen kann. § 30 Nr. 2 KO.

Unter Nr. II und III fallen Rechtshandlungen aller Art, also nicht nur Rechtshandlungen des Gemeinschuldners, sondern auch solche, die von dritten Personen oder von Behörden vorgenommen sind, sofern nur durch sie ein Konkursgläubiger eine Sicherung oder eine Befriedigung erlangt hat[4]). Es ist gleichgültig, ob die Rechtshandlungen mit dem Willen des Gemeinschuldners stattgefunden haben oder ohne oder selbst gegen seinen Willen.

Voraussetzung ist aber, daß die Befriedigung oder Sicherung einem Konkursgläubiger gewährt ist. Ist der Gläubiger Massegläubiger oder aussonderungsberechtigt, so findet eine Anfechtung nach Nr. II oder Nr. III nicht statt, ebenso wenn er absonderungsberechtigt ist und die Befriedigung oder Sicherung auf Grund seines Absonderungsrechts erhält[5]). Wenn der Gläubiger aber nur ein Vorrecht im Konkurse hat (s. § 61 KO.), so wird dadurch die Anfechtung nach Nr. II und III nicht ausgeschlossen[6]).

---

[1]) Gruch. Bd. 36 S. 1131.

[2]) Jur. Woch. 1897 S. 633[15], 1898 S. 51[22].

[3]) Wegen der Berechnung der zehn Tage s. unten bei c β 2.

[4]) RG. 3. 395, 7. 37.

[5]) Jur. Woch. 1912 S. 250[22] (LZ. 1912 S. 935[8]), RG. 90. 69. Alsdann kann aber das Absonderungsrecht, z. B. das durch eine Pfändung erlangte, nach § 30 Nr. 2 KO. anfechtbar sein.

[6]) LZ. 1913 S. 236[10].

Was unter Zahlungseinstellung zu verstehen, s. oben unter C b 1. Was zur Kenntnis der Zahlungseinstellung gehört, s. das. unter C b 2. Ist eine Befriedigung oder Sicherung durch eine Eintragung im Grundbuch gewährt worden, so wird die Frage, in welchem Zeitpunkte der Gläubiger die Zahlungseinstellung oder den Eröffnungsantrag oder die Begünstigungsabsicht des Gemeinschuldners gekannt haben muß, wenn die Anfechtung begründet sein soll, dahin zu beantworten sein, daß die Kenntnis des Gläubigers zur Zeit der Eintragung[1]) und wenn der Erwerb des eingetragenen Rechts sich erst später (z. B. erst durch Übergabe des Hypothekenbriefes) vollzieht, sogar die Kenntnis in diesem späteren Zeitpunkt genügt.

Rechtshandlungen, die früher als sechs Monate vor der Konkurseröffnung[2]) erfolgt sind, können, wie im Falle zu I, so auch in den Fällen II und III nicht angefochten werden, wenn die Anfechtung sich darauf gründet, daß der Gemeinschuldner seine Zahlungen eingestellt hatte und der befriedigte oder sichergestellte Konkursgläubiger die Zahlungseinstellung gekannt haben soll. § 33 KO.

Das weitere über die Anfechtungsgründe II und III s. unter c.

IV. Anfechtbar sind ferner Rechtshandlungen, die der Gemeinschuldner[3]) in der Absicht vorgenommen hat, die Gläubiger zu benachteiligen, sofern der Verwalter beweist, daß dem anderen Teil diese Absicht zur Zeit der Vornahme der Handlung bekannt gewesen ist. § 31 Nr. 1 KO. Dergleichen Handlungen unterliegen der Anfechtung, gleichviel, wie lange vor der Konkurseröffnung sie vorgenommen sind. Sie sind aber, wenn nicht mehr als der einfache Tatbestand des § 31 Nr. 1 KO. vorliegt, nur anfechtbar, nicht nichtig; weder § 134 noch § 138 BGB. kann auf sie ohne weiteres angewendet werden[4]).

Unter § 31 Nr. 1 KO. fallen auch Geschäfte, die nicht unmittelbar zwischen dem Gemeinschuldner und dem anderen Teil, sondern in der Art geschlossen sind, daß ein gutgläubiger Dritter als Mittelsperson zwischengeschoben ist, sofern nur dabei die Absicht des Gemeinschuldners darauf gerichtet gewesen ist, unter Benutzung der Mittelsperson die Benachteiligung der

---

[1]) S. die früher zu der Frage angeführten Reichsgerichtsurteile und LZ. 1911 S. 947[11].

[2]) Bei Berechnung der Frist wird die Zeit nicht mitgezählt, während deren eine Geschäftsaufsicht bestanden hat. § 75 der Bekanntmachung des Bundesrats über die Geschäftsaufsicht v. 14. Dezember 1916.

[3]) Lebt der Gemeinschuldner in Gütergemeinschaft, so genügt seine betrügliche Absicht und ist nicht erforderlich, daß auch seine Ehefrau die Absicht gehabt habe, die Gläubiger zu benachteiligen. Gruchot Bd. 39 S. 1072.

[4]) RG. 56. 229; Gruch. Bd. 49 S. 351; RG. 69. 143 (Jur. Woch. 1908 S. 444[4]), LZ. 1912 S. 83[6], Jur. Woch. 1914 S. 834[12]. Auch Schadensersatzansprüche finden, wenn lediglich der Tatbestand des § 31[1] vorliegt, nicht statt. LZ. 1910 S. 162[10]; Jur. Woch. 1910 S. 38[61], 939[16]. Solche Ansprüche werden aber überhaupt nur die einzelnen Gläubiger erheben können, nicht der Verwalter, sofern nicht die Gesamtheit der Konkursgläubiger geschädigt ist.

Gläubiger herbeizuführen und der andere Teil in Kenntnis dieser Absicht mit der Mittelsperson abgeschlossen hat[1]).

Die Absicht des Gemeinschuldners muß auf eine Benachteiligung seiner persönlichen Gläubiger gerichtet gewesen sein. Eine solche Absicht besteht nicht, z. B. wenn er sein Vermögen zur Vermeidung des Konkurses einem Treuhänder mit der Bestimmung übereignet, daß dieser es zu Geld machen und die Gläubiger nach und nach befriedigen soll[2]), oder wenn er eine Veräußerung vornimmt, um den veräußerten Gegenstand oder den Erlös einem Bevorrechtigten zuzuwenden[3]). Die Absicht des Gemeinschuldners braucht aber nicht die gewesen zu sein, daß alle Gläubiger benachteiligt werden sollten; schon die Absicht, einen einzelnen Gläubiger zu benachteiligen, reicht hin[4]). Seine Absicht braucht auch nicht auf Benachteiligung bestimmter Gläubiger gerichtet gewesen zu sein: Es genügt, wenn er irgendwelche Gläubiger, oder alle, gleichviel, wen es treffe, gegenwärtige oder zukünftige, hat benachteiligen wollen[5]). Ebenso genügt es, daß die Benachteiligung nur für einen gewissen möglichen Fall, nicht unter allen Umständen, beabsichtigt ist[6]). Es ist auch nicht nötig, daß die Absicht des Gemeinschuldners ausschließlich auf die Benachteiligung der Gläubiger gegangen ist[7]). Immer ist aber erforderlich, daß eine wirkliche Absicht des Gemeinschuldners, die Gläubiger zu benachteiligen, vom Verwalter nachgewiesen wird[8]). Hierzu genügt nicht der Beweis, daß der Gemeinschuldner bei Vornahme der Rechtshandlung bereits überschuldet gewesen ist und dies gewußt hat[9]), oder daß er sich bewußt gewesen ist, daß die Rechtshandlung seine Gläubiger benachteiligen könne[10]). Zum Beweise der Absicht, die Gläubiger zu benachteiligen, ist es mindestens nötig, daß dargetan wird, der Gemeinschuldner habe bei Vornahme der Rechtshandlung gewußt, daß die Rechtshandlung eine Benachteiligung der Gläubiger notwendig oder doch nach dem gewöhnlichen Lauf der Dinge herbeiführen werde. Diese Darlegung erscheint aber auch ausreichend, denn wenn der Gemeinschuldner sich bewußt gewesen ist, daß die vorgenommene Rechtshandlung seine Gläubiger sicher benachteiligen werde, so ist daraus regel-

---

1) LZ. 1908 S. 390[8], 1909 S. 557[8].

2) Gruch. Bd. 49 S. 1115. Doch darf dabei nicht die Bevorzugung einzelner Gläubiger vor den andern beabsichtigt sein. LZ. 1912 S. 152[30], 1913 S. 158[5], S. 308[5].

3) RG. 64. 343.

4) Gruch. Bd. 36 S. 1143.

5) Jur. Woch. 1886 S. 14[19], 1889 S. 209, 1908 S. 567[32]; RG. 15. 62, 26. 11. LZ. 1911 S. 864[12] E.

6) RG. 24. 26; LZ. 1912 S. 152[30]; Gruch. 56. 1078; Jur. Woch. 1913 S. 439[19].

7) RG. 26. 3. Diese braucht nicht einmal der Hauptbeweggrund des Gemeinschuldners gewesen zu sein. LZ. 1914 S. 1043[20].

8) Die Zulässigkeit der Eideszuschiebung an den Gläubiger zum Beweise der Benachteiligungsabsicht des Gemeinschuldners ist mit Rücksicht auf § 445 ZPO. streitig. Das Reichsgericht bejaht aber die Zulässigkeit. RG. 15. 368, 43. 292; Jur. Woch. 1893 S. 427[15], 1903 S. 344[7]; LZ. 1913 S. 310[6], S. 562[7]. Anders RG. 3. 430.

9) Jur. Woch. 1887 S. 208[14] (Gruch. Bd. 31 S. 1125).

10) Gruch. Bd. 31 S. 1125; Jur. Woch. 1897 S. 209; RG. 33. 124; LZ. 1911 S. 864[12] A. Abweichend RG. 11. 173.

mäßig zu schließen, daß er die Benachteiligung der Gläubiger **beabsichtigt** hat[1]).

Wenn für den Gemeinschuldner ein Vertreter gehandelt hat, so gilt hinsichtlich der Frage, auf wessen Absicht es ankommt, das unter C b 2 Gesagte entsprechend.

Hat die Rechtshandlung die **Erfüllung oder Sicherstellung einer fälligen Verbindlichkeit** des Gemeinschuldners zum Gegenstande gehabt, so ist die Benachteiligungsabsicht **nicht** schon darin zu finden, daß der Gemeinschuldner in dem Bewußtsein handelte, durch die Befriedigung des einen Gläubigers den übrigen Gegenstände seines Vermögens, die sonst zu ihrer Befriedigung hätten dienen können, zu entziehen[2]). Das Nähere in dieser Beziehung s. unten unter C c.

Die Absicht der Benachteiligung der Gläubiger wird nicht ausgeschlossen dadurch, daß das vom Gemeinschuldner vorgenommene Geschäft für ihn nicht unvorteilhaft oder sogar vorteilhaft war, denn ein Geschäft, welches für den Gemeinschuldner vorteilhaft ist, kann deswegen doch dessen Gläubiger benachteiligen und solche Benachteiligung bezweckt haben[3]). Eine Benachteiligungsabsicht kann auch vorhanden sein, ohne daß der Gemeinschuldner schon zahlungsunfähig ist oder es durch die Rechtshandlung wird. Dagegen ist eine solche Absicht nicht anzunehmen, wenn durch die Rechtshandlung die Gläubiger des Gemeinschuldners gar nicht benachteiligt werden konnten[4]). Das ist namentlich dann der Fall, wenn der Gemeinschuldner ein Grundstück veräußert hat, das bereits bis zum vollen Werte mit Hypotheken belastet war. Freilich ist auch in solchem Falle eine Benachteiligungsabsicht des Gemeinschuldners nicht schlechthin unmöglich. Sie kann z. B. vorhanden sein, wenn zwar der augenblickliche Wert des Grundstücks den Betrag der Hypotheken nicht überstieg, aber die begründete Aussicht auf eine künftige Wertsteigerung bestand und diese bei der Veräußerung vom Gemeinschuldner in Betracht gezogen worden ist[5]).

Der andere Teil, mit dem oder dem gegenüber die Rechtshandlung vorgenommen worden, muß die Absicht des Gemeinschuldners, die Gläubiger zu benachteiligen, **gekannt** haben; daß er sie bei genügender Aufmerksamkeit hätte kennen müssen, genügt nicht. Hat für ihn ein **Vertreter** gehandelt, so ist die Frage, wie weit es auf dessen und wie weit es auf seine Kenntnis ankommt, ebenso zu beantworten wie in den Fällen des § 30 KO. S. unter C b 2. Daß der andere Teil genau davon unterrichtet gewesen ist, in **welcher Weise** der Gemeinschuldner seine Gläubiger hat benachteiligen wollen, ist

---

1) Jur. Woch. 1887 S. 15[13], 1888 S. 70[14], 1894 S. 547[16], 1895 S. 127[8], 1911 S. 67[75], 193[30]; Gruchot Bd. 33 S. 127, 39. 133, 56. 1078; RG. 23. 14; LZ. 1913 486[6].

2) Der Beweis, daß der Gemeinschuldner zahlungsunfähig war oder durch das Geschäft wurde, und daß er sich dessen bewußt war, genügt nicht. Jur. Woch. 1893 S. 352[35] und S. 385[15].

3) RG. 13. 299 (Jur. Woch. 1885 S. 159[9]), RG. 22. 49, 33. 120; Jur. Woch. 1883 S. 227[21], 1894 S. 429[28] und S. 519[14].

4) Jur. Woch. 1882 S. 261. S. oben unter B b.

5) Gruchot Bd. 36 S. 1134. Siehe auch Jur. Woch. 1892 S. 312[13].

nicht nötig[1]). Der andere Teil braucht sich auch nicht gerade der Rechtswidrigkeit der Handlung des Gemeinschuldners bewußt gewesen zu sein[2]). Ebensowenig braucht er die Absicht gehabt zu haben, sich zu bereichern. Die Kenntnis von der Absicht des Gemeinschuldners braucht, wenn dessen Rechtshandlung sich nicht auf einmal vollzogen hat, nur zur Zeit der Vollendung der Rechtshandlung bestanden zu haben[3]).

Zum Beweise der Kenntnis genügt es, wenn aus den Umständen des Falles entnommen werden kann, daß der andere Teil der Benachteiligungsabsicht des Gemeinschuldners sich bewußt gewesen sein muß.

Der Anfechtung nach § 31 Nr. 1 KO. unterliegen Rechtshandlungen im weitesten Sinne, also nicht nur Anerkenntnisse, Vergleiche, Verzichtleistungen, Veräußerungen, Verpfändungen u. dgl., sondern auch ein bloßes Dulden des Gemeinschuldners, wie z. B. die Zulassung einer Arrestpfändung[4]), die Zulassung der Erlangung eines vollstreckbaren Schuldtitels für einen Gläubiger[5]).

Daß die Rechtshandlung eine Benachteiligung der Gläubiger wirklich herbeigeführt habe, ist auch im Falle des § 31 Nr. 1 KO. Voraussetzung der Anfechtung. S. darüber oben unter B b. Die Benachteiligung braucht jedoch nicht die unmittelbare Folge der Rechtshandlung zu sein[6]).

V. Die entgeltlichen Verträge, die der Gemeinschuldner[7]) im letzten Jahre vor der Konkurseröffnung geschlossen hat:

mit seinem Ehegatten während der Ehe

oder mit demselben zur Zeit des Brautstandes oder schon vorher

oder mit seinen oder seines Ehegatten Verwandten in aufsteigender oder absteigender Linie (Eltern, Großeltern, Kindern, Kindeskindern, Schwiegereltern, Stiefkindern), mit seinen oder seines Ehegatten voll- und halbbürtigen Geschwistern oder mit dem Ehegatten einer dieser Personen,

unterliegen der Anfechtung ohne weiteres, sofern durch ihren Abschluß die Gläubiger des Gemeinschuldners unmittelbar benachteiligt werden. Bei solchen Verträgen wird gesetzlich vermutet, daß der Gemeinschuldner durch sie seine Gläubiger habe benachteiligen wollen und daß diese Absicht dem anderen Teil zur Zeit des Vertragsabschlusses bekannt gewesen sei. Diese Vermutung muß durch Gegenbeweis vom Gegner des Verwalters entkräftet werden. § 31 Nr. 2 KO.

---

[1]) Jur. Woch. 1902 S. 24[17].

[2]) RG. 9. 73.

[3]) S. dazu die bezüglichen Reichsgerichtsentscheidungen bei C b 2.

[4]) Gruch. Bd. 30 S. 869. Überhaupt jede bewußte Unterlassung. Jur. Woch. 1914 S. 106[35].

[5]) Unter welchen Voraussetzungen bei Erwirkung von Vollstreckungstiteln und Pfändungen gegen den Gemeinschuldner eine Rechtshandlung des Gemeinschuldners, selbst als vorliegend anzusehen ist, darüber s. RG. 47. 223, ferner Gruch. 50. 1122 (Jur. Woch. 1906 S. 234[20]).

[6]) Gruch. Bd. 27. 162.

[7]) Oder dessen Vertreter. RG. 12. 66; Jur. Woch. 1884 S. 302[25].

Unter „Verträgen" sind hier alle zweiseitigen Rechtsgeschäfte zu verstehen, die eine Vermögensänderung zum Gegenstande haben, also z. B. auch Pfand- und Hypothekenbestellungen[1]), ferner die Erfüllung bestehender Verbindlichkeiten[2]). Daß die Verträge entgeltlich sind, ist nicht wesentlich, da unentgeltliche Verträge erst recht, schon gemäß § 32 KO., der Anfechtung unterliegen. Die Frage, ob die Verträge auf Grund des § 31 oder nur auf Grund des § 32 KO. angefochten werden können, spielt bloß rücksichtlich des Umfanges der Rückgewährpflicht des Empfängers eine Rolle. Siehe § 37 KO. Der Begriff der Entgeltlichkeit ergibt sich aus den Erörterungen unter Nr. VI[2]. Was unter „Verwandten" zu verstehen, ist nach dem maßgebenden bürgerlichen Recht zu beurteilen[3]). Uneheliche Kinder gelten nach BGB. §§ 1705, 1589 Abs. 2 als verwandt im Verhältnis zu ihrer Mutter und zu deren Verwandten. Der § 31 Nr. 2 KO. findet nicht Anwendung: auf Verträge zwischen Brautleuten, wenn nicht die Ehe zur Zeit der Anfechtung geschlossen ist, auf Verträge zwischen geschiedenen Eheleuten sowie auf Verträge mit dem Bräutigam oder der Braut eines der oben bezeichneten Verwandten, wenn auch die Ehe unter den Brautleuten nach dem Abschlusse des Vertrags noch vor der Anfechtung geschlossen worden[4]). Andererseits findet § 31 Nr. 2 bezüglich Verschwägerter auch dann Anwendung, wenn die Ehe, die das Schwägerschaftsverhältnis zum Gemeinschuldner begründet, zur Zeit des Vertragsabschlusses nicht mehr bestanden hat[5]). § 33 EG. z.BGB.

Voraussetzung der Anfechtung aus § 31 Nr. 2 ist allemal, daß unmittelbar durch den Abschluß des Vertrags die Gläubiger des Gemeinschuldners benachteiligt sind[6]). In dieser Beziehung gilt das unter C b I 3 Bemerkte. Es genügt also nicht, daß die Benachteiligung durch spätere Ereignisse, z. B. durch den Verbrauch oder das Beiseiteschaffen des empfangenen Geldes, herbeigeführt ist.

Der Vertrag muß in dem letzten Jahre vor der Konkurseröffnung geschlossen sein[7]). Im Streitfall hat das der Verwalter zu beweisen. Die Be-

---

[1]) Jur. Woch. 1898 S. 223[17]. Ebenso die Bewilligung vollstreckbarer Urkunden an Gläubiger. Vgl. RG. 9. 100 (Jur. Woch. 1883 S. 196[20]), RG. 14. 80; Jur. Woch. 1886 S. 91[13]. Weiter Anerkenntnisse, die einen selbständigen Klagegrund gewähren. Jur. Woch. 1893 S. 138[18]. Endlich auch das Zusammenwirken mit einem Gläubiger zu dessen Befriedigung oder Sicherung durch Zwangsvollstreckung. Jur. Woch. 1898 S. 52[62].

[2]) RG. 27. 134, wo insbesondere auch die Frage der Verteilung der Beweislast behandelt ist. S. auch Jur. Woch. 1882 S. 91, RG. 51. 76, LZ. 1910 S. 864[7].

[3]) Vgl. BGB. §§ 1589, 1581, 1719, 1723, 1736, 1737, 1741, 1757, 1763.

[4]) Jur. Woch. 1882 S. 261[18].

[5]) RG. 63. 92 (Jur. Woch. 1906 S. 345[1]). Gegenüber einer offenen Handelsgesellschaft greift die gesetzliche Vermutung des § 31 Nr. 2 KO. schon dann Platz, wenn auch nur einer der persönlich haftenden Gesellschafter sich in einer persönlichen Beziehung der im Gesetz bezeichneten Art zu dem Gemeinschuldner befindet. Jur. Woch. 1899 S. 228[18] (RG. 43. 105), LZ. 1914 S. 867[12].

[6]) Jur. Woch. 1900 S. 716[7].

[7]) Handelt es sich um einen Prolongationswechsel, so läuft das Jahr nicht von der Ausstellung dieses Wechsels ab, sondern von der des Urwechsels. RG. 77. 51. Bei Abtretung aufschiebend bedingter Ansprüche läuft das Jahr von der Abtretung, nicht von dem Eintritt der Bedingung an. RG. 67. 428; Gruch. 54. 1164.

rechnung der Frist erfolgt nach den §§ 187, 188 BGB.[1]). Daß der letzte Tag der Frist ein Sonntag oder ein allgemeiner Feiertag ist, macht für ihre Berechnung nichts aus[2]). Hat eine Geschäftsaufsicht bestanden, so wird die Zeit, während deren dies der Fall war, bei der Berechnung der Frist nicht mitgezählt[3]).

Wenn die Voraussetzungen des § 31 Nr. 2 vorliegen, so kann derjenige, mit dem der Gemeinschuldner den Vertrag geschlossen hat, sich vor der Anfechtung nur dadurch schützen, daß er seinerseits beweist entweder, daß bei Abschluß des Vertrags eine Absicht des Gemeinschuldners, die Gläubiger zu benachteiligen, nicht bestanden hat, oder, daß ihm wenigstens von einer solchen Absicht damals nichts bekannt gewesen ist. Wann die Absicht des Gemeinschuldners, die Gläubiger zu benachteiligen, als vorliegend anzusehen ist, ist unter IV erörtert[4]).

Einer besonderen Besprechung bedarf die Frage der Anfechtbarkeit der Erfüllungs- und Deckungsgeschäfte. Diese Frage ist unten eingehend besprochen.

VI. Anfechtbar sind endlich, ohne daß eine betrügliche Absicht des Gemeinschuldners oder ein Verschulden des Anfechtungsgegners vorzuliegen braucht, unentgeltliche Verfügungen des Gemeinschuldners aus der letzten Zeit vor der Konkurseröffnung, und zwar im einzelnen:

1. Die Rückgewähr[5]) der Einlage des stillen Gesellschafters infolge Auflösung der Gesellschaft oder auch ohne deren Auflösung sowie ein dem stillen Gesellschafter gewährter Erlaß eines Anteils am Verluste, wenn innerhalb eines Jahres nach der Rückgewähr oder dem Erlasse über das Vermögen des Geschäftsinhabers der Konkurs eröffnet wird und der stille Gesellschafter nicht beweisen kann, daß der Konkurs in Umständen seinen Grund hat, welche erst nach der Vereinbarung der Zurückzahlung oder des Erlasses eingetreten sind. § 342 HGB., § 3 Abs. 1 Einf.-Ges. z. KO.

2. Alle unentgeltlichen Verfügungen, die der Gemeinschuldner innerhalb des letzten Jahres vor der Konkurseröffnung, ohne dazu verpflichtet zu sein, vorgenommen hat — ausgenommen allein gebräuchliche Gelegenheitsgeschenke. § 32 Nr. 1 KO. Unentgeltlich sind die Verfügungen, die sich sowohl vom Standpunkte des Verfügenden, als vom Standpunkte desjenigen, dem sie zugute kommen, als unentgeltlich darstellen[6]). Entscheidend ist, ob nach der Absicht der Beteiligten eine Gegenleistung gewährt oder übernommen werden sollte oder ob dies nicht der Fall ist[7]). Eine unmittelbare Bereicherung

---

[1]) RG. 27. 285.

[2]) Jur. Woch. 1898 S. 247[9].

[3]) § 75 der Bekanntmachung des Bundesrats v. 14. Dezember 1916.

[4]) Über die Verteilung der Beweislast bei der Anfechtung von Wechselverpflichtungen des Gemeinschuldners siehe RG. 26. 74.

[5]) Was als Rückgewähr anzusehen, darüber s. RG. 84. 434.

[6]) Jur. Woch. 1889 S. 68[7]; LZ. 1909 S. 71[6], 1910 S. 558[3].

[7]) Jur. Woch. 1893 S. 294[4]; RG. 10. 86, 30. 36, 38. 6, 50. 134, 62. 273. Gruch. Bd. 59 S. 521. Über den Unterschied von Gegenleistung und bloßer Zweckbestimmung s. RG. 92. 227.

des Empfängers ist nicht Voraussetzung, es genügt irgendwelche Zuwendung. Andrerseits kommt als Gegenleistung alles in Betracht, was Gegenstand einer Leistung sein kann und woran der Gemeinschuldner irgendein wirtschaftliches Interesse hat[1]). Zu den unentgeltlichen Verfügungen gehören z. B. Bürgschaften und Pfandbestellungen für fremde Schulden ohne Gegenleistung[2]), Entsagungen von erworbenen Erbschaften[3]) und anderen Rechten, ferner die Überweisung von Kaufgeldern an Kinder in Anrechnung auf ihr künftiges Erbteil[4]). Verfügungen, die nur scheinbar entgeltlich sind, fallen ebenfalls unter § 32 Nr. 1; teilweis unentgeltliche Verfügungen insoweit, als sie unentgeltlich sind[5]). Die Gewährung einer Aussteuer an eine Tochter zu ihrer Verheiratung ist, soweit sie den Vermögensverhältnissen der Eltern angemessen ist, nach BGB. § 1620 keine unentgeltliche Verfügung. Die Gewährung einer Ausstattung oder Mitgift an ein Kind des Gemeinschuldners ist als unentgeltliche Verfügung anzusehen, wenn und insoweit für den Gemeinschuldner eine gesetzliche oder vertragliche Verpflichtung dazu nicht bestand[6]). Die Zusicherung von Vorteilen dafür, daß der andere eine bestimmte Person heirate, stellt eine unentgeltliche Verfügung nicht dar[7]). Die Tilgung einer fremden Schuld kann als unentgeltilche Verfügung auch dem befriedigten Gläubiger gegenüber anzusehen sei, nämlich wenn eine Verpflichtung dazu nicht bestand und der eigentliche Schuldner mittellos oder aus rechtlichen Gründen Zahlung von ihm nicht zu erlangen ist[8]). Dagegen ist die Bezahlung einer eigenen Schuld, auch wenn sie vorzeitig geleistet ist, keine unentgeltliche Verfügung im Sinne des § 32 KO.[9]). Ebensowenig die Pfandbestellung für eigene Verbindlichkeiten, das Anerkenntnis solcher Verbindlichkeiten[10]) oder die Hingabe von Wechseln zwecks ihrer Erfüllung.

---

[1]) Jur. Woch. 1903 S. 292[14], S. 609[23]; LZ. 1913 S. 562.[8] S. auch folgende Anm.

[2]) RG. 60. 265. Hat aber der Besteller auch nur einen wirtschaftlichen Vorteil oder ein eigenes wirtschaftliches Interesse bei der Sicherheitsstellung, so ist diese schon nicht mehr als unentgeltlich anzusehen. Jur. Woch. 1905 S. 442[28].

[3]) Nicht auch Entsagungen von noch nicht angenommenen Erbschaften. § 9 KO. S. oben unter B b.

[4]) Gruchot Bd. 36 S. 1149; Jur. Woch. 1892 S. 302[10].

[5]) RG. 29. 265; Jur. Woch. 1898 S. 518[57].

[6]) Jur. Woch. 1902 S. 218[22], LZ. 1916 S. 1116[10]. Klagbar braucht die Verpflichtung nicht unbedingt zu sein, um dem Geschäft den Charakter der Unentgeltlichkeit zu entziehen. Gruchot Bd. 41 S. 1108; Jur. Woch. 1897 S. 189[14]. Ausstattungen, die einem Kinde mit Rücksicht auf seine Verheiratung oder auf die Erlangung einer selbständigen Lebensstellung zur Begründung oder zur Erhaltung der Wirtschaft oder der Lebensstellung von dem Vater oder der Mutter gewährt werden, gelten als Schenkung nur insoweit, als sie das den Umständen, namentlich den Vermögensverhältnissen des Gebers entsprechende Maß übersteigen. § 1624 BGB., Gruch. 56. 1003.

[7]) RG. 17. 252, 62. 276.

[8]) RG. 51. 415; Jur. Woch. 1902 S. 171[33]. Siehe auch RG. 10. 86 (Jur. Woch. 1884 S. 50[30]). Über den Fall der Bezahlung der Schuld eines Gesellschafters durch die Gesellschaft s. RG. 38. 6 (Jur. Woch. 1896 S. 639[16]).

[9]) Jur. Woch. 1888 S. 103. Auch die Einlösung eines akzeptierten Wechsels durch den Aussteller, der den Wechsel weiterbegeben hat, ist in der Regel keine unentgeltliche Verfügung. RG. 50. 134.

[10]) RG. 62. 44.

Dergleichen Geschäfte sind nur aus den unter II—V erörterten Gründen anfechtbar[1]). Das Nähere darüber s. unter c. Eine unentgeltliche Verfügung liegt auch nicht in der fiduziarischen Übereignung von Vermögensstücken[2]).

Voraussetzung ist allemal, daß die unentgeltliche Zuwendung auf Kosten des Gemeinschuldners erfolgt ist. Hat der Gemeinschuldner zugunsten eines Dritten eine Versicherung genommen, so ist als Zuwendung nicht der Anspruch anzusehen, den der Dritte gegen den Versicherer erlangt, sondern nur das, was der Gemeinschuldner an Prämien oder sonst aufwendet, um dem Dritten den Anspruch gegen den Versicherer zu verschaffen oder zu erhalten, und auch das nur insoweit, als es nicht den Wert des dem Dritten verschafften Anspruchs übersteigt[3]). Hat dagegen der Gemeinschuldner eine Versicherung für sich oder seinen Nachlaß genommen, so ist es eine unentgeltliche Zuwendung, wenn er diese Versicherung derart umwandelt, daß sie nunmehr zugunsten eines Dritten besteht, der ihm dafür ein Entgelt nicht zu gewähren hat[4]). Nicht anders ist es, wenn die Versicherung mit der Klausel „zahlbar an den Inhaber" genommen war und dann die Polize einem Dritten ausgehändigt wird[5]). Vgl. im übrigen hierzu Abschnitt I unter L 2 S. 47.

Bedingt der Gemeinschuldner einem Dritten in einem Vertrage eine Rente aus, so ist auch darin keine unentgeltliche Zuwendung an den Dritten zu finden[6]).

Im Konkurse über einen Nachlaß steht es einer unentgeltlichen Verfügung gleich, wenn der Erbe vor der Konkurseröffnung aus dem Nachlasse Pflichtteilsansprüche, Vermächtnisse oder Auflagen erfüllt hat. § 222 KO.

3. Alle innerhalb der letzten 2 Jahre vor der Konkurseröffnung[7]) vom Gemeinschuldner vorgenommenen unentgeltlichen Verfügungen zugunsten seines Ehegatten. § 32 Nr. 2 KO. Anfechtbar ist eine solche Verfügung wohl auch dann, wenn sie in einem Ehevertrage enthalten und dieser Vertrag schon vor der Ehe geschlossen ist[8]). Was unter unentgeltlichen Verfügungen zu verstehen, ist unter Nr. 2 erörtert. Eine vertragsmäßige Änderung des Güterstandes ist als unentgeltliche Verfügung anzusehen, wenn der Ehegatte darauf keinen gesetzlichen Anspruch hat und der Verfügende ein Recht ohne Gegenleistung aufgibt oder zu seinem Nachteil ändert[9]).

---

[1]) RG. 6. 85, 9. 103, 22. 271, 29. 299; Jur. Woch. 1883 S. 113[37], 1897 S. 633[16].

[2]) Gruch. 49. 900. Bezüglich solcher Geschäfte s. unter A.

[3]) RG. 51. 403; LZ. 1911 S. 860[8]. Das Reichsgericht hat in solchem Fall die Zahlung der letztjährigen Prämie und wenn der Dritte die Ehefrau des Gemeinschuldners ist, die Zahlung der Prämien für die beiden letzten Jahre für anfechtbar erklärt. RG. 61. 218 (Jur. Woch. 1904 S. 495[24]; Gruch. 49. 1089).

[4]) RG. 62. 46. Gilt auch, wenn er sich die Benennung des Bezugsberechtigten von vornherein vorbehalten hatte. RG. 66. 162.

[5]) RG. 66. 163.

[6]) Auch nicht, wenn der Dritte die Rente erst nach dem Tode des Gemeinschuldners beziehen soll und dieser sich in dem Vertrage die Bestimmung der Person des Bezugsberechtigten noch vorbehalten hat. Gruch. Bd. 51 S. 209 (Jur. Woch. 1906 S. 383[10]).

[7]) Berechnung der Frist wie unter V.

[8]) Das ist aber sehr zweifelhaft. A. M. das Reichsgericht. RG. 76. 5 (Jur. Woch. 1911 S. 463[42]).

[9]) RG. 57. 81, 87. 301; Jur. Woch. 1904 S. 152[30]; Gruch. 48. 958, 52. 1164.

Die vom Gemeinschuldner bewirkte Rückgewähr oder Sicherstellung eines Heiratsguts oder des gesetzlich in seine Verwaltung gekommenen Vermögens seiner Ehefrau ist jetzt mit Rücksicht auf die Bestimmungen der §§ 1391 und 1418 BGB. der Regel nach nicht als unentgeltliche Verfügung anzusehen, sondern nur unter den Voraussetzungen der §§ 30 und 31 KO. anfechtbar, soweit sie nicht ausnahmsweise sich als Schenkung darstellt[1]). Wenn der Mann Geld der Frau auf ihren Namen anlegt, so ist das überhaupt unanfechtbar, weil darin keine Rückgewähr oder Sicherstellung des Eingebrachten sondern einfach eine Verwaltungsmaßregel liegt[2]). Ob gebräuchliche Gelegenheitsgeschenke zu den unentgeltlichen Verfügungen im Sinne der Nr. 2 des § 32 KO. zu rechnen sind, ist streitig. —

Die Berechnung der Fristen erfolgt in den Fällen zu VI ebenso wie im Falle zu V. S. dort den drittletzten Absatz.

c) Insbesondere die Anfechtung der Befriedigung und der Sicherstellung von Gläubigern des Gemeinschuldners (der Erfüllungs- und der Deckungsgeschäfte[3]).

Hat der Gemeinschuldner einem Konkursgläubiger für dessen Forderung eine Befriedigung oder eine Sicherung gewährt, so unterliegt ein solches Geschäft der Anfechtung nach Maßgabe der Bestimmungen des § 30 Nr. 1 Satz 2 und Nr. 2 KO. S. oben unter b II und III. Unter den dort bestimmten Voraussetzungen findet die Anfechtung auch dann statt, wenn der Gläubiger ohne oder selbst gegen den Willen des Gemeinschuldners eine Befriedigung oder Sicherstellung erlangt hat[4]). Voraussetzung ist, daß die Befriedigung oder Sicherstellung entweder aus dem Vermögen des Gemeinschuldners oder — bei Verwendung fremder Vermögensstücke — doch auf seine Kosten erlangt ist[5]), ferner, daß ein Konkursgläubiger als solcher[6]) befriedigt oder sichergestellt worden. Außerdem ist die Befriedigung und Sicherstellung von Konkursgläubigern aus den Gründen des § 31 KO. (oben b IV und V) anfechtbar, wenn sie durch den Gemeinschuldner erfolgt. Soweit die Befriedigung oder Sicherstellung vom Gemeinschuldner ausgeht, ist jedoch

---

[1]) Gruchot Bd. 45 S. 1180; Jur. Woch. 1902 S. 424[28]. Als unentgeltliche Verfügung ist eine Sicherstellung des Heiratsgutes dann aufzufassen, wenn dadurch die Frau eine bessere Sicherheit erlangt hat, als ihr der Mann ohne Verletzung der Rechte Dritter gewähren konnte. Gruchot Bd. 46 S. 391. Eine Rückgewähr von Heiratsgut liegt auch vor, wenn sie an einen Dritten erfolgt, die Frau aber sie gegen sich gelten lassen muß. Jur. Woch. 1901 S. 517[6]. Über die Anfechtbarkeit eines Geschäfts, wodurch der Frau anstatt der Sicherstellung, die sie verlangen kann, gleich das Eingebrachte zurückgewährt wird, s. Gruch. 50. 1140.

[2]) LZ. 1908 S. 73[6].

[3]) Gehört der Gläubiger zu den bevorrechtigten, so schließt das die Anfechtung nicht aus, doch wird sie wegen des Vorrechts, das dem Gläubiger im Konkurse zugestanden haben würde, weniger Aussicht auf Erfolg haben.

[4]) RG. 3. 395, 7. 37.

[5]) RG. 36. 161, 48. 148; LZ. 1917 S. 925[23]; Jur. Woch. 1919 S. 107[10].

[6]) Nicht etwa ein absonderungsberechtigter Gläubiger nur in Ansehung seines Rechts auf abgesonderte Befriedigung. RG. 17. 26; Gruch. 48. 409.

folgendes zu berücksichtigen: Durch derartige Geschäfte, die sog. Erfüllungs- und Deckungsgeschäfte, werden die übrigen Gläubiger allemal benachteiligt, wenn das verbleibende Vermögen des Gemeinschuldners zu ihrer Befriedigung nicht mehr hinreicht. Deswegen braucht aber dabei eine Absicht des Gemeinschuldners, die befriedigten oder sichergestellten Gläubiger vor den übrigen zu begünstigen oder die übrigen Gläubiger zu benachteiligen, keineswegs bestanden zu haben. Jeder Gläubiger kann, solange über das Vermögen seines Schuldners nicht der Konkurs eröffnet ist, wegen seiner fälligen Forderungen ohne Rücksicht auf die übrigen Gläubiger Befriedigung verlangen. Wird sie ihm vom Schuldner gewährt, so erhält er nur, was ihm gebührt. Ein Recht auf gleichmäßige Befriedigung besteht für die Gläubiger außerhalb des Konkurses nicht, auch dann nicht, wenn das Vermögen des Schuldners unzureichend ist, sie alle zu befriedigen. Daraus folgt nun zwar nicht, daß der Gemeinschuldner, wenn er eine fällige Verbindlichkeit erfüllt hat, dabei niemals die Absicht gehabt haben könnte, die übrigen Gläubiger zu benachteiligen und daß die Erfüllung fälliger Verbindlichkeiten deshalb niemals auf Grund des § 31 KO. angefochten werden könnte. Einen Rechtsgrundsatz dieses Inhalts gibt es nicht, auch besteht dafür keine gesetzliche Vermutung[1]). Indessen läßt sich aus der bloßen Tatsache, daß der Gemeinschuldner einen Gläubiger wegen einer fälligen Forderung befriedigt hat, obwohl er zur Befriedigung aller Gläubiger keine genügenden Mittel hatte und dies wußte, erfahrungsgemäß noch nicht ohne weiteres auf die Absicht des Gemeinschuldners schließen, durch die Gewährung der Befriedigung die übrigen Gläubiger zu benachteiligen. Um die Annahme einer solchen Absicht zu rechtfertigen, müssen daher in der Regel noch andere Umstände hinzutreten, die darzulegen und nachzuweisen Sache des Verwalters ist[2]). Wenn dagegen der Gläubiger des Gemeinschuldners nicht das erhalten hat, was ihm zustand, sondern etwa Waren anstatt Geld oder eine Sicherstellung, so liegt die Annahme einer Benachteiligungsabsicht des Gemeinschuldners schon viel näher. Solche Geschäfte dienen erfahrungsgemäß sehr oft unlauteren Zwecken und deshalb reicht das Bestehen der Forderung des Gläubigers bei ihnen regelmäßig nicht aus, um die Annahme einer Benachteiligungsabsicht auf seiten des Gemeinschuldners und der Kenntnis dieser Absicht auf seiten des Gläubigers auszuschließen[3]). In beiden Fällen handelt es sich jedoch nur um Erfahrungssätze, es bleibt daher stets die Lage des einzelnen Falls zu prüfen[4]).

---

[1]) Jur. Woch. 1902 S. 95^{26}, 546^{14}, 590^{13}, 1911 S. 597^{51}, 1912 S. 307^{28}; RG. 51. 76; Gruchot Bd. 47 S. 423.

[2]) RG. 16. 27, 61. 20. 180, 23. 9, 57. 163; Jur. Woch. 1882 S. 223^{17}, 1885 S. 7^{9}, 1886 S. 230^{18} und S. 414^{6}, 1888 S. 70^{14}, 1891 S. 417^{26} und 511^{11}, 1892 S. 336^{21} und S. 429^{8}, 1894 S. 280^{9}, 1898 S. 52^{25}, 1900 S. 651^{11} und S. 854^{8}, 1901 S. 9^{13} und S. 81^{10}, 1902 S. 24^{17} und 78^{9}; LZ. 1911 S. 947^{11}.

[3]) RG. 45. 24, 51. 76, 57. 161; Gruch. 51. 396, 55. 1070; Jur. Woch. 1902 S. 590^{13}, 593^{18}, 1906 S. 179^{29}, 390^{16}, 1907 S. 9^{13}, 1910 S. 39^{62}, 1911 S. 193^{30}; LZ. 1911 S. 864^{12} B, C, D.

[4]) Jur. Woch. 1910 S. 39^{62}, 1912 S. 307^{28} (LZ. 1912 S. 774^{8}); LZ. 1909 S. 326^{6}

Aus alledem ergeben sich für die Anfechtbarkeit der sog. Erfüllungs- und Deckungsgeschäfte Besonderheiten und diese Besonderheiten gestalten sich wieder für die einzelnen Arten der Geschäfte verschieden, weshalb die einzelnen Arten der in Betracht kommenden Geschäfte gesondert behandelt werden sollen.

Vorweg ist aber zweierlei hervorzuheben:

Ein Erfüllungs- oder Deckungsgeschäft liegt nur dann vor, wenn der Gemeinschuldner einem Gläubiger Befriedigung oder Sicherung gewährt. Hat der Gemeinschuldner an einen Dritten Geld mit dem Auftrage gesandt, es an einen Gläubiger abzuführen, so ist die Zahlung nicht dem Dritten gegenüber, sondern nur dem Gläubiger gegenüber anfechtbar[1]).

Ferner ist hier nur von Geschäften die Rede, die sich auf schon bestehende Verbindlichkeiten des Gemeinschuldners bezogen haben[2]). Hat jemand dem Gemeinschuldner Geld oder Kredit gewährt, aber nur gegen Empfang eines Gegenwerts oder einer Sicherstellung, so ist ein solches Geschäft kein Erfüllungs- und kein Deckungsgeschäft und nur aus den unter b I, IV, V entwickelten Gründen anfechtbar, also nur wenn der Gemeinschuldner dabei die Absicht gehabt hat, seine Gläubiger zu benachteiligen und der andere Teil das gewußt hat, oder wenn unmittelbar durch das Geschäft die Gläubiger des Gemeinschuldners benachteiligt sind und im übrigen die Voraussetzungen zu b I oder zu b V vorliegen[3]). Ebenso verhält es sich, wenn eine Forderung gegen den Gemeinschuldner begründet wird, für die schon im voraus eine Sicherheit bestellt war[4]).

Dies vorausgeschickt, sind nun folgende Fälle zu unterscheiden:

α) Der Gläubiger hat nur erhalten, was er zu fordern hatte (reine Erfüllungsgeschäfte).

Hat der Gemeinschuldner eine fällige und rechtsgültige[5]) Verbindlichkeit erfüllt, und zwar nicht vor der Fälligkeit und so, daß er dem Gläubiger (ganz oder zum Teil) gerade das gewährt hat, was dieser erweislich zu fordern hatte, so ist das Geschäft nur dann anfechtbar, wenn entweder die Zahlungseinstellung des Gemeinschuldners schon erfolgt oder der Antrag auf Konkurs-

[1]) Auch dann, wenn der Dritte ein Bürge oder ein Mitverpflichteter des Gemeinschuldners war und sich an diesen hätte halten können, falls er dem Gläubiger hätte Zahlung leisten müssen. RG. 35. 26; Jur. Woch. 1899 S. 114[18], 540[27].

[2]) LZ. 1914 S. 1043[19].

[3]) RG. 29. 77. Hatte der Gemeinschuldner dem Gläubiger eine Sicherstellung bei Abschluß des Kreditgeschäfts nicht gewährt aber zugesichert, so ist die spätere Bestellung der Sicherheit wohl nach Nr. II aber nicht nach Nr. III anfechtbar. LZ. 1910 S. 476[6]. S. unter *α* vorletzter Absatz.

[4]) Jur. Woch. 1890 S. 192[6].

[5]) Wird eine Auflassung angefochten, so genügt zur Verteidigung dagegen der Nachweis, daß die Auflassung auf Grund eines mündlichen Veräußerungsvertrages erteilt worden, nicht. Gruch. Bd. 39 S. 434. Ist der Vertrag nach dem 1. Januar 1900 geschlossen, so ist er selbst dann nicht gültig, wenn er schriftlich abgefaßt und gerichtlich oder notariell beglaubigt ist. Um einen Anspruch auf Auflassung zu begründen, muß er vom Gericht oder von einem Notar beurkundet sein. § 313 BGB.

eröffnung schon gestellt war und dies dem Gläubiger bei Empfang der Leistung bekannt gewesen ist (§ 30 Nr. 1 Satz 2 KO.) oder aus den Umständen, unter denen die Befriedigung des Gläubigers erfolgt ist, hervorgeht, daß der Gemeinschuldner nicht sowohl von der Absicht, seine Verbindlichkeit zu erfüllen, als von der Absicht, seine übrigen Gläubiger zu benachteiligen, geleitet gewesen ist[1]) und der Gläubiger von dieser Absicht des Gemeinschuldners auch bei Empfang der Leistung Kenntnis gehabt hat (§ 31 Nr. 1 KO.). Ist innerhalb des letzten Jahres vor der Konkurseröffnung vom Gemeinschuldner einer der im § 31 Nr. 2 KO. bezeichneten Verwandten oder Verschwägerten befriedigt worden, so ist die einem solchen Gläubiger nach dieser Gesetzesbestimmung entgegenstehende Vermutung in der Regel für genügend widerlegt zu erachten, wenn er beweist, daß ihm ein Anspruch auf die ihm gewährte Befriedigung wirklich zustand und daß der Anspruch auch fällig war[2]). Auch einem befriedigten Verwandten gegenüber muß dann der Verwalter, sofern der Fall des § 30 Nr. 1 Satz 2 KO. nicht vorliegt, zur Begründung der Anfechtung besondere Umstände nachweisen, die darauf schließen lassen, daß der Gemeinschuldner nicht sowohl seine Schuld hat tilgen als seine übrigen Gläubiger hat benachteiligen wollen und daß diese seine Absicht dem Gläubiger bei Empfang der Befriedigung bekannt gewesen ist. Kann jedoch der Gläubiger eine Forderung nicht in Höhe des ganzen Betrages, für den ihm Befriedigung gewährt ist, nachweisen, so ist die ihm nach § 31 Nr. 2 KO. entgegenstehende Vermutung der Regel nach nicht widerlegt, auch nicht hinsichtlich des nachgewiesenen Forderungsbetrages[3]). Die Absicht, die Gläubiger zu benachteiligen, kann nur bestanden haben, wenn der Gemeinschuldner sich bewußt gewesen ist, daß das ihm verbleibende Vermögen zur Befriedigung der übrigen Gläubiger nicht hinreiche. Deshalb ist auch die Kenntnis der Absicht auf seiten des Gläubigers nur anzunehmen, wenn sich nachweisen läßt, daß dem Gläubiger das Unvermögen des Gemeinschuldners, *alle* seine Gläubiger zu befriedigen, bekannt gewesen ist.

Wann Zahlungseinstellung des Gemeinschuldners vorliegt, ist unter bI1 erörtert; was unter Kenntnis der Zahlungseinstellung zu verstehen und in welchem Zeitpunkte die Kenntnis bei Geschäften, die sich nicht auf einmal vollziehen, bestanden haben muß, darüber s. unter bI1.

Zu den reinen Erfüllungsgeschäften gehört es auch, wenn einem Gläubiger für seine Forderung eine *Sicherung* gewährt wird, auf die ihm vermöge Gesetzes, Vertrags oder letztwilliger Anordnung ein rechtlich begründeter

---

[1]) Vgl. namentlich RG. 51. 76. Es genügt aber, wenn nur diese Absicht *neben* der Absicht, den Gläubiger zu befriedigen, bestanden hat. Jur. Woch. 1898 S. 664[23]. Wegen besonderer Umstände, die eine Benachteiligungsabsicht erkennen lassen, s. Jur. Woch. 1883 S. 27, 1892 S. 429[8], 1893 S. 352[35]; Gruch. 41. 422 u. a. m.

[2]) RG. 26. 1, 27. 135, 38. 102; Jur. Woch. 1893 S. 97[16], 1895 S. 44[17], 1897 S. 570[30], 1898 S. 223[17], 1910 S. 39[62]; Gruchot Bd. 47 S. 427. S. aber LZ. 1914 S. 866[12] und Jur. Woch. 1914 S. 255[17].

[3]) Jur. Woch. 1900 S. 74[10].

und fälliger Anspruch zusteht[1]). Dagegen sind keine reinen Erfüllungsgeschäfte: Bezahlung einer Schuld vor der Fälligkeit[2]), Leistung von etwas anderem als der Gläubiger zu fordern hatte[3]), sowie jede Sicherstellung, auf die dem Gläubiger ein Anspruch nicht zustand[4]), auch die Bewilligung eines vollstreckbaren Titels[5]). Ein Anspruch auf Sicherstellung steht dem Gläubiger nicht schon um deswillen zu, weil er Befriedigung zu beanspruchen hat, selbst dann nicht, wenn er für seine Forderung ein vollstreckbares Urteil oder einen anderen vollstreckbaren Titel erlangt hat und dadurch in den Stand gesetzt ist, sich durch Zwangsvollstreckung eine Sicherung zu verschaffen[6]). Auch ein vertragsmäßiger Anspruch auf Sicherstellung gibt dem Gläubiger noch kein Recht darauf, daß er wegen seiner Forderung sich durch Pfändung oder sonstwie eine Sicherstellung in anderer Art verschafft, als er auf Grund des Vertrags hätte verlangen können[7]).

Die Anfechtung reiner Erfüllungsgeschäfte erleidet noch eine besondere Einschränkung, wenn es sich um Wechselzahlungen handelt. Zahlungen, die der Gemeinschuldner auf fällige Wechselschulden geleistet hat, können nicht aus dem Grunde, weil sie nach der Zahlungseinstellung oder dem Antrage auf Konkurseröffnung erfolgt sind und der Empfänger von der Zahlungseinstellung oder dem Eröffnungsantrage Kenntnis gehabt hat, von dem Empfänger zurückgefordert werden, wenn dieser nach Wechselrecht (vgl. die Art. 41, 43, 68, 98, 99 der Wechselordnung) bei Verlust des Wechselanspruchs gegen andere Wechselverpflichtete zur Annahme der Zahlung verbunden war. § 34 Abs. 1 KO. In diesem Falle bleibt also die Anfechtung nur auf Grund des § 31 KO. möglich[8]). Zum Ersatz für die Anfechtung, die ohne die Ausnahmebestimmung des § 34 Abs. 1 KO. gegen den Empfänger begründet gewesen sein würde, kann aber der Verwalter die Erstattung der vom Gemeinschuldner gezahlten Wechselsumme von dem letzten Wechselregreßschuldner oder, falls dieser den Wechsel für Rechnung eines Dritten begeben hat, von dem Dritten verlangen, sofern dem letzten Wechselregreßschuldner oder dem Dritten zu der Zeit, als er den Wechsel begab oder begeben ließ, die Zahlungseinstellung oder der Eröffnungsantrag bekannt gewesen ist. § 34 Abs. 2 KO. Diese Bestimmung soll verhindern, daß ein Wechselgläubiger

[1]) Ein gesetzliches Recht auf Sicherung kann z. B. bei Wechselansprüchen bestanden haben. Vgl. die Art. 26, 29, 98 Nr. 4 der Wechselordnung. Gruch. Bd. 36 S. 1190. Der Art. 97 der Wechselordnung gewährt aber einen Anspruch auf Sicherstellung nur, solange der Wechsel noch nicht fällig ist. RG. 39. 122.

[2]) Gruch. 46. 1114.

[3]) Jur. Woch. 1909 S. 734[38]. Überweisung auf Girokonto bei der Reichsbank ist keine Zahlung und deshalb, wenn sie zum Zwecke der Tilgung einer Geldschuld geschieht, kein reines Erfüllungsgeschäft. Gruch. Bd. 37 S. 919.

[4]) Einen Fall dieser Art s. Jur. Woch. 1901 S. 539[6]. S. ferner Warneyer Rechtspr. Bd. 12 Nr. 111 S. 175.

[5]) Gruch. Bd. 50 S. 1140; Jur. Woch. 1906 S. 179[29].

[6]) RG. 2. 374 u. 378, 7. 37, 110, 10. 33, 25. 40, 32. 65, 55. 321 (Arrestbefehl); Gruchot Bd. 29 S. 1033; Jur. Woch. 1903 S. 388[18].

[7]) Jur. Woch. 1895 S. 540[15].

[8]) RG. 40 40.

des Gemeinschuldners, der dessen Zahlungsunfähigkeit kennt und deshalb nichts mehr von ihm hätte erlangen können, ohne sich der Anfechtung auszusetzen, eine Bereicherung auf Kosten der Konkursmasse dadurch soll erlangen können, daß er den Wechsel an einen Dritten weitergibt und der Dritte vom Gemeinschuldner eine Zahlung erhält, die er nicht zurückweisen darf, wenn er nicht seiner Ansprüche gegen andere Wechselverpflichtete verlustig gehen will. Die Bestimmung des § 34 KO. findet bei Zahlungen auf Schecks entsprechende Anwendung. § 24 des Scheckgesetzes vom 11. März 1908.

β) Der Gläubiger hat vorzeitig oder in anderer Art, als er verlangen konnte, eine Befriedigung erhalten.

Hat ein Gläubiger vom Gemeinschuldner eine Befriedigung erhalten, die er nicht zu der Zeit[1]) oder nicht in der Art, wie sie ihm gewährt worden, zu fordern hatte, so ist das Geschäft erheblich leichter als ein reines Erfüllungsgeschäft anfechtbar. Hierher gehören: Bezahlung von Konkursforderungen vor der Fälligkeit, Hingabe von Sachen an Zahlungsstatt, Erteilung einer Zahlungsanweisung und Zahlung seitens des Angewiesenen[2]), Begründung eines Zurückbehaltungsrechts für den Gläubiger, Verschaffung der Möglichkeit für ihn, durch Aufrechnung gegen eine Forderung des Gemeinschuldners Befriedigung zu erlangen[3]), sowie jede andere Art der Befriedigung, auf die der Gläubiger kein klagbares Recht hat[4]), es sei denn, daß er sie anzunehmen verpflichtet war[5]).

Für derartige Geschäfte gilt folgendes:

1. Hatte der Gemeinschuldner zur Zeit der Vornahme des Geschäfts bereits seine Zahlungen eingestellt[6]), oder war damals schon der Antrag auf Konkurseröffnung eingegangen, so wird vom Gesetz die doppelte Vermutung aufgestellt:

a) daß der Gläubiger bei Empfang der Befriedigung von der Zahlungseinstellung bzw. von dem Antrage auf Konkurseröffnung Kenntnis gehabt hat,

b) daß der Gemeinschuldner beabsichtigt hat, den Gläubiger vor den übrigen zu begünstigen und daß dem Gläubiger auch diese Absicht bekannt gewesen ist.

Eine Befriedigung, auf die der Gläubiger ihrer Zeit oder ihrer Art nach keinen Anspruch hatte, unterliegt daher in dem angegebenen Falle

---

[1]) Wann die Befriedigung als erlangt gilt, wenn das zu ihrer Herbeiführung bestimmte Geschäft sich nicht auf einmal vollzieht, darüber s. unter b III.

[2]) Gruch. 54. 1167.

[3]) Jur. Woch. 1895 S. 82.

[4]) So z. B. ein Geschäft, wodurch ein Schuldner des Gemeinschuldners veranlaßt wird, in Anrechnung auf seine Schuld die Schuld des Gemeinschuldners an einen Dritten zu übernehmen oder zu tilgen. RG. 46. 101, 48. 148.

[5]) Jur. Woch. 1909 S. 423[29] (RG. 71. 89).

[6]) Wann Zahlungseinstellung vorliegt, ist oben unter b I. erörtert.

ohne weiteres der Anfechtung, wenn der Gläubiger nicht seinerseits den Beweis zu führen vermag, daß ihm zur Zeit der Vornahme des Geschäfts die Zahlungseinstellung bzw. der Eröffnungsantrag nicht bekannt gewesen ist, daß auch der Gemeinschuldner nicht die Absicht gehabt hat, ihn vor den übrigen Gläubigern zu begünstigen oder daß er wenigstens von einer solchen Absicht des Gemeinschuldners keine Kenntnis gehabt hat[1]). § 30 Nr. 2 KO. Der Beweis, daß der Gemeinschuldner zu der Zeit, als er die Befriedigung gewährte, bereits seine Zahlungen eingestellt hatte oder daß damals schon der Antrag auf Konkurseröffnung gestellt war, muß jedoch vom Verwalter geführt werden[2]).

2. Hatte der Gemeinschuldner zur Zeit der Befriedigung des Gläubigers zwar seine Zahlungen noch nicht eingestellt, war auch der Antrag auf Konkurseröffnung damals noch nicht gestellt, ist die Befriedigung oder Sicherstellung aber erst innerhalb der letzten 10 Tage vor der Zahlungseinstellung oder dem Eröffnungsantrage erfolgt, so gilt die Vermutung zu 1b gleichfalls[3]) und unterliegt das Geschäft daraufhin der Anfechtung derart, daß der Gläubiger sich gegen sie nur durch den Nachweis schützen kann, daß der Gemeinschuldner ihn **nicht** habe begünstigen wollen oder daß er wenigstens von einer solchen Absicht des Gemeinschuldners zur Zeit der Vornahme des Geschäfts keine Kenntnis gehabt habe.

Die 10 Tage werden von Mitternacht zu Mitternacht vom Tage der Zahlungseinstellung oder des Eröffnungsantrags rückwärts gerechnet. Dieser Tag wird nicht mitgezählt[4]). § 187 Abs. 1 BGB.

Die **Absicht, einen Gläubiger vor den übrigen zu begünstigen,** deckt sich nicht mit der Absicht, die übrigen Gläubiger zu benachteiligen. Begünstigt wird ein Gläubiger schon dadurch, daß er in irgendeiner Weise besser gestellt wird, als die übrigen Gläubiger, wenn diese auch eine Benachteiligung nicht erleiden[5]). Eine Begünstigung liegt z. B. schon in der Verschaffung der Möglichkeit, leichter zu seiner Befriedigung zu gelangen, namentlich in der Gewährung von Wechselakzepten zahlungshalber[6]) und in der Bewilligung einer vollstreckbaren Urkunde für die Forderung des Gläubigers[7]). Die Hingabe von Sachen an Zahlungsstatt enthält eine Begünstigung des Gläubigers zwar nicht unter allen Umständen, aber jedenfalls dann, wenn sie nach der

---

[1]) RG. 78. 333.

[2]) Gruchot Bd. 35 S. 1162; Jur. Woch. 1893 S. 138^{18}, 1898 S. 53^{27}; RG. 40. 90.

[3]) Dagegen fällt die Vermutung zu 1a dann fort. LZ. 1910 S. 939^{5}. Daß die Zahlungseinstellung **bevorstand**, kommt nicht in Betracht. LZ. 1910 S. 476^{6} (Jur. Woch. 1910 S. 483^{29}), LZ. 1910 S. 939^{5} (Jur. Woch. 1910 S. 761^{31}).

[4]) RG. 26. 5; Gruch. Bd. 35 S. 1159. Haben **zwei** Eröffnungsanträge zur Konkurseröffnung geführt, so sind die zehn Tage von dem **ersten** rückwärts zu berechnen. LZ. 1911 S. 856^{6}. Im Falle, daß vor dem Konkurse eine Geschäftsaufsicht bestanden hat, wird die Zeit, während deren dies der Fall war, bei der Berechnung nicht mitgezählt. § 75 der Bekanntmachung des Bundesrats vom 14. Dezember 1916.

[5]) Jur. Woch. 1896 S. 416^{37}, 1898 S. 480^{18}, 1899 S. 492^{27}; LZ. 1911 S. 857^{7} F (Jur. Woch. 1911 S. 490^{19}), LZ. 1913 S. 398^{6}.

[6]) Jur. Woch. 1896 S. 5^{16}.

[7]) Jur. Woch. 1887 S. 3^{3}.

Zahlungseinstellung gewährt wird[1]). Ebenso jede andere Befriedigung, wenn sie in einer Art erfolgt, auf die der Gläubiger kein Recht hat. Daß die Absicht des Gemeinschuldners ausschließlich auf die Begünstigung des Gläubigers gerichtet war, ist bei der gesetzlichen Vermutung des § 30 Nr. 2 KO. nicht vorausgesetzt[2]).

3. War die Befriedigung des Gläubigers mehr als 10 Tage vor der Zahlungseinstellung und dem Antrage auf Konkurseröffnung erfolgt, so kann sie nur aus den im § 31 KO. bezeichneten Gründen angefochten werden. Dabei sind zwei Fälle zu unterscheiden.

A. Gehört der Gläubiger zu den im § 31 Nr. 2 bezeichneten Verwandten oder Verschwägerten des Gemeinschuldners, so ist die Anfechtung schon dann begründet, wenn die Befriedigung innerhalb des letzten Jahres[3]) vor der Konkurseröffnung stattgefunden und die anderen Gläubiger benachteiligt hat. § 31 Nr. 2 KO. Die Befriedigung eines Gläubigers gehört zu den „entgeltlichen Verträgen" im Sinne des § 31 Nr. 2[4]) und hat stets unmittelbar eine Benachteiligung der übrigen Gläubiger zur Folge, sofern das dem Gemeinschuldner verbleibende Vermögen zu deren voller Befriedigung nicht hinreicht. Der befriedigte Gläubiger hat also die Vermutung des § 31 Nr. 2 gegen sich und kann sich nicht wohl anders gegen die Anfechtung schützen als durch Darlegung von Umständen, die erkennen lassen, daß der Gemeinschuldner eine Benachteiligung der übrigen Gläubiger nicht beabsichtigt oder daß der Gläubiger selbst mindestens von einer solchen Absicht des Gemeinschuldners bei Empfang der Befriedigung nichts gewußt hat. Der Beweis des Bestehens seiner Forderung genügt aber für sich allein zur Führung dieses Beweises niemals, da die Befriedigung eines Gläubigers zu früherer Zeit oder auf andere Art, als der Gläubiger verlangen kann, bei ungünstiger Vermögenslage des Schuldners nach den Erfahrungen des täglichen Lebens immer einen gewissen Verdacht rechtfertigt, daß der Schuldner seine übrigen Gläubiger habe benachteiligen wollen, und da dieser Verdacht der Entkräftung bedarf[5]).

B. Liegen die Voraussetzungen zu A. nicht vor, so muß der Verwalter beweisen, daß der Gemeinschuldner in der Absicht gehandelt hat, seine übrigen Gläubiger zu benachteiligen und daß der befriedigte Gläubiger diese Absicht bei Empfang der Befriedigung gekannt hat. Dazu ist, wenn die Forderung des Gläubigers unstreitig oder nachgewiesen ist, die Darlegung erforderlich, daß der Gläubiger früher oder in anderer Art, als ihm zustand, befriedigt

---

[1]) LZ. 1907 S. 610[10].
[2]) S. das Urteil in der vorigen Anm.
[3]) Wie dieses zu berechnen s. unter b V drittletzter Absatz.
[4]) RG. 27. 134, 51. 76; LZ. 1910 S. 864[7].
[5]) Das Reichsgericht hat früher dazu geneigt, einen solchen Verdacht auch bei sog. inkongruenter Befriedigung und selbst bei einer Sicherstellung, auf die der Gläubiger keinen Anspruch hat, für nicht begründet zu erachten. S. Jur. Woch. 1896 S. 670[7], 1897 S. 170[21], 1898 S. 664[24]; Gruchot Bd. 41 S. 686. Es steht aber jetzt auf dem hier vertretenen Standpunkt. RG. 45. 23; Gruchot Bd. 46 S. 1114, Bd. 47 S. 423 und die folgende Anmerkung.

worden und daß das Vermögen des Gemeinschuldners zur Befriedigung sämtlicher Gläubiger nicht hinreichte. Diese Darlegung wird in der Regel genügen, so daß ihr gegenüber dem Gläubiger nur dieselbe Verteidigung wie im Falle A. offen bleibt. Jedoch kann der Fall auch so liegen, daß es außerdem zum Nachweise der Benachteiligungsabsicht des Gemeinschuldners und der Kenntnis des Gläubigers von dieser Absicht noch der Darlegung besonderer, darauf hinweisender Umstände bedarf[1]).

γ) Der Gemeinschuldner hat dem Gläubiger für dessen Forderung eine Sicherung gewährt[2]).

Hat der Gemeinschuldner einem Gläubiger eine Sicherung gewährt, auf die dieser einen Rechtsanspruch hatte, so finden die unter α entwickelten Grundsätze Anwendung.

Handelt es sich aber um eine Sicherstellung, auf die dem Gläubiger ein klagbarer[3]) Anspruch nicht zustand, so findet die Anfechtung ebenso statt, wie unter β erörtert. Eine solche Sicherstellung schließt die Absicht des Gemeinschuldners, seine Gläubiger zu benachteiligen, und die Kenntnis der sichergestellten Gläubiger von dieser Absicht noch weniger aus, als eine Befriedigung durch Hingabe von Sachen an Zahlungsstatt oder durch ähnliche Mittel. Andrerseits nötigt sie, für sich allein betrachtet, keineswegs immer zur Annahme der Benachteiligungsabsicht und der Kenntnis des Gläubigers davon. Deshalb ist sie auf Grund des § 31 Nr. 1 KO. nicht stets ohne weiteres anfechtbar[4]), während sie der Anfechtung auf Grund des § 31 Nr. 2 KO. dergestalt unterliegt, daß der Gläubiger die ihm in diesem Falle entgegenstehende Vermutung durch den bloßen Nachweis des wirklichen Bestehens der sichergestellten Forderung nicht entkräften kann[5]).

Als eine Sicherung des Gläubigers ist schon die Bewilligung einer vollstreckbaren Urkunde für seine Forderung anzusehen[6]), ja selbst schon die Erteilung eines Anerkenntnisses.

Herrscht Streit darüber, ob der Gläubiger Anspruch auf die gewährte Sicherung hatte, so hat der Verwalter zu beweisen, daß das nicht der Fall war[7]).

Ein Rechtsanspruch auf Sicherstellung wird nach dem Bürgerlichen Gesetzbuch regelmäßig schon durch mündlichen Vertrag begründet, auch wenn die Sicherstellung durch Eintragung, Abtretung oder Verpfändung

---

[1]) Jur. Woch. 1906 S. 179[29], LZ. 1910 S. 631[5], 1913 S. 310[6], 486[6].

[2]) Hervorzuheben ist, daß hier nur die Fälle behandelt werden, wo die Forderungen schon vor der Sicherstellung bestanden.

[3]) Ein nicht mit Klage verfolgbarer Anspruch schließt die Anfechtung nach den Grundsätzen unter β nicht aus. RG. 39. 122.

[4]) RG. 23. 16, 33. 124; Gruch. Bd. 36 S. 1136, 1138; Jur. Woch. 1891 S. 417[26], 1892 S. 59[11], 1894 S. 429[29].

[5]) S. die letzte Anm. zu β 3 A, besonders Gruchot Bd. 46 S. 1114.

[6]) Jur. Woch. 1902 S. 590[13], 593[18]; Gruch. 50. 1145.

[7]) Er tut aber genug, wenn er die Angaben widerlegt, auf die der Gläubiger den Anspruch auf die Sicherstellung stützt. LZ. 1911 S. 856[6].

einer Hypothek oder einer Grundschuld erfolgen soll[1]). Daß dagegen ein vollstreckbarer Schuldtitel dem Gläubiger noch kein Recht auf Sicherstellung gewährt, ist bereits unter α bemerkt. Ein gesetzliches Recht auf Sicherheitsleistung hat namentlich die Ehefrau des Gemeinschuldners wegen ihres Eingebrachten, sobald die Voraussetzungen des § 1391 BGB. vorliegen[2]). Über das Recht der Wechselgläubiger auf Sicherstellung s. oben unter α.

Sind mehrere Forderungen sichergestellt, von denen nur für die eine ein Rechtsanspruch auf die gewährte Sicherheit bestand, so kann, wenn die Sicherstellung dieser Forderung unanfechtbar ist, die Sicherstellung der anderen Forderung nur angefochten werden, wenn und soweit die bestellte Sicherheit für sie nach voller Befriedigung der sicherungsberechtigten Forderung noch ausreicht[3]).

δ) Der Gläubiger hat eine Sicherung oder Befriedigung durch **Pfändung** oder durch andere Zwangsvollstreckungsmaßregeln erlangt.

Hat ein Gläubiger wegen seiner Forderung im Wege der Zwangsvollstreckung oder des Arrests pfänden lassen oder hat er sich durch eine Zwangseintragung im Grundbuch oder durch eine einstweilige Verfügung eine Sicherung verschafft, so unterliegen auch solche Rechtshandlungen der Anfechtung[4]). § 35 KO. Die Anfechtung findet, falls nicht etwa ein besonderer Anspruch darauf bestanden hatte, grade in der Weise, wie durch die Vollstreckungsmaßregel geschehen, gesichert zu werden, nicht nach den unter α sondern nach den unter β entwickelten Grundsätzen statt, denn der vollstreckbare Titel gewährte dem Gläubiger an sich noch nicht ein Recht auf die durch die Vollstreckungsmaßregel erlangte Sicherung. Da die Zwangsvollstreckung aber ohne und meistens gegen den Willen des Schuldners erfolgt, so kann bei ihr von einer Absicht des Gemeinschuldners, durch die Vollstreckungsmaßregel den vollstreckenden Gläubiger vor den übrigen zu begünstigen oder die übrigen Gläubiger zu benachteiligen, nur unter besonderen Umständen die Rede sein, und solche Umstände wird in der Regel der Verwalter nachweisen müssen[5]). Demnach gilt für die Anfechtung von Pfändungen (und anderen Vollstreckungsmaßregeln) folgendes:

1. Hatte der Gemeinschuldner bereits seine Zahlungen eingestellt[6]) oder war schon die Konkurseröffnung beantragt, so hat der Gläubiger zur Abwehr der Anfechtung zu beweisen, daß er zur Zeit der Pfändung von der Zahlungseinstellung bzw. dem Eröffnungs-

---

[1]) RG. 48. 133, 50. 82; Gruchot Bd. 46 S. 901; Jur. Woch. 1903 Beilageheft 7 Nr. 144 S. 62. Ausnahmsweise kann jedoch eine besondere Form zur Gültigkeit des Vertrages erforderlich sein. Vgl. namentlich die §§ 518, 311 BGB.

[2]) S. hierzu RG. 57. 161.

[3]) Jur. Woch. 1899 S. 228[20].

[4]) Wegen der Vormerkungen und Zwangseintragungen s. RG. 32. 65.

[5]) S. RG. 3. 398, 4. 436, 6. 368, 40. 91.

[6]) Die Beweislast dafür liegt dem Verwalter ob.

antrage keine Kenntnis gehabt hat[1]). Wird aber dieser Beweis geführt, so kann der Regel nach der Verwalter mit der Anfechtung nur durchdringen, wenn er entweder Umstände nachweist, die ergeben, daß der Gemeinschuldner durch die Duldung der Zwangsvollstreckung den Gläubiger hat begünstigen wollen, dem Gläubiger das auch bekannt gewesen ist[2]), oder darzulegen vermag, daß der Vollstreckungstitel, auf Grund dessen die Zwangsvollstreckung erfolgt ist, oder das Rechtsgeschäft, aus dem der Gläubiger seine Forderung herleitet, der Anfechtung unterliegt[3]).

Gleiche Wirkung, wie die Kenntnis des Gläubigers, hat die Kenntnis seines Prozeßbevollmächtigten[4]), nicht aber die des Gerichtsvollziehers, der die Pfändung vorgenommen hat[5]).

2. Hatte der Gemeinschuldner zur Zeit der Pfändung seine Zahlungen noch nicht eingestellt und war damals auch der Antrag auf Konkurseröffnung noch nicht eingegangen, so kann die Pfändung in der Regel nur angefochten werden, wenn sich nachweisen läßt, einmal, daß der Gemeinschuldner dazu, etwa durch Unterlassung der möglichen Gegenmaßregeln, mitgewirkt hat in der Absicht, seine übrigen Gläubiger zu benachteiligen, und sodann, daß der pfändende Gläubiger diese Absicht bei der Pfändung gekannt hat[6]). Dieser schwierige Nachweis ist auch dann erforderlich, wenn der pfändende Gläubiger zu den im § 31 Nr. 2 KO. bezeichneten Verwandten oder Verschwägerten des Gemeinschuldners gehört, denn die Pfändung ist kein Vertrag, den das genannte Gesetz voraussetzt[7]). Ausnahmsweise genügt der Nachweis, daß der Gemeinschuldner durch die Zulassung der Pfändung den Gläubiger hat vor den übrigen begünstigen wollen und daß der Gläubiger dies gewußt hat. Dieser Nachweis reicht dann aus, wenn die Pfändung innerhalb der letzten 10 Tage vor der Zahlungseinstellung oder dem Antrage auf Konkurseröffnung stattgefunden hat[8]). Über den Unterschied zwischen der Benach-

[1]) RG. 78. 333. Noch keine Kenntnis, wenn der Gläubiger nur voraussieht, daß der Schuldner infolge der von ihm betriebenen Pfändung seine Zahlungen einstellen werde. RG. 95. 152.

[2]) Vgl. RG. 47. 123, LZ. 1907 S. 602[11], 1916 S. 1191[15].

[3]) Gruch. 49. 117; Warn. Rechtspr. Bd. 11 Nr. 197 S. 287.

[4]) LZ. 1911 S. 236[4]. Ebenso die Kenntnis jedes anderen Bevollmächtigten und auch die eines nicht bevollmächtigten Vertreters, der mit nachträglicher Genehmigung des Gläubigers gehandelt hat. Im Fall der gesetzlichen Vertretung kommt es allein auf die Kenntnis des Vertreters an. § 166 Abs. 1 BGB.

[5]) RG. 9. 361; Jur. Woch. 1893 S. 21[31]; Gruchot Bd. 44 S. 1206; LZ. 1912 S. 320[4] (Jur. Woch. 1912 S. 306[27]), Jur. Woch. 1914 S. 863[3], RG. 90. 193, Warn. Rechtspr. Bd. 8 Nr. 274 S. 426. Nicht entgegenstehend RG. 39. 160, 43. 180, 77. 24. Die Frage ist freilich streitig.

[6]) Vgl. die Anmerkungen oben bei c Abs. 1, ferner RG. 69. 163 (Jur. Woch. 1908 S. 496[36]), auch LZ. 1907 S. 602[11] u. Warneyer Rechtspr. Bd. 12 Nr. 125.

[7]) Jur. Woch. 1886 S. 117[19]; 1898 S. 12[30].

[8]) Hat der Gemeinschuldner die Pfändung einfach über sich ergehen lassen, so kann von einer Begünstigung des Gläubigers durch ihn keine Rede sein. RG. 3. 395; Jur. Woch. 1893 S. 201[21]. S. jedoch RG. 6. 368, 40. 91.

teiligungsabsicht und der Begünstigungsabsicht s. oben unter β 2 letzter Absatz. Läßt sich keiner der bezeichneten Nachweise erbringen, so ist die Pfändung nicht für sich allein, sondern nur als Akt der Realisierung eines voraufgegangenen anfechtbaren Geschäfts anfechtbar.

Der entscheidende Zeitpunkt ist bei einer Pfändung der, in dem sie vollzogen ist[1]). Bei Zwangseintragungen im Grundbuch ist der entscheidende Zeitpunkt der der Eintragung, nicht der des Eingangs des Eintragungsantrags beim Grundbuchamt[2]). Ist der Pfändung einer Forderung innerhalb der letzten drei Wochen eine Pfändungsankündigung (§ 845 ZPO.) vorhergegangen, so ist wohl, weil die Pfändung zurückwirkt, für die Anfechtbarkeit der Pfändung der Tag der Vorpfändung (der Zustellung der Pfändungsankündigung) für entscheidend zu erachten[3]). Zur Wirksamkeit d r Vorpfändung ist nur das Vorhandensein eines zur Zwangsvollstreckung geeigneten Titels erforderlich, nicht auch, daß schon eine vollstreckbare Ausfertigung des Titels erteilt oder daß der Titel zugestellt ist. § 845 Abs. 1 Satz 2 ZPO. Die gleiche Wirkung wie die Vorpfändung einer Forderung hat die Vorpfändung einer Eigentümergrundschuld[4]). Ein Wechsel in der Person des Gläubigers oder des Schuldners ändert an der Wirksamkeit der Vorpfändung nichts[5]).

Hat infolge einer anfechtbaren Pfändung bereits die Zwangsversteigerung der gepfändeten Sachen stattgefunden und hat der Gläubiger vor der Konkurseröffnung bereits aus dem Erlöse Befriedigung erhalten, so wird dadurch die Anfechtung auf Grund des § 30 Nr. 2 KO. nicht ausgeschlossen[6]). Dagegen ist sie ausgeschlossen, wenn die Pfändung unanfechtbar ist und nur die Befriedigung des Gläubigers zu einer Zeit stattgefunden hat, wo er bereits wußte, daß der Schuldner zahlungsunfähig sei[7]).

Eine Zahlung, die der Gemeinschuldner zur Abwendung der Zwangsvollstreckung oder zur Erwirkung der Aufhebung bereits erfolgter Vollstreckungsmaßregeln geleistet hat, ist nicht nach Nr. 2, sondern nur nach Nr. 1 des § 30 KO. (oben unter α) anfechtbar[8]). Desgleichen eine Pfändung von barem Gelde, sofern sie nach § 815 Abs. 3 ZPO. als Zahlung gilt[9]).

---

[1]) Erlangt der Gläubiger während der Vollziehung Kenntnis von der Zahlungseinstellung, so genügt das, um die Anfechtung der Pfändung nach § 30 Nr. 2 KO. zu begründen. LZ. 1911 S. 845[27].

[2]) RG. 68. 150 (Jur. Woch. 1908 S. 343[31]).

[3]) Jur. Woch. 1898 S. 573[14] (RG. 42. 365), Jur. Woch. 1914 S. 316[18] (RG. 83. 332). A. M. OLG. Hamburg (LZ. 1913 S. 954[4]). Anders jedenfalls, wenn die Pfändung erst nach der Konkurseröffnung erfolgt. S. Abschn. VII unter f.

[4]) RG. 71. 183.

[5]) RG. 71. 179.

[6]) RG. 10. 33, 17. 29, 23. 113, 40. 91; Jur. Woch.; 1888 S. 178[7], 1889 S. 109[12] und S. 287[15]. Warn. Rechtspr. Bd. 10 Nr. 225 S. 351, Bd. 11 Nr. 197 S. 287.

[7]) RG. 7. 37, 17. 26, 32. 22.

[8]) Jur. Woch. 1891 S. 250[13].

[9]) Jur. Woch. 1884 S. 49[29].

D. Einfluß des Vorhandenseins eines vollstreckbaren Titels für die anfechtbare Handlung.

Wenn aus einem oder mehreren der unter C erörterten Gründe eine Rechtshandlung anfechtbar ist, so wird die Anfechtung nicht dadurch ausgeschlossen, daß für die Handlung ein vollstreckbarer oder selbst ein rechtskräftiger Schuldtitel erlangt ist. § 35 KO. Der vollstreckbare Titel wird den Konkursgläubigern gegenüber in solchem Falle als nicht vorhanden betrachtet, und braucht deshalb nicht besonders angefochten zu werden, wenn er nicht etwa, wie z. B. bei preußischen schiedsmännischen Vergleichen, mit der anfechtbaren Rechtshandlung zusammenfällt. Ob der vollstreckbare Titel vor, zugleich mit oder erst nach der anfechtbaren Rechtshandlung erlangt ist, macht keinen Unterschied[1]).

E. Wem das Anfechtungsrecht zusteht.

Das Anfechtungsrecht kann im Konkurse allein der Verwalter geltend machen[2]). Dem Gemeinschuldner steht im Konkurse ein Anfechtungsrecht nicht zu, ebensowenig den einzelnen Konkursgläubigern. § 36 KO. Der Verwalter ist nicht nur berechtigt, sondern bei eigener Vertretung verpflichtet, begründete Anfechtungsrechte, die zu seiner Kenntnis kommen, zu verfolgen[3]). Er ist den Gläubigern auch in dem Falle verantwortlich, wenn er Anfechtungsrechte nicht ermittelt hat, die er bei Anwendung der gehörigen Sorgfalt ermitteln mußte. Bei der Häufigkeit anfechtbarer Geschäfte und der Bedeutung, die sie für die Konkursgläubiger haben, muß es sich der Verwalter besonders angelegen sein lassen, die Vorgänge vor der Konkurseröffnung daraufhin zu prüfen, ob seitens des Gemeinschuldners oder dritter Personen anfechtbare Rechtshandlungen vorgenommen worden sind. Er kann dabei die Hilfe des Gerichts nachsuchen, welches nach § 75 KO. befugt ist, Ermittelungen aller Art über die den Konkurs betreffenden Verhältnisse anzustellen.

Zu Anfechtungsklagen ist bei Gegenständen von mehr als 300 M. die Genehmigung des vorhandenen Gläubigerausschusses erforderlich. § 133 Nr. 2 KO. Auch ist der Gemeinschuldner vorher, wenn möglich, zu benachrichtigen. § 135 Abs. 1 KO.

F. Wie lange die Anfechtung zulässig ist.

Das Anfechtungsrecht kann nur binnen einer Ausschlußfrist von einem Jahre nach der Konkurseröffnung ausgeübt werden. § 41 KO. Auf den Lauf

---

[1]) Auch die Erwirkung eines Arrestbefehls schützt vor der Anfechtung nicht. Jur. Woch. 1903 S. 388[18].

[2]) Ob der Verwalter das Anfechtungsrecht an andere abtreten kann, ist streitig. Das Reichsgericht verneint die Frage mit guten Gründen. RG. 30. 71 (Jur. Woch. 1893 S. 97[15]). Ebenso LZ. 1910 S. 86.

[3]) LZ. 1912 S. 689[14].

der Frist finden die Vorschriften der §§ 203 Abs. 2, 207 BGB. Anwendung[1]. Handelt es sich jedoch um die Verpflichtung des Gemeinschuldners zu einer Leistung, die durch ein anfechtbares Geschäft begründet ist, so ist der Verwalter nicht genötigt, zum Schutze gegen die Geltendmachung der Verpflichtung zu klagen; er kann die Klage des Gläubigers abwarten und die anfechtbar versprochene Leistung verweigern, auch wenn die Anfechtungsfrist verstrichen ist. § 41 Abs. 2 KO. Diese Bestimmung gilt nicht nur für Ansprüche aus Schuldverbindlichkeiten, sondern für alle Ansprüche, wodurch aus der Konkursmasse etwas auf Grund einer anfechtbaren Handlung verlangt wird[2]).

Die Anfechtung nach § 31 Nr. 1 KO. ist jedenfalls ausgeschlossen, wenn seit der Vornahme der Handlung 30 Jahre verstrichen sind. § 41 Abs. 1 Satz 3 KO.

Die Anfechtungsfrist läuft ohne Rücksicht darauf, ob der Verwalter den Anfechtungsgrund kennt oder nicht. Gegen die Versäumung der Frist findet eine Wiedereinsetzung in den vorigen Stand nicht statt.

Die Konkursanfechtung hat zur Voraussetzung, daß das Konkursverfahren schwebt. Sobald das Verfahren aufgehoben oder eingestellt ist, wird die Anfechtung, da sie nur im Interesse der Konkursgläubiger stattfindet, gegenstandslos. Daher können nach Beendigung des Konkurses Anfechtungsansprüche, wegen deren zu dieser Zeit noch ein Prozeß schwebt, weder vom Verwalter noch vom Gemeinschuldner weiter verfolgt werden[3]). Nur der entstandenen Kosten wegen ist die Fortsetzung des Prozesses zuzulassen, die dann der Regel nach Sache des Gemeinschuldners ist[4]). Die einzelnen Konkursgläubiger sind nach Beendigung des Konkurses zur Fortsetzung von Anfechtungsprozessen des Verwalters nicht befugt, sondern können nur ihrerseits anfechten, sofern ihnen die Voraussetzungen des Anfechtungsgesetzes vom 21. Juli 1879 (Fassung vom 17. Mai 1898) zur Seite stehen.

Der Verwalter kann auf das Anfechtungsrecht verzichten, an solchen Verzicht ist er gebunden)[5]. Auch durch Handlungen des Verwalters, die als Anerkennung der anfechtbaren Rechtshandlung aufzufassen sind, geht das Anfechtungsrecht verloren[6]).

---

[1]) Fällt der letzte Tag der Frist auf einen Sonntag oder auf einen staatlich anerkannten allgemeinen Feiertag, so wird die Anfechtung am nächstfolgenden Werktag nicht mehr erfolgen können. § 193 BGB. dürfte nicht anwendbar sein. S. Jur. Woch. 1898 S. 247[9]. Die Gerichtsferien sind auf den Lauf der Frist ohne Einfluß.

[2]) RG. 62. 199, 95. 224. Sie ist auch anwendbar, wenn der Zusammenhang zwischen der anfechtbaren Handlung und der verlangten Leistung ein nur mittelbarer ist und wenn der Leistungsanspruch sich nicht schon auf eine Handlung des Gemeinschuldners sondern erst auf eine solche des Verwalters gründet. RG. 84. 225.

[3]) RG. 52. 333. S. auch Abschn. XVIII unter 9.

[4]) RG. 47. 372; Jur. Woch. 1902 S. 643[13].

[5]) Gruch. Bd. 48 S. 415.

[6]) Jur. Woch. 1885 S. 7[8]. Die Feststellung eines Kontokorrentsaldos im Konkurse (§ 144 KO.) schließt jedoch die Anfechtung einer einzelnen, in dem Saldo enthaltenen Forderung nicht aus. RG. 27. 91; Jur. Woch. 1893 S. 159[13].

G. Gegen was die Anfechtung zu richten ist.

Die Anfechtung ist zu richten gegen die anfechtbare Rechtshandlung, sei es eine Handlung des Gemeinschuldners oder eines Dritten, und gleichviel, ob die Beeinträchtigung der Interessen der Konkursgläubiger durch die Handlung unmittelbar oder erst später infolge der Handlung entstanden ist¹). Wenn z. B. auf Grund eines anfechtbaren Anerkenntnisses der Gemeinschuldner in einem Prozesse verurteilt worden, so ist die Anfechtung gegen das Anerkenntnis zu richten²). Eine bloße nachteilige Folge der anfechtbaren Handlung kann nicht für sich allein angefochten werden. Daher nicht die Übertragung des Rechts auf den Bezug von Mieten, die infolge anfechtbarer Veräußerung eines Mietshauses eingetreten ist³).

H. Wie das Anfechtungsrecht geltend zu machen ist.

Die Anfechtung kann wirksam nicht nach Maßgabe des § 143 BGB., sondern nur im Prozeßwege erfolgen⁴). Im übrigen hängt es von der Lage des einzelnen Falles ab, in welcher Weise sie geltend zu machen; es genügt, wenn dies durch Einrede geschieht⁵), Klage oder Widerklage ist zur Wirksamkeit der Anfechtung nicht unbedingt erforderlich; selbst im Wege der Replik kann sie erfolgen, soweit darin nicht etwa eine nach den Vorschriften der ZPO. unzulässige Klageänderung liegt⁶). Dagegen genügt die Erklärung der Anfechtung in einem vorbereitenden Schriftsatz nicht zur Erhaltung des Anfechtungsanspruchs⁷). Soll ein in einem noch anhängigen Prozesse abgegebenes Anerkenntnis oder Zugeständnis angefochten werden und ist bereits in erster Instanz ein dem Gemeinschuldner ungünstiges Urteil ergangen, so ist gegen das Urteil Berufung einzulegen und dann in der Berufungsinstanz die Anfechtung geltend zu machen. Die Anfechtung durch den Prozeßbevollmächtigten genügt. Der Beibringung und Prüfung der Vollmacht des Prozeßbevollmächtigten bedarf es nur nach Maßgabe der §§ 88, 89 ZPO.; der § 174 BGB. findet hier keine Anwendung⁸). Wird die Anfechtung durch Klage geltend gemacht, so ist zu ihrer Wirksamkeit erforderlich, daß das an-

---

¹) Vgl. hierzu RG. 9. 69, 27. 130; Jur. Woch. 1894 S. 316[14].

²) Über die Anfechtung von Wechselverpflichtungen s. Jur. Woch. 1892 S. 273[17].

³) RG. 64. 339; LZ. 1909. S. 399[5]. Stand dagegen dem Gemeinschuldner nicht das Eigentum des Hauses zu, sondern nur das Recht auf die Mieten, so ist die Übertragung dieses Rechts selbständig anfechtbar. RG. 80. 1.

⁴) RG. 58. 44 (Jur. Woch. 1904 S. 367[34]), RG. 62. 199; Gruch. 49. 1092; Jur. Woch. 1904 S. 496[25]. Für das jetzige Recht war das anfänglich sehr bestritten.

⁵) Auch Einrede der Aufrechnung. Diese erhält aber das Anfechtungsrecht nicht, wenn sie nur für den Fall des Durchdringens der in erster Linie bestrittenen Forderung des Gegners erhoben und dann diese Forderung abgewiesen ist. In solchem Fall ist zur Wahrung des Anfechtungsrechts Widerklage erforderlich. RG. 79. 24 (Jur. Woch. 1912 S. 596[19]).

⁶) RG. 19. 202; Gruch. 36. 466 (Jur. Woch. 1891 S. 572[4]); Gruch. 49. 117.

⁷) RG. 58. 44.

⁸) LZ. 1912 S. 691[15].

gegangene Gericht für die Klage zuständig ist[1]). Wird nur bezüglich eines Teils des Anfechtungsanspruchs die Anfechtung geltend gemacht, so wird dadurch der Restanspruch nicht erhalten, ebenso nicht durch Anfechtung einer Zinsenforderung der Anfechtungsanspruch bezüglich der Hauptforderung. Ist aber eine Pfändung angefochten und beruft sich der Gegner zur Verteidigung auf das der Pfändung zugrunde liegende Rechtsgeschäft, so kann der Verwalter geltend machen, daß auch dieses Geschäft anfechtbar ist, mag er auch dieses Geschäft innerhalb des Anfechtungsjahrs nicht besonders angefochten haben[2]).

Handelt es sich um die Anfechtung eines Arrests, so wird sich deren Durchführung nicht auf dem Wege erreichen lassen, daß der Verwalter auf Grund des § 927 ZPO. die Aufhebung des Arrests einfach wegen der durch die Konkurseröffnung veränderten Umstände beantragt[3]).

Ist die Durchführung des Anfechtungsanspruchs gefährdet, so möge der Verwalter zu deren Sicherung, je nach den Umständen, den Erlaß eines Arrestbefehls oder einer einstweiligen Verfügung nach Maßgabe der §§ 916ff., 935ff. ZPO. beantragen[4]). Bei Anfechtung einer Pfändung empfiehlt sich als Sicherungsmaßregel ein Antrag an das Prozeßgericht auf Einstellung der Zwangsvollstreckung und Aufhebung der bereits erfolgten Vollstreckungsmaßregeln gemäß den §§ 771 Abs. 3, 769 ZPO.[5]). Der Verwalter kann sich aber auch darauf beschränken, Hinterlegung des bei der Versteigerung der gepfändeten Sachen zu erwartenden Erlöses zu verlangen[6]).

Die Zuständigkeit der Gerichte für Anfechtungsklagen ist keine einheitliche; es kommt auf den Grund und den Gegenstand der Anfechtung an. Für die Klagen auf Grund des § 31 Nr. 1 KO. ist wohl der Gerichtsstand des § 32 ZPO. gegeben[7]), und das gleiche ist anzunehmen für Klagen auf Grund § 31 Nr. 2[8]). Dagegen können Klagen auf Grund des § 30 KO. im Gerichtsstande des § 32 ZPO. nicht erhoben werden[9]). Die Anfechtung einer Pfändung muß bei dem Gericht erfolgen, in dessen Bezirke die Pfändung vorgenommen worden ist. Sie ist gemäß dem § 771 ZPO. geltend zu machen[10]) und der

[1]) RG. 88. 294 (Jur. Woch. 1916 S. 1335[5]). Ist die Klage aber nur wegen eines Mangels der Zustellung unwirksam, so ist die Anfechtungsfrist gewahrt, falls der Mangel mit rückwirkender Kraft geheilt wird. RG. 90. 86.

[2]) Gruch. 49. 117.

[3]) Jur. Woch. 1884 S. 48[26]; RG. 20. 361.

[4]) RG. 41. 89; Gruch. 50. 433. Bei Anfechtung einer Grundbucheintragung ist aber als Sicherungsmaßregel nur die Erwirkung und Eintragung eines Veräußerungsverbots, nicht auch einer Vormerkung oder eines Widerspruchs zulässig, weil die Anfechtung nicht dinglich wirkt. RG. 60. 423 (Jur. Woch. 1905 S. 432[12]), RG. 67. 39 (Jur. Woch. 1907 S. 833[11]).

[5]) Der § 769 ist S. 103 Anm. abgedruckt.

[6]) Jur. Woch. 1893 S. 77[15], LZ. 1907 S. 837[9] (Jur. Woch. 1904 S. 496[25]).

[7]) Jur. Woch. 1899 S. 606[2], 1901 S. 331[15], 1904 S. 368[36]; RG. 21. 425; Gruch. 38. 1200.

[8]) RG. 48. 401.

[9]) RG. 21. 420.

[10]) Jur. Woch. 1890 S. 68[3], 1893 S. 294[3], 1894 S. 427[24], 1901 S. 330[13]; Gruchot Bd. 46 1094, 54. 1156; RG. 30. 397, 40. 372; LZ. 1908 S. 609[5]. Die Rechtsprechung des Reichsgerichts ist sehr angefochten.

Gerichtsstand des § 771 ist ein ausschließlicher[1]). Die Vereinbarung eines anderen Gerichtsstandes ist also unzulässig. Ob die Anfechtung von Verträgen im Gerichtsstande des § 29 ZPO. stattfinden kann, ist streitig. Das Reichsgericht[2]) verneint.

Der Wert des Streitgegenstandes ist in Anfechtungsprozessen danach zu bemessen, wieviel der zurückzugewährende Gegenstand für die Konkursmasse wert ist[3]).

I. Was Rechtens, wenn schon vor der Konkurseröffnung ein Gläubiger angefochten hat.

Nach der Konkurseröffnung können die einzelnen Konkursgläubiger, wie schon bemerkt, ein Anfechtungsrecht nicht mehr ausüben[4]). Wenn schon vor der Konkurseröffnung ein Konkursgläubiger eine Anfechtungsklage erhoben hat, so wird das Verfahren darüber durch die Konkurseröffnung unterbrochen[5]). § 13 des Gesetzes vom 21. Juli 1879. Es steht dann beim Verwalter, ob er das unterbrochene Verfahren aufnehmen oder dessen Aufnahme ablehnen will. Lehnt er die Aufnahme ab, so bleibt ihm unbenommen, seinerseits einen neuen Anfechtungsprozeß zu erheben, in dem er alle im Konkurse zulässigen Anfechtungsgründe — und diese sind umfassender, als die außerhalb des Konkurses zulässigen — geltend machen kann. Nimmt er das Verfahren auf, so muß er es in der prozessualen Lage übernehmen, in der es sich zur Zeit der Unterbrechung befindet, und kann in dem Verfahren andere Anfechtungsgründe, als die von dem Gläubiger vorgebrachten, nicht geltend machen. Dagegen kann er den von dem Gläubiger erhobenen Anspruch, der sich darauf beschränkte, daß dem Gläubiger gegenüber die angefochtene Handlung für unwirksam erklärt werden sollte, nach Maßgabe der §§ 37 bis 39 KO. dahin erweitern, daß die Handlung den sämtlichen Konkursgläubigern gegenüber für unwirksam erklärt werde, vorausgesetzt, daß eine Erweiterung der vom Gläubiger gestellten Anträge nach der Lage des Prozesses noch zulässig ist. § 13 Abs. 2 Ges. v. 21. Juli 1879. Aus dem, was der Verwalter in dem aufgenommenen Prozesse für die Masse erstreitet, sind dem Gläubiger, der die Anfechtungsklage erhoben hatte, die ihm erwachsenen Prozeßkosten vorweg zu erstatten. Abs. 1 des § 13. Hat zur Zeit der Konkurseröffnung der Gläubiger bereits einen vollstreckbaren Titel für seinen Anfechtungsanspruch erworben, so kann der Verwalter für sich zu

[1]) In diesem Gerichtsstande muß die Klage solange erhoben werden, als die Zwangsvollstreckung schwebt, also bis zur Auszahlung des Versteigerungserlöses; durch die bloße Hinterlegung dieses Erlöses wird die Zwangsvollstreckung noch nicht beendigt. RG. 18. 393; Gruchot Bd. 38 S. 180, 492; Jur. Woch. 1895 S. 202[15].

[2]) RG. 30. 402; Gruch. 38. 498.

[3]) Von dem Werte eines zurückzugewährenden Grundstücks ist daher der Betrag der Belastungen abzuziehen, die zur Zeit der angefochtenen Rechtshandlung darauf hafteten. RG. 34. 404.

[4]) RG. 36. 4.

[5]) Soweit nicht etwa der Gläubiger im Konkurse absonderungsberechtigt ist. Jur. Woch. 1894 S. 122[17].

diesem Titel Vollstreckungsklausel erteilen lassen[1]). Vgl. §§ 727, 730 ZPO. Auf Grund davon kann er dann für die Masse die Zwangsvollstreckung betreiben. Der Gläubiger kann aus einer auf Grund des erwirkten Titels nach der Konkurseröffnung vollzogenen Pfändung für sich keine Rechte herleiten. Was er vermöge einer solchen Pfändung etwa beigetrieben hat, das muß er zur Masse herausgeben. Wenn dagegen der Gläubiger auf Grund des erwirkten vollstreckbaren Titels schon vor der Konkurseröffnung für seinen Anfechtungsanspruch durch Zwangsvollstreckung oder Arrest eine Sicherung oder Befriedigung erlangt hat[2]), so kann ihm diese der Regel nach nicht wieder entzogen werden. Nur wenn ihm zu der Zeit, als er die Sicherung oder Befriedigung erlangte, bekannt gewesen ist, daß der Gemeinschuldner seine Zahlungen eingestellt hatte, oder daß schon die Konkurseröffnung beantragt war, kann der Verwalter die Handlung, wodurch die Sicherung oder Befriedigung erlangt wurde, unter den Voraussetzungen des § 30 Nr. 1 KO. anfechten[3]). § 13 Abs. 3 Ges. v. 21. Juli 1879.

K. Gegen wen die Anfechtung stattfindet.

Die Anfechtung hat sich gegen den zu richten, von dem, für den oder mit dem die anfechtbare Rechtshandlung vorgenommen ist. Daß mit diesem der Gemeinschuldner in unmittelbare rechtliche Beziehungen getreten ist, wird nicht unbedingt erfordert; auch gegen den findet die Anfechtung statt, der nur sachlich Vermögen des Gemeinschuldners zugewendet erhalten hat[4]). Hat z. B. ein Dritter für eine Schuld des Gemeinschuldners dem Gläubiger ein Pfand bestellt und zahlt darauf der Gemeinschuldner an den Gläubiger, so findet die Anfechtung auch gegen den Dritten statt, dessen Pfand durch die Zahlung frei wird, sofern gegen ihn ein Anfechtungsgrund vorliegt[5]). Bezahlt ein Treuhänder des Gemeinschuldners in dessen Auftrage die Forderung eines Gläubigers, so ist die Anfechtung gegenüber dem Gläubiger zulässig[6]).

Ist der Anfechtungsgegner verstorben, so findet die Anfechtung gegen seine Erben statt. § 40 Abs. 1 KO. In welchem Umfange die Erben haften, ob nur mit dem ererbten Nachlasse oder auch mit ihrem eigenen Vermögen, dafür ist das geltende bürgerliche Recht entscheidend. Die Bestimmungen des Bürgerlichen Gesetzbuches sind enthalten in den §§ 1967ff. Dazu s. die §§ 778ff. ZPO.

---

[1]) RG. 32. 102. Ist eine vollstreckbare Entscheidung gemäß § 10 des Gesetzes vom 21. Juli 1879 nur unter Vorbehalt erlassen worden, so ist dieser Vorbehalt für den Konkursverwalter bedeutungslos; er kann vorbehaltlose Erteilung der Vollstreckungsklausel verlangen. RG. 30. 67 (Jur. Woch. 1893 S. 20[30]).

[2]) Das ist nicht der Fall, wenn er eine Forderung des Schuldners nach deren Abtretung hat pfänden lassen. Die erfolgreiche Anfechtung der Abtretung verschafft ihm kein Pfändungspfandrecht. RG. 32. 102.

[3]) Einen Fall dieser Art siehe RG. 39. 79 (Jur. Woch. 1897 S. 385[9]).

[4]) RG. 43. 83; Jur. Woch. 1905 S. 57[38]. S. auch oben **B b** Abs. 3.

[5]) LZ. 1911 S. 944[9].

[6]) Jur. Woch. 1913 S. 272[14] (LZ. 1913 S. 308[5]).

Hat derjenige, der durch die anfechtbare Handlung Sachen oder Rechte vom Gemeinschuldner oder Ansprüche gegen diesen erworben hat, das Erworbene weiter veräußert oder mit Lasten zugunsten eines Dritten beschwert, so findet gegen den Rechtsnachfolger die Anfechtung nur unter folgenden Voraussetzungen statt:

1. Dem ersten Erwerber gegenüber muß irgendeiner der oben unter C aufgeführten Anfechtungsgründe vorliegen. Dies hat der Verwalter darzutun.
2. Außerdem muß der Rechtsnachfolger

entweder erweislich zur Zeit seines Erwerbs mit den Umständen, die die Anfechtbarkeit des Erwerbs seines Rechtsvorgängers begründen[1]), bekannt gewesen sein,

oder zu den in § 31 Nr. 2 KO. genannten Personen (also zu den Verwandten oder Verschwägerten des Gemeinschuldners[2]) gehören, und nicht beweisen können, daß ihm zur Zeit seines Erwerbs von den Umständen, die die Anfechtung gegen den Rechtsvorgänger begründen, nichts bekannt war,

oder endlich das Erlangte erweisbar unentgeltlich zugewendet erhalten haben,

§ 40 Abs. 2 KO. Rechtsnachfolger im Sinne des Abs. 2 des § 41 ist jeder, der die an den ersten Erwerber veräußerten Gegenstände oder Rechte an diesen Gegenständen[3]) erworben hat. Auch der Erwerb eines Pfändungspfandrechts an den Gegenständen begründet Rechtsnachfolge[4]). Desgleichen die Übertragung eines anfechtbar erworbenen Wechsels durch Indossament[5]). Rechtsnachfolger ist auch jeder fernere Rechtsnachfolger des Rechtsnachfolgers des ersten Erwerbers[6]). Die Anfechtung gegen den Rechtsnachfolger wird dadurch nicht ausgeschlossen, daß dieser selbst ein Anfechtungsrecht hatte[7]).

---

[1]) Das Urteil RG. 32. 25 ist durch die neue Fassung des § 40 KO. gegenstandslos geworden. Beruht die Anfechtbarkeit des Erwerbs auf § 31 Nr. 1 KO., so muß daher jetzt der Verwalter dem Rechtsnachfolger beweisen nicht nur, daß ihm die Benachteiligungsabsicht des Gemeinschuldners bekannt gewesen ist, sondern auch, daß die Kenntnis des Erwerbers von dieser Benachteiligungsabsicht ihm gleichfalls bekannt war. Jur. Woch. 1910 S. 951[35]. Anders wenn der Erwerb nach § 31 Nr. 2 KO. anfechtbar ist. Dann genügt der Beweis, daß der Rechtsnachfolger das Verwandtschafts- oder Schwägerschaftsverhältnis, wegen dessen der § 31 Nr. 2 Anwendung findet, und die Zeit der Vornahme des Geschäfts gekannt hat. Demgegenüber hat der Rechtsnachfolger die Nichtkenntnis seines Rechtsvorgängers von der Benachteiligungsabsicht des Gemeinschuldners zu beweisen. RG. 71. 353; Jur. Woch. 1910 S. 762[33].

[2]) RG. 19. 203 (Jur. Woch. 1888 S. 18[28]); Jur. Woch. 1897 S. 346[20].

[3]) RG. 9. 84 (Jur. Woch. 1883 S. 197[22]); Jur. Woch. 1897 S. 346[20]. LZ. 1911 S. 949[13].

[4]) RG. 39. 83.

[5]) Jur. Woch. 1888 S. 132. Als Rechtsnachfolger ist auch der Ehemann der mit seiner Frau in Gütergemeinschaft lebt, anzusehen bezüglich seiner Rechte an einem Gegenstande, den die Frau vor Eingehung der Ehe anfechtbar erworben hat. Gruch. Bd. 48 S. 1020 (Jur. Woch. 1904 S. 368[36]).

[6]) Den Zwischenbesitzern gegenüber muß aber ebenfalls die Anfechtung begründet sein.

[7]) Jur. Woch. 1897 S. 346[20].

Neben dem Anfechtungsanspruch gegen den Dritten behält der Verwalter natürlich den Anfechtungsanspruch gegen den ersten Erwerber. Er kann auch den Rechtsnachfolger und den Rechtsvorgänger zugleich verklagen, wenn ihm das zur vollständigen Wiedererlangung des durch die anfechtbare Handlung der Masse Entzogenen erforderlich erscheint; er braucht sich nicht von dem einen an den anderen verweisen zu lassen[1]). Jedoch kann er die Rückgewähr des der Masse Entzogenen nur einmal verlangen; soweit er von einem der mehreren Verpflichteten das Entzogene oder Ersatz dafür erlangt, hat er auch gegen die übrigen keinen Anspruch mehr.

L. Wirkung der Anfechtung.

a) Pflichten des Anfechtungsgegners.

Die erfolgreiche Anfechtung macht das angefochtene Geschäft nicht nichtig, sondern begründet nur einen persönlichen Anspruch gegenüber dem Anfechtungsgegner. Durch sie soll für die Konkursmasse der Zustand wieder hergestellt werden, der ohne die Vornahme der angefochtenen Handlung bestehen würde, so, als wenn diese Handlung nicht erfolgt wäre. Deshalb ist das, was durch die anfechtbare Handlung aus dem Vermögen des Gemeinschuldners veräußert, weggegeben oder aufgegeben ist, zur Konkursmasse zurückzugewähren. § 37 Abs. 1 KO. Hatte der Gemeinschuldner eine Forderung abgetreten, so ist diese zum Zwecke der Verwertung für die Masse zurückzuübertragen. Hatte er eine Sache weggegeben, so ist diese in dem Zustande, in dem sie sich zur Zeit der angefochtenen Handlung befunden hat, zurückzugewähren. Indes kann der Verwalter nicht ohne weiteres Rückübertragung des Eigentums verlangen, sondern in der Regel nur, daß der Erwerber sich die Verwertung der Sache für die Konkursgläubiger gefallen lasse[2]). Außer der Sache sind auch alle Nutzungen zu gewähren, die der Empfänger gezogen hat und die davon seit der Veräußerung, Weggabe oder Aufgabe für die Masse hätten gezogen werden können[3]). Lasten, die erst nach der Vornahme der angefochtenen Handlung begründet worden sind, hat der Anfechtungsgegner wegzuschaffen[4]). Diese Verpflichtungen bestehen auch dann, wenn dem Gemeinschuldner nicht die Sache selbst gehört, sondern nur ein Anspruch gegen einen Dritten auf Übertragung des Eigentums daran zugestanden hat und das Eigentum dem Anfechtungsgegner unmittelbar von dem Dritten auf Anweisung des Gemeinschuldners übertragen ist[5]). Entsprechendes gilt, wenn durch die angefochtene Handlung eine Sache des Ge-

---

[1]) Jur. Woch. 1891 S. 572[4]; Gruchot Bd. 36 S. 464.

[2]) RG. 56. 142, 194. Rückübertragung des Eigentums kann der Verwalter aber verlangen, wenn sie erforderlich ist, um für die Gläubiger die Wirkungen der angefochtenen Handlung zu beseitigen.

[3]) Jur. Woch. 1889 S. 109[13], 1894 S. 518[12]; RG. 21. 436, 24. 145, 80, 3. Zurückzugewährendes Geld braucht er aber so ohne weiteres nicht zu verzinsen. Jur. Woch. 1896 S. 338[31]; RG. 24. 145; Gruch. 38. 1187.

[4]) Jur. Woch. 1887 S. 273[12]; RG. 57. 27.

[5]) RG. 43. 83; Jur. Woch. 1900 S. 624[9].

meinschuldners mit einem Pfandrecht oder einem sonstigen dinglichen Recht belastet worden[1]). Der Anfechtungsgegner ist dem Verwalter zur Rechnungslegung verpflichtet, soweit dieser der Rechnungslegung zur Begründung eines bestimmten Anspruchs bedarf[2]).

Ist durch die angefochtene Handlung ein dingliches Recht des Gemeinschuldners an einer Sache aufgegeben, so hat der Gegner das Recht, soweit möglich und behufs Verwertung für die Konkursgläubiger erforderlich, wiederherzustellen. Ist ein persönlicher Anspruch aufgegeben, so ist der Erfolg der Anfechtung der, daß für die Masse der Anspruch als noch bestehend behandelt wird; und zwar als so bestehend, wie er zur Zeit der Aufgabe war[3]).

Die Anfechtung eines Vertrags macht nicht notwendig den Vertrag ganz hinfällig, sie kann sich unter Umständen auf einen bestimmten Teil des Vertrags beschränken oder nur hinsichtlich eines Teils begründet sein[4]).

Der Anfechtungsgegner hat indes nur zurückzugewähren; er braucht also nicht mehr zu gewähren, als er durch die angefochtene Handlung erlangt hat[5]). Hat er ein Grundstück mit Hypotheken belastet empfangen, so braucht er es nur mit derselben Belastung zurückzugewähren[6]). Hat er dergleichen Hypotheken bezahlt, so kann er verlangen, daß der bezahlte Betrag auf seinen Namen umgeschrieben oder, wenn Löschung erfolgt ist, ihm erstattet wird[7]). Hat er die empfangene Sache verbessert, so hat er wegen der Verbesserungen Anspruch auf Ersatz, soweit sonst die Masse ohne Grund bereichert werden würde. Wegen dieses Anspruchs wird ihm ein Zurückhaltungsrecht nach Maßgabe des § 273 BGB. zuzugestehen sein[8]). Kann das anfechtbar Erlangte nicht zurückgewährt werden, so muß in der Regel der Wert ersetzt werden, den es für die Konkursmasse gehabt hat. Nur wenn es durch einen Zufall, der ohne die angefochtene Handlung ebenfalls eingetreten sein würde, verloren gegangen oder im Werte verringert ist, hat der Empfänger dafür nicht aufzukommen. Ist er dagegen ohne solchen Zufall außerstande, das Empfangene zurückzugewähren, so hat er, auch wenn ihn kein Verschulden trifft, der Konkursmasse den Wert zu ersetzen[9]). Veräußerung des Empfangenen befreit ihn

[1]) Wegen der Art der Rückgewähr einer anfechtbar bestellten Hypothek s. RG. 30. 90 (Jur. Woch. 1893 S. 138[17]); LZ. 1909 S. 324[7] (Jur. Woch. 1909 S. 142[26]).

[2]) Jur. Woch. 1898 S. 359[35].

[3]) Deshalb ist bei einer Forderung der nach ihrer Aufgabe eingetretene Ablauf einer Ausschließungsfrist der Masse gegenüber unwirksam. Gruch. 41. 1107 (Jur. Woch. 1896 S. 695[26]).

[4]) Gruch. 52. 1164; LZ. 1911 S. 949[13].

[5]) RG. 16. 23, 27. 22, 36. 164. Das schließt freilich nicht aus, daß er infolge der Anfechtung in eine ungünstigere Lage kommen kann, als wenn die angefochtene Handlung gar nicht stattgefunden hätte. Was er in diesem Falle anderweit für sich hätte erreichen können, kommt nicht in Betracht. RG. 22. 374 (Jur. Woch. 1889 S. 20[13]).

[6]) Auch wenn die Belastung auf demselben Rechtsgeschäft beruht, auf Grund dessen er das Grundstück erworben hat. Um die bei der Veräußerung des Grundstücks eingetragenen Hypotheken zu beseitigen, ist in solchem Falle erforderlich, daß sie selbst anfechtbar sind und den Hypothekengläubigern gegenüber angefochten werden. S. RG. 57. 27.

[7]) RG. 16. 26 (Jur. Woch. 1886 S. 229[16]); Jur. Woch. 1902 S. 95[27]; Gruch. 59. 148.

[8]) Jur. Woch. 1896 S. 249[18].

[9]) Jur. Woch. 1886 S. 248[9]; L.Z. 1918 S. 1082[29].

nicht[1]). Maßgebend ist der Wert zur Zeit der Erlangung[2]). Hiernach hat der Anfechtungsgegner, der durch die angefochtene Handlung eine Sache vom Gemeinschuldner erlangt hatte, wenn er diese Sache verschenkt oder unter dem Werte veräußert hat, und sie nicht wieder beschaffen kann, den vollen Wert, den die Sache zur Zeit der Vornahme der angefochtenen Rechtshandlung gehabt hat, der Konkursmasse zu ersetzen[3]). Ist die Abtretung einer Forderung angefochten und hat der Erwerber die Forderung eingezogen, so muß er die eingezogene Leistung herausgeben oder deren Wert ersetzen[4]). Sind anfechtbar veräußerte Sachen dem Empfänger versteigert oder sind anfechtbar gepfändete Sachen dem Gemeinschuldner versteigert worden, so braucht sich der Verwalter nicht mit Herausgabe des Versteigerungserlöses zu begnügen, sondern kann Erstattung des Werts, den die Sachen für die Masse hatten, verlangen[5]).

Andererseits hat der Empfänger aber auch keine weitere Verpflichtung als die, das Empfangene oder dessen Wert zurückzugewähren. Hat er das Empfangene über den Wert veräußert, so kommt der Erlös, soweit er den Wert übersteigt, ihm, nicht der Konkursmasse zugute[6]). Eine Schadensersatzpflicht gemäß den §§ 990, 989 BGB. trifft ihn wegen der Anfechtbarkeit seines Erwerbs nicht, auch nicht im Falle des § 31 Nr. 1 KO.[7]).

An den hier dargelegten Verpflichtungen des Anfechtungsgegners wird durch dessen guten Glauben in der Regel nichts geändert[8]). In den Fällen jedoch, wo die Anfechtung nur darum stattfindet, weil der Erwerb für den Anfechtungsgegner ein unentgeltlicher gewesen ist (§§ 32, 40 Abs. 2 Nr. 3 KO.), ist der gutgläubige Empfänger nur verpflichtet, dasjenige zurückzugewähren, um was er durch das Empfangene, zu der Zeit, wo sein guter Glaube aufhört, noch bereichert ist[9]). § 37 Abs. 2 KO. Unter einem gutgläubigen Empfänger ist der zu verstehen, der weder von der Zahlungseinstellung, noch von dem — etwa schon gestellten — Antrage auf Konkurseröffnung, noch von einer Ab-

---

[1]) RG. 27. 22, Gruchot Bd. 37 S. 1191 (Jur. Woch. 1893 S. 308[14]), ferner Jur. Woch. 1894 S. 17[38]. Handelt es sich um Rückgewähr eines vom Gemeinschuldner veräußerten Warenlagers, so hat der Empfänger die nach der Veräußerung von ihm neu angeschafften Stücke nicht herausgegeben, aber für die von ihm veräußerten Stücke Wertersatz zu leisten. Jur. Woch. 1908 S. 458[29].

[2]) LZ. 1908 S. 387[6].

[3]) Wieweit Zinsen der Wertersatzsumme verlangt werden können, darüber s. RG. 24. 145; Jur. Woch. 1902 S. 273[19]; LZ. 1914 S. 868[14].

[4]) LZ. 1908 S. 387[6]; Jur. Woch. 1910 S. 761[31]. Diese Verpflichtung besteht auch dann, wenn die Einziehung der Leistung durch einen Bevollmächtigten geschehen ist und dieser das Eingezogene an seinen Auftraggeber nicht abgeführt hat. Jur. Woch. 1888 S. 178[8] (Gruch. Bd. 32 S. 1157).

[5]) RG. 30. 85; LZ. 1908 S. 388[7].

[6]) RG. 27. 21, 56. 194 (Jur. Woch. 1904 S. 75[50]); LZ. 1909 S. 864[7]; Gruchot Bd. 36 S. 1192; Jur. Woch. 1898 S. 359[35]. Diese letzte Entscheidung erklärt aber den Gegner für verpflichtet, über den Erlös der veräußerten Sachen Rechnung zu legen.

[7]) Gruch. 36. 117, 38. 1185.

[8]) RG. 24. 143.

[9]) Was unter Bereicherung zu verstehen ist, darüber siehe RG. 29. 1 und § 818 BGB. Die Bezahlung einer vollkommenen sicheren Forderung ist für den Gläubiger keine Bereicherung. Jur. Woch. 1892 S. 164[21].

sicht des Gemeinschuldners, durch die angefochtene Handlung seine Gläubiger zu benachteiligen, zur Zeit des Empfanges Kenntnis hatte. Der gute Glaube des Empfängers hört auf, sobald er von einem der eben genannten Umstände Kenntnis erhält. Der Gutgläubige braucht nicht zu ersetzen, was er zur Zeit seines guten Glaubens verbraucht, verloren oder unentgeltlich weggegeben hat. Dagegen hat er zu ersetzen, was erst nach dem Aufhören seines guten Glaubens aus seinem Vermögen gekommen ist. Ist die empfangene Sache fortgegeben, dafür aber eine andere oder ein Recht erworben, so hat der gutgläubige Empfänger nicht mehr als den Wert des neuen Erwerbs zu gewähren, aber auch diesen nur, soweit er den Wert der empfangenen und fortgegebenen Sache nicht übersteigt. Der Verwalter braucht übrigens dem Gutgläubigen gegenüber das Nochvorhandensein des Empfangenen nicht zu beweisen; der Gutgläubige hat zu beweisen, daß das Empfangene nicht mehr vorhanden ist. Dagegen braucht der Empfänger seinen guten Glauben wohl nicht zu beweisen; dieser wird solange als vorhanden angenommen, bis der Verwalter sein Nichtvorhandensein beweist[1]).

Sind so die Verpflichtungen des gutgläubigen Empfängers unter Umständen geringer, als im § 37 Abs. 1 KO. als Grundsatz aufgestellt ist, so können auf der anderen Seite sich die Verpflichtungen des Empfängers über das im § 37 Abs. 1 KO. festgesetzte Maß hinaus erweitern, wenn er durch das anfechtbare Geschäft zugleich eine unerlaubte Handlung begangen hat. Die Anwendung der §§ 823 und 826 BGB. wird durch § 37 KO. nicht ausgeschlossen[2]). Der Verwalter kann jedoch die wegen solcher unerlaubten Handlung den geschädigten Gläubigern zustehenden Ansprüche nicht für die Konkursmasse geltend machen.

Waren bei der angefochtenen Rechtshandlung mehrere Personen beteiligt, so haftet auf Grund des § 37 KO. jede von ihnen nur nach Maßgabe dessen, was sie durch die Rechtshandlung erlangt hat[3]).

Verzögert der Anfechtungsgegner die Rückgewähr schuldhaft, so haftet er für die Folgen seines Verzugs nach Maßgabe der §§ 284 ff. BGB.

Hat der Anfechtungsgegner das Empfangene bereits vor der Konkurseröffnung dem Gemeinschuldner zurückgewährt, so ist er damit seiner Pflichten ledig, auch wenn er nicht das Empfangene selbst, sondern nur dessen Wert zurückgewährt hat. Ob das Zurückgewährte zur Zeit der Konkurseröffnung noch vorhanden, ist für ihn gleichgültig[4]).

Im Nachlaßkonkurse besteht die Rückgewährpflicht mit der Maßgabe, daß nicht mehr zurückgewährt zu werden braucht als erforderlich ist, um noch die in § 226 Abs. 2 Nr. 1—3 bezeichneten, den gewöhnlichen Konkursgläubigern nachstehenden Gläubiger befriedigen zu können. § 228 Abs. 1 KO. S. Abschnitt XVI unter G c. —

---

[1]) Sehr streitig. A. M. RG. 92. 229.
[2]) Gruch. 52. 1012; RG. 44. 92.
[3]) RG. 24. 143 (Jur. Woch. 1889 S. 478[8]), RG. 57. 29.
[4]) S. oben B b am Schluß.

Durch eine erfolgreiche Anfechtung werden, wie schon bemerkt, stets nur persönliche Verpflichtungen des Anfechtungsgegners begründet, die angefochtene Rechtshandlung wird nicht nichtig. Daher begründet die Anfechtung in dem Falle, wenn der Anfechtungsgegner in Konkurs verfällt, in diesem Konkurse nicht einen Anspruch auf Aussonderung des mit der Anfechtungsklage geforderten Gegenstandes, sondern nur einen gewöhnlichen Konkursanspruch[1]).

b) Rechte des Anfechtungsgegners.

Hat der Anfechtungsgegner auf Grund des angefochtenen Geschäfts dem Gemeinschuldner eine Gegenleistung gewährt, so kann er deren Erstattung aus der Konkursmasse nur beanspruchen, soweit sie sich in der Masse noch unterscheidbar befindet oder die Masse um ihren Wert bereichert ist. § 38 KO. Wenn schon vor der Konkurseröffnung der Gemeinschuldner die Gegenleistung veräußert oder verwendet hat, so kann der Anfechtungsgegner vom Verwalter nur den Betrag beanspruchen, um den die Konkursmasse durch den Erlös oder den Wert der Gegenleistung bereichert ist[2]).

Bei der Erstattung der Gegenleistung wird der Verwalter als redlicher Besitzer behandelt. Hiernach bestimmen sich seine Rechte und Pflichten in Ansehung der Nutzungen des zu Erstattenden, der Erhaltungskosten, der Verbesserungen und der Verschlechterungen. §§ 987ff. BGB. Wenn der Anfechtungsgegner nicht der erste Erwerber, sondern ein Rechtsnachfolger desselben ist und die Anfechtung sich auf Abs. 2 des § 40 KO. gründet, so hat er nur die Erstattung dessen zu fordern, um was aus seinem Vermögen die Konkursmasse bereichert ist. Was aus seinem Vermögen sein Rechtsvorgänger erhalten hat, wegen dessen kann er sich nur an den Rechtsvorgänger halten. Was aus dem Vermögen seines Vorgängers zur Konkursmasse gekommen ist, hat nur dieser aus der Masse zu beanspruchen, sofern der Rechtsnachfolger nicht etwa kraft Gesetzes oder kraft einer Abtretung die Rechte seines Vorgängers geltend machen kann.

Der Erstattungsanspruch des Gegners stellt eine Einschränkung der Ansprüche der Konkursmasse aus § 37 KO. dar, ist mithin dadurch bedingt, daß der Gegner seinerseits die ihm nach § 37 KO. obliegenden Verbindlichkeiten erfüllt hat oder gleichzeitig erfüllt. Vorzuleisten braucht aber der Anfechtungsgegner nicht; er kann Befriedigung der ihm nach § 38 KO. zustehenden Ansprüche Zug um Zug gegen Erfüllung seiner Verpflichtungen fordern. Seine Ansprüche sind Masseansprüche gemäß § 59 Nr. 3 KO., müssen also aus der Konkursmasse voll befriedigt werden. Hiernach kann es vorkommen, daß sich die Anfechtung von gewissen Rechtsgeschäften für den Verwalter gar nicht verlohnt.

Soweit durch die Gegenleistung nicht die Konkursmasse vermehrt oder bereichert ist, stehen dem Anfechtungsgegner ihretwegen nur die Rechte eines

---

[1]) RG. 13. 5, 32. 22 (Jur. Woch. 1898 S. 573[14]); RG. 40. 5 (Jur. Woch. 1897 S. 607[24]).

[2]) Vgl. RG. 16. 23 (Jur. Woch. 1886 S. 229[16]).

Konkursgläubigers zu[1]) — vorausgesetzt, daß er wegen der Gegenleistung überhaupt einen Anspruch hat. Dafür, ob dies der Fall, sind die Vorschriften des bürgerlichen Rechts über die Folgen der Aufhebung eines für unwirksam erklärten Geschäfts maßgebend. § 38 Satz 2 KO.

Außer den erörterten Ansprüchen wegen seiner Gegenleistung steht dem Anfechtungsgegner auch ein Anspruch auf Erstattung der Verwendungen zu, die er zur Verbesserung der zur Masse zurückzugewährenden Sache gemacht hat, jedoch nur insoweit, als infolge der Verwendungen diese Sache für die Masse wertvoller geworden ist. § 59 Nr. 3 KO.

Wenn eine auf eine Schuld gewährte Leistung des Gemeinschuldners angefochten war, so lebt die Forderung, die durch die Leistung hätte getilgt werden sollen, als Konkursforderung wieder auf, sobald und soweit der Empfänger der Leistung das Empfangene zurückgewährt oder dessen Wert ersetzt hat. § 39 KO. Aufrechnung der Forderung gegen die zurückzugewährende Leistung ist unzulässig. § 55 Nr. 1 KO. Sobald aber die Forderung des Empfängers wieder auflebt, treten auch die Pfand- oder Vorrechte, mit denen sie etwa ausgestattet war, wieder in Kraft[2]).

c) Wirkung der Anfechtung im Verhältnis zu Dritten.

Die Anfechtung äußert, weil sie nicht dinglich wirkt, im Verhältnis zu Dritten keine Wirkung. Die angefochtene Rechtshandlung wird auch nicht schlechthin sondern nur den Konkursgläubigern gegenüber unwirksam. § 29 KO. Daher bleibt in dem Fall, wenn der Verwalter eine Hypothek mit Erfolg angefochten hat, die Rangordnung der der angefochtenen Hypothek nachstehenden Hypotheken unverändert. Diese rücken nicht auf, sondern ihnen gegenüber wird die angefochtene Hypothek als noch zu Recht bestehend behandelt[3]). Die Einziehung einer gepfändeten und dem Gläubiger zur Einziehung überwiesenen Forderung bleibt auch nach erfolgreicher Anfechtung der Pfändung wirksam[4]).

IX. Die Verwaltung und Verwertung der Teilungsmasse.

A. Allgemeines.

Zweck des Konkurses ist, den Konkursgläubigern aus dem vorhandenen Vermögen des Gemeinschuldners bestmögliche Befriedigung zu gewähren. Zur Erreichung dieses Zweckes hat der Verwalter die Konkursmasse im Interesse der Konkursgläubiger zu verwalten und zu versilbern. Kraft seiner Verwaltungsbefugnis hat er die zur Konkursmasse gehörigen Rechte, auch

[1]) Jur. Woch. 1903 S. 27[25].

[2]) RG. 20. 157 (Jur. Woch. 1888 S. 243[8]).

[3]) RG. 20. 29 (Jur. Woch. 1889 S. 69[13]); RG. 25. 63 (Jur. Woch. 1890 S. 130[4]; Gruchot Bd. 34 S. 893); Jur. Woch. 1889 S. 109[11]; RG. 47. 219; Jur. Woch. 1909 S. 81[18] (RG. 70 112).

[4]) RG. 58. 105. Hier wird auch die Aufrechnung der gepfändeten Forderung gegen eine Forderung des Drittschuldners für wirksam erklärt.

die Besitzrechte, an Stelle des Gemeinschuldners auszuüben und nötigenfalls mit den durch die Zivilprozeßordnung gebotenen Mitteln geltend zu machen. Soweit es erforderlich und mit dem Konkurszwecke vereinbar ist, kann er nach seinem Ermessen auch neue verpflichtende Rechtsgeschäfte für die Masse eingehen. Vgl. Abschnitt II des Allgemeinen Teils unter B e. Selbstverständlich kann er aber nicht mehr Rechte ausüben, als der Gemeinschuldner selbst hat[1].

a) Wann die Veräußerung der Masse erfolgen kann.

Die herbeigeschafften und in Besitz genommenen Gegenstände der Teilungsmasse hat der Verwalter je nach Lage der Sache alsbald zu verwerten oder zunächst nur zu verwalten. Gegenstände, die dem Verderben ausgesetzt sind, oder deren Aufbewahrung oder Erhaltung unverhältnismäßige Kosten verursachen würde, wird er mit tunlichster Beschleunigung veräußern. Außerdem kann der gemäß den §§ 129, 132 KO. beschlossene Fortbetrieb oder Ausverkauf des Geschäfts des Gemeinschuldners Verkäufe von Massegegenständen bald nach der Konkurseröffnung veranlassen. Auch durch die Gefährlichkeit der Aufbewahrung gewisser zur Masse gehöriger Sachen oder durch eine gegründete Besorgnis, daß sich bei längerem Warten die allgemeine Geschäftslage für den Verkauf zur Masse gehöriger Waren verschlechtern werde, kann der Verwalter zu schleunigen Verkäufen bestimmt werden. In solchen Fällen kann der Verwalter jederzeit ohne Zuziehung des Gläubigerausschusses die ihm zweckdienlich erscheinenden Maßregeln treffen. § 133 Nr. 1 KO. Im übrigen aber unterliegt seine Veräußerungsbefugnis den im folgenden zu erörternden Beschränkungen.

b) In welchen Fällen zu Veräußerungen die Genehmigung des Gläubigerausschusses und die Benachrichtigung des Gemeinschuldners erforderlich.

Wenn der Verwalter Massegegenstände veräußern will, deren Verkauf durch den Fortbetrieb des Geschäfts des Gemeinschuldners nicht bedingt wird und auch ohne offenbaren Nachteil für die Masse ausgesetzt bleiben kann, so hat er, sofern die Veräußerung **vor dem allgemeinen Prüfungstermine** geschehen soll, die Genehmigung des etwa vorhandenen Gläubigerausschusses einzuholen. § 133 Nr. 1 KO. Die gleiche Verpflichtung hat er in den Fällen der §§ 133 Nr. 2 und 134 KO. In den Fällen des § 134 KO. bedarf er, wenn ein Gläubigerausschuß nicht bestellt ist, der Genehmigung einer einzuberufenden Gläubigerversammlung. In allen genannten Fällen ist der Verwalter weiter verpflichtet, vor der Beschlußfassung des Gläubigerausschusses oder der Gläubigerversammlung, und in den Fällen des § 133, wenn ein Gläubigerausschuß nicht bestellt ist, vor der Vornahme der Veräußerung dem Gemeinschuldner, sofern dieser ohne Aufschub zu erlangen ist, von der beabsichtigten

[1]) So kann er z. B. nicht über ein Kapital verfügen, wenn dieses dem Gemeinschuldner testamentarisch nur unter Ausschluß der Verfügungsbefugnis vermacht worden war. Jur. Woch. 1893 S. 160[14].

Maßregel Nachricht zu geben. Diese Vorschrift ist sowohl für den Gemeinschuldner als auch für die Konkursgläubiger von Wert. Der Gemeinschuldner kann einen Zwangsvergleich nicht vor dem allgemeinen Prüfungstermine abschließen. § 173 KO. Der Abschluß eines Zwangsvergleichs, der sehr oft auch im Interesse der Gläubiger liegt, würde aber in allen Fällen durch sofortige Veräußerung der Masse unmöglich gemacht oder doch wesentlich erschwert werden, wenigstens dann, wenn dadurch dem Gemeinschuldner die Aussicht genommen würde, wieder in den Besitz der bei der Eröffnung des Konkurses vorhanden gewesenen Vermögensgegenstände zu gelangen. Aus diesem Grunde bestimmt § 133 Nr. 1 KO. weiter, daß die Genehmigung des Gläubigerausschusses auch dann einzuholen und der Gemeinschuldner auch dann zu benachrichtigen ist, wenn ein aufschiebbarer und nicht durch die Fortführung des Geschäfts bedingter Verkauf zwar nach dem allgemeinen Prüfungstermine, aber vor Erledigung eines vor dem Schlusse dieses Termins eingereichten Zwangsvergleichsvorschlags erfolgen soll. Die Rücksicht auf tunlichste Ermöglichung und Erleichterung des Abschlusses eines Zwangsvergleichs sollte überhaupt in allen Fällen, wo Aussicht auf einen den Gläubigern günstigen Zwangsvergleich vorhanden ist, den Verwalter bestimmen, alle nicht unaufschieblichen Veräußerungen, falls sie den Abschluß des Zwangsvergleichs in Frage stellen oder nur noch zu ungünstigeren Bedingungen möglich erscheinen lassen würden, so lange auszusetzen, bis über die Aussichten des Zwangsvergleichs Klarheit geschaffen ist.

Auf längere Zeit wird freilich der Verwalter das Geschäft des Gemeinschuldners in der Regel nicht fortzuführen vermögen. Er wird deshalb, wenn der Prüfungstermin auf Monate hinaus anberaumt ist, zu einer alsbaldigen Veräußerung des Geschäfts oder der Warenbestände häufig genötigt sein.

c) Wie und zu welchen Preisen die Masse verwertet werden kann. Freigebung von Massegegenständen.

Abgesehen von den besprochenen Gesetzesvorschriften steht es ganz im pflichtmäßigen Ermessen des Verwalters, ob, wann und zu welchem Preise er die zur Masse gehörigen Gegenstände veräußern und wie er sie verwalten will. Auch die Art der Veräußerung der Massegegenstände — freihändig oder im Wege der Zwangsversteigerung oder der freiwilligen Versteigerung — ist im allgemeinen seinem Ermessen anheim gegeben. In dieser Beziehung macht jedoch die Konkursordnung einige unten zu berührende Ausnahmen.

Daß der Verwalter für sich selbst Gegenstände der Konkursmasse erwirbt, ist mit seiner Stellung unvereinbar. Einen Vertrag mit sich selbst kann er nicht schließen. § 181 BGB. Er darf für sich auch durch einen anderen nichts aus der Masse erwerben und ebensowenig darf er etwas daraus für einen anderen erwerben. §§ 456, 457 BGB. Das gilt jedoch nur für Veräußerungen aus freier Hand; bei öffentlichen Versteigerungen darf er mitbieten und Gegenstände der Konkursmasse für sich erstehen. Veräußerungen an Verwandte des Verwalters oder des Gemeinschuldners oder an Konkursgläubiger erscheinen nicht unzulässig. Dabei muß jedoch der Verwalter besondere Vorsicht beobachten. In der Regel wird er zu derartigen Geschäften die ausdrückliche Genehmigung des Gläubigerausschusses oder bei wichtigeren Geschäften die Zustimmung der Gläubigerversammlung einholen.

Die Verwertung der Gegenstände der Konkursmasse braucht nicht durchweg, sondern nur insoweit zu erfolgen, als aus ihnen für die Masse ein Erlös zu erwarten ist. Ist dies nach der Ansicht des Verwalters nicht der Fall, z. B. eine Sache mit Pfandrechten überlastet oder eine Forderung völlig uneinziehbar, so kann sie der Verwalter aus der Masse freigeben[1]). Die Freigabe bedarf keiner besonderen Form, kann auch stillschweigend geschehen[2]), ist aber, wenn sie wirksam sein soll, dem Gemeinschuldner zu erklären[3]). Zweckmäßig ist wohl eine schriftliche Erklärung. Handelt es sich um ein Grundstück, so ist auch die Löschung des infolge der Konkurseröffnung eingetragenen Sperrvermerks herbeizuführen. Um die Löschung kann auf Antrag[4]) das Konkursgericht das Grundbuchamt ersuchen. Sie erfolgt dann gebührenfrei. § 114, 115 KO. Die Freigabe hat die Wirkung, daß die freigegebene Sache wieder der Verfügung des Gemeinschuldners anheimfällt, und daß die Klagen und Vollstreckungsmaßregeln, die sich auf die Sache beziehen, fortan, auch schon während des Konkurses, nur noch gegen den Gemeinschuldner zu richten sind[5]). Ein Widerruf der Freigabeerklärung ist mindestens dann ausgeschlossen, wenn der Gemeinschuldner inzwischen die freigegebenen Sachen veräußert und den Erlös eingezogen hat[6]).

d) Verwertung von Gegenständen, die sich im Besitz Absonderungsberechtigter befinden.

Auch solche Gegenstände ist der Verwalter zu veräußern befugt, an denen Absonderungsrechte bestehen[7]). Diese Befugnis wird nicht dadurch ausgeschlossen, daß die Absonderungsberechtigten sich im Besitze der Gegenstände befinden. Unter Aufrechterhaltung der Rechte des Absonderungsberechtigten kann der Verwalter allemal veräußern. Er kann aber, wenn nicht der Fall des § 127 Abs. 2 KO. vorliegt, einen beweglichen Gegenstand, an dem ein Absonderungsrecht der in § 48 oder § 49 KO. bezeichneten Art besteht, auch ohne Aufrechterhaltung dieses Absonderungsrechts veräußern, sofern er die Veräußerung nach Maßgabe der Vorschriften über die Zwangsvollstreckung oder über den Pfandverkauf vornimmt. Zum Behufe einer solchen Ver-

---

[1]) Allerdings kann er sich dadurch nach § 82 KO. haftbar machen.

[2]) LZ. 1912 S. 934[7]. Z. B. durch Ablehnung der Aufnahme des über die Sache schwebenden Prozesses, falls sie nicht etwa aus Irrtum erfolgt ist. LZ. 1914. 1720[6].

[3]) LZ. 1910 S. 312[11], 1914 S. 1720[6], RG. 94. 55.

[4]) Gegen dessen Ablehnung hat der Verwalter das Recht zur sofortigen Beschwerde. OLG. 15. 247 (Bayr. Oberstes Landesgericht).

[5]) Jur. Woch. 1896 S. 601[21], 1905 S. 181[30].

[6]) RG. 60. 109; LZ. 1912 S. 934[7].

[7]) Ob der Verwalter von seiner Befugnis Gebrauch machen will, ist seinem pflichtmäßigen Ermessen anheimgegeben. Der Absonderungsberechtigte hat kein Recht, von ihm zu verlangen, daß er die Veräußerung betreibe. Jur. Woch. 1887 S. 207[12].

äußerung kann er von dem Absonderungsberechtigten die Herausgabe des Gegenstands, notfalls im Wege der Klage, verlangen. § 127 Abs. 1 KO. Im Fall des § 127 Abs. 2 KO. besteht diese Veräußerungsbefugnis jedoch nur unter den dort bezeichneten Voraussetzungen. S. unten unter B b. Eine vom Verwalter unter Beobachtung der Formen der Zwangsvollstreckung oder des Pfandverkaufs berechtigtermaßen vorgenommene Veräußerung hat die Wirkung, daß die an dem veräußerten Gegenstande bestehenden Pfandrechte (§§ 48, 49 KO.) erlöschen und die Pfandgläubiger abgesonderte Befriedigung nur noch aus dem erzielten Erlöse verlangen können. Ist dagegen die Veräußerung in anderer Art oder unberechtigt erfolgt, so bleiben die Pfandrechte bestehen, soweit nicht etwa der gute Glaube des Erwerbers ihr Erlöschen zur Folge hat[1]). Frei von dem Pfandrechte kann der Verwalter natürlich auch dann veräußern, wenn der Gläubiger das bewilligt[2]). Desgleichen, wenn der Gläubiger sich mit einer von der Vorschrift des § 127 KO. abweichenden Art der Veräußerung einverstanden erklärt hat[3]).

Einer vorgängigen Pfändung der zu veräußernden Gegenstände bedarf es nicht[4]).

In jedem Falle ist der Absonderungsberechtigte befugt, auch seinerseits die Veräußerung des Gegenstandes seines Absonderungsrechts, selbst gegen den Willen des Verwalters, zu betreiben[5]). Zur Vermeidung von Klagen kann ihm der Verwalter eine vollstreckbare Urkunde gemäß § 794 Nr. 5 ZPO. bewilligen.

Veräußert der Verwalter Gegenstände, an denen Absonderungsansprüche geltend gemacht sind, so hat er bei der Verfügung über den Erlös diese Ansprüche bei eigener Vertretung zu berücksichtigen[6]). Sie gehen selbst den Forderungen der Massegläubiger vor. Der Absonderungsberechtigte kann Auszahlung des zur Deckung seiner Forderung erforderlichen Erlöses verlangen, sofern seine Forderung fällig und unbestritten ist. Andernfalls ist der Erlös wenigstens zu hinterlegen. Der Absonderungsberechtigte hat im Fall der Veräußerung durch den Verwalter dieselben Rechte wie in dem Falle, daß er selbst die Veräußerung veranlaßt hat[7]). Der Verwalter hat im ersteren Falle dem Absonderungsberechtigten Auskunft darüber zu geben, welche Sachen er veräußert und wieviel er dafür erlöst hat[8]).

---

[1]) RG. 58. 12, 62. 232. In diesem Falle besteht das Absonderungsrecht am Erlöse des Pfandes nicht. Jur. Woch. 1914 S. 416[18].

[2]) Gruch. Bd. 48 S. 413.

[3]) RG. 84. 68 (Jur. Woch. 1914 S. 416[18]).

[4]) RG. 58. 12 (Jur. Woch. 1904 S. 98[27]).

[5]) RG. 33. 116. S. Abschn. IV unter D S. 109.

[6]) RG. 33. 116. Auch dann, wenn die Gegenstände einem Aussonderungsanspruch unterlagen. Jur. Woch. 1909 S. 424[30]. Hat dagegen der Gemeinschuldner vor der Konkurseröffnung einen Gegenstand veräußert, der im Konkurse der Absonderung unterlegen haben würde, so gehört die noch ausstehende Forderung auf den Erlös zur Konkursmasse, ohne daß an ihr das Absonderungsrecht geltend gemacht werden könnte. § 46 KO. ist nicht entsprechend anwendbar. RG. 28. 149.

[7]) Jur. Woch. 1890 S. 151[5], 1891 S. 11[28], 1899 S. 263[12]; Gruch. Bd. 41 S. 1189; RG. 42. 85.

[8]) RG. 98. 305.

B. Einzelheiten.

a) Unbewegliche Sachen.

α. Verwaltung.

Grundstücke und andere unbewegliche Sachen werden zunächst in Verwaltung genommen. Die Verwaltung kann der Konkursverwalter selbst führen oder auch je nach Umständen ganz oder zum Teil durch einen anderen, der dann in seinem Auftrage und unter seiner Verantwortlichkeit handelt, führen lassen. Die Verwaltung kann in der Weise geschehen, daß das Grundstück in gehörigem Stande erhalten und, wenn fruchttragend, bewirtschaftet wird, daß die laufenden Lasten und Abgaben, die auf dem Grundstück haften, berichtigt werden[1]), und daß dagegen die Einkünfte zur Masse eingezogen werden. Wenn ein baldiger Verkauf des Grundstücks nicht tunlich ist, wird der Verwalter sich die Verwaltung dadurch zu erleichtern suchen, daß er das Grundstück verpachtet oder vermietet. Für Berichtigung der laufenden Hypothekenzinsen sowie der aus besonderen Rechtstiteln (Vertrag, Testament) auf dem Grundstück haftenden Jahresbezüge braucht er von Amts wegen nicht Sorge zu tragen. Er kann es den betreffenden Absonderungsberechtigten überlassen, ihre Rechte wegen der Zinsen und der Jahresbezüge zu wahren. Vgl. S. 83ff.

Wenn es dem Verwalter zweckmäßig erscheint, kann er auch die Zwangsverwaltung eines zur Masse gehörigen Grundstücks beantragen. § 126 KO. Der Antrag ist bei dem Gericht zu stellen, in dessen Bezirk das Grundstück liegt. Wie der Antrag zu stellen, wie das weitere Verfahren sich gestaltet, und in welcher Weise und mit welcher Wirkung die Zwangsverwaltung stattfindet, darüber vgl. Zw.-Verst.-Ges. vom 24. März 1897 §§ 172, 173, 146ff. Hervorzuheben ist, daß dem Verwalter durch die *auf seinen Antrag* eingeleitete Zwangsverwaltung das Verfügungsrecht über das Grundstück nicht verloren geht. § 173 Zw.-Verst.-Ges. Dagegen dürfte er über die Einkünfte des Grundstücks auch dann nicht mehr verfügen können. Siehe auch die Bemerkungen Abschnitt IV a. E.

β) Veräußerung.

Zur Veräußerung der zur Masse gehörigen Grundstücke ist der Verwalter, wie schon unter A c bemerkt, nicht unbedingt verpflichtet. Wenn sie so stark belastet sind, daß daraus ein Überschuß über die Lasten, Hypotheken und sonstigen Realrechte nicht zu erwarten ist, so kann er ihre Verwertung den Absonderungsberechtigten überlassen oder sie ganz aus der Masse freigeben. Die Beendigung des Konkurses wird durch die noch ausstehende Veräußerung überlasteter Grundstücke nicht gehindert. Will der Verwalter Grundstücke veräußern, so kann er es tun aus freier Hand oder im Wege der Privatversteigerung oder mittels Zwangsversteigerung. Zur Veräußerung aus freier Hand, d. h. zu einer Veräußerung, die nicht im Wege der öffentlichen, sei es freiwilligen

[1]) Die hierzu nötigen Beträge gehören zu den Massekosten. Vgl. Abschnitt X.

oder zwangsweisen, Versteigerung erfolgen soll, hat er die Genehmigung des Gläubigerausschusses, und, wenn ein solcher nicht vorhanden, die Genehmigung der Gläubigerversammlung, deren Berufung er unter Darlegung des Zweckes beim Gericht zu beantragen hat, einzuholen[1]). § 134 Nr. 1 KO. Auch muß er vor einer derartigen Veräußerung dem Gemeinschuldner, wenn dieser ohne Aufschub zu erlangen ist, von seiner Absicht Kenntnis geben. § 135 KO. Die Zwangsversteigerung wird er in der Regel nur beantragen, wenn er hofft, daß sich dabei ein Überschuß für die Masse ergeben werde. Wenn ein Überschuß nicht zu erwarten ist, würde er der Masse nur unnütze Kosten verursachen, da nach den §§ 172, 44ff. Zw.-Verst.-Ges. bei einer von ihm beantragten Zwangsversteigerung nur solche Gebote angenommen werden, wodurch die sämtlichen eingetragenen Hypotheken und sonstigen Realrechte einschließlich aller Kosten sowie aller laufenden und rückständigen Abgaben und Zinsen gedeckt werden. Zur Behebung der Übelstände, die diese Bestimmung mit sich bringen kann, bietet jedoch der § 174 Zw.-Verst.-Ges. eine Handhabe. Er bestimmt, daß in einem vom Konkursverwalter beantragten Zwangsversteigerungsverfahren auf den Antrag eines Hypotheken- oder sonstigen Realgläubigers, dem der Gemeinschuldner auch persönlich haftet und dessen Anspruch vom Konkursverwalter anerkannt wird, bei der Feststellung des zulässigen geringsten Gebotes nur diejenigen Realansprüche zu berücksichtigen sind, welche dem Anspruche des Antragstellers vorgehen. Das Grundstück wird dann mit und ohne Übernahme des Anspruchs ausgeboten[2]). Der Verwalter kann hiernach die Versteigerung stark belasteter Grundstücke ohne vorgängige Klagen von Realgläubigern in der Weise ermöglichen, daß er einen Realgläubiger, dessen Forderung von ihm anerkannt wird, dazu bestimmt, in dem Zwangsversteigerungsverfahren einen Antrag gemäß § 174 zu stellen. Der Antrag liegt auch im Interesse des Gläubigers, dem es so ermöglicht wird, seinen etwaigen Hypothekenausfall nachzuweisen, ohne genötigt zu sein, seinerseits mit Aufwendung von Kosten die Zwangsversteigerung des Pfandgrundstücks zu betreiben.

Für die durch den Verwalter betriebenen Zwangsversteigerungen von Grundstücken gilt im übrigen alles, was in Abschnitt IV zu III E über die Zwangsversteigerungen auf Antrag Absonderungsberechtigter gesagt ist, nur daß er bei jenen durch die Einleitung der Zwangsversteigerung in der Verwaltung des Grundstücks und in der Verfügung über das Inventar überhaupt nicht beschränkt wird. § 173 Zw.-Verst.-Ges.

b) Bewegliche Sachen.

Bewegliche Sachen, an denen ein Gläubiger ein durch Rechtsgeschäft bestelltes Pfandrecht oder ein diesem gleichstehendes Recht (§§ 48, 49 KO.)

---

[1]) Ist ein Notar Konkursverwalter, so kann er einseitige Kaufangebote, die ihm von Dritten gemacht werden, selbst als Notar beurkunden. Solche Angebote sind so anzusehen, daß sie ihm auch in seiner Eigenschaft als Verwalter ohne weiteres gemacht sind, der § 130 BGB. ist daher auf sie nicht anwendbar. RG. 49. 127.

[2]) Der Antragsteller erlangt aber dadurch nicht die Stellung eines betreibenden Gläubigers. RG. 75. 138 (Jur. Woch. 1911 S. 288[28]).

beansprucht, kann der Verwalter nur unter Vorbehalt dieses Rechts unbeschränkt veräußern. Will er die Veräußerung in der Weise vornehmen, daß das Absonderungsrecht des Gläubigers erlischt, so kann er das ohne Zustimmung des Gläubigers nur nach Maßgabe der Vorschriften der §§ 814ff. ZPO. oder der Bestimmungen der §§ 1235ff. BGB. über den Pfandverkauf[1]), und wenn der Gläubiger befugt ist, sich aus den Sachen ohne gerichtliches Verfahren zu befriedigen, zunächst überhaupt nicht. § 127 KO. Hat der Gläubiger laut Vertrag, Gesetz oder besonderen Privilegs eine solche Befugnis, so steht zunächst ihm die Bestimmung darüber zu, ob und wann er die Veräußerung der Sachen zum Zwecke seiner Befriedigung betreiben will. Auf Antrag des Verwalters kann ihm jedoch das Konkursgericht, nachdem es ihn gehört hat, eine Frist bestimmen, innerhalb deren er den Pfandgegenstand zu verwerten hat. Läßt er die ihm gestellte Frist, die mit dem Ablauf des Tages der durch das Gericht oder den Verwalter zu bewirkenden Zustellung des Gerichtsbeschlusses an ihn beginnt, unbenutzt verstreichen, so kann nun[2]) der Verwalter die Pfandstücke in der Weise, wie andere Pfandstücke, veräußern und zu diesem Behufe ihre Herausgabe verlangen. Ein Recht, sich ohne gerichtliches Verfahren aus dem Pfande zu befriedigen, haben jetzt alle Gläubiger, für die unter der Herrschaft des Bürgerlichen Gesetzbuchs ein Pfandrecht durch Vertrag oder Gesetz begründet worden ist und die sich im Besitz des Pfandes befinden, sobald ihre Forderung — ganz oder zum Teil — fällig ist und sofern sie in Geld besteht oder in eine Geldforderung übergegangen ist. §§ 1228, 1257 BGB. Art. 184 Einf.-Ges. z. BGB.

Nach der (gesetzmäßig erfolgten) Veräußerung besteht das Absonderungsrecht am Erlöse der Sachen. S. oben unter A d.

Alle diejenigen beweglichen Sachen, woran ein Pfandrecht oder ein pfandähnliches Recht nicht besteht, kann der Verwalter nach seinem Ermessen veräußern, ohne dabei, abgesehen von dem Falle des § 133 Nr. 1 KO., an irgendwelche Genehmigung oder Anweisung gebunden zu sein. Nur für den Verkauf des Geschäfts oder des Warenlagers im ganzen ist eine unter c erwähnte Ausnahme gemacht.

c) Das Geschäft des Gemeinschuldners.

Hat der Gemeinschuldner ein Erwerbsgeschäft betrieben, so hat einstweilen der Verwalter zu bestimmen, ob es in vollem oder in beschränktem

[1]) Die Sachen müssen also der Regel nach öffentlich versteigert werden, sei es durch den Gerichtsvollzieher, sei es durch eine andere zur Vornahme öffentlicher Versteigerungen befugte Person (§ 383 Abs. 3 BGB.), und zwar unter Benachrichtigung des Gläubigers von Zeit und Ort der Versteigerung (§ 1237 BGB.). Gemäß § 825 ZPO. wird aber das Gericht auf Antrag des Verwalters eine andere Art der Verwertung der Sachen gestatten können. LZ. 1908. 612[6]. Ebenso Kammergericht in OLG. 6. 370, OLG. Cöln in LZ. 1908. 627[6] und OLG. Dresden in LZ. 1912 S. 944[3]. Sachen, die einen Börsen- oder Marktpreis haben, können überhaupt freihändig verkauft werden, nur muß ihr Verkauf zum laufenden Preise durch einen öffentlich ermächtigten Handelsmäkler oder durch eine zur öffentlichen Versteigerung befugte Person erfolgen. § 1235 Abs. 2, § 1221 BGB. Gold- und Silbersachen dürfen nicht unter dem Metallwerte verkauft werden. § 1240 BGB.

[2]) Aber nicht früher. LZ. 1912 S. 868[7] (OLG. Dresden).

Umfange fortbetrieben oder ob es geschlossen werden soll[1]). Ist jedoch ein Gläubigerausschuß vom Gericht bei der Konkurseröffnung bestellt, so steht diesem anstelle des Verwalters die einstweilige Bestimmung über die Schließung oder Fortführung des Geschäfts zu. § 129 Abs. 2 KO.[2]). Endgültig beschließt hierüber in jedem Falle die Gläubigerversammlung. § 132 Abs. 1 KO. Der Verwalter und der etwa vom Gericht bestellte Gläubigerausschuß werden daher in allen Fällen, in denen es nicht außer Zweifel steht, daß eine Fortführung des Geschäfts, selbst in beschränktem Umfange, mit Nutzen für die Masse nicht möglich ist, bis zur ersten Gläubigerversammlung nur solche Maßregeln ergreifen, wodurch die Gläubigerversammlung in ihrer freien Entschließung nicht behindert wird. Solange bis ein Beschluß der Gläubigerversammlung erfolgt, bewendet es bei der Bestimmung des § 129 Abs. 2 KO. Die Fortführung des Geschäfts wird in der Regel nur behufs Aufarbeitung des vorhandenen Fabrikationsmaterials oder in der Hoffnung beschlossen werden, das Geschäft im ganzen verkaufen zu können. Wird die Fortführung beschlossen, so versteht es sich von selbst, daß der Verwalter auch neue Geschäfte aller Art, welche die Fortführung des Erwerbsgeschäfts mit sich bringt, namens der Konkursmasse eingehen kann[3]). Inwieweit er zu solchen neuen Geschäften einer Genehmigung bedarf, siehe § 134 Nr. 2 KO. Über die Veräußerung des Erwerbsgeschäfts bestimmt der Verwalter. Will er jedoch das Geschäft oder das Warenlager im ganzen veräußern, so hat er dazu die Genehmigung des Gläubigerausschusses und, falls keiner vorhanden, die Genehmigung der Gläubigerversammlung, deren Berufung der Verwalter zu beantragen hat, einzuholen[4]). § 134 Nr. 1 KO. Auch ist der Gemeinschuldner gemäß § 135 KO. vorher zu benachrichtigen. Zum Ausverkauf von Warenbeständen im einzelnen bedarf der Verwalter einer Genehmigung nur, sofern der Fall des § 133 Nr. 1 KO. vorliegt[5]).

Wird das Geschäft im ganzen veräußert, so können die Geschäftsbücher des Gemeinschuldners, soweit sie zum Fortbetriebe des Geschäfts unent-

---

[1]) Von der Einstellung eines der Unfallversicherung unterliegenden Gewerbebetriebs hat der Verwalter der betreffenden Berufsgenossenschaft bei Vermeidung einer Ordnungsstrafe Mitteilung zu machen.

[2]) Von der beabsichtigten Schließung des Geschäfts hat vor deren Ausführung oder, wenn ein Gläubigerausschuß bestellt ist, vor dessen Beschlußfassung der Verwalter dem Gemeinschuldner Mitteilung zu machen, wenn dieser ohne Aufschub zu erlangen ist. § 130 Abs. 1 KO. Zweck der Vorschrift ist, die Vereitelung eines etwa vom Gemeinschuldner angestrebten Zwangsvergleichs zu verhüten. Hat der Gemeinschuldner einen Zwangsvergleichsvorschlag eingereicht, so kann auf seinen Antrag das Gericht die beabsichtigte Schließung des Geschäfts untersagen. § 130 Abs. 2 KO.

[3]) Bei Fortführung eines Gewerbebetriebs hat der Verwalter alle Verpflichtungen zu erfüllen, die in den Steuergesetzen sowie in den Gesetzen über die Krankenversicherung, die Unfallversicherung und die Alters- und Invalidenversicherung der Arbeiter dem Betriebsunternehmer auferlegt sind.

[4]) Hat der Gemeinschuldner außer dem Hauptgeschäft noch ein oder mehrere Zweiggeschäfte, so gilt diese Bestimmung wohl auch für die Veräußerung eines einzelnen Zweiggeschäfts oder des Warenlagers eines solchen.

[5]) Zu beachten sind aber die beschränkenden Bestimmungen des Gesetzes gegen den unlauteren Wettbewerb vom 7. Juni 1909 (§§ 7—10).

behrlich sind — aber auch nur so weit — mitveräußert werden[1]). § 117 Abs. 2 KO. In allen Fällen, wo das Geschäft nicht fortgeführt werden soll, hat der Verwalter den Gewerbebetrieb zur Vermeidung weiterer Steuerzahlung bei der Steuerbehörde rechtzeitig abzumelden[2]). Bei der Veräußerung des Warenlagers ist gegenüber den bisweilen nicht sonderlich vertrauenswürdigen Käufern Vorsicht geboten zur Vermeidung von Verlusten für die Masse und von späteren Streitigkeiten. Der Verwalter möge die Aufstellung strenger Verkaufsbedingungen in Erwägung nehmen und den Kaufvertrag jedenfalls schriftlich abschließen. Muster zu den Verkaufsbedingungen und dem Kaufvertrage siehe in den Beilagen F und G.

d) Die Firma des Gemeinschuldners. Warenzeichen.

War der Gemeinschuldner Kaufmann und führte er sein Geschäft unter einer in das Handelsregister eingetragenen Firma, so wird die Konkurseröffnung zwar von Amts wegen in das Handelsregister eingetragen. § 32 HGB. Die Firma erlischt aber durch die Konkurseröffnung nicht, sofern nur das Handelsgeschäft nicht zu bestehen aufhört. Die Firma kann daher mit dem Geschäft veräußert werden. § 22 HGB. Zu der Veräußerung ist aber nur der Gemeinschuldner befugt, da das Recht zur Führung der Firma von der Person des Firmeninhabers nicht trennbar ist, mithin nicht zur Konkursmasse gehört[3]).

Geschützte Warenzeichen des Gemeinschuldners kann der Verwalter ohne dessen Zustimmung veräußern, aber nur zusammen mit dem Geschäft, für dessen Betrieb sie bestehen. § 7 Ges. v. 12. Mai 1894.

e) Erbschaften und Vermächtnisse.

Eine dem Gemeinschuldner vor der Konkurseröffnung angefallene Erbschaft gehört, wie bereits in Abschnitt I erörtert, unbedingt nur dann zur Konkursmasse, wenn der Gemeinschuldner sie bereits — sei es ausdrücklich, sei es stillschweigend — angenommen hat oder wenn zur Zeit der Konkurseröffnung die Frist, innerhalb deren sie hätte ausgeschlagen werden können, verstrichen ist, ohne daß eine rechtswirksame Ausschlagung stattgefunden hat. Ist zur Zeit der Konkurseröffnung eine Erklärung über die Annahme oder die Ausschlagung der Erbschaft noch nicht erfolgt und auch die Ausschlagungsfrist noch nicht abgelaufen, so kann die Erbschaft zunächst nicht zur Masse gezogen werden. § 1 Abs. 1 KO., § 778 Abs. 2 ZPO. Dem Konkursverwalter steht auch keine Entscheidung über die Annahme oder die Aus-

---

[1]) Handelt es sich um einen Gewerbebetrieb, zu dem eine behördliche Erlaubnis erforderlich war, so ist die dem Gemeinschuldner erteilte Erlaubnis nicht mit veräußerlich. LZ. 1912 S. 661[30].

[2]) Nach § 33 des Preuß. Gewerbesteuergesetzes vom 24. Juni 1891 muß die Abmeldung vor Schluß des laufenden Kalendervierteljahres erfolgen, widrigenfalls die Steuer von Vierteljahr zu Vierteljahr weiter erhoben wird.

[3]) Vgl. Abschnitt I S. 24 unter A. Die Veräußerung der bloßen Firma — ohne das Geschäft — ist überhaupt unzulässig. § 23 HGB.

schlagung zu. Diese Entscheidung gebührt vielmehr allein dem Gemeinschuldner. § 9 KO. Entscheidet aber der Gemeinschuldner sich für die Annahme oder läßt er die Ausschlagungsfrist ohne gültige Erklärung verstreichen, so ist die Sache so anzusehen, als ob die Erbschaft von vornherein zur Konkursmasse gehört hätte.

Was der Gemeinschuldner von der Erbschaft infolge des Erbanfalls bereits erhalten hat, wird der Verwalter, auch wenn die Erbschaft noch ausgeschlagen werden kann, einstweilen in Besitz nehmen dürfen. Er muß es aber so lange, bis über die Ausschlagung entschieden ist, getrennt von der übrigen Konkursmasse halten, darf darüber so lange nur die unumgänglichsten Verfügungen treffen und hat es, wenn die Ausschlagung formgültig und rechtzeitig erfolgt, an den nächstberechtigten Erben herauszugeben. Für die Sicherstellung der Erbschaftsgegenstände, die sich nicht im Besitze des Gemeinschuldners befinden, hat bis zur Entscheidung über die Annahme oder Ausschlagung der Erbschaft das zuständige Nachlaßgericht zu sorgen. §§ 1960 ff. BGB. Der Verwalter hat erforderlichenfalls hierauf hinzuwirken.

Die Verwertung einer zur Konkursmasse gehörigen Erbschaft kann auch durch Veräußerung im ganzen erfolgen. Einer Genehmigung bedarf dazu der Verwalter nur insoweit, als zu der Erbschaft Gegenstände gehören, zu deren Veräußerung er nach den §§ 133, 134 KO. überhaupt der Genehmigung (des Gläubigerausschusses oder der Gläubigerversammlung) bedarf.

Entsprechendes wie für Erbschaften gilt für Vermächtnisse[1]) (§§ 2176 ff., 2180 BGB.) sowie für das Recht auf Fortsetzung der Gütergemeinschaft, wenn der Ehegatte des Gemeinschuldners gestorben ist (§§ 1483, 1484 BGB.). S. § 9 KO.

Ist der Gemeinschuldner nur Vorerbe, d. h. mit der Bestimmung als Erbe eingesetzt, daß nach ihm ein Anderer Erbe sein soll, so darf der Verwalter die zur Erbschaft gehörigen Gegenstände nur veräußern, wenn ein an einem Erbschaftsgegenstande bestehendes Recht, das im Falle des Eintritts der Nacherbfolge dem Nacherben gegenüber wirksam ist, oder der Anspruch eines Nachlaßgläubigers geltend gemacht wird. § 2115 BGB., § 128 KO. Die Erträge der Erbschaftsgegenstände dagegen, die auf die Zeit bis zum Eintritt der Nacherbfolge entfallen, unterliegen der freien Verfügung des Verwalters[2]). Die einzige Einschränkung dieses Grundsatzes enthält § 2133 BGB. Wegen der Lasten, Abgaben und Aufwendungen siehe die §§ 2124 bis 2126; wegen der Veränderungen und Verschlechterungen den § 2132 BGB. Bezüglich der Rechtsstellung des Nacherben, der nach dem Gemeinschuldner die Erbschaft erhalten soll, ist auf die §§ 2113 ff. BGB. zu verweisen.

Ist der Gemeinschuldner Nacherbe, so sind die einem solchen nach den §§ 2121, 2122, 2123, 2127, 2128, 2130 bis 2134, 2138 BGB. gegen den Vorerben zustehenden Rechte bis zum Eintritt der Nacherbfolge nicht vom Verwalter, sondern vom Gemeinschuldner wahrzunehmen. § 2139 BGB.

---

[1]) Deren Ausschlagung ist aber an eine bestimmte Form und eine bestimmte Frist nicht gebunden. S. S. 32.

[2]) Vgl. Jur. Woch. 1896 S. 302[14], [15].

Wenn eine Erbschaft angenommen oder für angenommen zu erachten ist, so hat der Verwalter, soweit möglich, dafür Sorge zu tragen, daß die Haftung des Gemeinschuldners für die Nachlaßschulden auf den Nachlaß beschränkt bleibt. Das geschieht besonders durch Anordnung der Nachlaßverwaltung und durch Eröffnung des Nachlaßkonkurses. § 1975 BGB. Beide Maßregeln setzen einen Antrag voraus. Den zu stellen, ist aber der Konkursverwalter des Erben nach der ihm durch § 6 KO. angewiesenen Stellung für berechtigt zu erachten, wenn ihn auch die §§ 1981 BGB. und 217 KO. unter den Antragsberechtigten nicht ausdrücklich nennen.

Gehört nur ein Erbteil zur Konkursmasse, so kann dessen Verwertung entweder durch Veräußerung erfolgen oder so, daß zunächst die Erbteilung herbeigeführt wird und dann die dabei dem Gemeinschuldner zugeteilten Nachlaßgegenstände in Geld umgesetzt werden. Im Fall des Verkaufs des Erbteils haben die Miterben das Vorkaufsrecht. §§ 2034 ff. BGB. Die Erbteilung kann der Verwalter auch dann verlangen, wenn sie durch Anordnung des Erblassers für immer oder auf Zeit ausgeschlossen ist. § 16 Abs. 2 S. 2 KO. Im übrigen vgl. bezüglich der Erbteilung Abschnitt V unter 1 und 4. Über den Anteil an einzelnen zu der Erbschaft gehörigen Gegenständen kann der Verwalter nicht verfügen. § 2033 Abs. 2 BGB[1]).

f) Ausstehende Forderungen.

α. Einziehung. Veräußerung.

Ausstehende Forderungen des Gemeinschuldners hat der Verwalter der Regel nach, sobald sie fällig sind, einzuziehen. Ob und inwieweit er zur Einziehung unsicherer oder streitiger Außenstände den Prozeßweg beschreiten will, bleibt seinem pflichtmäßigen Ermessen überlassen[2]). Er wird dabei auf der einen Seite die durch den Prozeß entstehenden Kosten, auf der anderen Seite die Aussichten, die für die Einziehbarkeit der Außenstände vorhanden sind, in Betracht ziehen.

Auch solche Forderungen, die einem Gläubiger verpfändet sind, ist der Verwalter einzuziehen befugt[3]). Er kann jedoch, wenn er nicht den Pfandgläubiger zuzieht, nur verlangen, daß der Schuldner das Geschuldete hinterlege[4]) oder an ihn und den Pfandgläubiger gemeinschaftlich leiste. § 1281 BGB. Sind über die Forderungen Urkunden vorhanden, die bei der Einziehung gebraucht werden, wie z. B. Wechsel, Hypothekenurkunden, Schuld-

---

[1]) Daher ist z. B. eine Veräußerung des Anteils eines Miterben an einem zum Nachlasse gehörigen Grundstück nichtig. RG. 61. 76.

[2]) Will er es, so hat er, wenn es sich um einen Gegenstand von mehr als 300 M. handelt, die Genehmigung des Gläubigerausschusses einzuholen und den Gemeinschuldner von seiner Absicht zu benachrichtigen. § 133 Nr. 2, § 135 KO.

[3]) Streitig ist, ob er nicht dergleichen Forderungen erst pfänden und sich zur Einziehung überweisen lassen muß. Das Reichsgericht (RG. 58. 12 Jur. Woch. 1904 S. 98[27]) verneint mit Recht.

[4]) Oder es, wenn es sich zur Hinterlegung nicht eignet, an einen gerichtlich zu bestellenden Verwahrer abliefere.

scheine, und befinden sich die Urkunden im Besitz des Pfandgläubigers, so kann der Verwalter von diesem, notfalls im Wege der Klage, die Herausgabe der Urkunden verlangen. § 1285 Abs. 1 BGB. Diese Befugnisse stehen indes dem Verwalter nur zu, wenn und solange der Pfandgläubiger nicht berechtigt ist, sich ohne gerichtliches Verfahren aus der verpfändeten Forderung zu befriedigen. Wenn und soweit der Pfandgläubiger dazu berechtigt ist, hat er das Recht, die Pfandforderung einzuziehen und kann der Verwalter zunächst höchstens Zahlung an den Pfandgläubiger verlangen[1]). § 1282 BGB. Der Verwalter kann in diesem Falle dem Pfandgläubiger jedoch durch das Konkursgericht eine Frist setzen lassen mit der Wirkung, daß, wenn innerhalb der Frist der Pfandgläubiger die Forderung nicht eingezogen hat, er deren Einziehung nach Maßgabe des § 1281 BGB. betreiben kann. § 127 Abs. 2 KO. Die Befugnis, sich ohne gerichtliches Verfahren aus der Pfandforderung zu befriedigen, steht dem Pfandgläubiger zu, wenn seine Forderung auf Geld gerichtet oder in eine Geldforderung übergegangen und wenn sie wenigstens zum Teil fällig ist. § 1282 Abs. 1, § 1228 Abs. 2 BGB. Sie beschränkt sich aber, wenn die verpfändete Forderung eine Geldforderung ist, auf den Betrag der verpfändeten Forderung, der zu seiner Befriedigung erforderlich ist.

Im übrigen regelt sich das Verhältnis des Verwalters zu dem Pfandgläubiger nach den §§ 1282—1288 BGB.

Ist eine zur Konkursmasse gehörige Forderung für einen Gläubiger im Wege der Zwangsvollstreckung oder des Arrests gepfändet, aber dem Gläubiger nicht zur Einziehung überwiesen, so sind wohl dem Verwalter dieselben Befugnisse zuzusprechen, wie wenn die Forderung für eine Schuld verpfändet, die Pfandschuld aber nicht in Geld besteht oder noch nicht fällig ist. Das nach § 829 Abs. 2 ZPO. bei der Pfändung an den Drittschuldner zu erlassende Verbot, dem Schuldner Zahlung zu leisten und das an den Schuldner zu erlassende Gebot, sich jeder Verfügung über die Forderung zu enthalten, dürfte einer Klage des Verwalters dahin, daß an ihn und den Pfandgläubiger gemeinschaftlich geleistet oder daß die Leistung hinterlegt werde, nicht entgegenstehen[2]).

Ist dagegen die gepfändete Forderung dem Gläubiger zur Einziehung überwiesen, so bestimmen sich dessen Rechte nach § 127 Abs. 2 KO., sie sind also gleich den Rechten des Pfandgläubigers, dessen Forderung auf Geld gerichtet und fällig ist. Die bloß zur Einziehung überwiesene Forderung gehört an sich noch zur Konkursmasse[3]). Nur durch die Überweisung an Zahlungsstatt scheidet sie aus dem Vermögen des Gemeinschuldners aus.

Hatte der Gemeinschuldner einem anderen, z. B. einem Inkassogeschäft, die Einziehung gewisser Forderungen übertragen, so erlischt der erteilte Auftrag mit der Konkurseröffnung und der Verwalter kann, wenn die Forderungen

---

[1]) Vgl. RG. 49. 203, wo allerdings nur der Fall der Pfändung behandelt ist.
[2]) RG. 17. 292.
[3]) RG. 11. 49, 18. 398, 49. 203.

zum Zwecke der Einziehung dem Beauftragten abgetreten waren, Rückabtretung verlangen. Im übrigen ist das Rechtsverhältnis zwischen dem Verwalter und dem mit der Einziehung Beauftragten so, wie Abschn. VI unter 4 dargelegt ist.

Gehören Wechselforderungen zur Konkursmasse, so hat der Verwalter die Wechsel den Bezogenen bzw. wenn sie domiziliert sind, den Domiziliaten am Verfalltage zur Zahlung vorlegen zu lassen und bei ausbleibender Zahlung für gehörige und rechtzeitige Protesterhebung Sorge zu tragen. Die Erhebung des Wechselprotests mangels Zahlung muß spätestens am zweiten Werktage nach dem Zahlungstage beim Bezogenen (bei Solawechseln beim Aussteller) erfolgen. Wenn im Wechsel ein Domiziliat benannt ist, so hat die Protesterhebung bei diesem stattzufinden. Art. 41 Abs. 2, 43, 99 der Wechselordnung[1]). Wird die Protesterhebung verabsäumt oder nicht gehörig bewirkt, so gehen die wechselmäßigen Regreßansprüche gegen sämtliche Vormänner, bei gezogenen Wechseln auch gegen den Aussteller, verloren. Art. 41 Abs. 1 der Wechselordnung. Verpflichtet bleibt dann also nur bei eigenen Wechseln der Aussteller, bei gezogenen der Akzeptant. Der Aussteller eines gezogenen Wechsels haftet nur soweit, als er sich mit dem Schaden der Konkursmasse bereichern würde. Art. 83 WO. Wenn Protest erhoben ist, so hat der Verwalter dem unmittelbaren Vormann des Gemeinschuldners innerhalb zweier Tage nach dem Tage der Protesterhebung von der Nichtzahlung des Wechsels schriftlich Nachricht zu geben. Unterläßt er dies, oder gibt er die Nachricht nicht dem unmittelbaren, sondern einem früheren Vormann, so verliert die Konkursmasse gegen die sämtlichen oder die übersprungenen Vormänner den Anspruch auf Zinsen und Kosten und wird diesen Personen zum Ersatze des ihnen aus der Unterlassung der Benachrichtigung entstehenden Schadens verpflichtet. Art. 45 WO.

Sind ausstehende Forderungen der Verjährung nahe, so hat der Verwalter zur Unterbrechung der Verjährung das Erforderliche zu tun. Vgl. Abschnitt XIV unter d β.

Wenn eine Forderung gütlich nicht bezahlt wird und der Verwalter ihre Einklagung nicht für sachdienlich erachtet; wenn der Eingang einer Forderung wegen später Fälligkeit oder noch schwebender Bedingung nicht wohl abgewartet werden kann, oder wenn aus anderen Gründen die baldige Einziehung einer Forderung nicht angängig erscheint, so kann der Verwalter je nach Umständen dergleichen Forderungen durch Veräußerung verwerten oder die Beschlußfassung über ihre Verwertung der Gläubigerversammlung für den Schlußtermin (s. § 162 KO.) überlassen. Zur (freihändigen oder meistbietenden) Veräußerung von Forderungen ist aber, ebenso wie zur Einklagung, unter Benachrichtigung des Gemeinschuldners von der beabsichtigten Maßregel, die Genehmigung des etwa vorhandenen Gläubiger-

[1]) Befindet sich der Bezogene bzw. der Domiziliat in Konkurs, so muß nach einer Plenarentscheidung des früheren Reichsoberhandelsgerichts (Entsch. Bd. 24 S. 22) gleichwohl bei ihnen, nicht beim Konkursverwalter der Protest erhoben werden. S. auch RG. 2. 23.

ausschusses nachzusuchen, sofern die Forderungen einen (nicht bloß nominellen, sondern wirklichen) Wert von mehr als 300 M. darstellen. § 133 Nr. 2 § 135 KO. Besteht an der Forderung ein Pfandrecht, so muß sie nach Maßgabe des § 814 ZPO. versteigert werden, widrigenfalls die Wirkungen des § 127 KO. gegenüber dem Pfandgläubiger nicht eintreten[1]). Bei öffentlich meistbietender Veräußerung, die die Regel bilden dürfte, empfiehlt es sich, eine die Veräußerungsbedingungen enthaltende Verhandlung aufzunehmen und von dem Meistbietenden unterschreiben zu lassen. Ein Muster zu einer solchen Verhandlung siehe Beilage H.

Aussichtslos erscheinende Forderungen kann der Verwalter auch ganz aus der Masse freigeben[2]), allerdings bei eigner Verantwortung.

β. Forderungen aus gegenseitigen Verträgen. Zurückbehaltungsrecht des Schuldners.

Macht der Verwalter aus einem gegenseitigen Vertrage, der auch von seiten der Konkursmasse zu erfüllen ist, eine Forderung geltend, so braucht er nach den Grundsätzen des Bürgerlichen Gesetzbuchs[3]) zur Begründung der Klage nicht zu beweisen, daß die Erfüllung von seiten der Konkursmasse schon erfolgt sei, es müßte denn sein, daß die Konkursmasse verpflichtet ist, vorzuleisten[4]). § 320 Abs. 1 Satz 1, § 322 Abs. 1 BGB. Der Schuldner kann jedoch die Erfüllung der ihm obliegenden Leistung mit der bloßen Behauptung, daß ihm die ihm gebührende Gegenleistung noch nicht oder doch noch nicht gehörig und vollständig gewährt sei, verweigern, falls nicht er vorzuleisten hat. Es ist dann Sache des Verwalters, zu beweisen, daß die der Konkursmasse obliegende Leistung gehörig und vollständig erfolgt ist[5]). Beweist er das nicht, so wird der Schuldner — abgesehen von dem Falle, daß er vorzuleisten hat — nur zur Erfüllung Zug um Zug gegen Empfang dessen, was ihm noch gebührt, verurteilt. § 322 Abs. 1 BGB. Bei der Zwangsvollstreckung muß dann der Verwalter dem Schuldner das von der Konkursmasse noch zu Leistende anbieten. Erst wenn der Schuldner in Annahmeverzug geraten ist, kann der Verwalter das erwirkte Urteil ohne Bewirkung der der Konkursmasse obliegenden Leistung vollstrecken lassen. § 322 Abs. 3

---

1) RG. 62. 232.

2) Hatte er sie eingeklagt, so kann nach der Freigabe der Gemeinschuldner in den Prozeß eintreten. RG. 79. 28.

3) Auf die vor dem 1. Januar 1900 begründeten Vertragsverhältnisse findet das Bürgerliche Gesetzbuch keine Anwendung. Art. 170 Einf.-Ges. zum BGB.

4) Diese Ausnahme gilt aber nur mit der im § 321 BGB. vorgesehenen Einschränkung.

5) Es genügt aber, wenn eine Leistung erfolgt ist, der Beweis, daß der Schuldner diese Leistung als Erfüllung angeboten erhalten und als solche auch angenommen hat. Wird das erwiesen, und will trotzdem der Schuldner die empfangene Leistung nicht als Erfüllung gelten lassen, so muß er beweisen, daß und inwiefern die Leistung nach Art und Beschaffenheit keine oder keine vollständige Erfüllung darstellt. § 363 BGB. Mängel einer gekauften oder sonst gegen Entgelt erworbenen und vom Erwerber übernommenen Sache hat, sofern deswegen Gewährleistung verlangt wird, allemal der Erwerber zu beweisen.

BGB. Wie bei der Zwangsvollstreckung zu verfahren ist, bestimmen die §§ 756, 765 und 726 Abs. 2 ZPO.

Nach dem BGB. § 273 Abs. 1 würde ein Schuldner auch dann schon berechtigt sein, die geschuldete Leistung zurückzuhalten, wenn ihm aus demselben rechtlichen Verhältnis, auf dem seine Verpflichtung beruht, ein fälliger Anspruch gegen die Konkursmasse zusteht und sich aus dem besonderen Schuldverhältnisse nicht ein anderes ergibt. Dieses Recht versagt aber im Konkurse, wenn der Anspruch des Schuldners zu den Konkursforderungen gehört[1]). Denn solche Forderungen sollen gleichmäßige Befriedigung aus der Masse erhalten und mit diesem Grundsatz der KO. würde es unvereinbar sein, wenn der Berechtigte die Erfüllung seiner Verpflichtungen gegenüber der Masse von der Befriedigung der ihm zustehenden Ansprüche abhängig machen dürfte. Dagegen kann er seinen Gegenanspruch unter den Voraussetzungen des § 54 KO. (siehe unter γ 1 A zur Aufrechnung verwenden.

Außerhalb des Konkurses besteht nach den §§ 273, 276, 1000 BGB. auch ein Zurückbehaltungsrecht an fremden Sachen für deren Besitzer, wenn und soweit dieser wegen Verwendungen auf die Sachen oder wegen eines ihm durch sie verursachten Schadens Ansprüche hat. Im Konkurse kann an Sachen, die zur Konkursmasse gehören, aus den im vorigen Absatz dargelegten Gründen ein Zurückbehaltungsrecht nicht geltend gemacht werden, wenn die Forderungen, wegen deren es beansprucht wird, bloße Konkursforderungen sind. Es besteht aber für viele — nicht für alle — Forderungen des Besitzers ein Recht auf abgesonderte Befriedigung gemäß § 49 KO. Vgl. Abschnitt IV unter II C.

Auch Zurückbehaltungsrechte, die Konkursgläubigern durch Vertrag eingeräumt sind, haben im Konkurs keine Wirksamkeit[2]).

γ. Aufrechnung seitens des Schuldners.

1. Unter welchen Voraussetzungen und mit welchen Forderungen aufgerechnet werden kann.

Wenn der Schuldner des Gemeinschuldners seinerseits gegen diesen eine Forderung hat, die der Forderung des Gemeinschuldners dem Gegenstande nach gleichartig ist, so kann er damit gegen seine Schuld aufrechnen, sobald er die ihm gebührende Leistung fordern und die ihm obliegende Leistung bewirken kann. § 387 BGB. Nur darf seiner Forderung nicht eine Einrede, z. B. die des nicht oder nicht gehörig erfüllten Vertrags, entgegenstehen[3]). § 390 Satz 1 BGB. Ausnahmsweise ist auch in einigen anderen Fällen die Aufrechnung unzulässig. Vgl. die §§ 391—395 BGB.

Für Handelsgesellschaften und deren Teilhaber gelten bezüglich der Aufrechnungsbefugnis im wesentlichen folgende Grundsätze:

---

[1]) RG. 77. 436 (Jur. Woch. 1912 S. 201[29]); LZ. 1913 S. 306[4].

[2]) RG. 20. 135, 29. 302; Jur. Woch. 1898 S. 684[77]; LZ. 1910 S. 218[24].

[3]) Wieweit mit verjährten Forderungen aufgerechnet werden kann, darüber siehe § 390 S. 2 BGB.

Der persönlich haftende Gesellschafter einer Handelsgesellschaft muß, wenn er gegen einen Privatschuldner seine Forderung geltend macht, sich gefallen lassen, daß der Schuldner mit einer Forderung, die er (Schuldner) gegen die Gesellschaft hat, aufrechnet[1]). § 128 HGB. Er hat jedoch dann einen Ausgleichungsanspruch gegen die übrigen Gesellschafter nach Maßgabe des § 426 BGB. Der Schuldner kann die Forderung an die Gesellschaft auch dann zur Aufrechnung verwenden, wenn die Gesellschaft sich in Konkurs befindet. In diesem Falle ist aber der § 212 KO. von Bedeutung. Ist nämlich auch über das Vermögen des persönlich haftenden Gesellschafters der Konkurs eröffnet, so ist in diesem Konkurse die Aufrechnung des Schuldners so lange ohne Wirkung, als nicht feststeht, daß und wieweit der Schuldner wegen seiner Forderung im Gesellschaftskonkurse keine Befriedigung erlangt[2]). Vgl. Abschnitt XV unter D a γ.

Schuldet ein persönlich haftender Gesellschafter etwas, so kann er gegen die Schuld mit eigenen Gegenforderungen an den Gläubiger immer, mit Forderungen seiner Mitgesellschafter nur, wenn sie ihm abgetreten sind, aufrechnen. Die Aufrechnung mit einer Forderung der Gesellschaft steht ihm — außer wenn sie ihm abgetreten wird — ebenfalls nicht zu, auch nicht zu seinem Anteil. § 719 Abs. 1 BGB. Wird er aber wegen seiner Verbindlichkeit der Gesellschaft in Anspruch genommen und steht der Gesellschaft gegen den Gläubiger eine Gegenforderung zu, so kann er nicht nur eine von der Gesellschaft bereits erklärte Aufrechnung natürlich für sich geltend machen, sondern auch dem Gläubiger so lange Befriedigung verweigern, als dieser sich die Befriedigung dadurch verschaffen kann, daß er seinerseits gegen die Forderung der Gesellschaft aufrechnet. § 129 Abs. 3 HGB.

Gegen eine Forderung der Gesellschaft kann der Schuldner eine ihm gegen einen Gesellschafter zustehende Forderung nicht aufrechnen. § 719 Abs. 2 BGB. Andrerseits kann auch die Gesellschaft eine Schuld nicht durch Aufrechnung mit einer Forderung tilgen, die nicht ihr, sondern einem der persönlich haftenden Gesellschafter gegen ihren Gläubiger zusteht[3]).

Wegen der Beschränkungen der Aufrechnung gegen gesellschaftliche Verpflichtungen bei Aktiengesellschaften, Gesellschaften mit beschränkter Haftung und Genossenschaften s. Abschnitt I unter K. —

Diese allgemeinen Grundsätze gelten aber im Konkurse nicht schlechthin. Die Zulässigkeit der Aufrechnung ist für den Konkurs in einigen Beziehungen erweitert, in anderen beschränkt.

A. Erweiterungen der Aufrechnungsbefugnis. Die Aufrechnung wird dadurch nicht ausgeschlossen, daß zur Zeit der Konkurseröffnung die gegeneinander aufzurechnenden Forderungen oder die eine von

---

[1]) RG. 31. 86, 41. 27.

[2]) RG. 56. 365.

[3]) A. M. für den Fall, daß der persönlich haftende Gesellschafter seine Einwilligung zu der Aufrechnung erteilt, RG. 31. 81.

ihnen betagt oder bedingt[1]) war, oder daß die Forderung des Schuldners des Gemeinschuldners nicht auf einen Geldbetrag lautet. § 54 Abs. 1 KO. Nur muß seine Forderung zur Zeit der Konkurseröffnung wenigstens dem Grunde nach schon bestehen[2]).

Wenn der Schuldner des Gemeinschuldners mit einer fälligen Forderung gegen eine noch nicht fällige des Gemeinschuldners aufrechnen will, so wird letztere zu ihrem vollen Nennwert berechnet, auch wenn sie unverzinslich ist. Vgl. § 272 BGB. Der Schuldner kann von seiner Forderung, wenn diese verzinslich ist, Zinsen bis zur Konkurseröffnung berechnen. Für die spätere Zeit nicht, wegen § 55 Nr. 2 KO. Wenn dagegen der Schuldner mit einer unverzinslichen und zur Zeit der Konkurseröffnung noch nicht fälligen Forderung aufrechnen will, so wird diese Forderung nicht zum vollen Nennwert, sondern nur zu dem nach § 65 KO. (siehe Abschnitt XII zu b α) zu berechnenden Betrage bei der Aufrechnung in Ansatz gebracht. § 54 Abs. 2 KO.

Mit auflösend bedingten Forderungen kann ohne weiteres aufgerechnet werden. Wenn aber derjenige, der unter einer auflösenden Bedingung etwas zu fordern hat, seinem Schuldner zu einer Sicherheitsleistung für den Fall des Eintritts der Bedingung verpflichtet ist, so ist die Sicherheit auf Verlangen des anderen Teils auch bei der Aufrechnung im Konkurse zu leisten. Diese Verpflichtung hat auch der Konkursverwalter, wenn die Aufrechnung gegen eine auflösend bedingte Forderung des Gemeinschuldners erfolgt.

Wenn dem Schuldner eine Forderung gegen den Gemeinschuldner nur unter einer aufschiebenden noch schwebenden Bedingung zusteht, so kann er diese Forderung zunächst nicht zur Aufrechnung benutzen. Hat er aber seine Schuld an den Verwalter bezahlt, und bei oder vor der Zahlung erklärt, mit der aufschiebend bedingten Forderung aufrechnen zu wollen, falls die Bedingung eintritt, so kann er vom Verwalter Sicherstellung für die spätere Aufrechnung insoweit verlangen, als seine Forderung der von ihm bezahlten Schuld gleichkommt. § 54 Abs. 3 KO. Die Sicherstellung erfolgt am einfachsten durch Hinterlegung des sicher zu stellenden Betrags. Im Streitfall ist sie gemäß dem § 232 BGB. zu leisten. Was im weiteren Verlaufe des Konkurses mit der geleisteten Sicherheit wird, darüber siehe § 171 KO. und Abschnitt XVI unter Gb. Tritt die Bedingung ein, so kann die mit Vorbehalt geleistete Zahlung, soweit nun aufgerechnet werden kann, zurückgefordert werden.

---

[1]) Gleichviel, ob vertraglich oder gesetzlich. LZ. 1916 S. 1191[14], Warn. Rechtspr. Bd. 9 Nr. 178 S. 280.

[2]) Das ist z. B. der Fall bei einer Schadensersatzforderung, die sich darauf gründet, daß der Verwalter die Erfüllung eines vor der Konkurseröffnung geschlossenen zweiseitigen Vertrags auf Grund des § 17 KO. ablehnt. § 26 KO. RG. 58. 11 (Jur. Woch. 1904 S. 97[26]), LZ. 1912 S. 561[9], 1913 S. 559[6], Gruch. 57. 1072. Desgl. bei einer Schadensersatzforderung wegen der infolge der Konkurseröffnung eintretenden Aufhebung eines Pachtverhältnisses. Warn. Rechtspr. Bd. 9 Nr. 178 S. 280. Die abweichende Entsch. RG. 46. 98 ist nicht aufrecht erhalten.

Ist die Forderung des Schuldners unbedingt, die des Gemeinschuldners dagegen aufschiebend bedingt, so hat der Schuldner die Wahl, ob er seine Forderung als Konkursforderung anmelden oder, ohne den Eintritt oder Nichteintritt der Bedingung abzuwarten, gegen die bedingte Forderung des Gemeinschuldners aufrechnen will. Solche Aufrechnung muß der Verwalter sich gefallen lassen, Sicherheit hat er aber in diesem Falle nicht zu leisten.

Ist die Gegenforderung des Schuldners nicht auf Geld gerichtet, so kann er trotzdem damit aufrechnen. Mit der Konkurseröffnung verwandeln sich dergleichen Forderungen in Geldforderungen, deren Höhe gemäß § 69. KO. zu berechnen ist, und mit diesen Geldforderungen kann gegen Geldforderungen des Gemeinschuldners aufgerechnet werden. Ebenso ist es mit Forderungen, deren Geldbetrag unbestimmt oder ungewiß ist; auch die können zum Schätzungswerte aufgerechnet werden[1]). Dagegen ist Aufrechnung unzulässig gegen Forderungen des Gemeinschuldners, die nicht auf Geld gerichtet und mit der Forderung des Schuldners nicht gleichartig sind[2]).

B. Beschränkungen der Aufrechnungsbefugnis[3]). Beschränkt wird die Aufrechnung im Konkurse namentlich durch den Grundsatz, daß die Aufrechnung nur dann stattfindet, wenn Forderung und Gegenforderung schon zur Zeit der Konkurseröffnung sich gegenübergestanden haben[4]). Danach ist Aufrechnung unzulässig:

1. wenn jemand vor oder nach der Konkurseröffnung eine Forderung gegen den Gemeinschuldner erworben hat, und nach der Konkurseröffnung etwas zur Masse schuldig geworden ist[5]). § 55 Nr. 1 KO. Das gilt auch, wenn die beiderseitigen Forderungen auf einem und demselben

[1]) Dahin gehört auch das Recht auf eine Leibrente. RG. 68. 340 (Jur. Woch. 1908 S. 461[32]).

[2]) Wenn die Aufrechenbarkeit nur darauf beruht, daß die Gegenforderung sich für den Konkurs in eine Geldforderung verwandelt, so muß also die Forderung des Gemeinschuldners auf Geld gerichtet sein. Sie braucht aber nicht gerade auf Zahlung zu gehen; es genügt, wenn sie auf Einwilligung in die Auszahlung eines hinterlegten Betrags gerichtet ist. LZ. 1912 S. 693[17]. Auch gegen eine Grundschuld, die zur Masse gehört, kann aufgerechnet werden. Gruch. 54 1020 (Jur. Woch. 1910 S. 704[2]).

[3]) Der § 55 KO. kann natürlich nur auf inländische Schuldner des Gemeinschuldners Anwendung finden. Wird aber einem ausländischen Schuldner eine Aufrechnung, die in Deutschland nach § 55 unzulässig sein würde, dadurch ermöglicht, daß ihm ein Konkursgläubiger seine Forderung abtritt, so ist dieser Konkursgläubiger der Konkursmasse zum Schadensersatz verpflichtet, wenn er die Abtretung der Forderung nach der Konkurseröffnung oder mit Kenntnis der Zahlungseinstellung des Gemeinschuldners oder des bereits vorliegenden Antrags auf Konkurseröffnung vorgenommen hat. § 56 KO.

[4]) Der gleiche Grundsatz gilt auch im Geschäftsaufsichtsverfahren. Ein Gläubiger, der von dem Verfahren betroffen wird (Verordn. v. 14. Dez. 1916 §§ 4, 13) unterliegt gegenüber dem Aufsichtsschuldner den unter B 1 und 2 erörterten Aufrechnungsbeschränkungen — nicht auch der zu B 3 — mit der Maßgabe, daß als entscheidender Zeitpunkt an die Stelle der Zeit der Konkurseröffnung die Zeit der Anordnung der Geschäftsaufsicht tritt. Verordn. v. 14. Dez. 1916 § 8.

[5]) Ist aber die Forderung der Masse nur dadurch entstanden, daß der Gemeinschuldner eine ihm zustehende Forderung der Konkursmasse abgetreten hat, so kann dagegen vom Schuldner aufgerechnet werden. RG. 26. 66.

Vertrage beruhen[1]). Eine Ausnahme findet nur statt bei Miet- und Pachtzinsforderungen, die zur Konkursmasse gehören. Soweit sie sich auf das zur Zeit der Konkurseröffnung laufende und das folgende Kalendervierteljahr beziehen, kann der Mieter oder Pächter gegen sie mit seinen etwaigen Gegenforderungen aufrechnen. § 21 Abs. 2 Satz 2 KO.;

2. wenn jemand vor der Konkurseröffnung dem Gemeinschuldner etwas schuldig war und nachher eine Forderung an den Gemeinschuldner erworben hat. Hier ist Aufrechnung auch dann ausgeschlossen, wenn die erworbene Forderung für einen anderen Gläubiger schon vor der Konkurseröffnung entstanden war[2]). § 55 Nr. 2 KO. In solchen Fällen würde durch die Gestattung der Aufrechnung die Masse stets geschädigt werden. Wenn die Forderung an den Gemeinschuldner schon vor der Konkurseröffnung bestand, so würde die Schädigung darin liegen, daß eine Forderung, die zur Zeit der Konkurseröffnung nur als Konkursforderung geltend gemacht werden konnte, infolge eines nachträglichen Wechsels in der Person des Gläubigers zur Aufrechnung gebracht, und so für sie unter Umständen volle Befriedigung erlangt werden könnte. Aus diesem Grunde ist es auch für die Unstatthaftigkeit der Aufrechnung gleichgültig, ob der Erwerb der Forderung nach der Konkurseröffnung durch Erbgang oder durch Abtretung erfolgt ist. Der Erwerb der Forderung ist jedoch nicht mit ihrer Fälligkeit zu verwechseln. Die Forderung des Giranten eines vom Gemeinschuldner ausgestellten und in Umlauf gesetzten Wechsels, welcher den Wechsel demnächst einlösen muß, wird gegen den Gemeinschuldner nicht erst mit der Einlösung, sondern schon in dem Zeitpunkte (bedingt) erworben, wo das wechselmäßige Verhältnis zwischen den Giranten und dem Gemeinschuldner entstanden ist. Fällt daher die Entstehung dieses Verhältnisses in die Zeit vor der Konkurseröffnung, so ist Aufrechnung mit der Wechselforderung des Giranten zulässig, wenn dieser den Wechsel auch erst nach der Konkurseröffnung eingelöst hat. § 54 Abs. 3 KO. Entsprechend verhält es sich mit Forderungen aus einer Bürgschaft, die vor der Konkurseröffnung übernommen ist.

3. Eine dritte Beschränkung der Aufrechnung ergibt sich als Folge der Grundsätze über die Anfechtung von Rechtshandlungen. Aufrechnung ist nämlich nach § 55 Nr. 3 KO. auch dann unzulässig, wenn jemand zwar schon vor der Konkurseröffnung dem Gemeinschuldner etwas schuldig war

---

[1]) Eine Kaufgeldschuld entsteht schon mit Abschluß des Vertrags, nicht erst mit Lieferung der Ware. Über die Frage, in welchem Zeitpunkt aus einem Werkvertrage eine Forderung für den Unternehmer entsteht, s. Jur. Woch. 1911 S. 770[36]. Über die Aufrechnungsfähigkeit einer Schadensersatzforderung, die daraus entsteht, daß der Verwalter auf Grund des §17 KO. die Erfüllung eines Vertrags ablehnt, s. Anm. oben zu A Abs. 1. Umgekehrt kann der Schuldner auch dann aufrechnen, wenn seine Schuld darauf beruht, daß er nach der Konkurseröffnung die Erfüllung einer vor derselben entstandenen Verbindlichkeit verweigert. RG. 79. 129 (LZ. 1912 S. 561[9]); LZ. 1913 S. 234[9].

[2]) Über den Fall, daß ein Schuldner des Gemeinschuldners eine zur Aufrechnung geeignete Forderung nach der Konkurseröffnung an einen anderen abgetreten, dann aber zurückerworben hat und nun zur Aufrechnung stellt, s. RG. 51. 394.

und vor der Konkurseröffnung, aber nach Begründung seiner Schuld[1]) durch ein Rechtsgeschäft mit dem Gemeinschuldner oder durch Rechtsabtretung oder Befriedigung eines Gläubigers eine Forderung an den Gemeinschuldner erworben hat[2]), aber der Verwalter beweisen kann, daß dem Erwerber der Forderung zur Zeit des Erwerbes bekannt war, daß der Gemeinschuldner seine Zahlungen eingestellt hatte oder daß schon die Konkurseröffnung beantragt war, und sofern der Erwerb der Forderung erst in den letzten 6 Monaten vor der Konkurseröffnung erfolgt ist[3]). Die Aufrechnung ist in diesem Falle nur statthaft, wenn der Erwerber zur Übernahme der Forderung oder zur Befriedigung des Gläubigers verpflichtet war, und zu der Zeit, als er die Verpflichtung hierzu einging, weder von der Zahlungseinstellung des Gemeinschuldners, noch von dem Antrage auf Konkurseröffnung erweislich Kenntnis gehabt hat.

C. Übrigens kann der Schuldner auch mit solchen Forderungen aufrechnen, die er nach § 63 Nr. 3 und 4 KO. oder aus anderen Gründen als Konkursforderungen nicht geltend machen kann[4]). Die Beschränkungen des § 55 KO. gelten aber auch hier.

2. Wirksamkeit von Vereinbarungen über die Aufrechnung.

Ist durch Vertrag zwischen dem Gemeinschuldner und dem Schuldner dessen Aufrechnungsbefugnis ausgeschlossen, so ist der Schuldner hieran im Konkurse soweit gebunden, als das mit dem Vertragswillen und den Grundsätzen von Treu und Glauben vereinbar ist[5]).

Andrerseits sind Vereinbarungen des Gemeinschuldners, nach denen einem Gläubiger entgegen dem § 55 KO. eine Aufrechnungsbefugnis zustehen soll, im Konkurse unwirksam. Der § 55 ist zwingendes Recht. Daher entbehren auch Vereinbarungen des Verwalters, durch die einem Gläubiger eine nach § 55 unzulässige Aufrechnung gestattet wird, der Wirksamkeit[6]).

3. Wie die Aufrechnung bewirkt wird und wie lange sie zulässig ist.

Die Aufrechnung erfolgt durch die dem Verwalter gegenüber abzugebende Erklärung, aufrechnen zu wollen. § 388 BGB. Zu ihrer Wirksamkeit ist erforderlich, daß die Erklärung dem Verwalter wirklich zugegangen ist[7]).

---

[1]) RG. 26. 81 (Jur. Woch. 1890 S. 68[4]).

[2]) Beispiel siehe RG. 38. 33. Erwerb durch Erbgang wird durch die Bestimmung des § 55 Nr. 3 KO. nicht betroffen.

[3]) Der Fall des § 55 Nr. 3 ist auch dann gegeben, wenn die Aufrechnung schon vor der Konkurseröffnung erklärt ist. RG. 85. 38 (Jur. Woch. 1914 S. 837[14]).

[4]) Demnach kann der Bürge des Gemeinschuldners mit der Regreßforderung, die er an diesen hat, auch dann aufrechnen, wenn er erst nach der Konkurseröffnung den Gläubiger befriedigt hat. Jur. Woch. 1907 S. 275[39].

[5]) RG. 60. 356 (Jur. Woch. 1905 S. 346[23]); LZ. 1909 S. 71[5].

[6]) RG. 33. 46, 40. 120; Jur. Woch. 1911 S. 770[36].

[7]) Wann sie als ihm zugegangen zu betrachten, bestimmt sich nach den §§ 130—132 BGB. Die Erklärung bei Anmeldung einer Konkursforderung, mit einem Teile der Forderung gegen eine Schuld aufrechnen zu wollen, ist für genügend zu erachten. RG. 56. 364.

Einer besonderen Form bedarf sie nicht. Die Aufrechnung kann auch gegenüber einem Vertreter des Verwalters erklärt werden, sofern der Vertreter zur Entgegennahme der Erklärung ermächtigt ist. Sie ist während der ganzen Dauer des Konkurses statthaft. Wer seine Forderung an den Gemeinschuldner lediglich zur Aufrechnung verwenden will, braucht sich im Konkurse nicht zu melden[1]). § 53 KO. Hat er dies aber getan, so wird dadurch die Aufrechnung nicht ausgeschlossen.[2]) Selbst wenn der zur Aufrechnung Befugte auf seine im Konkurse angemeldete Forderung bereits aus der Konkursmasse eine Abschlagszahlung erhalten hat, kann er noch aufrechnen, so lange nur aus seinem Verhalten nicht ein Verzicht auf die Aufrechnung zu entnehmen ist. Nach Empfang einer Abschlagszahlung kann er noch seine ganze Restforderung zur Aufrechnung verwenden. Mit Rücksicht hierauf erscheint es gewiesen, daß der Verwalter die Außenstände von allen Schuldnern, die mit Gegenforderungen aufrechnen können und ihre Forderungen ohne Abrechnung ihrer Schuld zur Masse angemeldet haben, vor der ersten Verteilung einzieht oder zur Aufrechnung bringt.

4. Wirkung der Aufrechnung.

Die Wirkung einer erklärten und zulässigen Aufrechnung erstreckt sich zurück auf den Zeitpunkt, in welchem sich die beiderseitigen Forderungen zuerst als aufrechnungsfähige gegenüberstanden; es wird also nach geschehener Aufrechnung so angesehen, als ob sie schon zu jenem Zeitpunkte erfolgt wäre. § 389 BGB. Hat der Gemeinschuldner mehrere Forderungen und betragen diese zusammen mehr als die Gegenforderung des Schuldners, so erfolgt die Anrechnung der aufgerechneten Forderung auf die Forderungen des Gemeinschuldners nach Maßgabe des § 396 BGB.

δ. Aufrechnung von seiten des Verwalters.

Der Verwalter kann auch ein Interesse daran haben, seinerseits gegen angemeldete Konkursforderungen aufzurechnen. Ein solches Interesse besteht für ihn z. B. dann, wenn der anmeldende Gläubiger zahlungsunfähig ist. Der Verwalter muß dem Konkursgläubiger gegenüber die Aufrechnung erklären. §§ 388, 130—132 BGB. Er kann sie dann in der Weise geltend machen, daß er im Prüfungstermin die von dem Gläubiger angemeldete Forderung in Höhe des aufgerechneten Betrags bestreitet. Ob und inwieweit der Verwalter aufrechnen kann, bestimmt sich lediglich nach dem außerhalb des Konkurses geltenden Recht.

Gegen Forderungen, die gegen den Gemeinschuldner bereits rechtskräftig erstritten worden sind, kann der Verwalter nicht mehr aufrechnen,

---

[1]) Daß er die Absicht, aufrechnen zu wollen, schon vor der Konkurseröffnung erklärt hat, ist nicht nötig. Jur. Woch. 1902 S. 363[8].

[2]) RG. 26. 116 (Jur. Woch. 1890 S. 278[12]).

es sei denn, daß die Voraussetzungen des § 767 ZPO. vorliegen[1]); auch nicht mehr gegen Forderungen, die im Prüfungstermin festgestellt sind[2]).

g) Rechte auf wiederkehrende Einkünfte.

Steht dem Gemeinschuldner zur Zeit der Konkurseröffnung ein Recht auf wiederkehrende Einkünfte (z. B. eine Rente) zu, welches nicht an seine Person gebunden ist, so gehören nicht nur die während der Dauer des Konkurses fällig werdenden Bezüge, sondern das ganze Recht zur Konkursmasse. Die Verwertung des Rechts wird, wenn nicht etwa bis zu seinem Erlöschen die Beendigung des Konkurses aufgeschoben werden soll, füglich nur durch Veräußerung erfolgen können)[3]. Hierzu aber ist die Genehmigung des Gläubigerausschusses und, wenn ein solcher nicht vorhanden, die Genehmigung der zu berufenden Gläubigerversammlung erforderlich. § 134 Nr. 1 KO. Auch ist § 135 Abs. 1 KO. zu beachten.

h) Führung von Prozessen.

In den Prozessen, die für die Konkursmasse zu führen sind oder gegen die Konkursmasse geführt werden, vertritt der Verwalter die Masse selbständig. Er bedarf allerdings zur Anstellung von Klagen, zur Ablehnung der Aufnahme von Prozessen, zum Abschluß von Vergleichen, endlich zur Anerkennung von Aussonderungs-, Absonderungs- und Masseansprüchen, sofern es sich dabei um einen Wertgegenstand von mehr als 300 M. handelt, der Genehmigung des bestellten Gläubigerausschusses (§ 133 Nr. 2 KO.), seine Handlungen sind aber für die Masse verbindlich, auch wenn die erforderliche Genehmigung nicht eingeholt oder verweigert ist. § 136 KO. Demnach kann weder das Prozeßgericht den Beweis fordern, daß die erforderliche Genehmigung erteilt worden sei, noch der Gegner den Mangel dieser Genehmigung geltend machen[4]).

Die Höhe der Prozeßkosten regeln jetzt die Verordnungen vom 13. Dezember 1923, RGBl. S. 1187, 1188 in Verbindung mit dem Gesetze vom 21. Dezember 1922 (RGBl. 1923 S. 12) und der Gebührenordnung für Rechtsanwälte, wie sie durch das Ges. v. 18. Aug. 1923 (RGBl. I S. 813) gestaltet ist. Die Bewilligung des Armenrechts kann der Verwalter für die Masse nicht beanspruchen[5]).

i) Anlegung und Aufbewahrung der Gelder.

Die bei der Konkurseröffnung vorhandenen und die während des Konkurses eingehenden Gelder hat der Verwalter, soweit er sie nicht zur Be-

---

[1]) Gruchot Bd. 38 S. 1172. Auch gegenüber einer im Prozeß befangenen Forderung findet eine Aufrechnung mit Forderungen der Konkursmasse nur beschränkt statt. Vgl. § 529 Abs. 3 ZPO.

[2]) LZ. 1907 S. 835[8], 1910 S. 231[6].

[3]) Bei einem Nießbrauchsrecht ist wenigstens die Befugnis zu dessen Ausübung auf die ganze Dauer des Nießbrauchs veräußerlich. S. Seite 29.

[4]) Jur. Woch. 1882 S. 91. Siehe S. 11 unter e.

[5]) RG. 33. 366.

streitung laufender Ausgaben braucht, zu hinterlegen. Wo und zu welchen Verzinsungs- und Zahlungsbedingungen die Hinterlegung erfolgen soll, bestimmt die erste Gläubigerversammlung und bis zu deren Beschlußfassung der vom Gericht etwa bestellte Gläubigerausschuß oder in dessen Ermangelung das Gericht. §§ 132, 129 Abs. 2 KO. Der Kreis der Stellen, bei denen die Hinterlegung erfolgen kann, ist durch die Konkursordnung nicht beschränkt. Die Hinterlegung kann daher nicht nur bei den staatlichen Hinterlegungsstellen, sondern auch bei der Reichsbank, bei Sparkassen oder selbst bei Privaten, z. B. bei Bankhäusern, geschehen. Die staatlichen Hinterlegungsstellen sind in Preußen jetzt die Amtsgerichte. Wegen der Umständlichkeit des Verkehrs und wegen der Geringfügigkeit der von der staatlichen Hinterlegungsstelle gewährten Verzinsung empfiehlt es sich in Preußen wohl, eine andere Stelle zur Hinterlegung der Gelder zu wählen, worauf der Verwalter hinwirken mag.

Die nicht oder noch nicht hinterlegten Gelder der Konkursmasse sind getrennt von dem eigenen Gelde vom Verwalter aufzubewahren.

k) Erhebung von Geldern bei der Hinterlegungsstelle.

Wenn der Verwalter hinterlegte Gelder erheben will, so bedarf die von ihm der Hinterlegungsstelle[1]) zu erteilende Quittung, sofern nicht die Gläubigerversammlung ein anderes beschlossen hat, zu ihrer Gültigkeit in allen Fällen, wo ein Gläubigerausschuß bestellt ist, der Mitzeichnung eines Mitgliedes dieses Ausschusses. § 137 KO. Das gleiche gilt für Anweisungen des Verwalters auf die Hinterlegungsstelle[2]). Hiernach muß der Verwalter, wenn er allein Quittungen oder Anweisungen für die Hinterlegungsstelle ausstellt, dieser zu seiner Legitimation nachweisen, entweder daß ein Gläubigerausschuß nicht bestellt ist, oder daß laut Beschluß der Gläubigerversammlung die Mitzeichnung eines Mitglieds des Gläubigerausschusses nicht erforderlich ist. Der Nachweis wird am einfachsten durch eine Bescheinigung des Konkursgerichts geführt. Wird die Quittung oder die Anweisung von einem Mitgliede des Gläubigerausschusses mitgezeichnet, so hat der Verwalter der Hinterlegungsstelle eine Bescheinigung darüber vorzulegen, daß der Mitzeichnende wirklich Mitglied des Gläubigerausschusses ist.

---

[1]) Hierunter ist die für den Konkurs gemäß den §§ 129 Abs. 2, 132 Abs. 1 KO. bestimmte Stelle, bei der die Hinterlegung oder Anlegung der Gelder zu erfolgen hat, zu verstehen, gleichviel ob sie eine staatliche, kommunale oder private ist.

[2]) Zahlt die von der Gläubigerversammlung bestimmte Hinterlegungsstelle auf eine Quittung oder Anweisung, die der erforderlichen Mitzeichnung eines Mitgliedes des Gläubigerausschusses entbehrt, so ist sie für den entstehenden Schaden haftbar und zwar nicht nur, wenn sie von ihrer Bestimmung zur Hinterlegungsstelle in Kenntnis gesetzt war, sondern auch, wenn sie sich fahrlässig in Unkenntnis hierüber befunden hat. Jur. Woch. 1912 S. 918[17] (RG. 80. 37). Die Masse braucht sich die Zahlung nur soweit anrechnen zu lassen, wie sie dadurch bereichert ist. Jur. Woch. 1914 S. 157[22] (LZ. 1914 S. 393[12]).

l. Ankauf von Wertpapieren.

Steht eine längere Dauer des Konkurses in Aussicht und kann die vorhandene Masse oder ein Teil davon noch auf längere Zeit nicht ausgeschüttet werden, so kann es sich empfehlen, zur Erzielung höherer Zinsen aus den nicht verteilbaren Barbeständen Wertpapiere anzukaufen. Zu einer solchen Maßregel bedarf es aber eines Beschlusses der Gläubigerversammlung. § 132 KO.

m) Aufbewahrung und Erhebung von Wertpapieren und Kostbarkeiten.

Was vorstehend über die Hinterlegung und Erhebung von Geldern gesagt ist, gilt auch für Wertpapiere und Kostbarkeiten.

X. Massegläubiger.

a) Arten der Masseansprüche.

Aus der Konkursmasse, wie sie sich nach Befriedigung der Aussonderungs- und Absonderungsansprüche herausstellt, sind vorweg zu berichtigen alle vom Verwalter anerkannten oder gegen ihn erstrittenen Massekosten und Masseschulden. § 57 KO.

α) Massekosten.

Massekosten sind nach § 58 KO.:

1. die gerichtlichen Kosten für das gemeinschaftliche Verfahren[1]). Dagegen nicht die Kosten, die den einzelnen Gläubigern durch ihre Teilnahme am Konkurse entstehen. Diese Kosten können gegen die Masse überhaupt nicht geltend gemacht werden. § 63 Nr. 2 KO.;

2. die Ausgaben für Verwaltung, Verwertung und Verteilung der Masse, und zwar alle tatsächlich gemachten Ausgaben, einerlei, ob sie zweckmäßig und angemessen gewesen sind oder nicht. Hierher gehören: die Lasten und Abgaben von den zur Masse gehörigen Grundstücken für die Dauer des Konkurses, ferner die für den Verwalter und die Mitglieder des Gläubigerausschusses festgesetzten Beträge an Honorar und Auslagen, die Kosten der Siegelung und der Entsiegelung, die Kosten der Aufzeichnung und Abschätzung der Masse, die Kosten der öffentlichen Bekanntmachungen sowie alle sonstigen mit der Verwaltung verbundenen Ausgaben[2]);

3. die dem Gemeinschuldner und dessen Familie gemäß den §§ 129, 132 KO. aus der Masse bewilligte Unterstützung.

---

[1]) Der Verwalter persönlich ist nicht Schuldner dieser Kosten. Er haftet nur nach § 82 KO., wenn er bei Ausschüttung oder Herausgabe der Masse dergleichen Kosten schuldhaft unberücksichtigt läßt. S. unter b.

[2]) Inwieweit im Konkurse des Teilhabers einer Gewerkschaft die zum Zwecke des Betriebes des Bergwerks ausgeschriebenen Zubußen als Massekosten anzusehen sind, darüber s. RG. 17. 171.

Im Konkurse über einen Nachlaß sind die Kosten der standesmäßigen Beerdigung des Erblassers Masseschulden. § 224 Nr. 2 KO. Entsprechend dürfte diese Bestimmung auch dann anzuwenden sein, wenn der Gemeinschuldner nach der Konkurseröffnung verstorben ist[1].

Ist dem Konkurse eine Geschäftsaufsicht vorhergegangen, so sind die gerichtlichen Kosten der Geschäftsaufsicht und eines dabei stattgehabten Vergleichsverfahrens sowie die Gebühren und Auslagen der Aufsichtsperson gleichfalls als Massekosten zu behandeln. Verordn. v. 14. Dez. 1916. § 71.

β) Masseschulden.

Masseschulden sind die Verbindlichkeiten, welche die Konkursmasse als solche belasten. Das sind

1. die Ansprüche, die für Andere aus Geschäften und Handlungen des Verwalters entstehen. § 59 Nr. 1 KO. Voraussetzung ist, daß der Verwalter kraft seiner gesetzlichen Verwaltungsbefugnisse gehandelt hat. Trifft aber diese Voraussetzung zu, so kommt es nicht darauf an, ob er das Interesse der Masse sachgemäß wahrgenommen hat oder nicht. Selbst wenn die Ansprüche durch eine schuldhafte rechtswidrige Handlung des Verwalters entstanden sind, sind sie Masseansprüche, sofern nur der Verwalter in seiner Eigenschaft als solcher gehandelt und seine gesetzlichen Befugnisse nicht überschritten hat[2]. Den durch Verschuldungen des Verwalters geschädigten Konkursgläubigern steht nur frei, Schadensersatz von ihm zu fordern.

Unter § 59 Nr. 1 KO. fallen hiernach namentlich: die Kosten der vom Verwalter als solchem geführten Prozesse[3], auch der gewonnenen (in diesen hat jedoch der Verwalter die Erstattung der dem Gegner auferlegten Kosten zu betreiben), die Kosten der vom Verwalter beantragten Zwangsverwaltungen und Zwangsversteigerungen, Gewerbesteuern[4], die Umsatzsteuer sowie Beiträge zur Alters-, Unfall- und Krankenversicherung für die Zeit, während deren ein Gewerbe für Rechnung der Masse fortbetrieben ist[5], ferner die Verbindlichkeiten aus den vom Verwalter für die Masse abgeschlossenen Verträgen;

---

[1] Das ist freilich streitig.

[2] Einen solchen Anspruch behandelt RG. 2. 266. Siehe ferner Gruchot Bd. 31 S. 395 (Jur. Woch. 1887 S. 14[11]) und Jur. Woch. 1907 S. 58[22] (Patentverletzung). Über den Umfang der Befugnisse des Verwalters siehe im Allgemeinen Teil S. 11 unter **e**.

[3] Ist ein Prozeß schon vor der Konkurseröffnung gegen den Gemeinschuldner begonnen, nach der Konkurseröffnung aber gegen den Verwalter fortgesetzt worden, so sind wohl die Kosten des ganzen Prozesses als Masseschulden zu behandeln. So Jur. Woch. 1895 S. 226[14].

[4] In Preußen auch die Betriebssteuer, die nach § 59 des Gesetzes vom 24. Juni 1891 für den Betrieb der Gastwirtschaft, der Schankwirtschaft und des Kleinhandels mit Spirituosen erhoben wird.

[5] Unfallversicherungsbeiträge, Alters- und Krankenversicherungsbeiträge für die Zeit vor der Konkurseröffnung begründen Konkursforderungen mit dem Vorrecht der ersten Klasse. § 28 Abs. 3 der Reichsversicherungsordnung. Wegen persönlicher Steuern für das letzte Jahr vor der Konkurseröffnung besteht das Vorrecht der zweiten Klasse. Persönliche Steuern für die Zeit nach der Konkurseröffnung können, soweit sie dem Gemeinschuldner zur Last fallen, überhaupt nicht im Konkurse geltend gemacht werden. Das Nähere siehe Abschnitt XIII.

2. die Ansprüche aus zweiseitigen Verträgen des Gemeinschuldners, sofern der Verwalter

entweder deren Erfüllung zur Konkursmasse verlangt — über diesen Fall siehe Abschnitt VI unter A α 3 a,

oder die Verträge nach den Bestimmungen der §§ 19—25 KO. für die Zeit nach der Konkurseröffnung erfüllen muß,

§ 59 Nr. 2 KO.

Dahin gehören alle Ansprüche aus Verträgen, die durch die Konkurseröffnung nicht berührt werden, wie z. B. gewissen Gesellschaftsverträgen, ferner die Ansprüche aus Miet- und Pachtverträgen[1]) sowie Lohnansprüche für die Zeit, während deren der Verwalter nach der Konkurseröffnung Dienstverträge aushalten muß. Vgl. Abschnitt VI zu A b unter 2 und 3. Ansprüche dieser Art fallen unter § 59 Nr. 2 nicht so weit, als sie nach der Konkurseröffnung fällig werden, sondern soweit als sie nach diesem Zeitpunkte aus der Fortdauer des Miet-, Pacht- oder Dienstverhältnisses entstehen. Setzt der Verwalter einen Miet-, Pacht- oder Dienstvertrag länger fort, als er muß, so sind die Ansprüche für die Zeit der freiwilligen Fortsetzung des Vertrags zwar auch Masseansprüche, aber nicht nach Nr. 2, sondern nach Nr. 1 des § 59. Entschädigungsforderungen für eine auf Grund der §§ 19, 22 KO. erfolgende vorzeitige Auflösung eines Miet-, Pacht- oder Dienstvertrags sind keine Masseansprüche. Entschädigungsforderungen des Verpächters für Verschlechterungen od. dgl. sind nur dann Masseansprüche, wenn der Schaden nach der Konkurseröffnung und nicht durch Schuld des Gemeinschuldners verursacht ist.

3. Die Ansprüche aus einer rechtlosen Bereicherung der Masse. § 59 Nr. 3 KO. Hierher zählen z. B.: die Ansprüche Aus- und Absonderungsberechtigter auf den zur Masse gekommenen Erlös der dem Aussonderungs- bzw. dem Absonderungsrecht unterliegenden, vom Verwalter aber veräußerten Sachen; die Ansprüche auf Erstattung einer zur Konkursmasse gelangten Leistung, welche auf Grund eines nach § 7 KO. der Masse gegenüber unwirksamen Geschäfts erfolgt ist; zum Teil auch die Ansprüche desjenigen, dem gegenüber eine erfolgreiche Anfechtung stattgefunden hat. Vgl. Abschnitt VIII unter L b. Es muß aber die Konkursmasse bereichert sein, d. h. es muß die Vermögensmasse, die der Gemeinschuldner zur Zeit der Konkurseröffnung besaß und die zur Befriedigung der Konkursgläubiger dient, infolge des bereichernden Ereignisses größer sein, als sie sonst sein würde. Das ist nicht der Fall, wenn der Gemeinschuldner eine fremde Sache[2]) verkauft und deren Erlös für sich verwendet hat; auch dann nicht, wenn für eine angefochtene Rechtshandlung der Gemeinschuldner die Gegenleistung erhalten hat. Die Bereicherung muß ferner eine rechtlose sein. Das ist sie z. B. dann nicht, wenn der Gemeinschuldner vor der Konkurseröffnung

---

[1] S. LZ. 1917 S. 940[10] (Jur. Woch. 1918 S. 146[6]) OLG. Dresden.

[2]) Oder eine eigene, aber mit einem Pfandrecht belastete Sache ohne Beachtung des Pfandrechts. RG. 28. 150.

Darlehen oder die Valuta auf diskontierte Wechsel oder eine Anzahlung auf zu liefernde Waren empfangen hat, die empfangenen Gelder auch bei Einleitung des Konkurses noch in der Kasse des Gemeinschuldners sich befunden haben und so einen Bestandteil der Masse bilden.

4. Im Konkurse über einen Nachlaß gehören nach § 224 KO. ferner zu den Masseschulden:

a) die Aufwendungen, die der Erbe zur Verwaltung des Nachlasses und zur Berichtigung von Nachlaßverbindlichkeiten gemacht hat, soweit sie ihm nach den §§ 1978 und 1979 BGB. aus dem Nachlasse zu ersetzen sind,
b) die Kosten der standesmäßigen Beerdigung des Erblassers,
c) die im Falle der Todeserklärung des Erblassers dem Nachlasse zur Last fallenden Kosten des Verfahrens,
d) die Kosten der Eröffnung einer letztwilligen Verfügung des Erblassers sowie die Kosten einer gerichtlichen Sicherung des Nachlasses, einer Nachlaßpflegschaft, der Inventarerrichtung und des Aufgebots der Nachlaßgläubiger,
e) die Verbindlichkeiten aus den von einem Nachlaßpfleger oder einem Testamentsvollstrecker vorgenommenen Rechtsgeschäften[1]),
f) die Verbindlichkeiten, die für den Erben gegenüber einem Nachlaßpfleger, einem Testamentsvollstrecker oder einem Erben, der die Erbschaft ausgeschlagen hat, aus der Geschäftsführung dieser Personen entstanden sind, soweit die Nachlaßgläubiger verpflichtet sein würden, wenn die bezeichneten Personen die Geschäfte für sie besorgt gehabt hätten.

b) Geltendmachung der Masseansprüche. Ihre Berücksichtigung und Befriedigung.

Die Geltendmachung der Masseansprüche erfolgt außerhalb des Konkursverfahrens und jederzeit, sobald sie fällig sind. Jeder Massegläubiger kann in der Regel ohne Rücksicht auf andere Massegläubiger seine volle Befriedigung aus der Masse beanspruchen und diesen Anspruch nötigenfalls durch Klage gegen den Verwalter und Zwangsvollstreckung in die Masse durchsetzen. Weil die Masseansprüche vorweg aus der Konkursmasse zu berichtigen sind, hat der Verwalter auf sie bei vorzunehmenden Verteilungen Rücksicht zu nehmen, wenn sie ihm nur überhaupt bekannt sind. § 172 KO. Er muß für die Masseansprüche, die er kennt, die zu ihrer Berichtigung erforderlichen Beträge auch dann bei Verteilungen zurückbehalten, wenn er sie für unbegründet erachtet. Auch im Falle der Aufhebung des Konkurses durch Zwangsvergleich, im Falle der Einstellung des Verfahrens und wenn der Konkurs auf Beschwerde aufgehoben wird, hat der Verwalter für die Berichtigung oder doch Sicherstellung

---

[1]) So z. B. die Verbindlichkeiten aus Wechseln, die der Testamentsvollstrecker oder Nachlaßverwalter für eine Nachlaßschuld gegeben hat, und die Kosten der von ihm wegen einer Nachlaßschuld geführten Prozesse. RG. 60. 30, OLG. 21. 182 (Kassel).

der Massegläubiger Sorge zu tragen. §§ 191, 205 Abs. 2, 116 KO. Er ist dafür den Massegläubigern persönlich verantwortlich[2]). Anerkannte Masseansprüche hat der Verwalter zur Vermeidung von Prozeßkosten, sobald sie fällig sind und die Berichtigung verlangt wird, zu befriedigen. Ein Anerkenntnis des Verwalters bindet die Konkursmasse, indes fehlt dem Verwalter die Befugnis, durch sein Anerkenntnis einem Konkursgläubiger die Rechtsstellung eines Massegläubigers zu verschaffen. S. S. 11 unter e. Vor der Anerkennung hat er bei Gegenständen von mehr als 300 M. die Genehmigung des Gläubigerausschusses, falls ein solcher vorhanden, einzuholen. § 133 Nr. 2 KO. S. auch § 135.

Hat der Massegläubiger einen vollstreckbaren Titel gegen den Verwalter erlangt, so erscheint dieser unter der Voraussetzung des § 807 ZPO. auch verpflichtet, die vorhandene Masse auf Verlangen des Gläubigers eidlich zu offenbaren[3]).

Die Berichtigung von Masseansprüchen kann der Verwalter, wie schon bemerkt, in der Regel nicht aus dem Grunde verweigern, weil noch andere Masseansprüche, etwa seine Honorarforderung und die Gerichtskosten unberichtigt sind. Selbst wenn die Möglichkeit vorliegt, daß schließlich die vorhandene Masse zur Befriedigung der sämtlichen Masseansprüche vielleicht nicht ausreichen wird, müssen die gerade geltend gemachten Ansprüche voll befriedigt werden. Dieser Verpflichtung wird der Verwalter erst dann enthoben, wenn sich herausstellt, d. h. tatsächlich erkennbar wird[4]), daß die vorhandene Konkursmasse zur vollständigen Befriedigung aller Massegläubiger nicht ausreicht. § 60 KO. Tritt dieser Fall ein, so kann der Verwalter den andringenden Massegläubigern die Befriedigung einstweilen — bis nach Feststellung aller Masseansprüche und ihres Ranges — verweigern; wenn die Forderung des Massegläubigers vollstreckbar ist, dürfte er gegen eine von dem Gläubiger versuchte Zwangsvollstreckung Einwendung gemäß § 766 ZPO. zu erheben haben[1]). Er wird dann auf diesem Wege auch dem Verlangen eines Gläubigers, daß er den Offenbarungseid leiste, entgegentreten können[2]).

c) Rangordnung der Massegläubiger untereinander.

Im Falle der Unzulänglichkeit der Masse ist die Rangordnung der Massegläubiger untereinander die folgende (§ 60 KO.):

---

[1]) RG. 36. 94. Rechtsirrtum kann ihn aber unter Umständen entschuldigen. RG. 39. 100; Gruch. 44. 1224, 45. 1182.

[2]) LZ. 1909 S. 718, 1911 S. 475[3] (OLG. Celle), 1917 S. 421[10] (OLG. Dresden). Das Verfahren bestimmen die §§ 899ff. ZPO. S. aber die drittnächste Anm.

[3]) RG. 61. 259 (Jur. Woch. 1905 S. 541[32]).

[4]) Das OLG. Posen (OLG. 10. 203) erachtet den § 767 für maßgebend. Der Verwalter hat in solchem Falle zu seiner Sicherung gegen Regreßansprüche die einstweilige Einstellung der Zwangsvollstreckung beim Vollstreckungsgericht nachzusuchen. Zur Begründung des Gesuchs muß er aber (durch Vorlegung seiner Bücher und Akten oder sonstwie) darlegen, daß sich die Unzulänglichkeit der Masse herausgestellt hat.

[5]) LZ. 1911 S. 475[3] (OLG. Celle).

1. Klasse. Die Masseschulden. § 59 KO.
2. Klasse. Die Massekosten Nr. 1 und 2 des § 58, soweit sie in baren Auslagen bestehen.
3. Klasse. Die Massekosten Nr. 1 und 2 des § 58, soweit sie nicht in baren Auslagen bestehen.
4. Klasse. Die dem Gemeinschuldner und dessen Familie bewilligte Unterstützung. § 58 Nr. 3 KO.

Mehrere Gläubiger derselben Klasse werden nach Verhältnis ihrer Forderungen befriedigt.

Die Verteilung der Masse nach vorstehender Rangordnung geschieht durch den Verwalter. Besondere Förmlichkeiten sind dafür nicht vorgeschrieben[1]). Sollten die Gläubiger über die Verteilung nicht einig sein, so hinterlegt der Verwalter die streitigen Beträge und überläßt es den Streitenden, ihre Ansprüche im Wege des Prozesses zum Austrag zu bringen[2]). Weder dem Verwalter noch dem Konkursgericht steht es zu, über widerstreitende Ansprüche verschiedener Massegläubiger auf die vorhandene Masse zu entscheiden.

d) Verpflichtung des Verwalters zur Berücksichtigung der Rangordnung.

Der Verwalter ist verpflichtet, bei der Verteilung obige Rangordnung zu beobachten. Wenn er nach Feststellung der Unzulänglichkeit der Masse einzelne Gläubiger, die nach der gesetzlichen Rangordnung gar nicht oder nur zum Teil befriedigt werden können, vollständig oder zu einem höheren als dem zulässigen Betrage befriedigt, so macht er sich den dadurch Geschädigten verantwortlich.

e) Verpflichtung der Massegläubiger zur Rückgewähr des zu Unrecht Empfangenen.

Massegläubiger, die aus der Masse durch Zwangsvollstreckung oder auf andere Weise mehr, als ihnen gebührt, zu einer Zeit erlangt haben, als sich die Unzulänglichkeit der Masse bereits herausgestellt hatte, sind verpflichtet, das Zuvielempfangene zur Masse zurückzugewähren[3]). Diejenigen aber, die schon vor Klarstellung der Unzulänglichkeit der Masse befriedigt sind, brauchen von dem Empfangenen nichts zurückzugeben[4]).

---

[1]) Jur. Woch. 1890 S. 151[5].

[2]) RG. 66. 328 (Jur. Woch. 1907 S. 679[24]).

[3]) RG. 61. 259 (Jur. Woch. 1905 S. 541[32]).

[4]) Hat der Verwalter eine Konkursforderung in der irrigen Meinung, daß es eine Masseforderung sei, voll bezahlt, so kann er das Zuvielgezahlte von dem Gläubiger zurückfordern. Er braucht dazu nur zu beweisen, daß die Forderung keine Masseforderung ist; des Beweises, daß er sich hierüber geirrt hat, bedarf es nicht. §§ 812, 814 BGB. RG. 60. 419 (Jur. Woch. 1905 S. 389[8]).

XI. Aufhebung des Eröffnungsbeschlusses. Einstellung des Verfahrens wegen Anzulänglichkeit der Masse.

A) Aufhebung des Eröffnungsbeschlusses.

Hat der Gemeinschuldner gegen die Eröffnung des Konkurses Beschwerde erhoben, und führt die Beschwerde zur Aufhebung des Eröffnungsbeschlusses, so hat der Verwalter, sobald der Aufhebungsbeschluß rechtskräftig geworden ist, die Masse dem Gemeinschuldner herauszugeben. Zuvor hat er jedoch die ihm bekannten Massegläubiger, soweit ihre Forderungen unstreitig und fällig sind, zu befriedigen, und soweit sie streitig oder noch nicht fällig sind, gemäß den §§ 232ff. BGB. — vgl. Abschn. XVIII unter 8b — sicherzustellen. § 116 KO.[1]). Zu den Massegläubigern gehören auch er selbst sowie die Mitglieder des Gläubigerausschusses wegen ihrer Auslagen und ihrer Honoraransprüche, die ihnen auch im Falle der Aufhebung des Eröffnungsbeschlusses zustehen. Der Verwalter wird die Festsetzung der zu erstattenden Auslagen und der Honorare herbeiführen.

Ferner hat der Verwalter seine Bestallung zurückzureichen und über die Verwaltung der Masse Rechnung zu legen. Die Rechnung ist aber nicht dem Gericht, sondern dem Gemeinschuldner zu legen, dem allein der Verwalter nach Maßgabe des § 82 KO. verantwortlich ist. Ein Termin zur Rechnungslegung braucht nicht anberaumt zu werden.

B) Einstellung des Verfahrens wegen Unzulänglichkeit der Masse.

Sobald sich herausstellt, daß die Konkursmasse nicht einmal zur Befriedigung der Masseansprüche hinreicht oder daß sie wenigstens nicht bedeutend genug ist, um die Fortsetzung des Konkursverfahrens zu verlohnen, wird der Verwalter davon dem Gericht Anzeige machen. Dieses kann alsdann auf Grund des § 204 KO. die Einstellung des Verfahrens beschließen[2]). Im Falle der Einstellung hat der Verwalter

a) Schlußrechnung zu legen, zu deren Abnahme das Gericht einen Termin anberaumt,
b) wegen Festsetzung seines Honorars und seiner Auslagen sowie des Honorars und der Auslagen des etwa vorhandenen Gläubigerausschusses das Erforderliche zu beantragen,
c) seine Bestallung dem Gericht zurückzureichen,
d) die bekannten Massegläubiger, entsprechend dem unter A Gesagten und unter Berücksichtigung der im § 60 KO. bestimmten Rangordnung (siehe Abschnitt X zu c) aus der Masse zu befriedigen oder sicher zu

[1]) Für die Befriedigung bzw. Sicherstellung der bevorrechtigten Konkursgläubiger hat er natürlich nicht zu sorgen. § 191 Abs. 2 KO. ist hier nicht anwendbar.

[2]) Das unterbleibt jedoch wenn ein Vorschuß geleistet wird, der zur Deckung der in § 58 Nr. 1 und 2 bezeichneten Massekosten und der Masseschulden ausreicht. § 204 Abs. 1 KO. Vgl. Anhang I unter A 1 am Ende.

stellen[1]). §§ 205 Abs. 2, 191 KO. Dagegen hat er für die Befriedigung oder Sicherstellung der bevorrechtigten Konkursgläubiger ebensowenig zu sorgen wie im Fall unter A[2]).

Mit der Rechtskraft des Einstellungsbeschlusses ist sein Amt als Konkursverwalter beendet. Die Rechtskraft dieses Beschlusses tritt ein mit Ablauf der 14tägigen Beschwerdefrist — die mit dem Ende des Tages beginnt, an dem die Bekanntmachung des Einstellungsbeschlusses als bewirkt gilt —, wenn aber Beschwerde erhoben wird, erst mit deren rechtskräftiger Erledigung. Siehe die §§ 205 Abs. 1, 76 Abs. 1 KO. Da eine etwaige sofortige Beschwerde nach § 572 Abs. 1 ZPO. und § 72 KO. keine aufschiebende Wirkung hat, kann der Verwalter schon dann, wenn die Bekanntmachung des Einstellungsbeschlusses als bewirkt gilt, die etwa nach Befriedigung der Massegläubiger übrig gebliebene Masse dem Gemeinschuldner ausantworten[3]). Dieser erlangt mit dem genannten Zeitpunkt das Recht zurück, über die Masse frei zu verfügen, soweit nicht etwa auf eingelegte Beschwerde vom Gericht auf Grund des Abs. 2 oder 3 des § 572 ZPO. eine entgegenstehende Anordnung getroffen wird. § 206 Abs. 1 KO. Die für und gegen die Masse anhängigen Prozesse führt er unter gleichem Vorbehalt fort. Unterbrochen werden die Prozesse durch die Einstellung des Verfahrens nicht. Nur die Vertretungsbefugnis des Verwalters erlischt[4]). Eine von ihm während des Konkurses erteilte Vollmacht bleibt aber in Kraft[5]).

XII. Die Konkursgläubiger.

a) Begriff.

Die nach Berichtigung der Massekosten und Masseschulden übrig bleibende Konkursmasse dient, soweit nicht daran Aussonderungs- oder Absonderungsansprüche bestehen, zur gemeinschaftlichen Befriedigung der Konkursgläubiger. Konkursgläubiger sind alle persönlichen Gläubiger, die zur Zeit der Konkurseröffnung einen begründeten vermögensrechtlichen Anspruch an den Gemeinschuldner haben[6]). § 3 KO. Es ist nicht nötig, daß der Anspruch zur genannten Zeit schon fällig ist oder seiner Art und seinem Betrage nach schon feststeht. Auch nicht daß er auf Geld gerichtet ist[7]). Der Anspruch muß

---

[1]) Das soll schon vor Erlaß des Einstellungsbeschlusses geschehen. Jur. Woch. 1916 S. 1493[7] (OLG. 35. 265, Dresden).

[2]) Das ist streitig. Der § 191 Abs. 2 KO. läßt sich aber wohl hier nicht entsprechend anwenden.

[3]) OLG. 19. 201 (Stettin).

[4]) Jur. Woch. 1910 S. 623[21]. S. auch die folgende Anm.

[5]) RG. 58. 371, 73. 312, LZ. 1908 S. 705[3], 1911 S. 153[4].

[6]) Ein solcher Anspruch besteht nicht für den, dem der Gemeinschuldner auf Grund eines für vorläufig vollstreckbar erklärten Urteils zur Abwendung der Zwangsvollstreckung Zahlung geleistet hat, mag auch die Zahlung unter Vorbehalt erfolgt sein. RG. 39. 106 (Jur. Woch. 1897 S. 187[9]).

[7]) Gruch. 53. 1125.

nur so geartet sein, daß er sich in Geld schätzen läßt und nicht an die Person des Gemeinschuldners gebunden ist. Ist letzteres der Fall, so besteht keine Konkursforderung und ist der Anspruch gegen den Gemeinschuldner zu verfolgen[1]).

Daß die Forderung schon vollständig zur Entstehung gelangt ist, ist nicht unbedingt erforderlich. Es genügt zum Bestehen einer Konkursforderung, daß zur Zeit der Konkurseröffnung seitens des Gemeinschuldners alles geschehen war, was von seiner Seite zu geschehen hatte, um die Forderung zur Entstehung zu bringen, wenn auch die Entstehung der Forderung wegen des Fehlens einer dazu seitens des Gläubigers erforderlichen Rechtshandlung oder aus anderen Gründen noch nicht vollendet war. So ist es ausreichend, wenn der Gemeinschuldner einem anderen ein Blankoakzept zur Ausfüllung auf einen bestimmten Betrag vor der Konkurseröffnung übergeben hat. Aus solchem Akzept kann eine Konkursforderung geltend gemacht werden, wenn nur durch Ausfüllung des Wechselvordrucks auf den bedungenen Betrag ein wirklicher gültiger Wechsel hergestellt ist, mag auch die Ausfüllung erst nach der Konkurseröffnung erfolgt sein[2]). Ebenso findet eine Konkursforderung aus einem schriftlichen Vertrage statt, den der Gemeinschuldner vor, der andere Teil aber erst nach der Konkurseröffnung vollzogen hat, sofern die vom Gemeinschuldner unterschriebene Vertragsurkunde dem anderen Teil vor der Konkurseröffnung ausgehändigt ist. Kosten eines schwebenden Prozesses begründen Konkursforderungen insoweit, als die die Kostenlast begründenden Handlungen vor der Konkurseröffnung vorgenommen sind[3]). Die Kosten eines Wechselprotests und andere Wechselunkosten können gefordert werden, auch wenn der Protest erst nach der Konkurseröffnung erhoben ist, sofern nur die Wechselverpflichtung des Gemeinschuldners schon vor der Konkurseröffnung begründet war.

Auch bedingte und unbestimmte Forderungen berechtigen zur Teilnahme am Konkurse. S. unten zu b unter γ und unter ι.

Stets ist aber erforderlich, daß der Grund der Forderung schon vor der Konkurseröffnung entstanden ist; es genügt nicht das Bestehen eines Rechtsverhältnisses, aus dem möglicherweise nach der Konkurseröffnung eine Forderung, z. B. eine Schadensersatzforderung erwachsen kann[4]). Bei Rechten auf wiederkehrende Leistungen können daher die nach der Konkurseröffnung fällig werdenden Leistungen nur dann der Konkursmasse gegenüber geltend gemacht werden, wenn der Anspruch auf diese Leistungen schon vor der Kon-

---

[1]) So z. B. ein Anspruch auf Rechnungslegung oder auf Auskunfterteilung über eine Geschäftsführung des Gemeinschuldners. LZ. 1912 S. 92[2] (OLG. Hamburg), OLG. 25. 336 (Kammergericht), OLG. 35. 244 (Hamburg).

[2]) Vgl. RG. 8. 56, 58. 172.

[3]) Der Anspruch der Gegenpartei auf Kostenerstattung ist in diesem Fall aufschiebend bedingt dadurch, daß er in dem Prozeß oder auf andere Weise festgestellt wird. Jur. Woch. 1895 S. 504[2]; RG. 52. 332.

Die Kosten eines Strafverfahrens begründen eine Konkursforderung nur dann, wenn der Gemeinschuldner vor der Konkurseröffnung rechtskräftig verurteilt ist. OLG. 6. 237 (Karlsruhe).

[4]) Gruch. 50. 1120 (Jur. Woch. 1906 S. 36[47]).

kurseröffnung begründet war. Dies ist z. B. der Fall bei Altenteilsforderungen bei Rentenansprüchen der Schadensersatzberechtigten, wenn der die Ersatzpflicht begründende Unfall sich vor der Konkurseröffnung ereignet hat, ferner bei Ansprüchen aus letztwilligen Verfügungen, welche vor der Konkurseröffnung in Wirksamkeit getreten sind. Dagegen nicht bei Ansprüchen aus Dienstverträgen bezüglich der Bezahlung der erst nach der Konkurseröffnung zu leistenden Dienste[1]). Hier greift jedoch § 22 KO. ein. S. Abschn. VI unter A b 3. Die auf dem Gesetze beruhenden Unterhaltsansprüche des Ehegatten und der Verwandten sowie die Ansprüche des unehelichen Kindes gegen seinen Vater (§§ 1351, 1360, 1361, 1578 ff., 1601 ff. und 1708 ff. BGB.) können für die Zeit nach der Konkurseröffnung der Masse gegenüber nicht geltend gemacht werden, es sei denn, daß der Gemeinschuldner um deswillen haftet, weil er Erbe des zum Unterhalt Verpflichteten geworden ist[2]). § 3 Abs. 2 KO. Ebensowenig können geltend gemacht werden die für den Fall der Verzögerung der Erfüllung eines Vertrages vereinbarten, auf die Zeit nach der Konkurseröffnung entfallenden Vertragsstrafen, soweit sie nach der Konkurseröffnung durch das Verhalten des Gemeinschuldners verwirkt werden[3]), sowie die Zinsen von Konkursforderungen für die Zeit nach der Konkurseröffnung[4]). § 63 Nr. 1 KO.

Im Wechselverkehr gehört zu den Konkursgläubigern auch der, dem ein vor der Konkurseröffnung begebener Wechsel erst nach der Konkurseröffnung indossiert ist[5]).

Im Konkurse über einen Nachlaß kann jede Nachlaßverbindlichkeit geltend gemacht werden. § 226 Abs. 1 KO. Zu den Nachlaßverbindlichkeiten gehören auch die in § 63 Nr. 1, 3 und 4 KO. bezeichneten, die in anderen Konkursen von der Teilnahme an der Masse ausgeschlossen sind, sowie die Verbindlichkeiten gegenüber den im Aufgebotsverfahren ausgeschlossenen Nachlaßgläubigern, die Verbindlichkeiten gegenüber Pflichtteilsberechtigten und die Verbindlichkeiten aus den vom Erblasser angeordneten Vermächtnissen und Auflagen, überhaupt aber alle Verbindlichkeiten des Erben als solchen. § 1967 Abs. 2 BGB. Eine Nachlaßverbindlichkeit kann auch durch ein Rechtsgeschäft des Erben begründet werden, das dieser in Betätigung der Verwaltung des Nachlasses oder behufs dessen Regulierung vor der Konkurseröffnung abschließt[6]).

---

[1]) Auch nicht bei Ansprüchen auf Versicherungsprämien für die Zeit nach der Konkurseröffnung. LZ. 1908 S. 606[3].

[2]) Das gleiche gilt von den Ansprüchen, die der unehelichen Mutter nach den §§ 1715, 1716 BGB. gegen den Schwängerer zustehen.

[3]) RG. 59. 53 (Jur. Woch. 1904 S. 558[21]).

[4]) Diese Zinsen können nur im Nachlaßkurse geltend gemacht werden. § 226 Abs. 2 KO. Siehe den übernächsten Absatz.

[5]) Seinem Wechselanspruch können Einwendungen, die nur gegen den Anspruch seines Vormanns bestanden, nicht entgegengesetzt werden. RG. 84. 121.

[6]) RG. 35. 418. So z. B. durch ein abstraktes Schuldanerkenntnis, das der Erbe in Ausübung der Verwaltung des Nachlasses erteilt. RG. 62. 38.

Im Konkurse über das Gesamtgut im Falle der fortgesetzten Gütergemeinschaft gelten entsprechende Grundsätze; als Konkursgläubiger läßt jedoch das Gesetz nur diejenigen Gesamtsgutgläubiger zu, deren Forderungen schon zur Zeit des Eintritts der fortgesetzten Gütergemeinschaft bestanden. § 236 KO.

Forderungen, die an sich zu den Konkursforderungen gehören, sind von der Teilnahme an der Konkursmasse ausgeschlossen, wenn der Gläubiger auf ihre Geltendmachung als Konkursforderung verzichtet hat[1]).

b) Einzelne Arten der Konkursforderungen.

α. Betagte Forderungen.

Betagte (d h. noch nicht fällige) Forderungen gelten als fällig. § 65 Abs. 1 KO. Sind sie jedoch unverzinslich, so werden sie nur zu dem Betrage als Konkursforderungen zugelassen, der mit Hinzurechnung der gesetzlichen Zinsen davon für die Zeit von der Konkurseröffnung bis zur Fälligkeit dem vollen Betrage der Forderung gleichkommt. § 65 Abs. 2 KO. Die Berechnung des zuzulassenden Betrags geschieht nach der Formel $x = \frac{100 \times F}{100 + (Z \times A)}$.

Dabei ist

x = der zu berechnende Betrag,
F = der Nennbetrag der Forderung,
Z = der Zinsfuß,
A = der Zeitraum zwischen der Konkurseröffnung und dem Tage der Fälligkeit der Forderung.

Beträgt dieser Zeitraum gerade ein Jahr, so ist $A = 1$, da der Zinsfuß per Jahr berechnet wird. Beträgt er weniger oder mehr als ein Jahr, so ist für A der entsprechende Bruchteil oder das entsprechende Vielfache von 1 zu setzen. Der gesetzliche Zinsfuß ist nach BGB. bei Forderungen aus Handelsgeschäften 5 % (§ 352 HGB.), bei anderen Forderungen 4 %. §§ 246, 288, 291 BGB.[2]). Bei Wechselforderungen beträgt der Zinssatz auch jetzt noch 6 %.

β. Auflösend bedingte Forderungen.

Forderungen unter einer auflösenden Bedingung, d. h. solche, die bereits entstanden sind, die aber bei Eintritt der Bedingung zu bestehen aufhören sollen, können wie unbedingte geltend gemacht werden. § 66 KO. Natürlich fallen sie aber fort, sobald die Bedingung eintritt.

---

[1]) Gruch. 38. 299.

[2]) Beispiel. Es hat jemand aus einem unverzinslichen Darlehn, das erst drei Monate nach der Konkurseröffnung fällig wird, eine Forderung von 1000 M. Alsdann ist

$$x = \frac{100 \times 1000}{100 + (4 \times {}^1/_4)} = \frac{100000}{100 + 1} = \frac{100000}{101} = 990,_{09} \text{ M.}$$

γ. Aufschiebend bedingte Forderungen.

Forderungen unter einer aufschiebenden Bedingung, d. h. solche, die bereits entstanden sind, aber nur in Kraft treten, wenn die Bedingung eintritt, können ebenfalls gegen die Konkursmasse geltend gemacht werden, berechtigen aber, solange die Bedingung noch schwebt, nur zu einer Sicherung und werden bei der Schlußverteilung unter Umständen gar nicht berücksichtigt, wenn alsdann die Bedingung noch nicht eingetreten ist. § 67 KO. Das Nähere hierüber siehe Abschnitt XV unter K d und Abschnitt XVI unter D b.

Voraussetzung des Teilnahmerechts der Forderungen unter aufschiebender Bedingung ist wegen der Grundsätze der §§ 6 und 7 KO., daß die Erfüllung der Bedingung nicht bloß vom Willen des Gemeinschuldners abhängig ist. Zu den aufschiebend bedingten Forderungen gehören namentlich die Forderungen der Bürgen und Mitverpflichteten gegenüber dem Haupt- oder Mitschuldner für den Fall, daß sie auf Grund der Bürgschaft oder Mitverpflichtung sollten für den Haupt- oder Mitschuldner zahlen müssen. Dem Bürgen steht der Rückgriff gegen den Hauptschuldner erst dann und nur insoweit zu, wenn und soweit er für ihn Zahlung leistet. Er kann aber seine Rückgriffsforderung als aufschiebend bedingte gemäß § 67 KO. anmelden, wenn er noch nicht gezahlt hat. Ob ihm der Rückgriff auf Grund der Zahlung zusteht, bestimmt sich nach dem zwischen ihm und dem Hauptschuldner bestehenden Rechtsverhältnisse. Einwendungen, die der Hauptschuldner hiernach gegen den Bürgen erheben kann, werden nicht dadurch berührt, daß der Bürge in die Forderung des bezahlten Gläubigers kraft Gesetzes eintritt. Vgl. § 774 BGB. Die Forderung des Wechselausstellers gegen den Akzeptanten ist aufschiebend bedingt dadurch, daß er den Wechsel von seinen Nachmännern einlöst. Sie kann im Konkurse des Akzeptanten als aufschiebend bedingt schon vor Einlösung des Wechsels angemeldet werden. Ebenso verhält es sich mit der Regreßforderung der Indossanten gegen ihre Vormänner[1]). So kann es kommen, daß aus demselben Schuldverhältnis mehrere Forderungen zum Konkurse angemeldet werden, einerseits eine unbedingte vom Gläubiger, andererseits aufschiebend bedingte von dem Regreßpflichtigen. Über die Behandlung eines solchen Falles s. Abschn. XIV zu d unter ϑ.

δ. Ansprüche gegen Gesamtschuldner.

Wird über das Vermögen mehrerer Personen, oder einer von mehreren Personen, die nebeneinander für dieselbe Leistung auf das Ganze haften, der Konkurs eröffnet, so kann der Gläubiger bis zu seiner vollständigen Befriedigung in jedem Verfahren den vollen Betrag geltend machen, den er zur Zeit der Eröffnung des betreffenden Verfahrens zu fordern hatte. § 68 KO. Dies gilt namentlich bei Wechselforderungen[2]), aber auch bei allen anderen Schuldverhältnissen, bei denen mehrere Schuldner für eine und dieselbe

---

[1]) Diese bleibt trotz der Weiterbegebung des Wechsels bestehen und ist nur aufschiebend bedingt dadurch, daß der Indossant den Wechsel im Regreßwege einlöst.

[2]) RG. 11. 18.

Leistung haften. Zahlungen, die der Gläubiger vor der Konkurseröffnung von einem neben dem Gemeinschuldner Verpflichteten auf die Schuld erhalten hat, verringern diese, so daß nur noch der Rest im Konkurse geltend gemacht werden kann[1]). Zahlungen, die der Gläubiger nach der Konkurseröffnung von einem anderen Verpflichteten erhält, werden bei der Berechnung seiner Konkursdividende so lange nicht berücksichtigt, bis seine ganze Forderung getilgt ist[2]). Wenn also mehrere Mitschuldner oder alle Mitschuldner im Konkurse sind, so kann der Gläubiger bis zu seiner vollständigen Befriedigung in jedem Konkurse die Dividende für seine ganze Forderung verlangen. Auf diese Weise kann es kommen, daß der Gläubiger im ganzen mehr erhält, als er zu fordern hat. Wenn ein derartiger Fall eintritt, so kann der Verwalter derjenigen Masse, aus der der Gläubiger mehr erhalten hat, als ihm nach Abrechnung der aus den anderen Massen bereits empfangenen Zahlungen noch zustand, das Zuvielgezahlte von dem Gläubiger zurückfordern.

Ob und welche Rückgriffsrechte zwischen den mehreren Mitverpflichteten bzw. deren Konkursmassen bestehen, ist nach der Natur der Rechtsverhältnisse, welche die Mitverpflichtungen begründen, zu beurteilen. Ein Rückgriffsrecht besteht z. B. nicht für den zahlenden Akzeptanten gegen den Aussteller oder den Giranten, sofern der Akzeptant Valuta für den Wechsel erhalten hat oder laut Abrede nicht erhalten sollte. Dagegen findet Rückgriff des zahlenden Akzeptanten gegen den Aussteller z. B. alsdann statt, wenn er aus Gefälligkeit für diesen, aber ohne die Absicht zu schenken, den Wechsel akzeptiert hatte.

ε. Forderungen der im § 212 KO. bezeichneten Art.

Die Gläubiger einer offenen Handelsgesellschaft, einer Kommanditgesellschaft oder einer Kommanditgesellschaft auf Aktien können am Konkurse über das Privatvermögen eines persönlich haftenden Gesellschafters neben dessen Privatgläubigern mit ihren vollen Forderungen teilnehmen. Ist aber über das Vermögen der Gesellschaft Konkurs eröffnet, so erhalten sie Dividende in dem Privatkonkurse nur gemäß § 212 KO. Siehe Abschn. XV bei D a unter γ und Abschn. XVI unter G e 4.

ζ. Forderungen Absonderungsberechtigter.

Auch solche Konkursgläubiger, die für ihre Forderung ein Recht auf abgesonderte Befriedigung beanspruchen, können am Konkurse teilnehmen und fürs erste ihre ganze Forderung als Konkursforderung geltend machen. Der

---

[1]) Vorausgesetzt, daß der Gemeinschuldner die von dem andern geleistete Zahlung für sich geltend machen kann. Das ist nicht der Fall z. B. wenn der Inhaber eines vom Gemeinschuldner angenommenen Wechsels von seinem regreßpflichtigen Vormann auf den Wechsel eine Zahlung erhält, da der Vormann zur Tilgung seiner eigenen Schuld zahlt.

[2]) RG. 2. 178; Jur. Woch. 1890 S. 411[9]. Das gilt auch, wenn der Gläubiger aus einem Pfande Befriedigung erlangt, das ihm von dem Mitverpflichteten bestellt worden. RG. 74. 231 (Jur. Woch. 1910 S. 950[34]).

Verwalter ist nicht berechtigt, sie an den Gegenstand ihres Absonderungsrechts zu verweisen, wenn dieser Gegenstand zur Konkursmasse gehört[1]). Indessen haben sie, falls sie nicht auf das Absonderungsrecht verzichten, Stimmrecht in den Gläubigerversammlungen und Befriedigung aus der Konkursmasse nur für den Betrag zu beanspruchen, in Höhe dessen ihre Forderung durch den Gegenstand des Absonderungsrechts nicht gedeckt ist. Vgl. §§ 64, 153, 156, 96 KO. Ob ein Pfandgläubiger auch dann nicht an das Pfand verwiesen werden kann, wenn dieses nicht zur Konkursmasse, sondern einem Dritten gehört, ist nach dem maßgebenden bürgerlichen Recht zu beurteilen. Maßgebend ist das Recht, das zur Zeit der Bestellung des Pfandrechts gegolten hat. Art. 184 Einf.-Ges. z. BGB. Nach Preuß. ALR. I. 20 §§ 46, 48 braucht gerade dann, wenn das Pfand einem anderen als dem Schuldner gehört, der Gläubiger sich nicht an das Pfand verweisen zu lassen[2]). Ebenso ist es nach dem Bürgerlichen Gesetzbuch und nach § 777 ZPO.[3]). In einem solchen Falle gehen die Rechte des Pfandgläubigers sogar weiter, als wenn das Pfand zur Konkursmasse gehört. Denn Konkursgläubiger, welche an Sachen Dritter ein Pfand- oder Hypothekenrecht haben, können, falls sie nicht auf das Pfand verwiesen werden dürfen, bis zu ihrer gänzlichen oder teilweisen Befriedigung für ihre ganze Forderung Dividende aus der Masse beanspruchen[4]). Daran ändert sich auch nichts, wenn etwa die Pfandsachen nach der Konkurseröffnung für die Masse erworben werden[5]).

Gleich den Absonderungsberechtigten werden Gläubiger behandelt, denen zur Sicherstellung ihrer Forderungen Vermögensstücke fiduziarisch zu Eigentum übertragen sind, sofern ohne die Übereignung die Vermögensstücke zur Konkursmasse gehören würden[6]).

η. Forderungen der Nachlaßgläubiger im Konkurse des Erben.

Den Forderungen der Absonderungsberechtigten stehen die Forderungen der Gläubiger eines vom Gemeinschuldner ererbten Nachlasses unter Umständen gleich. Die Rechtslage ist folgende:

Haftet der Gemeinschuldner als Erbe nur beschränkt und ist die Nachlaßverwaltung (§§ 1981 ff. BGB.) angeordnet oder der Konkurs über den Nachlaß eröffnet, so können die Nachlaßgläubiger sich im Konkurse gar nicht melden. § 1975 BGB. Findet eine Nachlaßverwaltung oder der Nachlaß-

[1]) RG. 26. 110 (Jur. Woch. 1890 S. 277[10]). Wie weit der Gegenstand des Absonderungsrechts keine Deckung für die Forderung bietet, braucht auch bei deren Prüfung noch nicht festzustehen. Siehe Jur. Woch. 1884 S. 89[22].

[2]) Jur. Woch. 1891 S. 345[35].

[3]) RG. 59. 372.

[4]) RG. 7. 88, Jur. Woch. 1887 S. 328[6], RG. 91. 12. Einerlei, ob die Befriedigung aus dem Pfande oder sonstwie durch den Eigentümer des Pfandes erfolgt. Dagegen kann der Eigentümer, wenn er einen Teil der Pfandforderung bezahlt hat, deswegen trotz der §§ 1225, 1249 BGB. keine Ansprüche im Konkurse des Schuldners geltend machen. LZ. 1908 S. 458[6]. S. Abschn. XIV zu d unter ϑ.

[5]) RG. 59. 367 (Jur. Woch. 1905 S. 89[40]).

[6]) RG. 24. 45; Gruch. 54. 1168 (LZ. 1910 S. 158), RG. 91. 15.

konkurs wegen Mangels an Masse nicht statt, so haben die Nachlaßgläubiger im Konkurse des nur beschränkt haftenden Erben nur Anspruch darauf, daß ihnen der Nachlaß zum Zwecke ihrer Befriedigung herausgegeben werde. § 1990 BGB. Soweit Nachlaßgegenstände in die Konkursmasse gelangt sind, haben sie ein Aussonderungsrecht.

Haftet dagegen der Gemeinschuldner, weil er die Inventarfrist versäumt oder das Inventar betrüglich aufgestellt hat, unbeschränkt (§§ 1994 Abs. 1, 2005 BGB.), oder ist die Haftung des Gemeinschuldners wenigstens einzelnen Nachlaßgläubigern gegenüber eine unbeschränkte geworden (§ 2006 BGB.), so können die Nachlaßgläubiger, denen gegenüber die unbeschränkte Haftung besteht, ihre Forderungen im Konkurse geltend machen. Die Forderungen werden aber gleich denen der Absonderungsberechtigten behandelt, wenn zugleich die Nachlaßverwaltung oder der Konkurs über den Nachlaß schwebt. Sie werden also in solchem Falle bei den Verteilungen nur insoweit berücksichtigt, als sie bei der Verteilung des Nachlasses ausfallen oder die Gläubiger auf ihre Befriedigung aus dem Nachlasse verzichten. § 234 Abs. 1 KO. Entsprechende Grundsätze gelten, wenn ein Ehemann in Konkurs verfällt, der mit seiner Frau in Gütergemeinschaft lebt und dessen Frau eine Erbschaft gemacht hat. Da der von der Frau ererbte Nachlaß in das Gesamtgut fällt, haftet der Ehemann für die Nachlaßschulden so, wie wenn er selbst geerbt hätte. §§ 1459, 1461 BGB. Den Nachlaßgläubigern wird daher in seinem Konkurse dieselbe Stellung angewiesen, die sie sonst im Konkurse des Erben haben. § 234 Abs. 2 KO.

9. Forderungen des Erben im Nachlaßkonkurse.

1. Der Erbe kann im Nachlaßkonkurse die **Forderungen** geltend machen, **die ihm gegen den Erblasser zustehen**. Ob er den Nachlaßgläubigern beschränkt oder unbeschränkt haftet, ist dabei einerlei. § 1976 BGB., § 225 Abs. 1 KO.

2. Hat der Erbe aus seinen Mitteln **Nachlaßverbindlichkeiten** berichtigt, so ist zu unterscheiden:

a) durfte er bei der Berichtigung den damaligen Umständen nach annehmen, daß der Nachlaß zur Berichtigung aller Nachlaßverbindlichkeiten ausreichen würde, so müssen sie die Nachlaßgläubiger als für Rechnung des Nachlasses erfolgt gelten lassen und kann er deshalb seine zum Zwecke der Berichtigung gemachten notwendigen Aufwendungen als **Massegläubiger** geltend machen. §§ 1978, 1979 BGB., § 224 Nr. 1 KO.;

b) durfte er nicht annehmen, daß der Nachlaß zur Berichtigung aller Nachlaßverbindlichkeiten ausreichen würde, so tritt er wenigstens an die Stelle des befriedigten Nachlaßgläubigers, so daß er also dessen Forderung mit dem damit etwa verbundenen Absonderungsrecht oder Vorrecht als Konkursforderung geltend machen kann[1]). § 225 Abs. 2 KO., §§ 412, 401 BGB.

[1]) Jur. Woch. 1903 S. 315[11]; RG. 55. 160.

In beiden Fällen ist aber Voraussetzung, daß er nur beschränkt für die Nachlaßschulden haftet. Haftet er unbeschränkt[1]), so stehen ihm wegen der Berichtigung von Nachlaßschulden im Nachlaßkonkurse keine Ansprüche zu. Siehe § 2013 BGB.

Besteht die unbeschränkte Haftung des Erben bloß einzelnen Nachlaßgläubigern gegenüber (siehe § 2006 BGB.), so kann er deren Forderungen, ohne sie befriedigt zu haben, für den Fall geltend machen, daß die Gläubiger sie nicht geltend machen. § 225 Abs. 3 KO., § 2013 Abs. 2 BGB.

3. Hat der Erbe vor der Eröffnung des Konkurses für den Nachlaß Aufwendungen gemacht, so hat er deswegen, sofern er für die Nachlaßschulden nur beschränkt haftet, nach Maßgabe des § 1978 Abs. 3 BGB. einen Ersatzanspruch, den er im Konkurse als Massegläubiger geltend machen kann. §§ 1978, 2013 BGB., § 224 Nr. 1 KO.

Zurückbehalten darf aber der Erbe wegen seiner Ersatzansprüche den Nachlaß niemals. § 223 KO.

Durch den Verkauf der Erbschaft wird an den geschilderten Rechten des Erben nichts geändert. §§ 232, 233 KO. Vgl. die §§ 2376 ff. BGB.

Die gleichen Ansprüche, wie dem Erben, stehen im Falle des Eintritts einer Nacherbfolge dem Vorerben zu, der bis dahin Erbe gewesen war. § 231 KO., § 2139 BGB.

ι. Forderungen, die nicht auf Geld oder doch nicht auf einen bestimmten Betrag in Reichswährung gerichtet sind[2]).

Forderungen, die nicht auf Geld gerichtet sind, sowie solche, deren Geldbetrag unbestimmt oder ungewiß ist, können geltend gemacht werden, sofern sie einer Schätzung in Geld fähig und nicht an die Person des Gemeinschuldners gebunden sind. Unter dieser Voraussetzung werden als Konkursforderungen auch Forderungen zugelassen, welche Handlungen des Gemeinschuldners zum Gegenstande haben.

Forderungen der genannten Art, ferner Forderungen, deren Geldbetrag nicht in Reichswährung festgesetzt ist, haben natürlich kein besseres Recht als Geldforderungen. Sie sind daher keineswegs schlechthin aus der Masse zu befriedigen, sondern gewähren gleich den Geldforderungen nur einen Anspruch auf anteilige Befriedigung[3]), bedürfen also der Anmeldung und nehmen dann an den Verteilungen teil. Da zur Verteilung nur Geld gelangt, so können sie nicht so, wie sie lauten, sondern nur nach ihrem Schätzungswert in Reichswährung geltend gemacht werden[4]). Bei der Wertberechnung ist

---

[1]) Im allgemeinen, nicht bloß einzelnen Nachlaßgläubigern gegenüber.

[2]) Die infolge des Währungsverfalls entwerteten Forderungen werden nach dem Werte berechnet, den sie am Tage der Konkurseröffnung in Goldmark hatten. Verordn. v. 14. Februar 1924 § 1. Der Umrechnungssatz wird vom Finanzminister bestimmt, kann aber vom Justizminister geändert werden.

[3]) Gruch. 53. 1125.

[4]) War wegen der Forderung schon geklagt, so kann, wenn sie im Prüfungstermin bestritten ist, der Prozeß nur wegen des Geldbetrags, der an die Stelle ihres eigentlichen Gegenstandes tritt, fortgeführt werden. Jur. Woch. 1907 S. 182[25].

der Wert, den die Forderungen zur Zeit der Konkurseröffnung haben, maßgebend. § 69 KO. Hiernach hat auch die Berechnung des Werts wiederkehrender Hebungen von unbestimmtem Betrage oder von unbestimmter Zeitdauer (z. B. von Altenteilsforderungen) zu erfolgen. Wiederkehrende Hebungen zu einem bestimmten Betrage und von bestimmter Zeitdauer werden unter Abrechnung der Zwischenzinsen gemäß § 65 KO. (s. oben zu b α) durch Zusammenzählung der einzelnen Hebungen kapitalisiert. Der sich so ergebende Gesamtbetrag darf aber den zum gesetzlichen Zinssatz kapitalisierten Betrag der Hebungen nicht übersteigen. § 70 KO.

c) **Welche Forderungen im Konkurse nicht geltend gemacht werden können.**

Von der Geltendmachung im Konkurse sind folgende Forderungen, die an und für sich zu den Konkursforderungen gehören, ausgeschlossen:

1. Geldstrafen (nicht aber auch die in Strafsachen dem Gemeinschuldner auferlegten Kosten und die von ihm an Geschädigte zu zahlenden Bußen). § 63 Nr. 3 KO.;
2. Forderungen aus einer Freigebigkeit des Gemeinschuldners unter Lebenden und von Todes wegen[1]). § 63 Nr. 4 KO. Dahin gehören auch Ansprüche auf Gewährung einer vom Gemeinschuldner seiner Tochter versprochenen Aussteuer (§ 1620 BGB.). Es ist aber keine Freigebigkeit, wenn der Gemeinschuldner in der Meinung gehandelt hat, eine Verpflichtung zu erfüllen[2]).

Außerdem können, wie schon früher erwähnt, nicht geltend gemacht werden: Die Zinsen von Konkursforderungen auf die Zeit seit der Konkurseröffnung und die den einzelnen Gläubigern durch ihre Teilnahme am Konkurse entstehenden Kosten. § 63 Nr. 1, 2 KO.

Die Ausschließung dieser Forderungen erstreckt sich jedoch, mit Ausnahme der in § 63 Nr. 2 KO. bezeichneten Kostenforderungen, nicht auf den Nachlaßkonkurs. Nur stehen sie hier den gewöhnlichen Konkursforderungen im Range nach. § 226 KO. S. Abschn. XIII unter f.

XIII. Rangordnung der Konkursforderungen.

a) Die nach der Konkursordnung bestehenden Vorrechte.

Die Konkursordnung gewährt im allgemeinen allen Konkursgläubigern gleiche Rechte. Insbesondere unterscheidet sie nicht zwischen inländischen und ausländischen Gläubigern. § 5 Abs. 1 KO. Der im Abs. 2 des § 5 gemachte

---

[1]) Vollzogene freigebige Verfügungen sind aber im Konkurs wirksam. Daher kann die Forderung aus einem Wechsel, den der Gemeinschuldner ohne Entgelt gegeben hat, als Konkursforderung geltend gemacht werden, und es unterliegt nur die Verfügung des Gemeinschuldners, durch die der Empfänger den Wechsel unentgeltlich erhalten hat, der Anfechtung aus § 32 Nr. 1 KO. (S. Abschn. VIII unter C b VI[2]). Jur. Woch. 1886 S. 274[23].

[2]) LZ. 1908 S. 605[2].

Vorbehalt ist seither ohne praktische Bedeutung geblieben. So sehr indessen die Konkursordnung mit den früheren landesgesetzlichen Vorrechten einzelner Gläubiger und Gläubigerklassen aufgeräumt hat, so hat sie doch bezüglich des Rechts auf Befriedigung aus der Masse einer Reihe von Forderungen mit Rücksicht auf deren besondere Beschaffenheit ein Vorrecht vor den übrigen erhalten. Danach besteht für die Konkursforderungen, die überhaupt berücksichtigt werden und nicht nach § 63 KO. ausgeschlossen sind, folgende Rangordnung:

1. Klasse: Die für das letzte Jahr vor der Konkurseröffnung rückständigen Forderungen an Lohn, Kostgeld und anderen Dienstbezügen (wie z. B. Naturalien, Tantiemen) der Personen, welche sich dem Gemeinschuldner für dessen Haushalt, Wirtschaftsbetrieb oder Erwerbsgeschäft zur Leistung von Diensten — mögen diese höherer oder niederer Art, dauernde oder vorübergehende sein — verdungen hatten[1]. § 61 Nr. 1 KO. Dieses Vorrecht steht auch einem selbständigen Gewerbetreibenden zu, der seine Tätigkeit, wenn auch nur vorübergehend, im wesentlichen in den Dienst des Gemeinschuldners gestellt hat. Ein Abhängigkeitsverhältnis braucht nicht unbedingt begründet zu sein[2]. Das Vorrecht besteht wegen der Forderungen für alle bis zur Konkurseröffnung geleisteten Dienste; auf die Zeit der Fälligkeit der Forderungen kommt es nicht an. Daß das Dienstverhältnis zur Zeit der Konkurseröffnung noch besteht, ist zur Begründung des Vorrechts nicht nötig. Ist über einen Nachlaß der Konkurs eröffnet, so besteht das Vorrecht für alle Dienstbezüge, welche auf die Zeit vom Tode des Erblassers bis zur Konkurseröffnung und auf das letzte Jahr vor dem Tode des Erblassers entfallen. Die Dienstbezüge für die Zeit nach der Konkurseröffnung sind, soweit der Gläubiger auf sie noch Anspruch hat, Masseschulden.

In demselben Umfange, wie Dienstbezüge, genießen jetzt das Vorrecht der ersten Klasse die Ansprüche der Krankenversicherungskassen auf rückständige Eintrittsgelder und Beiträge und die Ansprüche der Berufsgenossenschaften sowie der Invaliden- und Hinterbliebenenversicherungsanstalten auf rückständige Beiträge. § 28 Abs. 3 der Reichsversicherungsordnung vom 19. Juli 1911. Das Vorrecht besteht nur für die im letzten Jahre vor der Konkurseröffnung entstandenen, nicht für die in diesem Jahre fällig ge-

---

[1] Über Lohnforderungen für Akkordarbeiten, die von mehreren gemeinschaftlich übernommen sind, s. LZ. 1912 S. 788[8] (Kammergericht).

[2] RG. 38. 113 (Jur. Woch. 1897 S. 135[20]). Den Handelsagenten steht wegen ihrer Provisions- und sonstigen Forderungen das Vorrecht nur ausnahmsweise zu, nämlich nur dann, wenn sie für den Gemeinschuldner allein oder doch im wesentlichen nur für ihn tätig gewesen sind. RG. 62. 229 (Jur. Woch. 1906 S. 38[49]). — Einem Meister, der in einem Dienstverhältnis steht, gebührt das Vorrecht auch für die von ihm mitverdungenen Dienste seiner Gehilfen. RG. 4. 423. Desgleichen in landwirtschaftlichen Betrieben dem, der nicht nur seine Dienste verdungen sondern sich zur Gestellung von Arbeitern auf seine Rechnung verpflichtet hat, für die Dienste dieser Arbeiter. RG. 27. 227.

wordenen Beitragsforderungen[1]). Die Forderung der Berufsgenossenschaft entsteht schon mit der Leistung des Vorschusses durch die Post[2]).

2. Klasse. Die Forderungen der Reichskasse, der Staatskassen[3]), der Gemeinden sowie der Amts-, Kreis- und Provinzialverbände wegen öffentlicher Abgaben, welche im letzten Jahre vor der Konkurseröffnung fällig geworden sind[4]). § 61 Nr. 2 KO. Hierher gehören namentlich: Zollabgaben, Stempelabgaben, Einkommen- und Gewerbesteuern[5]). Dagegen genießen das Vorrecht nicht: Die Forderungen des Fiskus wegen Defekten der Beamten, Gerichtskostenforderungen sowie Gebührenforderungen der Behörden für Inanspruchnahme ihrer Dienste[6]). Das Vorrecht erstreckt sich auch auf die nach der Konkurseröffnung fällig werdenden Forderungen, soweit sie (z. B. gestundete Zuckersteuer, Branntweinsteuer) schon vor diesem Zeitpunkt begründet sind[7]). Die Berechnung der später fällig werdenden Forderungen geschieht nach § 65 KO. Wenn der Steuererheber die bevorrechtigte Abgabe bereits vorschußweise zur Kasse entrichtet hat, so wird dadurch an dem Vorrecht der Kasse nichts geändert.

3. Klasse. Forderungen der Kirchen und öffentlichen Schulen, der öffentlichen Verbände und der öffentlichen, zur Annahme der Versicherung verpflichteten Feuerversicherungsanstalten wegen der nach Gesetz oder Verfassung zu entrichtenden Abgaben und Leistungen aus dem letzten Jahre vor der Konkurseröffnung[8]). § 61 Nr. 3 KO. Öffentliche Verbände sind alle staatlich anerkannten Vereinigungen, die öffentlichen Zwecken zu dienen bestimmt sind. Dahin gehören namentlich: Deich- und Meliorationsverbände, Armenverbände, die in Preußen bestehenden Landschaftsverbände[9]); ferner die durch die Gesetze über die Unfallversicherung ins Leben gerufenen Berufsgenossenschaften[10]), die Handelskammern, Landwirtschaftskammern,

---

[1]) RG. 102. 71.

[2]) RG. 22. 139, 102. 75.

[3]) Aber nicht ausländischer. OLG. 25. 333 (Hamm).

[4]) RG. 22. 139, 102. 74. Für ältere Abgaben besteht das Vorrecht, wenn sie bis in das letzte Jahr vor der Konkurseröffnung hinein gestundet sind. Der Stundung steht aber eine bloße Zahlungsnachsicht nicht gleich. LZ. 1919 S. 549[9] (OLG. Cöln).

[5]) Wegen der Erbschaftssteuer s. den Aufsatz in der LZ. 1911 S. 666 und 755. Wegen der Umsatzsteuer Jur. Woch. 1923 S. 624[8] (Entsch. d. Reichsfinanzhofs).

[6]) RG. 21. 49 (Jur. Woch. 1888 S. 242[7]), RG. 28. 87, 85. 341. Auch nicht städtische Kanalisationsabgaben. RG. 83. 206 (Jur. Woch. 1914 S. 104[34]).

[7]) Jur. Woch. 1891 S. 416[24].

[8]) D. h. die in diesem Jahre fällig gewordenen Forderungen. Siehe RG. 22. 139.

[9]) Auch die oberbergamtlich bestätigten Knappschaftsvereine genießen das Vorrecht der 3. Klasse, und zwar auch für die Beiträge der Arbeiter, die der Bergwerksbesitzer nach § 127 des Preuß. Berggesetzes vom 24. Juni 1865 für die Arbeiter zu zahlen hat. Gruchot Bd. 30 S. 1010.

[10]) RG. 22. 139 (Jur. Woch. 1889 S. 68[8]). Die Forderungen der Berufsgenossenschaften haben, soweit sie Rückstände betreffen, nach dem Inkrafttreten der Reichsversicherungsordnung sogar das Vorrecht der ersten Klasse. Die Forderung auf Zahlung einer noch nicht festgesetzten Umlage ist ihrem Geldbetrage nach unbestimmt und deshalb gemäß § 69 KO. nach ihrem Schätzungswerte geltend zu machen. Zu diesem Werte ist sie vom Verwalter vorbehaltlos, nicht nur unter dem Vorbehalt späterer genauer Feststellung, anzuerkennen, falls nicht besondere Einwendungen zu erheben sind.

Handwerkskammern und (nach den Bestimmungen des Gesetzes vom 26. Juli 1897) auch wohl die gewerblichen Innungen; endlich die Synagogengemeinden. Dagegen gehören nicht zu den öffentlichen Verbänden: Eingetragene Genossenschaften, freie Hilfskassen, Privatversicherungsgesellschaften. Diesen Vereinigungen steht für ihre Forderungen ein Vorrecht nicht zu. Ein Vorrecht steht auch Pfarrern, Küstern und Lehrern für das nicht zu, was sie für ihre Person zu fordern haben.

Das Vorrecht der Kirchen usw. besteht nur für Abgaben und Leistungen, die sie nach Gesetz und Verfassung zu fordern haben, also z. B. nicht für Ansprüche aus Defekten ihrer Beamten.

4. Klasse. Die Forderungen der gemäß § 29 der Gewerbeordnung approbierten Ärzte[1]), Wundärzte, Tierärzte, Apotheker sowie der Hebammen und Krankenpfleger wegen Kur- und Pflegekosten aus dem letzten Jahre vor der Konkurseröffnung. Diese Forderungen sind aber nur insoweit bevorrechtigt, als ihr Betrag den Betrag der taxmäßigen Gebühren nicht übersteigt. § 61 Nr. 4 KO. Nicht unzweifelhaft ist, ob das Vorrecht allen derartigen Forderungen an den Gemeinschuldner, oder nur denjenigen zusteht, die durch eine dem Gemeinschuldner selbst oder einem Mitgliede seiner Familie, für dessen Kur und Pflege zu sorgen er gesetzlich verpflichtet ist, gewährte Kur oder Pflege entstanden sind. Nach dem Wortlaute des Gesetzes ist wohl ersteres als richtig anzunehmen.

5. Klasse. Die Forderungen der Kinder, der Mündel und sonstiger Pflegebefohlenen des Gemeinschuldners, die ihnen in Ansehung ihres kraft Gesetzes seiner Verwaltung unterworfenen Vermögens bis zur Konkurseröffnung entstanden sind[2]). § 61 Nr. 5 KO. Das Vorrecht erstreckt sich nicht auf Forderungen der bezeichneten Personen, die nur dadurch entstehen, daß der Gemeinschuldner auf Grund eines Vertrags oder einer letztwilligen Verfügung oder auch ohne jeden Rechtsgrund ihr Vermögen verwaltet hat[3]). Es besteht für die Kinder danach nicht, wenn der Gemeinschuldner bereits früher einmal in Konkurs verfallen war, aber Vermögen seiner Kinder nachher wieder verwaltet hat, es sei denn, daß das Vormundschaftsgericht ihm die Verwaltung wieder übertragen hat[4]). Das Vorrecht wird auch nur gewährt, wenn die Forderung binnen zwei Jahren nach Beendigung der Vermögensverwaltung des Gemeinschuldners gerichtlich geltend gemacht[5]) und bis zur Konkurseröffnung verfolgt worden ist. § 61 Nr. 5 Satz 2 KO. Dies ist zur

[1]) Auch der Zahnärzte.

[2]) Siehe hierzu RG. 3. 294, 11. 63 (Jur. Woch. 1884 S. 138[12]).

[3]) Gruchot Bd. 38 S. 1174; Jur. Woch. 1892 S. 274[18]; LZ. 1909 S. 691[11]. Es ist aber stets begründet, wenn das Gesetz dem Gemeinschuldner das Recht zur Verwaltung des Vermögens gewährte, mag auch daneben das Recht vertragsmäßig eingeräumt gewesen sein. RG. 42. 21 (Jur. Woch. 1898 S. 573[15]).

[4]) Durch den früheren Konkurs hat der Gemeinschuldner das Verwaltungsrecht am Vermögen seiner Kinder verloren, und zwar nicht nur an dem damals vorhanden gewesenen, sondern überhaupt, so daß er es auch an dem später erworbenen Vermögen der Kinder nicht erlangt, wenn es ihm nicht vom Vormundschaftsgericht wieder übertragen wird. § 1647 BGB.

[5]) Dazu genügt auch Anmeldung im Konkurse. LZ. 1916 S. 1204[13].

Erhaltung des Vorrechts unbedingt erforderlich; es ist gleichviel, ob der Berechtigte hoffen durfte, seine Befriedigung mittels des Prozesses zu erlangen, oder ob er glauben mußte, sich durch den Prozeß nur unnütze Kosten zu verursachen. Nur eine wirkliche Unmöglichkeit, zu klagen, schließt den Verlust des Vorrechts aus.

Ist das Vorrecht begründet, so findet es nicht nur wegen Schadensersatzforderungen, sondern wegen jedes Anspruchs statt, der in Ansehung des in die Verwaltung des Gemeinschuldners gekommenen Vermögens entstanden ist, also auch wegen des Anspruchs auf Herausgabe oder Ersatz des Vermögens[1]), ja auch wegen Forderungen an den Gemeinschuldner, die zu diesem Vermögen gehören, z. B. wegen des Anspruchs auf Zahlung der Abfindung, die der Gemeinschuldner seinen Kindern für Überlassung des Nachlasses der verstorbenen Ehefrau zu gewähren hat[2]).

Die etwaigen Aussonderungs- oder Absonderungsrechte der Kinder- und Pflegebefohlenen werden natürlich durch § 61 Nr. 5 KO. nicht berührt.

6. Klasse. Die übrigen Konkursforderungen.

b) Rangordnung innerhalb der einzelnen Klassen.

Mehrere Forderungen derselben Klasse haben untereinander gleiche Rechte, werden also nach Verhältnis ihrer Beträge berichtigt.

c) Welche Nebenforderungen an der gleichen Stelle mit der Kapitalsforderung geltend gemacht werden können.

Mit der Kapitalsforderung kommen an derselben Stelle in Ansatz (§ 62 KO.):

a) Die Kosten, die dem Gläubiger durch den Versuch der Einziehung der Forderung oder eines Teils derselben vor der Konkurseröffnung erwachsen sind, und zwar sowohl gerichtliche als außergerichtliche, sowohl die in noch schwebenden als die in beendigten Prozessen entstandenen,

b) die Vertragsstrafen, da diese einen Teil der vertragsmäßigen Ansprüche bilden,

c) die bis zur Konkurseröffnung aufgelaufenen vertragsmäßigen oder gesetzlichen Zinsen.

d) Sonstige Vorrechte.

Die unter a aufgeführten Vorrechte sind nicht die einzigen überhaupt zugelassenen.

Durch die §§ 12 und 13 des Einf.-Ges. z. KO. ist der Landesgesetzgebung gestattet, für die dort bezeichneten Forderungen ein Vorrecht vor, neben, zwischen oder hinter den in der Konkursordnung aufrecht erhaltenen Vorrechtsforderungen zu gewähren. In Preußen war von dieser Erlaubnis

---

[1]) RG. 39. 70 (Jur. Woch. 1897 S. 386[11]); Jur. Woch. 1900 S. 73[9].

[2]) Gruch. 49. 1098. Ferner wegen des den Kindern als Erben ihrer Mutter zustehenden Anspruchs auf Herausgabe oder Ersatz des von der Mutter dem Gemeinschuldner in die Ehe eingebrachten Vermögens. RG. 17. 41; 45. 156; Gruch. 46. 1118.

nur zugunsten der Ehefrau des Gemeinschuldners ein beschränkter Gebrauch gemacht. Jetzt aber besteht ein Vorrecht der Ehefrau des Gemeinschuldners in Preußen nicht mehr, denn nach § 21 des Preuß. Ausf.-Ges. z. KO. ist ihnen das Vorrecht in allen Konkursen, die nach dem 30. September 1899 eröffnet worden sind, versagt.

Reichsgesetzlich bestehen Vorrechte eigener Art für die Pfandbriefgläubiger der Hypothekenbanken und gewisse ihnen gleichgestellte Gläubiger (§§ 35, 41, 42, 52 Ges. v. 13. Juli 1899), ferner für gewisse Ansprüche von Versicherten gegen die Versicherungsunternehmungen (§§ 61, 63 Ges. v. 12. Mai 1901).

e) Von wem die Vorrechte geltend gemacht werden können.

Die zugelassenen Vorrechte können nicht nur von den bevorrechtigten Gläubigern selbst, sondern, da nicht deren Person, sondern sachliche Rücksichten für die Gewährung der Vorrechte entscheidend gewesen sind, auch von den Rechtsnachfolgern der Berechtigten geltend gemacht werden[1]). § 401 Abs. 2, § 412 BGB. Wer den bevorrechtigten Gläubiger befriedigt, erwirbt nicht ohne weiteres die getilgte Forderung. Will er sie erwerben, so muß er sie sich der Regel nach vom Gläubiger übertragen lassen. Ausnahmen bestehen jedoch kraft Eintrittsrecht für den Bürgen (§ 774 BGB.) und in den Fällen der §§ 268, 1143, 1225 und 1249 BGB.[2]).

f) Forderungen, die den gewöhnlichen Konkursforderungen nachstehen.

Im Konkurse über einen Nachlaß stehen diejenigen Forderungen, die in anderen Konkursen überhaupt nicht geltend gemacht werden können (§ 63 Nr. 1, 3 und 4 KO.) sowie Forderungen der Pflichtteilsberechtigten, der Vermächtnisnehmer[3]) und der Auflageempfänger (§§ 1940, 1967 BGB.) allen anderen Konkursforderungen nach. Ebenso die Forderungen, in Ansehung deren ein Nachlaßgläubiger im Wege des Aufgebotsverfahrens ausgeschlossen ist[4]) oder nach § 1974 BGB. einem ausgeschlossenen Gläubiger gleichsteht. § 226 KO. In diesem Paragraphen wird auch die Rangordnung bestimmt, die die nachstehenden Forderungen untereinander haben[5]).

Über die Rangordnung der Gläubiger von Versicherungsvereinen auf Gegenseitigkeit s. § 51 Ges. v. 12. Mai 1901.

---

[1]) OLG. 25. 333 (Hamm).

[2]) Der § 1249 BGB. ist auch auf Zollforderungen anwendbar. Wer ein Recht an einer zollpflichtigen Sache durch deren Veräußerung verlieren würde, erwirbt durch Bezahlung der Zollforderung diese Forderung mit dem ihr zustehenden Vorrecht. RG. 67. 219.

[3]) Diesen stehen gleich die Familienangehörigen des Erblassers hinsichtlich des sog. Rechts des Dreißigsten (§ 1969 BGB.).

[4]) Auch wenn sie dem Antragsteller des Aufgebots bekannt waren. LZ. 1910 S. 864[8].

[5]) Nach § 227 KO. kommen die Zinsen, und zwar auch die seit der Eröffnung des Konkurses laufenden, an derselben Stelle mit dem Kapital in Ansatz. Der § 228 KO. schließt die Pflichtteilsberechtigten, die Vermächtnisnehmer und die Auflageempfänger, ferner die ausgeschlossenen oder als ausgeschlossen zu behandelnden Nachlaßgläubiger von gewissen zur Konkursmasse gehörenden Gegenständen ganz aus. Das Nähere hierüber siehe Abschnitt XVI unter Gc.

XIV. Geltendmachung der Konkursforderungen. Feststellung der Schuldenmasse.

a) Allgemeine Grundsätze.

Der Konkurs ist dazu bestimmt, den Konkursgläubigern in einem gemeinsamen geordneten Verfahren unter Berücksichtigung aller, die sich melden, aus der vorhandenen Masse Befriedigung zu gewähren. Daher können die einzelnen Konkursgläubiger, auch die bevorrechtigten, nach der Konkurseröffnung ihre Forderungen nicht mehr im Wege des Prozesses verfolgen, auch nicht mehr durch Arreste oder Zwangsvollstreckungen in die Konkursmasse sich Sicherung oder Befriedigung verschaffen[1]). §§ 12, 14 KO. Prozesse, die sie schon anhängig gemacht hatten, werden nach § 240 ZPO. durch die Konkurseröffnung unterbrochen und können zunächst nicht aufgenommen werden. Das Nähere s. Abschn. VI unter B und C.

Der Verwalter darf den einzelnen Konkursgläubigern nicht mehr gewähren, als ihnen nach den Grundsätzen der Konkursordnung gebührt. Konkursordnungswidrige Bevorzugungen einzelner Gläubiger liegen außerhalb seiner Machtbefugnis und sind deshalb nichtig[2]). Durch ein Anerkenntnis des Verwalters kann einem Konkursgläubiger nicht die Rechtsstellung eines Massegläubigers oder eines Aussonderungsberechtigten verschafft werden. Auch ein Absonderungsrecht, das die Konkursordnung nicht zuläßt, kann durch ein Anerkenntnis des Verwalters nicht begründet werden[3]). Hat der Verwalter einem Konkursgläubiger aus der Masse mehr gezahlt, als ihm gebührte, so hat er das Zuvielgezahlte zurückzufordern[4]).

Andererseits haben, abgesehen von den Massegläubigern, nur die Konkursgläubiger (s. Abschn. XII) aus der Masse Befriedigung zu fordern. Meldet sich ein anderer Gläubiger, so hat der Verwalter im Prüfungstermin gegen die Anmeldung Widerspruch zu erheben, auch wenn er dessen Forderung an sich nicht bestreitet[5]).

b) Anmeldung der Konkursforderungen.

Die Konkursordnung stellt als Grundsatz auf, daß nur die Konkursgläubiger aus der Masse etwas erhalten, die ihre Forderungen zum Konkurse

---

[1]) Das gilt jedoch nur bezüglich der im Inlande befindlichen Konkursmasse. Gelingt es einem Konkursgläubiger, sich aus Massegegenständen, die sich im Auslande befinden, eine Befriedigung zu verschaffen, so braucht er das Erlangte nicht an den Verwalter herauszugeben und kann für den nach Abzug des Erlangten verbliebenen Rest seiner Forderung noch anteilige Befriedigung aus der Masse beanspruchen. RG. 54. 193; LZ. 1908 S. 550 (Bayr. Oberstes Landesgericht).

[2]) RG. 57. 195 (Jur. Woch. 1904 S. 241[22]); RG. 53. 193; Jur. Woch. Woch. 1905 S. 89[40]. S. aber unten unter f.

[3]) Jur. Woch. 1893 S. 428[18].

[4]) RG. 23. 62; Jur. Woch. 1905 S. 389[8] (RG. 60. 419).

[5]) Einen Fall dieser Art s. unten unter g Abs. 3.

anmelden[1]). Nur im Nachlaßkonkurse gilt eine Abweichung für den Fall, daß ein Aufgebot der Nachlaßgläubiger stattgefunden hat. Siehe § 229 KO.

Zur Anmeldung der Konkursforderungen bestimmt das Gericht bei Einleitung des Konkursverfahrens eine Frist (die Anmeldefrist), die öffentlich bekannt gemacht wird. §§ 110, 138 KO. Die Anmeldungen sind jedoch auch nach Ablauf dieser Frist während der ganzen Dauer des Konkurses zulässig. Die Frist hat nur die Bedeutung, daß durch ihre Innehaltung Kosten und Verluste, die aus verspäteten Anmeldungen erwachsen können, vermieden werden.

Die Anmeldungen müssen beim Konkursgericht geschehen. Der Verwalter hat sie nicht entgegenzunehmen. Anmeldungen, die bei ihm eingehen, sind sogar wirkungslos, falls er sie nicht an das Gericht befördert. Verpflichtet ist er dazu nicht, er wird es aber im Interesse der Gläubiger und zur Vermeidung von Weiterungen tun.

Die Anmeldungen müssen die Angabe des Grundes sowie des Betrags der Forderungen enthalten. § 139 KO. Der Betrag muß in deutscher Reichswährung angegeben werden[2]). § 69 KO. Anmeldungen, die den Anforderungen des § 139 KO. Satz 1 u. 2 nicht entsprechen, sind unwirksam[3]). Sie sind nicht in die Tabelle einzutragen und vom Gericht nicht zur Prüfung zu bringen. Sollten sie dennoch zur Prüfung zugelassen werden, so ist der Verwalter befugt, Erklärung über sie zu verweigern. Der Sicherheit halber mag er aber den unvorschriftsmäßig angemeldeten und gleichwohl vom Gericht zur Prüfung zugelassenen Forderungen widersprechen, um so jeden Zweifel darüber, ob sie etwa als anerkannt zu betrachten, zu beseitigen. Bei Anmeldung einer bevorrechtigten Forderung hat der Gläubiger auch bestimmt anzugeben, daß und welches Vorrecht sowie für welchen Betrag und aus welchem Grunde er es beansprucht, widrigenfalls die Forderung als nicht bevorrechtigt behandelt wird[4]). § 139 KO.

Sind über eine Forderung urkundliche Beweisstücke vorhanden, so sollen diese der Anmeldung in Urschrift oder Abschrift beigefügt werden[5]). Das ist jedoch nicht wesentlich für die Wirksamkeit der Anmeldung[6]).

Wenn nachträglich ungenügende Anmeldungen ergänzt oder höhere Beträge, als ursprünglich angemeldet waren, geltend gemacht, oder Vor-

---

[1]) Die Anmeldung ist selbst dann nötig, wenn die Forderung gegen den Gemeinschuldner bereits rechtskräftig festgestellt ist. Öffentliche Behörden sind der Anmeldung ihrer Forderungen, auch wenn diese im Verwaltungswege vollstreckbar sind, keineswegs überhoben.

[2]) Mit Rücksicht auf die derzeitigen Währungsschwierigkeiten hat die Verordnung vom 14. Februar 1924 (RGBl. S. 115) § 2 vorgeschrieben, daß der Gläubiger seiner Anmeldung eine Berechnung des Wertes beifügen soll, den die Forderung am Tage der Konkurseröffnung in Goldmark gehabt hat. Die Nichtbeachtung dieser Vorschrift macht indes die Anmeldung nicht unwirksam.

[3]) RG. 39. 38 (Jur. Woch. 1897 S. 307[21]). Sie unterbrechen auch die Verjährung der Forderungen nicht.

[4]) Jur. Woch. 1890 S. 256[5].

[5]) Gilt auch für Abtretungsurkunden. OLG. 5. 144 (Kammergericht).

[6]) LZ. 1913 S. 630[9] (Jur. Woch. 1913 S. 440[20]).

rechte beansprucht werden, so sind die bezüglichen Eingaben als **neue** Anmeldungen zu behandeln[1]).

Abschrift der beim Gericht eingegangenen Anmeldungen wird dem Verwalter von Amts wegen nicht mitgeteilt. Es bleibt ihm überlassen, die Anmeldungen auf der Gerichtsschreiberei in den Geschäftsstunden einzusehen oder sich Abschrift davon zu erbitten.

c) Die Tabelle.

Die gehörig angemeldeten Forderungen[2]) werden vom Gerichtsschreibe in eine Tabelle eingetragen[3]). Diese ist innerhalb des ersten Drittels des Zeitraums zwischen dem Ablauf der Anmeldefrist und dem allgemeinen Prüfungstermin fertig zu stellen und dem Verwalter abschriftlich mitzuteilen. § 140 Abs. 2 KO. Die Tabelle dient als Grundlage für das ganze weitere Verfahren. Sie enthält die Namen der Gläubiger und ihrer Bevollmächtigten sowie die Beträge und den Grund der angemeldeten Forderungen in der durch die beanspruchten Vorrechte sich ergebenden Rangordnung und dient zur Beurkundung der Ergebnisse des Prüfungsverfahrens sowie der Erklärungen und Entscheidungen, die nach der Prüfung in bezug auf die geprüften Forderungen erfolgen.

d) Prüfung der angemeldeten Forderungen durch den Verwalter.

α) Allgemeine Bemerkungen.

Nach Empfang der Abschrift der Tabelle — oder, soweit es ihm möglich ist, schon vorher — hat der Verwalter die einzelnen angemeldeten Forderungen sowie die beanspruchten Vorrechte ihrem Grunde und Betrage nach zu prüfen. Die Prüfung hat sich nicht nur darauf zu erstrecken, ob die Forderungen überhaupt bestehen, sondern auch darauf, ob sie wirklich **Konkursforderungen** sind. Vgl. Abschn. XII unter a. Die Prüfung der Forderungen und der Vorrechtsansprüche ist eins der wichtigsten und verantwortlichsten von allen dem Verwalter obliegenden Geschäften. Im Prüfungstermin kann zwar jeder anwesende Gläubiger durch seinen Widerspruch die Feststellung jeder Forderung und jedes beanspruchten Vorrechts verhindern, die Gläubiger machen aber von diesem Recht äußerst selten Gebrauch. Und das hat seinen guten Grund. Die Gläubiger sind über die Forderungen anderer Gläubiger selten genügend unterrichtet, um deren Berechtigung oder Nichtberechtigung genau beurteilen zu können. Sie würden

---

[1]) Siehe hierzu unten unter f Abs. 2 am Ende.

[2]) Im Konkurse über einen Nachlaß regelmäßig auch die in dem Verfahren zum Aufgebot der Nachlaßgläubiger angemeldeten, nicht ausgeschlossenen Forderungen. § 229 KO., § 996 ZPO.

[3]) Und zwar nach § 2 der Verordnung vom 14. Februar 1924 in Goldmark. Der Umrechnungssatz bestimmt sich nach den Vorschriften des Finanzministers. Der Justizminister kann jedoch abweichende Bestimmungen treffen.

aber durch ihren Widerspruch den betreffenden Gläubiger nötigen, gegen sie Klage auf Feststellung seiner Forderung zu erheben, und so sich selbst leicht Kosten verursachen, auf deren Erstattung sie nicht mit Sicherheit rechnen können. So kommt es, daß tatsächlich die Feststellung oder Nichtfeststellung der einzelnen angemeldeten Forderungen und der Vorrechte meistens allein von der Erklärung des Verwalters im Prüfungstermin abhängt. Wie wichtig danach die Erklärung des Verwalters ist, erhellt besonders, wenn man in Betracht zieht, daß die einmal erfolgte Feststellung einer Konkursforderung oder eines Vorrechts den Konkursgläubigern gegenüber wie ein rechtskräftiges Urteil wirkt (§ 145 Abs. 2 KO.), also so gut wie unanfechtbar ist, ferner, daß die festgestellten Forderungen unbedingt sowohl zur Teilnahme an den stattfindenden Verteilungen als auch zum Mitstimmen in den Gläubigerversammlungen berechtigen. Tatsächlich kann hiernach von den Erklärungen des Verwalters im Prüfungstermine das Schicksal des ganzen Konkurses abhängen. Haben z. B. nach diesen Erklärungen und den daraufhin erfolgten Feststellungen die Verwandten des Gemeinschuldners die Stimmenmehrheit in den Gläubigerversammlungen, so können sie die diesen Versammlungen zustehenden wichtigen Entscheidungen in ihrem Sinne — nur beschränkt durch den Notbehelf des § 99 KO. — treffen, auch einen ihnen nicht genehmen Gläubigerausschuß nachträglich nach ihren Wünschen zusammensetzen, und bei genügender Mehrheit sogar einen Zwangsvergleich gegen den Willen der übrigen Gläubiger durchsetzen. Der Verwalter muß deshalb die genaue Prüfung der angemeldeten Forderungen und Vorrechte sich ganz besonders angelegen sein lassen. Er hat hieran auch ein eigenes Interesse, da er durch schuldhafte Unterlassung des Widerspruchs gegen unbegründete Ansprüche sich den andern Konkursgläubigern und dem Gemeinschuldner persönlich haftbar macht. § 82 KO. Bei der Prüfung wird er alles ihm zu Gebote stehende Material benutzen, namentlich die Bücher und Schriften des Gemeinschuldners einsehen, Erkundigungen einziehen und besonders auch den Gemeinschuldner zur Erteilung der erforderlichen Auskünfte veranlassen, sofern dieser zu erlangen und nicht völlig unglaubwürdig ist. Notfalls kann er auch beim Gericht die Anstellung von Erhebungen gemäß § 75 KO. beantragen. Die Prüfung muß tunlichst so zeitig vorgenommen werden, daß der Verwalter sich in dem anberaumten Prüfungstermin über alle angemeldeten Forderungen erklären kann. Ist es ihm bei einzelnen Ansprüchen ausnahmsweise nicht möglich, sich bis dahin die zur Abgabe seiner Erklärungen erforderlichen Unterlagen zu verschaffen, so mag er im Termin die Anberaumung eines neuen Termins zur Fortsetzung des Prüfungsgeschäfts beantragen. Solchem Antrage wird bei hinreichender Begründung stattgegeben werden, um so eher, als durch den neuen Termin, falls er gleich im Prüfungstermin verkündet wird, keine gerichtlichen Kosten entstehen.

Ein besonderes Augenmerk ist darauf zu richten, ob sich unter den angemeldeten Ansprüchen erdichtete oder anfechtbare befinden. Namentlich bei den Forderungen des Ehegatten und der Verwandten des Gemeinschuldners erscheint eine genaue Untersuchung in dieser Richtung geboten.

β. Verjährung der Forderungen.

Die angemeldeten Forderungen müssen nicht nur zur Zeit der Konkurseröffnung bestanden haben, sondern auch noch klagbar bestehen, wenn sie angemeldet werden. Sind sie inzwischen verjährt, so hat der Gläubiger kein Recht darauf, aus der Masse befriedigt zu werden. § 222 BGB. Die Forderungen des täglichen Verkehrs, die in dem § 196 BGB. aufgeführt sind, verjähren in 2 Jahren, vom Ablauf des Jahres an gerechnet, in dem sie fällig geworden sind. Ansprüche auf Zinsen und andere regelmäßig wiederkehrende Leistungen verjähren in 4 Jahren, von demselben Zeitpunkt ab gerechnet. §§ 196, 197, 198, 201 BGB. Die Verjährung wird nicht durch die Konkurseröffnung, sondern erst durch die Anmeldung der Forderung unterbrochen. § 209 Abs. 2 Nr. 2 BGB. Wie sonst noch die Verjährung unterbrochen wird, bestimmen die §§ 208, 209 Abs. 1, 209 Abs. 2 Nr. 1, 3, 4, 5 und § 210 BGB[1]). Ist dem Konkurse eine Geschäftsaufsicht vorhergegangen, so ist während deren Dauer die Verjährungsfrist nicht gelaufen. Verordn. v. 14. Dez. 1916 § 7.

γ. Forderungen Absonderungsberechtigter.

Die Forderungen absonderungsberechtigter Gläubiger können als an der Konkursmasse teilnahmeberechtigt nur zu dem Betrage anerkannt werden, in Höhe dessen der Gegenstand des Absonderungsrechts keine Deckung bietet[2]). (Vgl. aber die Bemerkungen Abschn. XII unter b ζ). Es empfiehlt sich, daß der Verwalter sich in diesem Sinne über die Forderungen erklärt, sowohl, wenn die Gläubiger ihr Absonderungsrecht ausdrücklich geltend gemacht haben, als auch, wenn das zwar noch nicht geschehen ist, aber auch ohnedies das Absonderungsrecht berücksichtigt werden muß[3]). Ist dagegen ein Absonderungsrecht noch nicht geltend gemacht und nur im Falle seiner Geltendmachung zu berücksichtigen Abschn. IV unter III B, so kann die Forderung ohne Einschränkung als Konkursforderung anerkannt werden. Wird das Absonderungsrecht überhaupt nicht geltend gemacht, so wird es im vorausgesetzten Falle als gar nicht vorhanden angesehen. Wird es nachträglich geltend gemacht, so ergibt sich daraus kraft Gesetzes die Einschränkung der festgestellten Konkursforderung nach Maßgabe des § 64 KO. Sollten Ansprüche auf abgesonderte Befriedigung angemeldet und unrichtigerweise in die Tabelle eingetragen sein, so wird es sich, wenn der Verwalter sie für unbegründet hält, empfehlen, ihnen im Prüfungstermine ausdrücklich zu widersprechen, wenn auch die Unterlassung des Widerspruchs die Feststellung solcher Ansprüche nicht zur Folge haben kann[4]).

---

[1]) Bei Forderungen, die vor dem 1. Januar 1900 entstanden sind, bestimmt sich die Verjährung nach den Vorschriften des Art. 169 Einf.-Ges. z. BGB.

[2]) RG 22. 153, 26. 110; Jur. Woch. 1895 S. 479. Es sei denn, daß der Berechtigte auf das Absonderungsrecht verzichtet. LZ. 1918 S. 859[26], Warneyer Rechtspr. Bd. 11 Nr. 56 S. 86.

[3]) Abw. OLG. 35. 261 (Kammergericht) und Anm. 1 daselbst (Kiel).

[4]) Jur. Woch. 1896 S. 696[28].

δ) Forderungen der Nachlaßgläubiger im Konkurse des Erben.

Haftet der Gemeinschuldner für die Schulden eines von ihm ererbten Nachlasses gemäß den §§ 1975, 1990 BGB. nur beschränkt — vgl. Abschn. XII unter b η — so hat der Verwalter des Konkurses des Erben Forderungen, die dennoch von Nachlaßgläubigern angemeldet werden, zu bestreiten.

Haftet der Gemeinschuldner für die Schulden des Nachlasses unbeschränkt, schwebt aber über den Nachlaß eine Pflegschaft (Nachlaßverwaltung) oder der Konkurs, so sind die Nachlaßgläubiger in erster Linie auf den Bestand des Nachlasses angewiesen. Der Verwalter im Konkurse des Erben hat also die angemeldeten Nachlaßforderungen nur auf Höhe des Betrags anzuerkennen, in Höhe dessen sie bei der Nachlaßverwaltung oder im Nachlaßkonkurse ausfallen oder für den sie auf Befriedigung aus dem Nachlasse verzichten. § 234 Abs. 1 KO.

Macht der Erbe im Konkurse über den Nachlaß Forderungen befriedigter Nachlaßgläubiger geltend (siehe § 225 Abs. 2 KO.), so sind sie nur anzuerkennen, wenn seine Haftung für die Nachlaßschulden auf den Nachlaß beschränkt ist. Vgl. Abschn. XII unter b ϑ.

ε. Wechselforderungen.

Wechselforderungen können nur bei Vorlegung der Originalwechsel anerkannt werden[1]). Solange diese nicht geschieht, sind sie zu bestreiten. Es ist unrichtig und gibt leicht zu späteren Streitigkeiten Anlaß, wenn eine Wechselforderung ohne Vorlegung des Wechsels unter dem Vorbehalt späterer Vorlegung anerkannt wird[2]).

Handelt es sich um Wechselregreßforderungen, so müssen auch die zur Erhaltung des Regresses erforderlichen Protesturkunden vorgelegt und in Ordnung sein. Werden Wechselforderungen unbegründet befunden, so können sie auch dann bestritten werden, wenn die Wechsel vom Gemeinschuldner für eine Warenschuld behufs der Zahlung, nicht an Zahlungsstatt, gegeben waren. Ein Interesse am Bestreiten hat in diesem Falle der Verwalter jedoch nur wegen der größeren Höhe der Wechselzinsen und wegen der Wechselunkosten, da der Gläubiger nicht gehindert ist, an Stelle der Wechselforderung nachträglich seine Warenforderung anzumelden. Anders, wenn der Wechsel an Zahlungsstatt gegeben war. Alsdann ist die Forderung, zu deren Bezahlung er diente, erloschen, und kann der Gläubiger, nachdem er auch seines Wechselrechts verlustig geworden, nur noch insoweit eine Konkursforderung geltend machen, als sich der Gemeinschuldner sonst mit seinem Schaden bereichern würde. Art. 83 der Wechselordnung.

---

1) WO. Art. 39. Jur. Woch. 1913 S. 440[20] (LZ. 1913 S. 630[9]).

2) Ist nur eine bedingte Forderung für den Fall angemeldet, daß der Wechsel von dem Anmeldenden sollte eingelöst werden müssen, so ist die Vorlegung des Originalwechsels weder möglich noch nötig. Eine solche Forderung kann auch ohne Vorlegung des Wechsels anerkannt werden, aber nur als sicherungsberechtigt. Siehe unter η.

ζ) Forderungen, für die der Gemeinschuldner Wechsel gegeben hat.

Hat behufs Sicherung einer Waren- oder sonstigen Forderung der Gemeinschuldner dem Gläubiger einen Wechsel gegeben, so darf der Gläubiger nur entweder die Warenforderung oder die Wechselforderung anmelden. Meldet er die Warenforderung an, so muß diese zwar anerkannt werden. Der Verwalter hat aber von dem Gläubiger die Rückgabe des Wechsels zu verlangen, da sonst dieselbe Forderung zweimal geltend gemacht werden könnte. Es empfiehlt sich, die Anerkennung der Forderung von der Rückgabe des Wechsels abhängig zu machen[1]).

η) Bedingte Forderungen.

Ist die angemeldete Forderung von einer aufschiebenden Bedingung abhängig, hat der Gläubiger dies aber bei der Anmeldung nicht genügend zum Ausdruck gebracht, so hat der Verwalter seine Erklärung so zu fassen, daß über die Bedingtheit der Forderung und darüber, wodurch die Forderung bedingt ist, kein Zweifel bleibt. Aufschiebend bedingte Forderungen sind, wenn sie begründet befunden werden, nur als sicherungsberechtigt anzuerkennen. § 67 KO. Ist zweifelhaft (was nicht selten vorkommt), ob eine Bedingung eine aufschiebende oder eine auflösende ist, so muß auch dies klar gestellt werden, weil davon die Behandlung der Forderung im Konkurse abhängt. S. die §§ 66, 67, 96, 154, 168 KO. Der Verwalter möge sich erklären, wie er die Bedingung auffaßt, und möge sich darüber mit dem Gläubiger oder dessen Bevollmächtigten im Termin oder später zu einigen suchen.

ϑ) Ansprüche der Bürgen und der Mitverpflichteten des Gemeinschuldners.

Solange ein Bürge des Gemeinschuldners für diesen eine Zahlung auf Grund der Bürgschaft nicht geleistet hat, kann er seine Ansprüche aus der übernommenen Bürgschaft nur als aufschiebend bedingte geltend machen. Vgl. Abschn. XII unter b γ. Soweit der Bürge den Gläubiger befriedigt, geht dessen Forderung nebst den etwa damit verbundenen Absonderungs- und Vorrechten kraft Gesetzes auf ihn über. § 774 Satz 1, § 401 BGB. Er muß sich aber alle Einwendungen gefallen lassen, die zur Zeit der Befriedigung von dem Gemeinschuldner bzw. dem Verwalter gegen den Gläubiger hätten erhoben werden können. § 404 BGB. Auch alle die Einwendungen bleiben bestehen, die sich aus dem zwischen ihm und dem Gemeinschuldner bestehenden Rechtsverhältnisse ergeben. § 774 Satz 3 BGB. Dieses Rechtsverhältnis ist für die Ansprüche des Bürgen in erster Linie maßgebend. Sie können danach noch über die Rechte des befriedigten Gläubigers hinausgehen, aber auch hinter diesen Rechten zurückbleiben oder selbst gar nicht bestehen.

---

[1]) S. dazu Jur. Woch. 1903 S. 375[10], Gruch. Bd. 54 S. 1173, L.Z. 1914 S. 394[13].

Entsprechend der Rechtsstellung des Bürgen ist die Rechtsstellung dessen, der für eine Schuld des Gemeinschuldners neben diesem als Gesamtschuldner haftet (§ 426 BGB.), ebenso die Rechtsstellung des Dritten, der dem Gläubiger für dessen Forderung an den Gemeinschuldner ein Pfand bestellt hat (§ 1225 BGB.).

Wenn im Konkurse des Schuldners nicht nur der Gläubiger seine Forderung, sondern auch der Bürge, der Verpfänder oder der Mitverpflichtete seine bedingte Rückgriffsforderung anmeldet, so darf der Verwalter diese Forderung nur insoweit anerkennen, als etwa die Forderung des Gläubigers bei den Verteilungen in Wegfall kommen würde. Sonst würde er, wenn der Gläubiger die Hebung für seine ganze Forderung aus der Konkursmasse erhielte und darauf der Bürge oder Mitverpflichtete ihm den Rest der Forderung bezahlte, in die Lage geraten, auf dieselbe Forderung zweimal Konkursdividende zahlen zu müssen. Dazu besteht aber keine Verpflichtung. Neben dem Gläubiger hat der Rückgriffsberechtigte auf Befriedigung aus der Masse keinen Anspruch[1]). Teilbefriedigung des Gläubigers verschafft, wenn sie nach der Konkurseröffnung erfolgt, dem Rückgriffsberechtigten nicht das Recht, den getilgten Teil der Forderung an Stelle des Gläubigers geltend zu machen; dieser kann trotz der Teilbefriedigung mit seiner vollen Forderung weiter am Konkurse teilnehmen[2]). Anders, wenn der Bürge vor der Konkurseröffnung den Gläubiger zum Teil befriedigt hat[3]).

ι) Forderungen der Gläubiger aus Bürgschaften und gemeinschaftlichen Verpflichtungen des Gemeinschuldners.

Hat ein Gläubiger eine Forderung aus einer Bürgschaft des Gemeinschuldners angemeldet, ohne daß die Zwangsvollstreckung gegen den Hauptschuldner bereits erfolglos versucht ist, so ist die Forderung, wenn der Gläubiger sich zunächst an den Hauptschuldner halten muß, gemäß § 67 KO. nur als sicherungsberechtigt für den Fall, daß von dem Hauptschuldner nichts zu erlangen sein sollte, anzuerkennen und der Gläubiger im übrigen an den Hauptschuldner zu verweisen. Der Gläubiger muß sich in der Regel zunächst an den Hauptschuldner halten. § 771 BGB. Er braucht es jedoch nicht, wenn es sich um eine Wechselbürgschaft oder um eine nach § 349 des Handelsgesetzbuchs zu beurteilende Bürgschaft handelt, ferner wenn durch besondere Abreden oder besondere gesetzliche Bestimmungen dem Gemeinschuldner das Recht versagt ist, den Gläubiger an den Hauptschuldner zu verweisen. Vgl. BGB. §§ 772, 773.

---

[1]) Vgl. hierzu Jur. Woch. 1883 S. 196[10]; RG. 14. 172 (Jur. Woch. 1886 S. 97); RG. 32. 84 (Jur. Woch. 1894 S. 16[33]). Selbst dann besteht kein solcher Anspruch, wenn der Gemeinschuldner den Bürgen durch Betrug zur Übernahme der Bürgschaft bestimmt hat. Gruch. 50. 1120 (Jur. Woch. 1906 S. 36[47]).

[2]) LZ. 1908 S. 458[6].

[3]) Dann tritt der Bürge in Ansehung des getilgten Teils der Forderung an die Stelle des Gläubigers, es sei denn, daß es sich um eine Ausfallbürgschaft handelt. RG. 83. 401 (Jur. Woch. 1914 S. 350[4]). Nicht abweichend RG. 76. 195.

κ) Berechnung der Forderungen.

Betagte unverzinsliche Forderungen werden häufig zum vollen Nennwert angemeldet. Sie sind aber nur zu dem nach § 65 KO. zu berechnenden Betrage vom Verwalter anzuerkennen. Wegen Berechnung der Ansprüche auf wiederkehrende Hebungen wird auf § 70 KO. verwiesen. Vgl. oben Abschn. XII unter b α und b ι.

Wegen der Abschätzung von Forderungen der im § 69 KO. bezeichneten Art sind erforderlichenfalls Gutachten Sachverständiger einzuholen.

λ) Prüfung der Vorrechtsansprüche.

Ebenso wie die angemeldeten Forderungen sind auch die beanspruchten Vorrechte zu prüfen. In dieser Beziehung wird auf Abschn. XIII verwiesen.

e) **Die Prüfungstermine.**

Die Verhandlung über die Feststellung der angemeldeten Forderungen erfolgt in den vom Gericht anberaumten Prüfungsterminen. In diesen Terminen muß der Verwalter persönlich erscheinen oder durch einen gehörig legitimierten Bevollmächtigten sich vertreten lassen, widrigenfalls die Prüfungsverhandlung nicht stattfinden kann. Das Nähere über die Bekanntmachung der Termine, die Zulässigkeit der Bestellung von Bevollmächtigten und die Folgen der Vereitelung der Termine siehe im Allgemeinen Teil S. 13 unter b.

Gleich bei der Konkurseröffnung bestimmt das Gericht einen allgemeinen Prüfungstermin, der den Gläubigern, deren Forderungen geprüft werden, keine besonderen Gerichtskosten verursacht. In diesem Termine werden alle bis zum Ablauf der Anmeldefrist angemeldeten Forderungen und Vorrechte[1]) geprüft; später angemeldete nur, sofern weder der Verwalter noch ein Konkursgläubiger dagegen Widerspruch erhebt. § 142 Abs. 1, 2 KO. Kann das Prüfungsgeschäft in dem anberaumten Termine nicht zu Ende geführt werden, so beraumt das Gericht einen anderweiten Termin zur Fortsetzung der Prüfung an. Zur Prüfung der Forderungen und Vorrechte, die in dem allgemeinen Prüfungstermin und in dem etwa zu dessen Fortsetzung anberaumten Termine nicht geprüft sind, weil sie verspätet angemeldet waren, werden auf Kosten der säumigen Gläubiger besondere Prüfungstermine anberaumt. § 142 Abs. 3 KO.

Der Hergang in allen Prüfungsterminen ist der: Die zu prüfenden Forderungen werden ihrem Grunde und Betrage sowie dem etwa beanspruchten Vorrechte nach einzeln erörtert. § 141 Abs. 1 KO. Der Verwalter hat sich über jede Forderung und jedes geltend gemachte Vorrecht zu erklären. Der Gemeinschuldner gleichfalls. § 141 Abs. 2 KO. Außerdem ist den erschienenen Konkursgläubigern und deren Vertretern zur Erklärung Gelegenheit zu geben, da jeder Konkursgläubiger jeder angemeldeten Forderung

---

[1]) Über das Bestehen oder Nichtbestehen von Absonderungsrechten ist im Prüfungstermine keine Feststellung zu treffen. Jur. Woch. 1884 S. 271[21], 1885 S. 78.

widersprechen kann. Bleiben Forderungen streitig, so wird gleich im Termin erörtert, ob und zu welchen Betrage ihnen Stimmrecht für die Gläubigerversammlungen zu bewilligen ist. Sofern eine Einigung hierüber zwischen den Bestreitenden und dem Gläubiger erzielt wird, ist diese maßgebend. Anderenfalls entscheidet das Konkursgericht über das zu bewilligende Stimmrecht. § 95 Abs. 1 KO. Diese Entscheidung ist unanfechtbar, kann aber vom Konkursgericht selbst auf weiteren Antrag einer Partei geändert werden. § 95 Abs. 1,3 KO.

f) Welche Forderungen als festgestellt gelten. Wirkung der Feststellung.

Als festgestellt gelten die Forderungen und Vorrechte insoweit, als gegen sie im Prüfungstermine weder vom Verwalter noch von einem Konkursgläubiger Widerspruch erhoben wird, oder als ein erhobener Widerspruch in der Folge beseitigt ist. § 144 Abs. 1 KO. Widersprüche, die nicht im Termine erhoben werden, sind wirkungslos, verhindern also die Feststellung nicht, selbst wenn sie in die Tabelle eingetragen sind[1]). Ein Widerspruch des Gemeinschuldners hat nur für diesen, nicht für die Konkursmasse Bedeutung. Siehe § 164 Abs. 2 KO. Das Ergebnis der Prüfung wird bei einer jeden Forderung vom Gericht in die Tabelle eingetragen. Der Verwalter hat es in der ihm erteilten Abschrift der Tabelle, am besten gleichlautend mit der gerichtlichen Eintragung, zu vermerken.

Die Eintragung in die Tabelle gilt rücksichtlich der festgestellten Forderungen, sowohl ihrem Betrage als ihrem Vorrechte nach, wie ein rechtskräftiges Urteil gegenüber allen Konkursgläubigern[2]). § 145 Abs. 2 KO. Auch gegenüber dem Verwalter[3]). Die Eintragung ist wesentlich, um diese Wirkung hervorzubringen[4]). Ist aber eine Forderung als festgestellt eingetragen, so steht damit für den Konkurs nicht nur ihr Bestehen an sich, sondern auch ihr Bestehen als Konkursforderung fest, so daß ihr Recht zur Teilnahme am Konkurse, namentlich an den Verteilungen, nicht weiter in Frage gestellt werden kann[5]). Ist eine Forderung als Ausfallsforderung (§ 64 KO.) angemeldet, so bewirkt ihre Feststellung, daß die ganze Forderung, nicht bloß der ausfallende Betrag, festgestellt ist[6]). Eine zu Unrecht erfolgte Feststellung kann der Ver-

---

[1]) RG. 57. 274 (Jur. Woch. 1904 S. 298[28]). Der durch einen nachträglichen Widerspruch betroffene Gläubiger braucht also nicht auf Feststellung zu klagen, er kann das überhaupt nicht, weil troß des Widerspruchs seine Forderung zu den festgestellten gehört. Jur. Woch. 1894 S. 16[36].

[2]) Die Berichtigung bloßer Schreib- und Rechnungsfehler sowie anderer offenbarer Unrichtigkeiten wird jedoch dadurch nicht ausgeschlossen. Vgl. § 72 KO., § 319 ZPO.

[3]) RG. 27. 92. Der Verwalter kann daher gegen eine einmal festgestellte Konkursforderung nicht mehr mit einer Gegenforderung des Gemeinschuldners aufrechnen. LZ. 1910 S. 231[6], Jur. Woch. 1915 S. 1437[13].

[4]) RG. 22. 155.

[5]) RG. 37. 2.

[6]) Der vollstreckbare Titel für eine solche Forderung entsteht gleich mit der Feststellung und kann, soweit nicht der § 14 KO. entgegensteht, schon während des Konkurses benutzt werden. LZ. 1907 S. 921[2] (OLG. Karlsruhe). S. auch RG. 35. 80. Für das Recht auf Befriedigung aus der Konkursmasse ist aber § 153 KO. maßgebend.

walter nur durch Restitutions- oder Nichtigkeitsklage oder auf Grund des § 826 BGB. anfechten, wenn, was nicht leicht vorkommen wird, die Voraussetzungen für eine dieser Klagen (siehe die §§ 579, 580 ZPO.) vorliegen sollten[1]). Die Wirkung der Feststellung tritt wohl auch gegen den wahren Gläubiger ein, wenn dessen Forderung von einem Anderen angemeldet ist, der sie für sich in Anspruch genommen hat[2]). Daß aber jene Wirkung gegen die Forderungsberechtigten auch derart eintritt, daß sie, sobald einmal ihre Forderungen als festgestellt in die Tabelle eingetragen sind, nachträglich weder einen besseren Rang[3]), noch, wenn die Forderungen nicht auf Geld gerichtet sind, einen höheren Schätzungswert als den festgestellten beanspruchen oder sonst eine Mehrforderung erheben können, dürfte aus § 145 KO. nicht zu entnehmen sein[4]).

Die Wirkung der Feststellung tritt auch außerhalb des Konkursverfahrens ein[5]). Sie beschränkt sich jedoch der Regel nach auf die Konkursgläubiger. Dritten gegenüber tritt sie nur ein, soweit Urteile nach Reichs- oder Landesgesetzen Rechtskraftwirkung auch gegen Dritte haben[6]). Sollten Masseansprüche oder Ansprüche auf abgesonderte Befriedigung aus Gegenständen der Masse zu Unrecht geprüft und in die Tabelle als festgestellt eingetragen sein, so hat das überhaupt nicht die Wirkung einer rechtskräftigen Feststellung[7]).

g) Feststellung streitig gebliebener Forderungen.

Unter den streitig gebliebenen Forderungen sind die zu verstehen, gegen die von dem Verwalter oder einem Konkursgläubiger — gleichviel ob einem nicht bevorrechtigten oder einem bevorrechtigten — ein nicht beseitigter Widerspruch im Prüfungstermine erhoben worden ist.

Die Feststellung streitig gebliebener Forderungen muß, sofern nicht noch nachträglich eine Einigung erzielt wird, regelmäßig im Prozeßwege erfolgen[8]). § 146 Abs. 2 KO.

---

[1]) Siehe Jur. Woch. 1896 S. 302[16], [17]; RG. 20. 40, 25. 239, 37. 386. Bloßer Irrtum berechtigt den Verwalter zu einer Anfechtung der Feststellung nicht. LZ. 1918 S. 859[26]. Eine Wiedereinsetzung in den vorigen Stand gegen die Versäumung des Widerspruchs wird weder dem Verwalter noch den Konkursgläubigern gewährt.

[2]) RG. 37. 1 (Jur. Woch. 1896 S. 283[16]). Dagegen aber RG. 58. 369 (Jur. Woch. 1904 S. 538[7]). Die Feststellung einer angemeldeten Wechselforderung faßt das Reichsgericht dahin auf, daß derjenige an der Konkursmasse teilnimmt, der sich als Wechselgläubiger ausweist und den Wechsel vorlegt. Jur. Woch. 1896 S. 283[17], [18] (RG. 37. 4). Das erscheint nicht unbedenklich.

[3]) So RG. 20. 412 (Jur. Woch. 1888 S. 98[9]), RG. 38. 417 (Jur. Woch. 1897 S. 150[18]). Diese Urteile sind stark angefochten. Jedenfalls ist es durch § 145 Abs. 2 KO. nicht ausgeschlossen, daß eine als Konkursforderung festgestellte Forderung nachträglich als Masseforderung geltend gemacht wird.

[4]) S. auch Jur. Woch. 1898 S. 418[10].

[5]) Z. B. bei der Zwangsversteigerung eines zur Konkursmasse gehörigen Grundstücks. RG. 55. 158 (Jur. Woch. 1903 S. 315[11]).

[6]) RG. 46. 8, 51. 40.

[7]) Jur. Woch. 1905 S. 389[8], 1885 S. 185[17]; Gruch. 41. 1102; RG. 55. 158.

[8]) Nebenintervention des Gemeinschuldners ist im Feststellungsprozesse unzulässig. RG. 28. 422.

Der Prozeßweg beim ordentlichen Gericht findet aber nur über Forderungen statt, für die er auch außerhalb des Konkurses gegeben ist. Sofern ein besonderes Gericht, eine Verwaltungsbehörde oder ein Verwaltungsgericht zuständig ist, muß bei diesen Behörden der Streit über das Bestehen der Forderungen zum Austrag gebracht werden[1]). § 146 Abs. 5 KO. So z. B. gehören wohl Streitigkeiten über Lohnforderungen der gewerblichen Arbeiter und viele andere gewerbliche Streitigkeiten vor die Gewerbegerichte, wo solche bestehen, und zwar einerlei, ob der Verwalter den Gewerbebetrieb fortgesetzt hat oder nicht[2]). Desgleichen dürften Streitigkeiten der in § 1 des Gesetzes vom 6. Juli 1904 bezeichneten Art vor die Kaufmannsgerichte, wo solche bestehen, gehören[3]). Ob bei den besonderen Behörden Klage, Beschwerde oder ein sonstiger Rechtsbehelf stattfindet und wieweit überhaupt ein Rechtsbehelf gegeben ist, bestimmt sich nach den für die betreffenden Ansprüche bestehenden reichsgesetzlichen oder landesgesetzlichen Vorschriften[4]). Die Frage jedoch, ob überhaupt eine Konkursforderung vorliegt, namentlich ob die Forderung schon zur Zeit der Konkurseröffnung gegen den Gemeinschuldner bestanden hat[5]), dürfte stets, auch wenn die Entscheidung über das Bestehen und den Betrag der Forderung selbst besonderen Gerichten oder besonderen Behörden zugewiesen ist, im ordentlichen Rechtswege zum Austrag zu bringen sein, weil es sich dabei nicht um das Bestehen der Forderung sondern darum handelt, ob der Gläubiger berechtigt ist, am Konkurse teilzunehmen. Ebenso dürfte über die weitere Frage, ob ein Vorrecht und welches mit der streitigen Forderung verbunden ist, stets im ordentlichen Rechtswege zu entscheiden sein, es müßten denn besondere Behörden oder Gerichte durch gesetzliche Bestimmungen zur Entscheidung auch über diese Frage berufen sein[6]). Hat der Verwalter bezüglich einer angemeldeten Forderung bestritten, daß sie eine Konkursforderung ist, so nimmt er sie, auch wenn sie vollstreckbar ist, bei den Verteilungen in das Verteilungsverzeichnis nicht auf, wenn nicht der Gläubiger gegen ihn auf Feststellung der Forderung als einer Konkursforderung Klage erhoben hat (§ 152 KO.), und es bleibt dann dem Gläubiger überlassen, ob er gegen das Verzeichnis gemäß den §§ 158 und 162 KO. Einwendung erheben will. Entsprechend verfährt der Verwalter mit einer Forderung, deren Vorrecht von ihm bestritten und bisher nicht im Feststellungsprozesse geltend ge-

---

[1]) War vor der Konkurseröffnung zwischen dem Gläubiger und dem Gemeinschuldner schiedsrichterliches Verfahren vereinbart, so dürfte diese Vereinbarung auch im Konkurse Geltung haben. A. M. allerdings OLG. 5. 203 (Braunschweig).

[2]) Hierüber herrscht freilich Streit. A. M. das Reichsgericht. RG. 55. 265. S. auch RG. 51. 193.

[3]) LZ. 1910 S. 492 (Kaufmannsgericht Braunschweig); LZ. 1908 S. 140; ferner OLG. München in Seufferts Archiv Bd. 69 S. 33 und OLG. 29. 6. A. M. OLG. Hamburg in der LZ. 1907 S. 924[4].

[4]) Wegen der Prozeßkosten s. die Anmerkung zum drittletzten Absatz.

[5]) Das kann namentlich bei Gerichtskostenforderungen, Steuerforderungen u. dgl. streitig werden. Betreffs der Steuerforderungen s. den Aufsatz Jur. Woch. 1923 S. 590.

[6]) S. hierzu RG. 34. 245.

macht ist. Er nimmt also eine solche Forderung nur als nicht bevorrechtigte in das Verteilungsverzeichnis auf[1]).

Die Feststellung einer streitigen Forderung kann nur aus dem Grunde und nur für den Betrag gefordert werden, der in der Anmeldung oder dem Prüfungstermine angegeben ist[2]). § 146 Abs. 4 KO. Eine Erhöhung der angemeldeten und geprüften Forderung kann im Feststellungsprozesse nicht zugelassen werden, es sei denn, daß die Nachforderung nachträglich angemeldet und der Prüfung unterzogen worden ist[3]). Dagegen finden im übrigen die Vorschriften der Zivilprozeßordnung über Klageänderung entsprechende Anwendung, es können also namentlich die tatsächlichen und rechtlichen Anführungen, vorausgesetzt, daß der Grund der angemeldeten Forderung unverändert bleibt, gemäß § 268 Nr. 1 ZPO. ergänzt und berichtigt werden.[4])

Legitimiert für die Feststellung ist der anmeldende Gläubiger, auch wenn er seine Forderung nach der Anmeldung einem Anderen abgetreten hat, wenigstens so lange, bis die Abtretung in die Tabelle eingetragen ist[5]).

Die Feststellung ist der Regel nach von dem Gläubiger zu betreiben. § 146 Abs. 1 KO. Der Verwalter kann, abgesehen von den Fällen des Abs. 6 des § 146 KO., weder seinen Widerspruch im Prozeßwege verfolgen noch den Gläubiger zur Betreibung der Feststellung der Forderung nötigen [6]). Schwebte zur Zeit der Konkurseröffnung wegen der Forderung noch kein Prozeß, so hat der Gläubiger im ordentlichen Verfahren Klage zu erheben. Für die Klage ist das Amtsgericht, bei dem das Konkursverfahren anhängig ist, und, wenn der Streitgegenstand zur Zuständigkeit der Amtsgerichte nicht gehört, das Landgericht, in dessen Bezirk das Konkursgericht liegt, ausschließlich zuständig. § 146 Abs. 2 KO.

Schwebte zur Zeit der Konkurseröffnung wegen der Forderung schon ein Prozeß, so ist die Feststellung durch Aufnahme dieses Prozesses zu verfolgen. § 146 Abs. 3 KO. Das gilt auch dann, wenn die Forderung nicht auf Geld gerichtet ist und nun gemäß § 69 KO. ihr Schätzungswert in Geld verlangt wird [7]).

---

[1]) Bei Forderungen der hier in Rede stehenden Art kann es aber bisweilen zweifelhaft sein, ob sie nicht sogar Masseforderungen sind. Besteht ein solcher Zweifel, so tut der Verwalter gut, den zur völligen Tilgung der Forderung erforderlichen Betrag einstweilen zurückzustellen und überhaupt nicht mit zur Verteilung zu bringen, weil er sich sonst dem Gläubiger persönlich haftbar machen kann.

[2]) Vgl. Gruchot Bd. 38 S. 1177; RG. 64. 204. Stimmt der Tabelleneintrag mit der Anmeldung nicht überein, so ist die Anmeldung maßgebend. OLG. 21. 178 (Kammergericht).

[3]) Jur. Woch. 1897 S. 111[22], 1898 S. 417[10] (Gruchot Bd. 42 S. 1127).

[4]) Gruchot Bd. 44 S. 1222 (Jur. Woch. 1900 S. 133[11]); LZ. 1908 S. 391[9], 1910 S. 407[6], 1911 S. 231[8]; Jur. Woch. 1911 S. 226[41].

[5]) Jur. Woch. 1894 S. 16[35]; Gruch. 56. 353 (Jur. Woch. 1911 S. 950[24], LZ. 1911 S. 862[10]).

([6] RG. 16. 360; Jur. Woch. 1894 S. 172[7], 1908 S. 305[15]. Eine negative Feststellungsklage des Verwalters ist jedoch nicht ausgeschlossen, wenn dieser an der Feststellung des Nichtbestehens der streitigen Forderung ein rechtliches Interesse hat. Jur.Woch. 1900 S. 393[13], 1903 S. 315[12].

[7]) RG. 65. 132.

Ist in dem schwebenden Prozesse zugunsten des Gläubigers schon ein (nicht bedingtes) Endurteil[1]) ergangen oder hat der Gläubiger für die streitige Forderung bereits einen mit der Vollstreckungsklausel versehenen Schuldtitel oder einen Vollstreckungsbefehl erlangt und ist das Urteil oder der vollstreckbare Titel vorgelegt[2]), so muß die Forderung bei den Verteilungen so lange berücksichtigt werden, bis ihr Nichtbestehen rechtskräftig festgestellt ist. Vgl. § 152 KO. Der Gläubiger kann zwar auch in solchen Fällen den etwa schwebenden Prozeß fortsetzen[3]), er hat es aber nicht nötig und kann die Aufnahme dem Widersprechenden überlassen. Dessen Sache ist es in solchem Falle, die Aberkennung der Forderung zu betreiben und zu diesem Behufe das etwa schwebende Prozeßverfahren aufzunehmen[4]). § 146 Abs. 6 KO. So auch, wenn der schwebende Prozeß ein Urkunden- oder Wechselprozeß ist[5]). Anders ist es nur, wenn nicht das Bestehen der Forderung sondern nur ein für sie beanspruchtes Vorrecht oder die Frage streitig ist, ob die Forderung zu den Konkursforderungen gehört.

Der schwebende Prozeß muß in jedem Falle in der Lage aufgenommen werden, in der er sich zur Zeit der Konkurseröffnung befunden hat. Die Aufnahme ist erst zulässig, nachdem die Prüfung der Forderung im Konkurse stattgefunden hat, jedoch ist eine frühere Aufnahme nicht unter allen Umständen wirkungslos[6]).

Haben Mehrere einer Forderung widersprochen, so braucht der Feststellungsprozeß nicht gegen alle Widersprechenden oder von allen Widersprechenden gemeinschaftlich geführt zu werden[7]), als festgestellt gilt aber die Forderung erst nach Beseitigung sämtlicher erhobenen Widersprüche. § 144 Abs. 1 KO.

Der in dem Feststellungsprozesse obsiegende Teil hat die Berichtigung der Tabelle zu veranlassen. § 146 Abs. 7 KO.

In den Fällen, wo besondere Behörden oder besondere Gerichte zur Entscheidung über eine Konkursforderung zuständig sind, ist häufig die angemeldete Forderung, wie z. B. eine Steuerforderung, eine Gerichtskostenforderung, ohne weiteres vollstreckbar. Alsdann wird in entsprechender Anwendung des Abs. 6 § 146 KO. der Verwalter, wenn er der Forderung widersprochen hat, denjenigen Rechtsbehelf ergreifen müssen, der nach den be-

---

1) Vollstreckbar braucht es nicht zu sein. Auch ein Versäumnisurteil genügt, selbst wenn dagegen bereits Einspruch eingelegt ist. RG. 50. 412. Daß die Verkündung des Urteils vor der Konkurseröffnung erfolgt ist, dürfte nicht erforderlich sein; es wird zur Anwendung des § 146 Abs. 6 KO. genügen, wenn die letzte mündliche Verhandlung vor der Konkurseröffnung stattgefunden hat. OLG. 23. 307 (Braunschweig).

2) RG. 85, 64 (Jur. Woch. 1914 S. 944[32]).

3) RG. 34. 409, 51. 97. Jur. Woch. 1901 S. 162[12].

4) Der Gläubiger kann indes nicht verlangen, daß dem Widersprechenden zur Aufnahme des Prozesses eine Frist gesetzt werde. Jur. Woch. 1892 S. 96[12].

5) RG. 50. 412 (Gruch. Bd. 46 S. 681).

6) Vgl. RG. 51. 94, RG. 86. 394 (Jur. Woch. 1915 S. 712[17]).

7) RG. 51. 97.

stehenden Gesetzen gegen die Forderung stattfindet[1]). Er wird das auch dann tun müssen, wenn die Forderung erst nach der Konkurseröffnung vollstreckbar geworden ist.

Wird von mehreren erhobenen Widersprüchen auch nur einer für begründet erklärt, so wird damit das Recht der durch den Widerspruch betroffenen Forderung zur Teilnahme am Konkurse hinfällig. § 147 KO.

Die Kosten der Feststellungsprozesse werden nicht nach dem Nennwerte der Forderungen berechnet, sondern nach dem Betrage der voraussichtlichen Konkurshebung[2]). Die Festsetzung des Werts des Streitgegenstandes erfolgt durch das Prozeßgericht[3]). § 148 KO. Ob die Kosten eines aufgenommenen Prozesses sämtlich oder nur von der Aufnahme ab als Massekosten zu behandeln sind, ist zweifelhaft. Das erste dürfte das richtige sein[4]).

h) Maßnahmen zur Vermeidung von Prozessen. Nachträgliche Anerkennung bestrittener Forderungen.

In vielen Fällen werden Widersprüche des Verwalters gegen Konkursforderungen nur durch Anstände, die sich auf gütlichem Wege beheben lassen, veranlaßt, z. B. dadurch, daß zu einer nach den Büchern des Gemeinschuldners anscheinend begründeten Wechselforderung der Wechsel in Urschrift nicht beigebracht ist, oder dadurch, daß die Erkundigungen über die Forderungen bis zum Prüfungstermin kein so sicheres Ergebnis geliefert haben, daß die Forderung hätte anerkannt werden können. In derartigen Fällen empfiehlt es sich zur Vermeidung von Prozessen, daß der Verwalter dem Gläubiger mitteilt, weshalb er Widerspruch gegen dessen Forderung erhoben hat. Der Gläubiger wird dann meistens gern die Veranlassung des Widerspruchs ohne Klageerhebung zu beseitigen suchen. Erfolgt nach dem Prüfungstermin über eine vom Verwalter bestrittene Forderung eine Verständigung zwischen dem Gläubiger und dem Verwalter, so kann der erhobene Widerspruch einfach dadurch beseitigt werden, daß der Verwalter zu den Konkursakten die Erklärung abgibt, daß und zu welchem Betrage er die Forderung nunmehr anerkenne, und daß er bitte, demgemäß die Tabelle zu berichtigen.

---

[1]) Gegen den Ansatz von Gerichtskosten in Angelegenheiten, die unter das deutsche Gerichtskostengesetz fallen, findet nur Erinnerung nach Maßgabe des § 4 Abs. 1 des Gesetzes und wenn die Erinnerung keinen Erfolg hat, Beschwerde nach Maßgabe des § 4 Abs. 2 statt. Entsprechende Bestimmungen bezüglich der Gerichtskosten in anderen Angelegenheiten enthalten die §§ 25—27 des Preußischen Gerichtskostengesetzes vom 6. Oktober 1899.

[2]) Ob dabei das Verhältnis der Teilungsmasse zur Schuldenmasse zur Zeit der Festsetzung, oder dasjenige zur Zeit der Klageerhebung entscheidend ist, darüber hat sich das Reichsgericht nicht immer gleich ausgesprochen. Vgl. Gruchot Bd. 38 S. 1180 und dagegen Bd. 43 S. 1217. Über die Berücksichtigung streitiger Konkursforderungen bei der Abschätzung der Höhe der Hebung siehe Jur. Woch. 1899 S. 228[17].

[3]) Auch noch nach Beendigung des Prozesses. Jur. Woch. 1893 S. 200[19].

[4]) So das Reichsgericht. Jur. Woch. 1895 S. 226[14].

i) **Behandlung anhängiger Prozesse über festgestellte Forderungen.**

War über eine Forderung, die im Prüfungstermine festgestellt ist, zur Zeit der Konkurseröffnung ein Prozeß anhängig, so ist dieser Prozeß, wenigstens für die Konkursmasse, durch die erfolgte Feststellung erledigt. Der Gläubiger kann die ihm in dem Prozesse bis zur Konkurseröffnung entstandenen Kosten gegen die Masse geltend machen. Er hat aber deswegen nur eine Konkursforderung. § 62 Nr. 1 KO.

k. Ansprüche der Gläubiger, die durch ihren Widerspruch eine angemeldete Forderung beseitigt haben.

Wenn infolge des Widerspruchs eines Gläubigers eine angemeldet Forderung in dem Feststellungsprozesse ganz oder zum Teil rechtskräftig füe unbegründet erklärt wird, so kann der Gläubiger, der durch seinen Widerspruch dies Ergebnis herbeigeführt hat, den Ersatz der ihm in dem Feststellungs prozesse entstandenen Kosten aus der Konkursmasse insoweit verlangen, als ihr durch das erwirkte Urteil ein Vorteil erwachsen ist. § 147 KO.

XV. Abschlagsverteilungen.

A. Wann Abschlagsverteilungen zulässig sind und wie oft sie stattfinden.

Die in Geld umgesetzte Konkursmasse wird, soweit sie nicht zur Deckung der unter B bezeichneten Ansprüche erforderlich ist, unter die Konkursgläubiger nach Vorschrift der §§ 149—172 KO. verteilt. Auf festgestellte bevorrechtigte Forderungen kann der Verwalter auch außerhalb eines Verteilungsverfahrens Zahlungen leisten, nur bedarf er dazu der Ermächtigung des Gerichts. § 170 KO[1]). Verteilungen an nicht bevorrechtigte Gläubiger können dagegen nur in dem durch die Konkursordnung geordneten Verfahren stattfinden. Sie sind erst nach Abhaltung des allgemeinen Prüfungstermins zulässig, sollen aber dann so oft erfolgen, wie hinreichende bare Masse vorhanden ist. § 149 KO. Der Verwalter hat daher bei Vorhandensein eines genügenden Barbestandes weder die Verwertung der gesamten Konkursmasse, noch den Ausfall von Terminen abzuwarten, die etwa zur Prüfung nachträglich angemeldeter Forderungen anberaumt sind.

Ist der Verwalter mit der Vornahme einer Verteilung säumig, so kann er dazu vom Gericht im Aufsichtswege, nötigenfalls durch Ordnungsstrafen, angehalten werden. § 84 KO. Dagegen steht den einzelnen Konkursgläubigern, auch den bevorrechtigten, eine Klage auf Vornahme von Verteilungen nicht zu[2]). Ihnen braucht der Verwalter auch nicht über den Stand der Verwertung

[1]) Von der im § 170 KO. erteilten Befugnis wird der Verwalter nur dann Gebrauch machen, wenn es völlig sicher ist, daß die Masse zur Befriedigung aller Masseansprüche, auch der streitigen und der erst noch zu erwartenden, sowie zur Befriedigung aller Forderungen, die ein besseres oder gleiches Vorrecht haben, hinreicht. Das hat er dem Gericht bei dem Gesuch um Ermächtigung zur Zahlung klarzulegen.

[2]) Gruchot Bd. 34 S. 1201 (Jur. Woch. 1890 S. 114[13]).

der Masse und die Zeit, wann voraussichtlich Auszahlungen stattfinden werden, Auskunft zu erteilen[1]).

B. Feststellung des verfügbaren Massebestands.

Ob hinreichende bare Masse vorhanden ist, hat der Verwalter zu ermessen. Abzurechnen vom Barbestand hat er den Betrag, welcher zur Deckung der Aussonderungs- und Absonderungsansprüche erforderlich ist, sowie den Betrag sämtlicher noch unberichtigter Masseforderungen, also namentlich seines voraussichtlichen Honorars, seiner Auslagen und der Gerichtskosten, aber auch aller übrigen bekannten Masseansprüche, auch der erst noch zu erwartenden. Insonderheit sind die mutmaßlichen Kosten schwebender oder noch anzustrengender Prozesse von der vorhandenen Masse als zur Verteilung nicht verfügbar in Abrechnung zu bringen, weil sonst die Durchführung dieser Prozesse aus Mangel an Masse unmöglich werden könnte. Auch die Beträge streitiger Masseansprüche muß er abrechnen[2]), selbst wenn über die Ansprüche noch gar kein Prozeß schwebt. Verzögert der Gläubiger eines streitigen Masseanspruchs die Klageerhebung, so mag der Verwalter behufs Herbeiführung einer Entscheidung über den Anspruch seinerseits Feststellungsklage auf Grund des § 256 ZPO. erheben.

C. Befugnisse des Gläubigerausschusses und des Gerichts bezüglich der Vornahme von Abschlagsverteilungen.

Gelangt nun der Verwalter zu dem Ergebnis, daß nach Abrechnung aller unter B genannten Ansprüche noch eine die Kosten und Mühewaltungen einer Verteilung verlohnende bare Masse übrig bleibt, so hat er, sofern nicht sogleich oder in naher Frist die Schlußverteilung erfolgen kann, eine Abschlagsverteilung zu veranstalten. Dazu hat er, falls ein Gläubigerausschuß bestellt ist, dessen Genehmigung einzuholen[3]). § 150 KO. Dagegen bedarf er zu Abschlagsverteilungen der Genehmigung des Gerichts nicht. Dieses kann eine von ihm beschlossene Abschlagsverteilung in der Regel nicht hindern. Nur wenn der Gemeinschuldner einen Zwangsvergleich vorgeschlagen hat, und die Ausschlußfrist (vgl. unten zu G) noch nicht abgelaufen ist, kann es auf Antrag des Gemeinschuldners die Aussetzung der beschlossenen Abschlagsverteilung anordnen[4]). § 160 KO.

---

[1]) LZ. 1907 S. 297[6] (Kammergericht).

[2]) Streitige Aussonderungs- oder Absonderungsansprüche brauchen nicht berücksichtigt zu werden, jedoch ist ihre Berücksichtigung unter Umständen dem Verwalter zu empfehlen.

[3]) Was der Verwalter tun kann, wenn der Gläubigerausschuß die Genehmigung versagt, darüber siehe Allg. Teil Abschn. II S. 8 unter d. Die Genehmigung der Gläubigerversammlung ist zur Vornahme von Verteilungen nicht erforderlich.

[4]) Kommt der Zwangsvergleich nicht zustande, so ist nun die Verteilung vorzunehmen. Ob es dazu der vollständigen Wiederholung des Verfahrens (neue Verteilungsliste, neue Bekanntmachung) bedarf oder das frühere Verfahren fortgesetzt werden kann, ist streitig. Richtig dürfte das erstere sein.

D. Verzeichnis der zu berücksichtigenden Forderungen.

a) Welche Forderungen in das Verzeichnis aufzunehmen sind.

α. Im allgemeinen.

Sobald der Verwalter sich über die Vornahme der Abschlagsverteilung schlüssig gemacht und die Genehmigung des Gläubigerausschusses eingeholt hat, hat er ein Verzeichnis der bei der Verteilung zu berücksichtigenden Forderungen aufzustellen. Für die richtige Aufstellung ist er den Beteiligten verantwortlich.[1]) Die Aufstellung geschieht auf Grund der Tabelle der angemeldeten Forderungen und muß mit dem Inhalt der gerichtlichen Eintragungen in der Tabelle übereinstimmen. Die im Abs. 7 des § 146 KO. vorgeschriebene Berichtigung der Tabelle bezüglich ursprünglich bestrittener, nachträglich aber festgestellter Forderungen ist jedoch nicht von so großer Bedeutung, daß ohne die Berichtigung derartige Forderungen nicht in das Verzeichnis aufzunehmen wären. Solche Forderungen sind vielmehr aufzunehmen, auch wenn die Tabelle unberichtigt geblieben ist, sofern nur der Nachweis ihrer Feststellung geführt wird. In das Verzeichnis finden nur Konkursforderungen Aufnahme; Masseansprüche gehören nicht hinein. Wohl aber die bevorrechtigten Konkursforderungen, soweit sie nicht schon befriedigt sind. Von den Konkursforderungen sind zu berücksichtigen und in das Verzeichnis aufzunehmen:

1. alle geprüften und festgestellten Forderungen, die nur zum Teil festgestellten mit dem festgestellten Betrage.

Ob die Feststellung schon im Prüfungstermin oder nachträglich stattgefunden hat, ist gleichviel. Auch diejenigen Forderungen müssen in das Verzeichnis aufgenommen werden, die nach der Feststellung durch Zahlung eines Dritten oder auf andere Weise getilgt sind, es sei denn, daß der Gläubiger sie durch Erklärung beim Konkursgericht hat fallen lassen oder mit ihrer Nichtaufnahme in das Verzeichnis einverstanden ist. Die spätere Tilgung einer festgestellten Forderung kann der Verwalter im Streitfalle nur durch Klage und nur entsprechend der Vorschrift des § 767 ZPO. geltend machen[2]), wenn er sich auf die Tilgung überhaupt für die Konkursmasse berufen kann[3]);

2. die angemeldeten und geprüften, aber streitig gebliebenen Forderungen, sofern

   a) entweder der Gläubiger dem Verwalter die Erhebung der Feststellungsklage oder die Aufnahme des schon anhängigen Prozesses (§ 146 Abs. 1, 3 KO.) nachgewiesen hat[4]),

---

[1]) Er wird der Verantwortlichkeit noch nicht dadurch enthoben, daß der nicht berücksichtigte Gläubiger gegen das Verzeichnis keine Einwendung erhebt. In diesem Falle ist für die Haftung § 254 BGB. maßgebend. RG. 87. 151 (Jur. Woch. 1915 S. 1438[14]).

[2]) RG. 21. 331 (Jur. Woch. 1888 S. 165[6]).

[3]) Ob er das kann, das kommt auf die Lage des einzelnen Falles an, namentlich auf das Rechtsverhältnis, das zwischen dem Gemeinschuldner und demjenigen, der die Tilgung bewirkt hat, besteht.

[4]) Haben mehrere einer Forderung widersprochen, so kann diese wohl nur berücksichtigt werden, wenn gegen alle Widersprechenden Feststellungsklage erhoben ist.

b) oder die Forderung vollstreckbar oder wenigstens dem Gläubiger durch ein — wenn auch nicht vollstreckbares — Endurteil zugesprochen und der Titel vorgelegt[1]) ist,

in letzterem Falle auch dann, wenn der Widersprechende gegen den Gläubiger bereits den Prozeß anhängig gemacht hat[2]). Vgl. § 152 KO.

Wie der zu a erforderliche Nachweis zu führen, ist nicht vorgeschrieben. Es bleibt dem Ermessen des Verwalters überlassen, ob er ihn im einzelnen Falle für geführt erachten will oder nicht. Der Nachweis erübrigt sich übrigens in den meisten Fällen dadurch, daß gegen den Verwalter selbst die Feststellungsklage erhoben ist.

Ist nicht die Forderung selbst, sondern ihre Eigenschaft als Konkursforderung, also ihr Recht, am Konkurse teilzunehmen, streitig, so dürfte zu ihrer Berücksichtigung bei der Verteilung stets die Erfüllung der Voraussetzung a erforderlich sein, ihre Vollstreckbarkeit oder urteilsmäßige Feststellung nicht genügen. Siehe S. 298. Entsprechend dürfte eine der in Absatz 6 des § 146 KO. bezeichneten Forderungen, für die ein bestrittenes Vorrecht beansprucht ist, nur als nicht bevorrechtigt in das Verzeichnis einzustellen sein, wenn nicht auf Feststellung des Vorrechts Klage erhoben ist.

Nicht aufzunehmen sind: Alle nicht angemeldeten Forderungen, alle nicht geprüften Forderungen, selbst wenn für sie gegen den Gemeinschuldner schon ein vollstreckbarer Titel erlangt gewesen sein sollte, sowie alle geprüften aber streitig gebliebenen Forderungen, bei denen die unter 2 bezeichneten Voraussetzungen nicht zutreffen, auch wenn nur das Teilnahmerecht der Forderungen am Konkurse streitig geblieben ist.

Ob die auf eine Forderung entfallende Hebung sofort ausgezahlt werden kann oder gemäß § 168 KO. zurückbehalten werden muß, ist für Aufnahme in das Verzeichnis gleichgültig.

Im Konkurse über einen Nachlaß müssen in das Verzeichnis streng genommen auch die Forderungen aufgenommen werden, die den gewöhnlichen Konkursforderungen nachstehen. Vgl. Abschn. XIII unter f. Deren Aufnahme erscheint indessen bei Abschlagsverteilungen entbehrlich, wenn es sicher ist, daß sie doch nichts erhalten. Anders bei der Schlußverteilung. S. Abschn. XVI unter D a am Ende.

β) Betagte und bedingte Forderungen.

Ist nach Vorstehendem eine Forderung bei der Verteilung zu berücksichtigen, so wird ihre Aufnahme in das Verzeichnis dadurch nicht gehindert, daß sie betagt oder von einer auflösenden oder aufschiebenden Bedingung abhängig ist. Forderungen unter einer aufschiebenden Bedingung sind, falls sie nur überhaupt berücksichtigt werden müssen, zu ihrem vollen Betrage aufzunehmen. Dies ist als der Sinn des § 154 Abs. 1 KO. zu betrachten.

---

[1]) RG. 85. 67 (Jur. Woch. 1914 S. 944[32]).

[2]) Aber nur so lange, bis ein Widerspruch rechtskräftig für begründet erklärt ist.

γ) Die im § 212 KO. bezeichneten Forderungen.

In dem Konkurse über das Privatvermögen des persönlich haftenden Teilhabers einer offenen Handelsgesellschaft, einer Kommanditgesellschaft oder einer Kommanditgesellschaft auf Aktien werden die Gesellschaftsgläubiger mit dem vollen Betrage ihrer Forderungen berücksichtigt. Ist aber auch über das Vermögen der Gesellschaft Konkurs eröffnet, so beschränkt sich die Berücksichtigung nach Maßgabe ihrer Befriedigung im Gesellschaftskonkurse, denn dann erhalten sie in dem Privatkonkurse Dividende nur für den Betrag, für den sie im Gesellschaftskonkurse keine Befriedigung erlangen. § 212 KO. Sie werden also insoweit nicht mehr berücksichtigt, als sie in diesem Konkurse etwas auf ihre Forderung erhalten haben. Aus welchem Grunde die Gesellschaftsgläubiger im Gesellschaftskonkurse keine Befriedigung erlangen, ist im übrigen einerlei; sie können in dem Privatkonkurse auch dann für ihre volle Forderung Dividende verlangen, wenn sie auf Befriedigung aus der Konkursmasse der Gesellschaft verzichtet oder sich im Gesellschaftskonkurse gar nicht gemeldet haben.

Alles das wird auch im Konkurse über das Vermögen eines ausgeschiedenen Gesellschafters zu gelten haben[1]).

δ) Forderungen Absonderungsberechtigter[2]).

Absonderungsberechtigte Konkursgläubiger werden zunächst so behandelt, wie wenn sie aus dem Gegenstande ihres Absonderungsrechts voll befriedigt werden würden. Sie werden deshalb mit dem Betrage, für den sie das Absonderungsrecht beanspruchen, nicht berücksichtigt, solange sie nicht dem Verwalter

entweder nachweisen, daß sie auf ihr Absonderungsrecht verzichtet oder aus dessen Gegenstande keine Deckung gefunden haben,

oder wenigstens nachweisen, daß die Veräußerung des zur abgesonderten Befriedigung dienenden Gegenstandes von ihnen selbst oder einem Anderen betrieben ist, und dabei zugleich den Betrag ihres mutmaßlichen Ausfalls glaubhaft machen.

§§ 64, 153 KO. Dieser Grundsatz gilt auch dann, wenn der Gemeinschuldner dem Absonderungsberechtigten durch Vertrag die Befugnis eingeräumt hatte, sich wegen seiner Forderung in erster Linie aus dem sonstigen Vermögen und erst in zweiter Linie aus dem Gegenstande des Absonderungsrechts zu befriedigen[3]). Des näheren ist zu bemerken:

---

[1]) RG. 35. 10; Jur. Woch. 1902 S. 186[26], 1903 S. 270[5].

[2]) Ihnen stehen gleich die Gläubiger, denen der Gemeinschuldner zur Sicherung ihrer Forderung Gegenstände seines Vermögens übereignet hat. S. Abschn. IV unter I und Abschn. XII unter b ζ. Ferner stehen den Absonderungsberechtigten gleich die Gläubiger eines Nachlasses im Konkurse des Erben (und, wenn eine Ehefrau die Erbin ist, im Konkurse des mit ihr in Gütergemeinschaft lebenden und für die Nachlaßschulden haftenden Ehemanns), sofern der Erbe (oder der Ehemann) den betreffenden Gläubigern gegenüber unbeschränkt haftet und auch über den Nachlaß der Konkurs eröffnet oder eine Nachlaßverwaltung angeordnet ist. § 234 KO.

[3]) RG. 6. 60; Jur. Woch. 1889 S. 232[7] (RG. 24. 45).

1. Haben die Gläubiger nicht angegeben, für welchen Betrag sie abgesonderte Befriedigung verlangen, so wird angenommen, daß sie sie für ihre ganze Forderung beanspruchen, und wird demgemäß die ganze Forderung nicht berücksichtigt, wenn dem § 153 KO. nicht genügt ist.

2. Der Verzicht auf das Absonderungsrecht ist zu berücksichtigen, wenn er dem Verwalter erklärt ist. Einer besonderen Form bedarf er, um für den Absonderungsberechtigten bindend zu sein, nicht[1]). Auf Grund des Verzichts kann aber der Verwalter vom Pfandgläubiger Herausgabe des Pfandes, vom Hypothekengläubiger Löschungsbewilligung in der zur Bewirkung der Löschung geforderten Form, d. h. in einer öffentlichen oder öffentlich beglaubigten Urkunde oder zum Protokoll des Grundbuchamts (§ 29 der Grundbuchordnung vom 24. März 1897) und Herausgabe des Hypothekenbriefs verlangen und von der Erfüllung dieses Verlangens die Berücksichtigung des Verzichts abhängig machen, da andernfalls der Gegenstand des Absonderungsrechts nicht frei von diesem Rechte für die Masse verwertet werden kann. Verzicht durch einen Bevollmächtigten des Absonderungsberechtigten genügt natürlich — gehörige Vollmacht vorausgesetzt. Wer aber nur zur Vertretung des Gläubigers im Konkursverfahren Vollmacht hat, erscheint nicht befugt, ohne besondere weitere Vollmacht namens des Gläubigers auf dessen Absonderungsrecht zu verzichten. Werden Ausweisurkunden zur Löschung einer Eintragung im Grundbuch gebraucht, so müssen sie wohl gleichfalls in öffentlicher oder öffentlich beglaubigter Form vom Gläubiger beigebracht werden. § 29 GBO.

Für welchen Betrag der Gläubiger auf abgesonderte Befriedigung verzichten will, steht in seiner freien Wahl. An den einmal erklärten Verzicht ist er aber gebunden[2]).

3. Zur Erbringung des Nachweises, daß die Veräußerung „betrieben wird, erscheint es genügend, wenn die Erhebung der Klage, wodurch der zu der Zwangsvollstreckung in den Gegenstand des Absonderungsrechts erforderliche vollstreckbare Titel beschafft werden soll, nachgewiesen wird.

4. Die Glaubhaftmachung des mutmaßlichen Ausfalls kann in jeder dem Verwalter genügend erscheinenden Weise geschehen.

5. Wenn eine Berücksichtigung Absonderungsberechtigter stattfindet, so erfolgt sie doch nur zu dem Betrage, für den auf abgesonderte Befriedigung verzichtet, oder der bei der Verwertung des Absonderungsgegenstandes (Pfandes od. dgl.) ausgefallen, oder dessen mutmaßlicher Ausfall wenigstens glaubhaft gemacht ist. § 64 KO. Dieser Grundsatz gilt jedoch nur dann, wenn ein eigentliches Absonderungsrecht, d. h. abgesonderte Befriedigung aus Sachen, die zur Konkursmasse gehören, beansprucht wird. Vgl. Abschn. XII unter b ζ.

6. Andere als die unter α 1 und 2 bezeichneten Forderungen können keinesfalls berücksichtigt werden.

---

[1]) Auch stillschweigender Verzicht genügt. RG. 64. 427; Jur. Woch. 1906 S. 205[2] LZ. 1914 S. 1045[22].

[2]) RG. 64. 425 (Jur. Woch. 1907 S. 109[13]).

b) Form des Verzeichnisses.

In seiner Form lehnt sich das Verzeichnis zweckmäßig an die Tabelle an. Danach werden am besten die bevorrechtigten Forderungen[1]) besonders, unter Angabe der einzelnen Vorrechte, und die nicht bevorrechtigten Forderungen in derselben Reihenfolge wie in der Tabelle aufgeführt[2]). Es empfiehlt sich auch, überall die Nummer anzugeben, unter der die berücksichtigte Forderung in der Tabelle eingetragen ist. Im übrigen genügt die Angabe der Namen der Gläubiger und der Beträge der Forderungen. Bemerkungen darüber, ob die Hebung sogleich ausgezahlt oder zurückbehalten werden soll, können leicht zu Weiterungen und Streitigkeiten führen, und sind deshalb wegzulassen. Dagegen empfiehlt es sich, in einer besonderen Spalte „Bemerkungen" bei den streitigen Forderungen und den Forderungen Absonderungsberechtigter kurz zu vermerken, daß die zu deren Berücksichtigung erforderlichen Nachweise geführt sind. Die Spalte „Bemerkungen" dient zugleich zur Aufnahme von Änderungen, die bei den in das Verzeichnis aufgenommenen Forderungen etwa nötig werden.

In der Überschrift ist die Konkurssache, in der das Verzeichnis aufgestellt wird, genau zu bezeichnen. Am Ende ist es mit der Angabe von Ort und Datum sowie mit der Namensunterschrift des Verwalters zu versehen.

Das Verzeichnis erhält hiernach etwa die Form, wie in dem folgendem Beispiel:

Verzeichnis der Forderungen,
welche bei der im Konkurse des Stärkefabrikanten R. A. hierselbst jetzt zu bewirkenden ersten Abschlagsverteilung zu berücksichtigen sind.

Lfd. Nr.	Bezeichnung der Gläubiger	Nr. der Tabelle	Betrag der Forderung ℳ	₰	Bemerkungen
	I. Bevorrechtigte Gläubiger.	Abt. I.			
1.	Buchhalter S. hier. Vorrecht erster Klasse.	I. 2	300	—	Prozeßschweb
2.	Magistrat zu B. Vorrecht zweiter Klasse.	II. 1	19	78	
3.	Dr. med. K. hier. Vorrecht vierter Klasse.	IV. 1	20	—	
4.	Apotheker L. hier. Desgl.	IV. 2	7	80	
	zusammen		347	58	
	II. Nicht bevorrechtigte Gläubiger.	Abt. II.			
1.	Kaufmann F. zu D.	1.	1650	—	
2.	Firma H. & S. zu B.	3.	730	—	
	usw. usw.	nsw.	usw.		
	zusammen		86023	59	

B., 17. Februar 1918. Der Verwalter
H. N.

[1]) Diese finden natürlich nur soweit Aufnahme, als sie nicht schon aus der Konkursmasse bezahlt sind.

[2]) Eine Abweichung hiervon erscheint nur angezeigt, wenn mehrere Forderungen eines Gläubigers zu berücksichtigen sind, die unter verschiedenen Nummern der Tabelle eingetragen stehen. Alsdann werden diese mehreren Forderungen hintereinander aufgeführt.

c) Niederlegung des Verzeichnisses.

Das angefertigte Verzeichnis hat der Verwalter auf der Gerichtsschreiberei zur Einsicht der Beteiligten niederzulegen.

E. Bekanntmachung der Abschlagsverteilung.

Gleichzeitig mit der Niederlegung des Verzeichnisses hat der Verwalter die Summe der zu berücksichtigenden Forderungen und den zur Verteilung verfügbaren Massebestand öffentlich bekannt zu machen. § 151 KO. In der Bekanntmachung wird der Betrag der bevorrechtigten Forderungen zweckmäßig getrennt von dem der nicht bevorrechtigten Forderungen angegeben. Als verfügbarer Massebestand braucht nicht genau der nach Maßgabe der Bemerkungen zu B berechnete Betrag genannt zu werden; es genügt die Angabe einer runden Summe, die diesen Betrag annähernd erreicht. Zur Unterrichtung der Gläubiger mag bemerkt werden, daß das Verzeichnis der zu berücksichtigenden Forderungen auf der Gerichtsschreiberei zur Einsicht ausliege. Weitere Angaben oder Bemerkungen, etwa Aufforderungen oder Verwarnungen an die nicht berücksichtigten Gläubiger, in die Bekanntmachung aufzunehmen, ist nicht nötig und auch nicht zu empfehlen. Die Bekanntmachung wird also etwa folgende Fassung erhalten:

In dem Konkurse über das Vermögen des Stärkefabrikanten R. A. hier soll eine Abschlagsverteilung erfolgen. Dazu sind 17900 M. verfügbar. Zu berücksichtigen sind 347,58 M. bevorrechtigte und 86023,59 M. nicht bevorrechtigte Forderungen. Das Verzeichnis der zu berücksichtigenden Forderungen kann auf der Gerichtsschreiberei III des Amtsgerichts hierselbst eingesehen werden.

B., 17. Februar 1918.

Der Verwalter
H. N.

Der Erlaß der Bekanntmachung liegt nicht dem Gericht, sondern dem Verwalter ob. Dieser hat dabei die Vorschrift des § 76 Abs. 1 KO. zu beachten. Die Bekanntmachung muß also bei Vermeidung der Unwirksamkeit einmal in das zur Veröffentlichung amtlicher Bekanntmachungen des Konkursgerichts bestimmte Blatt eingerückt werden. Als dieses Blatt ist in Preußen nach einer Zirkularverfügung des Justizministers der öffentliche Anzeiger des Amtsblatts der betr. Regierung zu betrachten. Um aber den Gläubigern den Inhalt der Bekanntmachung auch tatsächlich tunlichst zur Kenntnis zu bringen, wird der Verwalter sie meist noch in andere Blätter einrücken, am besten in die, die das Konkursgericht zu seinen Bekanntmachungen in dem Konkurse benutzt.

Über die Veröffentlichung der Bekanntmachung in dem Amtsblatte des Gerichts hat der Verwalter ein Belagsblatt zu beschaffen, damit der Beginn der Ausschlußfrist und der sich daranschließenden Einwendungsfrist sicher festgestellt werden kann.

F. Wirkungen der Bekanntmachung.

Die Bekanntmachung gilt als bewirkt mit dem Ablauf des zweiten Tages nach der Ausgabe desjenigen die Einrückung enthaltenden Blattes, durch das die Bekanntmachung erfolgen muß. § 76 Abs. 1 KO. Sobald sie als bewirkt gilt, erlangen die in dem Verzeichnis berücksichtigten Gläubiger ein Recht darauf, daß die Abschlagsverteilung auf der Grundlage des Verzeichnisses vorgenommen werde. Der Verwalter kann also dann die Verteilung nicht mehr nach Belieben aussetzen oder ganz unterlassen. Ferner kann er dann Änderungen an dem Verzeichnisse, abgesehen von der Berichtigung bloßer Schreibfehler, nicht mehr vornehmen, wenn er sich auch überzeugen sollte, daß in das Verzeichnis Forderungen zu Unrecht aufgenommen oder nicht aufgenommen sind. Das Gericht kann von Amts wegen an dem Verzeichnis nichts ändern. Es kann nur allenfalls den Verwalter im Aufsichtswege zur Vornahme von Änderungen veranlassen, sofern solche überhaupt noch statthaft sind.

G. Insbesondere die Ausschlußfrist. Deren Bedeutung.

Die in dem Verzeichnis nicht berücksichtigten gewöhnlichen Konkursgläubiger können, wenn sie mit Recht nicht berücksichtigt sind, ihre Berücksichtigung bei der Abschlagsverteilung nur dadurch herbeiführen, daß sie einen der im § 152 KO. geforderten Nachweise binnen einer Ausschlußfrist von 14 Tagen dem Verwalter erbringen. Ebenso können Absonderungsberechtigte, die mit Recht nicht berücksichtigt sind, ihre Berücksichtigung nur dadurch erwirken, daß sie binnen der Ausschlußfrist von 14 Tagen dem Verwalter die Nachweise oder Bescheinigungen beibringen, die zu ihrer Berücksichtigung erforderlich sind. §§ 152, 153 KO. Siehe oben zu D a unter α 2 und δ. Die Nachweise und Bescheinigungen sind in jedem Falle dem Verwalter binnen der Ausschlußfrist vorzulegen; eine Einreichung der Beweisstücke beim Konkursgericht genügt nicht und ist nicht zu berücksichtigen. Die Ausschlußfrist ist unabänderlich[1]). Sie beginnt, sobald die Bekanntmachung des Verwalters als bewirkt gilt, und endigt an dem Tage, der durch seine Benennung dem Tage des Beginns der Frist entspricht. Ist der letzte Tag ein Sonntag oder ein staatlich anerkannter allgemeiner Feiertag, so läuft die Frist noch bis zum Ablauf des nächstfolgenden Werktags. § 72 KO., § 222 Abs. 2 ZPO. Wenn also die Ausgabe des die Bekanntmachung enthaltenden Blattes an einem Sonnabend stattgefunden hat, so beginnt der Lauf der Ausschlußfrist am nächstfolgenden Dienstag und endigt mit dem Ablauf des zweiten Dienstags darauf. Ist die Ausgabe des Blattes an einem Donnerstag erfolgt, so beginnt die Ausschlußfrist mit dem folgenden Sonntag und endigt mit dem Ablauf des dritten auf diesen Sonntag folgenden Montags.

---

[1]) Die Gerichtsferien sind auf sie ohne Einfluß. Gegen ihre Versäumung findet eine Wiedereinsetzung in den vorigen Stand nicht statt.

H. Berichtigung des Verzeichnisses.

Der Verwalter hat das Verzeichnis der zu berücksichtigenden Forderungen insoweit zu ändern oder zu ergänzen, als die darin nicht berücksichtigten gewöhnlichen oder absonderungsberechtigten Konkursgläubiger ihm bis zum Ablauf der Ausschlußfrist die zu ihrer Berücksichtigung erforderlichen Nachweise oder Bescheinigungen beigebracht haben[1]). Die Änderung oder Ergänzung muß spätestens binnen 3 Tagen nach dem Ablauf der Frist erfolgen. § 157 KO. Sobald die dreitägige Frist verstrichen ist, kann der Verwalter keinerlei Änderung mehr an dem Verzeichnis vornehmen, ausgenommen die Berichtigung bloßer Schreibfehler.

J. Einwendungen gegen das Verzeichnis.

Gegen das Verzeichnis der zu berücksichtigenden Forderungen kann jeder Konkursgläubiger[2]) Einwendungen erheben. Die Einwendungen können nur darauf gestützt werden, daß die Aufstellung des Verzeichnisses nicht richtig erfolgt sei. Ein Gläubiger, der deswegen nicht berücksichtigt ist, weil er die zu seiner Berücksichtigung erforderlichen Nachweise bis zum Ablauf der Ausschlußfrist nicht beigebracht hat, kann seine Berücksichtigung nicht dadurch erreichen, daß er gegen das Verzeichnis Einwendungen erhebt und dabei nachträglich die nötigen Nachweise vorlegt. Andererseits kann sich eine Einwendung sowohl darauf gründen, daß die Forderung des die Einwendung Erhebenden ganz oder zum Teil zu Unrecht nicht berücksichtigt sei, als darauf, daß die Forderung eines anderen zu Unrecht berücksichtigt sei. Die Einwendungen sind beim Konkursgericht zu erheben. Die Frist zu ihrer Erhebung läuft — wegen der Änderungen, die an dem Verzeichnis auf Grund der §§ 152, 153 KO. noch erforderlich werden können — bis zum Ablauf einer Woche nach dem Ende der Ausschlußfrist. § 158 Abs. 1 KO.[3]).

Über die erhobenen Einwendungen entscheidet mangels gütlicher Einigung das Konkursgericht. Ordnet es eine Änderung des Verzeichnisses an, so ist seine Entscheidung auf der Gerichtsschreiberei niederzulegen. Die Frist zur sofortigen Beschwerde über die Entscheidung beginnt mit dem Tage der Niederlegung. § 158 Abs. 2 KO. Beschwerdeberechtigt ist auch der Verwalter[4]).

Soweit Einwendungen nicht erhoben werden, dient das vom Verwalter aufgestellte Verzeichnis in der Gestalt, die es infolge der bis zum Ablauf der Ausschlußfrist beigebrachten Nachweise und Bescheinigungen gemäß § 157 KO.

---

[1]) Zu seiner Sicherung möge er die ihm beigebrachten urkundlichen Nachweise und Bescheinigungen bei seinen Akten behalten.

[2]) Nicht auch andere Gläubiger oder der Verwalter. Ist eine Forderung, die in dem Verzeichnis berücksichtigt worden, durch Zahlung oder auf andere Weise getilgt, so kann dies der Verwalter mangels Einigung mit dem betreffenden Gläubiger nur im Prozeßwege geltend machen. S. oben **D a** unter *α* 1.

[3]) Für die Einwendungsfrist gilt dasselbe, was zu G Anmerkung bezüglich der Ausschlußfrist gesagt ist.

[4]) OLG. 15. 242 Anm. (Dresden).

erhalten hat, unbedingt als Grundlage für die Verteilung. Im Prozeßwege kann die Richtigkeit des Verzeichnisses nicht angefochten werden.

K. Ausführung der Abschlagsverteilung.

a) Wann sie erfolgen kann.

Die Ausführung der Abschlagsverteilung kann in keinem Falle früher erfolgen, als bis die Frist zur Erhebung von Einwendungen gegen das Verzeichnis der zu berücksichtigenden Forderungen abgelaufen ist, also nicht vor Ablauf einer Woche nach dem Ende der Ausschlußfrist. Auch dann darf sie nur vorgenommen werden, wenn entweder Einwendungen gar nicht erhoben oder die erhobenen Einwendungen nicht erheblich genug sind, um auf die Bestimmung des zu verteilenden Prozentsatzes Einfluß üben zu können. Sind erhebliche Einwendungen geltend gemacht, so ist mit der Verteilung bis zu deren endgültiger Erledigung zu warten.

b) Bestimmung des zu zahlenden Prozentsatzes.

Sobald hiernach die Verteilung erfolgen kann, bestimmt der Verwalter, oder wenn ein Gläubigerausschuß bestellt ist, dieser auf Antrag des Verwalters, den zu zahlenden Prozentsatz. § 159 Abs. 1 KO. Der Prozentsatz richtet sich nach dem Verhältnis des gemäß den Bemerkungen unter B berechneten verfügbaren Massebestandes[1]) zu der Summe der zu berücksichtigenden Forderungen. Sind unter diesen bevorrechtigte, so erhalten natürlich die nicht bevorrechtigten von dem verfügbaren Bestande nur soviel, als nach Abzug des Betrags der bevorrechtigten Forderungen übrig bleibt. Der zur Verteilung zu bringende Prozentsatz braucht nicht genau so bemessen zu werden, daß durch die Verteilung die verfügbare Masse völlig erschöpft wird. Es genügt in der Regel für den Zweck der Abschlagsverteilungen und ist zur Vereinfachung des Rechnungswerks empfehlenswert, nur volle Prozente der zu berücksichtigenden Forderungen und möglichst solche Prozentsätze, die sich leicht berechnen lassen, zu verteilen, wenn auch dabei etwas Massebestand übrig bleibt. So würde in dem oben angenommenen Beispiel der auf die nicht bevorrechtigten Forderungen zu verteilende Prozentsatz zweckmäßig auf 20% festgesetzt werden. Geschieht die Festsetzung des Prozentsatzes durch den Gläubigerausschuß, so ist dieser wohl an den Antrag des Verwalters insoweit gebunden, als er nicht die Verteilung eines höheren als des beantragten Prozentsatzes beschließen darf.

c) Mitteilung des Prozentsatzes an die Gläubiger.

Den festgesetzten Prozentsatz hat der Verwalter den berücksichtigten Gläubigern mit tunlichster Beschleunigung mitzuteilen. Eine besondere Form ist für die Mitteilung nicht vorgeschrieben. §§ 159 Abs. 2, 77 Abs. 2 KO. Durch

---

[1]) Von dem Massebestande sind alle bis zur Festsetzung des Prozentsatzes bekannt gewordenen Masse-, Aussonderungs- und Absonderungsansprüche vorweg abzuziehen. § 172 KO. Es kann also nicht immer der in der Bekanntmachung angegebene Massebestand verteilt werden.

die Mitteilung erlangen die Gläubiger ein Recht darauf, daß der Verwalter den festgestellten Prozentsatz ihrer berücksichtigten Forderung an sie auszahle bzw. für sie zurückbehalte. Eine Änderung des Prozentsatzes ist dementsprechend nur so lange zulässig, bis an irgendeinen der berücksichtigten Gläubiger die in Rede stehende Mitteilung erfolgt ist.

d) Art der Vollziehung der Abschlagsverteilungen.

Alsbald nach oder gleichzeitig mit der Mitteilung des Prozentsatzes hat der Verwalter die Abschlagsverteilung zu vollziehen. § 167 KO. An Weisungen des Gerichts oder des Gläubigerausschusses ist er dabei nicht gebunden[1]).

α) Welche Hebungen sofort ausgezahlt werden.

Die Vollziehung der Abschlagsverteilung ist nicht gleichbedeutend mit der Ausschüttung des zu verteilenden Massebestandes. Es kann nämlich nicht auf alle berücksichtigten Forderungen der zur Verteilung gelangende Betrag sogleich ausgezahlt werden. Die Auszahlung der Hebung kann nur erfolgen:

1. auf die — im Prüfungsverfahren oder später durch Anerkenntnis oder rechtskräftiges Urteil — festgestellten Forderungen;

2. auf diejenigen streitigen Forderungen, für die ein mit der Vollstreckungsklausel versehener Schuldtitel, ein Endurteil oder ein Vollstreckungsbefehl vorliegt (die also zur Zeit der Konkurseröffnung entweder schon vollstreckbar oder doch dem Gläubiger durch ein Endurteil zugesprochen waren), und bezüglich deren der Widersprechende es unterlassen hat, ihre Aberkennung gegen den Gläubiger im Prozeßwege zu betreiben. Daß der Prozeß betrieben wird, ist dem Verwalter, falls er nicht selbst der Widersprechende ist, nachzuweisen; haben Mehrere widersprochen, so verhindert schon die nachgewiesene Prozeßführung eines Widersprechenden die Auszahlung der auf die streitige Forderung entfallenden Hebung.

Auch die unter 1 und 2 bezeichneten Forderungen gewähren einen Anspruch auf Auszahlung der darauf entfallenden Hebung nicht durchweg. Nach § 168 KO. ist die Auszahlung nicht statthaft:

I. wenn die Forderung aufschiebend bedingt ist und die Bedingung noch schwebt. Vgl. Abschnitt XII unter b γ;

II. wenn die Forderung auflösend bedingt ist (vgl. Abschnitt XII unter b β) und der Gläubiger zu einer Sicherheitsleistung für den Fall des Eintritts der Bedingung verpflichtet ist, diese Sicherheit aber nicht leistet;

III. wenn und soweit für die Forderung abgesonderte Befriedigung aus Gegenständen der Konkursmasse beansprucht ist und der Gläubiger dem Verwalter nicht nachweist, daß er auf sein Absonderungsrecht verzichtet, oder

[1]) Etwaige Streitigkeiten über die Vollziehung unterliegen nicht der Entscheidung des Konkursgerichts, sondern sind im Prozeßwege zum Austrag zu bringen. Jur. Woch. 1896 S. 34[20]. Der Konkursrichter kann nur, wenn der Verwalter pflichtwidrig handelt, im Aufsichtswege einschreiten.

daß und welchen Ausfall er bei der Verwertung des Gegenstandes seines Absonderungsrechts wirklich erlitten hat[1]);

IV. wenn die Forderung in dem Konkurse über das Privatvermögen eines persönlich haftenden Teilhabers einer offenen Handelsgesellschaft, einer Kommanditgesellschaft oder einer Kommanditgesellschaft auf Aktien von einem Gesellschaftsgläubiger geltend gemacht ist, soweit der Ausfall noch nicht feststeht, den der Gesellschaftsgläubiger im Konkurse über das Gesellschaftsvermögen erleidet. Siehe oben D a unter γ.

Auf alle streitigen Forderungen, die nicht nach Nr. 2 zur sofortigen Erhebung des auf sie entfallenden Betrags berechtigen, kann dieser Betrag erst dann gezahlt werden, wenn der erhobene Widerspruch endgültig beseitigt ist. Haben mehrere einer Forderung widersprochen, so ist die Auszahlung der Hebung erst nach Beseitigung sämtlicher Widersprüche zulässig. Nur wenn die Forderung zu den im Absatz 6 des § 146 KO. bezeichneten gehört, so genügt die Beseitigung des Widerspruchs derjenigen, die ihren Widerspruch im Prozeßwege verfolgt hatten.

Übrigens ist zu bemerken, daß, sofern Auszahlung zulässig, die Hebungsberechtigten Barzahlung verlangen können, sich also nicht mit Zahlungsanweisungen auf die Hinterlegungsstelle zu begnügen brauchen[2]).

β) Welche Hebungen zurückzubehalten sind und was mit den zurückbehaltenen Hebungen später geschieht.

Soweit hiernach die auf die berücksichtigten Forderungen entfallenden Hebungen nicht ausgezahlt werden können, werden sie nach § 168 KO. in der Masse zurückbehalten (nicht hinterlegt), und zwar so lange, bis das der Auszahlung entgegenstehende Hindernis gehoben ist. Nach Beseitigung des Hindernisses hat die Auszahlung sofort zu erfolgen; es ist damit nicht bis zu einer neuen allgemeinen Verteilung zu warten. Auf Zinsen für die Zeit bis zur Beseitigung des Hindernisses haben die Gläubiger keinen Anspruch.

Die zurückbehaltenen Beträge sind in der Rechnung des Verwalters gesondert von der allgemeinen Masse zu führen. Unter Umständen bleiben sie aber ganz oder teilweise in der Masse. Gänzlich bleiben sie darin:

1. wenn sie für streitige Forderungen zurückbehalten sind und der Prozeß zugunsten der Masse entschieden wird,
2. in den unter α I bis IV bezeichneten Fällen,
   zu I wenn die Bedingung nicht eintritt,
   zu II wenn die Bedingung eintritt,
   zu III wenn der Gläubiger aus dem Gegenstande seines Absonderungsrechts vollständig befriedigt wird,
   zu IV wenn der Gläubiger im Gesellschaftskonkurse einen Ausfall nicht erleidet.

---

[1]) Das findet entsprechende Anwendung auf die Forderungen der Nachlaßgläubiger in den Fällen des § 234 KO. Vgl. Abschn. XII unter b η.

[2]) Aufrechnung müssen sie sich aber gefallen lassen, wenn sie zur Masse etwas schulden und die Aufrechnung nach den Grundsätzen der §§ 387ff. BGB. zulässig ist.

Vgl. außerdem § 156 KO. und Abschnitt XVI zu D b und G b.

Ein Teil der zurückbehaltenen Beträge bleibt in der Masse,

zu 1 wenn der Gläubiger nur zum Teil mit seiner Forderung obsiegt,

zu 2 III und IV wenn der Absonderungsberechtigte oder der Gesellschaftsgläubiger nur mit einem Teil seiner Forderung ausfällt.

Dabei sei nochmals hervorgehoben, daß

im Falle zu 2 III die Hebung des Absonderungsberechtigten nicht von dessen ganzer Forderung, sondern nur für den Teil berechnet und bezahlt wird, zu dem er auf sein Absonderungsrecht verzichtet hat oder bei der Verwertung des Absonderungsgegenstandes ausgefallen ist (§ 64 KO.), und

im Falle zu 2 IV ebenfalls nur der im Gesellschaftskonkurse ausgefallene Betrag bei der Berechnung der Dividende zugrunde gelegt wird. § 212 KO. Siehe hierzu Abschn. XVI unter G e 4.

γ) Wo und an wen die Auszahlungen geschehen.

Die zur Auszahlung gelangenden Beträge haben die Empfangsberechtigten beim Verwalter abzuheben; dieser ist nicht verpflichtet, die Beträge den Berechtigten zu schicken. Vgl. den Wortlaut des § 169 KO. Zur Vermeidung von Weiterungen wird freilich der Verwalter sich meistens nicht streng auf den gesetzlichen Standpunkt stellen, sondern den Gläubigern die Hebungen zusenden, soweit er dies ohne eigene Gefahr kann. Die Kosten der Übersendung des Geldes haben aber jedenfalls die Gläubiger zu tragen.

Bei der Auszahlung hat der Verwalter besonders darauf zu achten, daß der Empfänger sich als zum Empfange des Geldes berechtigt ausweist. Die Vollmacht zur Vertretung eines Gläubigers im Konkursverfahren ermächtigt für sich allein den Bevollmächtigten **nicht**, die Konkurshebung für den Gläubiger in Empfang zu nehmen. Siehe § 81 ZPO. Meldet sich zur Empfangnahme des Geldes ein dem Verwalter nicht bekannter angeblicher Mitinhaber einer Handelsgesellschaft, so hat dieser seine Empfangsberechtigung durch einen neusten Auszug aus dem Handelsregister nachzuweisen. Vgl. § 125 HGB. Auch ein dem Verwalter nicht bekannter Firmeninhaber, der unter seiner Firma seine Forderung angemeldet hat, muß auf Verlangen Auszug aus dem Handelsregister beibringen oder sich sonstwie als Inhaber der Firma ausweisen. Sendungen an auswärtige Gläubiger können meist unbedenklich an die Firma erfolgen, unter der sie ihre Forderungen angemeldet haben, sofern nicht dem Verwalter eine Änderung der Firma oder ein Wechsel der Personen der Firmeninhaber bekannt geworden ist. Jedoch lassen die Bestimmungen des § 25 HGB. Vorsicht empfehlenswert erscheinen.

Auf eine **Wechselforderung** kann Zahlung nur an den geleistet werden, der den Wechsel vorlegt und sich als Inhaber der Forderung durch den Inhalt des Wechsels oder auf andere Art ausweist[1]). Die erfolgte Zahlung ist auf dem Wechsel zu vermerken. Art. 39 WO.

---

[1]) RG. 37. 5.

Erben eines Gläubigers haben sich als solche durch Vorlegung der letztwilligen Verfügung oder eines vom Nachlaßgericht ausgestellten Erbscheins auszuweisen[1]). Beim Vorhandensein mehrerer Erben kann der Verwalter, wenn der Erbfall unter der Herrschaft des Bürgerlichen Gesetzbuches sich ereignet hat, nur an alle Erben gemeinschaftlich zahlen. § 2039 BGB. Ist das nicht tunlich, so kann er hinterlegen. § 372 Satz 2, §§ 378, 379 BGB. Nach der Auseinandersetzung zwischen den Erben hat er natürlich an den zu zahlen, der ihm nachweist, daß er die Forderung überwiesen erhalten hat.

Falls ein Konkursgläubiger seine Forderung einem anderen abgetreten hat, kann die darauf entfallende Hebung nur noch dem Erwerber ausgezahlt werden, sobald der Verwalter von der Abtretung glaubhaft benachrichtigt und die Abtretung in rechtsgültiger Weise erfolgt ist. Was zu einer rechtswirksamen Abtretung gehört, darüber siehe Abschn. III unter g 4 Abs. 4. Als Benachrichtigung von der Abtretung genügt eine von dem bisherigen Gläubiger ausgegangene immer, eine von dem neuen Gläubiger ausgegangene aber nur dann, wenn dieser eine schriftliche Abtretungserklärung vom früheren Gläubiger erhalten hat und dem Verwalter in Urschrift vorlegt. § 409 BGB. Hat der Verwalter weder auf diese Weise noch sonstwie von der Abtretung Kenntnis erhalten, so ist die dem früheren Gläubiger geleistete Zahlung auch dem neuen Gläubiger gegenüber wirksam. § 407 Abs. 1 BGB. In jedem Falle kann der Verwalter die Aushändigung einer von dem alten Gläubiger ausgestellten Urkunde über die Abtretung verlangen; sonst braucht er an den neuen Gläubiger nicht zu zahlen. § 410 BGB. Hegt der Verwalter Zweifel über die Richtigkeit oder die Gültigkeit der Abtretung, so wird er am einfachsten beim Zedenten anfragen, ob dieser sie anerkennt und mit der Auszahlung der Hebung an den neuen Gläubiger einverstanden ist. Erhebt sich Streit zwischen dem alten und dem neuen Gläubiger, so wird er, wenn nicht die Bestimmungen des § 409 BGB. ihm Sicherheit bieten, die Hebung hinterlegen. §§ 372 ff. BGB.

Ist die Forderung eines Gläubigers im Wege des Arrestes oder im Wege der Zwangsvollstreckung für einen anderen gepfändet, so kann — die Rechtswirksamkeit der Pfändung vorausgesetzt — der Verwalter die auf die Forderung entfallende Hebung ohne ausdrückliche Einwilligung des anderen Beteiligten weder an den Pfändungspfandgläubiger, noch an dessen Schuldner zahlen. Der Pfändungspfandgläubiger kann die Auszahlung der Hebung bei mangelnder Einwilligung seines Schuldners erst dann beanspruchen, wenn er sich die gepfändete Forderung hat zur Einziehung oder an Zahlungsstatt überweisen und den Überweisungsbeschluß dem Verwalter hat zustellen lassen. §§ 835, 836 ZPO., §§ 135, 136 BGB. Zur Rechtswirksamkeit der Pfändung ist erforderlich, daß der gerichtliche Pfändungsbeschluß von dem Pfändungspfandgläubiger dem Verwalter zugestellt worden ist. § 6 KO. Sollte dies nicht

[1]) Am sichersten geht der Verwalter, wenn er stets die Vorlegung eines Erbscheins verlangt. Vgl. die §§ 2365—2367 BGB.

geschehen sein, so hat der Verwalter dem Gläubiger, gegen den die Pfändung hatte vorgenommen werden sollen, die Hebung auszuzahlen[1]).

Hat der Gläubiger seine Forderung einem anderen verpfändet, so gilt in Ansehung der Auszahlung der auf die Forderung entfallenden Hebung an den Pfandgläubiger zunächst das im vorigen Absatz Gesagte. § 1281 BGB. Der Pfandgläubiger hat jedoch die Auszahlung zu beanspruchen, sobald seine Forderung ganz oder zum Teil fällig ist und soweit die Hebung den fälligen Betrag seiner Forderung nicht übersteigt. § 1282 Abs. 1 BGB. Die Rechtsgültigkeit der Verpfändung ist nach dem maßgebenden bürgerlichen Rechte zu beurteilen. Wegen der Bestimmungen des Bürgerlichen Gesetzbuches vgl. Abschnitt IV unter II B 2.

Wenn ein Konkursgläubiger selbst in Konkurs verfallen ist, so ist die ihm gebührende Hebung an den Verwalter seines Konkurses zu zahlen. Sollte etwa nach der Eröffnung des Konkurses über das Vermögen des Gläubigers an diesen selbst eine Zahlung erfolgt sein, so ist für die Frage, ob die Zahlung seiner Konkursmasse gegenüber wirksam ist oder ob die Konkursmasse nochmalige Zahlung fordern kann, § 8 KO. maßgebend. S. Abschn. VII unter c.

Beträge, zu deren Empfang sich niemand meldet oder doch niemand ausweist, bleiben bis auf weiteres in der Masse, die die aufkommenden Zinsen zieht. Die Hinterlegung solcher Beträge erfolgt erst beim Vollzuge der Schlußverteilung nach Maßgabe des § 169 KO. Siehe Abschnitt XVI unter J.

L. Wirkungen des Vollzugs der Abschlagsverteilung. Nachzahlungen.

Die Wirkung des Vollzugs der Abschlagsverteilung besteht darin, daß die dabei nicht berücksichtigten Gläubiger ihre Befriedigung nur aus der Masse suchen können, die nach Abzug der auf die berücksichtigten Forderungen entfallenen Hebungen — mögen diese nun ausgezahlt oder zurückbehalten sein — übrig bleibt. § 155 KO. Ob die Berücksichtigung zu Recht oder zu Unrecht unterblieben ist, macht dabei keinen Unterschied. Ein zu Unrecht unberücksichtigt gebliebener Gläubiger kann nicht auf nachträgliche Zahlung der ihm gebührenden Hebung klagen; wegen des Verlustes, den er etwa infolge seiner Nichtberücksichtigung erleidet, steht ihm jedoch im Falle eines Verschuldens des Verwalters gegen diesen persönlich nach § 82 KO. ein Schadensersatzanspruch zu[2]). Auch Massegläubiger sind auf die Restmasse angewiesen, sofern ihre Ansprüche dem Verwalter erst nach der Festsetzung des zu verteilenden Prozentsatzes bekannt geworden sind. § 172 KO.

Aus der Restmasse können die nicht berücksichtigten Konkursgläubiger nach Beseitigung des Hindernisses, welches etwa ihrer Berücksichtigung ent-

---

[1]) Vorausgesetzt ist hierbei, daß die Zustellung des Pfändungsbeschlusses nach der Konkurseröffnung stattgefunden hat; vorher erfolgt sie natürlich an den Gemeinschuldner rechtswirksam.

[2]) Jur. Woch. 1890 S. 114[13] (Gruchot Bd. 34 S. 1201). Trifft ihn oder seinen Vertreter ein mitwirkendes Verschulden, so findet § 254 BGB. Anwendung. S. dazu LZ. 1909 S. 710 (OLG. Dresden).

gegen stand, den für die berücksichtigten Forderungen festgesetzten Prozentsatz vorweg verlangen, soweit die Restmasse reicht[1]). Dieses Recht ist indessen nicht von Amts wegen zu berücksichtigen, sondern nur, wenn es von den Gläubigern geltend gemacht wird. Auch fällt es, wenn bereits eine neue Verteilung im Gange ist, weg, soweit die Restmasse infolge des Ablaufs der für diese Verteilung geltenden Ausschlußfrist für die dabei zu berücksichtigenden Gläubiger zu verwenden ist. § 155 KO.

Wenn die Restmasse zu der Nachzahlung des festgestellten Prozentsatzes an den Nachzügler zweifellos hinreicht, so kann die Nachzahlung alsbald erfolgen. Der Genehmigung des Gläubigerausschusses und der Aufstellung eines Verzeichnisses der zu berücksichtigenden Forderungen bedarf es dazu nicht, weil es sich bei solchen Nachzahlungen nicht um ein neues Verteilungsverfahren handelt. Erscheint es zweifelhaft, ob die Restmasse ausreicht, so braucht der Verwalter an den Nachzügler nicht sofort zu zahlen, sondern kann ihn auf die nächste allgemeine Verteilung verweisen.

Ergibt sich, daß die Restmasse zur Zahlung des Prozentsatzes an mehrere Nachbezugsberechtigte, die Nachzahlung verlangen, nicht hinreicht, so werden die mehreren Nachzügler nicht nach der Reihenfolge ihrer Meldungen, sondern nach Verhältnis ihrer Forderungen befriedigt. Bevorrechtigte natürlich vor den Nichtbevorrechtigten.

M. **Weitere Abschlagsverteilungen.**

Die Abschlagsverteilungen werden so oft wiederholt, als infolge neuer Geldeingänge hinreichende Masse vorhanden ist und doch die Schlußverteilung noch nicht stattfinden kann. Für jede weitere Abschlagsverteilung gelten dieselben Vorschriften, wie für die erste[2]). Diejenigen Gläubiger, die bei den früheren Verteilungen nicht berücksichtigt sind, jetzt aber berücksichtigt werden müssen, erhalten aus der verfügbaren Masse die bei den früheren Verteilungen festgesetzten Prozentsätze vorweg, soweit diese ihnen nicht etwa inzwischen schon ausgezahlt sind. Kann nach § 168 KO. die Auszahlung an solche Nachzügler noch nicht erfolgen, so wird für sie nicht nur die neue Hebung, sondern auch der Betrag der früher festgesetzten Prozentsätze zurückbehalten[3]).

---

[1]) Ein Klagerecht darauf steht ihnen aber nicht zu. Gruch. Bd. 34 S. 1201.

[2]) Es ist also bei jeder Verteilung ein neues Verzeichnis der dabei zu berücksichtigenden Forderungen aufzustellen.

[3]) Nach jeder Verteilung hat der Verwalter dem Gericht anzuzeigen, welche Beträge er an die einzelnen Gläubiger gezahlt hat und wann die Zahlungen erfolgt sind. Verordn. v. 14. Febr. 1924 § 3. Der Gerichtsschreiber hat dann die gezahlten Beträge in der Tabelle zu vermerken. Das gleiche gilt nach jeder Zahlung gemäß § 170 KO. S. Abschn. XV unter A.

XVI. Die Schlußverteilung und die darauf stattfindende Beendigung des Konkurses.

A. Wann die Schlußverteilung erfolgt.

a) Voraussetzungen.

Die Schlußverteilung findet statt, sobald die Verwertung der Masse durchgeführt ist. § 161 Abs. 1 KO. Sie ist also nicht eher zulässig, als bis die ganze verwertbare Teilungsmasse in Geld umgesetzt ist. Die zur Masse gehörigen beweglichen und unbeweglichen Sachen müssen, soweit sie für die Konkursgläubiger Wert haben, veräußert, die ausstehenden Forderungen müssen eingezogen oder anderweit verwertet sein. Auch etwaige Prozesse über Gegenstände der Teilungsmasse müssen derart erledigt sein, daß entweder feststeht, daß nichts zur Masse gelangen wird, oder alles Erstrittene, soweit es überhaupt zu erlangen, zur Masse gebracht und in Geld umgesetzt ist. Schweben Zwangsvollstreckungen in Gegenstände der Konkursmasse, so ist deren Ergebnis abzuwarten, wenn es zweifelhaft ist, ob etwas und was von dem Erlöse zur Masse fließen wird. Dagegen braucht die Verwertung von Gegenständen, aus denen die Konkursgläubiger für sich nichts erwarten können, nicht erfolgt zu sein. Es hindert daher die Schlußverteilung nicht, wenn Grundstücke oder bewegliche Sachen, die offenbar mit Hypotheken-, oder Pfandrechten überlastet sind, unverwertet bleiben. Der Verwalter hat an solchen Gegenständen kein Interesse und kann sie aus der Masse freigeben oder doch ihre Verwertung den Hypotheken- oder Pfandgläubigern überlassen. Auch die Außenstände brauchen nicht sämtlich eingezogen zu sein. Bei offenbar uneinziehbaren Forderungen wäre es zweckwidrig, deren Einziehung im Wege des Prozesses zu versuchen. Bloß zweifelhafte Forderungen hingegen muß der Verwalter einzuziehen oder zu veräußern suchen. — Die Beendigung der in dem dargelegten Sinne aufzufassenden Verwertung der Masse ist die einzige Voraussetzung für die Vornahme der Schlußverteilung. Auf Konkursgläubiger, deren Forderungen nicht angemeldet oder wenigstens noch nicht geprüft sind; auf Absonderungsberechtigte, die ihren Verzicht oder Ausfall noch nicht nachgewiesen haben; auf den Eintritt aufschiebender Bedingungen, von denen das Recht von Konkursgläubigern abhängt; auf die Erledigung der über die Schuldenmasse schwebenden Prozesse; endlich auf die Erledigung der mit Massegläubigern bestehenden Streitigkeiten braucht nicht gewartet zu werden.

Wenn hiernach die Schlußverteilung erfolgen kann, der Verwalter aber mit deren Vornahme zögert, so kann ihn dazu das Gericht im Aufsichtswege, nötigenfalls durch Ordnungsstrafen, anhalten.

b) Wessen Genehmigung dazu erforderlich.

Will der Verwalter die Schlußverteilung vornehmen, so hat er dazu die Genehmigung des etwa vorhandenen Gläubigerausschusses und außerdem die Genehmigung des Gerichts nachzusuchen. §§ 150, 161 Abs. 2 KO. Dem Gericht hat er bei Stellung des Antrags die Genehmigung des Gläubigerausschusses nachzuweisen und darzulegen, wie weit die vorhanden gewesene Masse verwertet ist und aus welchen Gründen er von der Verwertung der noch vorhandenen Gegenstände glaubt absehen zu sollen.

B. Die an das Gericht bei Nachsuchung der Genehmigung der Schlußverteilung zu stellenden Anträge.

Mit dem Antrage auf Genehmigung der Schlußverteilung wird der Verwalter die Anträge verbinden:

1. seine Auslagen und sein Honorar festzusetzen,
2. falls ein Gläubigerausschuß vorhanden ist und dessen Mitglieder nicht auf Vergütung für ihre Mühewaltung verzichten, das Honorar und die zu erstattenden Auslagen für die Mitglieder des Gläubigerausschusses festzusetzen,
3. ihm den Betrag der Gerichtskosten mitzuteilen.

Er bedarf dieser Festsetzungen und dieser Mitteilung, um den Betrag der für die Verteilung unter die Konkursgläubiger verfügbaren Masse berechnen zu können. Zu 1 und 2 bleibt ihm überlassen, gleich die Festsetzung bestimmter Summen in Vorschlag zu bringen. Jedenfalls muß er mit seinem Antrage dem Gericht die erforderlichen Unterlagen geben, damit dieses sich ein zutreffendes Urteil über den Umfang, die Art und die Erfolge seiner Tätigkeit und der Tätigkeit des Gläubigerausschusses bilden und danach den Betrag der Honorare bemessen kann. Behufs Festsetzung der Auslagen ist ein Verzeichnis derselben (dessen Führung im Allgemeinen Teil empfohlen ist) einzureichen. Zu 3 hat der Verwalter den der Berechnung der Gerichtsgebühren zugrunde zu legenden Betrag der Teilungsmasse anzugeben. Diese Angabe kann durch Bezugnahme auf die Schlußrechnung ersetzt werden, wenn der Verwalter die Schlußrechnung gleich mit einreicht.

C. Die Schlußrechnung.

Dem Antrag auf Genehmigung der Schlußverteilung wird zweckmäßig gleich die Schlußrechnung nebst den dazu gehörigen Belegen beigefügt. Die Schlußrechnung überhebt den Verwalter der Mühe, dem Gericht eine besondere Darlegung über die Verwertung der Masse zu unterbreiten, und gewährt zugleich dem Gericht die Unterlagen für die Bemessung der Honorare des Verwalters und der Mitglieder des Gläubigerausschusses. Die zeitige Einreichung der Schlußrechnung ist aber auch schon darum zu empfehlen, weil der Termin, den das Gericht nach Genehmigung der Schlußverteilung anberaumt, auch zur Abnahme der Schlußrechnung bestimmt ist, und weil vor diesem Termin das Gericht Zeit behalten muß, die Schlußrechnung zu prüfen. Es ist deswegen als Regel zu betrachten, daß der Verwalter, noch bevor er die Genehmigung der Schlußverteilung beim Gericht beantragt, die Schlußrechnung aufstellt, um sie zugleich mit seinem Antrage dem Gericht einreichen zu können.

In der Schlußrechnung hat der Verwalter Bericht über seine gesamte Geschäftsführung von Beginn des Konkurses an zu erstatten, soweit er das nicht etwa schon während des Konkurses getan hat. Er hat also darzulegen: Was er an Masse bei der Konkurseröffnung vorgefunden und in Besitz genommen hat; welche Aussonderungs-, Absonderungs- und Masseansprüche erhoben worden und wie die erhobenen erledigt sind; welche Gegenstände nachträglich als zur Masse gehörig ermittelt sind; welche Anfechtungsansprüche sich ergeben haben und ob und wie diese durchgeführt sind; wie die Masse verwaltet ist; wie weit und in welcher Weise die Verwertung der Masse erfolgt ist; aus welchen Gründen die Verwertung der noch vorhandenen Gegenstände unterblieben ist; in welcher Weise die Abwickelung der zur Zeit der Konkurseröffnung schwebenden Geschäfte erfolgt ist; ob und wie die bei der Konkurseröffnung anhängig gewesenen Prozesse über die Teilungsmasse erledigt worden sind; endlich welche Ausgaben und aus welchen Anlässen sie für die Masse entstanden sind. Soweit zu den vom Verwalter vorgenommenen Geschäften die Genehmigung des Gläubigerausschusses oder der Gläubigerversammlung erforderlich war, ist nachzuweisen, daß diese Genehmigung erteilt worden. Außerdem ist über die Ausführung der vom Gläubigerausschuß oder der Gläubigerversammlung auf Grund der §§ 129, 132 KO. gefaßten Beschlüsse zu berichten. In der Form zerfällt die Schlußrechnung zweckmäßig in drei Teile: Den Bericht über die Verwaltung und Verwertung der Konkursmasse, der am besten im Anschluß an und unter steter Bezugnahme auf das Inventar abgefaßt wird, ferner die genaue Rechnung über die Einnahmen und Ausgaben, und endlich den Abschluß. Die Rechnung ist, bevor sie dem Gericht eingereicht wird, dem Gläubigerausschuß vorzulegen, der sie mit seinen Bemerkungen versieht. § 86 KO. Muster zur Schlußrechnung siehe Beilage J.

D. Obliegenheiten des Verwalters nach Genehmigung der Schlußverteilung.

Sobald das Gericht die Vornahme der Schlußverteilung genehmigt hat, hat der Verwalter

1. das Schlußverzeichnis aufzustellen und auf der Gerichtsschreiberei niederzulegen;
2. die in § 151 KO. vorgeschriebene Bekanntmachung zu erlassen;
3. wenn es nicht schon geschehen ist, die Schlußrechnung nebst Belegen auf der Gerichtsschreiberei niederzulegen.

Bekanntmachung und Schlußverzeichnis sind immer nötig, auch wenn die derzeit vorhandene Masse durch Nachzahlungen (siehe Abschn. XV unter L) erschöpft wird.

a) Aufstellung und Einreichung des Schlußverzeichnisses.

Das Schlußverzeichnis ist das Verzeichnis der bei der Schlußverteilung zu berücksichtigenden Forderungen. Es muß auf der Gerichtsschreiberei vor oder spätestens bei Erlaß der Bekanntmachung der Schlußverteilung durch den Verwalter (s. unter b) niedergelegt werden. Das Schlußverzeichnis wird nach denselben Grundsätzen aufgestellt, wie das Verzeichnis der bei Abschlagsverteilungen zu berücksichtigenden Forderungen, jedoch mit zwei Abweichungen.

1. Die Forderungen, für die ein Recht auf abgesonderte Befriedigung besteht, werden bei der Schlußverteilung nur zu dem Betrage berücksichtigt, mit dem sie bei der Verwertung des Gegenstandes des Absonderungsrechts ausgefallen sind, oder für den auf das Absonderungsrecht verzichtet ist. Auf die Verwertung der Gegenstände des Absonderungsrechts wird mit der Schlußverteilung nicht gewartet. Die Forderungen des Absonderungsberechtigten werden daher in das Schlußverzeichnis nur aufgenommen, wenn und soweit die Gläubiger dem Verwalter entweder ihren Verzicht oder ihren Ausfall nachweisen[1]). § 153 Nr. 1 KO. Absonderungsberechtigte Gläubiger erhalten bei der Schlußverteilung auf ihre absonderungsberechtigte Forderung gar nichts, Beträge, die etwa bei früheren Verteilungen für sie zurückbehalten waren, werden unter die übrigen Gläubiger mit verteilt, wenn nicht bis zum Ablauf der Ausschlußfrist dem Verwalter seitens der Gläubiger der Nachweis des Verzichts oder des Ausfalls erbracht wird[2]). § 156 KO. Wie der Nachweis des Verzichts zu führen ist, darüber siehe Abschn. XV D a δ unter Nr. 2. Der Nachweis des Ausfalls wird, soweit der Ausfall nicht dem Verwalter schon bekannt ist, durch die die Verwertung des Absonderungsgegenstandes betreffenden Urkunden geführt.

2. Forderungen unter einer aufschiebenden Bedingung werden bei der Schlußverteilung zwar der Regel nach berücksichtigt und in das Schlußverzeichnis aufgenommen. Ihre Berücksichtigung ist jedoch ausgeschlossen, wenn die Möglichkeit des Eintritts der Bedingung eine so entfernte ist, daß die Forderung einen gegenwärtigen Vermögenswert nicht hat. § 154 Abs. 2 KO. In diesem Falle werden die für die bedingte Forderung bei Abschlagsverteilungen zurückbehaltenen Beträge für die Schlußverteilung frei und unter die übrigen Gläubiger mit verteilt. § 156 KO. Ob die Möglichkeit des Eintritts der Bedingung eine zu entfernte ist, hat der Verwalter zu ermessen. Ist er darüber mit dem Gläubiger uneins, so nimmt er die Forderung in das Verzeichnis nicht auf und überläßt es dem Gläubiger, ob er ihre Aufnahme im Wege der Einwendung gegen das Schlußverzeichnis zu erwirken suchen will.

Die im Schlußverzeichnis berücksichtigten Forderungen werden, wenn schon eine Abschlagsverteilung stattgefunden hat, in ihrem ursprünglichen Betrage aufgeführt. Dabei ist dann aber zur besseren Übersicht in einer besonderen Spalte „Bemerkungen" anzugeben, für welche der berücksichtigten Forderungen bei der Abschlagsverteilung Beträge zurückbehalten oder ausgezahlt sind, und wie hoch sich die zurückbehaltenen oder gezahlten Beträge der Summe nach und in Prozenten belaufen.

---

[1]) Der Nachweis des wirklich eingetretenen Ausfalls kann durch den Nachweis, daß der Wert des Gegenstandes des Absonderungsrechts hinter dem Betrage der absonderungsberechtigten Forderung zurückbleibt, nicht ersetzt werden. Daher kann der Gläubiger auch nicht gegen den Verwalter auf Anerkennung eines zu erwartenden Ausfalls klagen. RG. 64. 225.

[2]) Das gleiche gilt für die Nachlaßgläubiger im Konkurse des Erben in den Fällen des § 234 KO.

Im Konkurse über einen Nachlaß müssen in das Schlußverzeichnis auch diejenigen Forderungen aufgenommen werden, die nach § 226 KO. den gewöhnlichen Konkursforderungen nachstehen. Das ist stets nötig, weil nach der Schlußverteilung noch Gegenstände ermittelt werden können, die zur Konkursmasse gehören, und weil für die etwa erforderlich werdenden Nachtragsverteilungen das Schlußverzeichnis maßgebend bleibt.

b) Bekanntmachung der Schlußverteilung.

Die Bekanntmachung ist entsprechend der Bekanntmachung bei einer Abschlagsverteilung zu fassen. Vgl. Abschn. XV zu E. Nur ist darin die zur Verteilung nach Abzug der Masseansprüche verfügbare Summe genau mitzuteilen, und es erscheint zweckmäßig, die zu Nachzahlungen zu verwendende Summe besonders anzugeben. Sie kann also etwa so lauten:

> In dem Konkurse über das Vermögen des Stärkefabrikanten R. A. hierselbst soll die Schlußverteilung erfolgen. Dazu sind 19317,43 M. verfügbar, wovon aber mehrere früher nicht berücksichtigte Gläubiger vorweg 1788,70 M. zu beanspruchen haben. Zu berücksichtigen sind Forderungen zum Betrage von 95542,16 M., darunter keine bevorrechtigten. Das Schlußverzeichnis liegt auf der Gerichtsschreiberei III des hiesigen Amtsgerichts zur Einsicht aus.
>
> B., 18. Juli 1918.
>
> Der Verwalter H. N.

Die Bekanntmachung wird veröffentlicht ebenso wie die bei Abschlagsverteilungen erfolgende. Die **Veröffentlichung muß so zeitig erfolgen, daß vor dem vom Gericht anberaumten Schlußtermin** (siehe unten zu E.) **nicht nur die Ausschlußfrist** (siehe Abschnitt XV zu G.) **abgelaufen ist, sondern auch dem Verwalter noch Zeit übrig bleibt, das Schlußverzeichnis gemäß den ihm bis zum Ablauf der Ausschlußfrist geführten Nachweisen zu berichtigen und zu ergänzen.**

Die Belagsblätter über die Bekanntmachung sind dem Gericht einzureichen.

Die rechtliche Bedeutung der Bekanntmachung ist dieselbe wie bei Abschlagsverteilungen, sie ist sogar insofern noch erheblich größer, als die Versäumung der Ausschlußfrist bei der Schlußverteilung für den in dem Schlußverzeichnis nicht berücksichtigten Gläubiger die Folge hat, daß er aus der Konkursmasse überhaupt nichts erhält. Vgl. §§ 152, 153, 155, 166 KO. und Abschnitt XV unter F, G.

c) Niederlegung der Schlußrechnung.

Die Schlußrechnung, über deren Inhalt bereits unter C das Erforderliche gesagt ist, muß nebst Belegen spätestens 3 Tage vor dem Schlußtermine zur Einsicht der Beteiligten auf der Gerichtsschreiberei niedergelegt werden. Ist sie dort, was die Regel bilden wird, schon früher, etwa schon mit dem Antrage auf Genehmigung der Schlußverteilung, niedergelegt, so empfiehlt es sich, bis spätestens drei Tage vor dem Termine einen Nachtrag einzureichen, worin über die etwa nach der Aufstellung der Rechnung geführten Geschäfte und die etwaigen nachträglichen Einnahmen und Ausgaben Rechnung gelegt wird.

E. **Der Schlußtermin.**

Der nach Genehmigung der Schlußverteilung vom Gericht anberaumte Schlußtermin ist bestimmt (§ 162 Abs. 1 KO.)

1. zur Abnahme der Schlußrechnung des Verwalters,
2. zur Erhebung von Einwendungen gegen das Schlußverzeichnis und zur Verhandlung über die erhobenen Einwendungen,
3. zur Beschlußfassung der Gläubiger über die nicht verwertbaren Vermögensstücke.

Der Verwalter hat im Termin zu erscheinen und die etwa erforderlichen Aufklärungen zu geben.

a) Abnahme der Schlußrechnung des Verwalters.

Wegen dieses Verhandlungsgegenstandes siehe S. 19.

b) Einwendungen gegen das Schlußverzeichnis.

Was den zweiten Verhandlungsgegenstand betrifft, so ist der Schlußtermin dazu bestimmt, für die Schlußverteilung die im § 158 Abs. 1 KO. zur Erhebung von Einwendungen bei Abschlagsverteilungen gegebene Frist zu ersetzen. Einwendungen gegen das Schlußverzeichnis können daher weder vor noch nach, sondern nur in dem Schlußtermine mit Rechtswirksamkeit erhoben werden. Die Einwendungen können sich gründen entweder darauf, daß die Forderung des die Einwendung Erhebenden zu Unrecht nicht berücksichtigt sei, oder darauf, daß die Forderung eines anderen zu Unrecht berücksichtigt worden sei. Dagegen kann ein Gläubiger, der die Ausschlußfrist versäumt hat, nicht durch Erhebung einer Einwendung noch seine Berücksichtigung erreichen. Der Verwalter kann Einwendungen überhaupt nicht erheben. Es gilt hier das gleiche wie bei Abschlagsverteilungen. Über die im Schlußtermine erhobenen Einwendungen entscheidet, soweit sie nicht gütlich erledigt werden, das Konkursgericht. § 162 Abs. 2 KO.

Vgl. hierzu Abschnitt XV unter J.

c) Beschlußfassung über die nicht verwertbaren Vermögensstücke.

Die nicht verwertbar gewesenen Vermögensstücke können einem Gläubiger durch Beschluß der Gläubigerversammlung zu einem zu vereinbarenden Preise übereignet, oder anderweit verwertet, oder noch fernerhin für die Gläubiger aufbewahrt[1]), oder dem Gemeinschuldner zur freien Verfügung überlassen

---

[1]) Ob das beschlossen werden kann, ist allerdings sehr zweifelhaft.

werden. Der Verwalter hat die bezüglichen Beschlüsse der Gläubigerversammlung auszuführen. Dem Gemeinschuldner steht gegen solche Beschlüsse kein Widerspruchsrecht zu.

F. Bedeutung des endgültig festgestellten Schlußverzeichnisses.

Das Schlußverzeichnis bildet so, wie es infolge der dem Verwalter nachträglich geführten Nachweise und infolge erhobener Einwendungen endgültig festgestellt wird, die ausschließliche Unterlage für die Schlußverteilung. Gläubiger, die in das festgestellte Verzeichnis keine Aufnahme gefunden haben, können bei der Schlußverteilung aus der Masse nichts erhalten, wenn sie auch ihre Aufnahme in das Verzeichnis hätten beanspruchen können. Solche Gläubiger erhalten auch bei etwaigen Nachtragsverteilungen nichts, weil für diese, wie schon bemerkt, das Schlußverzeichnis lediglich maßgebend bleibt. Der Verwalter ist ihnen aber unter Umständen schadensersatzpflichtig. S. Abschn. XV unter L.

G. Vollziehung der Schlußverteilung.

a) Wann sie zulässig ist.

Der Vollzug der Schlußverteilung kann nicht eher erfolgen, als bis sämtliche gegen das Schlußverzeichnis erhobenen Einwendungen endgültig erledigt sind. Denn da jetzt die ganze noch vorhandene Masse auszuschütten ist, so hat jede Einwendung Einfluß auf den zu verteilenden Prozentsatz.

b) Feststellung des zur Schlußverteilung zu bringenden Massebestands. Berechnung des zu verteilenden Prozentsatzes.

Einer besonderen Festsetzung dieses Prozentsatzes und seiner Mitteilung an die berücksichtigten Gläubiger bedarf es nicht. Der Verwalter hat den Prozentsatz nach dem Verhältnis der zu berücksichtigenden Forderungen zu dem zur Verteilung unter die Konkursgläubiger verfügbaren Massebestande zu berechnen. Zu dem verfügbaren Massebestande gehören auch die früher zurückbehaltenen, für die Schlußverteilung aber nach § 156 KO. frei werdenden Beträge (vgl. oben zu Da), ferner alles, was bis zur Ausführung der Schlußverteilung infolge neuerer Ermittelungen oder gewonnener Prozesse noch etwa zur Masse eingeht, endlich nach § 171 KO. auch Beträge, die zur Sicherstellung eines bedingt zur Aufrechnung befugten Schuldners der Konkursmasse nach Maßgabe des § 54 Abs. 3 KO. hinterlegt waren, sofern die Möglichkeit des Eintritts der Bedingung eine so entfernte ist, daß die Gegenforderung des Schuldners einen gegenwärtigen Vermögenswert nicht hat. Dagegen sind die bei Abschlagsverteilungen für einzelne Gläubiger zurückbehaltenen Beträge (vgl. Abschnitt XV K d unter β), insoweit sie nicht nach § 156 KO. für die Schlußverteilung frei werden, auch fernerhin für die Gläubiger zurückzubehalten und ihnen nach Beseitigung des der Auszahlung entgegenstehenden Hindernisses auszuzahlen, also von der vorhandenen Masse abzurechnen.

Ferner sind bei der Berechnung des zur Verteilung zu bringenden Prozentsatzes die noch unberichtigten Massekosten und Masseschulden von dem vorhandenen Bestande vorweg in Abzug zu bringen; und zwar nicht bloß die unstreitigen, sondern auch die streitigen, sofern nur die Masseansprüche bis zur Beendigung des Schlußtermins[1]) dem Verwalter bekannt geworden sind. § 172 KO. Ist bis zu diesem Zeitpunkt dem Verwalter bekannt geworden, daß der Massegläubiger wegen seines bestrittenen Anspruchs Klage erhoben hat, so ist außer dem Betrage des Anspruchs selbst auch der Betrag der voraussichtlich entstehenden Prozeßkosten von dem Massebestande abzuziehen. Zu den in Abrechnung zu bringenden Massekosten gehören auch die ihrem Betrage nach noch nicht feststehenden Auslagen, die im Konkursverfahren bei dessen Aufhebung entstehen (Kosten der Bekanntmachung der Aufhebung des Konkurses, Schreibgebühren, sowie etwaige Gebühren eines Rechnungsbeamten für Prüfung der richtigen Ausführung der Schlußverteilung). Zur Deckung dieser Kosten, über deren Betrag sich der Verwalter Auskunft von der Gerichtsschreiberei zu erbitten hat, ist eine ausreichende Pauschsumme einzubehalten. Was hiernach zur Verteilung unter die Konkursgläubiger übrig bleibt, ist möglichst vollständig zur Ausschüttung zu bringen. Freilich wird, schon weil die noch im Konkurse entstehenden Kosten nur ungefähr sich berechnen lassen, die verfügbare Masse niemals bis auf die letzte Mark verteilt werden können. Indessen tut der Verwalter gut, den zu verteilenden Prozentsatz so zu berechnen, daß nach der Verteilung nur ein ganz geringer Rest von der Masse übrig bleibt. Denn andernfalls setzt er sich der Gefahr aus, daß das Gericht im Aufsichtswege die nachträgliche Verteilung des verbliebenen Restbestandes anordnet, wodurch ihm eine bedeutende Mehrarbeit entstehen würde. Bleiben nach der Verteilung und nach Berichtigung der noch entstehenden Kosten nur wenige Mark übrig, so wird ein Antrag des Verwalters an das Gericht, ihm diesen geringen Betrag noch als weitere Vergütung für seine Bemühungen zu überweisen, meist Berücksichtigung finden, es erscheint aber auch kaum bedenklich, wenn der Verwalter einen solchen geringen Restbetrag nach vollständiger Abwicklung aller Geschäfte dem Gemeinschuldner auszahlt.

c) Besonderheiten im Nachlaßkonkurse.

Wenn im Nachlaßkonkurse soviel Masse vorhanden ist, daß nicht nur die bevorrechtigten und die gewöhnlichen Konkursgläubiger, sondern auch die in § 63 Nr. 1, 3 und 4 bezeichneten Gläubiger volle Befriedigung erhalten und sogar darüber hinaus noch etwas übrig bleibt, so gelten folgende Besonderheiten:

1. Nach § 228 Abs. 1 KO. darf das, was infolge der Anfechtung einer vom Erblasser oder ihm gegenüber vorgenommenen Rechtshandlung zur Konkursmasse zurückgewährt wird, nicht zur Berichtigung von Pflichtteilsansprüchen und auch nicht zur Berichtigung von Verbindlichkeiten aus den

[1]) Massegläubiger, die erst nach Beendigung des Schlußtermins dem Verwalter bekannt werden, haben keinen Anspruch auf Befriedigung aus der für die Schlußverteilung verfügbaren Masse, sind aber bei einer etwaigen Nachtragsverteilung zu berücksichtigen.

vom Erblasser angeordneten Vermächtnissen und Auflagen verwendet werden. Sind also dergleichen Verbindlichkeiten bei der Schlußverteilung zu berücksichtigen, so entfällt auf sie doch von dem Massebestande, der nach Befriedigung der Eingangs bezeichneten Gläubiger übrig bleibt, nur das, um was dieser Rest den Betrag des infolge von Anfechtungen zur Masse Zurückgewährten etwa übersteigt. Dagegen dient der Betrag des Zurückgewährten nur zur Befriedigung der etwa sonst noch vorhandenen Gläubiger. Soweit er dazu nicht erforderlich ist, steht er nicht den Erben zu, sondern ist denen, die infolge von Anfechtungen etwas zur Masse zurückgewährt haben, anteilig zu erstatten.

2. Nach § 228 Abs. 2 KO. haben die ausgeschlossenen oder den ausgeschlossenen gleichstehenden Nachlaßgläubiger auf das, was der Erbe auf Grund der Vorschriften der §§ 1978—1980 BGB. zur Masse zu ersetzen hat, nur insoweit Anspruch, als der Erbe auch nach den Vorschriften über die Herausgabe einer ungerechtfertigten Bereicherung (§§ 812ff. BGB.) ersatzpflichtig sein würde. Von dem ersetzten Betrage ist also, soweit davon nach Befriedigung der in § 63 Nr. 1, 3 und 4 KO. bezeichneten und aller besser berechtigten Gläubiger noch etwas übrig bleibt, zur Befriedigung der ausgeschlossenen oder als ausgeschlossen zu behandelnden Nachlaßgläubiger nur soviel zu verwenden, wie der Erbe auch schon auf Grund ungerechtfertigter Bereicherung hätte ersetzen müssen, während der Rest ausschließlich zur Befriedigung der etwa sonst noch zu berücksichtigenden Gläubiger dient, soweit er aber dazu nicht nötig, dem Erben zurückzuzahlen ist.

d) Wann die Gläubiger die Vollziehung der Schlußverteilung verlangen können.

Die Vollziehung der Schlußverteilung erfolgt alsbald nach Berechnung des zu verteilenden Prozentsatzes und der auf die einzelnen berücksichtigten Forderungen entfallenden Hebungen. Die berücksichtigten Gläubiger haben, nachdem der Verwalter die Bekanntmachung (oben zu D b) erlassen hat, ein Recht auf die Vollziehung der Schlußverteilung, es sei denn, daß infolge später hervorgetretener Anstände das Gericht die Aussetzung der Vollziehung anordnet.

e) Welche Beträge dabei zurückbehalten werden.

Auch bei der Schlußverteilung kann die Vollziehung nicht immer durch Auszahlung der Hebungen an die berücksichtigten Gläubiger erfolgen. In folgenden Fällen werden die Hebungen zurückbehalten:

1. Wenn die betreffende Forderung bestritten und noch im Prozesse befangen ist. § 168 Nr. 1 KO.,

2. wenn die betreffende Forderung von einer noch schwebenden aufschiebenden Bedingung abhängig ist. § 168 Nr. 2 KO.,

3. wenn die betreffende Forderung auflösend bedingt ist, die Bedingung noch schwebt und der Gläubiger auf den Fall des Eintritts der Bedingung zu einer Sicherheitsleistung verpflichtet ist, diese Sicherheit aber nicht geleistet hat. § 168 Nr. 4 KO.,

4. wenn die betreffende Forderung in dem Konkurse über das Privatvermögen des persönlich haftenden Teilhabers einer offenen Handelsgesellschaft, einer Kommanditgesellschaft oder einer Kommanditgesellschaft auf Aktien von einem Gesellschaftsgläubiger geltend gemacht ist, und der Ausfall noch nicht feststeht, den der Gläubiger im Konkurse über das Vermögen der Gesellschaft erleidet. § 212 KO. In diesem Falle ist der zurückzubehaltende Betrag für die volle Forderung des Gesellschaftsgläubigers zu berechnen. Nach Feststellung des Ausfalls erhält jedoch der Gläubiger von dem zurückbehaltenen Betrage nur soviel ausgezahlt, wie der verteilte Prozentsatz für den Ausfall berechnet ausmacht. Betrug also die ganze Forderung des Gesellschaftsgläubigers 5000 M. und erhalten die Gläubiger in dem Konkurse über das Privatvermögen des einen Gesellschafters 12%, so werden für den Gesellschaftsgläubiger 600 M. zurückbehalten. Empfängt dieser aber demnächst im Gesellschaftskonkurse 30%, so daß sein Ausfall nur 70% = 3500 M. beträgt, so erhält er von den 600 M. nur 420 M. ausgezahlt (12% auf 3500 M.), während die übrigen 180 M. für eine Nachtragsverteilung unter die Konkursgläubiger frei werden[1]).

f) Auszahlung der Hebungen.

Sofern keiner der unter e bezeichneten Fälle vorliegt, werden die Hebungen den berücksichtigten Konkursgläubigern ausgezahlt. Wo und an wen zu zahlen, darüber siehe Abschnitt XV K d unter γ. Zur Erhebung des Geldes wird den Gläubigern zweckmäßig vom Verwalter eine angemessene Frist gesetzt.

H. Rechenschaft über die Vollziehung der Schlußverteilung.

Nachdem die Schlußverteilung vollzogen ist, hat der Verwalter darüber dem Gericht unter Beifügung der Belege Rechenschaft abzulegen. Das wird in der Weise geschehen, daß er berichtet, wieviel der gesamte Massebestand betragen hat, wieviel davon für noch nicht erledigte Masseansprüche zurückzubehalten gewesen ist, und welchen Prozentsatz er zur Verteilung gebracht hat; daß er im Anschluß an das Schlußverzeichnis bei jeder einzelnen berücksichtigten Forderung erklärt, ob und wieviel er darauf gezahlt hat sowie wann und an wen die Zahlungen geschehen sind[2]); daß er die Belege über die erfolgten Zahlungen vorlegt, und daß er endlich bei denjenigen berücksichtigten Forderungen, worauf Zahlungen nicht erfolgt sind, darlegt, aus welchen Gründen die Zahlungen unterblieben sind. Ferner ist in dem Bericht anzugeben, wieviel Masse noch vorhanden und für welche (Konkurs- oder Masse-) Gläubiger sie zurückbehalten ist. Damit wird zweckmäßig der Antrag verbunden, zu bestimmen, wo die nicht abgehobenen oder zurückbehaltenen Beträge hinterlegt werden sollen.

---

[1]) Vgl. hierzu RG. 5. 52 und Abschn. XV zu D a unter γ.
[2]) S. dazu § 3 der Verordnung vom 14. Febr. 1924.

J. Was mit den nicht ausgezahlten Beträgen geschieht.

Die nicht zur Auszahlung gelangten Beträge werden nach Vollziehung der Schlußverteilung hinterlegt. Wo die Hinterlegung erfolgen soll, hat das Gericht nach seinem Ermessen zu bestimmen. § 169 KO. Die Hinterlegung braucht nicht notwendig bei der amtlichen Hinterlegungsstelle zu geschehen, wenn dies auch die Regel bilden wird. Die Hinterlegung ist Sache des Verwalters. In der der Hinterlegungsstelle abzugebenden Erklärung hat er den Grund der Hinterlegung kurz anzugeben, die Namen der zum Empfang der hinterlegten Beträge Berechtigten zu bezeichnen und, sofern die Hinterlegung auf Grund der Bestimmungen des § 168 KO. oder zur Sicherung streitiger Masseansprüche erfolgt, dafür Sorge zu tragen, daß die Auszahlung ohne seine Zustimmung nicht erfolgen kann. Wird die Hinterlegung aber nur dadurch nötig, daß wegen Erbfalls, Pfändung oder anderer Vorkommnisse zweifelhaft oder streitig ist, wem der Betrag gebührt, oder daß sich zur Empfangnahme niemand gemeldet hat, so ist die Hinterlegungserklärung so zu fassen, daß zur Auszahlung des hinterlegten Betrags weder eine Anweisung des Gerichts noch die Einwilligung des Verwalters erforderlich ist. Wer sich bei der Hinterlegungsstelle als Empfangsberechtigter meldet, hat ihr den Nachweis seiner Empfangsberechtigung zu führen. Vgl. § 14 der Preußischen Hinterlegungsordnung. — Zur tunlichsten Vermeidung von Hinterlegungen, aus denen ihm noch nach Jahren Mühewaltungen erwachsen können, mag der Verwalter vor Ausführung der Hinterlegung darauf hinzuwirken suchen, daß die Anstände, die die Auszahlung der noch vorhandenen Beträge verhindern, erledigt werden. Soweit die Hinterlegung erfolgt, geht sie auf Rechnung und Gefahr der beteiligten Gläubiger. Diese tragen also einen etwaigen Verlust des hinterlegten Geldes, haben aber auch Anspruch auf die davon aufkommenden Zinsen. § 169 KO. Werden hinterlegte Beträge später für die Masse frei, so werden sie gemäß § 166 KO. nachträglich unter die Konkursgläubiger verteilt.

K. Sonstige Maßregeln.

Erachtet das Gericht die Schlußverteilung nicht für vollständig oder nicht in der richtigen Art für vollzogen, so kann es vor der Aufhebung des Konkurses den Verwalter anweisen, die zur vollständigen und ordnungsmäßigen Vollziehung noch erforderlichen Maßregeln zu treffen. Diese Maßregeln können je nach Lage des Falls verschiedener Art sein. Namentlich kann die Zurückforderung und anderweite Verteilung zu Unrecht gezahlter Beträge nötig werden. Die Rückforderung kann erfolgen nach Maßgabe der §§ 812ff. BGB.

L. Die Aufhebung des Konkursverfahrens und deren Wirkung.

Nach dem Schlußtermin[1]) beschließt das Gericht die Aufhebung des Konkursverfahrens und macht diesen Beschluß bekannt. § 163 KO. Mit dem Tage, an dem die Bekanntmachung als bewirkt gilt, d. h. nach Ablauf des zweiten Tages nach der Ausgabe der die Bekanntmachung enthaltenden

[1]) Nicht notwendig erst nach der Vollziehung der Schlußverteilung.

Nummer des zur Veröffentlichung amtlicher Bekanntmachungen des Gerichts bestimmten Blattes[1]) (§ 76 KO.), ist der Konkurs beendet. Mit diesem Tage hört daher auch die Tätigkeit des Verwalters, soweit nicht etwa die Vollziehung der Schlußverteilung noch aussteht, im allgemeinen auf[2]). Der Verwalter hat seine Bestallung zurückzureichen[3]), und die übrig gebliebenen Vermögensstücke sowie die Bücher und Schriften, falls diese nicht etwa in einem Strafverfahren beschlagnahmt sind, dem Gemeinschuldner auszuantworten[4]). Der Gemeinschuldner erhält im wesentlichen die freie Verfügung über den Rest dessen, was zur Konkursmasse gehörte, zurück, namentlich über das, was der Verwalter aus der Masse aufgegeben hat, oder was nicht hat verwertet werden können, oder was durch den im Schlußtermin von den Gläubigern zu Punkt 3 der Tagesordnung gefaßten Beschluß ihm überlassen ist[5]). Indessen steht über die Beträge, die für streitige oder noch ungewisse Forderungen hinterlegt worden sind, sowie über die zu einer Nachtragsverteilung vorbehaltenen Vermögensstücke[6]) auch nach Aufhebung des Konkurses nicht ihm, sondern dem Verwalter die Verfügung zu. Aus diesem Grunde hat nicht der Gemeinschuldner, sondern der Verwalter Prozesse, die über streitige Masseansprüche bei Beendigung des Konkurses schweben, fortzuführen[7]), und aus demselben Grunde geht die Führung anderer Prozesse mit Beendigung des Konkurses auf den Gemeinschuldner nur insoweit über, als es sich bei ihnen um Gegenstände handelt, die seiner freien Verfügung anheimfallen[8]). Anfechtungsprozesse werden durch die Aufhebung des Konkurses überhaupt gegenstandslos[9]). Siehe Abschnitt VIII unter F.

XVII. Nachträgliche Verteilungen.

a) Wann Nachtragsverteilungen stattfinden.

Nach der Vollziehung der Schlußverteilung kann sich, auch wenn nichts von der Konkursmasse einer Nachtragsverteilung vorbehalten ist, noch verteil-

[1]) Wegen dieses Blattes vgl. Abschn. XV unter E.

[2]) S. aber wegen seiner Verpflichtung zu Nachtragsverteilungen Abschn. XVII unter b.

[3]) Das geschieht meist schon im Schlußtermin.

[4]) Das nähere rücksichtlich der Bücher und Schriften siehe im Allgemeinen Teil Abschn. III unter e S. 15

[5]) RG. 25. 8 (Jur. Woch. 1890 S. 114[14]), RG. 36. 23. Er kann daher namentlich über Forderungen, die weder eingezogen noch veräußert noch auch zu einer Nachtragsverteilung vorbehalten worden sind, gültig verfügen. Jur. Woch. 1895 S. 601[21].

[6]) Ob es zulässig ist, bekannte Bestandteile der Konkursmasse zu einer Nachtragsverteilung vorzubehalten, ist freilich zweifelhaft. RG. 28. 68 bejaht.

[7]) Vorausgesetzt, daß der Verwalter Masse zur Sicherstellung dieser Ansprüche zurückbehalten hat. Ist das nicht geschehen, so ist der Prozeß in der Hauptsache gegenstandslos geworden und kann es sich nur fragen, ob der Gläubiger den Prozeß gegen den gewesenen Gemeinschuldner fortführen will. RG. 32. 72. Der Verwalter ist aber solchenfalls dem Gläubiger schadensersatzpflichtig.

[8]) Siehe Jur. Woch. 1891 S. 472[20]; RG. 28. 68, 52. 330.

[9]) Zweifelhaft höchstens, ob erhobene Anfechtungsansprüche einer Nachtragsverteilung vorbehalten werden können. Vgl. RG. 31. 41.

bare Masse ergeben und so eine nachträgliche Verteilung erforderlich werden. Dies ist der Fall (§ 166 KO.)

1. wenn nach der Schlußverteilung noch Gegenstände, die zur Konkursmasse gehören, z. B. eine dem Gemeinschuldner vor der Konkurseröffnung angefallene Erbschaft, ermittelt werden[1]). Dabei ist gleichgültig, ob das Vorhandensein der Gegenstände während des Konkurses überhaupt unbekannt geblieben, oder ob es zwar bekannt gewesen, aber die Zugehörigkeit zur Masse unbekannt geblieben ist,

2. wenn infolge von Einwendungen gegen die Schlußrechnung der Verwalter der Masse Beträge zurückerstattet oder für einen durch ihn verschuldeten Schaden Ersatz geleistet hat,

3. wenn Beträge, die bei der Schlußverteilung zurückbehalten sind, nachträglich für die Masse frei werden. Die Zurückbehaltung kann erfolgt sein entweder auf streitige Masseansprüche oder für Konkursgläubiger in den Abschnitt XVI unter Ge bezeichneten vier Fällen. In dem Falle zu 4 muß ein Teil des zurückbehaltenen Betrags immer für die Masse frei werden, wenn der Gläubiger im Gesellschaftskonkurse nur irgend etwas auf seine Forderung erhält,

4. wenn Beträge zur Masse zurückfließen, entweder, weil sie irrtümlich gezahlt waren, oder weil die aufschiebende Bedingung, von der die Forderung des auf Grund des § 54 Abs. 3 KO. aus der Konkursmasse sichergestellten Schuldners des Gemeinschuldners abhing, sich nicht erfüllt hat.

Beträge, die während des Vollzugs der Schlußverteilung ermittelt oder für die Masse frei werden, kann der Verwalter noch bei der Schlußverteilung mitverteilen. Es empfiehlt sich dies aber nur, wenn dadurch keine Verwirrung und nicht zu umständliche Rechnungsarbeiten verursacht werden und wenn anzunehmen ist, daß weitere zu verteilende Beträge sich in der Folge nicht mehr ergeben werden. Anderenfalls tut der Verwalter besser, alle Beträge, die sich erst nach Beginn des Vollzugs der Schlußverteilung, d. h. nach der Berechnung der einzelnen Hebungen, als verteilbar ergeben, für eine Nachtragsverteilung zurückzustellen. Sofern in Aussicht steht, daß außer dem nachträglich zur Verteilung verfügbar gewordenen Betrag später noch weitere Beträge werden zur Verteilung gelangen können, ist mit der Nachtragsverteilung tunlichst so lange zu warten, daß nur eine Nachtragsverteilung zu erfolgen braucht. Zur Vermeidung einer zweiten oder noch weiterer Nachtragsverteilungen ist ferner soviel als möglich darauf zu sehen, daß bei der Nachtragsverteilung nicht wieder Beträge zurückbehalten werden müssen, sondern alle Hebungen ausgezahlt werden können.

---

[1]) RG. 36. 20. Jedoch sind Verfügungen die der Gemeinschuldner über solche Gegenstände nach Aufhebung des Konkurses getroffen hat, gültig. Nur kann ein Konkursgläubiger, der weiß, daß die Gegenstände hätten zur Masse gezogen werden können, an ihnen für sich ein Vorrecht zum Nachteil der übrigen Konkursgläubiger nicht wirksam erwerben. RG. 25. 7. (Jur. Woch. 1890 S. 114[14].)

b) Verfahren.

Die Nachtragsverteilungen erfolgen nach Anordnung des Konkursgerichts. § 166 KO. Der Verwalter muß diese Anordnung, wenn nötig, einholen. Sein Amt dauert trotz Aufhebung des Konkurses für die Nachtragsverteilungen fort, da diese nur als Ergänzungen der Schlußverteilung betrachtet werden[1]). Wegen dieses Charakters der Nachtragsverteilungen ist das Schlußverzeichnis, wie es für die Schlußverteilung endgültig festgestellt war, auch für sie derart maßgebend, daß Konkursforderungen, die in das Schlußverzeichnis nicht aufgenommen sind, unter keiner Bedingung berücksichtigt werden können[2]) § 166 KO. Hieraus ergibt sich weiter, daß eine besondere Ausschlußfrist (§ 152 KO.) bei Nachtragsverteilungen nicht stattfindet, und daß es der Bekanntmachung des Betrags der zu berücksichtigenden Forderungen nicht bedarf. Die im § 151 KO. vorgeschriebene Bekanntmachung hat zwar auch bei Nachtragsverteilungen zu erfolgen; es ist aber nur die zur Verteilung verfügbare Summe bekannt zu machen. Diese Summe ist nicht gleichbedeutend mit der nachträglich ermittelten oder zurückgeflossenen Masse, da hiervon die dem Verwalter bekannten Massekosten und Masseschulden vorweg in Abzug zu bringen sind. Etwas Massekosten entstehen bei Nachtragsverteilungen immer, da aus Anlaß solcher Verteilungen beim Konkursgericht Auslagen erwachsen. Masseansprüche müssen vom Verwalter insoweit berücksichtigt werden, als sie ihm bis zur Bekanntmachung der Nachtragsverteilung, d. h. bis zu dem Zeitpunkte, in dem diese Bekanntmachung nach § 76 KO. als bewirkt gilt, bekannt geworden sind. § 172 KO.

Der Vollzug der Nachtragsverteilungen erfolgt in derselben Weise, wie der Vollzug der Schlußverteilung. Es kann also auch bei Nachtragsverteilungen vorkommen, daß Beträge nicht ausgezahlt werden können, sondern zurückbehalten und hinterlegt werden müssen.

c) Rechnungslegung.

Über die Verwaltung und Verteilung der zur Nachtragsverteilung gebrachten Beträge hat der Verwalter dem Gericht[3]) Rechnung zu legen. Das Gericht prüft die Rechnung und kann den Verwalter zur Erledigung etwaiger Erinnerungen veranlassen.

d) Honorar.

Für die unter Umständen nicht unerheblichen Bemühungen, die eine Nachtragsverteilung erfordert, kann dem Verwalter vom Gericht ein besonderes Honorar bewilligt werden; einen Rechtsanspruch auf ein solches Honorar hat er indessen regelmäßig nicht, es sei denn, daß er für die Nachtragsverteilung besonders ernannt ist.

---

[1]) Ist der bisherige Verwalter behindert, so wird ein anderer an seiner Stelle zur Vollziehung der Nachtragsverteilung ernannt. OLG. 23. 305 (LZ. 1911 S. 872[1] Stuttgart)

[2]) Natürlich bleiben aber diejenigen im Schlußverzeichnisse berücksichtigten bedingten und streitigen Forderungen außer Betracht, deren Nichtbestehen oder deren Wegfall inzwischen festgestellt worden ist.

[3]) Die Tätigkeit und die Befugnisse des Gläubigerausschusses und der Gläubigerversammlung sind mit der Aufhebung des Konkurses in Wegfall gekommen.

XVIII. Beendigung des Konkurses durch Zwangsvergleich.

Der Gemeinschuldner kann der schweren Belastung, die für ihn darin liegt, daß er den Gläubigern auch nach Ausschüttung der ganzen Konkursmasse für den Betrag ihrer nicht getilgten Forderungen mit seinem gesamten Vermögen verpflichtet bleibt, abgesehen von freiwilligem Erlaß, nur durch Herbeiführung eines Zwangsvergleichs sich entledigen. Ein solcher war früher nur im Konkurse zulässig. Die Verordnung vom 14. Dezember 1916 (RGBl. S. 1363) läßt aber auch einen Zwangsvergleich zur Abwendung des Konkurses zu, wenn auf Antrag eines Schuldners über ihn die Geschäftsaufsicht angeordnet ist[1]).

1. Voraussetzungen der Zulässigkeit des Zwangsvergleichs.

Der Abschluß eines Zwangsvergleichs ist im Konkurse zulässig, sobald der allgemeine Prüfungstermin abgehalten ist und so lange, bis das Gericht die Vornahme der Schlußverteilung genehmigt hat. § 173 KO. Der Abschluß eines Zwangsvergleichs kann in allen Konkursen mit alleiniger Ausnahme derjenigen über das Vermögen eingetragener Genossenschaften[2]) stattfinden. Es müssen aber in dem Konkurse einer offenen Handelsgesellschaft, einer Kommanditgesellschaft oder einer Kommanditgesellschaft auf Aktien sämtliche persönlich haftende Gesellschafter, in dem Konkurse über einen Nachlaß sämtliche Erben übereinstimmend den Vergleichsvorschlag machen[3]). §§ 211, 230 KO.

In folgenden Fällen ist der Abschluß eines Zwangsvergleichs unzulässig (§ 175 KO.):

1. solange der Gemeinschuldner flüchtig ist, oder die Ableistung des Offenbarungseides verweigert,
2. solange gegen den Gemeinschuldner wegen betrüglichen Bankrotts eine gerichtliche Untersuchung oder ein wiederaufgenommenes Verfahren anhängig ist,
3. wenn der Gemeinschuldner wegen betrüglichen Bankrotts rechtskräftig verurteilt ist.

Sofern der Vergleichsvorschlag von mehreren Personen ausgehen muß, ist der Zwangsvergleich unzulässig, wenn auch nur bezüglich einer dieser Personen ein Unzulässigkeitsgrund vorliegt.

---

[1]) Antragsberechtigt ist ein Schuldner, wenn er infolge des Krieges oder der aus ihm erwachsenen wirtschaftlichen Verhältnisse zahlungsunfähig geworden ist, ein Schuldner, über den im Falle der Überschuldung Konkurs eröffnet werden kann, auch, wenn infolge der genannten Verhältnisse bei ihm eine Überschuldung eingetreten ist. Dem Antrag ist stattzugeben, wenn begründete Aussicht besteht, daß die Zahlungsunfähigkeit oder Überschuldung in absehbarer Zeit behoben oder der Konkurs durch ein Übereinkommen mit den Gläubigern abgewendet werden wird. § 1 der Verordn. v. 14. Dez. 1916 in der Fassung der Verordn. v. 8. Febr. 1924 (RGBl. S. 51). Durch diese letzte Verordn. ist dem § 1 in Abs. 3 eine Einschränkung des Antragsrechts beigefügt.

[2]) Diese Ausnahme gilt nicht, wenn der Vergleich im Geschäftsaufsichtsverfahren geschlossen wird. Verordn. v. 14. Dez. 1916 § 35 Abs. 2.

[3]) Nachlaßverwalter können ebenfalls den Vorschlag machen. Ob und wann mehrere gemeinschaftlich handeln müssen, darüber vgl. die §§ 1915, 1797 BGB.

Ferner ist das Gericht befugt (wenn auch nicht verpflichtet), den Vergleichsvorschlag zurückzuweisen, wenn in dem Konkursverfahren bereits ein Vergleichsvorschlag von den Gläubigern abgelehnt oder vom Gericht verworfen oder vom Gemeinschuldner nach der öffentlichen Bekanntmachung des Vergleichstermins zurückgezogen ist, und der Konkursverwalter in Übereinstimmung mit dem etwa vorhandenen Gläubigerausschusse die Zurückweisung des neuen Vergleichsvorschlags beantragt. § 176 KO.

2. Form und Inhalt des Vergleichsvorschlags.

Einer besonderen Form bedarf der Vergleichsvorschlag nicht, Schriftform genügt[1]). Was seinen Inhalt betrifft, so ist folgendes zu bemerken: Der Vergleichsvorschlag muß angeben, in welcher Weise die Befriedigung der Gläubiger erfolgen sowie ob und in welcher Art ihnen Sicherstellung gewährt werden soll[2]). § 174 KO. Das Gesetz verlangt die Sicherstellung der Gläubiger nicht, die Gläubiger werden sie aber zumeist selbst fordern, und deshalb muß tatsächlich den Gläubigern in der Regel eine Sicherung für die gehörige und rechtzeitige Erfüllung der durch den Vergleichsvorschlag vom Gemeinschuldner übernommenen Verpflichtungen geboten werden. In welcher Weise den Gläubigern eine Sicherstellung zu gewähren, bleibt dem Vorschlage des Gemeinschuldners überlassen. Die angebotene Sicherheit (Pfand oder Bürgschaft) ist natürlich in der gesetzlich vorgeschriebenen Form zu bestellen[3]), doch braucht ihre Bestellung nicht gleich bei Einreichung des Vergleichsvorschlags zu geschehen. Macht die Beschaffung einer Bürgschaftserklärung Schwierigkeiten, so kann sich der Gemeinschuldner in der Weise helfen, daß er den Zwangsvergleich unter der Bedingung der Bürgschaftsbeschaffung abschließt[4]).

---

[1]) Einem Vergleichsvorschlag im Geschäftsaufsichtsverfahren sind beizufügen:

a) von der zum Abschluß des Vergleichs nach Zahl und Forderungssumme erforderlichen Mehrheit von Gläubigern (§§ 37—40 der Verordn.) die schriftlichen Erklärungen, daß sie der Eröffnung des Vergleichsverfahrens auf der Grundlage des Vorschlags zustimmen;

b) ein nach Möglichkeit glaubhaft gemachtes Vermögensverzeichnis (§ 20 der Verordn.) nach der Vermögenslage zur Zeit des Antrags.

Nachholung dieser Beilagen ist zulässig. Verordn. v. 14. Dez. 1916 § 41.

[2]) Im Geschäftsaufsichtsverfahren darf der Vergleich nur auf Erlaß oder Stundung oder beides, allein oder in Verbindung mit Bestimmungen über die Sicherung seiner Durchführung gerichtet sein. Verordn. v. 14. Dez. 1916 § 35.

[3]) Eine Bürgschaftsübernahme muß schriftlich erklärt werden. Die Schriftform kann aber durch Erklärung zu Protokoll im Vergleichstermin ersetzt werden. Streitig ist, ob die Übernahme nicht überhaupt im Termin erklärt werden muß. Ist der Bürge zugleich Konkursgläubiger und stimmt er im Vergleichstermin für den seine Bürgschaft anbietenden Vergleichsvorschlag, so ist darin die Übernahme der Bürgschaft zu erblicken. RG. 64. 82 (Jur. Woch. 1906 S. 685[5]).

[4]) Die festgestellten vergleichsmäßigen Forderungen sind dann gegen den Bürgen vollstreckbar, auch wenn er die Bürgschaft erst nach Bestätigung des Zwangsvergleichs übernommen hat. RG. 56. 72.

Der Zwangsvergleich kann nur mit den nicht bevorrechtigten Konkursgläubigern geschlossen werden[1]). § 173 KO. Die bevorrechtigten Konkursgläubiger sowie die Massegläubiger und die Aussonderungsberechtigten sind dabei nicht beteiligt und müssen wegen ihrer Ansprüche, soweit sie begründet sind, vollständig befriedigt werden. Absonderungsberechtigte sind, wenn sie eine persönliche Forderung an den Gemeinschuldner haben, insoweit bei dem Zwangsvergleich beteiligt, als sie für ihre Forderung aus dem Gegenstande ihres Absonderungsrechts Befriedigung nicht erlangen oder auf ihr Absonderungsrecht verzichten. Allen nicht bevorrechtigten Gläubigern muß der Vergleich gleiche Rechte gewähren[2]). Hiervon kann nur mit ausdrücklicher Zustimmung der zurückgesetzten Gläubiger abgewichen werden[3]). § 181 KO. Außer diesen Gesetzesvorschriften ist bei der Einbringung des Vergleichsvorschlags noch zu berücksichtigen, daß durch den Vergleich den Gläubigern mehr geboten werden muß, als sie bei der Verwertung und Verteilung der vorhandenen Masse zu erwarten haben, da sonst auf Annahme des Vergleichsvorschlages nicht zu rechnen ist; ferner, daß ein Angebot von weniger als 20% zwar an sich zulässig ist, aber wegen der Vorschrift des § 187 KO. nicht selten aussichtslos sein wird.

3. Wann der Vergleichsvorschlag eingebracht werden kann. Verfahren nach seiner Zulassung.

Der Vergleichsvorschlag kann schon bei der Konkurseröffnung dem Gericht eingereicht werden. Das Gericht kann dann mit der ersten Gläubigerversammlung den allgemeinen Prüfungstermin, der dem Vergleichstermin vorhergehen muß, verbinden. § 110 Abs. 2 KO. Läßt das Gericht den Vorschlag zu, so beraumt es zur Beschlußfassung darüber auf nicht länger als einen Monat hinaus einen Termin an. Dieser kann auf Antrag des Gemeinschuldners unter Zustimmung des etwa vorhandenen Gläubigerausschusses gleich mit dem allgemeinen Prüfungstermin verbunden werden. §§ 179, 180 KO. Es ist also unter Umständen möglich, die erste Gläubigerversammlung, den allgemeinen Prüfungstermin und den Zwangsvergleichstermin auf einen und denselben Tag zu legen. Außerdem veranlaßt das Gericht den Gläubigerausschuß, sich über die Annehmbarkeit des Vergleichsvorschlags zu erklären, wenn solche Erklärung nicht etwa schon beigebracht ist. § 177 Abs. 1 KO. Erklärt der Gläubigerausschuß den Vergleichsvorschlag für unannehmbar, so hindert diese Erklärung zwar nicht die Abhaltung des Vergleichstermins, sie hat aber zur Folge, daß ein Widerspruch des Gemeinschuldners gegen die Verwertung der Masse (vgl. § 135 Abs. 2 KO.; Allg. Teil, Abschnitt II S. 10) nicht berücksichtigt wird. § 177 Abs. 2 KO.

---

[1]) Für Vergleiche im Geschäftsaufsichtsverfahren s. §§ 33, 13 der Verordn. v. 14. Dez. 1916.

[2]) Warn. Rechtspr. Bd. 10 Nr. 241 S. 376. S. jedoch RG. 61. 296 und Jur. Woch. 1905 S. 695[22].

[3]) Eine Ausnahme läßt für Vergleiche im Geschäftsaufsichtsverfahren zu der § 34 Abs. 1 Satz 3 der Verordn. v. 14. Dez. 1916.

Wenn der Gemeinschuldner einen zulässigen Zwangsvergleichsvorschlag gemacht hat, so kann auf seinen Antrag das Gericht die vom Verwalter beabsichtigte — nicht aber auch die von der Gläubigerversammlung beschlossene — Schließung des Geschäfts untersagen. § 130 KO. Ferner kann es die Aussetzung einer vom Verwalter in Aussicht genommenen Abschlagsverteilung anordnen, sofern die für diese Verteilung maßgebende Ausschlußfrist noch nicht abgelaufen ist. § 160 KO. Im übrigen aber nimmt die Verwertung und die Verteilung der Konkursmasse trotz des Vergleichsvorschlages ihren Fortgang; selbst die Schlußverteilung kann wegen eines beabsichtigten Zwangsvergleichs nicht aufgehalten werden. Ist sie schon genehmigt, so findet ein Zwangsvergleich nicht mehr statt.

4. Der Vergleichstermin.

Der Vergleichstermin findet erst nach Abhaltung des allgemeinen Prüfungstermins statt. In dem Termin hat der Gemeinschuldner zu erscheinen und seinen Vorschlag vorzutragen und zu begründen. Ist er am Erscheinen verhindert, so hat er sich durch eine mit gehöriger Vollmacht versehene prozeßfähige Person vertreten zu lassen. Bis zur Annahme des Vergleichsvorschlags durch die Gläubigerversammlung kann er den gemachten Vorschlag ändern oder ganz zurückziehen. Maßgebend für ihn sind die Erklärungen, die er im Termine abgibt; etwaige abweichende Erklärungen, die er vor dem Termine abgegeben hatte, kommen nicht weiter in Betracht. Dasselbe gilt für die Bürgen eines Zwangsvergleichs.

5. Tätigkeit des Verwalters im Zwangsvergleichsverfahren[1]).

Die Tätigkeit des Verwalters ist im Zwangsvergleichsverfahren verhältnismäßig unbedeutend. Der Verwalter wirkt nur insoweit mit als er

a) Gründe, die den Abschluß des Zwangsvergleichs nach § 175 KO. unzulässig machen, zur Sprache zu bringen hat,

b) befugt ist, die Zurückweisung des Vergleichsvorschlags zu beantragen, wenn bereits in dem Konkursverfahren ein Vergleichsvorschlag von den Gläubigern abgelehnt oder vom Gericht verworfen oder vom Gemeinschuldner nach der öffentlichen Bekanntmachung des Vergleichstermins zurückgezogen ist. § 176 KO.,

c) im Vergleichstermin sich über den Vergleichsvorschlag gutachtlich zu äußern hat[2]). § 184 Abs. 2 KO.

---

[1]) Ist im Geschäftsaufsichtsverfahren ein Zwangsvergleich beantragt, so soll die Aufsichtsperson vor dem Vergleichstermine, soweit es erforderlich erscheint, mit den Gläubigern verhandeln, namentlich mit denen, die der Eröffnung des Vergleichsverfahrens nicht zugestimmt haben oder deren Forderungen bestritten sind. Im Vergleichstermin hat die Aufsichtsperson über die Sachlage zu berichten und sich darüber zu äußern, ob sie den Vergleich und die für seine Erfüllung angebotenen Sicherheiten für angemessen erachtet. Verordn. v. 14. Dez. 1916 §§ 45 u. 49. Vor der Entscheidung über den Vergleichsantrag ist die Aufsichtsperson zu hören. § 42.

[2]) Für eine ungünstige gutachtliche Äußerung ist er dem Gemeinschuldner nicht verantwortlich. Warn., Rechtspr. Bd. 8 Nr. 65 S. 93.

Um dem Verwalter zu den Erklärungen zu a und b Gelegenheit zu geben, wird ihm der Vergleichsvorschlag entweder gleich vom Gemeinschuldner oder vom Gericht mitgeteilt. Sind ihm Gründe bekannt, die den Zwangsvergleich unzulässig machen, so ist es seine Pflicht, sie dem Gericht anzuzeigen. Die Befugnis, die Zurückweisung des Vergleichsvorschlags gemäß § 176 KO. zu beantragen, steht ihm, wenn ein Gläubigerausschuß bestellt ist, nur im Einverständnis mit diesem zu. Von der Befugnis Gebrauch zu machen hat der Verwalter z. B. dann Anlaß, wenn der neue Vergleichsvorschlag ebenso aussichtslos ist, wie der frühere, und wenn durch das Vergleichsverfahren die Ausführung einer beschlossenen Abschlagsverteilung verzögert werden würde. Vgl. § 160 KO. Im Vergleichstermin liegt es dem Verwalter ob, den Stand der Masse und die Aussichten, die die Konkursgläubiger bei deren Verwertung und Verteilung haben, so darzulegen, daß den Gläubigern ein Urteil darüber ermöglicht wird, ob es in ihrem Interesse liegt, den angebotenen Zwangsvergleich anzunehmen. Es erscheint daher nötig, daß der Verwalter sich auf den Termin gehörig vorbereitet, um den Gläubigern die erforderlichen Darlegungen machen zu können.

6. Was zur Annahme des Zwangsvergleichs erforderlich ist.

Zur Annahme des Vergleichs ist nach § 182 KO. erforderlich:

1. Daß die Mehrzahl der im Termin anwesenden[1]) oder vertretenen stimmberechtigten Gläubiger dem Vergleich ausdrücklich zustimmt,

2. daß die Gesamtsumme der Forderungen der zustimmenden Gläubiger wenigstens drei Viertel der Gesamtsumme aller zum Mitstimmen berechtigten Forderungen beträgt[2]).

Schriftlich eingehende Zustimmungserklärungen werden nicht berücksichtigt[3]). § 97 KO. Erscheint für einen Gläubiger ein Bevollmächtigter, so muß er sich durch schriftliche Vollmacht[4]) ausweisen. Die Vollmacht zur Vertretung im Konkursverfahren ermächtigt aber auch zur Vertretung im Zwangsvergleichstermin.

Das Stimmrecht der Gläubiger ist im allgemeinen das gleiche, wie in jeder Gläubigerversammlung. Vgl. Anhang III unter 6. Namentlich ist das Stimmrecht absonderungsberechtigter Konkursgläubiger nicht davon abhängig, daß sie auf ihr Absonderungsrecht verzichten oder ihren Ausfall nachweisen; sie können vielmehr auf ihre bloße Angabe hin, daß und welchen Ausfall sie mutmaßlich erleiden werden, an den Abstimmungen teilnehmen,

---

[1]) Im Geschäftsaufsichtsverfahren ist zur Annahme des Zwangsvergleichs eine Mehrheit aller vorhandenen, nicht nur der anwesenden Gläubiger erforderlich. Das gilt auch für die Summenmehrheit. Verordn. v. 14. Dez. 1916 § 37.

[2]) Im Geschäftsaufsichtsverfahren genügt einfache Summenmehrheit, wenn der Vergleich nur auf Stundung bis zu einem Jahr nach der Bestätigung allein oder in Verbindung mit Zinserlaß für die Dauer der Stundung gehen soll. § 38.

[3]) Bei einem Zwangsvergleich im Geschäftsaufsichtsverfahren genügen sie. § 51.

[4]) Wegen der Stempelsteuer ist auf der Vollmacht der Wertgegenstand anzugeben. Dieser bestimmt sich wohl nach dem Betrage, den der Gläubiger auf Grund des Zwangsvergleichs erhalten soll. Vgl. § 6 des Preußischen Stempelsteuergesetzes vom 31. Juli 1895.

solange nicht der Verwalter oder ein anderer Konkursgläubiger dagegen Widerspruch erhebt. Wird ein Widerspruch erhoben, so entscheidet über ihr Stimmrecht das Gericht. Nur wenn sie auf ihr Absonderungsrecht bereits verzichtet haben oder wenn ihr Ausfall bereits eingetreten und nachgewiesen ist, ist natürlich der danach feststehende Ausfall für ihr Stimmrecht maßgebend. Ausgeschlossen vom Stimmrecht sind jedoch sämtliche bevorrechtigten Konkursgläubiger, weil deren Rechte durch den Abschluß des Zwangsvergleichs nicht berührt werden.

Ferner ist mit Rücksicht darauf, daß bei der Berechnung der Summenmehrheit alle zum Stimmen überhaupt berechtigenden Forderungen gezählt werden, folgendes zu bemerken:

Gezählt werden zunächst nur die Forderungen, deren Stimmrecht gemäß § 95 Abs. 1 KO. festgestellt ist, absonderungsberechtigte nur, wenn die Gläubiger ihren Verzicht oder ihren Ausfall bereits nachgewiesen haben. Nicht geprüfte Forderungen, aufschiebend bedingte Forderungen, sowie Forderungen Absonderungsberechtigter[1]), deren Ausfall oder Verzicht nicht nachgewiesen ist, werden nur mitgezählt, wenn die Gläubiger im Vergleichstermin erscheinen und Stimmrecht beanspruchen und wenn dieser Anspruch entweder keinen Widerspruch findet oder durch Entscheidung des Gerichts für begründet erklärt wird.

Stimmberechtigt sind übrigens alle nicht bevorrechtigten Konkursgläubiger, auch diejenigen, die Konkursforderungen erst nach der Konkurseröffnung erworben haben, nicht minder die Verwandten des Gemeinschuldners, ja selbst der Vergleichsbürge, wenn er zugleich Gläubiger des Gemeinschuldners ist. Eingeschränkt ist aber durch den § 183 KO. das Stimmrecht des Ehegatten des Gemeinschuldners. Der Ehegatte soll bei der Berechnung der beiden Stimmenmehrheiten außer Betracht bleiben, wenn er dem Vergleich zugestimmt hat[2]). Die gleiche Einschränkung erleidet unter den Voraussetzungen des Abs. 2 des § 183 KO. das Stimmrecht desjenigen, dem der Ehegatte des Gemeinschuldners eine Forderung abgetreten hat.

Ist auch nur eine der in § 183 KO. bezeichneten beiden Mehrheiten nicht erreicht, so ist der Vergleichsvorschlag als abgelehnt anzusehen. Wenn jedoch wenigstens eine von den beiden Mehrheiten erreicht ist, so kann der Gemeinschuldner bis zum Schlusse des Vergleichstermins (nicht auch noch später) die einmalige Wiederholung der Abstimmung in einem neuen Termin verlangen. § 182 Abs. 2 KO.

7. Gerichtliche Bestätigung des Zwangsvergleichs.

Der angenommene Zwangsvergleich bedarf der Bestätigung des Konkursgerichts. Das Gericht entscheidet, nachdem es die Gläubiger, den Verwalter

---

1) Diesen stehen gleich die Forderungen der Gesellschaftsgläubiger im Falle des § 212 KO. und die Forderungen der Nachlaßgläubiger in den Fällen des § 234 KO.

2) Ebenso im Geschäftsaufsichtsverfahren. Verordn. v. 14. Dez. 1916 § 40.

und den Gläubigerausschuß in dem Vergleichstermin oder in einem späteren Termine gehört hat)[1]. § 184 KO. Es hat den Vergleich zu verwerfen[2]):

a) Von Amts wegen, selbst bei einstimmiger Annahme des Vergleichs:

1. Wenn die für das Verfahren und den Abschluß des Vergleichs gegebenen Vorschriften nicht beobachtet sind und das Fehlende nicht ergänzt werden kann;

2. wenn ein Fall der Unzulässigkeit des Zwangsvergleichs (§ 175 KO.) nachträglich eingetreten ist. § 186 KO.;

3. wenn der Vergleich den Gläubigern nicht mindestens 20% ihrer Forderungen gewährt und dies Ergebnis auf ein unredliches Verhalten des Gemeinschuldners, insbesondere darauf zurückzuführen ist, daß der Gemeinschuldner durch ein solches Verhalten die Eröffnung des Konkurses verzögert hat. § 187 Satz 1 KO.

Das Gericht kann einen Zwangsvergleich, nach dem die Gläubiger weniger als 20% ihrer Forderungen erhalten sollen, auch dann von Amts wegen verwerfen, wenn dieses geringe Ergebnis auf ein leichtsinniges Verhalten des Gemeinschuldners zurückzuführen ist. § 187 Satz 2 KO.

b) Auf Antrag:

1. Wenn der Vergleich durch Begünstigung eines Gläubigers oder sonst in unlauterer Weise zustande gebracht ist[3]);

2. wenn der Vergleich dem gemeinsamen Interesse der nicht bevorrechtigten Konkursgläubiger widerspricht. § 188 Abs. 1 KO.

Antragsberechtigt ist jeder nicht bevorrechtigte Konkursgläubiger, welcher stimmberechtigt war oder seine Forderung glaubhaft macht, selbst wenn er am Vergleichsverfahren nicht teilgenommen oder sogar dem Vergleiche zugestimmt hat. Der Antrag muß sich auf bestimmte Tatsachen gründen, die glaubhaft zu machen sind. § 188 Abs. 2 KO.

Im Nachlaßkonkurse ist der Zwangsvergleich auch dann zu verwerfen, wenn einer von den in § 226 Abs. 2 Nr. 2—5 und Abs. 4 KO. bezeichneten Gläubigern es beantragt und glaubhaft macht, daß der Vergleich sein berechtigtes Interesse verletzt. Gegen die Bestätigung des Vergleichs haben auch diese Gläubiger, obwohl sie an ihm nicht teilnehmen, das Beschwerderecht. § 230 Abs. 2 KO.

Gegen den Beschluß, wodurch das Gericht den Zwangsvergleich bestätigt oder verwirft, steht dem Gemeinschuldner und jedem nicht bevorrechtigten Konkursgläubiger, der stimmberechtigt war oder seine Forderung glaubhaft macht, binnen 14 Tagen nach der Verkündung des Beschlusses das Rechtsmittel der sofortigen Beschwerde zu. § 189 KO.

---

[1]) Im Nachlaßkonkurse sind auch die in § 226 KO. Abs. 2 unter Nr. 2 bis 5 und Abs. 4 bezeichneten Gläubiger zu hören. § 230 Abs. 2 KO.

[2]) Für einen Zwangsvergleich im Geschäftsaufsichtsverfahren sind die Gründe, aus denen er zu verwerfen ist, zum Teil abweichend geregelt in den §§ 54, 55 der Verordn. v. 14. Dez. 1916.

[3]) Ist ein gegen § 181 KO. verstoßendes Sonderabkommen getroffen worden, so wird dadurch der Zwangsvergleich nicht nichtig; ein solches Sonderabkommen kann zwar die Bestätigung des Zwangsvergleichs verhindern, ist er aber rechtskräftig bestätigt worden, so besteht er zu Recht. Jur. Woch. 1893 S. 269[16].

8. Obliegenheiten des Verwalters nach rechtskräftiger Bestätigung des Zwangsvergleichs[1]).

Sobald der Beschluß, durch den das Gericht den Zwangsvergleich bestätigt hat, rechtskräftig geworden ist, hat der Verwalter

1. Schlußrechnung zu legen (§ 86 KO.) und dabei die Festsetzung des Honorars und der Auslagen für sich und den Gläubigerausschuß zu beantragen,
2. aus der in seinem Besitze befindlichen Konkursmasse die unstreitigen Masseansprüche und die festgestellten bevorrechtigten Konkursforderungen zu berichtigen. § 191 KO.,
3. die bestrittenen Masseansprüche sowie die nicht festgestellten aber glaubhaft gemachten bevorrechtigten Konkursforderungen sicherzustellen. § 191 KO.

Die Vorschrift, daß auch die bevorrechtigten Konkursgläubiger zu befriedigen oder sicherzustellen sind, beruht darauf, daß durch den Zwangsvergleich nur die nicht bevorrechtigten Konkursforderungen betroffen werden.

a) Schlußrechnung.

Zur Abnahme der Schlußrechnung beraumt das Gericht einen Termin an, in dem nicht nur der Gemeinschuldner, sondern auch die — möglicherweise noch dabei interessierten — Konkursgläubiger Einwendungen gegen die Schlußrechnung erheben können. Über Form und Inhalt dieser Rechnung siehe Abschnitt XVI zu C; über die Wirkungen der Rechnungsabnahme siehe Allg. Teil Abschnitt IV unter d S. 19. Die Rechnung ist nebst den Belegen und den Bemerkungen des Gläubigerausschusses spätestens drei Tage vor dem Termin auf der Gerichtsschreiberei niederzulegen.

b) Befriedigung und Sicherstellung der Massegläubiger und der bevorrechtigten Konkursgläubiger.

Masseansprüche und bevorrechtigte Forderungen, die festgestellt und fällig sind, hat der Verwalter aus der Masse zu befriedigen.

Bestrittene Masseansprüche müssen sichergestellt werden, wenn sie dem Verwalter bis zur Aufhebung des Konkurses bekannt werden[2]). Ebenso unstreitige aber noch nicht fällige[3]). Dagegen werden bevorrechtigte Konkurs-

---

[1]) Nach rechtskräftiger Bestätigung eines im Geschäftsaufsichtsverfahren zur Abwendung des Konkurses geschlossenen Zwangsvergleichs endigt die Geschäftsaufsicht ohne weiteres mit der Wirkung, daß die Verrichtungen der Aufsichtsperson und eines etwa bestellten Gläubigerbeirats aufhören. Ein Schlußtermin findet nicht statt. Die Aufsichtsperson hat für die Befriedigung oder Sicherstellung der Gläubiger nach Beendigung der Geschäftsaufsicht nicht zu sorgen. Der Schuldner kann über sein Vermögen wieder unbeschränkt verfügen, soweit nicht etwa der Inhalt des Zwangsvergleichs entgegensteht. Andrerseits genießt er nicht mehr den Schutz des § 6 der Verordn. v. 14. Dez. 1916. § 69 dieser Verordn.

[2]) Zu den sicherzustellenden Kosten gehören auch die Kosten schwebender Anfechtungsprozesse.

[3]) Demnach sind auch Forderungen wegen Pacht- und Mietzinsen, die auf Grund eines für die Konkursmasse fortgesetzten Pacht- oder Mietvertrags später zahlbar werden, sicherzustellen.

forderungen, die noch nicht festgestellt sind, nur dann sichergestellt, wenn sie glaubhaft gemacht sind. Ob dies für geschehen zu erachten, ist dem pflichtgemäßen Ermessen des Verwalters überlassen. Um sich aber nicht selbst verantwortlich zu machen, wird er in zweifelhaften Fällen die geltend gemachten bevorrechtigten Forderungen stets als glaubhaft gemacht ansehen. Sicherzustellen sind übrigens alle dem Verwalter bekannten, also auch die gar nicht angemeldeten bevorrechtigten Forderungen, sofern sie glaubhaft gemacht sind.

Über die Art und Weise der Sicherstellung hat der Verwalter sich mit den Gläubigern zu einigen. In Ermangelung einer Einigung ist die Sicherstellung gemäß den §§ 232ff. BGB. zu bewirken. Die Sicherstellung erübrigt sich, soweit der Gemeinschuldner fällige sicherungsberechtigte Forderungen anerkennt. Soweit dies geschieht, kann der Verwalter den Gläubigern aus der Masse Zahlung leisten; zu seiner eigenen Sicherung möge er sich jedoch hierzu eine ausdrückliche Einwilligungserklärung vom Gemeinschuldner geben lassen.

Der Verwalter hat sorgfältig zu prüfen, welche Masseforderungen und bevorrechtigten Konkursforderungen bestehen. Er macht sich den Gläubigern persönlich verantwortlich, wenn er solche Forderungen fahrlässigerweise nicht befriedigt bzw. nicht sicherstellt. Auch für Rechtsirrtum haftet er, wenn dieser nicht aus besonderen Gründen entschuldbar erscheint[1]).

c) Die nicht bevorrechtigten Konkursgläubiger.

Für die nicht bevorrechtigten Konkursgläubiger hat der Verwalter nicht zu sorgen. Wegen Zahlung der Vergleichsrate haben sich diese Gläubiger lediglich an den Gemeinschuldner zu halten, wenn sie sich nicht durch die Bedingungen des Zwangsvergleichs eine Sicherheit verschafft haben. Sicherheit können sie sich allerdings auch dadurch schaffen, daß sie sich ausbedingen, der Gemeinschuldner müsse die vorhandene Masse in den Händen des Konkursverwalters belassen, und dieser solle befugt sein, die Masse zur Auszahlung der Vergleichsraten zu verwenden. Der Verwalter ist jedoch nicht verpflichtet, sich hierauf einzulassen, und handelt, wenn er freiwillig die vergleichsmäßige Befriedigung der Konkursgläubiger aus der Masse übernimmt, nicht mehr in seiner Eigenschaft als Konkursverwalter, sondern als Treuhänder der Gläubiger bzw. des Gemeinschuldners[2]).

9. Aufhebung des Konkurses. Ausantwortung der Masse an den Gemeinschuldner[3]).

Nachdem der Verwalter die Massegläubiger und die bevorrechtigten Konkursgläubiger befriedigt bzw. sichergestellt hat, hat er davon unter Beifügung der Belege und seiner Bestallung dem Gericht Anzeige zu machen. Das Gericht verfügt sodann, falls nicht etwa eine im Zwangsvergleich aus-

---

[1]) S. Abschn. X unter b.

[2]) Er kann alsdann Ansprüche, die zu der Masse gehören, im Prozeßwege geltend machen. RG. 89. 131.

[3]) Bez. des Geschäftsaufsichtsverfahrens s. die Anm. oben zu 8.

bedungene Sicherheitsleistung (z. B. eine Eintragung im Grundbuch) noch aussteht, die Aufhebung des Konkurses und macht den Aufhebungsbeschluß öffentlich bekannt. § 190 KO. Sobald die Bekanntmachung als bewirkt gilt (vgl. § 76 Abs. 1 KO.), ist der Konkurs beendigt. Mit diesem Zeitpunkt[1]) erlangt daher der Gemeinschuldner das Recht zurück, über die Konkursmasse frei zu verfügen; der Verwalter hat sie ihm auszuantworten, soweit nicht der Zwangsvergleich ein anderes bestimmt. § 192 KO[2]). Die Ausantwortung der Masse vor formeller Beendigung des Konkurses kann der Gemeinschuldner nicht beanspruchen.

Die Rechte und Pflichten aus dauernden Rechtsverhältnissen, z. B. aus Miet- und Pachtverträgen, werden fortan nicht mehr vom Verwalter, sondern von dem gewesenen Gemeinschuldner ausgeübt. Dieser hat auch die schwebenden Prozesse, insbesondere solche über streitige Masseansprüche und bevorrechtigte Forderungen, fortzuführen[3]). Auch Prozesse über Gegenstände der Konkursmasse hat der Gemeinschuldner fortzuführen, es sei denn, daß der Zwangsvergleich die Gegenstände seiner Verfügung entzogen hat[4]). Ausgenommen sind Anfechtungsprozesse. Diese können weder vom Gemeinschuldner noch vom Verwalter fortgeführt werden, da das Anfechtungsrecht nur im Konkurse und nur für die Konkursgläubiger ausgeübt werden kann[5]). Solche Prozesse können auch wegen der Kosten vom Verwalter nicht fortgesetzt werden[6]). Ob ihre Fortsetzung der Kosten wegen dem Gemeinschuldner zusteht und gegen den Gemeinschuldner stattfinden kann, ist streitig. Die Frage dürfte aber zu bejahen sein[7]).

Eine Unterbrechung der schwebenden Prozesse hat die Aufhebung des Konkurses nicht zur Folge[8]). Die Aufhebung des Konkurses bewirkt nicht einen Wechsel der Partei sondern nur den Wegfall der Vertretungsbefugnis des

---

[1]) Jur. Woch. 1893 S. 487[10]; LZ. 1911 S. 160[3] (OLG. Dresden).

[2]) Ob der Gemeinschuldner die Masse zur Erfüllung des Zwangsvergleichs verwendet, das geht den Verwalter nichts an, es sei denn, daß er in dieser Beziehung den Gläubigern gegenüber Verpflichtungen übernommen hat. Der Verwalter hat auch kein Recht, dem Gemeinschuldner etwas von der Masse um deswillen vorzuenthalten, weil die Forderung eines Gläubigers auf Zahlung der Zwangsvergleichsrate gepfändet ist. Denn die Erfüllung des Zwangsvergleichs liegt nicht ihm sondern dem Gemeinschuldner ob. Eine Folge des Grundsatzes des § 192 KO. ist die, daß, wenn der Verwalter nach Aufhebung des Konkurses die Masse unterschlägt, der Verlust den gewesenen Gemeinschuldner trifft, selbst dann, wenn der Verwalter nach den Bestimmungen des Zwangsvergleichs die Masse unter die Gläubiger verteilen sollte. Jur. Woch. 1893 S. 486[8].

[3]) RG. 27. 113; Jur. Woch. 1902 S. 643[13].

[4]) RG. 28. 68, 32. 72; Jur. Woch. 1900 S. 296[11]. Hat der Gemeinschuldner sich nur den Konkursgläubigern gegenüber verpflichtet, den zu erstreitenden Betrag an sie abzuführen, so steht das seiner Befugnis zur Fortführung des schwebenden Prozesses nicht entgegen. Jur. Woch. 1895 S. 62[9].

[5]) RG. 7. 35, 31. 40; Jur. Woch. 1893 S. 253[16], 1895 S. 185[16] (Gruch. Bd. 39 S. 1091).

[6]) RG. 27. 113, 31. 40.

[7]) So RG. 52. 331. Entscheidend ist dann für die Frage der Kostenpflicht, ob die Anfechtung begründet war oder nicht. RG. 58. 414.

[8]) RG. 47. 372, Jur. Woch. 1902 S. 643[13]; RG. 58. 371, 73. 312.

Verwalters; der Gemeinschuldner war die eigentliche Partei und bleibt es[1]). Die vom Verwalter erteilte Prozeßvollmacht bleibt nach der Aufhebung des Konkurses in Kraft[2]).

10. Wirkung des rechtskräftig bestätigten Zwangsvergleichs auf die Rechte der Konkursgläubiger[3]).

Der rechtskräftig bestätigte Zwangsvergleich ist wirksam für und gegen alle nicht bevorrechtigten Konkursgläubiger, auch wenn sie an der Beschlußfassung über den Vergleich, oder selbst an dem ganzen Konkursverfahren, nicht teilgenommen oder gegen den Vergleich gestimmt haben[4]). Eine zur Aufrechnung gegen eine Forderung des Gemeinschuldners geeignete Forderung wird jedoch durch den Vergleich nicht berührt, auch dann nicht, wenn die Aufrechnung erst nach Abschluß des Zwangsvergleichs erklärt wird[5]). Die Rechte der Gläubiger gegen Mitschuldner und Bürgen des Gemeinschuldners sowie die Rechte aus einem für die Forderung bestehenden Pfandrecht, aus einer für sie bestehenden Hypothek, Grundschuld oder Rentenschuld oder aus einer zu ihrer Sicherung eingetragenen Vormerkung bleiben bestehen[6]). § 193 KO. Diejenigen Konkursgläubiger, deren Forderungen im Prüfungsverfahren festgestellt[7]) und nicht von dem Gemeinschuldner im Prüfungstermin ausdrücklich bestritten sind, können gegen den Gemeinschuldner auf Grund des Zwangsvergleichs die Vergleichsraten sofort nach deren Fälligkeit ohne vorgängige Klage zwangsweise beitreiben lassen. § 194 KO. Dagegen können die Gläubiger nicht wegen Nichterfüllung der vom Gemeinschuldner durch den Zwangsvergleich eingegangenen Verpflichtungen die Aufhebung des vergleichsmäßigen Erlasses fordern, es sei denn, daß ihnen dieses Recht in dem Vergleich eingeräumt ist. § 195 KO.

Der Zwangsvergleich, der im Konkurse einer offenen Handelsgesellschaft, einer Kommanditgesellschaft oder einer Kommanditgesellschaft auf Aktien geschlossen wird, begrenzt, soweit er nicht ein anderes bestimmt, zugleich den Umfang der persönlichen Haftung der Gesellschafter. § 211 Abs. 2 KO.[8]).

---

[1]) LZ. 1908 S. 705[3]; Jur. Woch. 1910 S. 623[21].

[2]) RG. 73. 312; LZ. 1911 S. 153[4] (Jur. Woch. 1910 S. 943[21]).

[3]) Entsprechendes gilt, wenn im Geschäftsaufsichtsverfahren ein Zwangsvergleich geschlossen ist. Verordn. v. 14. Dez. 1916 §§ 60, 61, 63.

[4]) Über die Wirkungen des Zwangsvergleichs gegenüber Absonderungsberechtigten siehe Jur. Woch. 1893 S. 502[15], RG. 37. 13 (Jur. Woch. 1896 S. 205[18, 19]), LZ. 1908 S. 606[3]. RG. 92. 181. Über seine Wirkungen für den Vergleichsbürgen Jur. Woch. 1896 S. 5[18]; RG. 56. 72.

[5]) Jur. Woch. 1913 S. 215[32], 929[18], RG. 80. 407; LZ. 1913 S. 861[4].

[6]) In der vorbehaltlosen Annahme der Zwangsvergleichsrate kann auch ein Verzicht auf diese Rechte nicht ohne weiteres gefunden werden. RG. 16. 68, 64. 425; Jur. Woch. 1896 S. 35[26], 1900 S. 344[13], Gruchot Bd. 44 S. 729. S. aber Jur. Woch. 1910 S. 29[53]. Darüber, welche Wirkung die Zustimmung eines Absonderungsberechtigten zum Zwangsvergleich auf das Absonderungsrecht hat, s. RG. 77. 403 (Jur. Woch. 1912 S. 253[24]).

[7]) Siehe RG. 22. 153 (Jur. Woch. 1888 S. 425[8]).

[8]) Das bezieht sich aber nicht auf ausgeschiedene Gesellschafter. RG. 29. 28; Jur. Woch. 1897 S. 210[21]; RG. 56. 366.

Eine Anfechtung des Zwangsvergleichs ist nur gemäß den §§ 195—197 KO. zulässig, also nicht wegen Irrtums[1]).

Die Wirkung des Zwangsvergleichs reicht jedoch nur soweit, daß trotz des Vergleichs eine natürliche Verbindlichkeit zur vollen Befriedigung der durch ihn betroffenen Gläubiger bestehen bleibt. Daher kann eine Zahlung, die über die Vergleichsrate hinaus vom Gemeinschuldner geleistet wird, nicht zurückgefordert werden[2]).

11. Aufhebung des durch den Zwangsvergleich gewährten Erlasses[3]).

Die Aufhebung des durch den Zwangsvergleich dem Gemeinschuldner gewährten Schulderlasses findet nur in zwei Fällen statt:

1. Wenn der Zwangsvergleich durch Betrug zustande gebracht ist, so kann jeder Gläubiger, auch einer, der dem Zwangsvergleich zugestimmt hat, den vergleichsmäßigen Erlaß seiner Forderung unbeschadet der ihm durch den Vergleich gewährten Rechte anfechten. Diese Anfechtung ist jedoch nur zulässig, wenn der Gläubiger ohne sein Verschulden außerstande war, den Anfechtungsgrund vor der Bestätigung des Zwangsvergleichs geltend zu machen[4]). § 196 KO.

2. Wenn der Gemeinschuldner wegen betrüglichen Bankrotts rechtskräftig verurteilt wird, so wird dadurch von selbst für alle Gläubiger der durch den Zwangsvergleich begründete Erlaß aufgehoben, während die ihnen durch den Vergleich gewährten Rechte bestehen bleiben. § 197 Abs. 1 KO.

In dem letzteren Falle kann jeder Konkursgläubiger, sofern nur genügende Masse vorhanden ist oder ein zur Deckung der Masseschulden und der in § 58 Nr. 1 und 2 bezeichneten Massekosten ausreichender Geldbetrag vorgeschossen wird, die Wiederaufnahme des Konkursverfahrens beantragen. § 198 Abs. 1 KO. Siehe hierüber Abschnitt XX.

12. Kosten des Vergleichsverfahrens.

Die gerichtlichen Kosten des Zwangsvergleichsverfahrens fallen in jedem Falle dem Gemeinschuldner zur Last. Ob sie zu den Massekosten zu rechnen und demgemäß vom Verwalter aus der Konkursmasse zu berichtigen sind, ist zweifelhaft und streitig. Die Frage dürfte indes zu bejahen sein. Besondere Gebühren werden übrigens für das Verfahren nicht erhoben sondern nur die Auslagen. Die Kosten, die den einzelnen Gläubigern durch ihre Teilnahme an dem Verfahren entstehen, fallen unter § 63 Nr. 2 KO. Diese Kosten hat der Gemeinschuldner wohl nur zu tragen, wenn er sie in dem Vergleichsvorschlag übernommen hat.

---

[1]) Das gilt auch für den Vergleichsbürgen. RG. 57. 270 (Jur. Woch. 1904 S. 298[28])

[2]) RG. 42. 108; LZ. 1908 S. 606[3]; Gruch. 53. 1004. Über die Wirkung der Zahlung der Vergleichsrate an einen Absonderungsberechtigten s. RG. 78. 76 (Jur. Woch. 1912 S. 251[23]).

[3]) Wegen der bezüglichen Bestimmungen für einen im Geschäftsaufsichtsverfahren geschlossenen Zwangsvergleich s. die §§ 64, 65 der Verordn. v. 14. Dez. 1916.

[4]) S. hierzu Jur. Woch. 1903 S. 182[35].

XIX. Einstellung des Konkursverfahrens mit Zustimmung der Gläubiger.

a) Voraussetzungen der Einstellung. Verfahren.

Wenn der Gemeinschuldner einen Zwangsvergleich nicht beabsichtigt oder nicht herbeiführen kann, aber doch die Durchführung des Konkursverfahrens und die dadurch bedingte Veräußerung der Masse verhindern will, so steht ihm hierzu nur ein Weg offen, nämlich der, daß er die Zustimmung der Konkursgläubiger[1]) zur Einstellung des Konkursverfahrens erwirkt.

Die Einstellung des Verfahrens erfolgt durch Beschluß des Konkursgerichts auf einen vom Gemeinschuldner schriftlich oder zu Protokoll zu stellenden Antrag.

Dem Antrage ist stattzugeben, wenn die Zustimmungserklärungen aller der Konkursgläubiger beigebracht werden, die bis zum Ablauf der Anmeldefrist und der unten im letzten Absatz erwähnten Widerspruchsfrist Forderungen angemeldet haben. Die Zustimmungserklärungen können natürlich durch den Nachweis ersetzt werden, daß die Gläubiger durch Zahlung oder sonstwie befriedigt sind. Unbedingt erforderlich sind auch nur die Zustimmungserklärungen der Gläubiger, deren Forderungen festgestellt sind. Inwieweit es der Zustimmung oder Sicherstellung der übrigen Gläubiger bedarf, darüber entscheidet das Konkursgericht nach freiem Ermessen. § 202 Abs. 1 KO. Eine Beglaubigung der Zustimmungserklärungen ist nicht erforderlich. Die Einstellung des Verfahrens kann auch schon vor Ablauf der Anmeldefrist erfolgen. Dazu gehört aber, daß die Zustimmung aller bekannten Gläubiger beigebracht wird. § 202 Abs. 2 KO.

Erachtet das Gericht den Antrag des Gemeinschuldners für begründet, so macht es ihn öffentlich bekannt und veranlaßt, daß er mit den beigebrachten Zustimmungserklärungen auf der Gerichtsschreiberei zur Einsicht der Konkursgläubiger niedergelegt wird. Die Konkursgläubiger können alsdann binnen einer Frist von einer Woche, die mit dem Ablauf des zweiten Tages nach der Ausgabe des die Einrückung oder die erste Einrückung der Bekanntmachung enthaltenden Blattes beginnt, gegen den Antrag Widerspruch erheben. Das Widerspruchsrecht steht im Falle des § 202 Abs. 1 KO. jedem Konkursgläubiger zu, der bis zum Ablaufe der Widerspruchsfrist, wenn auch erst nach dem Einstellungsantrage des Gemeinschuldners, eine Forderung angemeldet hat. § 203 Abs. 1 KO. Der Widerspruch kann nur darauf gegründet werden,

daß die Zustimmung eines Gläubigers, dessen Zustimmung es bedarf, nicht beigebracht sei,

oder daß eine beigebrachte Zustimmungserklärung nicht echt oder erschlichen sei,

---

[1]) Auch der bevorrechtigten. Der Zustimmung der Massegläubiger und der Aussonderungsberechtigten bedarf es aber nicht, der Zustimmung der absonderungsberechtigten Gläubiger nur, soweit sie einen Ausfall dartun.

oder daß die erforderliche Sicherstellung eines nicht zustimmenden Gläubigers nicht erfolgt sei.

Der Widerruf einer einmal erteilten Zustimmung ist nicht ohne weiteres statthaft. Er ist nur insoweit zu berücksichtigen, als die Zustimmungserklärung nach dem bürgerlichen Recht wegen Betrugs, Irrtums oder aus anderen besonderen Gründen für den Gläubiger unverbindlich ist.

Erfolgt ein Widerspruch, den das Gericht für begründet erachtet, so kann die Einstellung des Verfahrens nicht erfolgen, wenn nicht der Widerspruch zurückgezogen oder durch Befriedigung des widersprechenden Gläubigers oder sonstwie erledigt wird. Der Gemeinschuldner wird sich deswegen mit dem Widersprechenden zu verständigen suchen.

Nach Ablauf der Widerspruchsfrist beschließt das Gericht über die Einstellung des Verfahrens, nachdem es dem Gemeinschuldner und dem Verwalter, im Falle eines Widerspruchs auch dem widersprechenden Gläubiger, zu einer mündlichen oder schriftlichen Erklärung Gelegenheit gegeben hat. § 203 Abs. 2 KO.

b) Stellung und Obliegenheiten des Verwalters.

Vor der Beschlußfassung über die Einstellung des Konkursverfahrens hat das Gericht, wie eben bemerkt, u. a. auch den Verwalter zu hören. Der Verwalter braucht sich nur darüber zu erklären, ob er bezüglich der vom Gemeinschuldner beigebrachten Zustimmungserklärungen irgendwelche Bedenken hat, und ob ihm außer den Gläubigern, deren Zustimmung zu der Einstellung des Verfahrens beigebracht ist, noch andere Konkursgläubiger bekannt sind. Ein Widerspruchsrecht oder ein Beschwerderecht steht ihm gegen die Einstellung des Verfahrens nicht zu[1]).

Wie weit der Verwalter bei seinen Verwaltungsmaßnahmen auf einen Einstellungsantrag und das Verfahren darüber Rücksicht nehmen will, ist seinem pflichtmäßigen Ermessen überlassen; das Gesetz hindert ihn nicht, trotz des Einstellungsverfahrens die Verwertung und Verteilung der Masse zu betreiben.

c) Wirkung der Einstellung.

Hat das Gericht die Einstellung des Verfahrens beschlossen und dies öffentlich bekannt gemacht, so erhält der Gemeinschuldner das Recht zurück, über die Masse frei zu verfügen, und kommen die dem Verwalter nach § 6 KO. zustehenden Befugnisse in Wegfall. § 206 Abs. 1 KO. Vgl. oben Abschnitt XVIII unter 9. Der Verwalter hat nur

1. die unstreitigen und fälligen Massekosten und Masseschulden zu berichtigen sowie die streitigen und die noch nicht fälligen sicherzustellen[2]). § 205 Abs. 2 KO.,

---

[1]) S. auch Gruchot Bd. 42 S. 1129 (Jur. Woch. 1898 S. 359[34]).

[2]) In dieser Beziehung gilt das Abschn. XVIII unter 8 b für den Fall des Zwangsvergleichs Gesagte.

2. Schlußrechnung zu legen,

3. die Festsetzung seines Honorars und seiner Auslagen sowie des Honorars und der Auslagen des etwa bestellt gewesenen Gläubigerausschusses nachzusuchen,

4. seine Bestallung zurückzureichen,

5. die nach Berichtigung bzw. Sicherstellung der Masseansprüche übrig bleibende Masse dem Gemeinschuldner auszuantworten.

Für die Konkursgläubiger, auch die bevorrechtigten, hat der Verwalter nicht weiter zu sorgen.

Die Schlußrechnung wird nur dem Gemeinschuldner gelegt und bloß von diesem abgenommen, da ja die Konkursgläubiger in die Aufhebung des Konkurses gewilligt haben und deswegen als Konkursgläubiger nicht mehr in Betracht kommen. Da die Schlußrechnung bloß dem Gemeinschuldner zu legen ist, so braucht auch kein besonderer Termin zu ihrer Abnahme stattzufinden.

Die Ausantwortung der Masse an den Gemeinschuldner kann erfolgen, sobald die Bekanntmachung des Einstellungsbeschlusses gemäß § 76 Abs. 1 KO. als bewirkt gilt. Gegen den Beschluß ist zwar sofortige Beschwerde zulässig, die Einlegung der Beschwerde hat aber, vorbehaltlich der Bestimmungen des § 572 Abs. 2 und 3 ZPO. keine aufschiebende Wirkung. Im übrigen s. wegen der Wirkungen der Einstellung des Verfahrens Abschnitt XI a. E.

XX. Wiederaufnahme des Konkursverfahrens.

a) Voraussetzungen.

Wenn der Konkurs mit Einwilligung der Gläubiger auf Grund des § 202 KO. oder mangels Masse auf Grund des § 204 KO. eingestellt ist, so findet seine Wiederaufnahme nicht statt. Es kann nur — auf Antrag und unter den gesetzlichen Voraussetzungen — ein neuer Konkurs eröffnet werden. Der § 166 Abs. 2 KO. ist im Falle des § 204 nicht anwendbar, da eine Schlußverteilung in diesem Falle nicht stattgefunden hat und deshalb auch von einer Nachtragsverteilung nicht die Rede sein kann.

Dagegen wird beim Vorhandensein genügender Masse ein durch Zwangsvergleich geschlossenes Konkursverfahren auf Antrag wieder aufgenommen, wenn der Gemeinschuldner rechtskräftig wegen betrüglichen Bankrotts verurteilt worden ist. §§ 197, 198 KO. Vgl. Abschn. XVIII unter 11[2].

b) Verfahren.

Erfolgt eine Wiederaufnahme des Verfahrens, so ist das frühere Konkursverfahren, soweit nötig, zu wiederholen. § 201 Abs. 1 KO.

Der Verwalter des früheren Konkurses tritt wieder in Tätigkeit, ohne daß er von neuem zum Verwalter ernannt zu werden braucht. Nur wenn er behindert ist, seine Tätigkeit wieder aufzunehmen, wird ein neuer Verwalter vom Gericht ernannt, an dessen Stelle die Gläubiger einen anderen nach Maßgabe des § 80 KO. wählen können. Auch der Bestellung eines neuen Gläubigerausschusses bedarf es nur insoweit, als der frühere nicht wieder in Tätigkeit tritt.

c) Was zur Masse gehört.

Zur Konkursmasse gehört alles pfändbare Vermögen des Gemeinschuldners, das ihm zur Zeit der Wiederaufnahme des Verfahrens gehört. §§ 198 Abs. 2, 108 KO.

d) Anfechtung von Rechtshandlungen.

Rechtshandlungen, die der Gemeinschuldner während der Dauer des früheren Konkurses vorgenommen hat, bleiben natürlich — mit der aus § 7 Abs. 1 Satz 2 und § 8 KO. folgenden Maßgabe — den Konkursgläubigern gegenüber unwirksam. Anfechtbar sind außer den vor der Eröffnung des früheren Konkurses vorgenommenen Rechtshandlungen beim Vorhandensein eines Anfechtungsgrundes auch die in der Zeit von der Aufhebung des Konkurses bis zu dessen Wiederaufnahme erfolgten Rechtshandlungen in der Weise, daß als Tag der Zahlungseinstellung der Tag des ersten die Verurteilung des Gemeinschuldners wegen betrüglichen Bankrotts aussprechenden Urteils gilt, sofern nicht schon vorher eine Zahlungseinstellung wirklich stattgefunden hat. § 199 KO. Dasselbe gilt für die Frage, ob ein Gläubiger des Gemeinschuldners, der zugleich dessen Schuldner ist, wegen Anfechtbarkeit der Erlangung der Aufrechnungsbefugnis an der Aufrechnung seiner Forderung gegen die für ihn gegenüber der Konkursmasse bestehende Schuld gehindert ist. Vgl. § 55 Nr. 3 KO.

e) Welche Gläubiger in dem wiederaufgenommenen Verfahren Befriedigung suchen können.

Aus der Masse können Befriedigung suchen:

1. Die Massegläubiger und die bevorrechtigten Konkursgläubiger des früheren Verfahrens, soweit sie noch nicht befriedigt sein sollten. Soweit ihre Sicherstellung erfolgt ist, sind sie in Ansehung der bestellten Sicherheit absonderungsberechtigt;

2. die nicht bevorrechtigten Konkursgläubiger, die schon zur Zeit der Eröffnung des Konkurses vorhanden waren; auch diejenigen, welche ihre Forderungen in dem früheren Verfahren nicht angemeldet hatten. §§ 200 Abs. 1, 193 KO. Soweit die Gläubiger inzwischen Zahlung auf ihre Forderungen erhalten haben, nehmen sie mit dem noch nicht getilgten Betrage ihrer Forderungen an dem wiederaufgenommenen Verfahren teil. § 200 Abs. 1 KO. Die empfangene Zahlung brauchen sie nicht zurückzugewähren. Dabei behalten sie die ihnen durch den Zwangsvergleich gewährten Pfandrechte und sonstigen Sicherheiten, auch dann, wenn ihnen die Sicherheit aus der Konkursmasse bestellt ist. § 200 Abs. 2 Satz 2 KO. Ist ihnen für die Vergleichsrate Bürgschaft geleistet, so können sie, solange auf ihre Forderungen keine Zahlung erfolgt ist, ihre vollen Forderungen geltend machen;

3. die neuen Gläubiger des Gemeinschuldners, d. h. diejenigen, deren Forderungen in der Zeit von der Eröffnung bis zur Wiederaufnahme des Konkurses entstanden sind. § 200 Abs. 2 KO.

Die alten und die neuen Konkursgläubiger haben, abgesehen von der den ersteren etwa bestellten Sicherheit, an der Konkursmasse gleiche Rechte; ihre Rangordnung untereinander ist die in Abschnitt XIII dargestellte.

f) Feststellung der Schuldenmasse.

Die neuen Gläubiger und diejenigen alten, die bisher sich nicht gemeldet hatten, haben ihre Forderungen gemäß den §§ 139ff KO. anzumelden und zur Prüfung zu bringen. Die früher bereits angemeldeten Forderungen brauchen dagegen nicht noch einmal angemeldet zu werden. Sind sie früher auch schon geprüft, so bleibt das Ergebnis dieser Prüfung auch für das wiederaufgenommene Verfahren insoweit maßgebend, daß in dem neuen Prüfungstermine nur geprüft wird, ob etwa inzwischen eine (völlige oder teilweise) Tilgung eingetreten ist. § 201 Abs. 2 KO. Wird auf Grund einer behaupteten Tilgung gegen eine früher festgestellte Forderung vom Verwalter oder einem Gläubiger Widerspruch erhoben, so wird, da die frühere Feststellung und deren Eintragung in die Tabelle nach § 145 Abs. 2 KO. wie ein rechtskräftiges Urteil gegenüber allen Konkursgläubigern wirkt, die durch den Widerspruch betroffene Forderung hinsichtlich ihrer Berücksichtigung bei den Verteilungen und in bezug auf die sonstigen Wirkungen des Widerspruchs wie eine solche behandelt, für die ein Endurteil vorliegt. Vgl. § 146 Abs. 6, § 152, § 168 Nr. 1 KO. Der Widersprechende hat seinen Widerspruch im Wege der Klage gemäß § 767 ZPO. geltend zu machen. Solange dies nicht geschieht, wird die Forderung wie eine feststehende behandelt. Wenn es geschieht, muß sie bei Verteilungen mindestens durch Zurückhaltung der auf sie entfallenden Hebung berücksichtigt werden, solange der Prozeß dauert.

g) Beendigung des wiederaufgenommenen Verfahrens.

Die Beendigung des wiederaufgenommenen Verfahrens kann nur durch Einstellung (§§ 202, 204 KO.) oder durch Schlußverteilung erfolgen. Zwangsvergleich ist unzulässig. § 175 Nr. 3 KO.

Anhang.

I. Der Gemeinschuldner.

A. Konkurseröffnung.

a) Voraussetzungen.

1. Materielle.

Die Eröffnung des Konkursverfahrens über das Vermögen einer Person setzt deren Zahlungsunfähigkeit voraus. § 102 Abs. 1 KO. Zahlungsunfähig ist, wer außerstande ist, seine fälligen Verbindlichkeiten zu erfüllen. Zahlungsunfähigkeit ist also keineswegs gleichbedeutend mit Überschuldung. Wenn jemandes Vermögen zur Deckung seiner sämtlichen Schulden nicht hinreicht, so ist das noch kein Grund zur Konkurseröffnung, solange er noch imstande ist, seinen fälligen Verbindlichkeiten zu genügen. Andererseits kann, wenn Zahlungsunfähigkeit vorliegt, Konkurs eröffnet werden, obgleich der Betreffende gar nicht überschuldet ist, sondern nur seine Mittel nicht flüssig machen kann. Zahlungsunfähigkeit wird insbesondere dann angenommen, wenn Zahlungseinstellung erfolgt ist. § 102 Abs. 2 KO. Über den Begriff der Zahlungseinstellung siehe oben im Besonderen Teil, Abschnitt VIII unter Cb.

Dasselbe, wie für die Eröffnung des Konkurses über das Vermögen einer bestimmten physischen Person, gilt für die Eröffnung des Konkurses über das Vermögen einer nicht in Liquidation befindlichen eingetragenen Genossenschaft, einer offenen Handelsgesellschaft und einer Kommanditgesellschaft. § 209 Abs. 1 KO.

Bei Aktiengesellschaften, Kommanditgesellschaften auf Aktien, Gesellschaften mit beschränkter Haftung und in Liquidation befindlichen eingetragenen Genossenschaften findet die Konkurseröffnung statt, wenn entweder Zahlungsunfähigkeit oder Überschuldung vorliegt. §§ 207 Abs. 1, 209 Abs. 1 KO.

Das gleiche gilt für juristische Personen, und für Vereine die als solche verklagt werden können. § 213 KO. Doch kann bei den in § 15 Nr. 3 des Einf.-Ges. zur Zivilprozeßordnung bezeichneten juristischen Personen die Zulässigkeit der Konkurseröffnung durch Landesgesetz beschränkt oder ganz ausgeschlossen sein. Art. IV des Einf.-Ges. zur Novelle zur Konkursordnung vom 17. Mai 1898.

Über einen Nachlaß endlich wird der Konkurs nur eröffnet, wenn er überschuldet ist [1]). § 215 KO. Überschuldung ist auch die Voraussetzung, wenn im Falle der fortgesetzten Gütergemeinschaft über das Gesamtgut Konkurs eröffnet werden soll. § 236 KO.

Eine weitere, sich aus der Natur der Sache ergebende, Voraussetzung der Konkurseröffnung ist das Vorhandensein von so viel Masse, daß die Konkursgläubiger eine wenigstens teilweise Befriedigung ihrer Forderungen erwarten dürfen. Wird die vorhandene Masse schon zur Befriedigung der Masseschulden aufgebracht oder reicht sie wenigstens zur Deckung der Massekosten nicht hin, so wäre die Konkurseröffnung nicht nur zwecklos, sondern den Interessen des Gemeinschuldners sowohl als der Konkursgläubiger geradezu zuwider. Es wird deshalb, wenn zur Deckung der Masseschulden und Massekosten nicht genügend bereite Masse vorhanden ist, der Konkurs in der Regel nicht eröffnet. Das Gericht kann in solchem Falle die Konkurseröffnung ablehnen und macht von dieser Befugnis meistens Gebrauch. Nur dann muß auch bei ungenügender Masse der Konkurs eröffnet werden, wenn dem Verwalter ein Betrag vorgeschossen wird, der zur Deckung der voraussichtlichen Masseschulden [2]) und Massekosten (von denen eine etwaige Unterstützung des Gemeinschuldners außer Betracht zu lassen) hinreicht. § 107 KO.

2. Formelle.

Die Konkurseröffnung erfolgt nur auf Antrag. § 103 Abs. 1 KO. Antragsberechtigt ist der Gemeinschuldner und jeder Konkursgläubiger. § 103 Abs. 2 KO. Wenn über eine Vereinigung von Personen der Konkurs eröffnet werden soll, so sind antragsberechtigt, abgesehen von den Konkursgläubigern,

bei Aktiengesellschaften, Gesellschaften mit beschränkter Haftung, juristischen Personen, Vereinen und eingetragenen Genossenschaften jedes Mitglied des Vorstandes und jeder Liquidator. § 208 Abs. 1, § 213 KO.

bei offenen Handelsgesellschaften, Kommanditgesellschaften und Kommanditgesellschaften auf Aktien jeder persönlich haftende Gesellschafter und jeder Liquidator. § 210 Abs. 1 KO.

Die Mitglieder des Vorstandes sowie die Liquidatoren einer Aktiengesellschaft sind sogar bei Strafe verpflichtet, die Konkurseröffnung zu beantragen, sobald sich die Zahlungsunfähigkeit oder die Überschuldung der Gesellschaft herausstellt. § 240 Abs. 2, § 298 Abs. 2, § 315 Nr. 2 HGB. Ebenso die Geschäftsführer und die Liquidatoren einer Gesellschaft mit beschränkter Haftung, ferner die Vorsteher und die Liquidatoren von eingetragenen

[1]) Bei einem nicht überschuldeten Nachlasse steht den Nachlaßgläubigern zum Zwecke der Sicherstellung ihrer Befriedigung das Recht zu, beim Nachlaßgericht die Anordnung einer Nachlaßverwaltung zu beantragen. S. §§ 1981 ff. BGB.

[2]) Der § 107 spricht nur von den Massekosten. Der Vorschuß muß aber so groß sein, daß dadurch mit Zuhilfenahme der vorhandenen bereiten Masse auch die Masseschulden gedeckt werden, denn nach § 60 KO. sind aus dem vorhandenen Bestande die Masseschulden vor den Massekosten zu bezahlen. Siehe Abschnitt X unter c.

Genossenschaften mit einer unwesentlichen Abweichung für den Fall der Überschuldung[1]).

Zu dem Antrage auf Eröffnung des Konkurses über einen Nachlaß ist jeder Erbe, jeder Nachlaßgläubiger und jeder etwa dem Nachlasse bestellte Verwalter, auch der zur Verwaltung des Nachlasses ermächtigte Testamentsvollstrecker berechtigt. § 217 Abs. 1 KO.

Der Antrag kann schriftlich oder zum Protokoll des Gerichtsschreibers gestellt werden.

Beantragt der Gemeinschuldner die Konkurseröffnung, so hat er ein Verzeichnis der Gläubiger und Schuldner sowie eine Übersicht der Vermögensmasse entweder dem Antrage beizufügen oder, wenn dies nicht tunlich, ohne Verzug nachzuliefern. § 104 KO. Jedenfalls hat er dem Gericht seine Zahlungsunfähigkeit darzulegen, da sonst der Konkurs nicht eröffnet werden würde. Deswegen ist die Vermögensübersicht so aufzustellen, daß sich daraus die Zahlungsunfähigkeit erkennen läßt. Da ferner nach § 107 KO. die Konkurseröffnung wegen Mangels an hinreichender Masse abgelehnt werden kann[2]), wenn nicht ein zur Deckung der Masseschulden und der in § 58 Nr. 1 und 2 bezeichneten Massekosten ausreichender Geldbetrag vorgeschossen wird, so hat die Vermögensübersicht auch darüber einen Überblick zu gewähren, ob eine den Kosten des Verfahrens entsprechende Masse vorhanden ist. Hierbei kommt namentlich auch die Verwertbarkeit der vorhandenen Masse in Betracht.

Wenn die Eröffnung des Konkurses über eine Handelsgesellschaft, eine juristische Person, einen Verein, eine eingetragene Genossenschaft oder einen Nachlaß von den Vorstandsmitgliedern, den Liquidatoren, den persönlich haftenden Gesellschaftern oder den Erben oder Nachlaßvertretern beantragt wird, so haben die Antragsteller gleichfalls ein Verzeichnis der Gläubiger und Schuldner und eine Vermögensübersicht einzureichen und dem Gericht darzulegen, daß die Voraussetzung der Konkurseröffnung (Zahlungsunfähigkeit oder Überschuldung) vorliegt.

b) Verfahren über den Eröffnungsantrag.

Wird die Konkurseröffnung nicht von allen Vorstandsmitgliedern, Liquidatoren, persönlich haftenden Gesellschaftern, Erben oder Nachlaßvertretern beantragt, so wird der Antrag zunächst nur zugelassen, und auch das nur, wenn das Vorhandensein der materiellen Voraussetzungen der Konkurseröffnung dem Gericht glaubhaft gemacht wird. Das Gericht vernimmt alsdann vor der Entscheidung über die Konkurseröffnung, soweit tunlich, die Vorstandsmitglieder usw., die den Antrag nicht mit gestellt haben, und ordnet, wenn diese nicht einräumen, daß ein gesetzlicher Grund zur Konkurseröffnung vorliegt, die ihm erforderlich scheinenden Erhebungen an. §§ 208 Abs. 2, 210 Abs. 2, 217 Abs. 2, 105 Abs. 2, 3 KO. § 100 Abs. 2 Gen.-Ges.

---

[1]) Die Verpflichtung ist jetzt mit Rücksicht auf die Währungsverhältnisse eingeschränkt durch die Verordn. v. 28. April 1920 (RGBl. S. 696) und das Gesetz v. 24. Dez. 1922 RGBl. 1923 S. 21).

[2]) Ausgenommen, wenn der Konkurs über das Vermögen einer eingetragenen Genossenschaft eröffnet werden soll. § 93 Abs. 3 Gen.-Ges.

Beantragt ein Gläubiger die Konkurseröffnung, so wird daraufhin der Konkurs auch nicht ohne weiteres eröffnet. Das Gericht läßt vielmehr den Antrag, wenn die Voraussetzungen des § 105 Abs. 1 KO. vorliegen, zunächst nur zu und hat dann den Schuldner, oder, wenn es sich um Gesellschaftsvermögen oder Nachlässe handelt, die Vertreter, Teilhaber oder Liquidatoren, bzw. die Erben oder Nachlaßvertreter, über den Antrag zu hören. Der Schuldner, bzw. diejenigen, denen die Vertretung des Gesellschaftsvermögens oder des Nachlasses zusteht, haben sich schriftlich oder mündlich zu erklären, ob sie die Forderung des beantragenden Gläubigers und die von ihm behauptete Zahlungsunfähigkeit oder Überschuldung einräumen oder nicht. Von dieser Erklärung kann das Gericht nur dann absehen, wenn zu ihrer Beschaffung eine öffentliche Zustellung oder eine Zustellung im Auslande erforderlich sein würde. In diesem Falle hat das Gericht, soweit tunlich, einen Vertreter oder Angehörigen des Schuldners zu hören. § 105 KO. Wird die Zahlungsunfähigkeit oder Überschuldung nicht eingeräumt, so stellt das Gericht die erforderlichen Ermittelungen an.

c) Sicherungsmaßregeln.

Findet vor der Entscheidung über die Konkurseröffnung ein Vorverfahren statt, so kann das Gericht alle zur Sicherung der Masse dienenden einstweiligen Anordnungen treffen. Es kann insbesondere ein allgemeines Veräußerungsverbot an den Schuldner erlassen mit der Wirkung, daß Dritte, welche von dem Veräußerungsverbot Kenntnis haben[1]), aus einem trotz dieser Kenntnis mit dem Schuldner geschlossenen Geschäfte den Konkursgläubigern gegenüber Rechte nicht erwerben können und daß im Wege der Zwangsvollstreckung oder des Arrests überhaupt keine Rechte mehr an Gegenständen der Konkursmasse mit verbindlicher Kraft gegenüber den Konkursgläubigern erworben werden können, soweit nicht der § 898 ZPO. eingreift. Das Gericht kann auch die zwangsweise Vorführung oder die Haft des Schuldners anordnen § 106 Abs. 1 KO. Alle diese Maßregeln sind jedoch nur einstweilige. Wenn der Eröffnungsantrag nachher abgewiesen wird, sind sie aufzuheben (§ 106 Abs. 2 KO.), und wenn der Konkurs eröffnet wird, treten die für den Konkurs geltenden Bestimmungen in Wirksamkeit.

d) Beschwerde über die Entscheidung des Gerichts.

Lehnt das Gericht den Eröffnungsantrag ab, so steht nur dem Antragsteller das Recht der sofortigen Beschwerde zu. Eröffnet das Gericht den Konkurs, so ist nur der Gemeinschuldner beschwerdeberechtigt[2]). Dieser kann gegen den Eröffnungsbeschluß binnen 14 Tagen nach der Zustellung die sofortige Beschwerde erheben. § 109 KO. Die Beschwerde kann sowohl beim Konkursgericht als beim Beschwerdegericht eingereicht werden. § 72 KO.

---

[1]) Auch grob fahrlässige Unkenntnis schadet dem Dritten, soweit sie nach den maßgebenden Gesetzesvorschriften der Kenntnis gleich steht. § 135 Abs. 2 BGB.

[2]) Das Beschwerderecht dürfte ihm auch dann, wenn er selbst die Konkurseröffnung beantragt hat, nicht schlechthin zu versagen sein. Vgl. Leipzig. Zeitschr. 1910 S. 831.

§ 577 ZPO. Ist der Konkurs über eine Handelsgesellschaft, eine eingetragene Genossenschaft, eine sonstige Personenvereinigung oder über einen Nachlaß eröffnet, so steht das Beschwerderecht jedem einzelnen Vorstandsmitglied, Liquidator, Erben oder Nachlaßvertreter zu.

e) Zurücknahme des Eröffnungsantrags.

Die Zurücknahme des Antrags auf Konkurseröffnung ist so lange zulässig, bis die Eröffnung des Konkurses stattgefunden hat. Nachher nicht mehr, auch wenn der Eröffnungsbeschluß angefochten ist, oder noch angefochten werden kann, ja selbst, wenn er dem Gemeinschuldner noch nicht zugestellt ist[1]).

B) **Wirkungen der Konkurseröffnung.**

a) Persönliche.

Der Gemeinschuldner wird mit der Konkurseröffnung persönlich gewissen Beschränkungen und Verpflichtungen unterworfen.

1. Beschränkung in der Wahl des Aufenthaltsortes.

Er darf sich von seinem Wohnort ohne Erlaubnis des Gerichts, selbst vorübergehend, nicht entfernen. § 101 Abs. 1 KO. Der Genehmigung des Verwalters bedarf er an und für sich nicht. Dessen Widerspruch kann aber leicht zur Folge haben, daß das Gericht ihm die erbetene Erlaubnis zu seiner Entfernung versagt.

2. Pflicht zur Auskunfterteilung.

Ferner hat der Gemeinschuldner dem Gericht, dem Verwalter, dem Gläubigerausschuß und auf Anordnung des Gerichts auch der Gläubigerversammlung über alle das Verfahren betreffenden Verhältnisse Auskunft zu erteilen. § 100 KO. Entgelt kann er dafür nicht verlangen, wenn ihm auch die Erteilung der verlangten Auskunft erhebliche Mühewaltungen und Zeitversäumnisse verursachen sollte. Dagegen ist er zu baren Aufwendungen im Interesse der Konkursgläubiger nicht verpflichtet. Sind solche behufs Erteilung der Auskunft erforderlich, so hat er Anspruch auf Erstattung aus der Konkursmasse. Ebensowenig ist er verpflichtet, der Konkursmasse Dienste zu leisten, die durch seine Pflicht zur Auskunfterteilung nicht bedingt sind.

3. Beschränkung in Empfangnahme von Postsendungen.

Die an den Gemeinschuldner gerichteten Postsendungen, Briefe und Depeschen werden auf eine bezügliche Anordnung des Konkursgerichts nicht mehr ihm, sondern dem Verwalter ausgehändigt. Der Verwalter kann sie

---

[1]) OLG. 4. 172 (Hamburg). Ist aber erst auf Beschwerde die Eröffnung des Konkurses angeordnet, so kann der Eröffnungsantrag noch bis zur Rechtskraft des Beschwerdebeschlusses zurückgenommen werden, es sei denn, daß das Beschwerdegericht die sofortige Wirksamkeit seines Beschlusses angeordnet hat. OLG. 5. 215 (Colmar) und 25. 336 (Naumburg).

ohne Zuziehung des Gemeinschuldners öffnen. Der Gemeinschuldner kann die Herausgabe der geöffneten Sendungen, Briefe und Depeschen nur insoweit verlangen, als deren Inhalt die Masse nicht betrifft. Im übrigen steht ihm nur das Recht zu, von dem Inhalt Einsicht zu nehmen. Die Anordnung des Gerichts, die den Post- und Telegraphenanstalten die Verpflichtung auferlegt, die für den Gemeinschuldner eingehenden Postsendungen und Depeschen dem Konkursverwalter auszuhändigen, kann ohne vorgängige Anhörung des Gemeinschuldners getroffen, aber auch auf dessen Antrag nach Anhörung des Verwalters jederzeit aufgehoben oder beschränkt werden. § 121 KO. Wenn die Anordnung nicht ausdrücklich für eine bestimmte Zeit getroffen ist, so gilt sie für die ganze Dauer des Konkurses.

4. Zulässige Zwangsmaßregeln.

Wenn der Gemeinschuldner die ihm vom Gesetze auferlegten Pflichten nicht erfüllt, so kann das Gericht je nach Umständen seine zwangsweise Vorführung oder seine Verhaftung anordnen. Vor der Anordnung der Haft hat es ihn zu hören. Die Anordnung des Gerichts kann sowohl von Amts wegen als auf Antrag erfolgen. Die Vorschriften der §§ 904 ff. ZPO. finden dabei entsprechende Anwendung.

Diese Zwangsmaßregeln finden auch statt, wenn es zur Sicherung der Masse notwendig erscheint, wenn also das Verhalten des Gemeinschuldners Anlaß zu der Besorgnis gibt, daß er seine Freiheit zur Verbringung oder Beschädigung von Massegegenständen, zur Einziehung ausstehender Forderungen oder zu betrüglichen Verdunkelungen mißbrauchen werde. § 101 Abs. 2 KO.

5. Pflicht zur Leistung des Offenbarungseides.

Der Gemeinschuldner ist weiter verpflichtet, den Offenbarungseid zu leisten. Das Nähere siehe S. 52 unter 1.

6. Wirkungen des Konkurses auf die bürgerliche Rechtsstellung.

Auf die bürgerliche Rechtsstellung des Gemeinschuldners übt die Konkurseröffnung mehrfache Wirkungen. Die Konkursordnung bestimmt zwar über diese Wirkungen nichts, hat aber durch § 25 die bezüglichen reichs- und landesgesetzlichen Vorschriften aufrecht erhalten. Reichsgesetzlich ist der Gemeinschuldner ausgeschlossen

1. von der Wählbarkeit zu den Handwerkskammern. § 103b Ges. v. 26. Juli 1897,

2. vom Besuch der Börse. Ges. v. 22. Juni 1896 § 7 Nr. 3 und 6,

3. vom Schöffen- und Geschworenenamt, vom Amt eines Handelsrichters, von der Mitgliedschaft bei einem Gewerbegericht und einem Kaufmannsgericht sowie von dem Amte eines Beisitzers des Seeamts. Gerichtsverfassungsgesetz vom 27. Januar 1877 § 32 Nr. 3, § 85, § 113 Abs. 2; Ges. v. 27. Juli 1877 § 10; Ges. v. 29. Juli 1890 § 10 Abs. 2; Ges. v. 6. Juli 1904 § 10 Nr. 5,

4. von dem Amt eines Vormunds oder Pflegers. §§ 1781 Nr. 3, 1915 BGB.
5. von der Zulassung zur Rechtsanwaltschaft und der Wählbarkeit zum Vorstandsmitgliede einer Anwaltskammer, § 5 Nr. 3, §§ 22 und 43 Nr. 1 der Rechtsanwaltsordnung vom 1. Juli 1878.

Durch die Landesgesetzgebung ist der Gemeinschuldner in der Regel ausgeschlossen von der Verwaltung von Ämtern, die ein gewisses Vertrauen oder Ansehen erfordern sowie von der Ausübung von Ehrenrechten oder solchen Rechten, die eine gewisse Kreditwürdigkeit zur Voraussetzung haben.

b) Vermögensrechtliche Wirkungen.

1. Rechtsstellung des Gemeinschuldners bezüglich der Konkursmasse.

Der Gemeinschuldner bleibt trotz der Konkurseröffnung Eigentümer der Konkursmasse. Es ist ihm jedoch nach § 6 KO. die Befugnis entzogen, sein zur Masse gehöriges Vermögen zu verwalten und darüber zu verfügen[1]); die Verwaltungs- und Verfügungsbefugnis hinsichtlich dieses Vermögens wird durch den Verwalter ausgeübt, der innerhalb seines Wirkungskreises im wesentlichen unabhängig vom Gemeinschuldner dasteht. Siehe S. 10 unter d. Nur über die Massebestandteile, die etwa vom Verwalter aus der Masse freigegeben werden oder unverwertet bleiben, erlangt der Gemeinschuldner die Verwaltungs- und Verfügungsbefugnis wieder[2]).

2. Das dem Gemeinschuldner verbleibende Vermögen. Seine Rechtsstellung hinsichtlich dieses Vermögens.

Dem Gemeinschuldner verbleibt zur freien Verwaltung und Verfügung alles, was nicht zur Konkursmasse gehört, also namentlich alles, was einer Zwangsvollstreckung nicht unterworfen ist. Siehe S. 25 ff. unter B. Dazu gehört u. a. das Nutznießungsrecht am Vermögen der unter seiner elterlichen Gewalt stehenden Kinder. Die Verwaltung und Nutznießung am Vermögen seiner Ehefrau verliert er, wenn er mit ihr im gesetzlichen Güterrecht des BGB. lebt, — allerdings nicht sofort mit der Konkurseröffnung, aber doch sobald der Eröffnungsbeschluß rechtskräftig geworden ist. § 1419 BGB. Es tritt alsdann Gütertrennung ein mit den Wirkungen, die in den §§ 1427 ff. BGB. bestimmt sind. Das Gesetz beläßt aber dem Gemeinschuldner zur freien Verfügung nicht nur gewisse Bestandteile des bei der Konkurseröffnung vorhandenen Vermögens, sondern auch alles, was er nachher durch seine Tätigkeit

---

[1]) Verfügungen des Gemeinschuldners nach der Konkurseröffnung sind den Konkursgläubigern gegenüber in der Regel unwirksam. Betreffen sie Rechte, die im Grundbuch eingetragen sind, so können sie nicht zur Eintragung führen. Selbst solche Verfügungen sind nicht eintragungsfähig, die zwar vor der Konkurseröffnung schon getroffen sind aber erst nachher zur Eintragung eingereicht werden LZ. 1909 S. 938[3] (RG. 71. 38).

[2]) Wegen der Ansprüche, die ein Gemeinschuldner dann hat, wenn ein ihm am Vermögen seiner Ehefrau nach älterem Recht zustehendes Nießbrauchsrecht gemäß Art. VI EG. zur Novelle zur KO. v. 17. Mai 1898 und Art. 200 EG. z. BGB. zur Konkursmasse gehört, s. Anm. 1 S. 29.

oder sonstwie erwirbt, verwehrt zugleich den Konkursgläubigern, sich während der Dauer des Konkurses an dieses Vermögen zu halten, und ermöglicht es so, daß der Gemeinschuldner sich trotz des Konkurses eine neue Existenz gründen kann.

Soweit der § 6 KO. nicht entgegensteht, behält der Gemeinschuldner auch die Fähigkeit, sich durch Verträge zu verpflichten, und in demselben Maße bleibt er fähig zur Führung von Prozessen[1]).

3. Unterstützung aus der Masse.

Einen Rechtsanspruch auf Unterstützung aus der Konkursmasse hat der Gemeinschuldner, auch im Falle der Hilfsbedürftigkeit, nicht. Ob ihm und seiner Familie aus der Masse eine Unterstützung zu gewähren, und wie hoch sie zu bemessen, darüber steht der Gläubigerversammlung die freie Entschließung zu. § 132 KO. Bis zur Beschlußfassung durch eine Gläubigerversammlung kann der Verwalter dem Gemeinschuldner eine Unterstützung bewilligen. Er darf aber nicht mehr gewähren, als zum notdürftigen Unterhalt des Gemeinschuldners und dessen Familie erforderlich ist. Auch hat er dazu die Genehmigung des Gläubigerausschusses und, wenn ein solcher nicht bestellt ist, die Genehmigung des Gerichts einzuholen. § 129 Abs. 1 KO. Das Gericht kann dem Gemeinschuldner eine Unterstützung aus der Masse niemals bewilligen. Ist dem Gemeinschuldner der notdürftige Unterhalt bewilligt worden, so kann er ihm so lange aus der Masse gewährt werden, bis eine Gläubigerversammlung etwas anderes beschließt. Unter den Begriff der Unterstützung fällt es auch, wenn dem Gemeinschuldner die Wohnung, die er inne hat, belassen wird. Auch hierzu hat deshalb der Verwalter die Genehmigung des Gläubigerausschusses und in dessen Ermangelung die Genehmigung des Gerichts nachzusuchen. Auf die Belassung der bisherigen Wohnung wird der Gemeinschuldner meistens nur für die erste Zeit nach Ausbruch des Konkurses rechnen können, da eine Mietwohnung zu dem nächsten zulässigen Termine vom Verwalter gekündigt, eine Wohnung im eigenen Hause aber möglichst bald anderweit verwertet werden wird.

Die Unterstützung kann, wie schon bemerkt, dem Gemeinschuldner nicht nur für seine Person, sondern auch für seine Familie bewilligt werden. Unter der „Familie" sind außer Frau und Kindern auch andere zu seinem Hausstande gehörige Verwandte zu verstehen. Stirbt der Gemeinschuldner während des Konkurses, oder ist der Konkurs über den Nachlaß eines Schuldners eröffnet, so kann den hilfsbedürftigen Hinterbliebenen eine Unterstützung aus der Masse in demselben Maße, wie dem Gemeinschuldner, bewilligt werden.

4. Schuldenmasse.

Hinsichtlich der Feststellung der Schuldenmasse steht dem Gemeinschuldner irgendwelcher Einfluß nicht zu, soweit es sich um die Befriedigung der Gläubiger aus der Konkursmasse handelt. Der Gemeinschuldner

[1]) RG. 25. 17.

kann durch seinen Widerspruch die Feststellung einer Konkursforderung für das Konkursverfahren und ihre Befriedigung aus der Konkursmasse nicht hindern. Vgl. im Besonderen Teil Abschnitt XIV.

Wie schon unter 2 erwähnt, finden zugunsten einzelner Konkursgläubiger, solange der Konkurs schwebt, Zwangsvollstreckungen und Arreste auch in das nicht zur Konkursmasse gehörige Vermögen des Gemeinschuldners nicht statt[1]). § 14 KO.

C. Verbindlichkeiten des Gemeinschuldners nach Beendigung des Konkurses.

Nach der Beendigung des Konkurses bleibt der Gemeinschuldner den Konkursgläubigern, ausgenommen den Fall der Beendigung des Konkurses durch Zwangsvergleich, für den nicht getilgten Teil ihrer Forderungen mit seinem ganzen Vermögen auch dem nach der Konkurseröffnung erworbenen, verhaftet. Die Gläubiger können ihre Forderungen nun durch alle gesetzlich zulässigen Mittel, auch mittels eines neuen Konkurses, beizutreiben suchen. § 164 Abs. 1 KO. Diejenigen Gläubiger, deren Forderungen im Konkurse festgestellt sind, brauchen nicht Klage zu erheben, sondern erhalten auf Antrag eine vollstreckbare Ausfertigung der ihre Forderung betreffenden Eintragungen in der Tabelle, und können auf Grund davon ohne weiteres die Zwangsvollstreckung wegen ihrer noch bestehenden Forderung gegen den Gemeinschuldner veranlassen[2]). Gegen diese Wirkung der Feststellung der Konkursforderungen kann sich der Gemeinschuldner aber dadurch schützen, daß er im Prüfungstermin gegen die von ihm für unbegründet erachteten Forderungen Widerspruch erhebt. § 164 Abs. 2 KO. Um ihm hierzu Gelegenheit zu geben, wird er im Prüfungstermin zugezogen und zur Erklärung über die zur Prüfung gelangenden Forderungen veranlaßt. § 141 Abs. 2 KO. Erklärt er sich im Termine nicht, so treten in Ansehung der festgestellten Forderungen gegen ihn die Wirkungen des § 164 Abs. 2 KO. ein. Bestreitet er dagegen im Termine eine Forderung, die für den Konkurs gemäß § 144 Abs. 1 KO. als festgestellt gilt, so muß der Gläubiger klagen, wenn er nach Verteilung der Konkursmasse seine Befriedigung aus dem sonstigen Vermögen des Gemeinschuldners suchen will. Die Klage kann wohl schon vor der Beendigung des Konkurses gegen den Gemeinschuldner erhoben und, wenn sie bei der Konkurseröffnung schon schwebte, fortgeführt werden[3]). § 144 Abs. 2 KO. Das gilt auch für den Nachlaßkonkurs[4]).

---

[1]) Das gleiche gilt schon nach Anordnung der Geschäftsaufsicht über einen Schuldner. Verordn. v. 14. Dez. 1916 § 6.

[2]) Durch die Feststellung im Konkurse erhalten die Gläubiger einen vollstreckbaren Schuldtitel, der sofort, nicht erst mit der Beendigung des Konkurses, die Wirkungen eines solchen äußert. RG. 35. 80 (Jur. Woch. 1895 S. 329[22]).

[3]) Jur. Woch. 1908 S. 305[15]. Auch das Mahnverfahren dürfte schon vor Konkursbeendigung zuzulassen sein. LZ. 1914 S. 1405[9] (OLG. Hamburg). Der Anspruch kann jedoch nur darauf gerichtet werden, daß der Gemeinschuldner zur Zahlung nach Beendigung des Konkurses verurteilt werde. Jur. Woch. 1895 S. 266[15], 1913 S. 752[24]. Siehe ferner RG. 29. 73 (Jur. Woch. 1892 S. 162[19]). Die Frage ist sehr streitig.

[4]) LZ. 1913 S. 691[4]. Auch das ist sehr bestritten.

Versäumt der Gemeinschuldner den Prüfungstermin, so hat das die gleiche Wirkung, wie wenn er zwar erscheint aber sich nicht erklärt. Im Falle der Versäumung ist ihm jedoch auf seinen Antrag die Wiedereinsetzung in den vorigen Stand zu erteilen, wenn er von dem Prüfungstermin ohne sein Verschulden keine Kenntnis erlangt hat oder durch Naturereignisse oder andere unabwendbare Zufälle verhindert worden ist, im Termin zu erscheinen. § 165 KO. Die §§ 232 Abs. 2 und 233 ff. ZPO. finden entsprechende Anwendung. Den Antrag auf Wiedereinsetzung hat der Gemeinschuldner dem Gläubiger, dessen Forderung er bestreiten will, zustellen zu lassen. Die Zustellung muß erfolgen innerhalb zweier Wochen, von der Hebung des Hindernisses ab gerechnet, welches dem Erscheinen des Gemeinschuldners im Prüfungstermin entgegengestanden hat, spätestens aber bis zum Ablauf eines Jahres nach dem Termine. § 234 ZPO. Der Schriftsatz, mittels dessen der Antrag gestellt wird, muß den im § 236 Abs. 1 ZPO. bezeichneten Inhalt haben. Wird auf den Antrag vom Gericht die Wiedereinsetzung in den vorigen Stand erteilt, so steht das in dem zugestellten Schriftsatze enthaltene Bestreiten dem Bestreiten des Gemeinschuldners im Prüfungstermine gleich. § 165 Satz 4 KO.

Über die Verbindlichkeiten des Gemeinschuldners nach Abschluß eines Zwangsvergleiches siehe Abschnitt XVIII des Besonderen Teils unter 10.

II. Der Gläubigerausschuß.

1. Bestellung des Gläubigerausschusses[1]).

a) Durch das Gericht.

Bei der Eröffnung des Konkurses kann das Gericht einen Gläubigerausschuß bestellen. Dessen Mitglieder sind aus der Zahl der bekannten Gläubiger und Gläubigervertreter zu entnehmen. § 87 Abs. 1 KO. Der vom Gericht bestellte Gläubigerausschuß besteht nur einstweilen, nämlich nur so lange, bis die Gläubigerversammlung über die Bestellung eines Gläubigerausschusses hat Beschluß fassen können. Gleich die erste Gläubigerversammlung ist zur Beschlußfassung hierüber berufen. § 110 Abs. 1 KO. Nach der ersten Gläubigerversammlung tritt also der vom Gericht bestellte Gläubigerausschuß als solcher allemal außer Tätigkeit. Seine Mitglieder können nur dann in ihrer Stellung bleiben, wenn die Gläubigerversammlung die Bestellung eines Gläubigerausschusses beschlossen und sie als dessen Mitglieder beibehalten hat.

---

[1]) Ist eine Geschäftsaufsicht angeordnet, so hat das Gericht einen Gläubigerbeirat zu bestellen, wenn nicht der geringe Umfang der Geschäfte es entbehrlich erscheinen läßt. Verordn. v. 14. Dez. 1916 in der Fassung der Verordn. v. 14. Juni 1924 (RGBl. S. 641).

b) Durch die Gläubigerversammlung.

Beschließt die Gläubigerversammlung die Bestellung eines Gläubigerausschusses, so hat sie zugleich dessen Mitglieder zu wählen. Wählbar ist jede geschäftsfähige Person, gleichviel ob sie zu den Gläubigern gehört oder nicht. § 87 Abs. 2 KO. Die Gläubigerversammlung hat auch darüber zu bestimmen, aus wieviel Personen der Gläubigerausschuß bestehen soll. Am besten wird er aus 3 oder 5 Personen zusammengesetzt. Ferner können gleich für den Fall der Behinderung oder der Ablehnung einzelner gewählter Mitglieder Ersatzmänner gewählt werden.

Die Bestellung eines Gläubigerausschusses kann nicht nur in der ersten, sondern auch in jeder folgenden Gläubigerversammlung beschlossen werden, vorausgesetzt, daß dieser Gegenstand auf der Tagesordnung steht. Unter der gleichen Voraussetzung kann durch Beschluß einer späteren Gläubigerversammlung die Zahl der Mitglieder des in einer früheren Versammlung gewählten Ausschusses vermehrt oder vermindert oder auch der Gläubigerausschuß ganz beseitigt werden. § 92 KO.

2. Die Mitglieder des Gläubigerausschusses.

a) Verpflichtung zur Annahme des Amtes.

Zur Annahme des Amts eines Mitglieds des Gläubigerausschusses ist niemand verpflichtet. Das einmal übernommene Amt kann jedoch nicht völlig nach Belieben, sondern nur unter den gleichen Voraussetzungen, wie das Amt des Konkursverwalters, niedergelegt werden. Vgl. Allg. Teil Abschnitt I zu c 2.

b) Ausweis.

Eine besondere Vereidigung oder Verpflichtung der Mitglieder des Gläubigerausschusses findet nicht statt. Die Mitglieder erhalten auch keine Bestallung. Bedürfen sie eines Ausweises, so können sie sich den dadurch beschaffen, daß sie sich vom Gericht Ausfertigung des über ihre Wahl aufgenommenen Protokolls oder eine Bescheinigung darüber, daß ein Gläubigerausschuß bestellt ist und aus welchen Mitgliedern er besteht, erteilen lassen.

c) Beginn und Dauer der Tätigkeit.

Die Tätigkeit der Mitglieder des Gläubigerausschusses beginnt mit der Annahme des Amts. Sie dauert — abgesehen von den Fällen des Todes und geistiger oder körperlicher Unfähigkeit — bis zum Widerruf der Bestellung, bis zur Niederlegung des Amts oder bis zur Beendigung des Konkurses. Der Widerruf der Bestellung kann jederzeit erfolgen, und zwar vom Gericht, wenn dieses, von der Gläubigerversammlung, wenn diese die betreffende Person zum Mitgliede des Gläubigerausschusses bestellt hatte. § 92 KO. Ein Widerspruchsrecht oder ein Beschwerderecht gegen den Widerruf der Bestellung findet nicht statt. Entstehen während der Dauer des Konkurses durch das Ausscheiden einzelner Mitglieder Lücken in dem Gläubigerausschuß, so kann zu deren Ausfüllung vom Gericht auf Antrag oder von Amts wegen eine Gläubigerversammlung berufen werden.

3. Obliegenheiten des Gläubigerausschusses.

Die Mitglieder des Gläubigerausschusses haben den Verwalter bei seiner Geschäftsführung zu unterstützen und zu überwachen. § 88 KO. Zu vielen Maßregeln hat der Verwalter die Genehmigung des Gläubigerausschusses einzuholen. Das Nähere siehe S. 6, 7.

4. Stellung des Gläubigerausschusses.

Der Gläubigerausschuß ist ein im wesentlichen unabhängiges, gesetzliches Hilfsorgan der Konkursverwaltung[1]). Seine Stellung gestaltet sich, wie folgt:

a) Zum Verwalter.

Die Stellung des Gläubigerausschusses zum Verwalter ergibt sich aus den dem Ausschusse zugewiesenen Obliegenheiten, die im Allg. Teil Abschnitt II unter B b erörtert sind.

b) Zum Gericht.

Dem Gericht gegenüber ist der Gläubigerausschuß vollkommen unabhängig. Das Gericht hat über den Ausschuß und dessen einzelne Mitglieder keinerlei Aufsichtsbefugnisse und kann weder Ordnungsstrafen verhängen noch Anweisungen erteilen.

Andererseits hat der Gläubigerausschuß gegenüber dem Gericht kein selbständiges Beschwerderecht[2]). Auch die einzelnen Mitglieder des Ausschusses sind als solche zu Anträgen an das Gericht und zu Beschwerden über dessen Entscheidungen nicht befugt[3]).

c) Zur Gläubigerversammlung.

Auch der Gläubigerversammlung gegenüber ist der Gläubigerausschuß insoweit selbständig, daß er seine Obliegenheiten unter seiner eigenen Verantwortung dem Gesetze gemäß wahrzunehmen hat. Er ist jedoch an Beschlüsse und Anweisungen, die die Gläubigerversammlung innerhalb der Grenzen ihrer Zuständigkeit gefaßt bzw. erteilt hat, gebunden. Bei Meinungsverschiedenheiten zwischen Gläubigern und dem Gläubigerausschuß können jene ihrem Willen auf dem Wege Geltung verschaffen, daß sie in einer auf ihr Betreiben berufenen Gläubigerversammlung entweder die gänzliche Be-

---

[1]) RG. 31. 122 (Jur. Woch. 1893 S. 487[9]), RG. 36. 367; Gruch. Bd. 43 S. 509.

[2]) Jur. Woch. 1895 S. 329[20]. A. M. soweit der Gläubigerausschuß Anträge stellen kann, OLG. 15. 246 (Hamburg).

[3]) Jur. Woch. 1900 S. 132[10].

seitigung oder eine solche Umgestaltung des Gläubigerausschusses durchsetzen, daß der Widerstand des Ausschusses gegen ihre Absichten gebrochen wird. Dabei sind aber die §§ 93 Abs. 1, 98 KO. zu beachten.

d) Zum Gemeinschuldner.

Der Gemeinschuldner ist verpflichtet, dem Gläubigerausschuß auf dessen Verlangen über alle das Verfahren betreffenden Verhältnisse Auskunft zu erteilen. § 100 KO. Er kann dazu vom Gericht durch zwangsweise Vorführung oder durch Haft angehalten werden. § 101 KO. Ein Recht, in den Sitzungen des Gläubigerausschusses zugegen zu sein, hat der Gemeinschuldner nicht. Wenn er einen Zwangsvergleich vorschlagen will, so tut er gut, sich über den zu machenden Vorschlag mit dem Gläubigerausschusse zu verständigen. Dieser wird vom Gericht über die Annehmbarkeit des Vorschlags in jedem Falle gehört, und seine Erklärung wird für das Schicksal des Vergleichsvorschlags von großer Bedeutung sein. Erklärt er den Vorschlag für nicht annehmbar, so hat das auch zur Folge, daß ein Widerspruch des Gemeinschuldners gegen die Verwertung der Masse (§135 KO.) nicht berücksichtigt wird. §177 Abs.2 KO.

5. Geschäftsordnung, Beratung und Beschlußfassung.

Wenn der Gläubigerausschuß eine besondere Geschäftsordnung für nötig oder wünschenswert erachtet, so hat er sie selbst festzustellen. Es ist ihm namentlich überlassen, über die Art der Berufung der Mitglieder zu Sitzungen, über die Leitung der Verhandlungen und über das Verfahren bei den Abstimmungen Festsetzungen zu treffen. Fehlt es an bestimmten Festsetzungen, so wird in der Regel der Verwalter, so oft ein Anlaß vorliegt, die Mitglieder des Ausschusses zu einer Sitzung einladen. Die Beschlüsse müssen jedoch nicht unbedingt in einer gemeinsamen Sitzung der Ausschußmitglieder gefaßt werden. Es ist zulässig und unter Umständen praktisch, daß jedes Mitglied für sich auf schriftlichem Wege seine Willensmeinung über die zur Beschlußfassung vorliegende Angelegenheit kund gibt. Zur Gültigkeit eines Beschlusses ist erforderlich, daß die Mehrheit der Mitglieder des Gläubigerausschusses an der Beschlußfassung teilgenommen hat und daß der Beschluß mit absoluter Mehrheit der abgegebenen Stimmen gefaßt worden ist. § 90 KO. Es muß indessen sämtlichen Mitgliedern Kenntnis von dem Gegenstande der Beschlußfassung und Gelegenheit gegeben gewesen sein, an der Beschlußfassung teilzunehmen. Daß eine Mehrheit der Mitglieder die Minderheit gar nicht zur Beschlußfassung zuzieht und unter sich, wenn auch einstimmig, Beschlüsse faßt, ist nicht für zulässig zu erachten; der Verwalter braucht solchergestalt zustande gekommene Beschlüsse nicht als gültig anzuerkennen. Dagegen ist ein Beschluß nicht deshalb ungültig, weil er nur mit Hilfe von Mitgliedern zustande gekommen ist, die bei dem Gegenstande der Beschlußfassung ein dem gemeinsamen Nutzen der Konkursgläubiger widerstreitendes Interesse haben. Es ist zwar nicht zu billigen, aber gesetzlich nicht ausgeschlossen, daß solche Mitglieder an der Beschlußfassung sich beteiligen. — Ergibt sich bei einer Abstimmung Stimmengleichheit, so ist ein Beschluß nicht zustande gekommen. Der Gläubigerausschuß hat nicht das Recht, zu beschließen, daß bei Stimmengleichheit etwa die Stimme des Vorsitzenden oder das Los entscheiden solle. Dem Übelstande, der sich aus dem Nichtzustandekommen von Beschlüssen ergibt, wird meistens dadurch vorgebeugt, daß der Gläubigerausschuß aus einer ungeraden Zahl von Mitgliedern zusammengesetzt wird. Wo das nicht geschehen ist oder wegen Nichtbeteiligung eines Mitglieds an der Abstimmung nicht zum Ziele führt, kann wohl nur so abgeholfen werden, daß über die vorliegende Angelegenheit ein Beschluß der Gläubigerversammlung herbeigeführt wird oder daß eine Änderung in der Zusammensetzung des Gläubigerausschusses eintritt.

6. Beurkundung der gefaßten Beschlüsse.

Nicht ausdrücklich vorgeschrieben, aber sehr empfehlenswert ist es, daß der Gläubigerausschuß über seine Sitzungen Protokolle führt oder wenigstens die gefaßten Beschlüsse schriftlich feststellt. Das ist sowohl für ihn selbst als für den Verwalter und die Gläubiger von Wert, denn sonst kann es vorkommen, daß sich später nicht mehr mit Sicherheit feststellen läßt, ob und welche Beschlüsse gefaßt waren. Die aufzunehmenden Protokolle sind etwa folgendermaßen zu fassen:

B., 27. März 1918.

Auf heute vormittag 10 Uhr[1]) war eine Sitzung des Gläubigerausschusses des A.schen Konkurses anberaumt, wozu sämtliche Mitglieder des Ausschusses unter Mitteilung folgender Tagesordnung

1. . . . .
2. . . . .
3. . . . .

eingeladen waren.

Erschienen waren:

a) . . . .
b) . . . .
usw.

Es wurden folgende Beschlüsse gefaßt:

1. . . . .
2. . . . .

Der Beschluß zu 1 ist einstimmig, der zu 2 mit allen Stimmen gegen die des N. N. gefaßt worden.

---

[1]) Anfang und Schluß der Sitzung anzugeben ist empfehlenswert, weil dadurch eine gewisse Unterlage geboten wird für die spätere Bemessung der Vergütung der Ausschußmitglieder für ihre Mühewaltungen.

Über die Angelegenheit betreffend . . . . . . ist ein Beschluß nicht zustande gekommen, da zwei Stimmen für und zwei Stimmen gegen den Vorschlag des Verwalters abgegeben worden sind und der N. N. sich der Abstimmung enthalten hat. Schluß 2 Uhr nachm.

(Folgen die Unterschriften der fünf Ausschußmitglieder).

Der Verwalter kann jedenfalls von dem Gläubigerausschuß eine Bescheinigung darüber, welche Beschlüsse gefaßt sind, verlangen, da er eine solche Bescheinigung bei der Rechnungslegung zur Rechtfertigung seiner Geschäftsführung, insbesondere zu dem Nachweise gebraucht, daß er die Genehmigung des Gläubigerausschusses in allen Fällen, wo sie gesetzlich nötig ist, eingeholt hat.

7. Verantwortlichkeit der Mitglieder des Gläubigerausschusses.

Die Mitglieder des Gläubigerausschusses haben bei Ausübung ihrer Obliegenheiten die im Verkehr erforderliche Sorgfalt anzuwenden. § 89 KO. Verabsäumen sie das, so machen sie sich den Konkursgläubigern für allen diesen aus der Vernachlässigung jener Sorgfalt entstehenden Schaden verantwortlich. So haften sie den Konkursgläubigern namentlich für den durch Veruntreuungen des Verwalters der Konkursmasse erwachsenen Schaden, wenn und soweit dieser Schade durch gehörige Erfüllung der ihnen durch § 88 KO. auferlegten Pflicht zur Überwachung des Verwalters vermieden worden wäre[1]). Sie können vom Verwalter auf Ersatz des ganzen den Gläubigern durch ihre Pflichtvernachlässigung verursachten Schadens, oder auch von einem einzelnen Gläubiger auf Ersatz des diesem so entstandenen Schadens verklagt werden. Bei gemeinschaftlichen Handlungen und Beschlüssen haften sie nach BGB. § 840 ein jeder für den ganzen Schaden, ebenso, wenn sie sämtlich für die Vernachlässigung einer gesetzlichen Verpflichtung verantwortlich sind. Zu einer besonderen Rechnungslegung sind sie jedoch nicht verpflichtet.

Dem Gemeinschuldner und anderen Beteiligten haften sie in gleicher Weise, wie den Konkursgläubigern[2]). Sie haften einem jeden indes nur für den Schaden, der gerade ihm entstanden ist.

8. Ansprüche auf Honorar und Erstattung der Auslagen.

Die Mitglieder des Gläubigerausschusses haben Anspruch auf Erstattung angemessener barer Auslagen und auf Vergütung für ihre Geschäftsführung[3]). Die Auslagen und die Vergütung werden durch das Konkursgericht nach Anhörung der Gläubigerversammlung festgesetzt. § 91 Abs. 1 KO. Die Entschließung der Gläubigerversammlung bindet das Gericht nicht, selbst an eine

[1]) Einen Fall dieser Art s. RG. 63. 133 (Jur. Woch. 1906 S. 362[26]).

[2]) RG. 31. 119 (Jur. Woch. 1893 S. 487[9]); Jur. Woch. 1895 S. 329[20]; LZ. 1910 S. 159.

[3]) Neben der Vergütung kann ein Rechtsanwalt, wenn er in seiner Eigenschaft als solcher tätig geworden ist, die Anwaltsgebühren beanspruchen. OLG. 23. 306 (Hamburg).

Einigung der Gläubigerversammlung mit den Mitgliedern des Gläubigerausschusses ist es nicht gebunden. Die Landesjustizverwaltung kann für die zu gewährende Vergütung allgemeine Anordnungen treffen. § 91 Abs. 2 KO. Soweit solche Anordnungen nicht etwa entgegenstehen, ist es nicht nötig, daß alle Mitglieder gleich hohe Vergütungen erhalten. Die Zahlung des festgesetzten Betrags erfolgt durch den Verwalter aus der Konkursmasse. Bezüglich der Zeit der Zahlung gilt dasselbe, wie für die Zeit der Zahlung des Honorars und der Auslagen des Verwalters. Siehe Allg. Teil Abschnitt IV unter e.

III. Die Gläubigerversammlung.

1. Befugnisse der Gläubigerversammlung.

Die Konkursgläubiger üben die ihnen bezüglich der Verwaltung, Verwertung und Verwendung der Teilungsmasse zugewiesenen Rechte in den zu berufenden Gläubigerversammlungen aus. Die Gläubigerversammlung ist zuständig

1. zur Wahl eines anderen Verwalters an Stelle des vom Gericht ernannten, jedoch mit der Maßgabe, daß das Gericht die Ernennung des von ihr Gewählten versagen kann, § 80 KO.,

2. zu Anträgen an das Gericht auf Entlassung des Verwalters, § 84 KO.,

3. zur Bestellung eines Gläubigerausschusses und zur Wahl seiner Mitglieder, § 87 Abs. 2 KO.,

4. zur Absetzung vom Mitgliedern des Gläubigerausschusses und zur Wahl anderer Mitglieder, sowie zur Vermehrung und Verminderung der Mitgliederzahl, auch zur gänzlichen Beseitigung des von ihr bestellten Gläubigerausschusses, § 92 KO.,

5. zur Bewilligung einer Unterstützung an den Gemeinschuldner und dessen Familie, § 132 KO.,

6. zur Beschlußfassung über die Schließung oder Fortführung des Geschäfts des Gemeinschuldners, § 132 KO.,

7. zur Bestimmung, wo und zu welchen Bedingungen die zur Masse gehörigen Gelder, Wertpapiere und Kostbarkeiten hinterlegt oder angelegt werden sollen, § 132 KO.,

8. zur Bestimmung, in welcher Weise und in welchen Zeiträumen der Verwalter ihr oder dem Gläubigerausschusse über die Verwaltung und Verwertung der Masse Bericht erstatten und Rechnung legen soll, § 132 KO.,

9. zur Beschlußfassung über die Vornahme einer vom Verwalter beabsichtigten Rechtshandlung in dem Falle, wenn das Gericht deren Vornahme auf Antrag des Gemeinschuldners dem Verwalter vorläufig untersagt hat, § 135 Abs. 2 KO.,

10. zur Beschlußfassung darüber, ob und wie weit Quittungen des Verwalters über den Empfang von Geldern, Wertpapieren oder Kostbarkeiten

von der Hinterlegungsstelle, oder Anweisungen des Verwalters auf die Hinterlegungsstelle zu ihrer Gültigkeit der Mitzeichnung eines Mitglieds des bestellten Gläubigerausschusses etwa nicht bedürfen sollen, § 137 KO.,

11. zur Beschlußfassung darüber, was mit den nicht verwertbaren Vermögensstücken geschehen soll, § 162 KO.,

12. zur Beschlußfassung über einen vom Gemeinschuldner gemachten Zwangsvergleichsvorschlag, § 182 KO.

Außerdem ist

13. vom Verwalter zu den im § 134 KO. bezeichneten Geschäften (siehe S. 6 unter β 1—7) die Genehmigung der Gläubigerversammlung einzuholen, falls ein Gläubigerausschuß nicht bestellt ist.

Endlich hat

14. der Gemeinschuldner auf Anordnung des Gerichts der Gläubigerversammlung über alle das Verfahren betreffenden Verhältnisse Auskunft zu erteilen. § 100 KO.

Über die Stellung, die hiernach die Gläubigerversammlung zum Konkursverwalter einnimmt, siehe Allg. Teil Abschnitt II unter B c. Über ihre Stellung zum Gläubigerausschuß siehe den vorigen Abschnitt 4 c.

2. Berufung der Gläubigerversammlung.

a) Von Amts wegen.

Die Berufung der Gläubigerversammlung erfolgt durch das Gericht, von Amts wegen oder auf Antrag. § 93 KO. Von Amts wegen muß eine Gläubigerversammlung berufen werden:

1. gleich bei der Konkurseröffnung zur Beschlußfassung über die Wahl eines anderen Verwalters sowie über die Bestellung und Wahl eines Gläubigerausschusses zu einem nicht über einen Monat hinaus anzuberaumenden Termine. § 110 KO. Diese erste Gläubigerversammlung nimmt auch den nach § 131 KO. vom Verwalter zu erstattenden Bericht entgegen und ist befugt, über die oben zu 1 unter 5—8 bezeichneten Gegenstände[1]) Beschlüsse zu fassen,

2. zur Abnahme der Schlußrechnung des Verwalters,

3. zur Beschlußfassung über die nicht verwertbaren Vermögensstücke in dem bei Beendigung des Konkurses durch Schlußverteilung anzuberaumenden Schlußtermin. § 162 KO.,

4. zur Beschlußfassung über einen vom Gemeinschuldner eingebrachten und vom Gericht nicht zurückgewiesenen Zwangsvergleichsvorschlag. § 179 KO.,

5. wenn das Gericht dem Verwalter auf Grund des § 135 Abs. 2 KO. die Vornahme einer Rechtshandlung untersagt hat.

---

[1]) Dazu gehört nicht die Veräußerung des Geschäfts oder des Warenlagers im ganzen. Hierüber kann die erste Gläubigerversammlung nur Beschluß fassen, wenn der Gegenstand besonders auf die bekannt gemachte Tagesordnung gesetzt ist.

Die Gläubigerversammlung soll auch gehört werden über die Festsetzung der Auslagen und des Honorars der Mitglieder des Gläubigerausschusses. § 91 Abs. 1 KO. Das kann aber im Schlußtermin geschehen; daß dazu eine Gläubigerversammlung eigens berufen wird, ist nicht nötig.

Außerdem kann das Gericht in allen sonst ihm geeignet erscheinenden Fällen eine Gläubigerversammlung zur Beschlußfassung über Gegenstände, die zu ihrer Zuständigkeit gehören, berufen.

b) Auf Antrag.

Auf Antrag muß die Berufung erfolgen,

1. wenn der Verwalter,
2. wenn der Gläubigerausschuß (nicht bloß einzelne Mitglieder desselben),
3. wenn mindestens fünf Konkursgläubiger, deren Forderungen nach der Schätzung des Gerichts den fünften Teil der Schuldenmasse erreichen,

den Antrag stellen. § 93 Abs. 1 KO. In dem Antrage muß aber angegeben werden, zu welchem Zwecke die Gläubigerversammlung berufen werden soll. Daß es sich dabei um einen Gegenstand handelt, worüber nach Obigem der Gläubigerversammlung die Beschlußfassung zusteht, ist nicht unbedingt notwendig. Die Berufung hat stets zu erfolgen, sobald von zuständiger Seite in gehöriger Weise ein dahin gehender Antrag gestellt ist. Zu einem solchen Antrage kann ein hinreichender Grund vorliegen, auch ohne daß die Berufung der Gläubigerversammlung gerade gesetzlich erforderlich ist. So hat z. B. der Verwalter Grund, die Berufung einer Gläubigerversammlung zu beantragen, wenn er ein wichtiges Rechtsgeschäft vorzunehmen hat, das er zwar nach dem Gesetze selbständig vornehmen kann, bei dem er aber zu seiner eigenen Sicherung gegen nachträgliche Schadensersatzansprüche nicht gut ohne die Zustimmung der Gläubiger vorgehen kann.

c) Art der Berufung.

Die Berufung der Gläubigerversammlung geschieht durch öffentliche Bekanntmachung. § 93 Abs. 2 KO. In der Bekanntmachung muß der Gegenstand, worüber in der Versammlung Beschluß gefaßt werden soll, angegeben werden. § 98 KO. Die Bekanntmachung muß erfolgen durch das Blatt, das zur Veröffentlichung amtlicher Bekanntmachungen des Konkursgerichts bestimmt ist. § 76 Abs. 1 KO.[1]). Wie sonst noch die Bekanntmachung zu bewirken, ist dem Ermessen des Gerichts überlassen. Die Bekanntmachung gilt als geschehen mit dem Ablauf des zweiten Tages nach der Ausgabe des die Einrückung oder die erste Einrückung enthaltenden Blattes. Zwischen diesem Tage und dem Terminstage sollen mindestens drei volle Tage liegen. § 72 KO., § 217 ZPO. Der öffentlichen Bekanntmachung bedarf es nur in dem Falle nicht, wenn das Gericht in einer gehörig berufenen Gläubigerversammlung

[1]) Siehe im Besonderen Teil Abschn. XV unter E.

die Verhandlung auf einen neuen Termin, der sofort anberaumt und vom Gericht verkündet wird, vertagt.

3. Leitung der Gläubigerversammlung.

Die Leitung der Gläubigerversammlung steht dem Konkursrichter zu. § 94 Abs. 1 KO. Dieser eröffnet und schließt die Versammlung, bestimmt den Gang der Verhandlung und die Art und Reihenfolge der Abstimmungen, erteilt und entzieht das Wort und kann zur Aufrechterhaltung der Ordnung nötigenfalls die im § 178 des Gerichtsverfassungsgesetzes vorgesehenen Zwangsmittel anwenden, auch gegen jeden, der sich einer Ungebühr schuldig macht, nach Maßgabe des § 179 des Gerichtsverfassungsgesetzes eine Ordnungsstrafe verhängen.

4. Beteiligung an der Gläubigerversammlung.

Zur Teilnahme an den Verhandlungen ist jeder Konkursgläubiger, der Verwalter, jedes Mitglied des Gläubigerausschusses und der Gemeinschuldner berechtigt. Die Konkursgläubiger, die an der Beschlußfassung teilnehmen wollen, müssen in der Versammlung entweder selbst erscheinen oder sich durch eine mit gehöriger Vollmacht versehene prozeßfähige Person vertreten lassen. Das Teilnahmerecht der Erschienenen wird vom Gericht geprüft.

5. Beschlußfassung.

Die Beschlüsse werden mit absoluter Mehrheit der in der Versammlung abgegebenen Stimmen gefaßt; schriftliche Erklärungen von Gläubigern werden bei Berechnung der Stimmenmehrheit nicht berücksichtigt. § 94 Abs. 2, § 97 KO. Die Stimmenmehrheit wird nach den Beträgen der Forderungen, nicht nach der Personenzahl der abstimmenden Gläubiger, berechnet. Die Mehrheit der Personen entscheidet nur dann, wenn einmal die Forderungen der für und wider stimmenden Gläubiger sich auf völlig gleiche Beträge belaufen sollten. § 94 Abs. 3 KO. Absolute Stimmenmehrheit ist nur für die Wahl der Mitglieder des Gläubigerausschusses nicht erforderlich[1]), hier genügt relative Stimmenmehrheit. § 94 Abs. 2 KO. Andererseits ist die absolute Stimmenmehrheit nicht ausreichend, wenn es sich um die Annahme eines vom Gemeinschuldner vorgeschlagenen Zwangsvergleichs handelt. Siehe §§ 182, 183 KO.

6. Stimmberechtigung.

Stimmberechtigt sind nur die Konkursgläubiger[2]), nicht auch Massegläubiger und Aussonderungsberechtigte. Absonderungsberechtigte Gläubiger haben Stimmrecht in Höhe des Betrags, für den sie auf abgesonderte Be-

---

[1]) Für die Absetzung gewählter Mitglieder ist sie dagegen erforderlich.

[2]) Bevorrechtigte Konkursgläubiger stehen hinsichtlich des Stimmrechts den nicht bevorrechtigten gleich.

friedigung verzichten oder mit dem sie bei der Verwertung des Gegenstandes des Absonderungsrechts ausgefallen sind, und, falls dieser Ausfall noch nicht feststeht, auch ein Verzicht nicht erklärt ist, in Höhe ihres mutmaßlichen Ausfalls. Dieser braucht zunächst nicht glaubhaft gemacht zu werden. Solange weder ein Konkursgläubiger noch der Verwalter widerspricht, werden sie ohne weiteres mit dem von ihnen als mutmaßlich ausfallend angegebenen Betrage zum Mitstimmen zugelassen[1]). Nur wenn ein Widerspruch erfolgt, ist eine Glaubhaftmachung des angegebenen mutmaßlichen Ausfalls erforderlich. Alsdann hat das Gericht über das Stimmrecht zu entscheiden. Entsprechendes wie für Absonderungsberechtigte gilt für Gläubiger einer Handelsgesellschaft in dem Konkurse über das Privatvermögen eines Gesellschafters, wenn auch über das Vermögen der Gesellschaft der Konkurs schwebt[2]). § 212 Abs. 3 KO. Gläubiger, deren Forderungen aufschiebend bedingt sind, können an den Abstimmungen nur teilnehmen, wenn dagegen Widerspruch nicht erhoben wird. Erhebt ein Konkursgläubiger oder der Verwalter dagegen Widerspruch, so entscheidet über das Stimmrecht solcher Gläubiger das Gericht. § 96 KO.

Abgesehen von diesen Einschränkungen des Stimmrechts werden die Konkursgläubiger in der ersten Gläubigerversammlung ohne weiteres zum Mitstimmen zugelassen, wenn und so lange weder der Verwalter noch ein anderer Konkursgläubiger dagegen Widerspruch erhebt[3]). Wird ein Widerspruch erhoben, so hat der Gläubiger seine Forderung darzulegen und glaubhaft zu machen. Über das beanspruchte Stimmrecht entscheidet dann das Gericht. § 95 Abs. 2 KO. In den späteren Gläubigerversammlungen sind unter den in § 96 KO. festgesetzten Einschränkungen nach § 95 KO. stimmberechtigt:

1. Die im Prüfungstermin festgestellten Konkursforderungen[4]);

2. die im Prüfungsverfahren streitig gebliebenen Forderungen zu dem Betrage, für den ihnen ein bleibendes Stimmrecht gewährt ist. Über die Gewährung dieses Stimmrechts wird gleich im Prüfungstermin verhandelt. Kommt darüber zwischen dem Gläubiger und denen, die seine Forderung bestreiten, eine Einigung zustande, so ist diese maßgebend. In Ermangelung einer Einigung entscheidet das Gericht. Die getroffene Entscheidung kann das Gericht auf Antrag einer Partei, aber nicht von Amts wegen, jederzeit ändern;

3. die nicht geprüften Konkursforderungen unter den gleichen Voraussetzungen wie in der ersten Gläubigerversammlung. Das Stimmrecht nicht geprüfter Konkursforderungen besteht, soweit es hiernach überhaupt gewährt ist, immer nur für die betreffende Gläubigerversammlung. Der Umstand, daß es einmal ohne Widerspruch ausgeübt ist, steht dem Widerspruch gegen die

---

[1]) Abw. RG. 37. 16.

[2]) Ferner für Gläubiger eines Nachlasses in den Fällen des § 234 KO.

[3]) Ob sie nicht aber ihre Forderungen wenigstens angemeldet haben oder gleichzeitig anmelden müssen, ist sehr zweifelhaft und streitig.

[4]) Diesen kann das Stimmrecht, abgesehen von den Fällen der §§ 96, 212 und 234 KO., nie verweigert werden, auch wenn Einwendungen gegen sie erhoben sind. Vgl. Abschn. XIV unter f. LZ. 1911 S. 796[3] (OLG. Colmar).

Wiederausübung des Stimmrechts in derselben oder einer späteren Gläubigerversammlung nicht entgegen.

Die Entscheidungen des Gerichts über das Stimmrecht sind unanfechtbar. § 95 Abs. 3, § 96 Abs. 2 KO.

7. Wirksamkeit der gefaßten Beschlüsse.

Die in einer Gläubigerversammlung gefaßten Beschlüsse sind sowohl für die überstimmten Gläubiger, als für diejenigen, die an der Beschlußfassung nicht teilgenommen haben, bindend. § 97 KO. Das gilt selbst dann, wenn die Beschlüsse nur mit Hilfe der Stimmen solcher Personen zustande gekommen sind, die mit dem Gemeinschuldner verwandt oder verschwägert oder bei dem Gegenstande der Beschlußfassung sonst irgendwie beteiligt sind[1]). Vorausgesetzt ist nur, daß die Gläubigerversammlung gehörig berufen war, daß der Gegenstand der Beschlußfassung auf der Tagesordnung stand und gehörig bekannt gemacht war, und daß der Beschluß in gesetzmäßiger Weise zustande gekommen ist. Gegen die Nachteile, die nach diesen Grundsätzen den Konkursgläubigern entstehen können, gewährt die KO. nur ein Schutzmittel. Nach § 99 KO. hat das Gericht die Ausführung eines von der Gläubigerversammlung gefaßten Beschlusses zu untersagen, wenn er dem gemeinsamen Interesse der Konkursgläubiger widerspricht. Die Untersagung kann aber nur erfolgen, wenn sie in der Gläubigerversammlung vom Verwalter oder von einem überstimmten Gläubiger beantragt wird. Auch setzt der § 99 KO. voraus, daß der gefaßte Beschluß überhaupt einer Ausführung bedarf. Er findet daher nicht Anwendung, wenn nur beschlossen ist, daß etwas unterbleiben soll. Auch auf die Wahlen der Mitglieder des Gläubigerausschusses wird § 99 KO. nicht angewendet werden können, so sehr es an sich wünschenswert erscheinen mag, gerade gegen eine Wahl unzuverlässiger oder ungeeigneter Mitglieder des Gläubigerausschusses einen besonderen Schutz zu gewähren[2]).

---

[1]) LZ. 1911. 796[3] (OLG. Colmar).
[2]) LZ. 1913 S. 570[6] (OLG. Düsseldorf).

Beilagen.

A.

Auskunftsbogen.

Laufende Nr. .... Konkurs
Gewerbe- oder Geschäftsbetrieb: ....
.... eingetragene Firma: ....
Inhaber: ....
Geschäftsräume: 1. .... 2. ....
Privatwohnung: ....
Fernsprechamt: .... Nr. ..... bezahlt bis .... abgemeldet am ....

Mietsverhältnisse:

	1.	2.
a. Geschäftsräume.	1.	2. ....
Vermieter:	....	....
Vertragsdauer:	....	....
Mietspreis:	.... ℳ ..... ¼ jährlich / monatlich	.... ℳ ¼ jährlich / monatlich
	prä- / post- numerando	prä- / post- numerando
Miete: bezahlt bis: / rückständig:	....	bezahlt bis: / rückständig ....
Gekündigt am .... zum		am .... zum ....
....		....
b. Privatwohnung:	....	....
Vermieter:	....	....
Vertragsdauer:	....	....
Mietspreis:	.... ℳ ..... ¼ jährlich / monatlich	
	prä- / post- numerando	
Miete: bezahlt bis: / rückständig:	....	....
Gekündigt am .... zum		....
....		....

Grundstücke: eingetragen im Grundbuch: ....

....	....
....	....
....	....

Gläubiger-Ausschuß:

Name:	Stand:	Wohnungs- oder Geschäftsangabe:
....	....	....
....	....	....
....	....	....
....	....	....

Verpflichtungen:	Gezahlt am	Gezahlt für	ℳ	₰	Abgemeldet am	Bemerkungen
Steuern:						Stadtbezirk Nr. .....
1. Staatseinkommen-	....	....	....	....	....	E. St. Kat. Nr. .....
2. Städt. Einkommen-	....	....	....	....	....	G. St. Kat. Nr. .....
3. Ergänzungs- . .	....	....	....	....	....	....
4. Gewerbe- . . .	....	....	....	....	....	Steuerklasse ... Nr. ...
5. Betriebs- . . .	....	....	....	....	....	....
....	....	....	....	....	....	....
....	....	....	....	....	....	....

Beleuchtung: ....

Sicherheit bestellt laut anliegendem Schein mit .... ℳ ....

.... **Gasmesserstand:** ....

Versicherungen:	Gesellschaft:	Policen-Nr.	Versicherungswert	Bezahlt bis
Feuer- für Geschäft:	....	....	....	....
....	....	....	....	....
für Möbel:	....	....	....	....
Lebens-	....	....	....	....
....	....	....	....	....
Spiegel und Glas-	....	....	....	....

Mitglied bei der ....

Genossenschaft: ....

....

Berufsgenossenschaft: ....

Pfändungen:

am	Gerichtsvollzieher	wegen	für die Gläubiger	Konkurseröffnung angezeigt am	Bemerkungen
....	....	....	....	....	....
....	....	....	....	....	....
....	....	....	....	....	....
....	....	....	....	....	....
....	....	....	....	....	....
....	....	....	....	....	....
....	....	....	....	....	....
....	....	....	....	....	....
....	....	....	....	....	....
....	....	....	....	....	....

Anzeigen, Eingaben und Berichte erstattet!	am	Bemerkungen
Den Gläubigern von der Konkurseröffnung		
Gläubiger-Verzeichnis		
Schuldner-Verzeichnis		
Vorhandene Immobilien		
Vermögen der Kinder		
Vermögen von Mündeln		
Inventar und Bilanz		
Ladung zum Offenbarungseid		
Antrag auf Befriedigung der Vorrechtsforderungen		
Bericht an den Staatsanwalt		
Kassenzeichen der Hinterlegung		
Kündigung hinterlegter Gelder		
Verzeichnis für eine Abschlagsverteilung		
Schlußrechnung, Objekts- und Gebührenberechnung		
Belegblätter der Bekanntmachung		
Schlußverzeichnis		
Nachtrag zur Schlußrechnung		
Anzeige erfolgter Schlußverteilung		
Statistische Angaben für die Zählkarte		

Übernommen:		Bemerkungen
Bares Geld ℳ		
Wechsel ℳ		
ℳ		
ℳ		
Pfand- und Lombardscheine		
Sonstige Wertpapiere		
Schlüssel:		
Handlungsbücher 1.	10.	(Die Bücher erhalten jedes die gleiche Nummer, unter der sie hier vermerkt stehen, auf einem Bücherzettel.)
2.	11.	
3.	12.	
4.	13.	
5.	14.	
6.	15.	
7.	16.	
8.	17.	
9.	18.	

Angestellte: Name	Wohnung	monatl. (m.) Gehalt wöchentl. (w.)	rückständig	Art der Beschäftigung
		ℳ	ℳ	

Kündigungsfrist	Gekündigt am	zum	Krankenkassenbuch (K.) Altersversorgungskarte (J.) übernommen:	Bezahlt bis	ℳ	₰

B.

Entwürfe zu Kündigungen, Abmeldungen, Anträgen und Anzeigen.

---

1. Oberpostdirektion
Hier.

Über das Vermögen des/der ....
....
ist auf Beschluß des Amtsgerichts Abt. .... hier am .... d. M. das Konkursverfahren eröffnet worden. Als bestellter Verwalter der Masse kündige ich hierdurch dessen/deren Fernsprechanschluß Amt .... Nr. ....
zum ....

Vorzulegen: ....

---

2. (Vermieter der Geschäftsräume.)

Einschreiben.

Einleitung wie zu Nr. 1.
..... kündige ich Ihnen hierdurch auf Grund des mir nach § 19 KO. zustehenden Kündigungsrechts
zum ....
den mit de....selben geschlossenen Mietsvertrag über die im Hause .... befindlichen Räume. Ich ersuche Sie, mir den Empfang und die Annahme der Kündigung bestätigen zu wollen.

Vorzulegen nach 5 Tagen.

---

3. (Vermieter der Privatwohnung.)

Einschreiben.

Dasselbe

Vorzulegen nach 5 Tagen.

---

4. An die Direktion für die Verwaltung der direkten Steuern. Gewerbesteuer.

Zu Steuerklasse .... Nr. ....
Einleitung wie zu Nr. 1.
..... melde ich den Handels- und Gewerbebetrieb zum*) .... hiermit ab. Der Betrieb ist gänzlich eingestellt, die Konkursverwaltung betreibt nur die Verwertung der Masse.

*) Vierteljahrsschluß.

Vorzulegen nach 4 Wochen.

5. An die Verwaltung der Gasanstalt.	Einleitung wie zu Nr. 1. ..... kündige ich hiermit dessen Gasbezug[1]) und bitte um Abnahme um Feststellung des jetzigen Standes des Gasmessers für Geschäft und Wohnung (sowie um Verrechnung der geleisteten Sicherheit von .... M.). Den Gasmesser bitte ich stehen zu lassen, ich werde den ferneren Verbrauch als Masseschuld auf die Konkursmasse übernehmen*). *) Dies ist hinzuzusetzen, wenn das Gas weiter benutzt werden soll. Vorzulegen nach 5 Tagen.
6. Feuerversicherung. Einschreiben.	Über das Vermögen de........................... .... ist auf Beschluß des Amtsgerichts Abt............ hier am .... d. M. das Konkursverfahren eröffnet worden. Das Verfügungsrecht über das Vermögen des Gemeinschuldners ist demnach auf mich, den bestellten Verwalter, übergegangen. Zu diesem Vermögen gehören auch die Versicherungsgegenstände der bei Ihrer Gesellschaft unter Police Nr. .... Anhang Nr. .... abgeschlossenen Feuerversicherung, wovon Sie gefl. Vormerkung nehmen wollen. Dabei bemerke ich jedoch, daß die Verwaltung nur insoweit in den Vertrag eintritt, als die Prämie bezahlt ist.
7. Genossenschaftsbank (Vorschußverein). Einschreiben.	Einleitung wie zu Nr. 1 unter Zusatz hinter Namen und Wohnung des Gemeinschuldners „Ihres Genossen". — .... kündige ich dessen Mitgliedschaft zum Austritt am 31. Dezember des laufenden Jahres*) und bitte um Ausfertigung eines Kontokorrentes, sowie Aufstellung der Ihnen gegebenen noch laufenden Wechsel. *) Muß mindestens 3 Monate vor Schluß des Geschäftsjahres (§ 68 Gen.-Ges.) erfolgt sein; zumeist bis 30. September. Läßt sich die Kündigungsfrist nicht mehr innehalten, so ist in dem Kündigungsschreiben anstatt: „zum Austritt am 31. Dezember des laufenden Jahres" zu sagen: „zum Austritt am 31. Dezember des nächsten Jahres". Alsdann empfiehlt es sich, am Schlusse des Schreibens folgendes hinzuzufügen: Da die Kündigungsfrist für das laufende Geschäftsjahr schon vorüber ist, bitte ich, den Ausschluß des Gemeinschuldners .... durch Beschluß des Aufsichtsrates bzw. durch die Generalversammlung herbeiführen. Vorzulegen nach 10 Tagen.

[1]) S. dazu Seite 129 Anm. 3.

8. Berufsgenossenschaft.	Einleitung wie zu Nr. 7. ..... kündige ich dessen Mitgliedschaft; der Betrieb ist gänzlich eingestellt — wird für Rechnung der Masse weitergeführt. Vorzulegen: ....
9*). Zu den Prozeßakten — anzugeben die Namen der Parteien und das Aktenzeichen. — *) Diese Anzeige ist, wenn der Gemeinschuldner durch einen Rechtsanwalt vertreten war, diesem zu übertragen.	zeige ich an, daß über das Vermögen des .... durch Beschluß des Amtsgerichts zu .... vom .... d. M. das Konkursverfahren eröffnet ist und daß ich zum Konkursverwalter bestellt bin.
10*). Zu den Grundakten Bd. .... Bl. .... des Grundbuchs von .... *) S. hierzu die Bemerkungen Seite 50 unter a 6.	überreiche ich die Ausfertigung des Beschlusses des Amtsgerichts zu .... vom .... d. M., wonach über das Vermögen des .... am genannten Tage das Konkursverfahren eröffnet ist, und beantrage als bestellter Konkursverwalter, im Grundbuche bei der für den Gemeinschuldner in Abteilung III Nr. .... eingetragenen Hypothek von .... M. die Konkurseröffnung zu vermerken.
11. Personal.	Einleitung wie zu Nr. 1. ..... kündige ich Ihnen die Stellung, die Sie bei dem Gemeinschuldner innehaben, zum ....

C.

Muster zum Inventar.

I. Einfache Sache.

Inventar im Konkurse über den Nachlaß des Schuhwarenhändlers A. F. hierselbst.

Bezeichnung der Gegenstände	ℳ	₰	Bemerkungen
Abschnitt I.			
Unbewegliches Vermögen.			
Nichts.			
Abschnitt II.			
Bewegliche körperliche Sachen.			
a) Kleidungsstücke und andere Sachen zum persönlichen Gebrauch[1])			
1. ein Sonntagsanzug	36	—	
2. zwei Werktagsanzüge	80	—	
3. ein Winterüberrock	20	—	
usw. usw.	usw.		
	141	50	
b) Gegenstände der häuslichen Einrichtung (Möbel, Betten u. dgl.[1])			Zu b. Die sonst noch vorhandenen Gegenstände sind teils für den Gebrauch der Familie des Gemeinschuldners unentbehrlich, teils Eigentum der Witwe des Gemeinschuldners.
1. ein vollständiges Bett	50	—	
2. ein Schreibtisch	48	—	
3. ein Sofa	35	—	
4. ein Sofatisch	10	—	
usw. usw.	usw.		
	226	—	
c) Wertgegenstände (Gold- und Silbersachen, Kunstwerke)			
1. eine silberne Remontoiruhr . . .	25	—	
2. eine silberne Uhrkette	10	—	
3. ein goldener Ring	20	—	
	55	—	
d) Wertpapiere			
Nichts.			

[1]) Da es sich um den Konkurs über einen Nachlaß handelt, so gehören sämtliche Sachen, die zum persönlichen Gebrauche des Gemeinschuldners gedient haben, zur Konkursmasse. Die Bestimmungen § 811 ZPO. finden im Nachlaßkonkurse nur beschränkte Anwendung.

Bezeichnung der Gegenstände	ℳ	₰	Bemerkungen
e) Bücher, Dokumente und Schriften.			
1. eine Lebensversicherungs-Police der Lebensversicherungsbank für Deutschland zu Gotha Nr. 26317 über 1000 ℳ,	.	.	S. Abschnitt III Nr. 5.
2. mehrere Geschäftsbücher	.	.	
usw. usw.	usw.		
	12	—	
f) Landwirtschaftliche Erzeugnisse, Vorräte zum Betriebe der Landwirtschaft.			
Nichts.			
g) Warenvorräte zum Gebrauch. Fabrikationsmaterialien.			Zu g.
1. 20 Zentner Braunkohlen	12	—	Die mehr vorhandenen Vorräte sind zum Unterhalt der Ehefrau
2. 4 Scheffel Kartoffeln	8	—	und der 3 Kinder des Gemeinschuldners auf 4 Wochen erforderlich. § 811 Nr. 2 ZPO.
usw. usw.	usw.		
	31	—	
h) Warenvorräte zum Verkauf.			
Das Schuhwarenlager, laut Anlage abgeschätzt auf	575	—	
i) Einrichtungsgegenstände zum Geschäftsbetrieb. Viehstücke.			
1. zwei Ladenschränke	60	—	
2. ein Ladentisch	20	—	
3. zwei Stühle	4	—	
usw. usw.	usw.		
	133	—	
k) Bares Geld	15	62	
Abschnitt III.			
Außenstehende Forderungen.			
1. an den Arbeiter F. hier	10	—	Nr. 3, 6, 9—12 sind uneinziehbar. Die Einziehbarkeit der
2. an die Witwe L. hier	3	50	Forderungen Nr. 1, 2, 7, 13, 15 ist zweifelhaft.
3. an den Handelsmann P. früher hier (jetziger Aufenthalt unbekannt) .	53	—	
4. an den Bahnwärter B. in N. . .	14	20	
5. das von der Lebensversicherungsbank zu Gotha zu zahlende Kapital von	1000	—	Zu 5. Verpfändet für die Schuld Abschnitt V Nr. 8.
usw. usw.	usw.		
	1271	90	

Bezeichnung der Gegenstände	ℳ	₰	Bemerkungen
Abschnitt IV. **Andere Vermögensrechte.** Nichts.	.	.	
Abschnitt V. **Schulden.**			
1. Mietzins auf die Zeit vom 1. Juli 1920 bis 1. April 1921 an C. S. hier	225	—	Zu 1. Zum 1. April 1921 ist der Mietvertrag gekündigt. Bis dahin ist der Mietzins weiter zu zahlen.
2. Rückständige Steuern an den Magistrat hier	7	20	
3. Begräbniskosten.	198	70	Zu 3. Masseschuld. § 224 Nr. 2 KO.
4. an Dr. med. B. hier, Arzthonorar	42	—	
5. an den Apotheker D. hier für Arzneien	11	55	
6. Warenschuld an G. H. & Co. in B.	612	80	
7. Warenschuld an Th. A. in H. . . .	484	50	
8. Darlehnsschuld an den Privatmann J. Z. hier	800	—	Zu 8. Für diese Schuld ist die Forderung aus der Lebensversicherungs-Police Abschn. III Nr. 5 verpfändet.
nebst 5% Zinsen vom 1. Januar bis 20. Oktober 1920	12	08	
usw. usw.	usw.		
	3090	22	

Abschnitt IV.

Zusammenstellung.

A. Aktiva	ℳ	₰	B. Passiva	ℳ	₰
Abschnitt I	.	.	1. Absonderungsberechtigte und Massegläubiger (Abschnitt V Nr. 1, 3 u. 8)	735	78
Abschnitt II					
zu a	141	50			
zu b	226	—			
zu c	55	—	2. Bevorrechtigte Gläubiger (Abschnitt V Nr. 2, 4 u. 5)	60	75
zu d	.	.			
zu e	12	—			
zu f.	.	.	3. Gewöhnliche Konkursgläubiger	2293	69
zu g	31	—			
zu h	575	—	zusammen	3090	22
zu i	133	—			
zu k	15	62			
Abschnitt III	1271	90			
Abschnitt IV	.	.	ab Aktiva . .	2461	02
zusammen	2461	02	bleibt Fehlbetrag .	629	20

P., den 1. November 1920.

O. B., Konkursverwalter.

II. Größere Sache.

Inventar der Konkursmasse des Stärkefabrikanten R. A. zu B.

Bezeichnung der Gegenstände	ℳ	₰	Bemerkungen
Abschnitt I. **Unbewegliches Vermögen.**			
1. Die Stärkefabrik, verzeichnet im Grundbuch von B. Band VII Blatt Nr. 344 und 345. Das Inventar der Fabrik ist in Anlage 1 verzeichnet. Der Wert der Fabrik ist einschließlich des Inventars zu schätzen auf	60 000	—	Zu 1. Darauf haften a) Hypothek für H. S. in L. 30 000 ℳ, b) Grundschulden für den Gemeinschuldner 12 000 ℳ und 15 000 ℳ. Die Grundschulden sind dem S. W. in B. (s. Abschn. V unter 3) verpfändet.
2. Das Ackerstück im Breiten Felde 1,70,20 Hektar groß, verzeichnet im Grundbuch von B. Band XII Blatt Nr. 683, geschätzt auf	3 600	—	Zu 2. Darauf haftet eine Hypothek von 4000 ℳ für J. S. in B. Vgl. Abschnitt V Nr. 2.
zus.	63 600	—	
Abschnitt II. **Bewegliche körperliche Sachen.**			
a) Kleidungsstücke und andere Sachen zum persönlichen Gebrauch. usw. usw.	usw.		Zu a) und b). Die Sachen zu a 15—27 und und zu b 2—10 nimmt die Ehefrau des Gemeinschuldners als ihr Eigentum in Anspruch. Die unter a und b nicht mit aufgeführten Sachen sind der Zwangsvollstreckung nicht unterworfen und gehören deshalb nicht zur Masse.
zus.	220	—	
b) Gegenstände der häuslichen Einrichtung (Möbel, Betten u. dgl.). usw. usw.	usw.		
zus.	1 135	—	
c) Wertgegenstände (Gold- und Silbersachen, Kunstwerke). usw. usw.	usw.		Zu c) Die goldene Uhr nebst Kette zu 1 und 2 ist an A. Z. für ein Darlehn von 100 ℳ verpfändet und in dessen Besitz.
zus.	300	—	
d) Wertpapiere. Nichts.	.	.	

Bezeichnung der Gegenstände	ℳ	₰	Bemerkungen
e) Bücher, Dokumente und Schriften.			
1. Zwei Grundschuldbriefe über 12000 ℳ u. 15000 ℳ Grundschulden, welche für den Gemeinschuldner auf der Stärkefabrik eingetragen sind.	.	.	Zu e 1. Die Grundschuldbriefe befinden sich in Händen des S. W., welchem die Grundschuldforderungen für seine Abschnitt V zu 3 angegebene Forderung verpfändet sind.
2. usw. usw.	usw.		
zus.	115	—	
f) Landwirtschaftliche Erzeugnisse, Vorräte zum Betriebe der Landwirtschaft.			
1. Die auf dem Ackerstück Abschn. I zu 2 sowie auf mehreren Pachtgrundstücken noch stehende Ernte, laut Anlage 2[1]) abgeschätzt auf	7 305	—	Zu f 1. Dem G. S. in M. steht wegen des Pachtzinses das Recht auf abgesonderte Befriedigung aus der Ernte zu. S. Abschnitt V unter 5.
2. usw. usw.	usw.		
zus.	13 628	50	
g) Warenvorräte zum Gebrauch. Fabrikationsmaterialien.			
usw. usw.	usw.		
zus.	648	50	
h) Warenvorräte zum Verkauf.			Zu h. Die Stärkevorräte zu 1—3 sind am 17. Juni 1917 für G. K. in H. wegen einer Wechselforderung desselben von 20000 ℳ und Zinsen (s. Abschnitt V zu 4) gepfändet. Die Pfändung soll angefochten werden.
1. 918 Sack Kartoffelstärke à 16 ℳ	14 688	—	
2. 370 „ „ à 15 ℳ	5 550	—	
3. 137 „ „ à 13 ℳ	1 781	—	
4. 200 desgl. noch in Arbeit à 10 ℳ	2 000	—	
zus.	24 019	—	
i) Einrichtungsgegenstände zum Geschäfts- oder Fabrikbetrieb, landwirtschaftliches Inventar, soweit diese Sachen nicht Zubehör der Stärkefabrik sind. Viehstücke.			Zu i. Das sämtliche Vieh ist durch schriftlichen Vertrag vom 10. Juli 1917 an den Schwiegervater des Gemeinschuldners, E. M. in D., für 8000 ℳ verkauft. Käufer behauptet, daß die Übergabe erfolgt sei und verlangt Aussonderung des Viehs aus der Masse. Der Kaufvertrag wird angefochten werden.
1. an Vieh laut Anlage 3[1]) . . .	9 760	—	
2. an Ackergerätschaften laut Anlage 4[1])	1 822	—	
3. an Kontorgerätschaften laut Anlage 5[1])	110	—	
zus.	11 692	—	
k) bares Geld	213	42	

[1]) Zur Erleichterung der Übersicht über das Inventar empfiehlt es sich, über diejenigen Kategorien von Sachen, von welchen eine größere Anzahl vorhanden ist, besondere Verzeichnisse anzufertigen und diese als Anlagen dem Inventar beizufügen. Vgl. Bes. Teil, Abschn. II unter a.

Bezeichnung der Gegenstände	ℳ	₰	Bemerkungen
Abschnitt III. **Ausstehende Forderungen.**			
1. an S. W. in B.[1])	1 317	83	Zu 1. Schuldner hat eine höhere Gegenforderung. S. Abschnitt V zu 3.
2. an C. P. in E. . . . . nebst 6% Zinsen seit 1. Januar 1917	240	—	Zu 2. Forderung streitig. Prozeß schwebt beim Amtsgericht zu E.
3. Hypothek auf dem Grundstück des A. K., Bd. III Nr. 120 des Grundbuchs von M., zahlbar nach sechsmonatiger Kündigung . . . . nebst 5% Zinsen seit 1. Juli 1916	3 000	—	Zu 3. Die Hypothekenurkunde ist dem S. W. (s. Abschnitt V zu 3) als Faustpfand übergeben. Das von S. W. beanspruchte Pfandrecht an der Hypothek wird nicht anerkannt.
4. an R. T. unter Bürgschaft des H. N. nebst 6% Zinsen seit 14. März 1917	1 500	—	
5. usw. usw.	usw.		Zu 12—20. Uneinziehbar.
	25 793	81	Zu 21—24. Die Einziehbarkeit dieser Forderungen ist zweifelhaft.
Abschnitt IV. **Andere Vermögensrechte.**			
Der Nießbrauch an 6000 ℳ 3½% kons. Preuß. Staatsanleihe auf Lebenszeit. Schätzungswert	3 000	—	Die Wertpapiere gehören den Kindern des Gemeinschuldners und sind bei der Reichsbank hinterlegt. Der Gemeinschuldner beansprucht diesen Nießbrauch als unpfändbar für sich.
Abschnitt V. **Schulden.**			
1. Hypothekenschuld an H. S. in L. eingetragen auf der Stärkefabrik . . . nebst 4½% Zinsen seit 1. Januar 1917	30 000	—	Zu 1 und 2. Gläubiger beanspruchen abgesonderte Befriedigung aus den verpfändeten Grundstücken wegen ihrer ganzen Forderungen.
2. Hypothekenschuld auf dem Acker Blatt 683 des Grundbuchs von B. für Nr. J. S. in B.. . . . . nebst 5% Zinsen seit 1. März 1917	4 000	—	Zu 3. Davon geht die Gegenforderung Abschn. III zu 1 ab. In Höhe von 30000 ℳ beansprucht Gläubiger abgesonderte Befriedigung aus den auf der Stärkefabrik eingetragenen Grundschulden von 12000 ℳ und 15000 ℳ und der Hypothek Abschnitt III zu 3.
3. an S. W. in B. laut Kontokorrent nebst verschiedenen Zinsen.	40 123	—	

[1]) Forderungen, denen höhere oder gleich hohe Gegenforderungen des Schuldners gegenüberstehen, können auch ganz fortgelassen und in Abschnitt V von den Forderungen des Schuldners abgerechnet werden, da mit Sicherheit vorherzusehen ist, daß der Schuldner aufrechnen wird.

Bezeichnung der Gegenstände	ℳ	₰	Bemerkungen
4. an G. K. in H., Wechselschuld nebst 6% Zinsen seit 1. Juni bis 16. Juli 1917	20 000 150	— —	Zu 4. Gläubiger beansprucht abgesonderte Befriedigung aus den für ihn gepfändeten Stärkevorräten. S. Abschnitt II zu h.
5. Pachtzins auf die Zeit vom 1. April bis 1. Oktober 1917 an G. S. in M.	2 400	—	Zu 5. Für diese Forderung steht dem Gläubiger das Recht auf abgesonderte Befriedigung aus der Abschnitt II unter f 1 verzeichneten Ernte zu. Zum 1. Oktober 1917 ist der Vertrag durch Vereinbarung gelöst.
6. an Dr. med. K. zu B., Arzthonorar	20	—	Zu 6. Vorrecht IV. Klasse.
7. an Buchhalter S. hier, Gehalt . .	300	—	Zu 7. Vorrecht I. Klasse.
8. an den Magistrat zu B., rückständige Steuern	19	78	Zu 8. Vorrecht II. Klasse.
9. an Apotheker L. hier	7	80	Zu 9. Vorrecht IV. Klasse.
10. an die Firma H. & S. zu B., Wechselschuld	730	—	Zu 10. Der Gemeinschuldner ist nur Gefälligkeitsakzeptant. Seine eventuelle Regreßforderung an den Aussteller W. F. ist Abschnitt III unter 23 aufgeführt.
11. an Frl. J. R. zu W. aus dem Testamente des C. R. vom 26. August 1916	5 000	—	Zu 11. Die Schuld ist dadurch bedingt, daß die J. R., welche jetzt 17 Jahre alt ist, sich verheiratet.
12. an F. in D. Warenschuld	1 650	—	Zu 12. Gläubiger hat über 1000 ℳ einen Wechsel erhalten, den er zurückgeben muß.
13. A. Z. in L., Darlehnsschuld . . .	100	—	Zu 13. Gläubiger hat Pfandsicherheit. S. Abschnitt II zu c.
14. usw. usw.	usw.		
zusammen	184599	73	

Abschnitt VI.

Zusammenstellung.

A. Aktiva	M	Pf	B. Passiva	M	Pf
Abschnitt I	63600	—	1. Massegläubiger und Absonderungsberechtigte (Abschn. V zu 1 bis 5 u. 13[1])	83 250	—
Abschnitt II					
zu a	220	—			
zu b	1135	—	2. Bevorrechtigte Gläubiger (Abschnitt V zu 6 bis 9)	347	58
zu c	300	—			
zu d	.	.	3. Gewöhnliche Konkursgläubiger		
zu e	115	—			
zu f.	13628	50	101 002,15 M		
zu g	648	50			
zu h	24019	—			
zu i	11692	—	abzüglich der Forderung Abschnitt III		
zu k	213	42	zu 1 1 317,83 M		
Abschnitt III	25793	81	bleiben	99 684	32
Abschnitt IV	3000	—			
zusammen	144365	23	zusammen	183281	90
Abzüglich der Forderung Abschnitt III zu 1	1317	83	ab Aktiva	143047	50
bleiben	143047	40	bleibt Fehlbetrag	40 234	50

B., den 5. August 1917.

H. N.,
Konkursverwalter.

---

[1]) Diese Summe setzt sich zusammen aus:

1. der Hypothek Abschnitt V Nr. 1	30 000 M.
2. der Hypothek Abschnitt V Nr. 2, soweit das Pfandgrundstück Deckung gewährt, also in Höhe von	3 600 „
3. den Abschnitt I Nr. 1 erwähnten beiden Grundschulden	27 000 „
4. der Forderung Abschnitt V Nr. 4	20 150 „
5. der Forderung Abschnitt V Nr. 5	2 400 „
6. der Forderung Abschnitt V Nr. 13	100 „
zusammen	83 250 M.

D.

Muster zur Bilanz.

I. Einfache Sache.

Bilanz im Konkurse über den Nachlaß des Schuhwarenhändlers A. F. hierselbst.

Aktiva	M	₰	Passiva	M	₰
1. Bewegliche körperliche Sachen (laut Inventar) . . . . 1189,12 M			An Schulden überhaupt	3 090	22
abzüglich			Davon ab:		
a) der zur Bezahlung der Miete erforderlichen 225,00 M			Masse- und Absonderungsansprüche[1])	735	78
b) der Begräbniskosten 198,70 M			bleiben	2 354	44
zusammen 423,70 M			wovon bevorrechtigt . . 60,75 M[2])		
bleiben	765	42	und nicht bevorrechtigt 2293,69 M		
2. Ausstehende Forderungen . . . . . . 1271,90 M					
Davon ab:					
a) uneinziehbare Forderungen. . . . 139,40 M					
b) auf . . 80,90 „ zweifelhafte Forderungen 50%. . . . . 40,45 M					
c) zur Deckung der Darlehnsschuld an J. Z. . . . . 312,08 M					
zusammen 491,93 M					
bleiben	779	97			
Das sind zusammen	1 545	39			
Bleibt Unterbilanz	809	05			
	2 354	44			

Hiernach liegen, wenn die Kosten des Konkurses auf 300 M. veranschlagt werden, für die Gläubiger ohne Vorrecht etwa 1180 M. = 51½% in der Masse.

P., den 1. November 1920.

O. B., Konkursverwalter.

---

[1]) Der Betrag setzt sich zusammen aus:
a. den Masseschulden Abschn. V. Nr. 1 und 3 des Inventars, zusammen 423,70 M.
b. dem Absonderungsrecht des Gläubigers Abschn. V Nr. 8 für . . . . 312,08 „

[2]) Dieser Betrag setzt sich zusammen aus den Schulden Abschn. V Nr. 2, 4 und 5 des Inventars.

II. Größere Sache.

Bilanz der Konkursmasse des Stärkefabrikanten R. A. zu B.

Aktiva	ℳ	₰	Passiva	ℳ	₰
1. Grundstücke . . . 63600,00 ℳ abzüglich Hypotheken und Grundschulden[1]) soweit diese durch den Wert der Grundstücke gedeckt sind . 60600,00 ℳ bleiben	3 000	—	An Schulden überhaupt	184599	73
2. Bewegliche körperliche Sachen . . . . 51971,42 ℳ abzüglich . . . . . 22650,00 ℳ welche zur Befriedigung Absonderungsberechtigter erforderlich werden können, bleiben	29 321	42	Davon ab a) durch Gegenforderung beglichen . . . 1317,83 ℳ b) Massen. Absonderungsansprüche[2]) 83250,00 ℳ zusammen	84 567	93
			Mithin nehmen an der Konkursmasse Forderungen teil zum Betrage von	100031	90
3. Ausstehende Forderungen . . . . . . 25793,81 ℳ Davon ab[2]): a) durch Gegenforderung beglichen 1317,83 ℳ b) auf die zweifelhaften Forderungen von 4780 ℳ 50% = 2390 ℳ c) auf die uneinziehbaren Forderungen im Betrage von 11319,15 ℳ 96% = 10866,38 ℳ zusammen 14574,21 ℳ bleiben	11 219	60	wovon bevorrechtigt 347,58 ℳ nicht bevorrechtigt 99648,32 ℳ		
4. Sonstige Vermögensrechte . . .	3 000	—			
	46 541	02			
Unterbilanz	53 490	88			
	100031	90			

Hiernach liegen, wenn die Kosten des Konkurses auf 3000 M. veranschlagt werden, etwa 43% in der Masse. Die Teilungsmasse würde sich noch um 20150 ℳ erhöhen, wenn die beabsichtigte Anfechtung der Pfändung der Stärkevorräte Erfolg haben sollte. Dagegen kann sie sich auch erheblich vermindern, wenn die im Inventar Abschnitt II zu a, b und i sowie Abschnitt IV erwähnten Ansprüche durchgesetzt werden sollten.

B., den 5. August 1917. N. N., Konkursverwalter.

---

[1]) Die Grundschulden sind völlig abgerechnet, da sie zwar auf den Namen des Gemeinschuldners eingetragen, aber dem S. W. wegen seiner höheren unstreitigen Forderung gültig verpfändet sind.

[2]) Der Absonderungsanspruch des S. W. an der Hypothek von 3000 M Abschnitt III unter 3 des Inventars ist nicht berücksichtigt, weil dieser Anspruch für unbegründet und aussichtslos erachtet wird.

E.

Im............................ schen Konkurs. Binnen 8 Tagen zurückzugeben.

Fragebogen an den Gemeinschuldner für den zum Wahltermin zu erstattenden Bericht.

1. **Persönliche Verhältnisse des Gemeinschuldners:**
   a) Geboren am
   in (Ort — Kreis — Provinz).
   b) Welche Schulbildung genoß derselbe?
   c) Welchen Beruf erlernte er danach? bei wem, wo, und (falls Kaufmann) in welchem besonderen Geschäftszweig?
   d) In welchen Stellungen und Geschäftszweigen war der Gemeinschuldner bis zur Begründung seiner Selbständigkeit tätig?
   e) Wann und wo verheiratete er sich? welche Familie hat er?
   f) Wann kam er nach seinem letzten Wohnort?

2. War der Gemeinschuldner vor der jetzt durch Konkurs unterbrochenen Selbständigkeit schon einmal selbständig?
   Wo und wann?
   Welcher Art war das Geschäft?
   (Geschäftszweig — Firma — War der Gemeinschuldner alleiniger Inhaber oder nur Mitinhaber?

3. Wann und warum wurde das Geschäft aufgegeben?
   Wurde es verkauft — freiwillig aufgelöst — durch außergerichtlichen Vergleich (mit wieviel Prozenten) — durch Konkurs (mit wieviel Prozenten) beendet?

4a) Wann und wo hat der Gemeinschuldner sein jetziges Geschäft begründet? wurde dasselbe später verlegt?
  b) Mit welchen Mitteln? wieviel eigenen — wieviel fremden?
  c) Kamen bare Mittel aus der Mitgift der Ehefrau ins Geschäft? Wieviel?

d) Sind die Einlagen der Ehefrau oder Dritter sofort im Kassabuche gebucht? — als Einlagen des Gemeinschuldners — oder auf den Namen der Ehefrau bzw. der Darlehnsgeber?

5a) Welcher Art war der Gewerbebetrieb? (Bei kaufmännischem: Fabrik- — Engros- — Detail- — Import- — Export- — Kommissions- — Reise- und Versand- — Platz- — Abzahlungsgeschäft?)

b) Welcher Geschäftszweig und welche Artikel wurden insbesondere gepflegt?

6. Hatte der Gemeinschuldner

a) einen Sozius? (bei eingetragener offener Handelsgesellschaft einen Gesellschafter?) oder war

b) ein Kommanditist oder Kapitalist (stiller Gesellschafter) am Geschäft beteiligt und in welchem Umfange?

7a) Arbeitete der Gemeinschuldner in der Folge mit fremden Kapitalien und mit welchen?

b) Sind die bei ihrer Einlage gleich ordnungsmäßig im Kassabuche und Hauptbuche auf den Namen der Darleiher eingetragen worden?

c) Wurde dafür Sicherheit — Waren als Pfand — Hypotheken — Wechsel od. dgl. hingegeben?

8a) Ist der Gemeinschuldner „Kaufmann" im Sinne § 1 des HGB., d. h. hat er gewerbsmäßig Handelsgeschäfte betrieben?

b) Hat er in dem Falle die gesetzliche Verpflichtung, Handelsbücher zu führen, erfüllt? (§ 38 d. HGB.) oder aus welchen Gründen hielt er sich nicht dazu verpflichtet? (§ 4 d. HGB.)

c) Welche Bücher hat der Gemeinschuldner geführt?

(Kassabuch — Kladde — Hauptbuch für Debitoren (Schuldner) für Kreditoren (Gläubiger) Memorial — Wechselkopiebuch — Fakturenbuch oder -mappe — Journal—Geheimbuch.)

9a) Wie häufig sind Inventuren angefertigt? (§ 39 d. HGB.)

b) Welche Bilanzen (Aufstellung des Vermögens und der Schulden) (§ 39 des HGB.) liegen, besonders aus den letzten 5 Jahren vor?

10. Wie hoch waren in den letzten 5 Jahren ziffernmäßig:

a) die Ergebnisse der Jahresbilanzen

vom .... bis .... (Lauf des Geschäftsjahrs.)	191/.		191/.		191/.		191/.		191/.	
Aktiva										
Passiva										
Vermögen . . . . oder Überschuldung										
b) die jährlichen Umsätze oder Losungen?										
c) die jährlichen Entnahmen für Haushalt und Privatbedarf?										
d) die jährlichen Handlungs-Unkosten?										
und zwar diese möglichst zerlegt in:										
1. Miete, Beleuchtung und Heizung										
2. Gehälter										
3. Sonstige Unkosten . . . . . . d. h. Zinsen — Diskontspesen — Reklamen — Frachten und Porti										
4. Reisespesen										
5. Löhne . . . . (bei Fabrikgeschäften)										

11a) Welchen Prozentsatz pflegte der Gemeinschuldner im Durchschnitt auf die Kostenpreise aufzuschlagen?

b) Welchen Kredit, d. h. welches Ziel pflegte er seinen Abnehmern zu gewähren?

c) Stellte er Wechsel, Tratten auf diese aus?

d) Pflegte er Waren auf An- und Abzahlungen zu geben?

12a) Welchen Kredit, d. h. welches Ziel pflegte der Gemeinschuldner für seine Warenanschaffungen zu beanspruchen?

b) Pflegte der Gemeinschuldner für seine Warenanschaffungen Wechsel zu akzeptieren?

13a) Blieb es bei Geschäftswechseln oder gab und empfing der Gemeinschuldner auch sog. Gefälligkeitsakzepte?

b) Mit welchen Personen oder Firmen stand er im Austausch von Gefälligkeitswechseln?

14a) Wann wurde zunächst ein Rückgang des Geschäftsertrages bemerkt?

b) Auf welche Ursachen ist er zurückzuführen?

c) Welche Schritte wurden getan, dem Rückgang Einhalt zu tun?

15a) Wann traten die ersten Zahlungsschwierigkeiten — Zahlungsstockungen — ein?

b) Wann wurden die ersten Schritte getan, von den Gläubigern Nachsicht — Frist — für die **fälligen** Rechnungen zu erlangen, beim Vermieter vielleicht um Herabsetzung der Miete?

c) Wurden, um dringendere Verbindlichkeiten oder die laufenden Ausgaben zu decken, die Waren lombardiert?

d) Wann, bei wem und in welchem Umfang?

16. Geschahen danach irgendwelche Schritte, direkt oder indirekt — mündlich oder schriftlich — bei einzelnen Gläubigern oder durch Rundschreiben an alle, die Zahlungsschwierigkeiten durch ein Moratorium — einen außerordentlichen Akkord unter Erlaß eines Teils der Forderung — zu beseitigen?

Wann und mit welchem Erfolge geschah das?

17. Von wann datiert die Zahlungseinstellung?

d. h. wann wurden wegen eines nicht bloß vorübergehenden Mangels an flüssigen Mitteln die fälligen Zahlungen nicht mehr geleistet?

18. Welche Ursachen führten schließlich zur Konkurseröffnung?

(Mit genauer Darstellung der letzten Zahlungsverlegenheiten — Klagen — Pfändungen vor derselben.)

Schließlich: **Lebenslauf**, soweit derselbe nicht durch obige Fragen behandelt ist — besondere Ereignisse und Umstände, welche von Einfluß auf die Entwicklung des Geschäfts, seinen Rückgang und die Konkurseröffnung waren.

(Auf besonderem, beizulegendem Bogen.)

F.

Im..schen Konkurs.

Muster zu Verkaufsbedingungen beim Verkauf des Warenlagers im ganzen.

Das Warenlager enthält:

....

....

....

1. Das zur Konkursmasse de...
gehörige, in de....en Geschäftsräumen, hierselbst ....-Straße .... befindliche in dem ausliegenden Verzeichnis Nr. 1 bis........... aufgeführte Warenlager nebst der Geschäfts- — Werkstatts- — Fabrik-Einrichtung und den Maschinen wird im ganzen, wie alles steht und liegt, ohne Gewährleistung für Beschaffenheit, Güte, Stückzahl, Maß und Gewicht, zum Verkauf gestellt.

Nach dem ausliegenden Verzeichnis haben die zum Verkauf gestellten Gegenstände einen Fakturen- — Inventur- — Tax-Wert von .... *M*. Die Miete, welche die Konkursmasse vom .... bis zum Ablauf der Räumungsfrist zu zahlen verpflichtet ist, beträgt .... *M*.

2. Vom Verkauf bleiben ausgeschlossen:

a) Die Geschäftsbücher, Geschäftspapiere und alle Gegenstände, welche mit der Firma oder dem Namen de...... Gemeinschuldner...... versehen sind;

b) folgende als „fremdes Eigentum" bezeichnete Gegenstände des Verzeichnisses

Nr. ....

....

....

....

....

Alle diese vom Verkauf ausgeschlossenen Gegenstände hat der Käufer für die ....sche Konkursmasse bis zur Übergabe der Räume in unentgeltliche Verwahrung zu nehmen, und damit nur nach Anweisung des unterzeichneten Verwalters zu verfahren.

Für die zuverlässige Rücklieferung der nicht zur Konkursmasse gehörigen Fässer Verpackungen usw. Nr. .... des Verzeichnisses an die Konkursmasse oder die Eigentümer hat der Käufer eine Sicherheit von .... *M* zu bestellen.

3. Die Gebote sind schriftlich, in verschlossenem Umschlag, mit einer baren Bietungssicherheit von .... ℳ bis .... den .... 19........ vor-/nach-mittags .... Uhr im Geschäftszimmer des unterzeichneten Verwalters abzugeben.

Die Erklärung über den Zuschlag erfolgt bis zum ....

4. Der Käufer haftet mit der gestellten Bietungssicherheit der vom Verwalter vertretenen Konkursmasse auch für die gewissenhafte Erfüllung der Verkaufsbedingungen; sie kann daher nur zum Teil bei Berichtigung des Kaufpreises zur Berechnung gelangen, während ein angemessener Betrag bis zur Rücklieferung der Schlüssel vom Verwalter zurückbehalten wird.

5. Erfolgt die Zahlung des Kaufpreises und die Abnahme der gekauften Gegenstände nicht in längstens .... Tagen nach Erteilung des Zuschlages, so ist der Konkursverwalter berechtigt, vom Vertrage zurückzutreten. Der in Verzug geratene Käufer haftet in dem Fall für jeden der Konkursmasse aus dem nochmaligen Ausbieten und Verkauf der Gegenstände erwachsenden Schaden insbesondere mit der gestellten Sicherheit. Er unterwirft sich ausdrücklich der Bedingung, daß dieser nochmalige Verkauf durch den Konkursverwalter nach freiem Ermessen stattfindet.

Die Übergabe der gekauften Gegenstände an den Käufer erfolgt erst nach Zahlung des vollen Kaufpreises.

6. Die Entfernung der gekauften Gegenstände aus den Räumen, in denen sie sich befinden, hat bis zum ...., die Übergabe der Räume in besenreinem Zustande hat nach Entfernung der gekauften Gegenstände sofort, spätestens aber bis zum .... an den unterzeichneten Verwalter zu erfolgen.

7. Der Käufer hat für jede Beschädigung, die während der ihm gewährten Räumungsfrist und besonders beim Auszuge durch die Herausnahme der Geschäfts-, Werkstatts-Fabrik-Einrichtung. — Maschinen — u. dgl. in und an den Räumen, Fluren, Treppen, sowie dem Fahrstuhl verursacht wird, aufzukommen.

Der Käufer hat ohne Anrechnung auf den Kaufpreis den unter Nr. 1 bezeichneten Mietzins zu entrichten. Er übernimmt auch die Verpflichtung, Mietslustigen die Besichtigung der Räume zu gestatten, die Schlüssel zur rechten Zeit zurückzugeben, überhaupt alle Bedingungen des Mietsvertrages vom ...., von dessen Inhalt er Kenntnis genommen hat, zu erfüllen. Er haftet der Konkursmasse für jeden Schaden, für den sie selbst aus der Nichterfüllung dieser Verpflichtungen in Anspruch genommen wird. Diese Haftpflicht erkennt der Käufer ausdrücklich an.

8. Zur Einsetzung einer dritten Person in die übernommenen Verpflichtungen hat der Käufer die Genehmigung des Verwalters einzuholen.

9. Der Käufer hat nach Erteilung des Zuschlags mit dem Verwalter einen Kaufvertrag abzuschließen und den Kaufstempel dafür zu tragen sowie für etwaige Nachforderungen der Steuerbehörde aufzukommen.

10. In den abzugebenden Geboten ist ausdrücklich das Einverständnis mit diesen Verkaufsbedingungen zu erklären bzw. werden die Gebote nur als

auf Grund vorstehender Bedingungen abgegeben

angenommen.

G.

Muster zum Kaufvertrag über das Warenlager.

Der Kaufmann ....
........................Straße .... kauft hierdurch von dem ....
als Verwalter der ....schen Konkursmasse das zu ihr gehörige Warenlager nebst der Geschäfts- — Werkstatts- — Fabrik- — Einrichtung und den Maschinen nach anliegendem Inventur- — Tax- — Verzeichnis, das bei der Besichtigung am ....
.... ausgelegen hat, — mit einer Räumungsfrist bis zum ....
— von .... Tagen — für das abgegebene — vereinbarte — Gebot von .... *M*
in Buchstaben ....

....

Der Verkäufer erkennt an, diesen Kaufpreis von .... *M* bar erhalten zu haben.

Der Käufer erkennt an, die Kaufgegenstände ordnungsmäßig übergeben erhalten zu haben und erklärt sich für vollständig befriedigt.

Der Käufer erkennt ferner sämtliche vorstehende Verkaufsbedingungen Nr. 1 bis .... als für ihn bindend an und verpflichtet sich, sie gewissenhaft zu erfüllen, auch die Stempelkosten dieses Vertrages und des anliegenden Verzeichnisses zu übernehmen, ebenso für alle etwaigen Mehrforderungen der Steuerbehörde aufzukommen.

........................, den .... 19............

....

als Verwalter der

....schen Konkursmasse.

H.

Verkauf von ausstehenden Forderungen.

Verhandlung.

...., den .... 19.....

In Sachen .... Konkurs steht heute, nach erfolgter öffentlicher Bekanntmachung durch

b...

b...

im Geschäftszimmer des unterzeichneten Verwalters .... Termin an zur Versteigerung der in anliegendem Verzeichnisse von 1 bis .... aufgeführten, nicht eingegangenen, ausstehenden Forderungen im Betrage von

.... ℳ

wozu sich mehrere Kauflustige eingefunden hatten.

Es wurde bekannt gemacht, daß der Verkauf nur unter folgenden Bedingungen geschieht:

1. Die Konkursverwaltung übernimmt keine Gewähr für die Richtigkeit, das Bestehen und die Sicherheit der Forderungen; der Ersteher verzichtet daher auf alle Haftansprüche sowohl gegen die Konkursmasse als auch gegen deren Verwalter.
2. Das Kaufgeld ist sofort nach erteiltem Zuschlage bar zu erlegen.
3. Die Kosten und Stempel der Urkunde über die Abtretung hat der Käufer zu tragen.
4. Dem Käufer werden die über die Forderungen vorhandenen Urkunden und Belege übergeben, während die Geschäftsbücher beim Verwalter eingesehen werden können.
5. Die Überlassung der Geschäftsbücher kann nur gegen Stellung einer Sicherheit von ....ℳ erfolgen; sie sind bis zum .... kostenfrei dem Verwalter zurückzuliefern.

Demnächst wurde zum Bieten aufgefordert.

Es boten:

Weitere Gebote wurden nicht abgegeben; Meistbietender blieb

Herr ....-Straße Nr. ....

mit .... ℳ, in Buchstaben .... ℳ.

Demselben wurde der Zuschlag erteilt, worauf er den Kaufpreis sofort bar erlegte.

V. g. u.

....

..................................-Straße als Verwalter der

....schen Konkursmasse

J.

Muster zur Schlußrechnung[1]).

1. Einfache Sache.

Schlußrechnung im Konkurse über den Nachlaß des Schuhwarenhändlers A. F. hierselbst,
gelegt vom

Konkursverwalter O. B.

Hierzu 1 Heft Belege.

Bemerkung. Ein Gläubigerausschuß ist nicht bestellt worden.

I. Bericht über die Verwaltung und Verwertung der Masse.

a) Zu Abschnitt II des Inventars.

Die Gegenstände zu a, b und c sind am 15. November 1920 bzw. 7. März 1921 durch den Gerichtsvollzieher Th. hier öffentlich meistbietend versteigert worden. Der Erlös hat nach Abzug der Unkosten 381,20 ℳ und 96,15 ℳ betragen (vgl. Bl. 11 und 36 der Belege) und ist unten zu II unter 2 und 23 in Einnahme gestellt.

Die Gegenstände zu c und g sind an die Witwe F. aus freier Hand für den Schätzungswert und 10% Aufschlag verkauft worden. Der Erlös erscheint unter Nr. 4 der Einnahmerechnung.

Das Warenlager ist, da der Mietsvertrag noch bis 1. d. M. lief, größtenteils durch Ausverkauf verwertet worden, den die Witwe F. unter meiner Aufsicht gegen mietsfreie Belassung der Wohnung besorgt hat. Der durch den Ausverkauf erzielte Erlös ist in der Einnahmerechnung unter 3, 5, 6, 8, 9, 11—14, 16, 17, 19—21 nachgewiesen. Der verbliebene Rest der Waren ist am 7. März 1901 mit versteigert. Der geringe Erlös ist in der oben angegebenen Summe von 96,15 ℳ mit enthalten.

b) Zu Abschnitt III des Inventars.

Die Forderungen Nr. 1, 4, 5, 8 und 14 sind vollständig eingegangen. Auf die Forderung Nr. 15 haben nur 4,14 ℳ beigetrieben werden können. Die Forderungen Nr. 7 und 13 sind ausgeklagt, jedoch ist die Zwangsvollstreckung fruchtlos ausgefallen. Vgl. Bl. 8, 12, 15, 19 der Belege. Von dem Lebensversicherungskapital hat vorweg die Schuld an den Privatmann Z. getilgt werden müssen. Vgl. Nr. 6 der Ausgaberechnung. Die übrigen Forderungen sind uneinziehbar.

c) Zu Abschnitt V des Inventars.

Die 225 ℳ Mietzins und die 198,70 ℳ Begräbniskosten sind aus dem Erlöse der veräußerten Sachen berichtigt, ebenso die Schuld Nr. 8 nebst Zinsen aus dem eingezogenen Lebensversicherungskapitale. Die übrigen Schuldposten sind sämtlich zur Konkursmasse angemeldet und festgestellt worden. Außerdem habe ich noch eine Illatenforderung der Witwe F., die sie erst im Laufe des Konkurses geltend gemacht hat, auf Grund der mir geführten Nachweise (Bl. 28 und 29 der Belege) anerkennen müssen. Zwei weitere angemeldete Forderungen sind von mir im Prüfungstermine bestritten worden. Diese sind, da die Gläubiger Feststellungsklage nicht erhoben haben, bei der Verteilung nicht zu berücksichtigen.

---

[1]) In diesen Beispielen ist der Fall angenommen, daß im Laufe des Konkurses eine Berichterstattung und Rechnungslegung an die Gläubigerversammlung nicht stattgefunden hat.

d) Allgemeine Bemerkungen.

Die verfügbaren Gelder sind gemäß dem Beschlusse der Gläubigerversammlung vom 12. November 1920 bei der hiesigen Sparkasse angelegt worden. Die bevorrechtigten Konkursforderungen im Betrage von 60,75 ℳ habe ich mit Ermächtigung des Amtsgerichts bereits ausgezahlt. Vgl. die Belege Bl. 20—22.

II. Rechnung über Einnahmen und Ausgaben.

a) Einnahmen.

....

b) Ausgaben.

....

(Bei sämtlichen Posten ist der Grund der Einnahme und der Ausgabe kurz anzugeben.)

III. Abschluß.

Die Einnahmen betragen		2604,91 ℳ
Die Ausgaben (einschließlich der unter Ib und c erwähnten) betragen . .		888,85 ℳ
Bleibt eine Reineinnahme von		1716,06 ℳ
Davon sind bereits an die bevorrechtigten Gläubiger gezahlt .	60,75 ℳ	
Ferner sind an Gerichts- und Verwaltungskosten in Ansatz zu bringen	348,65 ℳ	
zusammen		409,40 ℳ
Es sind also zur Verteilung unter die nicht bevorrechtigten Konkursgläubiger vorhanden		1306,66 ℳ

Dazu treten noch die bei der Sparkasse aufgekommenen Zinsen.

P., den 4. April 1921.

O. B., Verwalter.

II. Größere Sache.

Schlußrechnung im Konkurse über das Vermögen des Stärkefabrikanten R. A. zu B, gelegt vom

Konkursverwalter H. N.

Hierzu 2 Anlagen (A und B) und 5 Hefte Belege.

Bemerkung: In der am 10. August 1917 stattgehabten Gläubigerversammlung ist ein Gläubigerausschuß bestellt, bestehend aus folgenden Personen:

1. Bankier G. K. in H.
2. Kaufmann S. W. in B.
3. Kaufmann M. S. in M.
4. Fabrikant C. S. in B.
5. Rechtsanwalt R. F. in B.

———————

I. Bericht über die Verwaltung und Verwertung der Konkursmasse.

a) Zu Abschnitt I des Inventars vom 5. August 1917.

Der Betrieb der Stärkefabrik ist gleich nach der Konkurseröffnung so weit als tunlich eingeschränkt worden, da mit Rücksicht auf die ungünstige Konjunktur ein gewinnbringender Betrieb für Rechnung der Masse nicht möglich war. Die Gläubigerversammlung vom 10. August 1917 hat dann beschlossen, den Betrieb der Fabrik möglichst bald ganz einzustellen. Das ist gegen Ende August 1917 geschehen. Seitdem ist auf dem Fabrikgrundstück nur ein Wächter gehalten worden. Im Dezember 1917 hat sich infolge eines starken Sturmes die Reparatur des Daches des Maschinenhauses als unumgänglich notwendig herausgestellt. Diese hat 242,50 ℳ Kosten verursacht. Über die Verwaltung der Fabrik ist ein besonderes Konto geführt worden, das dieser Rechnung als Anlage A beigefügt ist. Der Fehlbetrag von 536,48 ℳ, mit welchem das Konto abschließt, ist unter Nr. 36 der allgemeinen Rechnung in Ausgabe gestellt.

Nachdem eine kleine Besserung der Konjunktur für Stärke eingetreten war, ist es gelungen, die Stärkefabrik aus freier Hand zu verhältnismäßig günstigen Bedingungen zu verkaufen. Laut Vertrag vom 11. März 1918 hat der Kaufmann S. W. in B. die Fabrik nebst allem Zubehör für 63000 ℳ unter folgenden Bedingungen erworben:

a) Die für L. S. in H. eingetragene Hypothek von . . . . 30000 ℳ
hat er mit den Zinsen seit 1. April 1918 als Selbstschuldner in Anrechnung auf den Kaufpreis übernommen.

b) weitere . . . . 27000 ℳ
sind dadurch berichtigt, daß er mit einem gleich hohen Betrage seiner Kontokorrentforderung (Abschnitt V Nr. 3 des Inventars), für welchen ihm durch die Verpfändung der beiden für den Gemeinschuldner auf der Fabrik eingetragenen Grundschuldforderungen von 12000 ℳ und 15000 ℳ Pfandsicherheit gewährt war, aufgerechnet hat.

c) Die übrigen . . . . 6000 ℳ
sind am 1. April 1918 bar bezahlt. An diesem Tage hat auch die Übergabe und die Auflassung der Fabrik an den S. W. stattgefunden.

Der Gemeinschuldner hatte auf die ihm gemäß § 135 Abs. 1 KO. gemachte Mitteilung gegen den Verkauf der Fabrik zu dem angegebenen Preise Widerspruch erhoben, weil er der Meinung war, daß ein viel höherer Preis erzielt werden könne, und auf seinen Antrag hatte das Gericht den Abschluß des Kaufvertrags vorläufig untersagt. Die auf den 11. März 1918 berufene Gläubigerversammlung hat jedoch den Verkauf zu obigen Bedingungen gutgeheißen. Unter demselben Datum hat der Gläubigerausschuß den Kaufvertrag mit S. W. einstimmig genehmigt. Das darüber aufgenommene Protokoll befindet sich Heft I Blatt 23 der Belege.

Die gezahlten 6000 ℳ sind unter Nr. 74 der Rechnung in Einnahme gestellt. Davon waren jedoch zu verwenden: 1687,50 ℳ zur Berichtigung der Hypothekenzinsen von 30000 ℳ auf die Zeit vom 1. Januar 1917 bis 1. April 1918 und 37,30 ℳ für Kosten der Löschung eines auf der Fabrik eingetragen gewesenen, längst getilgten, aber bisher ungelöscht gebliebenen Kapitals von 6000 ℳ. Vgl. Nr. 111 und 123 der Ausgabe.

Das Ackerstück im Breiten Felde ist bis zur Beendigung der vorjährigen Ernte für Rechnung der Masse bewirtschaftet. Die dadurch entstandenen Einnahmen und Ausgaben sind in dem Landwirtschaftskonto (Anlage B dieser Rechnung) mit aufgeführt. Nach der vorjährigen Ernte ist das Ackerstück auf 1 Jahr für 100 ℳ verpachtet. Der Pachtzins ist unter Nr. 75 und 87 vereinnahmt. Die auf dem Acker ruhenden Lasten und Abgaben sind aus der Masse bezahlt und unter Nr. 62 und 109 in Ausgabe gestellt.

Verwertet ist das Ackerstück nicht, weil es überschuldet ist. Der Verwalter hat nur ein Gebot von 3200 ℳ auf den Acker erhalten. Der Hypothekengläubiger hat bisher nichts getan, um die Zwangsversteigerung herbeizuführen.

Das Haus, worin der Gemeinschuldner wohnt, gehört seiner Ehefrau und ist auf deren Namen im Grundbuche eingetragen. Auch von den Erträgen dieses Hauses konnte nichts zur Masse gezogen werden, da aus der Zeit vor der Konkurseröffnung Mietzinsen nicht mehr zu erheben waren.

b) Zu Abschnitt II des Inventars.

Die Aussonderungsansprüche der Ehefrau des Gemeinschuldners haben bezüglich der Gegenstände zu a 15 bis 18, 21, 22, 24 und zu b 2 bis 9 im Werte von zusammen 426 ℳ anerkannt werden müssen, da nach den bei verschiedenen glaubhaften Personen eingezogenen Erkundigungen diese Sachen dem Gemeinschuldner bei seiner Verheiratung von seiner Ehefrau in die Ehe eingebracht sind. Die bezeichneten Sachen sind der Aussonderungsberechtigten herausgegeben. Der Gläubigerausschuß hat dazu laut Heft II Bl. 3 der Belege seine Genehmigung erteilt. Die sonstigen Aussonderungsansprüche der Ehefrau des Gemeinschuldners sind nicht anerkannt. Klage ist wegen derselben nicht erhoben. Die betreffenden Sachen sind mit anderen versteigert und der Erlös ist zur Masse eingezogen. Dieser Erlös kann unbedenklich mit verteilt werden, da die Ansprüche der Ehefrau des Gemeinschuldners auf die fraglichen Sachen sich mit Rücksicht auf § 45 KO. offenbar nicht begründen lassen, und auch aus ihrem Verhalten zu schließen ist, daß sie auf ihre Ansprüche verzichtet. Aus diesen Gründen ist davon abgesehen worden, gegen die Ehefrau des Gemeinschuldners auf Anerkennung des Nichtbestehens der bestrittenen Aussonderungsansprüche Klage zu erheben.

Von den Gegenständen zu a haben die unter 12 und 14 aufgeführten dem Gemeinschuldner auf dessen Beschwerde als unpfändbar herausgegeben werden müssen. Der betreffende Gerichtsbeschluß, dessen Anfechtung aussichtslos erschien, befindet sich Heft II Bl. 17 der Belege.

Die goldene Uhr nebst Kette zu c 1, 2 ist von A. Z. gegen Bezahlung der Pfandforderung von 100 ℳ nebst 5,75 ℳ Zinsen eingelöst und an die Ehefrau des Gemeinschuldners für 230 ℳ, die sofort bezahlt sind, verkauft. Vgl. Nr. 21 der Ausgabe und Nr. 19 der Einnahme.

Der Gemeinschuldner betrieb außer der Fabrik eine nicht unbedeutende Landwirtschaft. Dazu hatte er mehrere Ackerpläne von G. S. in M. für jährlich 4800 ℳ gepachtet Der Pachtvertrag lief noch bis 1. Oktober 1925. Es ist jedoch gelungen, durch gütliches Übereinkommen mit G. S. den Pachtvertrag schon zum 1. Oktober v. J. zu lösen. Die nach dem Übereinkommen an G. S. gezahlte Abstandssumme von 300 ℳ erscheint sehr gering, da durch die frühzeitige Lösung des Pachtvertrages die Beendigung des Konkurses wesentlich erleichtert und beschleunigt ist. Der Gläubigerausschuß hat auch das Übereinkommen laut Protokoll Heft II Bl. 25 der Belege genehmigt.

Bis zum 1. Oktober v. J. sind die Pachtäcker für Rechnung der Konkursmasse bewirtschaftet worden. Die daraus hervorgegangenen Einnahmen und Ausgaben sind zusammen mit den aus der Bewirtschaftung des Ackerstücks im Breiten Felde entstandenen Einnahmen und Ausgaben in einem besonderen „Landwirtschaftskonto" (Anlage B der Rechnung) verzeichnet. Dieses Konto schließt ab mit einem Gewinn von 6216,85 ℳ, welcher in der Hauptrechnung unter Nr. 33 erscheint. Davon sind vorweg die 2400 ℳ Pachtzins (Abschnitt V Nr. 5 des Inventars) und die 300 ℳ Abstandsgeld zu berichtigen gewesen. S. Nr. 42 und 43 der Ausgaben.

Die Pfändung der Stärkevorräte zu h 1 bis 3 des Inventars ist mit Genehmigung des Gläubigerausschusses (s. Heft II Bl. 6 der Belege) angefochten worden. In erster Instanz ist der Prozeß auch gewonnen. In zweiter Instanz aber ist die Klage abgewiesen. Das Oberlandesgericht zu N. hat nach Beweisaufnahme für festgestellt erachtet, daß zur Zeit der Pfändung der Gemeinschuldner seine Zahlungen noch nicht eingestellt hatte, daß die Zahlungseinstellung vielmehr erst infolge der Pfändung erfolgt ist, daß auch der Gemeinschuldner keineswegs die Absicht gehabt hat, den Bankier G. K. vor seinen übrigen Gläubigern zu begünstigen, und hat, da der Antrag auf Konkurseröffnung erst lange nach der Pfändung gestellt ist, die auf § 30 Nr. 2 KO. gestützte Anfechtungsklage für unbegründet erklärt. Die eingelegte Revision ist vom Reichsgericht zurückgewiesen. Vgl. Heft II Bl. 11ff., 18ff., 30ff. der Belege. Die durch den Prozeß entstandenen Kosten sind unter Nr. 8, 13, 24, 56, 81 und 98 der Ausgaben aufgeführt.

Die gepfändeten Stärkevorräte sind versteigert worden und haben nach Abzug der Versteigerungskosten einen Erlös von 20526 ℳ gebracht, der zur Deckung der Forderung des Bankiers G. K. nicht ganz hingereicht hat, da diesem das Pfändungspfandrecht auch für die nach der Konkurseröffnung aufgelaufenen, im Inventar Abschnitt V unter 4 nicht mit in Ansatz gebrachten Zinsen zustand.

Die Stärkevorräte zu h 4 sind nach Fertigstellung freihändig für 3000 *M* verkauft. Diese Summe ist unter Nr. 20 vereinnahmt.

Der Kaufvertrag vom 10. Juli 1917 über das vorhandene Vieh ist auf Grund des § 31 Nr. 2 KO. angefochten worden. Die von E. M. erhobene Klage auf Herausgabe des Viehs ist infolge der Anfechtung in erster Instanz abgewiesen. Das Urteil ist rechtskräftig geworden. E. M. hat darauf auf Grund des § 37 KO. die angeblich von ihm bezahlten und zur Masse gelangten 8000 *M* Kaufgeld als Masseforderung eingeklagt, ist aber auch mit dieser Klage rechtskräftig abgewiesen worden. Die in beiden Prozessen entstandenen Kosten (Nr. 9, 30, 66, 82, 103 der Ausgabe) sind laut Nr. 46 und 89 der Einnahme vollständig erstattet.

Die in Vorstehendem nicht besonders erwähnten Gegenstände zu Abschnitt II des Inventars sind bis auf wenige unverwertbar gebliebene, nämlich: .... öffentlich meistbietend versteigert worden. S. Heft II Bl. 4. 7ff., 16f., 26ff., 38 der Belege. Die Erlöse abzüglich der Versteigerungskosten sind unter Nr. 2, 5, 11, 21 und 50 in Einnahme gestellt.

Nachträglich sind als zur Konkursmasse gehörig noch folgende Gegenstände ermittelt worden:

....

Diese Gegenstände hatte der Fabrikant M. B. zu N. dem Gemeinschuldner vor der Konkurseröffnung käuflich auf Kredit geliefert, am Tage der Konkurseröffnung aber wieder fortgeschafft. M. B. hat anfänglich auf Grund des § 44 KO. die Herausgabe der Gegenstände verweigert, schließlich sich aber erboten, sie für 30% des Fakturenpreises und unter Verzicht auf seine Kaufgeldforderung zurückzukaufen. Dieses Gebot ist angenommen worden, da bei anderweiter Verwertung der Gegenstände ein noch geringerer Erlös zu erwarten war. Die von M. B. hiernach zu zahlende Summe von 427,50 *M* ist nach wiederholtem Drängen berichtigt und unter Nr. 61 in Einnahme gestellt. Der Gläubigerausschuß hat das Abkommen mit B. nach Heft II Blatt 15 der Belege genehmigt.

Weitere Gegenstände sind nicht zu ermitteln gewesen. Wegen des von mehreren Seiten ausgesprochenen Verdachts, daß Gelder beiseite geschafft seien, ist der Gemeinschuldner von mir nach Anfertigung des Inventars zur Ableistung des Offenbarungseides geladen worden. In dem dazu anberaumten Termine vom 28. September 1917 hat er bestimmt versichert, daß außer den von mir ermittelten Gegenständen nichts zur Masse gehöriges vorhanden sei, und den Offenbarungseid geleistet.

c) Zu Abschnitt III des Inventars.

Gegen die Forderung von 1317,83 *M* an S. W. hat der Schuldner mit seiner höheren Gegenforderung aufgerechnet.

Die Forderung an C. P. ist in erster Instanz abgewiesen, in zweiter aber erstritten und mit allen Prozeßkosten eingezogen. Vgl. Nr. 3, 15, 42 der Ausgabe und Nr. 63, 69 der Einnahme.

Die Hypothekenforderung von 3000 *M* ist bei der von anderer Seite betriebenen Zwangsversteigerung des Pfandgrundstücks einschließlich 287,15 *M* Zinsen zur Hebung gelangt. Auf den ganzen Betrag hat aber der Kaufmann S. W. zu B. Anspruch erhoben, weil ihm die Hypothekenurkunde vom Gemeinschuldner als Faustpfand für seine Forderung übergeben war. Da ich den Anspruch des S. W. für unbegründet erachtete, so habe ich gegen ihn auf Herausgabe der Hypothekenurkunde Klage erhoben und bin schließlich auch mit der Klage durchgedrungen. Darauf hat S. W. die Hypothekenurkunde herausgegeben, und wurden mir die streitigen 3287,15 *M*, welche hinterlegt worden waren, nebst den bei der Hinterlegungsstelle aufgelaufenen Zinsen am 27. Juni d. J. ausgezahlt. Die der Masse entstandenen Prozeßkosten (s. Nr. 25, 36, 48, 71 und 77 der Ausgabe) sind erstattet. Vgl. Nr. 73, 85 der Einnahme.

Die Forderungen Nr. 4 bis 11, 21 und 22 sind eingezogen, wie aus der Einnahmerechnung ersichtlich. Die Forderung Nr. 23 ist bisher nicht einziehbar gewesen. Der Schuldner W. F. ist in Konkurs verfallen und es steht z. Z. weder fest, wie hoch sich die Regreßforderung der Masse belaufen wird, noch wieviel Dividende die Masse des W. F. ergeben wird. Es wird deshalb der Gläubigerversammlung die Beschlußfassung über die Verwertung dieser Forderung anheimgegeben. Die Anmeldung der Regreßforderung zur W. F.schen Konkusmasse ist durch mich am 17. Januar 1918 erfolgt. Die Forderung Nr. 24 ist ausgeklagt, aber nur in Höhe von 107,28 ℳ einziehbar gewesen. S. Heft III Bl. 26, 27 der Belege. Die 107,28 ℳ erscheinen unter 49 der Einnahme. An Ausgaben sind die in der Rechnung unter 9, 32 und 80 aufgeführten entstanden.

An die Schuldner Nr. 12—20 sind nur Zahlungsaufforderungen erlassen worden. Darauf sind die 5,45 ℳ Nr. 18 eingegangen. Die übrigen Schuldner haben Zahlung nicht geleistet, und wegen ihrer notorischen Vermögenslosigkeit habe ich von weiteren Schritten gegen sie abgesehen. Wegen meiner Erkundigungen über die Vermögensverhältnisse dieser Schuldner verweise ich auf Bl. 5, 7, 11, 14, 18, 19 in Heft III der Belege.

d) Zu Abschnitt IV des Inventars.

Die nach Aufstellung des Inventars angestellten Ermittlungen haben ergeben. daß der Nießbrauch an den 6000 ℳ konf. Preuß. Staatsanleihe für die Masse nicht in Anspruch genommen werden kann. Dieser Nießbrauch ist dem Gemeinschuldner von seinem Oheim, dem Rentner C. A. zu B., testamentarisch unter der ausdrücklichen Bestimmung vermacht, daß die Zinsen der 6000 ℳ zum Unterhalt des Gemeinschuldners und seiner Familie dienen und dem Zugriff seiner Gläubiger entzogen sein soll. Da es nun keinem Zweifel unterliegen kann, daß der Gemeinschuldner der jährlich nur 240 ℳ betragenden Zinsen zum notdürftigen Unterhalt für sich und seine Familie bedarf, so ist ihm der Nießbrauch an dem erwähnten Kapital mit Rücksicht auf § 850 Nr. 3 ZPO. und die Urteile des Reichsgerichts Bd. XI S. 373 und Bd. XII S. 383 der Entscheidungen unter Genehmigung des Gläubigerausschusses (s. Heft III Bl. 14 der Belege) freigegeben worden.

e) Zu Abschnitt V des Inventars.

Die Hypothek zu 1 von 30000 ℳ ist nebst Zinsen aus der Grundstücksmasse gedeckt, S. oben unter a. Der Hypothekengläubiger J. S. hat eine Forderung zum Konkurse nicht angemeldet. Von der Forderung des S. W. zu 3 sind 27000 ℳ und 1317,83 ℳ durch Aufrechnung getilgt. S. oben unter a und c. Der Bankier G. K. zu 4 ist wegen seiner Forderung in Höhe von 20526 ℳ aus dem Erlöse der Stärkevorräte befriedigt. Der im Inventar aufgeführten Forderung sind an Zinsen auf die Zeit vom 16. Juli 1917 bis 24. April 1918 — dem Tage der Auszahlung des Erlöses der Stärkevorräte — 926,65 ℳ hinzugetreten, so daß der Bankier G. K. als Konkursgläubiger, als welcher er sich gemeldet hatte, mit einer Forderung von 550,65 ℳ zu berücksichtigen blieb. Der Pachtzins zu 5 von 2400 ℳ ist aus dem Erlös der Ernte berichtigt, ebenso die 100 ℳ zu 13 aus dem Erlös des Pfandes. Den 100 ℳ sind noch 5,75 ℳ Zinsen hinzugetreten. S. oben unter b.

Die übrigen im Inventar aufgeführten Konkursgläubiger haben sämtlich, mit alleiniger Ausnahme des Gläubigers Nr. 17, ihre Forderungen angemeldet. Diese Forderungen haben auf Grund der Bücher und der Auskünfte des Gemeinschuldners bis auf die Forderung Nr. 21 anerkannt werden müssen. Diese letztere, vom Vater des Gemeinschuldners geltend gemachte, ist auf Grund eingezogener Erkundigungen von mir bestritten worden. Die erhobene Feststellungsklage ist durch das rechtskräftig gewordene Urteil des Landgerichts zu B. vom 11. Februar 1918 nur in Höhe von 200 ℳ für begründet erklärt, in Höhe der ganzen übrigen Summe aber abgewiesen worden. Die entstandenen Prozeßkosten sind unter Nr. 42 und 83 der Ausgabe angesetzt. Davon hat Kläger auf Grund des ergangenen Urteils $^{19}/_{20}$ = 136,77 ℳ erstattet. S. Nr. 72 der Einnahme.

Außer den im Inventar aufgeführten Schulden sind noch einige kleinere angemeldet und größtenteils anerkannt. Soweit sie nicht anerkannt sind, sind Feststelungsklagen nicht erhoben.

f) Allgemeine Bemerkungen.

Unter den Einnahmen finden sich auch die von den Barbeständen aufgekommenen Zinsen, über welche Bl. 26 in Heft IV der Belege nähere Aufklärung gibt. Die verfügbaren Gelder waren gemäß dem Beschlusse der Gläubigerversammlung vom 10. August 1917 bei der B.schen Bank zu 3% verzinslich gegen 14tägige Kündigung angelegt worden. Die genannte Gläubigerversammlung hatte dem Gemeinschuldner auf so lange, bis er eine andere Stellung finden würde, eine Unterstützung von wöchentlich 15 ℳ aus der Masse bewilligt. Diese Unterstützung ist dem Gemeinschuldner bis zum 1. Oktober 1917, wo er eine Anstellung in der Fabrik von G. L. zu O. gefunden hat, gezahlt worden. Schon vor dem Beschlusse der Gläubigerversammlung hat er vom Unterzeichneten eine gleich hohe Unterstützung für die vier ersten Wochen nach der Konkurseröffnung aus der Masse erhalten. Die Genehmigung des Konkursgerichts ist nach Bl. 1 Heft IV der Belege dazu erteilt.

Im März d. J. hat eine Abschlagsverteilung von 20% stattgefunden, bei welcher die in Heft V der Belege nachgewiesenen Auszahlungen zum Gesamtbetrage von 16102,85 ℳ erfolgt sind.

II. Rechnung über Einnahmen und Ausgaben.

a) Einnahmen.

....

b) Ausgaben

....

(Bei sämtlichen Einnahme- und Ausgabeposten ist der Grund der Einnahme ode Ausgabe kurz anzugeben.)

III. Abschluß.

Die Einnahmen betragen		48481,67 ℳ
Die Ausgaben betragen		8847,45 „
Bleibt eine Reineinnahme von		39634,22 ℳ
Davon sind bei der Abschlagsverteilung		
a) zur Verteilung gelangt.	16102,85 ℳ	
b) Mangels Legitimation innebehalten	170,44 „	
c) zurückbehalten (und mit Rücksicht auf § 154 KO. auch ferner zurückzubehalten) für die Forderung Abschnitt V Nr. 11 des Inventars	1000,00 „	
Ferner sind an Gerichts- und Verwaltungskosten in Ansatz zu bringen	3043,50 „	
Rechnet man diese zusammen		20316,79 ℳ
von obiger Reineinahme ab, so ergibt sich, daß zur Schlußverteilung unter die Gläubiger		19317,43 ℳ
übrig bleiben. Hierzu treten die noch aufkommenden Zinsen.		

B., den 1. Juli 1918

Der Verwalter
H. N.

Vorstehende Schlußrechnung ist von dem Gläubigerausschuß des A.schen Konkurses geprüft. Es hat sich nichts zu erinnern gefunden.

B., den 5. Juli 1918.

Der Gläubigerausschuß
G. K. S. W. M. S. C. S. R. F

K.

Zinsberechnungstabellen.

1. Tabelle
zur Berechnung der Zinsen zu 6, 5, 4, 3, 1/2 und 1/3 Prozent auf 1 Jahr

Kapital	zu 6 %		zu 5 %		zu 4 %		zu 3 %		zu 1/2 %		zu 1/3 %	
M	M	Pf	M	Pf	M	Pf	M	Pf	M	Pf	M	Pf
1	—	6	—	5	—	4	—	3	—	0,5	—	0,33
2	—	12	—	10	—	8	—	6	—	1	—	0,66
3	—	18	—	15	—	12	—	9	—	1,5	—	1
4	—	24	—	20	—	16	—	12	—	2	—	1,3
5	—	30	—	25	—	20	—	15	—	2,5	—	1,6
6	—	36	—	30	—	24	—	18	—	3	—	2
7	—	42	—	35	—	28	—	21	—	3,5	—	2,3
8	—	48	—	40	—	32	—	24	—	4	—	2,6
9	—	54	—	45	—	36	—	27	—	4,5	—	3
10	—	60	—	50	—	40	—	30	—	5	—	3,3
11	—	66	—	55	—	44	—	33	—	5,5	—	3,6
12	—	72	—	60	—	48	—	36	—	6	—	4
13	—	78	—	65	—	52	—	39	—	6,5	—	4,3
14	—	84	—	70	—	56	—	42	—	7	—	4,6
15	—	90	—	75	—	60	—	45	—	7,5	—	5
16	—	96	—	80	—	64	—	48	—	8	—	5,3
17	1	2	—	85	—	68	—	51	—	8,5	—	5,6
18	1	8	—	90	—	72	—	54	—	9	—	6
19	1	14	—	95	—	76	—	57	—	9,5	—	6,3
20	1	20	1	—	—	80	—	60	—	10	—	6,6
21	1	26	1	5	—	84	—	63	—	10,5	—	7
22	1	32	1	10	—	88	—	66	—	11	—	7,3
23	1	38	1	15	—	92	—	69	—	11,5	—	7,6
24	1	44	1	20	—	96	—	72	—	12	—	8
25	1	50	1	25	1	—	—	75	—	12,5	—	8,3
26	1	56	1	30	1	4	—	78	—	13	—	8,6
27	1	62	1	35	1	8	—	81	—	13,5	—	9
28	1	68	1	40	1	12	—	84	—	14	—	9,3
29	1	74	1	45	1	16	—	87	—	14,5	—	9,6
30	1	80	1	50	1	20	—	90	—	15	—	10
31	1	86	1	55	1	24	—	93	—	15,5	—	10,3
32	1	92	1	60	1	28	—	96	—	16	—	10,6
33	1	98	1	65	1	32	—	99	—	16,5	—	11
34	2	4	1	70	1	36	1	2	—	17	—	11,3
35	2	10	1	75	1	40	1	5	—	17,5	—	11,6
36	2	16	1	80	1	44	1	8	—	18	—	12
37	2	22	1	85	1	48	1	11	—	18,5	—	12,3
38	2	28	1	90	1	52	1	14	—	19	—	12,6
39	2	34	1	95	1	56	1	17	—	19,5	—	13

Kapital	zu 6 %		zu 5 %		zu 4 %		zu 3 %		zu ½ %		zu ⅓ %	
ℳ	ℳ	₰	ℳ	₰	ℳ	₰	ℳ	₰	ℳ	₰	ℳ	₰
40	2	40	2	—	1	60	1	20	—	20	—	13,3
41	2	46	2	5	1	64	1	23	—	20,5	—	13,6
42	2	52	2	10	1	68	1	26	—	21	—	14
43	2	58	2	15	1	72	1	29	—	21,5	—	14,3
44	2	64	2	20	1	76	1	32	—	22	—	14,6
45	2	70	2	25	1	80	1	35	—	22,5	—	15
46	2	76	2	30	1	84	1	38	—	23	—	15,3
47	2	82	2	35	1	88	1	41	—	23,5	—	15,6
48	2	88	2	40	1	92	1	44	—	24	—	16
49	2	94	2	45	1	96	1	47	—	24,5	—	16,3
50	3	—	2	50	2	—	1	50	—	25	—	16,6
51	3	6	2	55	2	4	1	53	—	25,5	—	17
52	3	12	2	60	2	8	1	56	—	26	—	17,3
53	3	18	2	65	2	12	1	59	—	26,5	—	17,6
54	3	24	2	70	2	16	1	62	—	27	—	18
55	3	30	2	75	2	20	1	65	—	27,5	—	18,3
56	3	36	2	80	2	24	1	68	—	28	—	18,6
57	3	42	2	85	2	28	1	71	—	28,5	—	19
58	3	48	2	90	2	32	1	74	—	29	—	19,3
59	3	54	2	95	2	36	1	77	—	29,5	—	19,6
60	3	60	3	—	2	40	1	80	—	30	—	20
61	3	66	3	5	2	44	1	83	—	30,5	—	20,3
62	3	72	3	10	2	48	1	86	—	31	—	20,6
63	3	78	3	15	2	52	1	89	—	31,5	—	21
64	3	84	3	20	2	56	1	92	—	32	—	21,3
65	3	90	3	25	2	60	1	95	—	32,5	—	21,6
66	3	96	3	30	2	64	1	98	—	33	—	22
67	4	2	3	35	2	68	2	1	—	33,5	—	22,3
68	4	8	3	40	2	72	2	4	—	34	—	22,6
69	4	14	3	45	2	76	2	7	—	34,5	—	23
70	4	20	3	50	2	80	2	10	—	35	—	23,3
71	4	26	3	55	2	84	2	13	—	35,5	—	23,6
72	4	32	3	60	2	88	2	16	—	36	—	24
73	4	38	3	65	2	92	2	19	—	36,5	—	24,3
74	4	44	3	70	2	96	2	22	—	37	—	24,6
75	4	50	3	75	3	—	2	25	—	37,5	—	25
76	4	56	3	80	3	4	2	28	—	38	—	25,3
77	4	62	3	85	3	8	2	31	—	38,5	—	25,6
78	4	68	3	90	3	12	2	34	—	39	—	26
79	4	74	3	95	3	16	2	37	—	39,5	—	26,3
80	4	80	4	—	3	20	2	40	—	40	—	26,6
81	4	86	4	5	3	24	2	43	—	40,5	—	27
82	4	92	4	10	3	28	2	46	—	41	—	27,3
83	4	98	4	15	3	32	2	49	—	41,5	—	27,6
84	5	4	4	20	3	36	2	52	—	42	—	28
85	5	10	4	25	3	40	2	55	—	42,5	—	28,3
86	5	16	4	30	3	44	2	58	—	43	—	28
87	5	22	4	35	3	48	2	61	—	43,5	—	29
88	5	28	4	40	3	52	2	64	—	44	—	29,3

Kapital ℳ	zu 6% ℳ	zu 6% ₰	zu 5% ℳ	zu 5% ₰	zu 4% ℳ	zu 4% ₰	zu 3% ℳ	zu 3% ₰	zu ½% ℳ	zu ½% ₰	zu ⅓% ℳ	zu ⅓% ₰
89	5	34	4	45	3	56	2	67	—	44,5	—	29,6
90	5	40	4	50	3	60	2	70	—	45	—	30
91	5	46	4	55	3	64	2	73	—	45,5	—	30,3
92	5	52	4	60	3	68	2	76	—	46	—	30,6
93	5	58	4	65	3	72	2	79	—	46,5	—	31
94	5	64	4	70	3	76	2	82	—	47	—	31,3
95	5	70	4	75	3	80	2	85	—	47,5	—	31,6
96	5	76	4	80	3	84	2	88	—	48	—	32
97	5	82	4	85	3	88	2	91	—	48,5	—	32,3
98	5	88	4	90	3	92	2	94	—	49,	—	32,6
99	5	94	4	95	3	96	2	97	—	49,5	—	33
100	6	—	5	—	4	—	3	—	—	50	—	33,3
200	12	—	10	—	8	—	6	—	1	—	—	66,6
300	18	—	15	—	12	—	9	—	1	50	1	—
400	24	—	20	—	16	—	12	—	2	—	1	33
500	30	—	25	—	20	—	15	—	2	50	1	66
600	36	—	30	—	24	—	18	—	3	—	2	—
700	42	—	35	—	28	—	21	—	3	50	2	33
800	48	—	40	—	32	—	24	—	4	—	2	66
900	54	—	45	—	36	—	27	—	4	50	3	—
1000	60	—	50	—	40	—	30	—	5	—	3	33
2000	120	—	100	—	80	—	60	—	10	—	6	66
3000	180	—	150	—	120	—	90	—	15	—	10	—
4000	240	—	200	—	160	—	120	—	20	—	13	33
5000	300	—	250	—	200	—	150	—	25	—	16	66
6000	360	—	300	—	240	—	180	—	30	—	20	—
7000	420	—	350	—	280	—	210	—	35	—	23	33
8000	480	—	400	—	320	—	240	—	40	—	26	66
9000	540	—	450	—	360	—	270	—	45	—	30	—
10000	600	—	500	—	400	—	300	—	50	—	33	33

2. Tabelle
zur Berechnung der Zinsen zu 6, 5, 4, 3, ½ und ⅓ Prozent auf 1 Monat.

Kapital ℳ	zu 6% ₰	zu 5% ₰	zu 4% ₰	zu 3% ₰	zu ½% ₰	zu ⅓% ₰
1	0,5	0,417	0,33	0,25	0,0417	0,0277
2	1	0,833	0,66	0,5	0,0833	0,0555
3	1,5	1,25	1	0,75	0,125	0,0833
4	2	1,666	1,33	1	0,166	0,111
5	2,5	2,083	1,66	1,25	0,208	0,138
6	3	2,5	2	1,5	0,25	0,166
7	3,5	2,91	2,33	1,75	0,291	0,194
8	4	3,33	2,66	2	0,333	0,222

Kapital ℳ	zu 6 % ₰	zu 5 % ₰	zu 4 % ₰	zu 3 % ₰	zu 1/2 % ₰	zu 1/3 % ₰
9	4,5	3,75	3	2,25	0,375	0,25
10	5	4,16	3,33	2,5	0,416	0,277
11	5,5	4,58	3,66	2,75	0,458	0,305
12	6	5	4	3	0,5	0,333
13	6,5	5,41	4,33	3,25	0,541	0,361
14	7	5,83	4,66	3,5	0,583	0,388
15	7,5	6,25	5	3,75	0,625	0,416
16	8	6,66	5,33	4	0,666	0,444
17	8,5	7,08	5,66	4,25	0,708	0,472
18	9	7,5	6	4,5	0,75	0,5
19	9,5	7,92	6,33	4,75	0,791	0,528
20	10	8,33	6,66	5	0,833	0,555
21	10,5	8,75	7	5,25	0,875	0,583
22	11	9,16	7,33	5,5	0,916	0,611
23	11,5	9,58	7,66	5,75	0,958	0,639
24	12	10	8	6	1	0,666
25	12,5	10,41	8,33	6,25	1,042	0,694
26	13	10,83	8,66	6,5	1,083	0,722
27	13,5	11,25	9	6,75	1,125	0,75
28	14	11,66	9,33	7	1,166	0,778
29	14,5	12,08	9,66	7,25	1,208	0,805
30	15	12,5	10	7,5	1,25	0,833
31	15,5	12,91	10,33	7,75	1,291	0,861
32	16	13,33	10,66	8	1,333	0,889
33	16,5	13,75	11	8,25	1,375	0,916
34	17	14,16	11,33	8,5	1,416	0,944
35	17,5	14,58	11,66	8,75	1,458	0,972
36	18	15	12	9	1,5	1
37	18,5	15,41	12,33	9,25	1,541	1,028
38	19	15,83	12,66	9,5	1,583	1,055
39	19,5	16,25	13	9,75	1,625	1,083
40	20	16,67	13,33	10	1,666	1,11
41	20,5	17,08	13,66	10,25	1,708	1,138
42	21	17,5	14	10,5	1,75	1,166
43	21,5	17,91	14,33	10,75	1,791	1,194
44	22	18,33	14,66	11	1,833	1,222
45	22,5	18,75	15	11,25	1,875	1,25
46	23	19,16	15,33	11,5	1,916	1,277
47	23,5	19,58	15,66	11,75	1,958	1,305
48	24	20	16	12	2	1,333
49	24,5	20,41	16,33	12,25	2,041	1,361
50	25	20,83	16,66	12,5	2,083	1,388
51	25,5	21,25	17	12,75	2,125	1,416
52	26	21,66	17,33	13	2,166	1,444
53	26,5	22,08	17,66	13,25	2,207	1,472
54	27	22,5	18	13,5	2,25	1,5
55	27,5	22,92	18,33	13,75	2,291	1,528
56	28	23,33	18,66	14	2,333	1,555
57	28,5	23,75	19	14,25	2,375	1,583

Kapital ℳ	zu 6 % ₰	zu 5 % ₰	zu 4 % ₰	zu 3 % ₰	zu 1/2 % ₰	zu 1/3 % ₰
58	29	24,16	19,33	14,5	2,416	1,611
59	29,5	24,58	19,66	14,75	2,458	1,639
60	30	25	20	15	2,5	1,666
61	30,5	25,41	20,33	15,25	2,541	1,694
62	31	25,83	20,66	15,5	2,583	1,722
63	31,5	26,25	21	15,75	2,625	1,75
64	32	26,66	21,33	16	2,666	1,778
65	32,5	27,08	21,66	16,25	2,708	1,805
66	33	27,5	22	16,5	2,75	1,833
67	33,5	27,91	22,33	16,75	2,791	1,861
68	34	28,33	22,66	17	2,833	1,889
69	34,5	28,75	23	17,25	2,875	1,916
70	35	29,16	23,33	17,5	2,916	1,944
71	35,5	29,58	23,66	17,75	2,958	1,972
72	36	30	24	18	3	2
73	36,5	30,41	24,33	18,25	3,041	2,028
74	37	30,83	24,66	18,5	3,083	2,055
75	37,5	31,25	25	18,75	3,125	2,083
76	38	31,66	25,33	19	3,166	2,111
77	38,5	32,08	25,66	19,25	3,208	2,138
78	39	32,5	26	19,5	3,25	2,166
79	39,5	32,91	26,33	19,75	3,291	2,194
80	40	33,33	26,66	20	3,333	2,222
81	40,5	33,75	27	20,25	3,375	2,25
82	41	34,16	27,33	20,5	3,416	2,277
83	41,5	34,58	27,66	20,75	3,458	2,305
84	42	35	28	21	3,5	2,333
85	42,5	35,41	28,33	21,25	3,541	2,361
86	43	35,83	28,66	21,5	3,583	2,388
87	43,5	36,25	29	21,75	3,625	2,416
88	44	36,66	29,33	22	3,666	2,444
89	44,5	37,08	29,66	22,25	3,708	2,472
90	45	37,5	30	22,5	3,75	2,5
91	45,5	37,91	30,33	22,75	3,791	2,528
92	46	38,33	30,66	23	3,833	2,555
93	46,5	38,75	31	23,25	3,875	2,583
94	47	39,16	31,33	23,5	3,916	2,611
95	47,5	39,58	31,66	23,75	3,958	2,639
96	48	40	32	24	4	2,666
97	48,5	40,41	32,33	24,25	4,041	2,694
98	49	40,83	32,66	24,5	4,083	2,722
99	49,5	41,25	33	24,75	4,125	2,75
100	50	41,66	33,33	25	4,166	2,778

3. Tabelle
zur Berechnung der Zinsen zu 6, 5, 4, 3 und 1/2 Prozent auf 1 Tag.

Kapital	zu 6 %		zu 5 %		zu 4 %		zu 3 %		zu 1/2 %	
ℳ	ℳ	₰	ℳ	₰	ℳ	₰	ℳ	₰	ℳ	₰
10	—	1/6	—	5/36	—	1/9	—	1/12	—	1/72
20	—	1/3	—	5/18	—	2/9	—	1/6	—	1/36
30	—	1/2	—	5/12	—	1/3	—	1/4	—	1/24
40	—	2/3	—	5/9	—	4/9	—	1/3	—	1/18
50	—	5/6	—	25/36	—	5/9	—	5/12	—	5/72
60	—	1	—	5/6	—	2/3	—	1/2	—	1/12
70	—	1 1/6	—	35/36	—	7/9	—	7/12	—	7/72
80	—	1 1/3	—	1 1/9	—	8/9	—	2/3	—	1/9
90	—	1 1/2	—	1 1/4	—	1	—	3/4	—	1/8
100	—	1 2/3	—	1 7/18	—	1 1/9	—	5/6	—	5/36
200	—	3 1/3	—	2 7/9	—	2 2/9	—	1 2/3	—	5/18
300	—	5	—	4 1/6	—	3 1/3	—	2 1/2	—	5/12
400	—	6 2/3	—	5 5/9	—	4 4/9	—	3 1/3	—	5/9
500	—	8 1/3	—	6 17/18	—	5 5/9	—	4 1/6	—	25/36
600	—	10	—	8 1/3	—	6 2/3	—	5	—	5/6
700	—	11 2/3	—	9 13/18	—	7 7/9	—	5 5/6	—	35/36
800	—	13 1/3	—	11 1/9	—	8 8/9	—	6 2/3	—	1 1/9
900	—	15	—	12 1/2	—	10	—	7 1/2	—	1 1/4
1 000	—	16 2/3	—	13 8/9	—	11 1/9	—	8 1/3	—	1 7/18
2 000	—	33 1/3	—	27 7/9	—	22 2/9	—	16 2/3	—	2 7/9
3 000	—	50	—	41 2/3	—	33 1/3	—	25	—	4 1/6
4 000	—	66 2/3	—	55 5/9	—	44 4/9	—	33 1/3	—	5 5/9
5 000	—	83 1/3	—	69 4/9	—	55 5/9	—	41 2/3	—	6 17/18
6 000	1	—	—	83 1/3	—	66 2/3	—	50	—	8 1/3
7 000	1	16 2/3	—	97 2/9	—	77 7/9	—	58 1/3	—	9 13/18
8 000	1	33 1/3	1	11 1/9	—	88 8/9	—	66 2/3	—	11 1/9
9 000	1	50	1	25	1	—	—	75	—	12 1/2
10 000	1	66 2/3	1	38 8/9	1	11 1/9	—	83 1/3	—	13 8/9

I.

I.

Konkursordnung.

In fortlaufender Nummernfolge der Paragraphen nach Bekanntmachung des Reichskanzlers vom 20. Mai 1898.

Unter den einzelnen Paragraphen ist angegeben, auf welchen Seiten sie besprochen sind.

Wir Wilhelm, von Gottes Gnaden Deutscher Kaiser, König von Preußen usw.
verordnen im Namen des Reichs, nach erfolgter Zustimmung des Bundesrats und des Reichstags, was folgt.

Erstes Buch.

Konkursrecht.

Erster Titel.

Allgemeine Bestimmungen.

§ 1. Das Konkursverfahren umfaßt das gesamte, einer Zwangsvollstreckung unterliegende Vermögen des Gemeinschuldners, welches ihm zur Zeit der Eröffnung des Verfahrens gehört (Konkursmasse).

Die im § 811 Nr. 4, 9 ZPO. und im § 20 des Gesetzes über das Postwesen des Deutschen Reichs vom 28. Oktober 1871 vorgesehenen Beschränkungen kommen im Konkursverfahren nicht zur Anwendung.

Zur Konkursmasse gehören auch die Geschäftsbücher des Gemeinschuldners.

Gegenstände, die nicht gepfändet werden sollen, gehören nicht zur Konkursmasse.

— Seite 14, 24ff., 117, 207.

§ 2. Wird bei dem Güterstande der allgemeinen Gütergemeinschaft, der Errungenschaftsgemeinschaft oder der Fahrnisgemeinschaft das Konkursverfahren über das Vermögen des Ehemannes eröffnet, so gehört das Gesamtgut zur Konkursmasse; eine Auseinandersetzung wegen des Gesamtguts zwischen den Ehegatten findet nicht statt.

Durch das Konkursverfahren über das Vermögen der Ehefrau wird das Gesamtgut nicht berührt.

Diese Vorschriften finden bei der fortgesetzten Gütergemeinschaft mit der Maßgabe Anwendung, daß an die Stelle des Ehemanns der überlebende Ehegatte, an die Stelle der Ehefrau die Abkömmlinge treten.

— Seite 33, 34, 95, 115, 118.

§ 3. Die Konkursmasse dient zur gemeinschaftlichen Befriedigung aller persönlichen Gläubiger, welche einen zur Zeit der Eröffnung des Verfahrens begründeten Vermögensanspruch an den Gemeinschuldner haben (Konkursgläubiger).

Unterhaltsansprüche, die nach den §§ 1351, 1360, 1361, 1578—1583, 1586, 1601—1615, 1708—1714 BGB. gegen den Gemeinschuldner begründet sind, sowie die sich aus den §§ 1715, 1716 BGB. ergebenden Ansprüche können für die Zukunft nur geltend gemacht werden, soweit der Gemeinschuldner als Erbe des Verpflichteten haftet.

— Seite 76, 229, 231.

§ 4. Ein Anspruch auf abgesonderte Befriedigung aus Gegenständen, welche zur Konkursmasse gehören, kann nur in den von diesem Gesetze zugelassenen Fällen geltend gemacht werden.

Die abgesonderte Befriedigung erfolgt unabhängig vom Konkursverfahren.

— Seite 77, 78, 106ff.

§ 5. Ausländische Gläubiger stehen den inländischen gleich.

Unter Zustimmung des Bundesrats kann durch Anordnung des Reichskanzlers bestimmt werden, daß gegen einen ausländischen Staat sowie dessen Angehörige und ihre Rechtsnachfolger ein Vergeltungsrecht zur Anwendung gebracht wird.

— Seite 65, 238.

§ 6. Mit der Eröffnung des Verfahrens verliert der Gemeinschuldner die Befugnis, sein zur Konkursmasse gehöriges Vermögen zu verwalten und über dasselbe zu verfügen.

Das Verwaltungs- und Verfügungsrecht wird durch einen Konkursverwalter ausgeübt.

— Seite 3, 4, 10, 11, 55, 83, 106, 114, 145, 273, 313.

§ 7. Rechtshandlungen, welche der Gemeinschuldner nach der Eröffnung des Verfahrens vorgenommen hat, sind den Konkursgläubigern gegenüber unwirksam; die Vorschriften der §§ 892, 893 BGB. bleiben unberührt.

Dem anderen Teile ist die Gegenleistung aus der Masse zurückzugewähren, soweit letztere durch dieselbe bereichert ist.

Hat der Gemeinschuldner Rechtshandlungen am Tage der Eröffnung des Verfahrens vorgenommen, so wird vermutet, daß sie nach der Eröffnung vorgenommen worden sind.

— Seite 55, 128, 142, 143, 145.

§ 8. Eine Leistung, welche auf eine zur Konkursmasse zu erfüllende Verbindlichkeit nach der Eröffnung des Verfahrens an den Gemeinschuldner erfolgt ist, befreit den Erfüllenden den Konkursgläubigern gegenüber nur insoweit, als das Geleistete in die Konkursmasse gekommen ist.

War die Leistung nach der öffentlichen Bekanntmachung erfolgt, so wird der Erfüllende befreit, wenn er beweist, daß ihm zur Zeit der Leistung die Eröffnung des Verfahrens nicht bekannt war.

— Seite 55, 145, 274.

§ 9. Die Annahme oder Ausschlagung einer vor der Eröffnung des Verfahrens dem Gemeinschuldner angefallenen Erbschaft, sowie eines vor diesem Zeitpunkte dem Gemeinschuldner angefallenen Vermächtnisses steht nur dem Gemeinschuldner zu. Das gleiche gilt von der Ablehnung der fortgesetzten Gütergemeinschaft.

— Seite 32, 33, 155, 172 Anm. 3, 207, 208.

§ 10. Rechtsstreitigkeiten über das zur Konkursmasse gehörige Vermögen, welche zur Zeit der Eröffnung des Verfahrens für den Gemeinschuldner anhängig sind, können in der Lage, in welcher sie sich befinden, von dem Konkursverwalter aufgenommen werden. Wird die Aufnahme verzögert, so kommen die Bestimmungen des § 239 ZPO. zur entsprechenden Anwendung.

Lehnt der Verwalter die Aufnahme des Rechtsstreits ab, so kann sowohl der Gemeinschuldner als der Gegner denselben aufnehmen.

— Seite 139, 140.

§ 11. Rechtsstreitigkeiten, welche gegen den Gemeinschuldner anhängig und auf Aussonderung eines Gegenstandes aus der Konkursmasse oder auf abgesonderte Befriedigung gerichtet sind oder einen Anspruch betreffen, welcher als Masseschuld zu erachten ist, können sowohl von dem Konkursverwalter als von dem Gegner aufgenommen werden.

Erkennt der Verwalter den Anspruch sofort an, so fallen ihm die Prozeßkosten nicht zur Last.

— Seite 140.

§ 12. Konkursgläubiger können ihre Forderungen auf Sicherstellung oder Befriedigung aus der Konkursmasse nur nach Maßgabe der Vorschriften für das Konkursverfahren verfolgen.

— Seite 138 Anm. 1, 141, 244.

§ 13. Ein gegen den Gemeinschuldner bestehendes Veräußerungsverbot der in den §§ 135, 136 BGB. bezeichneten Art ist den Konkursgläubigern gegenüber unwirksam; wirksam bleibt jedoch eine bei der Zwangsvollstreckung in das unbewegliche Vermögen erfolgte Beschlagnahme.

— Seite 86, 142, 244.

§ 14. Während der Dauer des Konkursverfahrens finden Arreste und Zwangsvollstreckungen zugunsten einzelner Konkursgläubiger weder in das zur Konkursmasse gehörige, noch in das sonstige Vermögen des Gemeinschuldners statt.

In Ansehung der zur Konkursmasse gehörigen Grundstücke, sowie der für den Gemeinschuldner eingetragenen Rechte an Grundstücken oder an eingetragenen Rechten kann während der Dauer des Konkursverfahrens eine Vormerkung auf Grund einer einstweiligen Verfügung zugunsten einzelner Konkursgläubiger nicht eingetragen werden. Das gleiche gilt von der Eintragung einer Vormerkung in Ansehung eines Schiffspfandrechts.

— Seite 86, 138, Anm. 1, 141, 146, 148, 244, 315.

§ 15. Rechte an den zur Konkursmasse gehörigen Gegenständen, sowie Vorzugsrechte und Zurückbehaltungsrechte in Ansehung solcher Gegenstände können nach der Eröffnung des Verfahrens nicht mit Wirksamkeit gegenüber den Konkursgläubigern erworben werden, auch wenn der Erwerb nicht auf einer Rechtshandlung des Gemeinschuldners beruht. Die Vorschriften der §§ 878, 892, 893 und des § 1260 Abs. 1 BGB. bleiben unberührt.

— Seite 84, 86, 146 Anm. 4, 147, 150.

§ 16. Befindet sich der Gemeinschuldner mit Dritten in einem Miteigentume, in einer Gesellschaft oder in einer anderen Gemeinschaft, so erfolgt die Teilung oder sonstige Auseinandersetzung außerhalb des Konkursverfahrens.

Eine Vereinbarung, durch welche bei einer Gemeinschaft nach Bruchteilen das Recht die Aufhebung der Gemeinschaft zu verlangen, für immer oder auf Zeit ausgeschlossen oder eine Kündigungsfrist bestimmt worden ist, wirkt nicht gegen die Konkursmasse. Das gleiche gilt von einer Anordnung dieses Inhaltes, die ein Erblasser für die Gemeinschaft seiner Erben getroffen hat.

— Seite 114ff., 209.

Zweiter Titel.

Erfüllung der Rechtsgeschäfte.

§ 17. Wenn ein zweiseitiger Vertrag zur Zeit der Eröffnung des Konkursverfahrens von dem Gemeinschuldner und von dem anderen Teile nicht oder nicht vollständig erfüllt ist, so kann der Konkursverwalter an Stelle des Gemeinschuldners den Vertrag erfüllen und die Erfüllung von dem anderen Teile verlangen.

Der Verwalter muß auf Erfordern des anderen Teils, auch wenn die Erfüllungszeit noch nicht eingetreten ist, demselben ohne Verzug erklären, ob er die Erfüllung verlangen will. Unterläßt er dies, so kann er auf die Erfüllung nicht bestehen.

— Seite 48, 62, 71, 125—129, 133, 134, 135.

§ 18. War die Lieferung von Waren, welche einen Markt- oder Börsenpreis haben, genau zu einer festbestimmten Zeit oder binnen einer festbestimmten Frist bedungen, und tritt die Zeit oder der Ablauf der Frist erst nach der Eröffnung des Verfahrens ein, so kann nicht die Erfüllung verlangt, sondern nur eine Forderung wegen Nichterfüllung geltend gemacht werden.

Der Betrag dieser Forderung bestimmt sich durch den Unterschied zwischen dem Kaufpreise und demjenigen Markt- oder Börsenpreise, welcher an dem Orte der Erfüllung oder an dem für denselben maßgebenden Handelsplatze sich für die am zweiten Werktage nach der Eröffnung des Verfahrens mit der bedungenen Erfüllungszeit geschlossenen Geschäfte ergibt.

Ist ein solcher Markt- oder Börsenpreis nicht zu ermitteln, so findet die Bestimmung des ersten Absatzes keine Anwendung.

— Seite 130.

§ 19. War dem Gemeinschuldner ein von ihm gemieteter oder gepachteter Gegenstand vor der Eröffnung des Verfahrens überlassen, so kann sowohl der andere Teil als der Verwalter das Miet- oder Pachtverhältnis kündigen. Die Kündigungsfrist ist, falls nicht eine kürzere Frist bedungen war, die gesetzliche. Kündigt der Verwalter, so ist der andere Teil berechtigt, Ersatz des ihm durch die Aufhebung des Vertrags entstehenden Schadens zu verlangen.

— Seite 131—133.

§ 20. War dem Gemeinschuldner ein von ihm gemieteter oder gepachteter Gegenstand zur Zeit der Eröffnung des Verfahrens noch nicht überlassen, so kann der andere Teil von dem Vertrage zurücktreten.

Auf Erfordern des Verwalters muß der andere Teil demselben ohne Verzug erklären, ob er von dem Vertrage zurücktreten will. Unterläßt er dies, so kommen die Bestimmungen des § 17 zur Anwendung.

— Seite 133.

§ 21. Hatte der Gemeinschuldner einen von ihm vermieteten oder verpachteten Gegenstand dem Mieter oder dem Pächter vor der Eröffnung des Verfahrens überlassen, so ist der Miet- oder Pachtvertrag auch der Konkursmasse gegenüber wirksam.

Im Falle der Vermietung oder der Verpachtung eines Grundstücks, sowie im Falle der Vermietung von Wohnräumen oder anderen Räumen ist jedoch eine Verfügung, die der Gemeinschuldner vor der Eröffnung des Verfahrens über den auf die spätere Zeit entfallenden Miet- oder Pachtzins getroffen hat, insbesondere die Einziehung des Miet- oder Pachtzinses, der Konkursmasse gegenüber nur insoweit wirksam, als sich die Verfügung auf den Miet- oder Pachtzins für das zur Zeit der Eröffnung des Verfahrens laufende und das folgende Kalendervierteljahr bezieht. Soweit die Entrichtung des Miet- oder Pachtzinses der Konkursmasse gegenüber wirksam ist, kann der Mieter oder der Pächter gegen die Miet- oder Pachtzinsforderung der Konkursmasse eine ihm gegen den Gemeinschuldner zustehende Forderung aufrechnen.

Eine von dem Konkursverwalter vorgenommene freiwillige Veräußerung des von dem Gemeinschuldner vermieteten oder verpachteten Grundstücks wirkt, sofern das Grundstück dem Mieter oder dem Pächter vor der Eröffnung des Verfahrens überlassen war, auf das Miet- und Pachtverhältnis wie eine Zwangsversteigerung.

— Seite 133, 217.

§ 22. Eine in dem Haushalte, Wirtschaftsbetriebe oder Erwerbsgeschäfte des Gemeinschuldners angetretenes Dienstverhältnis kann von jedem Teile gekündigt werden. Die Kündigungsfrist ist, falls nicht eine kürzere Frist bedungen war, die gesetzliche.

Kündigt der Verwalter, so ist der andere Teil berechtigt, Ersatz des ihm durch die Aufhebung des Dienstverhältnisses entstehenden Schadens zu verlangen.

— Seite 134, 231.

§ 23. Ein von dem Gemeinschuldner erteilter Auftrag erlischt durch die Eröffnung des Verfahrens, es sei denn, daß der Auftrag sich nicht auf das zur Konkursmasse gehörige Vermögen bezieht. Erlischt der Auftrag, so finden die Vorschriften des § 672 Satz 2 und des § 674 BGB. entsprechende Anwendung.

Das gleiche gilt, wenn sich jemand durch einen Dienstvertrag oder einen Werkvertrag verpflichtet hat, ein ihm von dem Gemeinschuldner übertragenes Geschäft für diesen zu besorgen.

— Seite 135—137.

§ 24. Ist zur Sicherung eines Anspruchs auf Einräumung oder Aufhebung eines Rechts an einem Grundstücke des Gemeinschuldners oder an einem für den Gemeinschuldner eingetragenen Rechte oder zur Sicherung eines Anspruchs auf Änderung des Inhalts oder des Ranges eines solchen Rechts eine Vormerkung im Grundbuch eingetragen, so kann der Gläubiger von dem Konkursverwalter die Befriedigung seines Anspruchs verlangen. Das gleiche gilt, wenn in Ansehung eines Schiffspfandrechts eine Vormerkung im Schiffsregister eingetragen ist.

— Seite 86, 137.

§ 25. Soweit rücksichtlich einzelner durch die §§ 18—24 nicht betroffener Rechtsverhältnisse das bürgerliche Recht besondere Bestimmungen über die Wirkung der Eröffnung des Konkursverfahrens enthält, kommen diese Bestimmungen zur Anwendung.

— Seite 138, 312.

§ 26. Wenn infolge der Eröffnung des Konkursverfahrens die Nichterfüllung einer Verbindlichkeit oder die Aufhebung eines Rechtsverhältnisses des Gemeinschuldners eintritt, so ist der andere Teil nicht berechtigt, die Rückgabe seiner in das Eigentum des Gemeinschuldners übergegangenen Leistung aus der Konkursmasse zu verlangen. Er kann eine Forderung wegen der Nichterfüllung oder der Aufhebung nur als Konkursgläubiger geltend machen, soweit ihm nicht ein Anspruch auf abgesonderte Befriedigung zusteht.

— Seite 62, 66 Anm. 7, 125, 127, 130, 133, 215.

§ 27. Erlischt ein von dem Gemeinschuldner erteilter Auftrag oder ein Dienst- oder Werkvertrag der im § 23 Abs. 2 bezeichneten Art infolge der Eröffnung des Verfahrens, so ist der andere Teil in Ansehung der nach der Eröffnung des Verfahrens entstandenen Ersatzansprüche im Falle des § 672 Satz 2 BGB. Massegläubiger, im Falle des § 674 BGB. Konkursgläubiger.

— Seite 136.

§ 28. Wird eine nach § 705 BGB. eingegangene Gesellschaft durch die Eröffnung des Konkursverfahrens über das Vermögen eines Gesellschafters aufgelöst, so ist der geschäftsführende Gesellschafter in Ansehung der Ansprüche, welche ihm aus der einstweiligen Fortführung der Geschäfte nach § 728 Satz 2 BGB. zustehen, Massegläubiger in Ansehung der ihm nach § 729 BGB. zustehenden Ansprüche, unbeschadet der Bestimmung des § 51, Konkursgläubiger.

— Seite 124.

Dritter Titel.

Anfechtung.

§ 29. Rechtshandlungen, welche vor der Eröffnung des Konkursverfahrens vorgenommen sind, können als den Konkursgläubigern gegenüber unwirksam nach Maßgabe der folgenden Bestimmungen angefochten werden.

— Seite 153—157, 198.

§ 30. Anfechtbar sind:

1. Die nach der Zahlungseinstellung oder dem Antrage auf Eröffnung des Verfahrens von dem Gemeinschuldner eingegangenen Rechtsgeschäfte, durch deren Eingehung die Konkursgläubiger benachteiligt werden, wenn dem anderen Teile zu der Zeit, als er das Geschäft einging, die Zahlungseinstellung oder der Eröffnungsantrag bekannt war; sowie die nach der Zahlungseinstellung oder dem Eröffnungsantrage erfolgten Rechtshandlungen, welche einem Konkursgläubiger Sicherung oder Befriedigung gewähren, wenn dem Gläubiger zu der Zeit, als die Handlung erfolgte, die Zahlungseinstellung oder der Eröffnungsantrag bekannt war;
2. die nach der Zahlungseinstellung oder dem Antrage auf Eröffnung des Verfahrens oder in den letzten zehn Tagen vor der Zahlungseinstellung oder dem Eröffnungsantrage erfolgten Rechtshandlungen, welche einem Konkursgläubiger eine Sicherung oder Befriedigung gewähren, die er nicht, oder nicht in der Art oder nicht zu der Zeit zu beanspruchen hatte, sofern er nicht beweist, daß ihm zur Zeit der Handlung weder die Zahlungseinstellung und der Eröffnungsantrag, noch eine Absicht des Gemeinschuldners, ihn vor den übrigen Gläubigern zu begünstigen, bekannt war. — Seite 158—166, 176 ff., 189.

§ 31. Anfechtbar sind:
1. Rechtshandlungen, welche der Gemeinschuldner in der dem anderen Teile bekannten Absicht, seine Gläubiger zu benachteiligen, vorgenommen hat;
2. die in dem letzten Jahre vor der Eröffnung des Verfahrens geschlossenen entgeltlichen Verträge des Gemeinschuldners
   mit seinem Ehegatten vor oder während der Ehe,
   mit seinen oder seines Ehegatten Verwandten in auf- oder absteigender Linie, mit seinen oder seines Ehegatten voll- und halbbürtigen Geschwistern, oder mit dem Ehegatten einer dieser Personen,
sofern durch den Abschluß des Vertrages die Gläubiger des Gemeinschuldners benachteiligt werden und der andere Teil nicht beweist, daß ihm zur Zeit des Vertragsabschlusses eine Absicht des Gemeinschuldners, die Gläubiger zu benachteiligen, nicht bekannt war.
— Seite 166—171, 174 ff., 189.

§ 32. Anfechtbar sind:
1. Die in dem letzten Jahre vor der Eröffnung des Verfahrens von dem Gemeinschuldner vorgenommenen unentgeltlichen Verfügungen, sofern nicht dieselben gebräuchliche Gelegenheitsgeschenke zum Gegenstande hatten;
2. die in den letzten zwei Jahren vor der Eröffnung des Verfahrens von dem Gemeinschuldner vorgenommenen unentgeltlichen Verfügungen zugunsten seines Ehegatten.
— Seite 171—174.

§ 33. Rechtshandlungen, welche früher als 6 Monate vor der Eröffnung des Verfahrens erfolgt sind, können aus dem Grunde einer Kenntnis der Zahlungseinstellung nicht angefochten werden.
— Seite 161, 166.

§ 34. Wechselzahlungen des Gemeinschuldners können auf Grund des § 30 Nr. 1 von dem Empfänger nicht zurückgefordert werden, wenn nach Wechselrecht der Empfänger bei Verlust des Wechselanspruchs gegen andere Wechselverpflichtete zur Annahme der Zahlung verbunden war.

Die gezahlte Wechselsumme muß von dem letzten Wechselregreßschuldner oder, falls derselbe den Wechsel für Rechnung eines Dritten begeben hatte, von diesem erstattet werden, wenn dem letzten Wechselregreßschuldner oder dem Dritten zu der Zeit, als er den Wechsel begab oder begeben ließ, einer der im § 30 Nr. 1 erwähnten Umstände bekannt war.
— Seite 178, 179.

§ 35. Die Anfechtung wird dadurch nicht ausgeschlossen, daß für die anzufechtende Rechtshandlung ein vollstreckbarer Schuldtitel erlangt, oder daß dieselbe durch Zwangsvollstreckung oder durch Vollziehung eines Arrestes erwirkt worden ist.
— Seite 183, 186.

§ 36. Das Anfechtungsrecht wird von dem Verwalter ausgeübt.
— Seite 186.

§ 37. Was durch die anfechtbare Handlung aus dem Vermögen des Gemeinschuldners veräußert, weggegeben oder aufgegeben ist, muß zur Konkursmasse zurückgewährt werden.

Der gutgläubige Empfänger einer unentgeltlichen Leistung hat dieselbe nur soweit zurückzugewähren, als er durch sie bereichert ist.
— Seite 170, 193, 195, 196.

§ 38. Die Gegenleistung ist aus der Konkursmasse zu erstatten, soweit sie sich in derselben befindet, oder soweit die Masse um ihren Wert bereichert ist. Darüber hinaus kann ein Anspruch nur als Konkursforderung geltend gemacht werden.
— Seite 197.

§ 39. Wenn der Empfänger einer anfechtbaren Leistung das Empfangene zurückgewährt, so tritt seine Forderung wieder in Kraft.
— Seite 198.

§ 40. Die gegen den Erblasser begründete Anfechtung findet gegen den Erben statt.

Gegen einen anderen Rechtsnachfolger desjenigen, welchem gegenüber die anfechtbare Handlung vorgenommen ist, findet die gegen den letzteren begründete Anfechtung statt:

1. wenn ihm zur Zeit seines Erwerbes die Umstände, welche die Anfechtbarkeit des Erwerbes seines Rechtsvorgängers begründen, bekannt waren;
2. wenn er zu den im § 31 Nr. 2 genannten Personen gehört, es sei denn, daß ihm zur Zeit seines Erwerbes die Umstände, welche die Anfechtbarkeit des Erwerbes seines Rechtsvorgängers begründen, unbekannt waren;
3. wenn ihm das Erlangte unentgeltlich zugewendet worden ist.

Im Falle des Abs. 2 Nr. 3 findet auf die Haftung des Rechtsnachfolgers die Bestimmung des § 37 Abs. 2 Anwendung.
— Seite 191—193.

§ 41. Die Anfechtung kann nur binnen Jahresfrist seit der Eröffnung des Verfahrens erfolgen. Auf den Lauf der Frist finden die für die Verjährung geltenden Vorschriften des § 203 Abs. 2 und des § 207 BGB. entsprechende Anwendung. Die Anfechtun nach § 31 Nr. 1 ist ausgeschlossen, wenn seit der Vornahme der Handlung 30 Jahre verstrichen sind.

Ist durch die anfechtbare Handlung eine Verpflichtung des Gemeinschuldners zu einer Leistung begründet, so kann der Konkursverwalter die Leistung verweigern, auch wenn die Anfechtung nach Abs. 1 ausgeschlossen ist.
— Seite 186, 187.

§ 42. Die Vorschriften über die Anfechtung der vor der Eröffnung des Verfahrens vorgenommenen Rechtshandlungen gelten auch für die Anfechtung von Rechtshandlungen, die nach der Eröffnung des Verfahrens vorgenommen worden sind, sofern diese nach den §§ 892, 893 BGB. den Konkursgläubigern gegenüber wirksam sind. Die Frist für die Ausübung des Anfechtungsrechts beginnt mit der Vornahme der Rechtshandlung.
— Seite 143 Anm. 3, 153.

Vierter Titel.

Aussonderung.

§ 43. Die Ansprüche auf Aussonderung eines dem Gemeinschuldner nicht gehörigen Gegenstandes aus der Konkursmasse auf Grund eines dinglichen oder persönlichen Rechts bestimmen sich nach den außerhalb des Konkursverfahrens geltenden Gesetzen.
— Seite 61—63, 65 ff.

§ 44. Der Verkäufer oder Einkaufskommissionär kann Waren, welche von einem anderen Orte an den Gemeinschuldner abgesendet und von dem Gemeinschuldner noch nicht vollständig bezahlt sind, zurückfordern, sofern nicht dieselben schon vor der Eröffnung des Verfahrens an dem Orte der Ablieferung angekommen und in den Gewahrsam des Gemeinschuldners oder einer anderen Person für ihn gelangt sind.

Die Bestimmungen des § 17 finden Anwendung.
— Seite 63—65.

§ 45. Die Ehefrau des Gemeinschuldners kann Gegenstände, welche sie während der Ehe erworben hat, nur in Anspruch nehmen, wenn sie beweist, daß dieselben nicht mit den Mitteln des Gemeinschuldners erworben sind.
— Seite 118ff.

§ 46. Sind Gegenstände, deren Aussonderung aus der Konkursmasse hätte beansprucht werden können, vor der Eröffnung des Verfahrens von dem Gemeinschuldner oder nach der Eröffnung des Verfahrens von dem Verwalter veräußert worden, so ist der Aussonderungsberechtigte befugt, die Abtretung des Rechts auf die Gegenleistung soweit diese noch aussteht, zu verlangen. Er kann die Gegenleistung aus der Masse beanspruchen, soweit sie nach der Eröffnung des Verfahrens zu derselben eingezogen worden ist.
— Seite 75, 76, 77 Anm. 2, 120, 202 Anm. 6.

Fünfter Titel.

Absonderung.

§ 47. Zur abgesonderten Befriedigung dienen die Gegenstände, welche der Zwangsvollstreckung in das unbewegliche Vermögen unterliegen, für diejenigen, welchen ein Recht auf Befriedigung aus denselben zusteht.

— Seite 78—86, 106—109, 109—113, 142.

§ 48. Gläubiger, welche an einem zur Konkursmasse gehörigen Gegenstand ein durch Rechtsgeschäft bestelltes Pfandrecht haben, können aus den ihnen verpfändeten Gegenständen abgesonderte Befriedigung wegen ihrer Pfandforderung verlangen, zunächst wegen der Kosten, dann wegen der Zinsen, zuletzt wegen des Kapitals.

— Seite 87—93.

§ 49. Den in § 48 bezeichneten Pfandgläubigern stehen gleich:

1. die Reichskasse, die Staatskassen und die Gemeinden sowie die Amts-, Kreis- und Provinzialverbände wegen öffentlicher Abgaben, in Ansehung der zurückgehaltenen oder in Beschlag genommenen zoll- und steuerpflichtigen Sachen;
— Seite 93.
2. diejenigen, welche an gewissen Gegenständen ein gesetzliches oder ein durch Pfändung erlangtes Pfandrecht haben; das dem Vermieter und dem Verpächter nach den §§ 559, 581, 585 BGB. zustehende Pfandrecht kann in Ansehung des Miet- oder Pachtzinses für eine frühere Zeit als das letzte Jahr vor der Eröffnung des Verfahrens sowie in Ansehung des dem Vermieter oder dem Verpächter infolge der Kündigung des Verwalters entstehenden Entschädigungsanspruchs nicht geltend gemacht werden; das Pfandrecht des Verpächters eines landwirtschaftlichen Grundstücks unterliegt in Ansehung des Pachtzinses der Beschränkung nicht;
— Seite 93 ff., 100ff.
3. diejenigen, welche etwas zum Nutzen einer Sache verwendet haben, wegen des den noch vorhandenen Vorteil nicht übersteigenden Betrags ihrer Forderung aus der Verwendung, in Ansehung der zurückbehaltenen Sache;
— Seite 98.
4. diejenigen, welchen nach dem Handelsgesetzbuche in Ansehung gewisser Gegenstände ein Zurückbehaltungsrecht zusteht.
— Seite 99.

Die im Abs. 1 Nr. 1 bezeichneten Rechte gehen den im Abs. 1 Nr. 2—4 und den im § 48 bezeichneten Rechten vor.

— Seite 93 Anm. 2.

§ 50. Wer nach der Eröffnung des Konkursverfahrens oder mit Kenntnis des Eröffnungsantrages oder der Zahlungseinstellung eine Konkursforderung dem im Auslande wohnenden Inhaber eines zur Konkursmasse gehörigen Gegenstandes oder in der Absicht, daß dieser die Forderung erwerbe, einer Mittelsperson abtritt, ist verpflichtet, zur Konkursmasse den Betrag zu ersetzen, welcher derselben dadurch entgeht, daß der Inhaber für die Forderung nach dem Rechte des Auslandes entgegen den Bestimmungen dieses Gesetzes ein Absonderungsrecht an dem Gegenstande ausübt. Die Vorschrift des § 33 findet entsprechende Anwendung.

— Seite 78 Anm. 2.

§ 51. Wer sich mit dem Gemeinschuldner in einem Miteigentume, in einer Gesellschaft oder in einer anderen Gemeinschaft befindet, kann wegen der auf ein solches Verhältnis sich gründenden Forderungen abgesonderte Befriedigung aus dem bei der Teilung oder sonstigen Auseinandersetzung ermittelten Anteile des Gemeinschuldners verlangen.

— Seite 103, 104, 107, 121.

§ 52. Die Befriedigung der Lehen-, Stammguts- oder Familienfideikommiß-Gläubiger erfolgt abgesondert aus dem Lehen, Stammgute oder Familienfideikommisse nach den Vorschriften der Landesgesetze.

— Seite 105.

Sechster Titel
Aufrechnung.

§ 53. Soweit ein Gläubiger zu einer Aufrechnung befugt ist, braucht er seine Forderung im Konkursverfahren nicht geltend zu machen.

— Seite 213, 219.

§ 54. Die Aufrechnung wird nicht dadurch ausgeschlossen, daß zur Zeit der Eröffnung des Verfahrens die aufzurechnenden Forderungen oder die eine von ihnen noch betagt oder noch bedingt war, oder die Forderung des Gläubigers nicht auf einen Geldbetrag gerichtet war.

Eine betagte Forderung des Gläubigers ist zum Zwecke der Aufrechnung nach der Vorschrift des § 65 zu berechnen.

Zum Zwecke der Aufrechnung einer aufschiebend bedingten Forderung bei dem Eintritte der Bedingung kann der Gläubiger Sicherstellung insoweit verlangen, als die Forderung der von ihm einzuzahlenden Schuld gleichkommt.

Eine nicht auf Geld gerichtete Forderung des Gläubigers ist zum Zwecke der Aufrechnung nach den Vorschriften der §§ 69, 70 zu berechnen.

— Seite 42, 43, 214, 215, 217, 282.

§ 55. Eine Aufrechnung im Konkursverfahren ist zulässig:

1. wenn jemand vor oder nach der Eröffnung des Verfahrens eine Forderung an den Gemeinschuldner erworben hat und nach der Eröffnung etwas zur Masse schuldig geworden ist;
2. wenn jemand dem Gemeinschuldner vor der Eröffnung des Verfahrens etwas schuldig war und nach derselben eine Forderung an den Gemeinschuldner erworben hat, auch wenn diese Forderung vor der Eröffnung für einen anderen Gläubiger entstanden war;
3. wenn jemand vor der Eröffnung des Verfahrens dem Gemeinschuldner etwas schuldig war und eine Forderung an den Gemeinschuldner durch ein Rechtsgeschäft mit demselben oder durch Rechtsabtretung oder Befriedigung eines Gläubigers erworben hat, falls ihm zur Zeit des Erwerbes bekannt war, daß der Gemeinschuldner seine Zahlungen eingestellt hatte, oder daß die Eröffnung des Verfahrens beantragt war. Die Vorschrift des § 33 findet entsprechende Anwendung.

   Die Aufrechnung ist zulässig, wenn der Erwerber zur Übernahme der Forderung oder zur Befriedigung des Gläubigers verpflichtet war und zu der Zeit, als er die Verpflichtung einging, weder von der Zahlungseinstellung noch von dem Eröffnungsantrage Kenntnis hatte.

— Seite 198, 216, 217, 118, 305.

§ 56. Die Bestimmung des § 50 findet entsprechende Anwendung auf den Fall, daß ein im Auslande wohnender Schuldner nach dem Rechte des Auslandes eine nach § 55 unzulässige Aufrechnung mit der ihm abgetretenen Konkursforderung vornimmt.

— Seite 216 Anm. 3.

Siebenter Titel.
Massegläubiger.

§ 57. Aus der Konkursmasse sind die Massekosten und Masseschulden vorweg zu berichtigen.

— Seite 222, 225, 226.

§ 58. Massekosten sind:

1. die gerichtlichen Kosten für das gemeinschaftliche Verfahren;
2. die Ausgaben für die Verwaltung, Verwertung und Verteilung der Masse;
3. die dem Gemeinschuldner und dessen Familie bewilligte Unterstützung.

— Seite 18, 223.

§ 59. Masseschulden sind:

1. die Ansprüche, welche aus Geschäften oder Handlungen des Konkursverwalters entstehen;

2. die Ansprüche aus zweiseitigen Verträgen, deren Erfüllung zur Konkursmasse verlangt wird oder für die Zeit nach der Eröffnung des Verfahrens erfolgen muß;
3. die Ansprüche aus einer rechtlosen Bereicherung der Masse.

— Seite 30 Anm. 2, 76, 94, 132, 134, 198, 223ff.

§ 60. Sobald sich herausstellt, daß die Konkursmasse zur vollständigen Befriedigung aller Massegläubiger nicht ausreicht, tritt eine verhältnismäßige Befriedigung derselben in der Weise ein, daß zunächst die Masseschulden, dann die Massekosten, von diesen zuerst die baren Auslagen und zuletzt die dem Gemeinschuldner und dessen Familie bewilligte Unterstützung zu berichtigen sind.

— Seite 20, 59 Anm. 1, 226, 227.

Achter Titel.

Konkursgläubiger.

§ 61. Die Konkursforderungen werden nach folgender Rangordnung, bei gleichem Range nach Verhältnis ihrer Beträge berichtigt:

1. die für das letzte Jahr vor der Eröffnung des Verfahrens oder dem Ableben des Gemeinschuldners rückständigen Forderungen an Lohn, Kostgeld oder anderen Dienstbezügen der Personen, welche sich dem Gemeinschuldner für dessen Haushalt, Wirtschaftsbetrieb oder Erwerbsgeschäft zur Leistung von Diensten verdungen hatten;
2. die Forderungen der Reichskasse, der Staatskassen und der Gemeinden sowie der Amts-, Kreis- und Provinzialverbände wegen öffentlicher Abgaben, welche im letzten Jahre vor der Eröffnung des Verfahrens fällig geworden sind oder nach § 65 als fällig gelten; es macht hierbei keinen Unterschied, ob der Steuererheber die Abgabe bereits vorschußweise zur Kasse entrichtet hat;
3. Die Forderungen der Kirchen und Schulen, der öffentlichen Verbände und der öffentlichen, zur Annahme der Versicherung verpflichteten Feuerversicherungsanstalten wegen der nach Gesetz oder Verfassung zu entrichtenden Abgaben und Leistungen aus dem letzten Jahre vor der Eröffnung des Verfahrens;
4. die Forderungen der Ärzte, Wundärzte, Tierärzte, Apotheker, Hebammen und Krankenpfleger wegen Kur- und Pflegekosten aus dem letzten Jahre vor der Eröffnung des Verfahrens, insoweit der Betrag der Forderungen den Betrag der taxmäßigen Gebührnisse nicht übersteigt;
5. die Forderungen der Kinder, der Mündel und der Pflegebefohlenen des Gemeinschuldners in Ansehung ihres gesetzlich der Verwaltung desselben unterworfenen Vermögens; das Vorrecht steht ihnen nicht zu, wenn die Forderung nicht binnen zwei Jahren nach Beendigung der Vermögensverwaltung gerichtlich geltend gemacht und bis zur Eröffnung des Verfahrens verfolgt worden ist;
6. alle übrigen Konkursforderungen.

— Seite 134, 223 Anm. 5, 238ff.

§ 62. Mit der Kapitalsforderung werden an derselben Stelle angesetzt:

1. die Kosten, welche dem Gläubiger vor der Eröffnung des Verfahrens erwachsen sind;
2. die Vertragsstrafen;
3. die bis zur Eröffnung des Verfahrens aufgelaufenen Zinsen.

— Seite 242, 259.

§ 63. Im Konkursverfahren können nicht geltend gemacht werden:

1. die seit der Eröffnung des Verfahrens laufenden Zinsen;
2. die Kosten, welche den einzelnen Gläubigern durch ihre Teilnahme an dem Verfahren erwachsen;
3. Geldstrafen;
4. Forderungen aus einer Freigebigkeit des Gemeinschuldners unter Lebenden oder von Todes wegen.

— Seite 218, 222, 231, 238, 301.

§ 64. Ein Gläubiger, welcher abgesonderte Befriedigung beansprucht, kann die Forderung, wenn der Gemeinschuldner auch persönlich für sie haftet, zur Konkursmasse geltend machen, aus derselben aber nur für den Betrag verhältnismäßige Befriedigung verlangen, zu welchem er auf abgesonderte Befriedigung verzichtet, oder mit welchem er bei der letzteren ausgefallen ist.

— Seite 234, 235, 248, 263f.

§ 65. Betagte Forderungen gelten als fällig.

Eine betagte unverzinsliche Forderung vermindert sich auf den Betrag, welcher mit Hinzurechnung der gesetzlichen Zinsen desselben für die Zeit von der Eröffnung des Verfahrens bis zur Fälligkeit dem vollen Betrage der Forderung gleichkommt.

— Seite 132, 232, 240, 252.

§ 66. Forderungen unter auflösender Bedingung werden wie unbedingte geltend gemacht.

— Seite 232, 250.

§ 67. Forderungen unter aufschiebender Bedingung berechtigen nur zu einer Sicherung.

— Seite 233, 250, 251.

§ 68. Wird über das Vermögen mehrerer oder einer von mehreren Personen, welche nebeneinander für dieselbe Leistung auf das Ganze haften, das Konkursverfahren eröffnet, so kann der Gläubiger bis zu seiner vollen Befriedigung in jedem Verfahren den Betrag geltend machen, den er zur Zeit der Eröffnung des Verfahrens zu fordern hatte.

— Seite 233, 234, 251.

§ 69. Forderungen, welche nicht auf einen Geldbetrag gerichtet sind, oder deren Geldbetrag unbestimmt oder ungewiß oder nicht in Reichswährung festgesetzt ist, sind nach ihrem Schätzungswerte in Reichswährung geltend zu machen.

— Seite 132, 216, 237, 238, 245, 252.

§ 70. Wiederkehrende Hebungen zu einem bestimmten Betrage und von einer bestimmten Zeitdauer werden unter Abrechnung der Zwischenzinsen (§ 65) durch Zusammenzählung der einzelnen Hebungen kapitalisiert. Der Gesamtbetrag darf den zum gesetzlichen Zinssatze kapitalisierten Betrag derselben nicht übersteigen.

— Seite 238, 252.

Zweites Buch.

Konkursverfahren.

Erster Titel.

Allgemeine Bestimmungen.

§ 71. Für das Konkursverfahren ist das Amtsgericht ausschließlich zuständig, bei welchem der Gemeinschuldner seine gewerbliche Niederlassung oder in Ermangelung einer solchen seinen allgemeinen Gerichtsstand hat.

Sind mehrere Gerichte zuständig, so schließt dasjenige, bei welchem zuerst die Eröffnung des Verfahrens beantragt worden ist, die übrigen aus.

§ 72. Die Vorschriften der Zivilprozeßordnung finden, soweit nicht aus den Bestimmungen dieses Gesetzes sich Abweichungen ergeben, auf das Konkursverfahren entsprechende Anwendung.

— Seite 13, 52, 253 Anm. 2, 267, 310, 324.

§ 73. Die Entscheidungen im Konkursverfahren können ohne vorgängige mündliche Verhandlung erfolgen.

Die Zustellung geschieht von Amts wegen.

Gegen die Entscheidungen im Konkursverfahren findet, soweit dieses Gesetz nicht ein anderes bestimmt, die sofortige Beschwerde statt.

— S. 2, 21.

§ 74. Die Entscheidung des Beschwerdegerichts wird erst mit der Rechtskraft wirksam. Das Beschwerdegericht kann jedoch die sofortige Wirksamkeit der Entscheidung anordnen.

§ 75. Das Konkursgericht kann zur Aufklärung aller das Verfahren betreffenden Verhältnisse die erforderlichen Ermittelungen, insbesondere die Vernehmung von Zeugen und Sachverständigen anordnen.

— Seite 65, 107, 108, 186, 247.

§ 76. Die öffentlichen Bekanntmachungen erfolgen durch mindestens einmalige Einrückung in das zur Veröffentlichung amtlicher Bekanntmachungen des Gerichts bestimmte Blatt; die Einrückung kann auszugsweise geschehen. Die Bekanntmachung gilt als bewirkt mit dem Ablaufe des zweiten Tages nach der Ausgabe des die Einrückung oder die erste Einrückung enthaltenden Blattes.

Das Gericht kann weitere Bekanntmachungen anordnen.

Die öffentliche Bekanntmachung gilt als Zustellung an alle Beteiligten, auch wenn dieses Gesetz neben ihr eine besondere Zustellung vorschreibt.

— Seite 13, 229, 266, 267, 324.

§ 77. Wenn neben der öffentlichen Bekanntmachung eine besondere Zustellung vorgeschrieben ist, so kann dieselbe durch Aufgabe zur Post bewirkt werden. Einer Beglaubigung der Abschrift des zuzustellenden Schriftstücks bedarf es nicht.

Die dem Verwalter obliegenden Mitteilungen können unmittelbar und ohne besondere Form geschehen.

— Seite 10, 269.

§ 78. Der Konkursverwalter wird von dem Gerichte ernannt.

Das Gericht kann demselben die Leistung einer Sicherheit auferlegen.

— Seite 1, 18.

§ 79. Wenn die Verwaltung verschiedene Geschäftszweige umfaßt, so können mehrere Konkursverwalter ernannt werden. Jeder von ihnen ist in seiner Geschäftsführung selbständig.

§ 80. In der auf die Ernennung eines Verwalters folgenden Gläubigerversammlung können die Konkursgläubiger statt des Ernannten eine andere Person wählen. Das Gericht kann die Ernennung des Gewählten versagen.

— Seite 1, 2, 304, 305, 322.

§ 81. Der Name des Verwalters ist öffentlich bekannt zu machen.

Dem Verwalter ist eine urkundliche Bescheinigung seiner Ernennung zu erteilen. Er hat dieselbe bei der Beendigung seines Amts dem Gerichte zurückzureichen.

— Seite 12.

§ 82. Der Verwalter ist für die Erfüllung der ihm obliegenden Pflichten allen Beteiligten verantwortlich.

— Seite 9, 11, 17, 201 Anm. 1, 222 Anm. 1, 225, 227, 228, 247.

§ 83. Der Verwalter steht unter der Aufsicht des Konkursgerichts.

— Seite 4, 5, 16.

§ 84. Das Gericht kann gegen den Verwalter Ordnungsstrafen bis zu 200 M. festsetzen. Es kann denselben vor der auf seine Ernennung folgenden Gläubigerversammlung von Amts wegen, später nur auf Antrag der Gläubigerversammlung oder des Gläubigerausschusses seines Amts entlassen.

Vor der Entscheidung ist der Verwalter zu hören.

— Seite 2, 5, 8, 259, 322.

§ 85. Der Verwalter hat Anspruch auf Erstattung angemessener barer Auslagen und auf Vergütung für seine Geschäftsführung. Die Festsetzung der Auslagen und der Vergütung erfolgt durch das Konkursgericht.

Die Landesjustizverwaltung kann für die dem Verwalter zu gewährende Vergütung allgemeine Anordnungen treffen.

— Seite 20—23, 289.

§ 86. Der Verwalter hat bei der Beendigung seines Amts einer Gläubigerversammlung Schlußrechnung zu legen. Die Rechnung muß mit den Belegen und, wenn ein Gläubigerausschuß bestellt ist, mit dessen Bemerkungen spätestens drei Tage vor dem Termine auf der Gerichtsschreiberei zur Einsicht der Beteiligten niedergelegt werden. Der Gemeinschuldner, jeder Konkursgläubiger und der nachfolgende Verwalter sind berechtigt, Einwendungen gegen die Rechnung zu erheben. Soweit in dem Termine Einwendungen nicht erhoben werden, gilt die Rechnung als anerkannt.

— Seite 6, 9, 14, 19, 277, 278, 289, 297, 304, 354.

§ 87. Vor der ersten Gläubigerversammlung kann das Gericht aus der Zahl der Gläubiger oder der Vertreter von Gläubigern einen Gläubigerausschuß bestellen.

Die Gläubigerversammlung hat über die Bestellung eines Gläubigerausschusses zu beschließen. Die Mitglieder des Gläubigerausschusses sind von der Gläubigerversammlung zu wählen. Zu Mitgliedern können Gläubiger oder andere Personen gewählt werden.

— Seite 316ff., 322.

§ 88. Die Mitglieder des Gläubigerausschusses haben den Verwalter bei seiner Geschäftsführung zu unterstützen und zu überwachen. Dieselben können sich von dem Gange der Geschäfte unterrichten, die Bücher und Schriften des Verwalters einsehen und den Bestand seiner Kasse untersuchen.

Der Gläubigerausschuß ist berechtigt, von dem Verwalter Berichterstattung über die Lage der Sache und die Geschäftsführung zu verlangen. Er ist verpflichtet, die Untersuchung der Kasse des Verwalters wenigstens einmal in jedem Monate durch ein Mitglied vornehmen zu lassen.

— Seite 6—8, 318.

§ 89. Die Mitglieder des Gläubigerausschusses sind für die Erfüllung der ihnen obliegenden Pflichten allen Beteiligten verantwortlich.

— Seite 321.

§ 90. Ein Beschluß des Gläubigerausschusses ist gültig, wenn die Mehrheit der Mitglieder an der Beschlußfassung teilgenommen hat und der Beschluß mit absoluter Mehrheit der abgegebenen Stimmen gefaßt ist.

— Seite 319.

§ 91. Die Mitglieder des Gläubigerausschusses haben Anspruch auf Erstattung angemessener barer Auslagen und auf Vergütung für ihre Geschäftsführung. Die Festsetzung der Auslagen und der Vergütung erfolgt nach Anhörung der Gläubigerversammlung durch das Konkursgericht.

Die Landesjustizverwaltung kann für die den Mitgliedern des Gläubigerausschusses zu gewährende Vergütung allgemeine Anordnungen treffen.

— Seite 321, 324.

§ 92. Die durch das Gericht erfolgte Bestellung zum Mitgliede des Gläubigerausschusses kann von dem Gerichte, die durch die Gläubigerversammlung erfolgte Bestellung zum Mitgliede des Gläubigerausschusses durch Beschluß der Gläubigerversammlung widerrufen werden.

— Seite 317, 322.

§ 93. Über die Berufung der Gläubigerversammlung beschließt das Gericht. Die Berufung muß erfolgen, wenn sie von dem Verwalter, dem Gläubigerausschusse oder von mindestens fünf Konkursgläubigern, deren Forderungen nach der Schätzung des Gerichts den fünften Teil der Schuldmasse erreichen, beantragt wird.

Die Berufung muß öffentlich bekannt gemacht werden. Der öffentlichen Bekanntmachung bedarf es nicht, wenn in einer Gläubigerversammlung eine Vertagung der Verhandlung angeordnet wird.

— Seite 4, 5, 8, 9, 323, 324.

§ 94. Die Gläubigerversammlung findet unter der Leitung des Gerichts statt. Die Beschlüsse der Gläubigerversammlung werden mit absoluter Mehrheit der Stimmen gefaßt. Für die Wahl der Mitglieder des Gläubigerausschusses genügt relative Mehrheit der Stimmen.

Die Stimmenmehrheit ist nach den Forderungsbeträgen zu berechnen. Bei Gleichheit der Summen entscheidet die Zahl der Gläubiger.

— Seite 325.

§ 95. Zur Teilnahme an den Abstimmungen berechtigen die festgestellten Konkursforderungen. In Ansehung einer streitig gebliebenen Forderung wird bei der Prüfung mit den Parteien erörtert, ob und zu welchem Betrage ein bleibendes Stimmrecht für dieselbe zu gewähren ist. In Ermangelung einer Enigung entscheidet das Konkursgericht. Das Gericht kann die Entscheidung auf den weiteren Antrag einer Partei abändern.

Ob und zu welchem Betrage nicht geprüfte Konkursforderungen zum Stimmen in einer Gläubigerversammlung berechtigten, entscheidet auf den Widerspruch eines Konkursgläubigers oder des Verwalters das Gericht.

Eine Anfechtung der Entscheidungen findet nicht statt.

— Seite 60, 253, 295, 326, 327.

§ 96. Ob und zu welchem Betrage Forderungen, für welche abgesonderte Befriedigung beansprucht wird, in Ansehung ihres mutmaßlichen Ausfalls sowie Konkursforderungen unter aufschiebender Bedingung zum Stimmen in einer Gläubigerversammlung berechtigen, entscheidet auf den Widerspruch eines Konkursgläubigers oder des Verwalters das Gericht.

Eine Anfechtung der Entscheidung findet nicht statt.

— Sei e 235, 250, 326, 327.

§ 97. Gezählt werden nur die Stimmen der in der Gläubigerversammlung erschienenen Gläubiger. Die nicht erschienenen Gläubiger sind an die Beschlüsse gebunden.

— Seite 294, 325, 327.

§ 98. Der Gegenstand, über welchen in der Gläubigerversammlung ein Beschluß gefaßt werden soll, muß bei der Berufung derselben öffentlich bekannt gemacht werden.

— Seite 324.

§ 99. Das Gericht hat die Ausführung eines von der Gläubigerversammlung gefaßten Beschlusses auf den in der Gläubigerversammlung gestellten Antrag des Verwalters oder eines überstimmten Gläubigers zu untersagen, wenn der Beschluß dem gemeinsamen Interesse der Konkursgläubiger widerspricht.

— Seite 327.

§ 100. Der Gemeinschuldner ist verpflichtet, dem Verwalter, dem Gläubigerausschusse und auf Anordnung des Gerichts der Gläubigerversammlung über alle das Verfahren betreffenden Verhältnisse Auskunft zu geben.

— Seite 11, 52, 311, 315, 323.

§ 101. Der Gemeinschuldner darf sich von seinem Wohnorte nur mit Erlaubnis des Gerichts entfernen.

Das Gericht kann die zwangsweise Vorführung und nach Anhörung des Gemeinschuldners die Haft desselben anordnen, wenn er die ihm von dem Gesetze auferlegten Pflichten nicht erfüllt, oder wenn es zur Sicherung der Masse notwendig erscheint.

— Seite 11, 51, 52, 311, 312, 315.

Zweiter Titel.
Eröffnungsverfahren.

§ 102. Die Eröffnung des Konkursverfahrens setzt die Zahlungsunfähigkeit des Gemeinschuldners voraus.

Zahlungsunfähigkeit ist insbesondere anzunehmen, wenn Zahlungseinstellung erfolgt ist. — Seite 307.

§ 103. Das Verfahren kann nur auf Antrag eröffnet werden.

Zu dem Antrage ist der Gemeinschuldner und jeder Konkursgläubiger berechtigt.

— Seite 308.

§ 104. Beantragt der Gemeinschuldner die Eröffnung des Verfahrens, so hat er ein Verzeichnis der Gläubiger und Schuldner sowie eine Übersicht der Vermögensmasse bei Stellung des Antrags einzureichen, oder, wenn dies nicht tunlich ist, ohne Verzug nachzuliefern.

— Seite 309.

§ 105. Der Antrag eines Gläubigers auf Eröffnung des Verfahrens ist zuzulassen, wenn die Forderung des Gläubigers und die Zahlungsunfähigkeit des Gemeinschuldners glaubhaft gemacht werden.

Wird der Antrag zugelassen, so hat das Gericht den Schuldner zu hören und, sofern dieser nicht seine Zahlungsunfähigkeit einräumt, die erforderlichen Ermittlungen anzuordnen.

Die Anhörung des Schuldners kann unterbleiben, wenn sie eine öffentliche Zustellung oder eine Zustellung im Auslande erfordert; in diesem Falle ist, soweit tunlich ein Vertreter oder Angehöriger des Schuldners zu hören.

— Seite 310.

§ 106. Das Gericht kann die zwangsweise Vorführung und die Haft des Schuldners anordnen. Dasselbe kann alle zur Sicherung der Masse dienenden einstweiligen Anordnungen treffen. Es kann insbesondere ein allgemeines Veräußerungsverbot an den Schuldner erlassen.

Bei der Abweisung des Eröffnungsantrages sind die angeordneten Sicherheitsmaßregeln aufzuheben.

— Seite 148, 310.

§ 107. Die Abweisung des Eröffnungsantrags kann erfolgen, wenn nach dem Ermessen des Gerichts eine den Kosten des Verfahrens entsprechende Konkursmasse nicht vorhanden ist. Die Abweisung unterbleibt, wenn ein zur Deckung der im § 58 Nr. 1, 2 bezeichneten Massekosten ausreichender Geldbetrag vorgeschossen wird.

Das Gericht hat ein Verzeichnis derjenigen Schuldner zu führen, bezüglich deren der Eröffnungsantrag auf Grund der Vorschrift des Abs. 1 Satz 1 abgewiesen worden ist. Die Einsicht des Verzeichnisses ist jedem gestattet. Nach dem Ablaufe von fünf Jahren seit der Abweisung des Eröffnungsantrags ist die Eintragung in dem Verzeichnisse dadurch zu löschen, daß der Name unkenntlich gemacht wird.

— Seite 308.

§ 108. Der Eröffnungsbeschluß hat die Stunde der Eröffnung anzugeben.

Ist dies versäumt worden, so gilt als Zeitpunkt der Eröffnung die Mittagsstunde des Tages, in welchem der Beschluß erlassen ist.

— S. 305.

§ 109. Die sofortige Beschwerde steht gegen den Eröffnungsbeschluß nur dem Gemeinschuldner, gegen den abweisenden Beschluß nur demjenigen zu, welcher den Eröffnungsantrag gestellt hat.

— Seite 310.

§ 110. Bei der Eröffnung des Konkursverfahrens ernennt das Gericht den Konkursverwalter, verordnet einen nicht über einen Monat hinauszusetzenden Termin zur Beschlußfassung über die Wahl eines anderen Verwalters, sowie über die Bestellung eines Gläubigerausschusses, erläßt den offenen Arrest und bestimmt die Anmeldefrist und den allgemeinen Prüfungstermin.

Das Gericht kann die Termine verbinden, wenn die Konkursmasse von geringerem Betrage oder der Kreis der Konkursgläubiger von geringerem Umfange ist, oder wenn der Gemeinschuldner einen Zwangsvergleichsvorschlag eingereicht hat.

— Seite 53, 59, 245, 292, 316, 323.

§ 111. Der Gerichtsschreiber hat die Formel des Eröffnungsbeschlusses, den offenen Arrest, die Anmeldefrist und die Termine sofort öffentlich bekannt zu machen.

Die Bekanntmachung ist, unbeschadet der Vorschriften des § 76 Abs. 1, auszugsweise in den Deutschen Reichsanzeiger einzurücken.

An die ihrem Wohnorte nach bekannten Gläubiger und Schuldner des Gemeinschuldners erfolgt besondere Zustellung.

— Seite 49, 50.

§ 112. Der Gerichtsschreiber hat unter Bezeichnung des Konkursverwalters beglaubigte Abschriften der Formel des Eröffnungsbeschlusses den Behörden für die Führung des Handels- oder Genossenschaftsregister, oder ähnlicher Register und der Dienstbehörde des Gemeinschuldners mitzuteilen.

— Seite 55.

§ 113. Ein von dem Konkursgericht in Gemäßheit des § 106 erlassenes allgemeines Veräußerungsverbot, sowie die Eröffnung des Konkursverfahrens ist in das Grundbuch einzutragen:

1. bei denjenigen Grundstücken, als deren Eigentümer der Gemeinschuldner im Grundbuch eingetragen ist;
2. bei den für den Gemeinschuldner eingetragenen Rechten an Grundstücken oder an eingetragenen Rechten, wenn nach der Art des Rechtes und den obwaltenden Umständen bei Unterlassung der Eintragung eine Beeinträchtigung der Konkursgläubiger zu besorgen ist.

Das Konkursgericht hat, soweit ihm solche Grundstücke oder Rechte bekannt sind, das Grundbuchamt vom Amts wegen um die Eintragung zu ersuchen.

Die Eintragung kann auch von dem Konkursverwalter bei dem Grundbuchamte beantragt werden.

— Seite 50, 55.

§ 114. Werden Grundstücke oder Rechte, bei denen eine Eintragung nach Maßgabe des § 113 Abs. 1, 2 bewirkt worden ist, von dem Verwalter freigegeben oder veräußert, so kann das Konkursgericht auf Antrag das Grundbuchamt um Löschung der Eintragung ersuchen.

— Seite 201.

§ 115. Die Eintragung und Löschung von Vermerken auf Grund des §§ 113, 114 geschieht gebührenfrei.

— Seite 50, 201.

§ 116. Sobald eine den Eröffnungsbeschluß aufhebende Entscheidung die Rechtskraft erlangt hat, ist die Aufhebung des Verfahrens öffentlich bekannt zu machen. Die Vorschriften der §§ 111 Abs. 2, 112, 113, 191 finden entsprechende Anwendung.

— Seite 225, 226, 228.

Dritter Teil.

Teilungsmasse.

§ 117. Nach der Eröffnung des Verfahrens hat der Verwalter das gesamte zur Konkursmasse gehörige Vermögen sofort in Besitz und Verwaltung zu nehmen und dasselbe zu verwerten.

Die Geschäftsbücher des Gemeinschuldners dürfen nur mit dem Geschäft im Ganzen und nur insoweit veräußert werden, als sie zur Fortführung des Geschäftsbetriebs unentbehrlich sind.

— Seite 15 Anm. 1, 49, 50, 51, 55, 198ff., 206, 207.

§ 118. Durch den offenen Arrest wird allen Personen, welche eine zur Konkursmasse gehörige Sache in Besitz haben oder zur Konkursmasse etwas schuldig sind, aufgegeben, nichts an den Gemeinschuldner zu verabfolgen oder zu leisten, auch die Verpflichtung auferlegt, von dem Besitze der Sache und von den Forderungen, für welche sie aus der Sache abgesonderte Befriedigung in Anspruch nehmen, dem Konkursverwalter innerhalb einer bestimmten Frist Anzeige zu machen.

— Seite 53, 54.

§ 119. Wer die Anzeige über den Besitz von Sachen des Gemeinschuldners innerhalb der bestimmten Frist zu machen unterläßt, haftet für allen aus der Unterlassung oder Verzögerung der Anzeige entstehenden Schaden.

— Seite 54.

§ 120. Gläubiger, welche abgesonderte Befriedigung aus einer in ihrem Besitz befindlichen Sache beanspruchen, haben dem Verwalter auf dessen Verlangen die Sache zur Ansicht vorzuzeigen und die Abschätzung derselben zu gestatten.

— Seite 56.

§ 121. Die Post- und Telegraphenanstalten sind verpflichtet, auf Anordnung des Konkursgerichts alle für den Gemeinschuldner eingehenden Sendungen, Briefe und

Depeschen dem Verwalter auszuhändigen. Dieser ist zur Eröffnung derselben berechtigt Der Gemeinschuldner kann die Einsicht und, wenn ihr Inhalt die Masse nicht betrifft, die Herausgabe derselben verlangen.

Das Gericht kann die Anordnung auf Antrag des Gemeinschuldners nach Anhörung des Verwalters aufheben oder beschränken.

— Seite 54, 311, 312.

§ 122. Der Verwalter kann zur Sicherung der zur Konkursmasse gehörigen Sachen durch eine zur Vornahme solcher Handlungen gesetzlich ermächtigte Person siegeln lassen.

Die Geschäftsbücher des Gemeinschuldners sind durch den Gerichtsschreiber zu schließen.

— Seite 14, 54.

§ 123. Der Verwalter hat die einzelnen zur Konkursmasse gehörigen Gegenstände unter Angabe ihres Wertes aufzuzeichnen. Der Wert ist erforderlichenfalls durch Sachverständige zu ermitteln. Bei der Aufzeichnung ist eine obrigkeitliche oder eine Urkundsperson zuzuziehen. Der Gemeinschuldner ist zuzuziehen, wenn er ohne Aufschub zu erlangen ist.

Auf Antrag des Verwalters und, wenn ein Gläubigerausschuß bestellt ist, des letzteren, kann das Gericht gestatten, daß die Aufzeichnung unterbleibe oder ohne Zuziehung einer obrigkeitlichen oder einer Urkundsperson vorgenommen werde.

— Seite 7, 56.

§ 124. Dem Verwalter liegt die Anfertigung eines Inventars und einer Bilanz ob. Derselbe hat eine von ihm gezeichnete Abschrift des Inventars und der Bilanz und, wenn eine Siegelung und Entsiegelung stattgefunden hat, die Protokolle über dieselben auf der Gerichtsschreiberei zur Einsicht der Beteiligten niederzulegen.

— Seite 57ff., 335ff., 343f.

§ 125. Nach der Anfertigung des Inventars kann der Verwalter oder ein Konkursgläubiger den Gemeinschuldner in eine Sitzung des Amtsgerichts, bei welchem das Konkursverfahren anhängig ist, zur Leistung des Offenbarungseides laden.

— Seite 52.

§ 126. Die Zwangsverwaltung und die Zwangsversteigerung der zur Masse gehörigen unbeweglichen Gegenstände kann bei der zuständigen Behörde durch den Konkursverwalter betrieben werden.

— Seite 203ff.

§ 127. Der Verwalter ist berechtigt, die Verwertung eines zur Masse gehörigen beweglichen Gegenstandes, an welchem ein Gläubiger ein durch Rechtsgeschäft bestelltes Pfandrecht oder ein diesem gleichstehendes Recht beansprucht, nach Maßgabe der Vorschriften über die Zwangsvollstreckung oder über den Pfandverkauf zu betreiben. Der Gläubiger kann einer solchen Verwertung nicht widersprechen, vielmehr seine Rechte nur auf den Erlös geltend machen.

Ist der Gläubiger befugt, sich aus dem Gegenstande ohne gerichtliches Verfahren zu befriedigen, so kann auf Antrag des Verwalters das Konkursgericht dem Gläubiger nach dessen Anhörung eine Frist bestimmen, innerhalb welcher er den Gegenstand zu verwerten hat. Nach dem Ablaufe der Frist findet die Vorschrift des ersten Satzes Anwendung.

— Seite 51, 201, 202, 205, 210,.

§ 128. Ist der Gemeinschuldner Vorerbe, so darf der Verwalter die zur Erbschaft gehörenden Gegenstände nicht veräußern, wenn die Veräußerung im Falle des Eintritts der Nacherbfolge nach 2115 BGB. dem Nacherben gegenüber unwirksam ist.

— Seite 63 Anm. 4, 208.

§ 129. Bis zur Beschlußfassung durch eine Gläubigerversammlung kann der Verwalter mit Genehmigung des Gerichts oder, wenn von dem Gericht ein Gläubigerausschuß bestellt ist, mit dessen Genehmigung dem Gemeinschuldner und der Familie desselben notdürftigen Unterhalt aus der Konkursmasse gewähren.

Bis zur Beschlußfassung durch eine Gläubigerversammlung hat der Verwalter nach seinem Ermessen das Geschäft des Gemeinschuldners zu schließen oder fortzuführen und die Gelder, Wertpapiere und Kostbarkeiten nach Anordnung des Gerichts zu hinterlegen. Ist von dem Gericht ein Gläubigerausschuß bestellt, so beschließt dieser über die

Schließung oder die Fortführung des Geschäfts und über die Hinterlegung der Gelder, Wertpapiere und Kostbarkeiten.

— Seite 4, 7, 206, 221, 222, 314.

§ 130. Soll nach § 129 das Geschäft des Gemeinschuldners geschlossen werden, so hat der Verwalter vor der Beschlußfassung des Gläubigerausschusses oder, wenn ein Gläubigerausschuß nicht bestellt ist, vor der Schließung des Geschäfts dem Gemeinschuldner, sofern derselbe ohne Aufschub zu erlangen ist, von der beabsichtigten Maßregel Mitteiung zu machen.

Das Gericht kann auf Antrag des Gemeinschuldners die Schließung des Geschäfts untersagen, wenn der Gemeinschuldner einen Zwangsvergleichsvorschlag eingereicht hat.

— Seite 4 Anm. 2, 5, 10 Anm. 2, 206 Anm. 2, 293.

§ 131. In der ersten Gläubigerversammlung hat der Verwalter über die Entstehung der Zahlungsunfähigkeit des Gemeinschuldners, über die Lage der Sache und über die bisher ergriffenen Maßregeln zu berichten.

— Seite 13, 59, 345.

§ 132. Die Gläubigerversammlung beschließt über eine dem Gemeinschuldner und dessen Familie zu bewilligende Unterstützung, über die Schließung oder die Fortführung des Geschäfts und über die Stelle, bei welcher sowie über die Bedingungen, unter welchen die Gelder, Wertpapiere und Kostbarkeiten hinterlegt oder angelegt werden sollen.

Die Gläubigerversammlung beschließt, in welcher Weise und in welchen Zeiträumen der Verwalter ihr oder einem Gläubigerausschusse über die Verwaltung und Verwertung der Masse Bericht erstatten und Rechnung legen soll.

— Seite 4, 9, 19, 59, 139, 206, 221, 222, 314, 322.

§ 133. Der Verwalter hat, falls ein Gläubigerausschuß bestellt ist, dessen Genehmigung einzuholen:

1. wenn Gegenstände, deren Verkauf ohne offenbaren Nachteil für die Masse ausgesetzt werden kann und nicht durch die Fortführung des Geschäfts veranlaßt wird, verkauft werden sollen, bevor der allgemeine Prüfungstermin abgehalten oder ein vor dem Schlusse desselben eingereichter Zwangsvergleichsvorschlag erledigt ist;
2. wenn die Erfüllung von Rechtsgeschäften des Gemeinschuldners verlangt, Prozesse anhängig gemacht, deren Aufnahme abgelehnt, Vergleiche oder Schiedsverträge geschlossen, Aussonderungs-, Absonderungs- oder Masseansprüche anerkannt, Pfandstücke eingelöst oder Forderungen veräußert werden sollen, und es sich in diesen Fällen um einen Wertgegenstand von mehr als 300 M. handelt.

— Seite 5, 7, 12, 65, 128, 186, 199, 206, 209 Anm. 2, 211 f., 220, 226.

§ 134. Der Verwalter hat die Genehmigung des Gläubigerausschusses oder, wenn ein solcher nicht bestellt ist, die Genehmigung einer Gläubigerversammlung einzuholen:

1. wenn ein unbeweglicher Gegenstand aus freier Hand, oder das Geschäft oder das Warenlager des Gemeinschuldners im ganzen oder das Recht auf den Bezug wiederkehrender Einkünfte veräußert werden soll;
2. wenn Darlehen aufgenommen, fremde Verbindlichkeiten übernommen, zur Masse gehörige Gegenstände verpfändet oder Grundstücke erstanden werden sollen.

— Seite 5, 6, 10, 12, 199, 204, 206, 220, 323.

§ 135. Der Verwalter hat in den Fällen der §§ 133, 134 vor der Beschlußfassung des Gläubigerausschusses oder der Gläubigerversammlung, und in den Fällen des § 133, wenn ein Gläubigerausschuß nicht bestellt ist, vor der Vornahme der Rechtshandlung dem Gemeinschuldner, sofern derselbe ohne Aufschub zu erlangen ist, von der beabsichtigten Maßregel Mitteilung zu machen.

Das Gericht kann auf Antrag des Gemeinschuldners, sofern nicht die Gläubigerversammlung die Genehmigung erteilt hat, die Vornahme der Rechtshandlung vorläufig untersagen und zur Beschlußfassung über die Vornahme eine Gläubigerversammlung berufen.

— Seite 4, 5, 10, 128, 139, 186, 204, 206, 209 Anm. 2, 212, 322, 323.

§ 136. Durch die Vorschriften der §§ 133—135 wird die Gültigkeit einer Rechtshandlung des Verwalters dritten Personen gegenüber nicht berührt.

— Seite 12, 220.

§ 137. Wenn ein Gläubigerausschuß bestellt ist, und die Gläubigerversammlung nicht ein anderes beschließt, bedürfen Quittungen des Verwalters über den Empfang von Geldern, Wertpapieren oder Kostbarkeiten von der Hinterlegungsstelle und Anweisungen des Verwalters auf die Hinterlegungsstelle zu ihrer Gültigkeit der Mitzeichnung eines Mitgliedes des Gläubigerausschusses.

— Seite 6, 12, 221, 322 f.

Vierter Titel.

Schuldenmasse.

§ 138. Die Frist zur Anmeldung der Konkursforderungen beträgt zwei Wochen bis drei Monate. Der Zeitraum zwischen dem Ablaufe der Anmeldefrist und dem allgemeinen Prüfungstermin soll mindestens eine Woche und höchstens zwei Monate betragen.

— Seite 245.

§ 139. Die Anmeldung hat die Angabe des Betrages und des Grundes der Forderung sowie des beanspruchten Vorrechts zu enthalten. Sie kann bei dem Gerichte schriftlich eingereicht oder zum Protokolle des Gerichtsschreibers angebracht werden. Die urkundlichen Beweisstücke oder eine Abschrift derselben sind beizufügen.

— Seite 245.

§ 140. Die Anmeldungen sind in der Gerichtsschreiberei zur Einsicht der Beteiligten niederzulegen.

Der Gerichtsschreiber hat jede Forderung sofort nach der Anmeldung derselben in der Rangordnung des beanspruchten Vorrechts in eine Tabelle einzutragen, welche innerhalb des ersten Drittels des zwischen dem Ablaufe der Anmeldefrist und dem Prüfungstermine liegenden Zeitraums auf der Gerichtsschreiberei zur Einsicht der Beteiligten niederzulegen und abschriftlich dem Verwalter mitzuteilen ist.

— Seite 246.

§ 141. In dem Prüfungstermine werden die angemeldeten Forderungen ihrem Betrage und ihrem Vorrechte nach einzeln erörtert.

Der Gemeinschuldner hat sich über die Forderungen zu erklären.

— Seite 246 ff., 252, 315.

§ 142. In dem Prüfungstermine sind auch diejenigen Forderungen, welche nach dem Ablaufe der Anmeldefrist angemeldet sind, zu prüfen, wenn weder der Verwalter noch ein Konkursgläubiger hiergegen Widerspruch erhebt; anderenfalls ist auf Kosten des Säumigen ein besonderer Prüfungstermin zu bestimmen.

Auf nachträglich beanspruchte Vorrechte und sonstige Änderungen der Anmeldung findet die vorstehende Bestimmung entsprechende Anwendung.

Gläubiger, welche Forderungen nach dem Prüfungstermine anmelden, tragen die Kosten des besonderen Prüfungstermins.

— Seite 252.

§ 143. Die Prüfung einer angemeldeten Forderung findet statt, wenngleich der anmeldende Gläubiger im Prüfungstermin ausbleibt.

§ 144. Eine Forderung gilt als festgestellt, soweit gegen sie im Prüfungstermine ein Widerspruch weder von dem Verwalter noch von einem Konkursgläubiger erhoben wird, oder soweit ein erhobener Widerspruch beseitigt ist.

Ist die Forderung vom Gemeinschuldner im Prüfungstermin bestritten, so kann ein Rechtsstreit, welcher über dieselbe zur Zeit der Eröffnung des Konkursverfahrens anhängig war, gegen den Gemeinschuldner aufgenommen werden.

— Seite 253, 257, 315.

§ 145. Das Gericht hat nach der Erörterung einer jeden Forderung das Ergebnis in die Tabelle einzutragen. Auf Wechseln und sonstigen Schuldurkunden ist von dem Gerichtsschreiber die Feststellung zu vermerken.

Die Eintragung in die Tabelle gilt rücksichtlich der festgestellten Forderungen ihrem Betrage und ihrem Vorrechte nach wie ein rechtskräftiges Urteil gegenüber allen Konkursgläubigern.

— Seite 253 f.

§ 146. Den Gläubigern streitig gebliebener Forderungen bleibt überlassen, die Feststellung derselben gegen die Bestreitenden zu betreiben. Zu diesem Behufe hat das Gericht den Gläubigern einen Auszug aus der Tabelle in beglaubigter Form zu erteilen.

Auf die Feststellung ist im ordentlichen Verfahren Klage zu erheben. Für die Klage ist das Amtsgericht, bei welchem das Konkursverfahren anhängig ist, und, wenn der Streitgegenstand zur Zuständigkeit der Amtsgerichte nicht gehört, das Landgericht ausschließlich zuständig, zu dessen Bezirke der Bezirk des Konkursgerichts gehört.

War zur Zeit der Eröffnung des Konkursverfahrens ein Rechtsstreit über die Forderung anhängig, so ist die Feststellung derselben durch Aufnahme des Rechtsstreits zu verfolgen.

Die Feststellung kann nur auf den Grund gestützt und nur auf den Betrag gerichtet werden, welcher in der Anmeldung oder dem Prüfungstermine angegeben ist.

Die Bestimmungen des ersten, dritten und vierten Absatzes finden auf Forderungen, für deren Feststellung ein besonderes Gericht, eine Verwaltungsbehörde oder ein Verwaltungsgericht zuständig ist, entsprechende Anwendung.

Der Widerspruch gegen eine Forderung, für welche ein mit der Vollstreckungsklausel versehener Schuldtitel, ein Endurteil oder ein Vollstreckungsbefehl vorliegt, ist von dem Widersprechenden zu verfolgen.

Die obsiegende Partei hat die Berichtigung der Tabelle zu erwirken.

— Seite 138 Anm. 1, 254 ff., 261, 306.

§ 147. Soweit durch ein Urteil rechtskräftig eine Forderung festgestellt oder ein Widerspruch für begründet erklärt ist, wirkt dasselbe gegenüber allen Konkursgläubigern. War der Prozeß nur gegen einzelne Gläubiger geführt, so können diese den Ersatz ihrer Prozeßkosten aus der Konkursmasse insoweit verlangen, als der letzteren durch das Urteil ein Vorteil erwachsen ist.

— Seite 258, 259.

§ 148. Der Wert des Streitgegenstandes eines Prozesses über die Richtigkeit oder das Vorrecht einer Forderung ist mit Rücksicht auf das Verhältnis der Teilungs- zur Schuldenmasse von dem Prozeßgerichte nach freiem Ermessen festzusetzen.

— Seite 258.

Fünfter Titel.

Verteilung.

§ 149. Nach Abhaltung des allgemeinen Prüfungstermins soll, so oft hinreichende bare Masse vorhanden ist, eine Verteilung an die Konkursgläubiger erfolgen.

— Seite 259, 274, 275.

§ 150. Zur Vornahme einer Verteilung hat der Verwalter, wenn ein Gläubigerausschuß bestellt ist, dessen Genehmigung einzuholen.

— Seite 7, 260, 276.

§ 151. Vor der Vornahme einer Verteilung hat der Verwalter ein Verzeichnis der bei derselben zu berücksichtigenden Forderungen auf der Gerichtsschreiberei zur Einsicht der Beteiligten niederzulegen und die Summe der Forderungen sowie den zur Verteilung verfügbaren Massebestand öffentlich bekannt zu machen.

— Seite 261 ff., 266, 278 ff., 289.

§ 152. Konkursgläubiger, deren Forderungen nicht festgestellt sind und für deren Forderungen ein mit der Vollstreckungsklausel versehener Schuldtitel, ein Endurteil oder ein Vollstreckungsbefehl nicht vorliegt, haben bis zum Ablauf einer Ausschlußfrist von zwei Wochen nach der öffentlichen Bekanntmachung dem Verwalter den Nachweis zu führen, daß und für welchen Betrag die Feststellungsklage erhoben oder das Verfahren in dem früher anhängigen Prozesse aufgenommen ist. Wird der Nachweis nicht rechtzeitig geführt, so werden die Forderungen bei der vorzunehmenden Verteilung nicht berücksichtigt.

— Seite 138 Anm. 1, 257, 262, 267, 280, 306.

§ 153. Gläubiger, von welchen abgesonderte Befriedigung beansprucht wird, haben bis zum Ablaufe der Ausschlußfrist dem Verwalter den Nachweis ihres Verzichtes oder ihres Ausfalls nach Maßgabe des § 64 zu führen. Wird der Nachweis nicht rechtzeitig geführt, so werden die Forderungen bei der vorzunehmenden Verteilung nicht berücksichtigt.

Zur Berücksichtigung bei einer Abschlagsverteilung genügt es, wenn bis zum Ablaufe der Ausschlußfrist dem Verwalter der Nachweis, daß die Veräußerung des zur abgesonderten Befriedigung dienenden Gegenstandes betrieben ist, geführt und der Betrag des mutmaßlichen Ausfalls glaubhaft gemacht wird.

— Seite 235, 253 Anm. 6, 263, 267, 279, 280.

§ 154. Forderungen unter aufschiebender Bedingung werden bei einer Abschlagsverteilung zu dem Betrage berücksichtigt, welcher auf die unbedingte Forderung fallen würde.

Bei der Schlußverteilung ist die Berücksichtigung ausgeschlossen, wenn die Möglichkeit des Eintritts der Bedingung eine so entfernte ist, daß die bedingte Forderung einen gegenwärtigen Vermögenswert nicht hat.

— Seite 250, 262, 279.

§ 155. Gläubiger, welche bei einer Abschlagsverteilung nicht berücksichtigt worden sind, können nachträglich, sobald sie die Vorschriften der §§ 152, 153 erfüllt haben, die bisher festgesetzten Prozentsätze aus der Restmasse verlangen, soweit diese reicht und nicht infolge des Ablaufs einer Ausschlußfrist für eine neue Verteilung zu verwenden ist.

— Seite 274 f., 280.

§ 156. Die Anteile, mit welchen Gläubiger bei Abschlagszahlungen nach Maßgabe des § 153 Abs. 2 oder des § 154 Abs. 1 berücksichtigt worden sind, werden für die Schlußverteilung frei, wenn bei dieser die Voraussetzungen des § 153 Abs. 1 nicht erfüllt sind oder nach Maßgabe des § 154 Abs. 2 die Berücksichtigung der bedingten Forderung ausgeschlossen ist.

— Seite 235, 279.

§ 157. Binnen drei Tagen nach dem Ablaufe der Ausschlußfrist hat der Verwalter die auf Grund der vorstehenden Bestimmungen erforderlichen Änderungen des Verzeichnisses zu bewirken.

— Seite 268.

§ 158. Bei einer Abschlagsverteilung sind Einwendungen gegen das Verzeichnis bis zum Ablaufe einer Woche nach dem Ende der Ausschlußfrist bei dem Konkursgerichte zu erheben.

Das Gericht entscheidet über die Einwendungen. Die Entscheidung, durch welche eine Berichtigung des Verzeichnisses angeordnet wird, ist auf der Gerichtsschreiberei niederzulegen. Die Beschwerdefrist beginnt mit dem Tage, an welchem die Niederlegung der Entscheidung erfolgt ist.

— Seite 268.

§ 159. Für eine Abschlagsverteilung bestimmt der Verwalter und, wenn ein Gläubigerausschuß bestellt ist, dieser auf Antrag des Verwalters den zu zahlenden Prozentsatz.

Der Verwalter hat den Prozentsatz den berücksichtigten Gläubigern mitzuteilen.

— Seite 269, 282 f.

§ 160. Das Gericht kann auf Antrag des Gemeinschuldners, wenn derselbe einen Zwangsvergleich vorgeschlagen hat, die Aussetzung einer Abschlagsverteilung anordnen, sofern nicht schon die Ausschlußfrist abgelaufen ist.

— Seite 4, 11, 260, 293, 294.

§ 161. Die Schlußverteilung erfolgt, sobald die Verwertung der Masse beendigt ist.

Die Vornahme der Schlußverteilung unterliegt der Genehmigung des Gerichts.
— Seite 276.

§ 162. Zur Abnahme der Schlußrechnung, zur Erhebung von Einwendungen gegen das Schlußverzeichnis und zur Beschlußfassung der Gläubiger über die nicht verwertbaren Vermögensstücke bestimmt das Gericht einen Schlußtermin, welcher nicht unter drei Wochen und nicht über einen Monat hinaus anzuberaumen ist.

Die Bestimmungen des § 158 Abs. 2 finden auf die Schlußverteilung Anwendung.
— Seite 9, 255, 281, 323.

§ 163. Nach der Abhaltung des Schlußtermins beschließt das Gericht die Aufhebung des Konkursverfahrens. Eine Anfechtung des Beschlusses findet nicht statt.

Der Beschluß und der Grund der Aufhebung sind öffentlich bekannt zu machen. Die Vorschriften der §§ 111 Abs. 2, 112, 113 finden entsprechende Anwendung.
— Seite 286.

§ 164. Nach der Aufhebung des Konkursverfahrens können die nicht befriedigten Konkursgläubiger ihre Forderungen gegen den Schuldner unbeschränkt geltend machen.

Für die Gläubiger, deren Forderungen festgestellt und nicht von dem Gemeinschuldner im Prüfungstermine ausdrücklich bestritten worden sind, findet gegen den Schuldner aus der Eintragung in die Tabelle die Zwangsvollstreckung unter entsprechender Anwendung der §§ 724—793 ZPO. statt.

Für Klagen auf Erteilung der Vollstreckungsklausel sowie für Klagen, durch welche die die Forderung selbst betreffenden Einwendungen geltend gemacht werden oder der bei der Erteilung der Vollstreckungsklausel als bewiesen angenommene Eintritt der Tatsache, von welcher die Vollstreckung aus der Eintragung in die Tabelle abhängt, oder die als eingetreten angenommene Rechtsnachfolge bestritten wird, ist das im § 146 Abs. 2 dieses Gesetzes bezeichnete Gericht zuständig.
— Seite 253, 315.

§ 165. Hat der Schuldner den Prüfungstermin versäumt, so ist ihm auf Antrag die Wiedereinsetzung in den vorigen Stand zu erteilen. Die Vorschriften des § 232 Abs. 2 und der §§ 233—236 ZPO. finden entsprechende Anwendung. Der den Antrag auf Wiedereinsetzung enthaltende Schriftsatz ist dem Gläubiger zuzustellen, dessen Forderung nachträglich bestritten werden soll. Das Bestreiten in diesem Schriftsatze steht, wenn die Wiedereinsetzung erteilt wird, dem Bestreiten im Prüfungstermine gleich und ist in die Tabelle einzutragen.
— Seite 316.

§ 166. Wenn nach dem Vollzuge der Schlußverteilung Beträge, welche von der Masse zurückbehalten sind, für dieselbe frei werden, oder Beträge, welche aus der Masse gezahlt sind, zur Masse zurückfließen, so sind dieselben von dem Verwalter nach Anordnung des Konkursgerichts auf Grund des Schlußverzeichnisses zur nachträglichen Verteilung zu bringen. Die über die Verwaltung und Verteilung solcher Beträge abzulegende Rechnung unterliegt der Prüfung des Konkursgerichts.

Dasselbe gilt, wenn nach der Schlußverteilung oder der Aufhebung des Verfahrens zur Konkursmasse gehörige Vermögensstücke ermittelt werden.
— Seite 287 ff., 304.

§ 167. Der Vollzug einer jeden Verteilung erfolgt durch den Verwalter.
— Seite 270 ff., 282 ff., 286, 289.

§ 168. Die Anteile
1. auf Forderungen, welche infolge eines bei der Prüfung erhobenen Widerspruchs im Prozesse befangen sind,
2. auf Forderungen, welche von einer aufschiebenden Bedingung abhängen;
3. auf Forderungen, für welche eine abgesonderte Befriedigung beansprucht und der Vorschrift des § 153 Abs. 2 genügt ist,
4. auf Forderungen unter auflösender Bedingung, sofern der Gläubiger zu einer Sicherheitsleistung verpflichtet ist und die Sicherheit nicht leistet,

werden zurückbehalten.
— Seite 250, 271, 284, 306.

§ 169. Die Beträge, welche bei dem Vollzuge der Schlußverteilung zurückbehalten sind oder welche bis zu diesem Zeitpunkt nicht erhoben werden, hat der Verwalter nach Anordnung des Gerichts für Rechnung der Beteiligten zu hinterlegen.
— Seite 272, 274, 286.

§ 170. Zahlungen auf festgestellte bevorrechtigte Forderungen kann der Verwalter mit Ermächtigung des Gerichts unabhängig von den Verteilungen leisten.
— Seite 259.

§ 171. Beträge, welche zur Sicherstellung eines bedingt zur Aufrechnung befugten Gläubigers nach Maßgabe des § 54 Abs. 3 hinterlegt worden sind, fließen für die Schlußverteilung zur Konkursmasse zurück, wenn die Möglichkeit des Eintritts der Bedingung eine so entfernte ist, daß die bedingte Forderung einen gegenwärtigen Vermögenswert nicht hat.
— Seite 282.

§ 172. Masseansprüche, welche nicht bis zu der Festsetzung des Prozentsatzes oder der Beendigung des Schlußtermins oder der Bekanntmachung einer Nachtragsverteilung zur Kenntnis des Verwalters gelangt sind, können nicht auf den Massebestand geltend gemacht werden, welcher zur Auszahlung des festgesetzten Prozentsatzes erforderlich ist oder den Gegenstand der Schlußverteilung oder der Nachtragsverteilung bildet.
— Seite 76, 225, 269 Anm. 1, 274, 283, 289.

Sechster Titel.

Zwangsvergleich.

§ 173. Sobald der allgemeine Prüfungstermin abgehalten und solange nicht die Vornahme der Schlußverteilung genehmigt worden ist, kann auf den Vorschlag des Gemeinschuldners zwischen diesem und den nicht bevorrechtigten Konkursgläubigern ein Zwangsvergleich geschlossen werden.
— Seite 200, 290, 292.

§ 174. Der Vergleichsvorschlag muß angeben, in welcher Weise die Befriedigung der Gläubiger erfolgen sowie ob und in welcher Art eine Sicherstellung derselben bewirkt werden soll.
— Seite 291.

§ 175. Ein Zwangsvergleich ist unzulässig:
1. solange der Gemeinschuldner flüchtig ist oder die Ableistung des Offenbarungseides verweigert;
2. solange gegen den Gemeinschuldner wegen betrüglichen Bankerotts eine gerichtliche Untersuchung oder ein wiederaufgenommenes Verfahren anhängig ist;
3. wenn der Gemeinschuldner wegen betrüglichen Bankerotts rechtskräftig verurteilt worden ist.

— Seite 290, 293, 306.

§ 176. Auf Antrag des Verwalters und, wenn ein Gläubigerausschuß bestellt ist, des letzteren kann das Gericht den Vergleichsvorschlag zurückweisen, wenn bereits in dem Konkursverfahren ein Vergleichsvorschlag von den Gläubigern abgelehnt oder von dem Gerichte verworfen oder von dem Gemeinschuldner nach der öffentlichen Bekanntmachung des Vergleichstermins zurückgezogen worden ist.
— Seite 291, 293.

§ 177. Wird der Vergleichsvorschlag nicht zurückgewiesen, so hat der Gläubigerausschuß sich über die Annehmbarkeit des Vorschlags zu erklären.

Erklärt der Gläubigerausschuß den Vorschlag nicht für annehmbar, so ist ein Widerspruch des Gemeinschuldners gegen die Verwertung der Masse nicht zu berücksichtigen.
— Seite 11, 292, 319.

§ 178. Der Vorschlag und die Erklärung des Gläubigerausschusses sind auf der Gerichtsschreiberei zur Einsicht der Beteiligten niederzulegen.

§ 179. Der Vergleichstermin soll nicht über einen Monat hinaus anberaumt werden. Der Termin ist öffentlich bekannt zu machen. Zu demselben sind der Gemeinschuldner, der Verwalter, sowie unter Mitteilung des Vergleichsvorschlags und des Ergebnisses der Erklärung des Gläubigerausschusses die nicht bevorrechtigten Konkursgläubiger, welche Forderungen angemeldet haben, besonders zu laden.

In der Bekanntmachung ist zu bemerken, daß der Vergleichsvorschlag und die Erklärung des Gläubigerausschusses auf der Gerichtsschreiberei des Konkursgerichts zur Einsicht der Beteiligten niedergelegt seien.

— Seite 292, 323.

§ 180. Auf Antrag des Gemeinschuldners und, wenn ein Gläubigerausschuß bestellt ist, des letzteren, kann das Gericht den Vergleichstermin mit dem allgemeinen Prüfungstermin verbinden.

— Seite 292.

§ 181. Der Vergleich muß allen nicht bevorrechtigten Konkursgläubigern gleiche Rechte gewähren. Eine ungleiche Bestimmung der Rechte ist nur mit ausdrücklicher Einwilligung der zurückgesetzten Gläubiger zulässig. Jedes andere Abkommen des Gemeinschuldners oder anderer Personen mit einzelnen Gläubigern, durch welches diese bevorzugt werden sollen, ist nichtig.

— Seite 292, 296 Anm. 3.

§ 182. Zur Annahme des Vergleichs ist erforderlich, daß

1. die Mehrzahl der in dem Termine anwesenden stimmberechtigten Gläubiger dem Vergleiche ausdrücklich zustimmt, und
2. die Gesamtsumme der Forderungen der zustimmenden Gläubiger wenigstens drei Vierteile der Gesamtsumme aller zum Stimmen berechtigenden Forderungen beträgt.

Wird nur eine der Mehrheiten erreicht, so kann der Gemeinschuldner bis zum Schlusse des Termins die einmalige Wiederholung der Abstimmung in einem neuen Termine verlangen. Das Gericht hat denselben zu bestimmen und im Termine zu verkünden.

— Seite 295, 323, 325.

§ 183. Bei der Berechnung der nach § 182 Abs. 1 Nr. 1, 2 erforderlichen Mehrheiten bleibt der Ehegatte des Gemeinschuldners außer Betracht, wenn er dem Vergleiche zugestimmt hat.

Das gleiche gilt von demjenigen, welchem der Ehegatte des Gemeinschuldners während des Konkursverfahrens oder in dem letzten Jahre vor der Eröffnung des Verfahrens eine Forderung gegen den Gemeinschuldner abgetreten hat, soweit das Stimmrecht auf der abgetretenen Forderung beruht. Diese Vorschrift findet keine Anwendung, wenn der Ehegatte zu der Abtretung durch das Gesetz oder durch einen Vertrag verpflichtet war, welcher früher als ein Jahr vor der Eröffnung des Konkursverfahrens geschlossen wurde. — Seite 295, 325.

§ 184. Der angenommene Zwangsvergleich bedarf der Bestätigung des Konkursgerichts.

Das Gericht entscheidet, nachdem es die Gläubiger, den Verwalter und den Gläubigerausschuß in dem Vergleichstermine oder einem zu verkündenden Termine gehört hat.

— Seite 293 f., 295 f.

§ 185. Der Beschluß, durch welchen der Zwangsvergleich bestätigt oder verworfen wird, ist zu verkünden.

§ 186. Der Vergleich ist zu verwerfen:

1. wenn die für das Verfahren und den Abschluß des Vergleichs gegebenen Vorschriften nicht beobachtet sind, und das Fehlende nicht ergänzt werden kann;
2. wenn ein Fall der Unzulässigkeit eines Zwangsvergleichs nachträglich eingetreten ist.

— Seite 296.

§ 187. Der Vergleich ist zu verwerfen, wenn er den Gläubigern nicht mindestens den fünften Teil ihrer Forderungen gewährt und dieses Ergebnis auf ein unredliches Verhalten des Gemeinschuldners, insbesondere darauf zurückzuführen ist, daß der Gemeinschuldner durch ein solches Verhalten die Eröffnung des Konkursverfahrens verzögert hat. Der Vergleich kann verworfen werden, wenn das gleiche Ergebnis auf ein leichtsinniges Verhalten des Gemeinschuldners zurückzuführen ist.

— Seite 296.

§ 188. Der Vergleich ist auf Antrag eines nicht bevorrechtigten Konkursgläubigers, welcher stimmberechtigt war oder seine Forderung glaubhaft macht, zu verwerfen:

1. wenn der Vergleich durch Begünstigung eines Gläubigers oder sonst in unlauterer Weise zustande gebracht ist;
2. wenn der Vergleich dem gemeinsamen Interesse der nicht bevorrechtigten Konkursgläubiger widerspricht.

Der Antrag ist nur zugelassen, wenn die Tatsachen, auf welche derselbe gegründet wird, glaubhaft gemacht werden.

— Seite 296.

§ 189. Die sofortige Beschwerde gegen den Beschluß, durch welchen der Vergleich bestätigt oder verworfen ist, steht dem Gemeinschuldner und jedem nicht bevorrechtigten Konkursgläubiger zu, welcher stimmberechtigt war oder seine Forderung glaubhaft macht.

Die Frist zur Einlegung der Beschwerde beginnt mit der Verkündung des Beschlusses.

Eine Anfechtung der Entscheidung des Beschwerdegerichts findet nicht statt.

— Seite 296.

§ 190. Sobald der Vergleich rechtskräftig bestätigt ist, beschließt das Gericht die Aufhebung des Konkursverfahrens. Eine Anfechtung des Beschlusses findet nicht statt.

Der Beschluß und der Grund der Aufhebung sind öffentlich bekannt zu machen.

Die Vorschriften der §§ 111 Abs. 2, 112, 113 finden entsprechende Anwendung.

— Seite 298 f.

§ 191. Der Verwalter hat aus der Konkursmasse die Masseansprüche zu berichtigen. Die bestrittenen Masseansprüche sind sicherzustellen.

Die bevorrechtigten Konkursforderungen sind, insoweit sie festgestellt sind, zu berichtigen, insoweit sie glaubhaft gemacht sind, sicherzustellen.

— Seite 225 f., 228, 297.

§ 192. Soweit der Zwangsvergleich nicht ein anderes bestimmt, erhält der Gemeinschuldner das Recht zurück, über die Konkursmasse frei zu verfügen.

— Seite 299.

§ 193. Der rechtskräftig bestätigte Zwangsvergleich ist wirksam für und gegen alle nicht bevorrechtigten Konkursgläubiger, auch wenn dieselben an dem Konkursverfahren oder an der Beschlußfassung über den Vergleich nicht Teil genommen oder gegen den Vergleich gestimmt haben. Die Rechte der Gläubiger gegen Mitschuldner und Bürgen des Gemeinschuldners, sowie die Rechte aus einem für die Forderung bestehenden Pfandrecht, aus einer für sie bestehenden Hypothek, Grundschuld oder Rentenschuld oder aus einer zu ihrer Sicherung eingetragenen Vormerkung werden durch den Zwangsvergleich nicht berührt.

— Seite 300.

§ 194. Aus dem rechtskräftig bestätigten Zwangsvergleiche findet für die Konkursgläubiger, deren Forderungen festgestellt und nicht von dem Gemeinschuldner in dem Prüfungstermine ausdrücklich bestritten worden sind, gegen den Gemeinschuldner und diejenigen, welche in dem Vergleiche für dessen Erfüllung neben dem Gemeinschuldner ohne Vorbehalt der Einrede der Vorausklage Verpflichtungen übernommen haben, die Zwangsvollstreckung unter entsprechender Anwendung der §§ 724—793 ZPO. und des § 164 Abs. 3 dieses Gesetzes statt.

— Seite 300.

§ 195. Eine Klage auf Aufhebung des Zwangsvergleichs aus dem Grunde der Nichterfüllung desselben findet nicht statt.

— Seite 300.

§ 196. Wenn der Zwangsvergleich durch Betrug zustande gebracht ist, so kann jeder Gläubiger den vergleichsmäßigen Erlaß seiner Forderung anfechten, unbeschadet der ihm durch den Vergleich gewährten Rechte.

Die Anfechtung ist nur zulässig, wenn der Gläubiger ohne Verschulden außerstande war, den Anfechtungsgrund in dem Bestätigungsverfahren geltend zu machen.

— Seite 301.

§ 197. Die rechtskräftige Verurteilung des Gemeinschuldners wegen betrüglichen Bankerotts hebt für alle Gläubiger den durch den Zwangsvergleich begründeten Erlaß auf, unbeschadet der ihnen durch den Vergleich gewährten Rechte.

Auf Antrag eines Gläubigers kann das Konkursgericht Sicherheitsmaßregeln gegen den Gemeinschuldner schon vor der rechtskräftigen Verurteilung desselben anordnen.

— Seite 301.

§ 198. Im Falle der rechtskräftigen Verurteilung wird, wenn genügende Masse vorhanden ist, oder ein zur Deckung der im § 58 Nr. 1 ,2 bezeichneten Massekosten ausreichender Geldbetrag vorgeschossen wird, das Konkursverfahren auf Antrag eines Konkursgläubigers wieder aufgenommen.

Die Wiederaufnahme erfolgt durch Beschluß des Gerichts. Auf den Zeitpunkt der Wiederaufnahme und die Bekanntmachung derselben finden die Vorschriften der §§ 108, 111, 112, 113 entsprechende Anwendung.

— Seite 301, 304, 305.

§ 199. Für die Anfechtung von Rechtshandlungen, welche in der Zeit von der Aufhebung bis zur Wiederaufnahme des Konkursverfahrens vorgenommen sind sowie für die in diesem Zeitraum entstandenen Aufrechnungsbefugnisse gilt, wenn nicht inzwischen eine Zahlungseinstellung erfolgt ist, als Tag der Zahlungseinstellung der Tag des ersten die Verurteilung des Gemeinschuldners aussprechenden Urteils.

— Seite 305.

§ 200. An dem aufgenommenen Verfahren nehmen die Gläubiger, für und gegen welche der Vergleich wirksam war, mit dem noch nicht getilgten Betrage ihrer ursprünglichen Forderungen Teil.

Die neuen Gläubiger des Gemeinschuldners sind zur Teilnahme an dem Verfahren berechtigt. Dieselben haben keinen Anspruch auf Befriedigung aus einer für die Erfüllung des Zwangsvergleichs bestellten Sicherheit.

— Seite 305, 306.

§ 201. Das Verfahren ist soweit als nötig zu wiederholen.

Früher geprüfte Forderungen werden nur hinsichtlich einer inzwischen eingetretenen Tilgung von neuem geprüft.

— Seite 304, 306.

Siebenter Titel.

Einstellung des Verfahrens.

§ 202. Das Konkursverfahren ist auf Antrag des Gemeinschuldners einzustellen wenn er nach dem Ablaufe der Anmeldefrist die Zustimmung aller Konkursgläubiger, welche Forderungen angemeldet haben, beibringt. Inwieweit es der Zustimmung oder der Sicherstellung von Gläubigern bedarf, deren Forderungen angemeldet, aber nicht festgestellt sind, entscheidet das Konkursgericht nach freiem Ermessen.

Das Verfahren kann auf Antrag des Gemeinschuldners vor dem Ablaufe der Anmeldefrist eingestellt werden, wenn außer den Gläubigern, deren Zustimmung der Gemeinschuldner beibringt, andere Gläubiger nicht bekannt sind.

— Seite 302.

§ 203. Der Antrag ist öffentlich bekannt zu machen und mit den zustimmenden Erklärungen auf der Gerichtsschreiberei zur Einsicht der Konkursgläubiger niederzulegen. Die Konkursgläubiger können binnen einer mit der öffentlichen Bekanntmachung beginnenden Frist von einer Woche Widerspruch gegen den Antrag erheben. Im Falle des § 202 Abs. 1 steht der Widerspruch jedem Gläubiger zu, welcher bis zum Ablaufe der Frist eine Forderung angemeldet hat.

Das Gericht beschließt über die Einstellung nach Anhörung des Gemeinschuldners und des Verwalters. Im Falle eines Widerspruchs ist auch der widersprechende Gläubiger zu hören.

— Seite 302, 303.

§ 204. Das Gericht kann das Konkursverfahren einstellen, sobald sich ergibt, daß eine den Kosten des Verfahrens entsprechende Konkursmasse nicht vorhanden ist. Die Einstellung unterbleibt, wenn ein zur Deckung der im § 58 Nr. 1, 2 bezeichneten Massekosten ausreichender Geldbetrag vorgeschossen wird.

Vor der Einstellung soll die Gläubigerversammlung gehört werden.
— Seite 228.

§ 205. Der Einstellungsbeschluß und der Grund der Einstellung sind öffentlich bekanntzumachen.

Die Vorschriften der §§ 111 Abs. 2, 112, 113, 191 finden entsprechende Anwendung.
— Seite 225, 226, 229, 303.

§ 206. Der Gemeinschuldner erhält das Recht zurück, über die Konkursmasse frei zu verfügen.

Die Vorschriften des § 164 finden entsprechende Anwendung.
— Seite 229, 303.

Achter Titel.

Besondere Bestimmungen.

§ 207. I. Über das Vermögen einer Aktiengesellschaft findet das Konkursverfahren außer dem Falle der Zahlungsunfähigkeit in dem Falle der Überschuldung statt.

Nach Auflösung einer Aktiengesellschaft ist die Eröffnung des Verfahrens solange zulässig, als die Verteilung des Vermögens nicht vollzogen ist.
— Seite 307.

§ 208. Zu dem Antrage auf Eröffnung des Verfahrens ist außer den Konkursgläubigern jedes Mitglied des Vorstandes und jeder Liquidator berechtigt.

Wird der Antrag nicht von allen Mitgliedern des Vorstandes oder allen Liquidatoren gestellt, so ist derselbe zuzulassen, wenn die Zahlungsunfähigkeit oder Überschuldung glaubhaft gemacht wird. Das Gericht hat die übrigen Mitglieder oder Liquidatoren nach Maßgabe des § 105 Abs. 2, 3 zu hören.
— Seite 308, 309.

§ 209. Im Falle der Zahlungsunfähigkeit einer offenen Handelsgesellschaft, einer Kommanditgesellschaft oder einer Kommanditgesellschaft auf Aktien findet über das Gesellschaftsvermögen ein selbständiges Konkursverfahren statt. Über das Vermögen einer Kommanditgesellschaft auf Aktien findet das Konkursverfahren auch im Falle der Überschuldung statt.

Die Vorschrift des § 207 Abs. 2 findet entsprechende Anwendung.
— Seite 307.

§ 210. Zu dem Antrage auf Eröffnung des Verfahrens ist außer den Konkursgläubigern jeder persönlich haftende Gesellschafter und jeder Liquidator berechtigt.

Wird der Antrag nicht von allen persönlich haftenden Gesellschaftern oder allen Liquidatoren gestellt, so ist derselbe zuzulassen, wenn bei der offenen Handelsgesellschaft oder der Kommanditgesellschaft die Zahlungsunfähigkeit, bei der Kommanditgesellschaft auf Aktien die Zahlungsunfähigkeit oder die Überschuldung glaubhaft gemacht wird. Das Gericht hat die übrigen persönlich haftenden Gesellschafter oder Liquidatoren nach Maßgabe des § 105 Abs. 2, 3 zu hören.
— Seite 308, 309.

§ 211. Ein Zwangsvergleich kann nur auf Vorschlag aller persönlich haftenden Gesellschafter geschlossen werden.

Der Zwangsvergleich begrenzt, soweit er nicht ein anderes festsetzt, zugleich den Umfang der persönlichen Haftung der Gesellschafter.
— Seite 290, 300.

§ 212. In dem Konkursverfahren über das Privatvermögen eines persönlich haftenden Gesellschafters können die Gesellschaftsgläubiger, wenn das Konkursverfahren über das Gesellschaftsvermögen eröffnet ist, Befriedigung nur wegen desjenigen Betrags suchen, für welchen sie in dem letzten Verfahren keine Befriedigung erhalten.

Bei den Verteilungen sind die Anteile auf den vollen Betrag der Gesellschaftsforderungen zurückzubehalten, bis der Ausfall bei dem Gesellschaftsvermögen feststeht.

Im übrigen finden auf die bezeichneten Forderungen die Vorschriften der §§ 64, 96 entsprechende Anwendung.
— Seite 214, 234, 263, 272, 285, 288, 326.

§ 213. Auf das Konkursverfahren über das Vermögen einer juristischen Person, sowie eines Vereins, der als solcher verklagt werden kann, finden die Vorschriften der §§ 207, 208 entsprechende Anwendung.

— Seite 307, 308.

§ 214. II. Für das Konkursverfahren über einen Nachlaß ist das Amtsgericht ausschließlich zuständig, bei welchem der Erblasser zur Zeit seines Todes den allgemeinen Gerichtsstand gehabt hat.

§ 215. Die Eröffnung des Verfahrens setzt die Überschuldung des Nachlasses voraus. — Seite 308.

§ 216. Die Eröffnung des Verfahrens wird nicht dadurch gehindert, daß der Erbe die Erbschaft noch nicht angenommen hat, ohne daß er für die Nachlaßverbindlichkeiten unbeschränkt haftet.

Bei dem Vorhandensein mehrerer Erben ist die Eröffnung des Verfahrens auch nach der Teilung des Nachlasses zulässig.

§ 217. Zu dem Antrage auf Eröffnung des Verfahrens ist jeder Erbe, der Nachlaßverwalter, sowie ein anderer Nachlaßpfleger, ein Testamentsvollstrecker, dem die Verwaltung des Nachlasses zusteht, und jeder Nachlaßgläubiger berechtigt.

Wird der Antrag nicht von allen Erben gestellt, so ist er zuzulassen, wenn die Überschuldung glaubhaft gemacht wird. Das Gericht hat die übrigen Erben soweit tunlich zu hören.

Steht die Verwaltung des Nachlasses einem Testamentsvollstrecker zu, so ist, wenn der Erbe die Eröffnung des Verfahrens beantragt, der Testamentsvollstrecker, wenn der Testamentsvollstrecker den Antrag stellt, der Erbe zu hören.

— Seite 104, 209, 309.

§ 218. Ist eine Ehefrau die Erbin und gehört der Nachlaß zum eingebrachten Gute oder zum Gesamtgute, so kann sowohl die Ehefrau als der Ehemann die Eröffnung des Verfahrens beantragen, ohne daß die Zustimmung des anderen Teiles erforderlich ist. Das gleiche gilt, wenn der Nachlaß zum Gesamtgute gehört, auch nach Beendigung der Gemeinschaft.

Wird der Antrag nicht von beiden Ehegatten gestellt, so ist er zuzulassen, wenn die Überschuldung glaubhaft gemacht wird. Das Gericht hat den anderen Ehegatten, wenn tunlich, zu hören.

§ 219. Ein Nachlaßgläubiger, der im Aufgebotsverfahren ausgeschlossen ist oder nach § 1974 BGB. einem ausgeschlossenen Gläubiger gleichsteht, kann die Eröffnung des Verfahrens nur beantragen, wenn über das Vermögen des Erben das Konkursverfahren eröffnet ist. Das gleiche gilt von einem Vermächtnisnehmer, sowie von demjenigen, welcher berechtigt ist, die Vollziehung einer Auflage zu fordern.

Ist eine Ehefrau die Erbin und gehört der Nachlaß zum Gesamtgute, so können die im Abs. 1 bezeichneten Gläubiger den Antrag nur stellen, wenn über das Vermögen des Ehemanns das Konkursverfahren eröffnet ist.

§ 220. Die Eröffnung des Verfahrens kann von einem Nachlaßgläubiger nicht mehr beantragt werden, wenn seit der Annahme der Erbschaft zwei Jahre verstrichen sind.

— Seite 104.

§ 221. Auf Grund einer nach dem Eintritte des Erbfalls gegen den Nachlaß erfolgten Maßregel der Zwangsvollstreckung oder der Arrestvollziehung kann abgesonderte Befriedigung nicht verlangt werden.

Eine nach dem Eintritte des Erbfalls im Wege der einstweiligen Verfügung erlangte Vormerkung ist unwirksam.

— Seite 149.

§ 222. Hat der Erbe vor der Eröffnung des Verfahrens aus dem Nachlasse Pflichtteilsansprüche, Vermächtnisse oder Auflagen erfüllt, so ist die Leistung in gleicher Weise anfechtbar wie eine unentgeltliche Verfügung des Erben.

— Seite 173.

§ 223. Dem Erben steht wegen der ihm nach den §§ 1978, 1979 BGB. aus dem Nachlasse zu ersetzenden Aufwendungen ein Zurückbehaltungsrecht nicht zu.

— Seite 51 f., 237.

§ 224. Masseschulden sind außer den im § 59 bezeichneten Verbindlichkeiten:

1. die dem Erben nach den §§ 1978, 1979 BGB. aus dem Nachlasse zu ersetzenden Aufwendungen;
2. die Kosten der standesmäßigen Beerdigung des Erblassers;
3. die im Falle der Todeserklärung des Erblassers dem Nachlasse zur Last fallenden Kosten des Verfahrens;
4. die Kosten der Eröffnung einer Verfügung des Erblassers von Todes wegen, der gerichtlichen Sicherung des Nachlasses, einer Nachlaßpflegschaft, des Aufgebots der Nachlaßgläubiger und der Inventarerrichtung;
5. die Verbindlichkeiten aus den von einem Nachlaßpfleger oder einem Testamentsvollstrecker vorgenommenen Rechtsgeschäften;
6. die Verbindlichkeiten, welche für den Erben gegenüber einem Nachlaßpfleger, einem Testamentsvollstrecker oder einem Erben, der die Erbschaft ausgeschlagen hat, aus der Geschäftsführung dieser Personen entstanden sind, soweit die Nachlaßgläubiger verpflichtet sein würden, wenn die bezeichneten Personen die Geschäfte für sie zu besorgen gehabt hätten.

— Seite 223, 225, 237.

§ 225. Der Erbe kann die ihm gegen den Erblasser zustehenden Ansprüche geltend machen.

Hat der Erbe eine Nachlaßverbindlichkeit berichtigt, so tritt er, soweit nicht die Berichtigung nach § 1979 BGB. als für Rechnung des Nachlasses erfolgt gilt, an die Stelle des Gläubigers, es sei denn, daß er für die Nachlaßverbindlichkeiten unbeschränkt haftet.

Haftet der Erbe einem einzelnen Gläubiger gegenüber unbeschränkt, so kann er dessen Forderung für den Fall geltend machen, daß der Gläubiger sie nicht geltend macht.

— Seite 236, 237.

§ 226. In dem Verfahren kann jede Nachlaßverbindlichkeit geltend gemacht werden.

Nachstehende Verbindlichkeiten werden erst nach allen übrigen Verbindlichkeiten und in folgender Rangordnung, bei gleichem Range nach Verhältnis ihrer Beträge berichtigt:

1. die seit der Eröffnung des Verfahrens laufenden Zinsen der im § 61 bezeichneten Forderungen;
2. die gegen den Erblasser erkannten Geldstrafen;
3. die Verbindlichkeiten aus einer Freigebigkeit des Erblassers unter Lebenden;
4. die Verbindlichkeiten gegenüber Pflichtteilsberechtigten;
5. die Verbindlichkeiten aus den vom Erblasser angeordneten Vermächtnissen und Auflagen.

Ein Vermächtnis, durch welches das Recht des Bedachten auf den Pflichtteil nach § 2307 BGB. ausgeschlossen wird, steht, soweit es den Pflichtteil nicht übersteigt, im Range den Pflichtteilsrechten gleich. Hat der Erblasser durch Verfügung von Todes wegen angeordnet, daß ein Vermächtnis oder eine Auflage vor einem anderen Vermächtnis oder einer anderen Auflage erfüllt werden soll, so hat das Vermächtnis oder die Auflage den Vorrang.

Die Verbindlichkeiten in Ansehung deren der Gläubiger im Wege des Aufgebotsverfahrens ausgeschlossen ist oder nach § 1974 BGB. einem ausgeschlossenen Gläubiger gleichsteht, werden erst nach den im Abs. 2 Nr. 1—3 bezeichneten Verbindlichkeiten und, soweit sie zu den in Abs. 2 Nr. 4, 5 bezeichneten Verbindlichkeiten gehören, erst nach den Verbindlichkeiten berichtigt, mit denen sie ohne die Beschränkung gleichen Rang haben würden. Im übrigen wird durch die Beschränkung an der Rangordnung nichts geändert.

— Seite 63 Anm. 4, 104, 231 Anm. 4, 231, 238, 243, 280.

§ 227. Mit den im § 226 Abs. 2 Nr. 2—5, Abs. 4 bezeichneten Forderungen werden die bis zur Eröffnung des Verfahrens aufgelaufenen und die seit der Eröffnung laufenden Zinsen an derselben Stelle angesetzt.

— Seite 243 Anm. 5.

§ 228. Was infolge der Anfechtung einer von dem Erblasser oder ihm gegenüber vorgenommenen Rechtshandlung zur Konkursmasse zurückgewährt wird, darf nicht zur Berichtigung der im § 226 Abs. 2 Nr. 4, 5 bezeichneten Verbindlichkeiten verwendet werden.

Auf dasjenige, was der Erbe auf Grund der Vorschriften der §§ 1978 bis 1980 BGB. zu der Masse zu ersetzen hat, haben die Gläubiger, die im Wege des Aufgebotsverfahrens ausgeschlossen sind oder nach § 1974 BGB. einem ausgeschlossenen Gläubiger gleichstehen, nur insoweit Anspruch, als der Erbe auch nach den Vorschriften über die Herausgabe einer ungerechtfertigten Bereicherung ersatzpflichtig sein würde.

— Seite 196, 243 Anm. 5, 283.

§ 229. Die in dem Aufgebotsverfahren zum Zwecke der Ausschließung von Nachlaßgläubigern angemeldeten und nicht ausgeschlossenen Forderungen gelten als auch im Nachlaßkonkurs angemeldet, sofern das Aufgebot von dem Gerichte, bei welchem der Konkurs anhängig wird, erlassen und das Verfahren nicht vor der Eröffnung des Konkursverfahrens ohne Erlassung des Ausschlußurteils erledigt ist.

— Seite 245, 246 Anm. 2.

§ 230. Ein Zwangsvergleich kann nur auf den Vorschlag aller Erben geschlossen werden.

Die Gläubiger, welchen die im § 226 Abs. 2 Nr. 2—5, Abs. 4 bezeichneten Forderungen zustehen, nehmen an dem Zwangsvergleiche nicht teil, sie sind jedoch vor der Bestätigung zu hören. Macht einer von ihnen glaubhaft, daß der Zwangsvergleich sein berechtigtes Interesse verletzt, so ist auf seinen Antrag der Zwangsvergleich zu verwerfen; gegen die Bestätigung steht ihm die sofortige Beschwerde nach § 189 zu.

— Seite 290, 296.

§ 231. Die Vorschriften des § 223, des § 224 Nr. 1 und des § 225 Abs. 2, 3 gelten für den Vorerben auch nach dem Eintritte der Nacherbfolge.

— Seite 237.

§ 232. Hat der Erbe die Erbschaft verkauft, so tritt der Käufer in Ansehung des Verfahrens an seine Stelle.

Der Erbe ist wegen einer Nachlaßverbindlichkeit, die im Verhältnisse zwischen ihm und dem Käufer diesem zur Last fällt, in derselben Weise wie ein Nachlaßgläubiger zu dem Antrag auf Eröffnung des Verfahrens berechtigt. Das gleiche Recht steht ihm auch wegen einer anderen Nachlaßverbindlichkeit zu, es sei denn, daß er unbeschränkt haftet oder daß eine Nachlaßverwaltung angeordnet ist. Die Vorschriften des § 223, des § 224 Nr. 1 und des § 225 gelten für den Erben auch nach dem Verkaufe der Erbschaft.

— Seite 237.

§ 233. Die Vorschriften des § 232 finden entsprechende Anwendung, wenn jemand eine durch Vertrag erworbene Erbschaft verkauft oder sich zur Veräußerung einer ihm angefallenen oder anderweit von ihm erworbenen Erbschaft in sonstiger Weise verpflichtet hat.

— Seite 237.

§ 234. In dem Konkursverfahren über das Vermögen des Erben finden, wenn auch über den Nachlaß das Konkursverfahren eröffnet, oder wenn eine Nachlaßverwaltung angeordnet ist, auf Nachlaßgläubiger, denen gegenüber der Erbe unbeschränkt haftet, die Vorschriften der §§ 64, 96, 153, 155, 156, des § 168 Nr. 3 und des § 169 entsprechende Anwendung.

Das gleiche gilt, wenn eine Ehefrau die Erbin ist und der Nachlaß zum Gesamtgute gehört, auch in dem Konkursverfahren über das Vermögen des Ehemanns.

— Seite 104, 236, 249, 263 Anm. 2, 271 Anm. 1.

§ 235. Über einen Erbteil findet ein Konkursverfahren nicht statt.

§ 236. Die Vorschriften der §§ 214—234 finden im Falle der fortgesetzten Gütergemeinschaft auf das Konkursverfahren über das Gesamtgut entsprechende Anwendung. Konkursgläubiger sind nur die Gesamtgutsgläubiger, deren Forderungen schon zur Zeit des Eintritts der fortgesetzten Gütergemeinschaft bestanden. Zu dem Antrag auf Eröffnung des Verfahrens ist ein Gläubiger nicht berechtigt, dem gegenüber der überlebende Ehegatte zu dieser Zeit persönlich haftete. Die anteilsberechtigten Abkömmlinge sind zu dem Antrage nicht berechtigt; das Gericht hat sie, soweit tunlich, zu hören.

— Seite 232, 308.

§ 237. III. Besitzt ein Schuldner, über dessen Vermögen im Auslande ein Konkursverfahren eröffnet worden ist, Vermögensgegenstände im Inlande, so ist die Zwangsvollstreckung in das inländische Vermögen zulässig.

Ausnahmen von dieser Bestimmung können unter Zustimmung des Bundesrats durch Anordnung des Reichskanzlers getroffen werden.

§ 238. Das Konkursverfahren umfaßt nur das im Inlande befindliche Vermögen, wenn der Schuldner im Deutschen Reiche eine gewerbliche Niederlassung, aber keinen allgemeinen Gerichtsstand hat.

Hat der Schuldner im Deutschen Reiche weder eine gewerbliche Niederlassung noch einen allgemeinen Gerichtsstand, so findet ein Konkursverfahren über das im Auslande befindliche Vermögen des Schuldners statt, wenn er im Inlande ein mit Wohn- und Wirtschaftsgebäuden versehenes Gut als Eigentümer, Nutznießer oder Pächter bewirtschaftet. Für das Verfahren ist das Amtsgericht ausschließlich zuständig, in dessen Bezirke das Gut sich befindet.

Ist im Inlande ein Konkursverfahren eröffnet, so bedarf es nicht des Nachweises der Zahlungsunfähigkeit zur Eröffnung des inländischen Verfahrens.

— Seite 49.

Drittes Buch.

Strafbestimmungen.

§ 239. Schuldner, welche ihre Zahlungen eingestellt haben, oder über deren Vermögen das Konkursverfahren eröffnet worden ist, werden wegen betrüglichen Bankerotts mit Zuchthaus bestraft, wenn sie in der Absicht, ihre Gläubiger zu benachteiligen,

1. Vermögensstücke verheimlicht oder beiseite geschafft haben;
2. Schulden oder Rechtsgeschäfte anerkannt oder aufgestellt haben, welche ganz oder teilweise erdichtet sind;
3. Handelsbücher zu führen unterlassen haben, deren Führung ihnen gesetzlich oblag, oder
4. ihre Handelsbücher vernichtet oder verheimlicht oder so geführt oder verändert haben, daß dieselben keine Übersicht des Vermögenszustandes gewähren.

Sind mildernde Umstände vorhanden, so tritt Gefängnisstrafe nicht unter drei Monaten ein.

§ 240. Schuldner, welche ihre Zahlungen eingestellt haben, oder über deren Vermögen das Konkursverfahren eröffnet worden ist, werden wegen einfachen Bankerotts mit Gefängnis bestraft, wenn sie

1. durch Aufwand, Spiel oder Wette oder durch Differenzhandel mit Waren oder Börsenpapieren übermäßige Summen verbraucht haben oder schuldig geworden sind;
2. in der Absicht, die Eröffnung des Konkursverfahrens hinauszuschieben, Waren oder Wertpapiere auf Kredit entnommen und diese Gegenstände erheblich unter dem Werte in einer den Anforderungen einer ordnungsmäßigen Wirtschaft widersprechenden Weise veräußert oder sonst weggegeben haben;
3. Handelsbücher zu führen unterlassen haben, deren Führung ihnen gesetzlich oblag, oder dieselben verheimlicht, vernichtet oder so unordentlich geführt haben, daß sie keine Übersicht ihres Vermögenszustandes gewähren, oder
4. es gegen die Bestimmungen des Handelsgesetzbuches unterlassen haben, die Bilanz ihres Vermögens in der vorgeschriebenen Zeit zu ziehen.

Neben der Gefängnisstrafe kann in den Fällen der Nr. 1, 2 auf Verlust der bürgerlichen Ehrenrechte erkannt werden.

Sind mildernde Umstände vorhanden, so kann auf Geldstrafe bis zu 6000 M. erkannt werden.

§ 241. Schuldner, welche ihre Zahlungen eingestellt haben, oder über deren Vermögen das Konkursverfahren eröffnet worden ist, werden mit Gefängnis bis zu zwei Jahren bestraft, wenn sie, obwohl sie ihre Zahlungsunfähigkeit kannten, einem Gläubiger in der Absicht, ihn vor den übrigen Gläubigern zu begünstigen, eine Sicherung oder Befriedigung gewährt haben, welche derselbe nicht oder nicht in der Art oder nicht zu der Zeit zu beanspruchen hatte.

Sind mildernde Umstände vorhanden, so kann auf Geldstrafe bis zu 6000 M. erkannt werden.

§ 242. Mit Zuchthaus bis zu zehn Jahren wird bestraft, wer

1. im Interesse eines Schuldners, welcher seine Zahlungen eingestellt hat, oder über dessen Vermögen das Konkursverfahren eröffnet worden ist, Vermögensstücke desselben verheimlicht oder beiseite geschafft hat, oder
2. im Interesse eines solchen Schuldners, oder, um sich oder einem anderen Vermögensvorteil zu verschaffen, in dem Verfahren erdichtete Forderungen im eigenen Namen oder durch vorgeschobene Personen geltend gemacht hat.

Sind mildernde Umstände vorhanden, so tritt Gefängnisstrafe oder Geldstrafe bis zu 6000 M. ein.

§ 243. Ein Gläubiger, welcher sich von dem Gemeinschuldner oder anderen Personen besondere Vorteile dafür hat gewähren oder versprechen lassen, daß er bei den Abstimmungen der Konkursgläubiger in einem gewissen Sinne stimme, wird mit Geldstrafe bis zu 3000 M. oder mit Gefängnis bis zu einem Jahre bestraft.

§ 244. Die Strafvorschriften der §§ 239—241 finden gegen die Mitglieder des Vorstandes einer Aktiengesellschaft oder eingetragenen Genossenschaft und gegen die Liquidatoren einer Handelsgesellschaft oder eingetragenen Genossenschaft, welche ihre Zahlungen eingestellt hat oder über deren Vermögen das Konkursverfahren eröffnet worden ist, Anwendung, wenn sie in dieser Eigenschaft die mit Strafe bedrohten Handlungen begangen haben.

II.

Einführungsgesetz

zur Konkursordnung.

Vom 10. Februar 1877.

In der Fassung nach dem Gesetze vom 17. Mai 1898, betr. Änderungen der Konkursordnung, und dem dazu gehörigen Einführungsgesetze.

Wir **Wilhelm,** von Gottes Gnaden Deutscher Kaiser, König von Preußen usw. verordnen im Namen des Reichs nach erfolgter Zustimmung des Bundesrats und des Reichstags, was folgt:

§ 1. Die Konkursordnung tritt im ganzen Umfange des Reichs gleichzeitig mit dem Gerichtsverfassungsgesetze in Kraft.

§ 2. Gesetz im Sinne der Konkursordnung und dieses Gesetzes ist jede Rechtsnorm.

§ 3. Die den Konkurs betreffenden Vorschriften der Reichsgesetze werden durch die Konkursordnung nicht berührt.

Aufgehoben werden:

1. die Vorschriften des § 51 des Gesetzes, betr. die privatrechtliche Stellung der Erwerbs- und Wirtschaftsgenossenschaften, vom 4. Juli 1868, sowie die im § 48 desselben Gesetzes bestimmte Zuständigkeit des Handelsgerichts;
2. die Vorschriften der §§ 13—18 des Gesetzes, betr. die Gewährung der Rechtshilfe, vom 21. Juni 1869;
3. die Vorschriften der §§ 281—283 des Strafgesetzbuchs.

(Der Artikel 80 der Wechselordnung wird dahin abgeändert, daß die Verjährung auch nach Maßgabe des § 13 der Konkursordnung unterbrochen wird.)

Art. 80 WO. ist durch Art. 8 Ziff. 2 des Einf.-Ges. zum Handelsgesetzbuch vom 10. Mai 1897 aufgehoben.

§ 4. Aufgehoben werden die Vorschriften der Landesgesetze über Konkurs-, Falliments-, Gant-, Debit-Verfahren, über gerichtliche, zur Abwendung oder Einleitung eines solchen Verfahrens dienende Stundungs- und Nachlaßverhandlungen, konkursmäßige Einleitungen, Vermögensuntersuchungen, über die Rechtswohltat der Güterabtretung und die landesherrliche oder gerichtliche Bewilligung einer allgemeinen Zahlungsstundung, sowie über das Konkursrecht, insoweit nicht in der Konkursordnung auf dieselben verwiesen oder bestimmt ist, daß sie nicht berührt werden.

Aufgehoben werden die Strafvorschriften, welche rücksichtlich des Konkurses in den Landesgesetzen enthalten sind.

§ 5. Unberührt bleiben die landesgesetzlichen Vorschriften, welche die Lehen, Stammgüter oder Familienfideikommisse betreffen.

§ 6. Die Bestimmungen der §§ 207, 208, 244 der Konkursordnung finden auf registrierte Gesellschaften, welche auf Grund des bayrischen Gesetzes vom 29. April 1869, betreffend die privatrechtliche Stellung der Erwerbs- und Wirtschaftsgesellschaften, bestehen, entsprechende Anwendung.

Die Gesellschaft wird in dem Konkursverfahren durch den Vorstand oder die Liquidatoren vertreten. Ein Zwangsvergleich findet nicht statt.

§ 7. In Ansehung der Landesherren und der Mitglieder der landesherrlichen Familien, sowie der Mitglieder der fürstlichen Familie Hohenzollern finden die Bestimmungen der Konkursordnung nur insoweit Anwendung, als nicht besondere Vorschriften der Hausverfassungen oder der Landesgesetze abweichende Bestimmungen enthalten.

Das gleiche gilt in Ansehung der Mitglieder des vormaligen Hannoverschen Königshauses, des vormaligen Kurhessischen und des vormaligen Herzoglich Nassauischen Fürstenhauses.

§ 8. Ein vor dem Tage des Inkrafttretens der Konkursordnung eröffnetes Konkursverfahren ist nach den bisherigen Gesetzen zu erledigen.

Der Landesgesetzgebung bleibt vorbehalten, die Konkursordnung auf die Erledigung der vor dem Inkrafttreten der Konkursordnung anhängig gewordenen Konkurssachen für anwendbar zu erklären und zu dem Zwecke Übergangsbestimmungen zu erlassen.

§ 9. In einem am Tage des Inkrafttretens der Konkursordnung oder nach diesem Tage eröffneten Konkursverfahren finden die Bestimmungen der Konkursordnung über die Anfechtung von Rechtshandlungen auf eine vor dem bezeichneten Tage vorgenommen Rechtshandlung Anwendung, sofern nicht dieselbe nach den Vorschriften der bisherigen Gesetze der Anfechtung entzogen oder in geringerem Umfange unterworfen ist.

§ 10. In einem am Tage des Inkrafttretens der Konkursordnung oder nach diesem Tage eröffneten Konkursverfahren finden die Bestimmungen der §§ 50, 55 Nr. 3, 56 der Konkursordnung auf eine vor dem bezeichneten Tage abgetretene oder erworbene Forderung Anwendung, sofern nicht die bisherigen Gesetze eine Aufrechnung zulassen oder eine Verpflichtung zum Schadenersatze nicht oder in geringerem Umfange begründen.

§ 11. In einem am Tage des Inkrafttretens der Konkursordnung oder nach diesem Tage eröffneten Konkursverfahren finden die Bestimmungen der Konkursordnung und dieses Gesetzes über abgesonderte Befriedigung auf Pfand- und Vorzugsrechte Anwendung, wenngleich dieselben oder die Forderungen vor dem bezeichneten Tage erworben sind.

§ 12. Insoweit Pfand- und Vorzugsrechte, welche vor dem Tage des Inkrafttretens der Konkursordnung auf Grund eines Vertrages, einer letztwilligen Anordnung oder einer richterlichen Verfügung erworben oder in Bankstatuten den Banknoteninhabern rechtsgültig zugesichert sind, zufolge der Bestimmungen der Konkursordnung und dieses Gesetzes ihre Wirksamkeit verlieren, kann die Landesgesetzgebung für die Forderung der Berechtigten ein Vorrecht vor allen oder einzelnen der im § 61 der Konkursordnung bezeichneten Forderungen gewähren.

Ist das Pfand- oder Vorzugsrecht auf einzelne bewegliche Gegenstände des Schuldner beschränkt, so kann das Vorrecht nur in Höhe des Erlöses derselben gewährt werden.

Das durch die vorstehenden Bestimmungen vorbehaltene Vorrecht kann nicht gewährt werden für ein zwei Jahre nach dem Inkrafttreten der Konkursordnung eröffnetes Konkursverfahren, wenn nicht das Vorrecht dadurch erhalten wird, daß dasselbe bis zum Ablaufe der zwei Jahre zur Eintragung in ein öffentliches Register vorschriftsmäßig angemeldet ist. Der Erlaß von Vorschriften über die Einrichtung solcher Register sowie über die Anmeldung und Eintragung der Forderungen bleibt der Landesgesetzgebung vorbehalten.

§ 13. Die Landesgesetzgebung kann der Ehefrau, den Kindern und den Pflegebefohlenen des Gemeinschuldners für Forderungen, welche vor dem Tage des Inkrafttretens der Konkursordnung entstanden sind, ein Vorrecht nach Maßgabe des § 12 Abs. 1, 2 insoweit gewähren, als ein gesetzliches Pfand- oder Vorzugsrecht der Ehefrau, der Kinder oder der Pflegebefohlenen nach den bisherigen Gesetzen bestanden hat.

Auf das Vorrecht der Ehefrau findet die Bestimmung des § 12 Abs. 3 entsprechende Anwendung.

Den Kindern und den Pflegebefohlenen kann das Vorrecht für ein fünf Jahre nach dem Inkrafttreten der Konkursordnung eröffnetes Konkursverfahren nicht gewährt werden.

Die §§ 14—16 sind aufgehoben.

§ 17. Unberührt bleiben die landesgesetzlichen Vorschriften, nach welchen den Inhabern von Pfandbriefen, die von Kreditanstalten, welche nicht zu den Hypothekenbanken gehören, auf Grund von Hypotheken ausgestellt sind, ein Vorrecht vor allen anderen Konkursgläubigern in Ansehung der Befriedigung aus den Hypotheken der Anstalt zusteht. Unberührt bleiben die landesgesetzlichen Vorschriften, nach welchen den Inhabern von Schuldverschreibungen, die von Körperschaften des öffentlichen Rechts, Aktiengesellschaften, Kommanditgesellschaften auf Aktien, Gesellschaften mit beschränkter Haftung oder Genossenschaften über Anleihen ausgestellt sind, ein Vorrecht vor nicht bevorrechtigten Konkursgläubigern, deren Forderungen später entstehen, dadurch gewährt werden kann, daß die zu bevorrechtigenden Forderungen in ein öffentliches Schuldbuch eingetragen werden.

Urkundlich unter Unserer Höchsteigenhändigen Unterschrift und beigedrucktem Kaiserlichen Insiegel.

Gegeben Berlin, den 10. Februar 1877.

(L. S.) **Wilhelm.**

Fürst von Bismarck.

Sachregister.

Die Zahlen bedeuten die Seiten.

C.

F.

G.

H.

L.

T.

U.

V.

W.

Z.

Berichtigungen.

Seite 30 Zeile 4 von unten ist das Wort „letzter" zu streichen.

Seite 57 Überschrift zu g ist anstatt Inventur zu lesen: Inventar.

Seite 88 unter 1, Zeile 6 sind hinter den Worten „Ladescheine oder" einzuschalten die Worte „Lagerscheine über Waren oder".

Seite 177 Zeile 4 von unten ist statt b I 1 zu setzen: „b I 2".

Seite 179 Anm. 6 ist statt b I zu setzen: „b I 1".

FSC
www.fsc.org
MIX
Papier | Fördert
gute Waldnutzung
FSC® C083411

Kolibri 360 GmbH
Ferdinand-Jühlke-Straße 7
99095 Erfurt, Deutschland
produktsicherheit@kolibri360.de